Kohlhammer

Hans Werner Bierhoff

Sozialpsychologie

Ein Lehrbuch

4., überarbeitete und erweiterte Auflage

Verlag W. Kohlhammer
Stuttgart Berlin Köln

Die Deutsche Bibliothek – CIP-Einheitsaufnahme

Bierhoff, Hans Werner:
Sozialpsychologie: ein Lehrbuch/Hans Werner Bierhoff. – 4.,
überarb. und erw. Aufl. – Stuttgart; Berlin; Köln: Kohlhammer,
1998
ISBN 3-17-015027-8

4., überarbeitete und erweiterte Auflage 1998

Alle Rechte vorbehalten
© 1984/1998 W. Kohlhammer GmbH
Stuttgart Berlin Köln
Verlagsort: Stuttgart
Gesamtherstellung:
W. Kohlhammer Druckerei GmbH + Co. Stuttgart
Printed in Germany

Inhalt

I. Einführung

Sozialpsychologie ist eine ziemlich heterogene Teildisziplin der Psychologie. Unter diesen Umständen verwundert es nicht, daß Definitionen der Sozialpsychologie, die meist auf Allport (1968) zurückgehen, relativ weit gefaßt sind: Sozialpsychologie »ist das Studium der Reaktionen des Individuums auf soziale Stimulation. Die kritischen Reaktionen können Gedanken, Gefühle oder offenes Verhalten sein, und die Stimuli können alles einschließen, was durch die wirkliche, erinnerte oder antizipierte Anwesenheit anderer Leute impliziert wird« (Steiner, 1979, S. 514).

Ein Überblick über die Themen der Sozialpsychologie nach dem zweiten Weltkrieg (vgl. Steiner, 1979) kennzeichnet die typischen Inhalte, die in der sozialpsychologischen Forschung untersucht werden:

- Sozialer Einfluß, Konformität, soziale Definition der Situation und der Gefühle.
- Leistungsverhalten in Anwesenheit von Beobachtern oder Mitarbeitern, Streben nach positiver Bewertung der eigenen Person durch andere.
- Kommunikation in Gruppen, Kooperation und Wettbewerb, Aggression, Hilfsbereitschaft.
- Einstellungen, Konsistenz sozialer Urteile, Streben nach Balance und Dissonanzreduktion, Einstellungsänderung.
- Zuschreibung von Ursachen für das Verhalten anderer Personen und für das eigene Verhalten, »naives« Erklären sozialen Verhaltens, Eindrucksbildung und Personenwahrnehmung.
- Soziale Normen, Streben nach Gerechtigkeit, Interaktionen als Austausch von positiven und negativen Konsequenzen.

Damit sind die Inhalte genannt, die in den folgenden Kapiteln im Mittelpunkt stehen. Die Liste ist allerdings keineswegs vollständig. Sozialpsychologische Forschung ist inhaltlich weit gefächert und nur in den Grundströmungen auf einen gemeinsamen Nenner zu bringen: »Kein Problem ist zu esoterisch, um Sozialpsychologen zu entmutigen, es zu untersuchen« (Stroebe & Frey, 1982, p. 128).

Sozialpsychologie beginnt mit sozialen Motiven. Streben nach Gesellung ist eine Voraussetzung dafür, daß es soziale Wahrnehmung und Kommunikation gibt. Attraktion übt einen richtenden und dynamischen Einfluß auf das weniger »wählerische« Gesellungsstreben aus.

Zwei weitere soziale Motive sind für soziale Beziehungen grundlegend: Hilfsbereitschaft und Aggression. Hinzu kommt, daß der Mensch soziale Vergleiche anstellt, um seine eigene Position in einer komplexen sozialen Welt zu definieren. Das leitet über zu dem Streben nach Gerechtigkeit, das sowohl Hilfsbereitschaft als auch Aggression auslösen kann. Ein weiteres grundlegendes Motiv ist das Streben nach Kontrolle, das durch Freiheitseinengung und Kontrollverlust aktiviert wird.

Nachdem die Bühne sozialen Verhaltens in den ersten sechs Kapiteln beschrieben worden ist, folgen drei Themenschwerpunkte:

- Soziale Wahrnehmung bezieht sich auf die Urteilsbildung über andere Menschen. Worauf baut die Eindrucksbildung auf? Welche Rolle spielen Erwartungen? Wie werden Ursachen erschlossen? Was sind die typischen Fehler der Urteilsbildung und wie lassen sie sich vermeiden?
- Einstellungen bilden überdauernde Orientierungsschemata. Welche Funktionen haben sie? Wie werden sie erworben und verändert? Wie stehen sie mit dem Verhalten in Zusammenhang?
- Soziale Interaktion findet in sozialen Gruppen statt. Welche Strategien wenden die Interaktionspartner an? Verhalten sie sich kooperativ oder sind sie wettbewerbsorientiert? Wann wirken sich Gruppen ungünstig auf die Leistung aus? Kann geschickte Führung Gruppen effektiver machen?

Aus Platzgründen können Methoden der Psychologie und der Sozialpsychologie im besonderen nicht behandelt werden. Zu diesem Thema ist auf das Handbuch Quantitative Methoden (Erdfelder, Mausfeld, Meiser & Rudinger, 1996) und auf Sozialwissenschaftliche Methoden (Roth, 1993) zu verweisen.

Einige inhaltliche Bereiche der Sozialpsychologie können in diesem Buch nur am Rande oder überhaupt nicht behandelt werden. Dazu zählen Sozialisationsforschung (Durkin, 1995), Sprachpsychologie (Langenmayr, 1997) und Leistungs- und Machtstreben (Schneider & Schmalt, 1994). Diese Bereiche sind auch in anderen psychologischen Disziplinen vertreten und stellen somit Brücken von der Sozialpsychologie zur Entwicklungspsychologie, Kognitiven Psychologie und Pädagogischen Psychologie dar.

Schließlich sei noch erwähnt, daß der Text zur Erleichterung des Lesens mit einer Reihe von »Boxen« aufgelockert wurde. Der Buchstabe U verweist auf Untersuchungsberichte, A auf Anwendung und T auf Theorie.

Die vierte Auflage dieses einführenden Textes ist in vielen Kapiteln überarbeitet worden, um einerseits die Darstellung zu aktualisieren und andererseits soziale Diskussionsthemen einzubeziehen. In diesem Zusammenhang sind u.a. folgende Ansätze einbezogen worden: Autoritätsgehorsam, Anonymität und Deindividuation, Theorien der Führung und Führungsverhalten, Gruppendenken in Krisensituationen, Anstrengungsreduktion in Gruppen (Ringelmann-Effekt) sowie Soziale Aktivierung. Die Ergebnisse von zusammenfassenden Metaanalysen werden häufig benutzt, um die Vielzahl der empirischen Ergebnisse angemessen zu bewerten.

Das Stichwort der Metaanalysen verweist auf Informationen, die in diesem Umfang vor 10 oder 20 Jahren nicht zur Verfügung standen. Wenn ich an die Vorbereitung der ersten Auflage dieses Lehrbuchs Anfang der achtziger Jahre denke, sind es die Metaanalysen, die die Arbeit an einem Lehrbuch der Sozialpsychologie am deutlichsten verändert haben. Metaanalysen bewirken zweierlei: Zum einen können wir uns heute bei vielen Hypothesen sicherer als früher sein, daß sie zutreffen oder auch nicht. Zum zweiten liefern Metaanalysen regelmäßig Hinweise auf die Heterogenität der Ergebnisse, die sich durch Gegenüberstellung von Studien nach bestimmten Kriterien zumindest teilweise aufklären läßt. Das führt dazu, daß wir heute viel mehr über die relativierenden Einflüsse, die einen sozialpsychologischen Effekt stärken oder schwächen, wissen.

Eine zweite Veränderung zwischen den frühen Achtzigern und den späten Neunzigern liegt darin, daß die sozialpsychologischen Theorien sich verändert haben. Während früher Theorien im Mittelpunkt standen, die einen zentralen Mechanismus der Erklärung zugrunde legten (z.B. Dissonanztheorie), sind neuere Theorien meist durch eine Aufgliederung und Vernetzung der sozialen Sachverhalte gekennzeichnet. Das Vorbild scheint das Computerprogramm zu sein. Dieser neue Typ der Erklärungen zeichnet sich dadurch aus, daß mehrere Teilprozesse miteinander integriert werden. Ein Beispiel ist der Korrespondenzfehler, der im übrigen umbenannt wurde und dem altbekannten fundamentalen Attributionsfehler entspricht.

Abschließend will ich einige Vorschläge für ein Leseprogramm machen, das zum Einlesen in die Sozialpsychologie anhand von Originalarbeiten dienen kann:

Soziale Vergleiche: Buunk, Van Yperen, Taylor & Collins, (1991),
Physische Attraktivität: Langlois, Roggman & Rieser-Danner (1990),
Empathie-Altruismus-Hypothese: Batson et al. (1981),
Gerechte-Welt-Glaube: Lipkus, Dalbert & Siegler (1996),
Kultur der Ehre und Aggressionsbereitschaft: Nisbett (1993),
Gefährliches Fahren im Nebel: Schönbach (1996),
Kontrollstreben im Altenheim: Schulz (1976),
Sich-selbst-erfüllende Prophezeiung: Snyder, Tanke & Berscheid (1977),
Korrespondenzneigung: Jones, Riggs & Quattrone (1979),
Simulationsheuristik: Medvec, Madey & Gilovich (1995),
Prinzip der hinreichenden Ursache: Bierhoff (1991),
Einstellung zur Verkehrsmittelwahl: Bamberg & Schmidt (1993),
Soziale Identität der Saarländer: Simon & Massau (1991),
Intergruppen-Diskriminierung: Sherif & Sherif (1969, S. 228-266),
Einstellung und Verhalten: Schwartz (1978),
Einstellungskonträres Verhalten: Festinger & Carlsmith (1959),
Dissonanz und Therapieerfolg: Axsom & Cooper (1985),
Soziale Aktivierung im Computernetz: Aiello & Svec (1993),
Autoritätsgehorsam: Meeus & Raaijmakers (1995),
Deindividuation bei Kindern: Diener, Frazier, Beaman & Kelem (1976)
Selbstdarstellungsstrategien: Quattrone & Jones (1978),
Kooperation: Dorris (1972),
Kommunikation in Organisationen: Yukl & Falbe (1990).

Ich möchte denen danken, die sich an der Bearbeitung der vierten Auflage beteiligt haben. Sehr hilfreiche Rückmeldungen über einzelne Kapitel habe ich erhalten von Ina Grau, Günter F. Müller, Hartmut Neuf, Eva Neumann, Elke Rohmann und Siegfried Sporer. Neue Grafiken wurden von Kevin Bierhoff und Wiebke Tietz erstellt. Die Angestellten am Lehrstuhl Frau Margret Ernsting und Frau Gabriele Wilke sowie die beiden Studentischen Hilfskräfte Margret Beßler und Christian Schwennen haben außerdem zur Fertigstellung der Überarbeitung beigetragen.

II. Soziale Motive

1. Gesellung

> »Sie haben es satt allein zu sein...« »Ja, stimmt. Ich möchte unter Leuten sein.«
> *Das Protokoll, J.M.G. Le Clézio*

In einer Interviewstudie (Brandstätter, 1983) ergab sich, daß das Streben nach Gesellung unter den sozialen Motiven besonders häufig genannt wird. Gesellung wurde in 94% der Fälle mit positivem Befinden in Zusammenhang gebracht. Menschen fühlen sich also meist in der Gesellschaft mit anderen wohl.

1.1. Bindung und Einsamkeit

Ein Motiv, das hinter der Gesellung steht, stellt das Streben nach Bindung dar, wie es schon bei Kleinkindern zu beobachten ist. Eine gestörte oder geschwächte Bindung kann zu sozialer Isolation führen. In den letzten Jahren wurde eine intensive Forschung zum Thema Einsamkeit durchgeführt, die mit besonderer Betonung der Gemeinsamkeiten und Unterschiede von Einsamkeit und Depression weiter unten in Ausschnitten dargestellt wird. Sowohl Bindung als auch Einsamkeit sind zwei Themen, bei denen viele Fragen der angewandten Sozialpsychologie angesprochen werden.

1.1.1. Bindung

Bindung wird definiert als eine relativ dauerhafte emotionale Orientierung an einer anderen Person (Maccoby, 1980), die sich in vier Aspekte aufgliedern läßt: *Die Nähe einer anderen Person suchen, unter der Trennung von der Person leiden, sich freuen bei der Rückkehr der Person, sich auch dann an der Person orientieren, wenn sie nicht in unmittelbarer Nähe ist.*
Bindungsverhalten entwickelt sich im ersten Lebensjahr. Es dient vermutlich dem biologischen Zweck des Schutzes des Kleinkindes vor Gefahren, die sowohl von der physischen als auch der sozialen Umwelt ausgehen können (Bowlby, 1969). Die große Bedeutung der Bindung für die Sicherung des Überlebens des Kindes in einer bedrohlichen Umwelt sowie die Tatsache, daß Bindungsverhalten bei Kleinkindern in unterschiedlichen Kulturen zu beobachten ist, legt die Annahme nahe, daß es sich um ein *angeborenes Motivsystem* handelt, das mit zunehmendem Alter immer flexibler wird (z.B. kann ein Telefongespräch oder ein Foto die Anwesenheit der Bindungsperson zumindest teilweise ersetzen).

Bowlby (1969, 1973, 1980) baut auf psychoanalytischen Prinzipien (Prägung durch frühkindliche Erfahrungen), ethologischen Gesichtspunkten (biologischer Anpassungswert) und systemtheoretischen Ansätzen (Bindungsverhalten als Regelkreis) auf. Seine Theorie basiert auf der Beobachtung von Kindern, die in späteren experimentellen Arbeiten systematisiert wurde (Ainsworth, Blehar, Waters & Wall, 1978). Das Bindungsverhalten setzt bestimmte kognitive Fähigkeiten voraus, die Bowlby (1980) im Anschluß an Piaget als *Objektpermanenz* und *Personpermanenz* bezeichnet. Damit ist das Wiedererkennen von Personen und Objekten gemeint, die zwischenzeitlich aus dem Sehbereich verschwunden sind. Das Wiedererkennen der Bindungsfigur ist Voraussetzung für die Entstehung einer Bindung.

Was sind die *auslösenden Bedingungen* für das Bindungsverhalten? An erster Stelle ist das Sich-Entfernen der Bindungsperson zu nennen. Weiterhin sind bestimmte Zustände des Kindes auslösend, wie Ermüdung, Hunger, Krankheit, Schmerzen und Frieren. Schließlich wird das Bindungsverhalten auch durch Ereignisse in der Umwelt aktiviert, die für das Kind bedrohlich zu sein scheinen, worunter auch Zurückweisung oder Feindseligkeit anderer Kinder oder Erwachsener zu nennen ist.

Die Intensität und die Starrheit des Bindungsverhaltens ist bei älteren Kindern geringer als bei jüngeren. Das Kind wird zunehmend flexibler in der Auswahl der Mittel, die zur Befriedigung des Bindungsstrebens eingesetzt werden. Insbesondere nimmt das Kind mehr und mehr Rücksicht auf die Situation der Bezugsperson, so daß eine Anpassung an die gegebenen Bedingungen im Sinne eines *zielkorrigierten Verhaltens* gewährleistet wird.

Das Resultat ist eine reziproke *Anpassung* zwischen Kind und Bezugsperson, die von Bowlby (1969) mit dem Begriff der *Partnerschaft* bezeichnet wird. Partnerschaft bedeutet insbesondere, daß die beteiligten Personen die Art und Weise, wie das Bindungsstreben verwirklicht wird, gleichberechtigt miteinander aushandeln. Voraussetzung dafür ist der Fortschritt der kognitiven Entwicklung in Richtung auf die *Fähigkeit zur Perspektive-Übernahme* (Abschnitt II.3.4.2.) und die Entwicklung eines Fairneßbegriffs, der von Piaget (1932) als *Moral der Zusammenarbeit* bezeichnet wird.

Wie die Bezugsperson auf das Bindungsverhalten des Kindes antwortet, trägt zu seiner sozialen und kognitiven Entwicklung bei. Wenn die Bezugsperson auf die Annäherungsversuche des Kindes i.a. offen und entgegenkommend reagiert, entwickelt sich ein sicherer Bindungsstil. Störungen des Bindungsverhalten in den ersten Lebensjahren werden durch inkonsistente oder zu geringe Bedürfnisbefriedigung des Bindungsstrebens oder auch durch zuviel Zuwendung ausgelöst.

Mit dem Hinweis auf die Partnerschaft zwischen Eltern und Kind ist schon die Brücke geschlagen zwischen dem Bindungsverhalten des Kleinkindes und des Erwachsenen in engen Beziehungen, in denen eine partnerschaftliche Gleichberechtigung der Beteiligten gegeben ist. Es liegt nahe, in dieser Hinsicht eine gewisse Kontinuität zu erwarten (Abschnitt II.2.5.3.).

Eine Längsschnittstudie, in der das Bindungsverhalten mit einem und mit sechs Jahren erfaßt wurde, ergab Hinweise auf eine relativ große Stabilität des Bindungsverhaltens. Das Verhalten bei der Rückkehr der Mutter konnte mit sechs Jahren in 87% der Fälle auf der Grundlage des Verhaltens des einjährigen Kindes vorhergesagt werden, wobei eine Drei-Gruppen-Klassifikation des Bindungsstils (Box U1) zugrunde gelegt wurde (Grossmann & Grossmann, 1991).

Box U1: Einjährige in einer fremden Umgebung zeigen drei unterschiedliche Reaktionsmuster

In der Untersuchung von Ainsworth, Blehar, Waters & Wall (1978) wurde der Versuch unternommen, auf der Grundlage der Bindungstheorie von Bowlby eine empirische Klassifikation von Kindern in Abhängigkeit von ihren Beziehungsmustern gegenüber der Mutter durchzuführen.

Dazu wurde eine Testsituation verwandt, in der acht Episoden vorgegeben wurden. Nach der Begrüßung durch den Versuchsleiter (1) wurden Mutter und Kind in einem Experimentalraum beobachtet, in dem Spielzeuge vorhanden waren (2). Danach näherte sich in Anwesenheit der Mutter eine fremde Person dem Kind (3). Anschließend verließ die Mutter den Raum, um nach einigen Minuten zurückzukehren, so daß das Kind mit der fremden Person im Raum war (4). Nachdem die fremde Person den Raum verlassen hatte, blieb die Mutter erneut mit dem Kind im Raum (5). Danach verließ die Mutter wieder den Raum, während das Kind allein zurückblieb (6). Dann betrat die fremde Person (7) und nach ungefähr drei Minuten die Mutter erneut den Experimentalraum, den die fremde Person wieder verließ (8). Der ganze Versuchsablauf, der für das Kind unterschiedlich intensive Belastungssituationen (Trennungsstreß) enthielt, nahm etwas mehr als 20 Minuten in Anspruch.

Die Auswertung beruhte auf Verhaltensbeobachtungen, die durch einen Einwegspiegel durchgeführt wurden. Die Jungen und Mädchen, die an diesem »strange-situation« Test teilnahmen, waren etwa 1 Jahr alt. Sie wurden aufgrund ihres beobachteten Verhaltens in drei Gruppen eingeteilt: Sicher gebundene Kinder, ängstlich-ambivalente Kinder und vermeidende Kinder.

Vermeidende Kinder sind durch aktive Abwendung von der Mutter in den Episoden 5 und 8 (Rückkehr der Mutter) gekennzeichnet sowie dementsprechend durch eine geringe Tendenz, in diesen Episoden die Nähe der Mutter und den Kontakt mit ihr zu suchen.

Ängstlich-ambivalente Kinder zeigen häufig Widerstand gegen die Mutter in den Episoden 5 und 8 sowie häufiges Weinen in den Episoden 2, 3, 5, 6 und 8 und weniger Spielverhalten in den Episoden 4, 7 und 8.

Schließlich sind *sichere Kinder* durch wenig Aufsuchen und Aufrechterhaltung des Kontakts zur Mutter einerseits und durch wenig Widerstandsverhalten sowie selteneres Weinen und mehr Spielverhalten gekennzeichnet. Diese Gruppe unterscheidet sich positiv von den anderen beiden Gruppen in einer Reihe von Merkmalen, die bei Beobachtungen zu Hause erfaßt wurden (während sich die vermeidende und die ängstlich-ambivalente Gruppe in diesen Merkmalen ähnelten). Die sicher-gebundenen Kinder weinten weniger und kürzer, reagierten eher mit einer positiven Begrüßung, wenn die Mutter den Raum betrat, zeigten häufiger positive Reaktionen und seltener negative Reaktionen auf das Auf-den-Arm-nehmen, protestierten weniger, wenn sie abgesetzt wurden, zeigten mehr Folgsamkeit gegenüber den Anweisungen der Mutter und reagierten weniger mit Ärger.

Die Ähnlichkeit des Verhaltens von ängstlich-ambivalenten und vermeidenden Kindern zu Hause wird damit erklärt, daß unterschiedliche Motive dasselbe Verhaltensmuster hervorrufen. Vermeidende Kinder scheinen genau die Nähe zu fürchten, die sie anstreben (im Sinne eines Annäherungs-Vermeidungs Konflikts). Sie zeigen zwar Ansätze zur Annäherung an die Mutter, ziehen sich dann aber wieder zurück (sie vermeiden, was sie anstreben). Ängstlich-ambivalente Kinder hingegen scheinen zu fürchten, nicht genug von dem zu bekommen, was sie anstreben, nämlich die Zuwendung der Mutter und den Kontakt mit ihr. Demnach sind beide Gruppen durch mehr *Ängstlichkeit* in ihrem Verhalten gekennzeichnet als sicher-gebundene Kinder, aber vermeidende Kinder bringen einen tieferliegenden Konflikt über die Sicherheit, die sie anstreben und die Angst davor, die Sicherheit herzustellen, zum Ausdruck, während ängstlich-ambivalente Kinder eine Diskrepanz erleben zwischen dem, was sie an Nähe anstreben, und dem scheinbar wenigen, das sie erhalten.

Bindungsverhalten setzt eine Interaktion zwischen Bezugsperson und Kind voraus. Daher drängt sich die Frage nach dem *typischen Verhalten der Mütter* auf. Ein Unterschied besteht darin, daß Mütter von sicher-gebundenen Kindern schneller und regelmäßiger auf das Weinen des Kindes reagierten. Außerdem zeigten die Mütter den Kindern eher, daß sie ihre Anwesenheit nach einem Betreten des Raumes wahrnahmen. Diese Unterschiede deuten auf eine größere *Feinfühligkeit* der Mütter sicher-gebundener Kinder im Vergleich zu den unsicher-gebundenen Kindern hin.

Dieser Zusammenhang zwischen Feinfühligkeit der Mutter und sicherem Bindungsstil des Kindes wurde auch in einer Untersuchung an 54 Müttern und ihren Kleinkindern in Bielefeld gefunden, wobei allerdings die Unterschiede in der mütterlichen Feinfühligkeit zwischen den Gruppen geringer ausfielen als in der Untersuchung an amerikanischen Müttern (Grossmann, Grossmann, Spangler, Suess & Unzner, 1985, S. 248).

Im Kontakt mit den Kindern waren Mütter von sicher-gebundenen Kindern gefühlsbetonter und zärtlicher. Mütter von vermeidenden Kindern störten das Kind häufiger abrupt, wenn sie das Kind auf den Arm nahmen, und Mütter von ängstlich-ambivalenten Kindern führten häufiger Routine-Tätigkeiten aus, wenn sie das Kind auf dem Arm hatten (z.B. während des Fütterns).

Mütter vermeidender Kinder scheinen durch mehr Zurückweisung und weniger emotionale Reaktionsweisen gekennzeichnet zu sein, was als Unterdrücken von Ärgerreaktionen gedeutet werden könnte. Überhaupt sind Bindungsbeziehungen durch eine starke Gefühlskomponente bestimmt, so daß das Unterlassen emotionaler Reaktionen auf der Seite der Bezugsperson als großer Nachteil für die Entwicklung eines sicheren Bindungsstils erscheint.

Besondere Aufmerksamkeit verdient die Frage, wie sich die drei Bindungsstile auf die untersuchten Kinder verteilen. Ein *Kulturvergleich* unter Berücksichtigung von 18 Studien aus 8 Ländern, in denen 32 Beobachtungsstudien mit nahezu 2000 Kindern in der »strange situation« durchgeführt wurden, ergab, daß 65% der Kinder

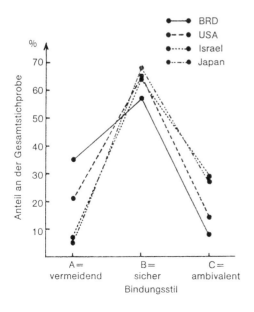

Abbildung 1: Kulturvergleich der relativen Häufigkeit der Bindungsstile (nach Ijzendoorn & Kroonenberg, 1988)

15

als sicher-gebunden klassifiziert wurden, 21% als vermeidend und 14% als ängstlich-ambivalent (Ijzendoorn & Kroonenberg, 1988). Diese Verteilung entspricht ziemlich genau der Verteilung auf die Bindungsstile, die ursprünglich von Ainsworth et al. mitgeteilt wurde (67%, 21%, 12%).

Für die *westeuropäischen* Stichproben ergab sich zusammengenommen ein Trend zu mehr vermeidenden Bindungsstilen (28%) und weniger ängstlich-ambivalenten Bindungsstilen (6%), während die Auftretenshäufigkeit des sicheren Bindungsstils ziemlich genau dem allgemeinen Durchschnitt entsprach (66%). Andererseits fand sich in Japan und Israel ein relativ stärkeres Auftreten von ängstlich-ambivalenten Kindern (vgl. Abb. 1). Die *amerikanischen* Stichproben zeigten eine relativ große Fluktuation untereinander – übrigens genauso wie die drei deutschen Stichproben –, lagen aber im Durchschnitt zwischen den westeuropäischen und den japanisch/israelischen Stichproben, was die Verteilung auf die beiden unsicheren Gruppen angeht. Generell waren die *intrakulturellen* Unterschiede größer als die *interkulturellen* Unterschiede.

Die Basis für das Streben nach Interaktion liegt nach der Bindungstheorie in der Person des Kindes – und komplementär auch in den Verhaltenssystemen der Eltern, die auf Pflege und Fürsorge ausgerichtet sind (vgl. Box U1). Die Grundlage des Bindungsverhaltens ist ein kognitives System der Umweltanpassung *(innere Arbeitsmodelle),* das durch Gefahren besonders aktiviert wird und das auf die zentralen Bezugspersonen des Kindes programmiert ist.

Innere Arbeitsmodelle spiegeln unterschiedliche Bindungsqualitäten, wie sie für sicher-gebundene und unsicher-gebundene Kinder typisch sind (s. Box U1). Sie beruhen auf prägenden Erfahrungen mit Bezugspersonen im ersten Lebensjahr, die sich abhängig von der kognitiven Entwicklung des Kindes in Handlungsplänen, die sich insbesondere auf soziale Interaktionen beziehen, niederschlagen. Diese Handlungspläne lassen sich als kognitive Landkarten deuten, die aus Erfahrungen abgeleitet wurden (Grossmann et al., 1989). Sie dienen der Verwirklichung von Bedürfnissen des Kindes nach Schutz, Sicherheit und Bindung.

Die je nach den Erfahrungen unterschiedlichen Arbeitsmodelle haben die Tendenz, sich im Laufe der weiteren Entwicklung zu stabilisieren und dienen als Ausgangspunkt für die Zugangsweise zu späteren Beziehungen. Das bewirkt, daß die Arbeitsmodelle insbesondere in sozialen Situationen die Handlungsstrategien des Kindes auch in Abwesenheit der primären Bezugspersonen bestimmen (Grossmann et al., 1989). Sie *generalisieren* auf Beziehungen mit anderen Personen. Diese Hypothese hat zu einer Reihe von Untersuchungen geführt, in denen die Beziehung zu romantischen Partnern in Abhängigkeit von dem Bindungsstil analysiert wird (Abschnitt II.2.5.3.).

Da noch keine Längsschnittuntersuchungen vorliegen, die das frühkindliche Bindungsverhalten mit dem Bindungsstil von Erwachsenen in Beziehung setzen, kommt retrospektiven Interviews über Kindheitserfahrungen und die Beziehung zu den Eltern eine besondere Bedeutung zu. Mit dem für die Kindheit erschlossenen Bindungsstil sind unterschiedliche Erlebnisweisen der Erwachsenen verbunden (Kobak & Sceery, 1988). Sicher-gebundene Studenten und Studentinnen zeigen in der Selbstbeschreibung eine größere *Ichstärke* im Sinne von Autonomie, sozialer Anpassung und Selbsteinsicht als die unsicher-gebundenen Personen. Vermeidende Personen, die als »abweisend« (dismissing) bezeichnet werden, beschreiben sich als relativ feindselig gegenüber anderen, während ängstlich-ambivalente Personen sich durch relativ hohe *Ängstlichkeit* auszeichnen (metaanalytisch bestätigt durch van Ijzendoorn, 1995).

Grossmann et al. (1989) berichten von einer Untersuchung an Müttern, deren Bindungsstil durch retrospektive Interviews im Hinblick auf Kindheitserinnerungen als sicher oder unsicher klassifiziert wurde. Außerdem wurde das Bindungsverhalten ihrer Kinder erfaßt. Bei der großen Mehrheit der untersuchten Mutter-Kind-Paare zeigte sich eine Übereinstimmung des Bindungsstils, was für eine Tendenz zur *Weitergabe des Bindungsstils über die Generationen* spricht.

1.1.2. Einsamkeit

Einsamkeit läßt sich als ein Beziehungsdefizit definieren, das in unterschiedlichen Bereichen (romantisch-sexuell, freundschaftlich, familiär, nachbarschaftlich) anzutreffen ist (Schmidt & Sermat, 1983). Sie ist mit unangenehmen Gefühlen verbunden, die durch die Wahrnehmung einer Diskrepanz zwischen erwünschter Qualität oder Quantität von Sozialkontakten und tatsächlichen Sozialkontakten ausgelöst wird (Thomas, 1985).

Eines der bekanntesten Meßinstrumente zur Erfassung von Einsamkeit ist die *UCLA-Einsamkeits-Skala* (für University of California Los Angeles), die 20 Feststellungen im Hinblick auf Isolation von anderen und Kontakt mit anderen enthält (Russell, Peplau & Cutrona, 1980). Eine deutsche Fassung dieses Fragebogens wurde von Lamm & Stephan (1986) entwickelt, die Feststellungen enthält wie »Es gibt niemanden, zu dem ich mich hinwenden kann«, »Ich fühle mich von anderen isoliert« und – umgekehrt gepolt – »Es gibt Menschen, mit denen ich sprechen kann«.

Für Einsamkeit läßt sich – ähnlich wie für Bindungsstile – eine *Weitergabe zwischen den Generationen* demonstrieren. In einer Untersuchung an Studentinnen und ihren Eltern fand sich eine positive Korrelation mit der UCLA-Einsamkeits-Skala zwischen Tochter und Mutter (r = .26) und Tochter und Vater (r = .19; Lobdell & Perlman, 1986). Dieser Zusammenhang wird darauf zurückgeführt, daß die Qualität der Eltern-Kind-Beziehung zur Grundlage für die Wahrnehmung späterer Beziehungen genommen wird. Weitere korrelative Ergebnisse zeigen, daß die Einsamkeit der Tochter mit der durch die Tochter wahrgenommene *Vertrauenswürdigkeit* der Mutter zusammenhängt.

Untersuchungen mit Fragebögen zur Erfassung der Einsamkeit zeigen, daß in allen Bevölkerungsschichten ein relativ großes Potential von Einsamkeit anzutreffen ist (Schmidt & Sermat, 1983). Männer erweisen sich als tendenziell einsamer als Frauen. Das Gefühl, einsam zu sein, ist am engsten mit *Defiziten im Freundschaftsbereich* verbunden.

Einsamkeit scheint mit dem *Alleinsein* zusammenzuhängen. Studenten, die sich als einsam einschätzten, gaben an, generell mehr allein zu sein, abends eher allein zu essen und am Wochenende Abende eher allein zu verbringen (Russell et al., 1980). Ein wichtiger Faktor für die Auslösung von Einsamkeit ist das Fehlen eines romantischen Partners bzw. einer Partnerin (Elbing, 1991; Thomas, 1985). Studenten, die mit einem Partner bzw. mit einer Partnerin regelmäßig ausgingen oder eine romantische Liebesbeziehung hatten, erreichten geringere Einsamkeitswerte auf der UCLA-Skala als Studenten, die keinen Ausgehpartner hatten (Russell et al., 1980).

Darüber hinaus ist Einsamkeit auch vom *Bindungsstil* abhängig. Studenten, die sich als ängstlich-ambivalent oder vermeidend beschreiben, erreichen hohe, sicher-gebundene Studenten relativ niedrige Werte der Einsamkeit (Hazan & Shaver, 1987 = Studie 1, Mittelwert über 11 Items bei einer Skala von 1 bis 5; Kobak & Sceery, 1988 = Studie 2, Summe über 20 Items der UCLA-Skala, die auf einer Skala von 1 bis 4 beantwortet werden; vgl. Abb. 2).

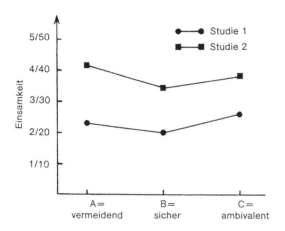

Abbildung 2: Einsamkeit als Funktion des Bindungsstils

Es ist naheliegend anzunehmen, daß *Einsamkeit und Depression* positiv zusammenhängen. In Übereinstimmung mit dieser Hypothese wurde festgestellt, daß beide Merkmale positiv korrelieren (Weeks, Michela, Peplau & Bragg, 1980; Lordell & Perlman, 1986). Die gemeinsame Basis von Einsamkeit und Depression scheint in der Erfahrung von *Hilflosigkeit* in der Interaktion mit anderen Personen zu liegen (Abschnitt II.6.1.2.), die subjektiv mit stabilen persönlichen Fehlern und Defiziten erklärt wird (Thomas, 1985).

Nach Bowlby (1980) läßt sich das Gefühl der Hilflosigkeit auf Erfahrungen in der Familie zurückführen, wobei die Zurückweisung durch die Eltern bei fortlaufend bestehendem Bindungsstreben entscheidend ist. Diese *Verlusterfahrung* läßt ein idiosynkratisches Schema (inneres Arbeitsmodell) entstehen, das auf spätere Verlusterfahrungen angewandt wird.

Dieses Schema beinhaltet eine Abwertung des Selbst und u.U. auch eine Abwertung anderer Personen. Einsamkeit hängt dementsprechend auch mit einem niedrigen Selbstwertgefühl, Schüchternheit, sozialer Ängstlichkeit und einer abwertenden Sichtweise anderer Menschen zusammen (Jones, 1982; Thomas, 1985).

Der Zusammenhang von Depression und Einsamkeit kann z.T. durch die interpersonellen Folgen der Entwicklung von Depression erklärt werden. Häufig reagieren Bezugspersonen auf eine depressive Entwicklung zunächst mit verständnisvoller Zuwendung und später, wenn die Depression fortbesteht, mit Zurückhaltung und Distanz (Coates & Wortman, 1980). Durch dieses Vermeidungsverhalten gegenüber depressiven Personen kann deren Einsamkeit erhöht werden, weil Bezugspersonen nicht mehr in dem Ausmaß zur Interaktion bereit sind, wie das vor der Entstehung der Depression der Fall war.

18

1.2. Wenn Gefahr droht

Die Anwesenheit von Bezugspersonen erhöht die Selbstsicherheit im Verhalten der Kleinkinder (s. oben). Das gilt insbesondere in potentiell bedrohlichen Situationen. Aber nicht nur das Kleinkind ist mit solchen Situationen konfrontiert. Auch in der Umwelt der Jugendlichen und Erwachsenen gibt es immer wieder Situationen, die neu, unüberschaubar und gefährlich zu sein scheinen. Zwar nimmt mit zunehmender kognitiver Kompetenz – mit der Fähigkeit, in Begriffen zu denken, Zusammenhänge zu rekonstruieren und logische Ableitungen durchzuführen – die Vorhersehbarkeit der Umwelt zu, aber bedrohliche Situationen treten immer wieder auf.

Bedrohung kann psychisch oder physisch sein. Die Gefahr einer Verletzung oder die Beeinträchtigung des Selbstwertgefühls stellen Belastungssituationen dar, die eine Streßerfahrung auslösen können. Wie sehen Bewältigungstechniken bei Streß aus? Findet sich bei Erwachsenen ein Zusammenhang zwischen Streßerfahrung und Gesellung? Nach der Beantwortung dieser Frage befassen wir uns mit der Theorie der sozialen Vergleiche, die wesentliche Anstöße zur Erforschung der Gesellung in bedrohlichen Situationen geliefert hat.

Die Frage nach dem Zusammenhang zwischen Gesellung und Streß kann mit Hilfe eines Untersuchungsansatzes beantwortet werden, der bei den Versuchsteilnehmern in glaubwürdiger Weise die Erwartung hervorruft, daß sie einer bedrohlichen Situation entgegensehen, um ihnen dann die Gelegenheit zu geben, allein oder in Gesellschaft zu warten (s. Box U2).

Box U2: Gesellung unter Streß: Untersuchungsverfahren und erste Ergebnisse

Schachter (1959) erzeugte – mit viel Sorgfalt auch im Detail – eine furchterregende Situation. Studentinnen, die sich durch Teilnahme an Experimenten Pluspunkte für die Abschlußklausur ihres Kurses sichern konnten, wurden von Dr. Gregor Zilstein begrüßt, der sich als Mitglied der Medizinischen Fakultät, Abteilung Neurologie und Psychiatrie, vorstellte und hinzufügte: »Ich habe Sie alle gebeten, heute zu kommen, um als Versuchspersonen in einem Experiment, das sich mit Effekten von Elektroschocks beschäftigt, zu dienen«.

Keine Frage, diese Einleitung und weitere Erläuterungen in Verbindung mit Zilsteins Stethoskop, das aus seiner Tasche heraushing, dürften ihre furchterregende Wirkung nicht verfehlt haben. Im Raum standen auch verschiedene elektrische Gerät-schaften, die die Ernsthaftigkeit der Ankündigung unterstrichen. Dr. Zilstein schloß mit der Bemerkung: »Lassen Sie mich auch jetzt wieder ehrlich sein und Ihnen sagen, daß diese Schocks ziemlich schmerzhaft sein werden, aber sie werden natürlich keinen dauerhaften Schaden verursachen«.

Vor Beginn des angekündigten Experiments hatten die Teilnehmerinnen die Wahl, entweder allein oder zusammen mit anderen zu warten (oder anzugeben, daß es ihnen egal sei). 20 von 32 Mädchen (63%) wählten die Alternative »gemeinsam«, während in einer Kontrollgruppe, in der keine Furcht induziert wurde, nur 10 von 30 (33%) diese Alternative ankreuzten. Dieses Ergebnis unterstützt die Hypothese, daß Streß eine Neigung zu Gesellung hervorruft.

Schon die ersten Experimente zur Gesellung unter Streß ergaben Hinweise darauf, daß das Streben nach Interaktion mit anderen Personen nicht allgemein (also auf beliebige Gesprächspartner bezogen), sondern gerichtet ist. Eine Steigerung des Wunsches, unter Streß Gesellschaft zu haben, wurde nur beobachtet, wenn sich die andere Person in einer *ähnlichen Situation* befand wie man selbst. Daraus wurde gefolgert: »Jammer liebt nicht irgendeine Art von Gesellschaft, sondern nur jammernde Gesellschaft« (Schachter, 1959, S. 24).

Die *Gerichtetheit der Gesellung* wurde auch in einer späteren Untersuchung unter Beweis gestellt (Zimbardo & Formica, 1963), die im Unterschied zu den Untersuchungen von Schachter mit Männern durchgeführt wurde. Durch Ankündigung von Elektroschocks wurde bei einem Teil der Studenten ein hohes Ausmaß von Furcht induziert. In einer Warteperiode konnten die Studenten in einer Bedingung mit einer anderen Person zusammentreffen, die auf dasselbe Experiment wartete, und in einer anderen Bedingung mit einer Person, die das Experiment schon absolviert hatte und sich somit nicht in einer ähnlichen Lage wie die Studenten befand. Während bei Ähnlichkeit der Lage mit 94% Gesellung ein sehr hoher Wert erzielt wurde, war der entsprechende Wert bei Unähnlichkeit der Lage deutlich geringer (61%). Dieser Prozentsatz war vergleichbar mit der relativen Häufigkeit von geselligen Wahlen in einer Kontrollgruppe, in der wenig Furcht erzeugt wurde und die Möglichkeit bestand, mit einer Person zusammenzutreffen, die auf dasselbe Experiment wartete (nämlich 70%).

Die Annahme liegt nahe, daß man sich dann unter Streß gesellig zeigt, wenn man sich davon eine Furchtreduktion verspricht. Eine andere Möglichkeit besteht darin, daß man darauf hofft, sich durch das Zusammensein mit anderen Personen Klarheit über die eigene Lage verschaffen zu können. Die unerwartete Bedrohung kann leicht verunsichernd wirken, weil man mit entsprechenden Situationen keine Vorerfahrung besitzt. Aus Unsicherheit darüber, wie man die eigenen Gefühle interpretieren sollte, ob man sehr ängstlich oder einigermaßen gefaßt reagieren kann, sollte der Wunsch nach einem *sozialen Vergleich* entstehen. Ein solcher Vergleich ist insbesondere dann möglich, wenn man mit solchen Personen zusammentrifft, die das gleiche Schicksal erwarten wie man selbst. Schon durch die Beobachtung von Mimik und Gestik, der Unruhe oder Gelassenheit des anderen könnte man Schlüsse darauf ziehen, wie andere auf das bedrohliche Ereignis reagieren.

Furchtreduktion und sozialer Vergleich werden als die beiden zentralen Prozesse angesehen, die zu geselligem Verhalten in Streßsituationen führen (Schachter, 1959). Ohne Frage ist die Bedeutung von sozialen Vergleichen bei Kleinkindern relativ gering, da sie kognitiv nicht bewältigt werden können. Erst wenn die kognitive Entwicklung eine höhere Stufe erreicht hat, besteht die Möglichkeit, daß soziale Vergleiche als Determinante der Gesellung wirksam werden (Maccoby & Masters, 1970; Boggiano & Ruble, 1979; Ruble, Boggiano, Feldman & Loebl, 1980). Im folgenden wenden wir uns zunächst einmal der Furchtreduktion als einer zentralen Funktion von Gesellung zu, um im Anschluß daran auf die Bedeutung sozialer Vergleiche zurückzukommen.

1.3. Furchtreduktion: Seid nett zueinander!

In den Affenversuchen von Harlow und seinen Mitarbeitern wurde ein aufschlußreiches Verhaltensmuster beobachtet (Rosenblum & Harlow, 1963). Wenn im Kontext von belohnenden Erfahrungen gelegentlich negative Verstärkungen gegeben wurden, fand sich eine Steigerung des Annäherungsverhaltens an das Bezugsobjekt im Vergleich zu nicht bestraften Affen. (Als Bezugsobjekt diente eine »Surrogatmutter« aus Stoff.) Vermutlich kommt der Effekt dadurch zustande, daß die Affen als Reaktion auf die Streßerfahrung, die durch Bestrafung ausgelöst wurde, mit Bindungsverhalten reagieren (Maccoby, 1980).

Wer in Angst und Schrecken versetzt wird, könnte sich von der Gesellschaft mit anderen, die sich in der gleichen Situation befinden, eine Beruhigung erhoffen. Das ist natürlich nur dann zu erwarten, wenn sich die anderen nicht überängstlich und erregt verhalten. In diesem Zusammenhang erscheint es nicht verwunderlich, daß in Angst versetzte Studentinnen es vermeiden, zusammen mit einer hoch ängstlichen Person zu warten (Rabbie, 1963). Berkowitz (1969, S. 63) stellt dazu fest: »Jammer bevorzugt jammervolle Gesellschaft, so lange sie nicht zu jammervoll ist.«

Wird in einer wartenden Gruppe, die mit einer Bedrohung konfrontiert ist, Angst tatsächlich reduziert? Andere Personen, mit denen zusammen auf ein unangenehmes Ereignis gewartet wird, können als ruhige Modelle fungieren. Es gibt gute Belege dafür, daß ruhige Modelle in bedrohlichen Situationen Ängstlichkeit reduzieren, sei es wenn ängstliche Kinder mit einem Cockerspaniel spielen (Bandura, Grusec & Menlove, 1967) oder wenn Schlangenphobiker sich an eine lebende Schlange annähern (Bandura, Blanchard & Ritter, 1969). Ein direkter Test anhand von Selbsteinschätzungen der Ängstlichkeit und physiologischen Messungen zeigt, daß ruhige Modellpersonen eine Erregungsreduktion in einer furchterregenden Wartesituation herbeiführen können (Box U3).

Box U3: Ruhige Modelle reduzieren die Erregung in furchteinflößenden Situationen

Die lerntheoretische Forschung hat das gut gesicherte Ergebnis erbracht, daß bei hoher Angst die Leistung bei einfachen Paarassoziations-Aufgaben verbessert wird, während die Leistung bei komplexeren Aufgaben im Vergleich zu niedriger Angst beeinträchtigt wird (z.B. Spence, Taylor & Ketchel, 1956).

Dieser Effekt läßt sich mit der Analyse der Gesellung in Zusammenhang bringen (Kiesler, 1966). Furchterregte Kinder schnitten bei einfachen Aufgaben schlechter und bei komplexen Aufgaben besser ab, wenn andere Kinder anwesend waren. Die Anwesenheit anderer sollte die Erregung reduzieren und nach den Ergebnissen von Spence, Taylor & Ketchel (1956) sollte eine Herabsetzung der Erregung förderlich für die Bewältigung komplexer Aufgaben sein und beeinträchtigend bei

der Lösung einfacher Aufgaben. Diese Zusammenhänge ermöglichen es, ein direktes Verhaltensmaß für die ängstliche Erregung zu verwenden. Statt wie Schachter (1959) ausschließlich auf Selbsteinschätzungen der Ängstlichkeit zurückgreifen zu müssen, besteht damit die Chance, über den Lernerfolg bei einfachen und komplexen Aufgaben einen zusätzlichen Indikator zu verwenden.

Amoroso & Walters (1969) gaben sich mit dieser Verbesserung noch nicht zufrieden. Sie setzten auch noch physiologische Messungen (des Herzschlags) ein, um ein direktes Maß der Erregung im Kontext der Geselligkeit zu erhalten.

Sie untersuchten die Hypothese, daß Frauen, die Elektroschocks erhalten und dann mit anderen Personen warten, eine stärkere Furchtreduktion zeigen als Frauen, die nach der Furchterregung allein warten müssen. Um diese Hypothese zu prüfen, unterteilten sie ihren Versuch in drei Phasen:

- erste Lernphase, in der 12 einfache Paarassoziationen viermal durchgearbeitet wurden und nach jedem Durchgang ein schmerzhafter Schock (bei einem Teil der Studentinnen) verabreicht wurde,
- Wartephase, in der die Studentinnen entweder allein oder mit drei anderen Personen (die angeblich an demselben Versuch teilnahmen, in Wirklichkeit aber Verbündete des Versuchsleiters waren) acht Minuten lang schweigend warteten, bis der Lernversuch fortgesetzt werden konnte,
- zweite Lernphase, in der sechs einfache und sechs schwierige Paarassoziationsaufgaben vierfach vorgelegt wurden, ohne daß weitere Schocks erfolgten.

Um möglichst starke Effekte zu erhalten, wurden erstgeborene Studentinnen für den Versuch angeworben. Das ist die Personengruppe, die bei Schachter (1959) den stärksten Effekt der Gesellung gezeigt hatte. In dem Versuchsplan wurden zwei Faktoren variiert:

- ein Teil der Studentinnen wurde geschockt (und andere nicht),
- und ein Teil wartete allein (und andere gemeinsam).

In den Lernleistungen der letzten Phase zeigten sich zwar keine besseren Leistungen in der Schockgruppe, in der allein gewartet worden war, bei leichten Aufgaben, wohl aber bessere Leistungen in der Schockgruppe, in der gemeinsam gewartet worden war, bei schwierigen Aufgaben (31% vs. 15% richtige Antworten, s. Tab. 1).

Tabelle 1: Mittlerer Prozentsatz korrekter Lösungen in der zweiten Lernphase

Aufgaben- schwierig- keit	Schock- bedin- gung	Wartebedingung Ge- sellig	Allein
Leichte	Mit	88.7	84.7
Aufgaben	Ohne	85.1	86.9
Schwere	Mit	30.7	15.3
Aufgaben	Ohne	26.7	25.3

Beachte: Die für die Hypothese relevanten Vergleiche sind zeilenweise angeordnet. Während ohne Schock wie erwartet keine Unterschiede auftreten, zeigt sich in der dritten Zeile eine größere Lernleistung bei geschockten Personen, die gesellig gewartet haben. Der erwartete Unterschied zugunsten der Allein-Wartenden bei leichten Aufgaben in der geschockten Personengruppe tritt nicht auf (s. erste Zeile).

Anhand der Selbstbeurteilung der Ängstlichkeit wurde festgestellt, daß in den Schockgruppen eine größere Furchtreduktion festzustellen war, wenn gesellig statt allein gewartet wurde (vgl. Wrightsman, 1960). Diese Ergebnisse weisen in dieselbe Richtung wie die Verhaltensdaten, was für die Validität der Selbsteinschätzung spricht.

Schließlich ergab sich für die physiologischen Messungen, daß in den Schockgruppen am Ende der Wartephase die Erregung höher war, wenn allein statt gesellig gewartet worden war. Auch diese Messungen sprechen dafür, daß Gesellung unter Streß die Erregung reduziert. In den jeweiligen Vergleichsgruppen, in denen kein Streß erzeugt wurde, fanden sich keine bedeutsamen Unterschiede in den Indikatoren der Ängstlichkeit in Abhängigkeit von der Gesellung. Das spricht dafür, daß Gesellung nur dann Erregung reduziert, wenn unter Streß eine Erhöhung des Erregungsniveaus eingetreten ist. In einer späteren Untersuchung wurden die physiologischen Ergebnisse repliziert, u.z. mit männlichen Studenten (Friedman, 1981).

1.4. Wenn es peinlich wird

Im Alltag gibt es Fälle, in denen Personen, die unter Streß geraten, in die Einsamkeit flüchten, um mit niemandem über ihre Probleme sprechen zu müssen. In Box T1 wird eine theoretische Unterscheidung zwischen Angst und Furcht durchgeführt, die diese Verhaltensweisen verständlich machen kann.

Box T1: Furcht vs. Angst

In seiner 25. Vorlesung unterscheidet Freud (1977, S. 310) zwischen Angst und Furcht: »Ich meine nur, Angst bezieht sich auf den Zustand und sieht vom Objekt ab, während Furcht die Aufmerksamkeit gerade auf das Objekt richtet.« Davon ausgehend trennt Freud im weiteren zwischen *neurotischer Angst,* die als Reaktion auf eine innere Gefahr entsteht, die wie eine äußere Gefahr behandelt wird, und *Realangst* (Furcht) als Reaktion auf äußere Gefahren.

In der 32. Vorlesung (Freud, 1978) differenziert Freud seine Auffassung über die Angst weiter, indem er die Abhängigkeiten des Ichs von Außenwelt, Es und Über-ich beschreibt und feststellt, daß die Realangst durch äußere Gefahren ausgelöst wird, die neurotische Angst durch das Es und die Gewissensangst durch das Über-ich. Er revidiert seine Auffassungen insofern, als er nun glaubt (S. 72): »Nicht die Verdrängung schafft die Angst, sondern die Angst ist früher da, die Angst macht die Verdrängung.«

Diese kurze Darstellung von zwei Versionen der Angsttheorie ist erforderlich, um zu verstehen, wie Sarnoff & Zimbardo (1961) dazu kommen, die Schachtersche Prognose unter bestimmten Bedingungen einfach umzukehren. Sie behaupten nämlich, daß Angst (verstanden im Sinne der oben zitierten »neurotischen Angst«) dazu führt, daß das Streben nach Gesellung reduziert wird, während Furcht (verstanden im Sinne der »Realangst«) das Streben nach Gesellung erhöht (wie es auch von Schachter angenommen wurde).

Die Umkehrung der Schachterschen Voraussage beruht auf der Vermutung, daß Angst ein Streben nach Isolation hervorruft, um unerwünschte emotionale Gefühle vor anderen zu verbergen. Man möchte es vermeiden, wegen seiner »irrationalen« Ängste zur Zielscheibe für Spott und Hohn zu werden und auf diese Weise »sein Gesicht zu verlieren« (Maccoby & Masters, 1970). Lieber verheimlicht man seine »geheimen« Ängste, statt sie offen zu zeigen.

Sarnoff & Zimbardo (1961) konnten die Hypothese bestätigen, daß nur Furcht eine Gesellungstendenz hervorruft, während Angst eher in die Einsamkeit führt. In ihrer Untersuchung wurde Angst ausgelöst, indem einem Teil der Studenten mitgeteilt wurde, sie sollten an verschiedenen Gegenständen (wie Baby-Flaschen mit Schnullern oder Schutzläppchen für die Brust während des Stillens) saugen.

Weitere Untersuchungen haben bestätigt, daß Angst und Furcht unterschiedliche Konsequenzen für die Gesellung haben. Die Zusammenhänge entsprechen – unter Einbeziehung der Gerichtetheitshypothese – den Erwartungen (Firestone, Kaplan & Russell, 1973; Abb. 3):

- Bei hoher Furcht ist die Gesellung größer, wenn man mit Personen zusammenkommt, die das gleiche Schicksal erwarten wie man selbst (67%), als wenn es Personen sind, die an einem anderen Experiment teilnehmen (45%).
- Bei hoher Angst ist die Gesellung höher (66%), wenn man mit Personen, die ein anderes Schicksal haben als man selbst, zusammenkommt, während Personen, die das gleiche Experiment erwarten und somit in einer ähnlich »lächerlichen« Situation sind, weniger präferiert werden (37%).

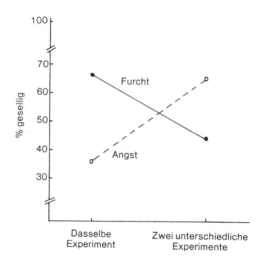

Abbildung 3: Gesellung in Abhängigkeit von dem Typ emotionaler Erregung (nach Firestone, Kaplan & Russell, 1973)

Beachte: Die Versuchsteilnehmer erwarteten entweder, daß ihr potentieller Wartepartner an demselben Experiment wie sie selbst teilnehmen würde oder an einem anderen Experiment.

Angst reduziert also nicht generell die Gesellung, sondern verändert ihre Richtung. Es sei noch erwähnt, daß die Ergebnisse in Abb. 3 auch die Resultate von Sarnoff & Zimbardo replizieren, insofern die Gesellung bei ähnlichem Schicksal in der Furcht-Bedingung höher liegt als in der Angst-Bedingung.

Aus der Analyse von Freud kann man die Folgerung ableiten, daß die Aufmerksamkeit der Personen in einer Furcht-Situation nach außen gerichtet sein wird, während sie in einer Angst-Situation mehr nach innen gerichtet ist. Diese Annahme erhielt in einer Untersuchung von Friedman (1981) Unterstützung. Solche Ergebnisse passen gut zu der Annahme Freuds, daß Angst (»neurotische Angst«) als Signal auf eine innere Gefahr zu verstehen ist, während Furcht (»Realangst«) »eine Reaktion auf die Wahrnehmung einer äußeren Gefahr, d.h. einer erwarteten vorhergesehenen Schädigung« (Freud, 1977, S. 309) ist. Angst bewirkt, daß die Aufmerksamkeit vom Objekt abgewendet wird, während Furcht eine Zuwendung der Aufmerksamkeit auslöst.

1.5. Soziale Vergleiche

You don't know where you belong
You should be more careful as you follow blindly along
To find something to swear to
You Don't Know, Sisters of Avalon, Cindy Lauper

Eine weitere Determinante der Gesellung sind soziale Vergleiche, die im folgenden ausführlicher analysiert werden. Dabei wird zwischen abwärts-gerichteten und aufwärts-gerichteten Vergleichen unterschieden. Beide werden in einer integrativen Theorie der Aufrechterhaltung des Selbstwertes miteinander verbunden. Abschließend wird die Frage besprochen, wieso gleichermaßen eine Präferenz für abwärts-gerichtete und aufwärts-gerichtete Vergleiche festgestellt wurde.

Luhmann (1973) weist darauf hin, daß *Unsicherheit* im Hinblick auf zukünftige Entwicklungen ein wichtiger Bestandteil der sozialen Wirklichkeit ist. Unsicherheit ist aber auch in der Gegenwart weit verbreitet. Wie soll sich ein Schüler bei seinem ersten Theaterbesuch verhalten? Was bedeutet es, wenn es in der jungen Ehe kriselt? Wie kann eine schwere Krankheit bewältigt werden?

Festinger (1954) nimmt an, daß auf der Basis von Unsicherheit das Bedürfnis nach sozialen Vergleichen entsteht. Die nachfolgende Forschung steht mit dieser Annahme in Übereinstimmung, z.B. im Bereich enger Beziehungen (Van Yperen & Buunk, 1994).

In Box A1 und A2 werden zwei Beispiele für die Wirkung sozialer Vergleiche gegeben, die sich auf enge Beziehungen und Leistungsverhalten beziehen. Im Anschluß daran werden soziale Vergleiche in kognitiven Emotionstheorien dargestellt, um dann zentrale Hypothesen der Theorie der sozialen Vergleiche zu erläutern. Zwar ist es schwierig, eine einheitliche Theorie sozialer Vergleiche zu entwickeln (Kruglanski & Mayseless, 1990), aber es deuten sich doch Merkmale einer umfassenden Theorie sozialer Vergleiche an.

Box A1: Unsicherheit in der Ehe und emotionale Vergleiche

Wie gerne möchten Sie mit anderen darüber sprechen, wie die Dinge in Ihrer Beziehung laufen? Diese Frage wurde 632 verheirateten Niederländern und Niederländerinnen gestellt, die zum großen Teil über eine Zeitungsannonce zur Mitarbeit gewonnen wurden. Sie konnten ihre Antwort auf einer 5-Punkte Skala ankreuzen, die von 1 (überhaupt nicht) bis 5 (sehr gerne) reichte.

Die Hypothese von Buunk, Van Yperen, Taylor & Collins (1991) lautete, daß die Zustimmung zu dieser Frage zum Streben nach Gesellung bei denjenigen größer ist, die unsicher darüber sind, wie die Dinge in ihrer Beziehung laufen (vgl. Gerard, 1963, für einen experimentellen Beleg). Die Befragten wurden in drei Gruppen eingeteilt: nicht unsicher, etwas unsicher, sehr unsicher.

Das Streben nach Gesellung wurde in Abhängigkeit von der erlebten Unsicherheit analysiert. In Abb. 4 sind die Ergebnisse getrennt für Männer und Frauen dargestellt. Das Streben nach Gesellung nimmt mit der Unsicherheit zu. Das gilt besonders für Frauen.

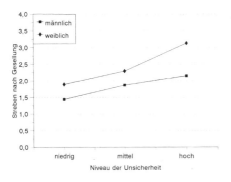

Abbildung 4: Streben nach Gesellung in Abhängigkeit von der Unsicherheit über die Beziehung (nach Buunk, Van Yperen, Taylor & Collins, 1991).

Box A2: Soziale Vergleiche in der Schulklasse

Viele soziale Situationen sind für Beobachter nicht eindeutig zu interpretieren. Das gilt z.B. für viele Leistungssituationen. Was bedeutet es, wenn man in einer Prüfung einen Wert von »10« erzielt? Um diese Frage zu beantworten, können z.B. die folgenden Informationen eingeholt werden:

● Was war der durchschnittliche Testwert?
● Wie viele Personen erhielten bessere Testwerte?
● Was war der häufigste Testwert?

In Prüfungssituationen sind das die drei Fragen, an denen das größte Interesse besteht (Suls & Tesch, 1978).

Soziale Vergleiche beeinflussen die Bewertung von schulischen Leistungen, die sich teilweise an einem individuellen Maßstab (Vergleich mit eigenen früheren Leistungen) und teilweise an einem sozialen Maßstab (Vergleich mit dem Durchschnitt der Vergleichsgruppe, im allgemeinen der Schulklasse) orientiert (vgl. Rheinberg, 1980; 1982). Im zweiten Fall kann von einer *sozialen Bezugsnorm-Orientierung* gesprochen werden, im ersten Fall von einer *individuellen Bezugsnorm-Orientierung*. Die soziale Bezugsnorm entspricht einer Betonung des Vergleichs unter Personen (*Konsensus*-Information im Sinne der Attributionstheorie, vgl. Abschnitt III.3.2.), die individuelle Bezugsnorm entspricht einer Akzentuierung des Vergleichs mit früheren Leistungen (*Konsistenz*-Information im Sinne der Attributionstheorie).

Lehrer unterscheiden sich in dem Ausmaß, in dem sie eine soziale Bezugsnorm-Orientierung und eine individuelle Bezugsnorm-Orientierung vertreten. Eine individuelle Bezugsnorm-Orientierung scheint günstige motivationale Effekte auf das Lernen der Schüler auszuüben, da sie weniger prüfungsängstlich sind und Mißerfolge weniger mit geringer Fähigkeit erklären, wenn der Lehrer eine individuelle Bezugsnorm-Orientierung bevorzugt.

Die individuelle und soziale Bezugsnorm-Orientierung erlaubt es den Schülern, ihre Leistung zu bewerten. Zwar scheint eine individuelle Bezugsnorm-Orientierung der Schüler aus motivationalen Gründen wünschenswert zu sein, aber im schulischen Alltag übt der soziale Vergleich mit relevanten Bezugsgruppen einen großen Einfluß aus. Das zeigt sich z.B., wenn die Auswirkungen der Klassenzugehörigkeit auf die Selbsteinschätzung im Leistungsbereich und auf das Selbstwertgefühl untersucht wird.

Wenn nach der leistungsbezogenen Selbsteinschätzung von Schülern in verschiedenen Schultypen gefragt wird, um Bezugsgruppeneffekte zu ermitteln, ergeben sich Hinweise auf die Auswirkungen sozialer Vergleiche (Schwarzer, 1979). Schlechte Gymnasiasten schätzen sich – ausgehend von der Klasse als einer *Bezugsgruppe mit kleiner Reichweite* – in verschiedenen Merkmalen (Erfolgszuversicht, Leistungsängstlichkeit, Einstellung zu Schule und Lernen) negativer ein als gute Haupt- oder Realschüler, deren Selbsteinschätzung mit der der guten Gymnasiasten übereinstimmt.

Dieser Bezugsgruppeneffekt läßt vermuten, daß nicht alle Schüler gleichermaßen von dem Übergang zwischen Grundschule einerseits und Hauptschule, Realschule und Gymnasium andererseits profitieren, da sich der relative Rangplatz der Schüler durch den Übergang erheblich verändern kann. Schüler, die in der Grundschule im mittleren oder unteren Leistungsbereich lagen, erreichen auf der Hauptschule wesentlich günstigere Rangplätze, während Schüler aus der oberen Hälfte der Verteilung am Gymnasium häufig erhebliche Einbußen in ihrem leistungsbezogenen Rangplatz im Klassenverband hinnehmen müssen. Während der Übergang auf das Gymnasium als solcher das Selbstwertgefühl fördern sollte, könnte die nachfolgende Rangplatzverschlechterung zu einer Beeinträchtigung des Selbstwerts beitragen. Umgekehrt könnte der Verbleib in der Hauptschule zunächst Selbstwert beeinträchtigend wirken, während durch die nachfolgende Rangplatzverbesserung eine Steigerung des Selbstwertgefühls ausgelöst werden könnte (Schwarzer & Jerusalem, 1982).

Genauere Auskunft über diese erwarteten Bezugsgruppeneffekte je nach Schultyp gibt eine Untersuchung, in der 436 Hauptschüler und 521 Gymnasiasten der fünften und achten Klasse im Hinblick auf ihr Selbstwertgefühl untersucht wurden (Schwarzer & Jerusalem, 1982), das mit einer 11-Item-Skala erfaßt wurde, die z.B. die Feststellung enthielt: »Ich wollte, ich könnte von mir eine bessere Meinung haben«. Generell zeigte sich, daß das Selbstwertgefühl um so größer war, je besser die erreichten Noten waren. Erwartungsgemäß ergab sich zwischen dem fünften und achten Schuljahr bei Hauptschülern und Gymnasiasten ein *gegenläufiger* Trend: Hauptschüler der achten Klasse wiesen einen günstigeren Selbstwert auf als solche der fünften Klasse, während Gymnasiasten der achten Klasse ein negativeres Selbstwertgefühl zum Ausdruck brachten als solche der fünften Klasse (s. Abb. 5).

Der unterschiedliche Verlauf der Profile in Abb. 5 läßt sich dadurch erklären, daß der Schulwechsel in der Tendenz dazu führt, daß sich die Rangplätze der Gymnasiasten verschlechtern, während sich die Rangplätze der Hauptschüler verbessern (relativ zu den Rangplätzen in der Grundschule). Diese Effekte sind unmittelbar nach dem Schulwechsel noch nicht sichtbar und manifestieren sich erst, nachdem Erfahrungen mit der neuen Leistungsverteilung gemacht worden sind.

Abbildung 5: Selbstwertgefühl in Abhängigkeit von Schultyp, Klassenstufe und Mathematiknote (nach Schwarzer & Jerusalem, 1982)

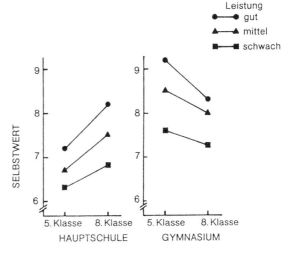

Diese Ergebnisse sind auch insofern aufschlußreich, als sie verdeutlichen, daß das Selbstwertgefühl sozial vermittelt ist. In Abschnitt III.2.2.1. werden wir uns ausführlicher mit der sozialen Beeinflussung des Selbstwertgefühls befassen.

1.5.1. Soziale Vergleiche in kognitiven Emotionstheorien

Eine Zusammenstellung von Gefühlszuständen verweist auf die *Vielfältigkeit von Gefühlsqualitäten* (nach Reisenzein & Hofmann, 1990): Angst/Furcht, Ärger/Wut, Eifersucht, Einsamkeit, Ekel/Abscheu, Enttäuschung, Erleichterung, Freude, Hoffnung, Hoffnungslosigkeit/Resignation, Liebe, Mitleid/Mitgefühl, Neid, Reue, Schuld, Stolz, Traurigkeit, Überraschung, Verlegenheit, Unzufriedenheit mit mir selbst und Verachtung. Auch eine Gruppierung von 135 Emotionsbegriffen nach Ähnlichkeit mit Hilfe einer hierarchischen Clusteranalyse läßt Vielfalt erkennen (Shaver, Schwartz, Kirson & O'Connor, 1987): *Liebe, Freude, Überraschung, Ärger, Traurigkeit, Furcht*. Diese primären Emotionen scheinen Basiskategorien der Emotionen darzustellen (vgl. Ekman, 1984).
Wie kommt es zu dieser großen Differenzierung im emotionalen Erleben? Es ist unwahrscheinlich, daß die physiologische Erregung so zahlreiche Varianten aufweist. Selbst wenn sich physiologische Unterschiede zwischen Emotionen finden (vgl. Schwartz & Weinberger, 1980), so sind sie doch eher gering und nicht geeignet, die Vielzahl von Emotionen zu erklären.
Schachter (1964) geht von der Annahme aus, daß soziale Vergleiche die kognitive Strukturierung von Gefühlen beeinflussen und daß die kognitiven »Labels« die Vielfältigkeit von Emotionen hervorrufen, wobei die physiologische Erregung als undifferenziert und variabel im Hinblick auf ihre Intensität angesehen wird (s. Box T2).

Box T2: Wie Emotionen entstehen

Kognitive Emotionstheorien gehen davon aus, daß ein soziales Bezugssystem zu berücksichtigen ist, um Gefühle zu verstehen. Maccoby & Masters (1970) geben ein anekdotisches Beispiel:
Während eines Überseeflugs geriet einer der Autoren in einen Sturm. Das Flugzeug traf auf ein Luftloch und wurde in die Tiefe gerissen. Viele der Passagiere empfanden eine ängstliche Erregung. Als das Flugzeug nach unten gerissen wurde, hob eine Mutter ihr 17 Monate altes Kind überschwenglich hoch, lächelte und rief: »Whee! Macht das nicht Spaß!«. Das Kind schien das Ereignis mit Vergnügen zu erleben.
Die *Kognitions-Erregungs-Theorie* (Schachter, 1964) geht davon aus, daß physiologische Erregungen relativ undifferenziert und hauptsächlich nach der Intensität unterscheidbar sind. Solche unspezifischen physiologischen Erregungen werden mit einem spezifischen »Label« verknüpft, und als Resultat entstehen Gefühle wie Euphorie oder Bedrücktheit. Das geeignete Label ergibt sich aufgrund von situativen Hinweisreizen, die es plausibel machen, eine Erregung in der einen oder anderen Weise zu interpretieren.
Die *Zwei-Faktoren-Theorie* (neben der Erregungskomponente wird der kognitiven Komponente eine entscheidende Bedeutung für die Entstehung von Gefühlen beigemessen) enthält drei zentrale Postulate:
● Physiologische Erregung, die unmittelbar aus dem Kontext heraus verständlich ist, erhält ein Label in Begriffen der vorhandenen Kognitionen.

- Bei klarer Einsicht in das Zustandekommen eines emotionalen Zustands (etwa wenn Adrenalin injiziert wird und man weiß, daß Adrenalin bestimmte physiologische Nebenwirkungen hat) wird kein Label anhand alternativer Kognitionen verwendet.
- Bei einer gegebenen kognitiven Strukturierung wird nur dann eine gefühlsmäßige Reaktion ausgelöst, wenn physiologische Erregung induziert worden ist.

In einem klassischen Experiment (Schachter & Singer, 1962) wurde demonstriert, daß man eine nicht eindeutig erklärbare Erregung, die durch ein pharmazeutisches Präparat ausgelöst wurde, entweder als Hochgefühl oder als Ärger deutet, je nachdem, welche Interpretation durch eine Vergleichsperson, die sich in derselben Situation befand, nahegelegt wurde. Wenn auch die theoretische Deutung dieser Ergebnisse nicht ganz unumstritten ist (vgl. Leventhal, 1974, 1980; Oswald, 1981; Zillmann, 1978), so steht doch außer Frage, daß der soziale Kontext die Qualität der Gefühle beeinflußt, die bei einer gegebenen physiologischen Erregung zustande kommt.

Die Zuschreibung eines Labels zu einer Erregung wurde von Reisenzein (1983) als Kausalattribution interpretiert. Aus diesem Ansatz folgt, daß eine Emotion (z.B. Ärger) das Resultat einer Erregung und von zwei Kognitionen ist: eine passende Kognition, die sich aus situativen Hinweisreizen ergibt (z.B. jemand beleidigt mich), und der Glaube an einen ursächlichen Zusammenhang zwischen dem wahrgenommenen Hinweisreiz und der Erregung (z.B. die Beleidigung regt mich auf).

Dieser Erweiterung der Theorie folgend ergibt sich das Ablaufschema der Entstehung einer Emotion, das in Abb. 6 dargestellt ist. In diesem Schema des Erlebens von Emotionen im Alltag wird davon ausgegangen, daß die situativen Hinweisreize, die die physiologische Erregung auslösen, gleichzeitig auch das Label nahelegen, mit dem die Erregung versehen wird (z.B. eine Beleidigung ruft eine Erregung hervor und legt auch die wahrgenommene Ursache für diese Erregung nahe). Außerdem wird unterschieden zwischen der physiologischen Erregung einerseits und der Wahrnehmung der Erregung, weil beide Größen nicht immer miteinander übereinstimmen müssen. Es kann z.B. sein, daß eine vorhandene physiologische Erregung nicht mehr wahrgenommen wird, weil sie relativ gering ist (vgl. Box U12).

Mit dem Ablaufschema für alltägliche emotionale Erlebnisse (Abb. 6A) läßt sich ein Ablaufschema für physiologische Erregung kontrastieren, die sich nicht unmittelbar aus den situativen Hinweisreizen erklärt. Das ist z.B. dann der Fall, wenn eine physiologische Erregung als unerwartete Nebenwirkung durch die Injektion eines Medikaments zustande kommt (wie in dem Versuch von Schachter & Singer, 1962). Bei der Auslösung einer solchen ungeklärten Erregung sollte ein *epistemischer Suchprozess* ausgelöst werden, um eine Ursache für die Erregung zu finden (s. Abb. 6B). Während die Prozesse, die im Alltag Emotionen hervorrufen, meist unbewußt ablaufen, ist zu vermuten, daß diese Suchprozesse meist bewußt stattfinden.

Die empirische Evidenz für die Theorie, die vor allem auf Studien zur Fehlattribution (vgl. Box U12) beruht, ist nur teilweise unterstützend. Das hängt vermutlich auch damit zusammen, daß ein Theorietest hohe Ansprüche an die experimentelle Realisierung adäquater Versuchsbedingungen stellt (Reisenzein, 1983). Die Theorie von Schachter ist die bekannteste der kognitiv orientierten Emotionstheorien, in denen angenommen wird, daß kognitive Prozesse Emotionen beeinflussen. Diese Theorien haben zwei Grundannahmen gemeinsam (Reisenzein & Hofmann, 1990):

- Emotionen hängen mit spezifischen kognitiven Einschätzungen zusammen (nach einer unerwarteten Beleidigung wird die physiologische Erregung z.B. anders interpretiert als nach einem unerwarteten Lob).
- Emotionsspezifische kognitive Labels setzen sich aus bestimmten Komponenten oder Dimensionen zusammen.

Eine weitergehende Ausdifferenzierung einer kognitiven Emotionstheorie, in der mehrere Komponenten berücksichtigt werden, findet sich in der Emotionstheo-

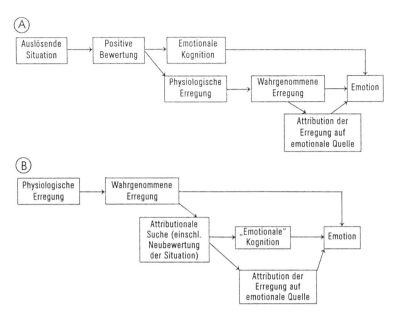

Abbildung 6: Ablaufschemen der Entstehung von Emotionen auf der Grundlage der Zwei-Faktoren-Theorie (nach Reisenzein, 1983)

rie von Scherer (1984). Er beschreibt mehrere sog. *Reiz-Bewertungs-Checks,* die eine kognitive Einschätzung von Reizen ermöglichen, die eine Emotion auslösen:

- *Orientierungsreaktion* in neuen und unerwarteten Situationen.
- Ist die Situation *erfreulich* oder *unerfreulich?*
- Dient die Situation der *Zielerreichung?*
- Ist die Situation erfolgreich zu bewältigen? Zur Beantwortung dieser Frage nach dem Coping werden *Attribution, Kontrollierbarkeit, Bewältigung von Hindernissen und Anpassungsmöglichkeiten* berücksichtigt.
- Schließlich tritt ein Check auf *Norm-bzw. Selbst-Kompatibilität* auf, in dem mögliche Handlungen mit normativen Standards oder Ansprüchen an sich selbst verglichen werden.

Nach diesem Modell wird die Emotion Schritt für Schritt differenziert, wobei spätere Checks zunehmend komplexe Prozesse beinhalten (vgl. auch Smith & Ellsworth, 1985). Dementsprechend ergibt sich die Annahme, daß unterschiedliche Emotionen in der Entwicklung des Kindes

zu verschiedenen Zeitpunkten auftreten. Eine Übersicht über acht Emotionen in Abhängigkeit von Reiz-Bewertungs-Checks gibt Tab. 2.

Reisenzein & Hofmann (1990) bestimmten inhaltsanalytisch anhand von Attributen, die zur Unterscheidung von emotionsauslösenden Situationen spontan von Beurteilern genannt wurden, verschiedene Dimensionen der kognitiven Einschätzung von Emotionen. Die Klassifikation führte zu zehn bedeutsamen Bewertungsdimensionen:

- *Valenz des Ereignisses* (erfreulich-unerfreulich, angenehm-unangenehm).
- Hinweise auf *Kausalität und Intentionalität* (z.B. ich schade mir selbst vs. andere schaden mir).
- Aspekte der *sozialen Beziehung* (insbesondere Mögen vs. Nichtmögen bzw. Vertrauen vs. Mißtrauen).
- *Zeitliche Verläufe* (z.B. Gegenwart vs. Zukunft, Beginn vs. Ende).
- Weitere Facetten sind die Bedeutung des Ereignisses (betroffen-nicht betroffen), die *moralische Bewertung bzw. die Verantwortungszuschreibung* (vgl.

30

Tabelle 2: Ontogenetische Entwicklung von Emotionen in Abhängigkeit von den Erfordernissen der Situationseinschätzung (nach Scherer, 1984, S. 314)

| Emotions-kategorien | Erstes Auftreten in Monaten | **Reiz-Bewertungs-Checks** | | | | |
		Neuheit	Erfreulich-keit	Ziel-erreich.	Coping	Norm-Vgl.
Schreck	0	x				
Unerfreulich	0		x			
Überraschung	1–3			x		
Freude	3–5			x		
Ärger	4–6			x	x	
Furcht	5–9			x	x	
Scham/Schuld	12–15					x
Verachtung	15–18					x

Beachte: Die für jede Emotion notwendigen Reiz-Bewertungs-Checks sind gekennzeichnet. Weiter links angeordnete Checks werden als dem Kind zugänglich angesehen, ohne daß ihnen eine zentrale Rolle für das Auftreten der jeweiligen Emotion zukommt.

Norm-/Selbst-Kompatibilität), die *Erwartungsbestätigung* (gewöhnlich-ungewöhnlich), *Aktivität vs. Passivität* (z.B. Initiative ergreifen oder nicht ergreifen), *wahrgenommene Kontrolle* (z.B. hilflos-selbstsicher) und *persönliche Betroffenheit* (z.B. bei Angst) vs. *Betroffenheit anderer* (z.B. bei Mitleid). Es liegt nahe, Dimensionen der kognitiven Einschätzung von Emotionen als Funktion unterschiedlicher Kontextbedingungen zu untersuchen (s. Tesser, 1988). So stellte sich z.B. heraus, daß die Valenz in Abhängigkeit von sozialen Vergleichen in Leistungssituationen variierte: Überlegenheit wird als angenehmer erlebt als Unterlegenheit, und zwar besonders dann, wenn der Unterschied in Bereichen auftritt, die für den eigenen Selbstwert relevant sind (vgl. Abschnitt II.1.5.5.).

1.5.2. Theorie sozialer Vergleiche nach Festinger

Wir haben schon gesehen, daß soziale Vergleiche Unsicherheit reduzieren und daß ähnliche Vergleichspersonen besonders geeignet sind. Diese Annahmen stehen im Mittelpunkt der Theorie sozialer Vergleiche, die in Box T3 in zwei aufeinander aufbauenden Versionen dargestellt wird. Im weiteren wird genauer analysiert, welche sozialen Vergleiche informativ sind und wie sich die Tendenz zur Selbstwerterhöhung auswirkt.

Box T3: Zwei Versionen der Theorie sozialer Vergleiche

Festinger (1954) formulierte seine Theorie sozialer Vergleiche mit dem Ziel, die Beeinflussung von Meinungen in Gruppen und die Bewertung von Fähigkeiten zu erklären. Dementsprechend wird in seiner ersten *Hypothese* postuliert (S. 117): »Im menschlichen Organismus besteht ein Trieb zur Bewertung seiner Meinungen und seiner Fähigkeiten.«

In der *zweiten Hypothese* wird hinzugefügt (S. 118): »In dem Ausmaß, wie objektive, nicht-soziale Mittel nicht zur Verfügung stehen, bewerten Menschen ihre Meinungen und Fähigkeiten durch Vergleich mit den Meinungen bzw. Fähigkeiten anderer.« Damit ergibt sich die *Zusatzannahme* (S. 119):

»Bei Fehlen eines physischen oder sozialen Vergleichs sind subjektive Bewertungen von Meinungen und Fähigkeiten instabil.«

In diesem Zusammenhang wird weiterhin angenommen, daß bei Vorhandensein eines objektiveren Vergleichsmaßstabs eher darauf verzichtet wird, Meinungen/Fähigkeiten auf der Basis eines sozialen Vergleichs zu bewerten. Auf diese Annahme folgt die *dritte Hypothese,* die eine vertrackte Aussage beinhaltet (S. 120):

»Die Tendenz, sich mit bestimmten anderen Personen zu vergleichen, nimmt ab, wenn die Differenz zwischen deren Meinungen und Fähigkeiten und der eigenen ansteigt.«

Diese Hypothese wird bei Meinungen durch die Annahme modifiziert, daß das Streben nach möglichst genauer Selbstbewertung in Gruppen einen Druck auf Uniformität der Meinungen hervorruft. Dieser *Uniformitätsdruck* bewirkt, daß mit einer Person, die eine abweichende Meinung vertritt, mehr kommuniziert wird (Berkowitz & Howard, 1959; Festinger & Thibaut, 1951; Schachter, 1951). Das gilt besonders dann, wenn der Uniformitätsdruck hoch ist (Festinger & Thibaut, 1951). Bleiben die Einflußversuche gegenüber der abweichenden Person erfolglos, kann es zu einem Ausschluß dieser Person aus der Gruppendiskussion kommen, so daß die Intensität der *Kommunikation* mit ihr abnimmt.

Die dritte Hypothese enthält einen gewissen Widerspruch (Goethals & Darley, 1977). Einerseits heißt es, daß der Vergleich durchgeführt wird zum Zweck der Bewertung des eigenen Standpunktes unter Zugrundelegen der Wahrnehmung der Standpunkte anderer Personen (Hypothese 2). Andererseits wird so getan, als ob dieser Vergleich schon einmal stattgefunden hat (gewissermaßen auf den ersten Blick), wenn in der dritten Hypothese davon die Rede ist, daß eine große Differenz in der Meinung oder Fähigkeit einen Vergleich unwahrscheinlich macht. Um die Differenz zu konstatieren, muß man zuvor schon einen Vergleich durchgeführt haben (der aber gerade in diesem Fall unwahrscheinlich sein soll).

Ein Ausweg aus diesem Dilemma ergibt sich mit Hilfe einer *weiteren Hypothese,* die von Festinger als achte Annahme aufgeführt wird (S. 133):

»Wenn Personen, die sehr divergent zu der eigenen Meinung oder Fähigkeit sind, als von sich selbst unterschiedlich wahrgenommen werden auf *Attributen, die mit der Divergenz konsistent sind,* wird die Tendenz, den Bereich der Vergleichbarkeit einzuschränken, stärker« (Betonung im Original).

Diese Trennung von Attributen und in Frage stehender Meinung läßt sich durch ein Beispiel veranschaulichen. So mag jemand, der den Republikanern angehört, die Meinung vertreten, daß Gastarbeiter bei schlechter Konjunktur ausgewiesen werden müssen. Das Attribut der Parteimitgliedschaft ist mit der Meinung konsistent. Es ist gut vorstellbar, daß die Klassifikation der Person als Republikaner einem Vergleich der Meinungen zeitlich vorausgeht. Wenn jemand seinen eigenen Standpunkt weit entfernt von dem Standpunkt der Republikaner sieht, sagt die Hypothese voraus, daß es unwahrscheinlich ist, daß er/sie die Meinung über die Gastarbeiter durch einen Vergleich mit der Meinung eines Mitglieds der Republikaner modifizieren wird.

Goethals und Darley machen sich in ihrer Neuformulierung der Ähnlichkeitshypothese die Unterscheidung von Attributen und Meinungen/Fähigkeiten zunutze, wenn sie formulieren (S. 265):

»Wenn eine Anzahl möglicher Vergleichspersonen gegeben ist, dann wird die für einen Vergleich gewählt, die – unter Berücksichtigung ihres Standpunkts in Bezug auf Charakteristika, die bezogen sind auf und vorhersagend sind für die Leistung oder Meinung – nahe der eigenen Leistung oder Meinung sein sollte.«

Diese Hypothese, die aus dem logischen Zirkel führt, ist mehr eine *Hypothese über relevante Attribute* als eine Ähnlichkeitshypothese (Wheeler & Zuckerman, 1977). Das ist eine wichtige inhaltliche Verschiebung, weil die Relevante-Attribute-Hypothese mit der Schlußfolgerung von Kruglanski & Mayseless (1990, S. 204) übereinstimmt, daß die Bezugspersonen, mit denen sich jemand vergleichen möchte, ganz unterschiedlich gewählt werden können: »Daher könnten Menschen unter bestimmten Bedingungen an vergleichenden Urteilen mit ähnlichen Anderen interessiert sein, während sie unter anderen Bedingungen an Vergleichen mit unähnlichen Anderen interessiert sein können.«

Nicht die tatsächliche Ähnlichkeit auf einer bestimmten Vergleichsdimension ist gemeint (z.B. Leistung in einer Prüfung, Bewältigung einer Krankheit), sondern das Vorhandensein relevanter Attribute, das einen Vergleich sinnvoll macht. So wird sich ein Unfallopfer mit anderen Unfallopfern vergleichen, wenn es seine Bewältigungsstrategien bewerten will, und nicht mit Astronauten, weil deren Bewältigungsstrategien in einem NASA-Shuttle im Hinblick auf ihre erfolgreiche Auseinandersetzung mit der Krankheit nicht sehr aufschlußreich sind. (Umgekehrt gilt für Astronauten, daß sie ihre Vergleiche gewinnbringend auf andere Astronauten beziehen werden.)

Eine Untersuchung zur Prüfung der Hypothese der relevanten Attribute wurde von Zanna, Goethals & Hill (1975) durchgeführt, die sich auf Fähigkeitsbewertungen von Studenten und Studentinnen nach der Bearbeitung eines Intelligenztests bezog. In einer Bedingung erfaßte der Test angeblich »Verbale Genauigkeit« und in einer zweiten Bedingung »Logisches Schlußfolgern«. Während die erste Bezeichnung mit *Geschlechtsrollen-Stereotypen* übereinstimmt, die besagen, daß Frauen den Test erfolgreicher bewältigen sollten als Männer, enthält die zweite Bezeichnung einen impliziten Hinweis auf männliche Überlegenheit bei der Testbearbeitung.

Nachdem eine Rückmeldung über den erreichten Testwert erfolgte (die ohne Kenntnis der Verteilung der Testwerte wenig besagte), konnten die Testprobanden wählen, aus welcher von 28 Bezugsgruppen sie Informationen über die Testwertverteilung erhalten wollten. Unter den Auswahlgruppen fanden sich z.B. Jurastudenten oder Studenten der Geschichte, und zwar jeweils die entsprechende Gruppe von Studenten und Studentinnen.

Aus der Relevanten-Attribute-Hypothese läßt sich ableiten, daß Studenten Bezugsgruppendaten bevorzugen sollten, die für Männer gültig sind, während Studentinnen Daten auswählen sollten, die Frauen charakterisieren. Das Geschlecht erscheint als ein relevantes Attribut für die Bewertung von Testergebnissen, weil aufgrund der mit dem *Stereotyp* verbundenen *Erwartungen* Männer und Frauen unterschiedlich gut abschneiden sollten. In der ersten Wahl bevorzugten 97% der Befragten Bezugsgruppendaten, die mit dem eigenen Geschlecht übereinstimmten.

Suls, Gastorf & Lawhon (1978) variierten neben dem Geschlecht auch das Alter der Bezugsgruppen (Jüngere, Gleichalte, Ältere). Die Befragten konnten unter verschiedenen Testwertverteilungen wählen, wobei sie eine erste und eine zweite Wahl hatten. In der ersten Wahl wurde der Vergleich mit der *gleich alten, gleichgeschlechtlichen Bezugsgruppe* bevorzugt (bei 81% der Männer, 86% der Frauen). In der zweiten Wahl bestand eine starke Tendenz, die Vergleichsdaten einer *gleich alten, gegengeschlechtlichen Vergleichsgruppe* anzufordern (bei 53% der Männer und 67% der Frauen).

Die Bedeutung der Ähnlichkeit für soziale Vergleiche zeigt sich in der Studie von Buunk et al. (1991) darin, daß sich 79% der Befragten mit ähnlichen anderen vergleichen wollten, 14% mit Personen, die eine bessere Ehequalität erreichten, und nur 7% mit Personen, die eine schlechtere Ehequalität aufwiesen.

Festinger (1954) geht über seine Ähnlichkeitshypothese hinaus, indem er postuliert, daß beim Vergleichsprozeß für *Fähigkeiten* zu berücksichtigen ist, daß es eine *einseitige Tendenz nach oben* gibt, die darauf beruht, daß man anstrebt, möglichst gut abzuschneiden (Hypothese 6, S. 124). Nimmt man die Ähnlichkeitsannahme hinzu, ergibt sich die Voraussage, daß die vergleichende Person sich auf einen Punkt auf dem Fähigkeits-Kontinuum hin orientiert, der etwas höher liegt als die eigene Leistung (Festinger, 1954, S. 126).

Die Untersuchungsergebnisse sind in diesem Punkt widersprüchlich (s. Gruder, 1977; Wheeler, Koestner & Driver, 1982;

Wills, 1981). Latané (1966) hat darauf hingewiesen, daß die einseitige Tendenz nach oben, wie sie für Fähigkeiten angenommen wird, auch darin zum Ausdruck kommen kann, daß man sich mit einer Bezugsperson vergleicht, die etwas schlechter als man selbst abgeschnitten hat. Eine weitere Klärung der Frage, wie sich aufwärts gerichtete Vergleiche auf das Selbstkonzept auswirken, wurde von Collins (1996) durchgeführt (Abschnitt II.1.5.3.).

Im folgenden wird die Relevante-Attribute-Hypothese weiter differenziert, indem zwischen sozialen Vergleichen bei Meinungen und Werten unterschieden wird. Dann folgt eine Gegenüberstellung von Situationen, in denen aufwärts gerichtete und abwärts gerichtete Vergleiche beobachtet werden.

Festinger (1954) wendet seine Theorie sozialer Vergleiche sowohl auf Fähigkeiten als auch auf Meinungen an, wobei er allerdings auf Unterschiede je nach Inhalt des Vergleichs hinweist. Diese Unterschiede werden von Goethals & Darley (1977) in einer *attributionsanalytischen Betrachtung* sozialer Vergleiche deutlicher herausgearbeitet.

Zunächst wird – in Übereinstimmung mit dem Einstellungskonzept von Jones & Gerard (1967) – zwischen *Werten* und *Meinungen* unterschieden. Werte lassen sich empirisch nicht belegen (z.B. »Griechenland ist schön«), während Meinungen prinzipiell prüfbare Hypothesen sind (z.B. »Wenn Kühe sich aufrichten, stellen sie sich zunächst auf die Vorderbeine«).

Untersuchen wir nun soziale Vergleiche im Hinblick auf ihren *Informationswert* in Abhängigkeit von der Unterscheidung zwischen Werten und Meinungen. Bei Werten ist es informativ festzustellen, ob eine andere Person, die auf einem relevanten Attribut ähnlich ist, übereinstimmt oder nicht übereinstimmt. Bei Unähnlichkeit ist ein Vergleich von Wertvorstellungen hingegen weniger informativ, da die Vergleichsperson unterschiedliche Ausgangsbedingungen hat bzw. andere Weltanschauungen besitzt, so daß fehlende Übereinstimmung in Werten eher die Regel als die Ausnahme sein sollte. In empirischen Untersuchungen wurde sogar die Tendenz beobachtet, daß Personen gezielt anstreben, weniger mit einer unähnlichen Vergleichsperson übereinzustimmen (Berscheid, 1966; Cooper & Jones, 1969), vermutlich um sich von dem Standpunkt der unähnlichen Person deutlich abzusetzen und einer Fehlklassifikation der eigenen Person durch *intendierte Divergenz* vorzubeugen.

Für Meinungen liegen die Dinge anders (Goethals & Darley, 1977): Wenn eine Person glaubt, daß Kühe sich zunächst auf die Vorderbeine stellen, wird diese Meinung wenig an Glaubwürdigkeit gewinnen, wenn ein Nachbar (der vielleicht auch noch nie eine Kuh gesehen hat) dasselbe glaubt. Wenn eine Vergleichsperson denselben Erfahrungshintergrund aufweist wie die Person, die sich ein Urteil bildet, ist sie nur bedingt zur Validierung von Meinungen geeignet.

Hingegen sollte es sehr informativ sein, wenn ein Nachbar, der aus Italien zugezogen ist, der eigenen Meinung zustimmt. Die Übereinstimmung mit unähnlichen Vergleichspersonen erhält ein hohes Gewicht, weil sie trotz der Unähnlichkeit zustande kommt. Auf der anderen Seite hat auch die Nichtübereinstimmung mit ähnlichen Vergleichspersonen ein großes Gewicht, weil sie trotz der Ähnlichkeit auftritt. In beiden Fällen wird das Gewicht der Information für die Urteilsbildung entsprechend dem attributionstheoretischen *Aufwertungsprinzip* (Ab-

34

schnitt III.3.1.) erhöht. Durch das Aufwertungsprinzip wird unmittelbar der diagnostische Wert einer Information über Meinungen gesteigert. Untersuchungen zeigen, daß Personen, die Hypothesen über die Höflichkeit oder Extraversion einer Zielperson prüfen sollen, solche Fragen bevorzugen, die einen hohen diagnostischen Wert besitzen (Trope & Bassok, 1983).

Schließlich wird angenommen, daß bei Fähigkeiten und Werten ähnliche Effekte in Abhängigkeit von der Ähnlichkeit auf relevanten Attributen auftreten. Hohe Ähnlichkeit macht den Vergleich informativer, Unähnlichkeit verringert den Informationswert des Vergleichs (entsprechend dem attributionstheoretischen *Abwertungsprinzip;* vgl. Abschnitt III.3.1.). Wie wir gesehen haben, ergibt sich demgegenüber bei Meinungen ein anderes Muster. Man kann sich besonders sicher fühlen, wenn eine unähnliche Vergleichsperson zustimmt, und man wird besonders verunsichert, wenn eine ähnliche Vergleichsperson nicht zustimmt.

Die Unterscheidung von Werten und Meinungen ist in vielen Bereichen anwendbar (Glatz, Wagner & Brandstätter, 1983; Wheeler & Zuckerman, 1977). Ein umfassender Test der attributionstheoretischen Analyse von Goethals & Darley steht noch aus. Allerdings berichten die Autoren von zwei Experimenten, aus denen hervorgeht, daß bei Betonung der Frage nach der Richtigkeit von Meinungen eine Tendenz bestand, unähnliche Vergleichspersonen zu bevorzugen, während bei Betonung subjektiver Urteile und persönlicher Präferenzen ähnliche Vergleichspersonen bevorzugt wurden.

1.5.3. Aufwärts gerichtete soziale Vergleiche

Im Zusammenhang mit Festingers Theorie der sozialen Vergleiche war schon auf die Annahme hingewiesen worden, daß eine Tendenz besteht, sich selbst in ein positives Licht zu stellen. Dieses *Streben nach Selbstwerterhöhung oder Selbstwerterhaltung* kann sich in vielen Formen zeigen (Tetlock & Manstead, 1985) und ist nicht zuletzt von dem Vergleich mit anderen Personen abhängig (Tesser, 1988).

In dem Modell der Aufrechterhaltung der Selbstbewertung nehmen Tesser & Campbell (1982) an, daß das Streben nach einer positiven Selbstbewertung von zwei interpersonellen Vergleichsprozessen abhängig ist, die mit den Stichworten *»sich im Erfolg der anderen sonnen«* und *»abwärts gerichtete Vergleiche«* angesprochen werden. Die sozialen Vergleiche, die durch diese zwei Prozesse bezeichnet werden, wirken sich tendenziell widersprüchlich aus. Das Modell von Tesser & Campbell beinhaltet eine Hypothese darüber, wann Personen anstreben, sich im Erfolg der anderen zu sonnen, und wann sie anstreben, besser als andere abzuschneiden. Nachdem im folgenden Belege für motivational bedingte aufwärts und abwärts gerichtete Vergleiche dargestellt worden sind, wenden wir uns der Frage zu, unter welchen Bedingungen jeder dieser Prozesse der Aufrechterhaltung des Selbstwertes dient.

In Box A3 geht es um die Tendenz, zwischen sich und Personen, die erfolgreich sind, eine Gemeinsamkeit herzustellen. Aus dem Alltagsleben sind viele Beispiele bekannt, die auf die Neigung hinweisen, sich mit erfolgreichen Personen in Verbindung zu bringen, die herausragende Leistungen zustande bringen. Das kann Stolz darüber beinhalten, daß ein Deutscher oder eine Frau einen Nobelpreis gewonnen hat, daß ein früherer Mitschüler eine anerkannte Persönlichkeit ist oder daß der eigene Sohn in Physik der Klassenbeste ist. In Box A3 ist ein weiteres typisches Alltagsbeispiel genannt, in dem der Stolz auf die Leistung anderer zum Ausdruck kommt.

Box A3: Sich im Erfolg der anderen sonnen

Cialdini (1980) berichtet davon, daß sein Dienstzimmer eine Zeit lang im Inneren eines Football-Stadions untergebracht war. Als er dort an einem Samstagnachmittag über Computer-Ausdrucken brütete, wurde er durch den Begeisterungssturm abgelenkt, der ausgelöst wurde, als die erfolgreiche örtliche Football-Mannschaft auf das Spielfeld lief. In dem allgemeinen Gejohle der Zuschauer war zu hören, wie Fans wiederholt riefen: »Wir sind Nummer eins.«

Die Identifizierung mit erfolgreichen Fußball-Mannschaften ist auch hierzulande häufig zu beobachten. Sie scheint besonders unter Leuten ausgeprägt zu sein, deren ökonomische Verhältnisse ungünstig sind. In einem Fernsehbericht über den Fußball in Brasilien wurde ausführlich darüber berichtet, daß die Begeisterung für die örtlichen Starmannschaften in den Slums von Rio besonders groß war.

Eine indirekte Technik der Selbstdarstellung, die dazu angetan ist, den eigenen Selbstwert zu erhöhen, besteht darin, sich selbst mit Erfolgen anderer zu assoziieren und zu ihren Mißerfolgen Distanz zu halten. »Wir haben gewonnen« steht gegen »Die haben verloren.«

In einem Telefoninterview (Cialdini, Borden, Thorne, Walker, Freeman & Sloan, 1976) wurde Erfolg oder Mißerfolg induziert. 173 Studenten sollten sechs Fragen beantworten (»Wieviel Prozent der Studenten an Ihrer Universität sind verheiratet?« etc.). Im Anschluß daran wurde ihnen je nach Bedingung mitgeteilt, sie hätten fünf Fragen oder eine Frage korrekt beantwortet. Schließlich sollte die Hälfte der Befragten das Ergebnis eines Spiels des örtlichen Football-Teams schildern, das gewonnen worden war, während die andere Hälfte ein Spiel schildern sollte, das verloren worden war.

Anhand der Schilderungen wurde festgestellt, ob die Befragten »wir« sagten. Die Prozentsätze in den vier Versuchsbedingungen sind in Tab. 3 enthalten.

Tabelle 3: Prozentzahl der Befragten, die »wir« sagten

| Team-Ergebnis | Persönliches Ergebnis | |
	Erfolg	Mißerfolg
Sieg	24	40
Niederlage	22	14

Wie aus Tab. 3 hervorgeht, besteht eine Tendenz dazu, daß nach einem Sieg von »wir« gesprochen wird. Dieser Effekt des Team-Ergebnisses geht im wesentlichen auf die beiden Bedingungen zurück, in denen ein Mißerfolg induziert wurde.

Statt sich mit der Binnengruppe zu assoziieren, besteht auch die Möglichkeit, *Gegner und Rivalen in ihrem Wert herabzusetzen*. Diese Tendenz wurde in zwei Untersuchungen deutlich (Cialdini & Richardson, 1980), in denen Studenten ihre eigene Universität oder eine Konkurrenzuniversität aufgrund von sieben Fragen (nach Zulassungsbedingungen, Sportmöglichkeiten etc.) bewerten sollten. Zuvor wurde ähnlich wie in der früheren Untersuchung Mißerfolg induziert. Andere Befragte wurden informiert, sie hätten durchschnittlich abgeschnitten, und eine dritte Gruppe erhielt kein Feedback. Die sieben Urteile wurden auf 7-Punkte-Skalen abgegeben. Die Mittelwerte der Summen über diese Urteile sind in Abb. 7 getrennt nach den sechs Versuchsbedingungen dargestellt (größere Zahlen bedeuten eine positivere Bewertung).

In Abb. 7 ist zu erkennen, daß die eigene Universität nach einem Mißerfolg besser bewertet wurde als die Konkurrenzuniversität, während sich dieser Unterschied umkehrte, wenn kein Feedback gegeben wurde. Dazu muß man wissen, daß die Arizona State University und die University

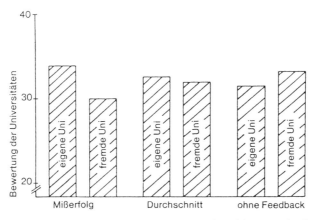

Abbildung 7: Mißerfolg und Abwertung anderer (nach Cialdini & Richardson, 1980)

of Arizona verglichen wurden, von denen die erstgenannte ein geringeres Prestige hatte als die letztgenannte, die wesentlich früher gegründet wurde. Die Beurteiler waren Studenten der Arizona State University, die ohne Mißerfolgs-Feedback der Tatsache Rechnung trugen, daß ihre Universität weniger Prestige hatte, während sie nach einem persönlichen Mißerfolg ihrer Universität den Vorzug gaben.

Unter welchen Bedingungen wird das Streben nach demonstrativer Gemeinsamkeit mit erfolgreichen anderen ausgelöst? Ein förderlicher Faktor ist die vorherige Beeinträchtigung des Selbstwertgefühls (s. Box A3). Eine Voraussetzung für das Auftreten von Stolz über den Erfolg anderer scheint darin zu bestehen, daß sie nicht genau in dem Leistungsbereich Überlegenheit demonstrieren, in dem die Beurteiler selbst Höchstleistungen anstreben (s. Abschnitt II.1.5.5.). Denn der Erfolg von anderen, mit denen wir uns assoziieren, kann die eigene Unterlegenheit in wichtigen Leistungsbereichen implizieren. Daher kommt der Frage, ob der Leistungsbereich, um den es geht, für die eigene Leistungsbewertung relevant ist, eine Schlüsselrolle zu, da bei hoher Relevanz abwärts gerichtete Vergleiche motiviert werden können.

Collins (1996) weist darauf hin, daß Menschen dadurch gekennzeichnet sind, besser als andere sein zu wollen. Sie berichtet darüber, daß 94% der Professoren glauben, daß ihre Leistungen überdurchschnittlich sind und daß das Gefühl der *Überlegenheit* mit einem *positiven Selbstwertgefühl* zusammenhängt. Warum treten dann überhaupt aufwärts gerichtete Vergleiche auf? Und wenn sie auftreten, leidet dann das Selbstwertgefühl?

Die Antwort auf diese Frage hängt davon ab, ob die »Besseren« einen *Kontrasteffekt* auslösen, so daß sich die Person schlechter fühlt, oder einen *Assimilationseffekt*, so daß die Wahrscheinlichkeit steigt, daß sich die Person als ähnlich zu den »Besseren« wahrnimmt (Collins, 1996). Die Logik in der Bevorzugung aufwärts gerichteter Vergleiche, die einen Assimilationseffekt auslösen, läßt sich wie folgt beschreiben: Einer der »Besseren« zu sein, kann angenehmer sein, als aufgrund eines abwärts gerichteten Vergleichs festzustellen, nicht zu den »Schlechteren« zu zählen! Aufwärts gerichtete Vergleiche müssen also nicht das Selbstwertgefühl belasten, wenn sie es auch gelegentlich tun. Sie fördern z.B. das Selbstwertgefühl in einer herausgehobenen Gruppe, die eine Minderheit gegenüber einer Mehrheit darstellt (Brewer & Weber, 1994).

Aufwärts gerichtete Vergleiche bieten auch den Anreiz, sich zu verbessern. Sie orientieren die Aufmerksamkeit in die Richtung höherer Leistungen und können deshalb in Leistungssituationen funktional sein. Oft erscheint die erfolgreichste Person als der Maßstab, an dem sich jemand orientiert, um seine Ziele zu definieren. In anderen Fällen ist es eine Person, die nicht ganz so erfolgreich ist, aber immer noch einen positiven Leistungsanreiz darstellt (Collins, 1996).

1.5.4. Abwärts gerichtete soziale Vergleiche

Das Wissen um das ungünstige Schicksal anderer Menschen kann eine Person, die selbst ein Unglück erlitten hat, in gewissem Sinne trösten. Wills (1981) geht von der Annahme aus, daß das eigene subjektive Wohlbefinden durch Vergleich mit weniger glücklichen Personen oder auch durch Vergleich mit Personen, denen es genauso schlecht geht wie den Beurteilern, erhöht werden kann. Eine Übersicht über bisherige Untersuchungsergebnisse verweist auf zahlreiche Belege für das Auftreten abwärts gerichteter Vergleiche (Wills, 1991).

Für die abgeschwächte Form der Hypothese läßt sich ins Feld führen, daß Personen, die in Furcht versetzt worden sind, die Gesellschaft von anderen Personen bevorzugen, die ebenfalls bedroht sind. Für die starke Form der Annahme spricht etwa, daß Personen, die einen niedrigen sozialen Status oder ein niedriges Bildungsniveau aufweisen, dazu neigen, andere ethnische oder soziale Gruppen abzuwerten (Schönbach, Gollwitzer, Stiepel & Wagner, 1981). Die Annahmen der Theorie abwärts gerichteter Vergleiche stimmen in einigen Grundzügen mit der Theorie der sozialen Identität (Tajfel & Turner, 1986; Turner & Oakes, 1986) überein. Der deutsche Begriff der »Schadenfreude« erfaßt ziemlich genau eine emotionale Reaktion auf erfolgreich durchgeführte abwärts gerichtete Vergleiche, wie sie in Box T4 beschrieben werden.

Box T4: Theorie der abwärts gerichteten Vergleiche

Die Theorie der abwärts gerichteten Vergleiche (Wills, 1981, 1991) stellt das Motiv der *Selbstwerterhöhung* in den Mittelpunkt der Analyse sozialen Verhaltens. Verschiedene sozialpsychologische Fragestellungen werden integriert, wie Gesellung bei Furchterregung (Gerichtetheit der Gesellung auf Personen, die dasselbe Schicksal haben wie man selbst), Ichbedrohung und Abwertung anderer (Neigung zur Abwertung anderer Personen oder Volksgruppen, wenn man sich selbst bedroht fühlt), Vorurteile (Tendenz zu verstärkten Vorurteilen bei Personen, die einen niedrigen Status haben oder einen niedrigen Selbstwert aufweisen) und feindselige Aggression (Neigung zu verstärkter Aggression, wenn man selbst beleidigt, angegriffen oder herabgesetzt worden ist).

Diese Ergebnisse werden in späteren Kapiteln noch ausführlicher besprochen. Im folgenden findet sich eine Zusammenfassung der Hypothesen und Folgerungen, die in der Theorie der abwärts gerichteten Vergleiche enthalten sind:

Grundprinzip (Starke Version)
Personen können ihr subjektives Wohlbefinden durch Vergleich mit weniger glücklichen anderen erhöhen.

Grundprinzip (Schwache Version)
Personen können ihr subjektives Wohlbefinden durch Vergleich mit gleich unglücklichen anderen erhöhen.

Situationale Folgerung
Abwärts gerichtete Vergleiche (AV) werden durch die Abnahme subjektiven Wohlbefindens ausgelöst.

Folgerung 1
AV ereignen sich auf passiver Basis, indem Personen bei entsprechender Gelegenheit davon profitieren, sich mit einer weniger glücklichen anderen Person zu vergleichen.

Folgerung 2
AV ereignen sich auf aktiver Basis.

Folgerung 2a
AV können durch aktive Abwertung einer anderen Person erreicht werden. Dadurch

wird die psychologische Distanz zwischen dem Selbst und der anderen Person erhöht.

Folgerung 2b
AV können erreicht werden durch aktive Schädigung einer anderen Person. Dadurch wird die Gelegenheit zu einem Vergleich mit einer weniger glücklichen Person eröffnet.

Persönlichkeits-Folgerung
Personen mit niedrigem Selbstwert sind eher zu AV bereit.

Ziel-Prinzip
AV tendieren dazu, auf Zielpersonen mit niedrigerem Status gerichtet zu sein.

Ambivalenz-Prinzip
Menschen sind ambivalent in bezug auf AV.

Es ist keine Frage, daß die Theorie der abwärts gerichteten Vergleiche kein besonders schmeichelhaftes Menschenbild enthält. Wills (1981) legt jedoch die Vermutung nahe, daß die Menschen im allgemeinen gleichzeitig »gut« und »schlecht« sind. Denn er postuliert eine Ambivalenz zwischen eingeschätzter Zufriedenheit und wahrgenommener Fairneß. Menschen sind zufriedener, wenn die Möglichkeit zu einem abwärts gerichteten Vergleich besteht. Dies ist gleichzeitig die Bedingung, die Menschen als besonders unfair einschätzen. Ein Experiment von Brickman (1975) demonstriert diese Ambivalenz (s. Box U4).

Box U4: Zufriedenheit und Gerechtigkeit

Brickman (1975) berichtet von einer Schule, bei der gelegentlich Gastlehrer aus anderen Ländern Unterricht hielten, die währenddessen von ihren Heimatländern weiter bezahlt wurden. Die Lehrerschaft reagierte mit dem Gefühl der Unfairneß darauf, daß eine Lehrerin aus dem Ausland ein wesentlich geringeres Gehalt erhielt als die übrigen Lehrer, obwohl sie die gleiche Arbeit leistete. Gleichzeitig schienen sie aber auch mit ihrer eigenen Bezahlung zufriedener als vorher zu sein.
Der Wert eines Gewinns wird häufig relativ zu den Gewinnen eingeschätzt, die Vergleichspersonen erhalten. Wenn eine Person einen mittleren Gewinn erhält, sollte die Zufriedenheit damit größer sein, wenn

eine Vergleichsperson weniger erhält, als wenn diese mehr erhält.
Um die Auswirkungen von Ungleichheit von Gewinnaufteilungen auf Zufriedenheit und Fairneß zu überprüfen, arbeiteten befreundete Studenten in Vierergruppen zusammen. Sie sollten – im Sinne einer Aufgabe, die Fähigkeiten verlangt – vier Symbole herausfinden, die am häufigsten auf einem Blatt voller Symbole auftraten. Als Anreiz wurde den Gruppen ein 100$-Preis geboten, der in einer Lotterie ausgelost und je nach Testerfolg ungleich auf die vier Personen aufgeteilt werden sollte.
In einer Bedingung wurden die Leistungen so manipuliert, daß alle Gruppenmitglieder die gleiche Leistung erzielten. In zwei wei-

Tabelle 4: Drei Versuchsbedingungen mit Gleichheit oder Ungleichheit der Leistungen

Bedingung	Leistung	Potentielle Gewinne	Zufriedenheit	Fairneß
gleich	2, 2, 2, 2	25$, 25$, 25$, 25$	2.8	4.3
positiv verschoben	4, 2, 2, 2	40$, 20$, 20$, 20$	2.5	4.0
			(5.4)	(3.4)
negativ verschoben	0, 2, 2, 2	10$, 30$, 30$, 30$	3.3	3.5
			(0.8)	(3.3)

teren Bedingungen wurden ungleiche Leistungen simuliert, und zwar so, daß jeweils ein Gruppenmitglied von dem modalen Wert nach oben oder nach unten abwich (s. Tab. 4), dem entsprechend höhere oder geringere Gewinne versprochen wurden.

Die Ergebnisse sind in Tab. 4 zusammengefaßt. Zufriedenheit und Fairneß wurden auf Skalen mit den Endpunkten 0 und 6 eingestuft, wobei höhere Werte mehr Zufriedenheit bzw. mehr Fairneß bedeuten. Betrachten wir zunächst die in Klammern gesetzten Ergebnisse, die sich auf die Einschätzungen des Gruppenmitglieds beziehen, dessen Leistung von der modalen Leistung abwich. Wie nicht anders zu erwarten ist, schätzten sich Personen in dieser Position als sehr zufrieden ein, wenn sie die *beste Leistung* gezeigt hatten, und als sehr unzufrieden bei der *schlechtesten Leistung*. Hingegen bewegen sich ihre Einschätzungen der Fairneß im mittleren Bereich.

Die *modalen* Personen gaben an, daß ihre Zufriedenheit in der negativ verschobenen Bedingung am höchsten war. Das entspricht dem Prinzip abwärts gerichteter Vergleiche. Auf dem Hintergrund der Tatsache, daß es einem anderen schlechter ergangen ist, wird die eigene Zufriedenheit relativ hoch eingeschätzt. In der Bedingung »gleich« wird die Zufriedenheit hingegen niedriger eingeschätzt, während die Fairneß den höchsten Mittelwert erreicht. In der positiv verschobenen Bedingung, in der ein Partner besser abgeschnitten hat als die modale Person, ist die Zufriedenheit am geringsten. Bezeichnenderweise ist aber in dieser Bedingung die Fairneß größer als in der negativ verschobenen Bedingung, obwohl die modale Person dort 30$ erwarten konnte und hier nur 20$.

Die Bedeutung von abwärts gerichteten Vergleichen sollte in einer bedrohlichen und belastenden Situation intensiviert werden, die das eigene Wohlbefinden beeinträchtigt (vgl. Box T4). Eine Zusammenfassung der Befunde (Collins, 1996) zeigt, daß sich abwärts gerichtete Vergleiche günstig auf die Stimmung auswirken, und zwar besonders bei Personen, die ein niedriges Selbstwertgefühl haben.

1.5.5. Nähe, Leistung und Relevanz: Soziale Vergleiche und Selbstbewertung

In den Abschnitten 1.5.3. und 1.5.4. wurden zwei voneinander abweichende Tendenzen dargestellt: »*Sich im Erfolg der anderen sonnen*« und »*abwärts gerichtete Vergleiche*«, die auf den Mißerfolgen anderer beruhen. Die *Theorie der Aufrechterhaltung der Selbstbewertung* (Tesser, 1988; Tesser & Campbell, 1982) beinhaltet eine Hypothese darüber, wann die Stabilisierung des Selbstwertes durch die Erfolge anderer und durch die Mißerfolge anderer erreicht werden kann. Dazu werden drei Variablen betrachtet, deren *Wechselwirkung* genauer analysiert wird: *Psychologische Nähe* (z.B. stehen Freunde zueinander näher als Fremde), Leistungsniveau (relativ zu anderen: Überlegenheit oder Unterlegenheit) und Relevanz der *Vergleichsdimension* (im Hinblick auf die Selbstbewertung).

Die hohe Leistung einer anderen Person, die den Beurteilern nahesteht, sollte sich insoweit positiv auf ihr Selbstwertgefühl auswirken, als ein Prozeß im Sinne des »sich im Erfolg der anderen sonnen« ausgelöst wird. Gleichzeitig besteht aber auch die Möglichkeit, daß die hohe Leistung einer nahestehenden Person die eigenen Leistungen als mittelmäßig erscheinen läßt, so daß das Selbstwertgefühl bedroht wird. Wann überwiegt der positive Effekt, und wann dominiert der negative Effekt? Um diese Frage zu beantworten, erweist es sich als notwendig, die Relevanz der Leistungsdimension zu berücksichtigen. Manche Leistungsdimensionen sind für Beurteiler neutral, während andere Dimensionen selbstwertrelevant sind. Für Schüler sind z.B. Schulleistungen im allgemeinen relevante Leistungsdimensionen, weil ihr Selbstwert davon betroffen ist (s. Box A2).

Jede Person hat also besondere Interessen, Aufgaben und Vorlieben, die bestimmten Leistungsdimensionen Selbstwertrelevanz verleihen. Wenn eine nahestehende Person auf einer solchen Dimension brilliert, könnte das Selbstwertgefühl beeinträchtigt werden. Wenn eine nahestehende Person hingegen auf einer neutralen Leistungsdimension Hervorragendes erreicht, sollte das Selbstwertgefühl erhöht werden. Hingegen sollten die guten oder schlechten Leistungen von Personen, zu denen eine große psychologische Distanz besteht, das Selbstwertgefühl weniger berühren.

Um diese Hypothese zu untersuchen, sollten Studentinnen angeben, wie bedeutsam für sie das Thema »Soziale Sensitivität« und das Thema »Ästhetische Urteilsbildung« sei. Außerdem sollten sie Aufgaben bearbeiten, die diesen beiden Themen zugeordnet waren. Schließlich schätzten sie im Hinblick auf eine Freundin oder eine fremde Person ein, wie gut diese die verschiedenen Aufgaben bearbeiten würde. Wenn die Relevanz der Aufgabe für den Selbstwert gering war (geringe Bedeutung), schätzten die Beurteilerinnen die Leistung der Freundin *höher* ein als die der fremden Person. Wenn die Relevanz der Aufgabe hingegen hoch war (große Bedeutung), wurde die Leistung der Freundin *niedriger* eingeschätzt als die der fremden Person.

In einer vergleichbaren Untersuchung (Tesser & Smith, 1980) wurde die Hilfsbereitschaft in Leistungssituationen gegenüber einem Freund und gegenüber einer fremden Person untersucht. Bei hoher Relevanz der Aufgabe erhielt die fremde Person *mehr* Hilfe als die befreundete Person. Bei geringer Relevanz war das Ergebnismuster umgekehrt: Die fremde Person erhielt *weniger* Hilfe als die befreundete Person.

Diese Ergebnisse deuten darauf hin, daß die Akteure gegenüber einer befreundeten Person relativ wenig tun, was zu einer erfolgreichen Aufgabenbewältigung in einem relevanten Bereich führt, und daß sie ihre Leistung tendenziell skeptisch in diesem Bereich beurteilen. Mit diesen Tendenzen stimmen Hinweise auf eine *»falsche Einmaligkeit«* überein, die darauf beruht, daß Beurteiler angeben, daß die Verbreitung der besten Fähigkeiten, die sie besitzen, unter vergleichbaren Personen relativ selten ist, insbesondere wenn die Fähigkeiten für sie besonders bedeutsam sind und wenn sie ein hohes Selbstwertgefühl bzw. eine niedrige Depressionsneigung haben (zusammenfassend Marks & Miller, 1987). Dieser Effekt steht im Gegensatz zu dem *»falschen Konsensus«,* wonach die Verbreitung der eigenen Meinung in der Öffentlichkeit tendenziell überschätzt wird (vgl. Abschnitt III.3.5.1.).

In weiteren Untersuchungen wurde überprüft, ob sich soziale Vergleiche im Leistungsbereich auf Emotionen und emotionales Verhalten auswirken. Ein Indikator für emotionales Verhalten war die Lösungszeit bei komplexen Aufgaben. Tesser, Millar & Moore (1988) nahmen an, daß gute Leistungen nahestehender Personen in für die Selbstdefinition irrelevanten und relevanten Bereichen physiologische Erregung erzeugt, die mit der Bewältigung komplexer Aufgaben interferiert. Diese Annahme wurde damit begründet, daß in diesen Bedingungen entweder ein »sich im Erfolg der anderen sonnen« (Freude) oder eine Bedrohung des Selbstwertes (»Schmerz«) ausgelöst wird und daß beides erregend wirken sollte. Die Ergebnisse bestätigten die Annahme, daß die Überlegenheit eines Freundes die Bearbeitung komplexer Aufgaben beeinträchtigte, und zwar unabhängig von der Relevanz der Leistungsdimension.

Außerdem wurde von denselben Autoren anhand von Videoaufnahmen des Gesichtsausdrucks gezeigt, daß in Leistungssituationen, in denen ein Freund oder eine fremde Person in relevanten oder irrelevanten Aufgaben überlegen oder unterlegen war, ein besonders erfreuter Gesichtsausdruck zustande kam, wenn die Beurteiler einen Freund auf einer relevanten Dimension übertrafen und wenn die Beurteiler von einem Freund auf einer irrelevanten Dimension übertroffen wurden.

Die emotionalen Auswirkungen sozialer Vergleiche wurden auch in einer weiteren Studie deutlich, in der Beurteiler angeben sollten, wie stark bei ihnen bestimmte Emotionen in verschiedenen Situationen, die durch unterschiedliche Ausprägung von Leistung (selbst oder andere Person überlegen), psychologischer Nähe einer Vergleichsperson und Relevanz der Aufgabe gekennzeichnet waren, ausgelöst wurden. Die Manipulation der Relevanz beeinflußte Emotionen wie Herausforderung, Furcht, Schuld, Interesse, Überraschung (mehr bei hoher Relevanz) und Langeweile (weniger bei hoher Relevanz).

Weiterhin traten signifikante Interaktionen zwischen Relevanz und Leistung auf, die darauf zurückgehen, daß das Leistungsresultat einen um so größeren Unterschied in den betroffenen Emotionen hervorrief, desto größer die Relevanz war. Das galt z.B. für die Auswirkung der eigenen Überlegenheit bzw. Unterlegenheit auf Glück, Hoffnung und Stolz (größer bei Überlegenheit) sowie Ärger, Ekel, Eifersucht, Frustration, Neid, Scham, Traurigkeit und Verachtung (größer bei Unterlegenheit). Schließlich fand sich für Stolz auf den anderen ein abweichendes Ergebnis: Mehr Stolz bei eigener Unterlegenheit, und zwar insbesondere bei irrelevanten Aufgaben!

Diese Ergebnisse zeigen, daß Vergleiche auf relevanten Dimensionen in Abhängigkeit von Überlegenheit/Unterlegenheit intensive Emotionen hervorrufen können, außer für Stolz in die andere Person, der auf irrelevanten Dimensionen in Abhängigkeit von Überlegenheit/Unterlegenheit intensiviert wird.

1.5.6. Soziale Vergleiche in der Anwendung

Bei der Analyse von aufwärts und abwärts gerichteten Vergleichen wurde deutlich, daß eine einseitige Betonung von abwärts gerichteten Vergleichen als Strategie der Selbstwerterhöhung nicht gerechtfertigt ist. Diese Schlußfolgerung wird durch Untersuchungen an Krebspatienten bestätigt (s. Box A4).

Box A4: Soziale Vergleiche bei Krebspatienten

Wood, Taylor & Lichtman (1985) erfaßten die Vergleichspersonen von Patientinnen, die wegen Brustkrebs operiert worden waren, und stellten fest, daß überwiegend andere Krebspatientinnen für soziale Vergleiche zur Bewertung des eigenen Zustands herangezogen wurden und nur selten gesunde Personen.

Krebspatienten haben im allgemeinen Gelegenheit zu sozialen Vergleichen mit anderen Krebspatienten, da sie mit ihnen auf der Krankenstation, im Wartezimmer des Arztes, in speziellen Kureinrichtungen und in Selbsthilfegruppen häufig zusammentreffen. Eine inhaltsanalytische Studie der spontanen sozialen Vergleiche ergab, daß die Mehrheit der befragten Frauen häufiger abwärts gerichtete als aufwärts gerichtete Vergleiche anstellten. Diese Vergleichsrichtung kann als erfolgversprechender Versuch gewertet werden, die Belastungssituation, die durch Krankheit und Operation entstanden ist, zu bewältigen (Wood et al., 1985). Sie dient dazu, das angeschlagene Selbstwertgefühl wiederherzustellen.

Außerdem treten *Prozesse der Neuanpassung* auf (Taylor, 1983). Die Bedeutung des Ereignisses wird durch Ursachenzuschreibungen (z.B. auf bestimmte Streßfaktoren) und durch ein Überdenken der eigenen Prioritäten eingegrenzt, indem z.B. das Leben leichter genommen und mehr genossen wird. Diese kognitiven Neustrukturierungen hängen positiv mit der Anpassung an die Krebskrankheit zusammen (Taylor, Lichtman & Wood, 1984). Das Streben nach Kontrolle richtet sich auf die aktive Beeinflussung der Krebskrankheit und auf deren Behandlung. Mehr Zeit für die Freizeit reservieren und mehr körperliches Training waren ebenfalls positiv mit der Anpassung an die Krankheit korreliert. Taylor (1983, p. 1168) stellt zusammenfassend fest: »Das effektive Individuum im Angesicht einer Bedrohung scheint demnach dasjenige zu sein, das die Entwicklung von Illusionen erlaubt, diese Illusionen nährt und das schließlich durch diese Illusionen wiederhergestellt wird« (s. auch Taylor, 1989).

Diesem Ergebnismuster steht gegenüber, daß Krebspatienten Kontakt mit anderen Patienten, denen es genauso gut oder besser als ihnen selbst geht, bevorzugen (Molleman, Pruyn & van Knippenberg, 1986). Die Bevorzugung von *aufwärts gerichteten Kontakten* scheint damit zusammenzuhängen, daß gute Rollenmodelle gesucht werden, die den Patienten beweisen, daß die Krebskrankheit besiegt werden kann und daß Zielpersonen vermieden werden, die eine negative Identifikation nahelegen (»so wird es mir auch gehen«). Positive Modelle können den Optimismus der Patienten rechtfertigen, daß sie die Krankheit überwinden. Demgegenüber wirkt sich die Interaktion mit sehr kranken Menschen ungünstig aus, da negative Gefühle und Vorahnungen wachgerufen werden können (Taylor & Lobel, 1989).

Eine weitere Befragungsstudie mit *Krebspatienten* (Buunk, Collins, Taylor, VanYperen & Dakof, 1990) weist ebenfalls auf die emotionale Bedeutung sozialer Vergleiche hin. Abwärts gerichtete und aufwärts gerichtete Vergleiche können gleichermaßen positive und negative affektive Konsequenzen haben. Insgesamt wurden mehr positive affektive Vergleiche (abwärts und aufwärts) berichtet als negative affektive Vergleiche. Abwärts gerichtete positive Vergleiche waren am häufigsten (82%), aufwärts gerichtete positive Vergleiche traten aber nahezu gleich häufig auf (78%). Abwärts gerichtete Vergleiche, die negative Gefühle auslösten, wurden von 59% der Befragten berichtet und aufwärts gerichtete Vergleiche, die negative Gefühle auslösten, von 40%.

Wovon hängt es ab, ob man sich nach einem Vergleich gut oder schlecht fühlt? Ein wichtiger Prädiktor ist das Selbstwertgefühl. Bei *hohem Selbstwertgefühl* waren sowohl abwärts als auch aufwärts gerichtete Vergleiche mit *weniger negativen Gefühlen* verbunden.

Viele Hinweise sprechen dafür, daß sowohl aufwärts als auch abwärts gerichtete Vergleiche positive Wirkungen auf Stimmung und Selbstwertgefühl haben können, wobei abwärts gerichtete Vergleiche in dieser Hinsicht konsistenter sind (Collins, 1996). Weitere Hinweise ergeben sich aus einer Studie mit Verheirateten, die im Hinblick auf ihre Partnerschaft befragt wurden (Buunk et al, 1990, vgl. Box A1). Die Häufigkeit positiver affektiver Vergleiche (abwärts und aufwärts) überwog die negativer affektiver Vergleiche. *Abwärts gerichtete positive Vergleiche* waren mit 95% am häufigsten (vs. 78% *aufwärts gerichtete positive Vergleiche*). Erneut fanden sich auch Moderatorvariablen, die die Häufigkeit der Auslösung von negativen Emotionen beeinflußten. Hohe Unzufriedenheit mit der Partnerschaft war mit *häufigeren negativen Gefühlen aufgrund sozialer Vergleiche* verbunden (sowohl abwärts als auch aufwärts). *Hohe Unsicherheit über den Verlauf der Beziehung* hing ebenfalls mit *häufigeren negativ getönten Vergleichen* zusammen, insbesondere bei aufwärts gerichteten Vergleichen (s. Abb. 8).

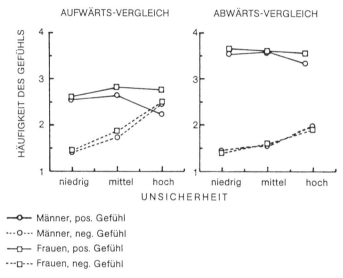

Abbildung 8: Positive und negative Gefühle, die durch aufwärts und abwärts gerichtete Vergleiche in Abhängigkeit von dem Grad der Unsicherheit ausgelöst werden (nach Buunk et al., 1990)

Abb. 8 verdeutlicht, daß aufwärts und abwärts gerichtete Vergleiche keine fixierte Beziehung zu positiven oder negativen Gefühlen aufweisen. Entscheidend scheint zu sein, wie die vergleichende Person die Vergleichsinformation bewertet. Diese *Bewertungsfunktion* wird von überdauernden Persönlichkeitsdispositionen (Selbstwert) und belastenden Lebensumständen, die Unsicherheit und Unzufriedenheit auslösen, beeinflußt, insbesondere im Hinblick auf die Häufigkeit der *Generierung negativer Gefühle* aufgrund von Vergleichen.

2. Attraktion und Liebe

Gesellung ist oft *selektiv*. Menschen wählen häufig solche Personen als Partner, die gut aussehen, von denen sie wissen, daß sie sie positiv bewerten, und die ihnen in Einstellungen, Persönlichkeit, Wertvorstellungen und soziodemographischen Daten ähnlich sind (Klein, 1991). Damit sind auch schon drei der wichtigsten Determinanten interpersoneller Attraktion angesprochen, auf die im folgenden ausführlicher eingegangen wird.

Unter dem Begriff der *interpersonellen Attraktion* lassen sich mehrere interpersonelle Situationen zusammenfassen, die sich durch eine unterschiedlich starke gefühlsmäßige Beteiligung der Interaktionspartner auszeichnen (Clore, 1975). Einerseits ist die gefühlsmäßige Beteiligung in Situationen, in denen Beobachter einen ersten Eindruck von einer anderen Person bilden, gering. Die Beurteiler nehmen mehr oder weniger ausgeprägt die Haltung rationaler Informationsverarbeiter ein, denen es darum geht, ihren Gesamteindruck auf der Grundlage mehrerer Einzelinformationen zusammenzufassen. Auf diese Bildung eines ersten Eindrucks gehen wir im Zusammenhang mit der Personenwahrnehmung ausführlicher ein (Abschnitt III.2.1.).

Andererseits ist die gefühlsmäßige Beteiligung maximal, wenn zwischen zwei Personen romantische Liebe besteht. Romantische Liebe muß von anderen Formen der interpersonellen Attraktion abgehoben werden, da spezifische Prozesse wirksam werden, die Liebesbeziehungen herbeiführen und aufrechterhalten (s. Sternberg, 1987). Daher werden Liebesbeziehungen weiter unten in einem eigenen Abschnitt behandelt (s. Abschnitt II.2.5.).

Einen Zwischenbereich – was die gefühlsmäßige Beteiligung angeht – nehmen Versuchsparadigmen ein, in denen das persönliche Mögen gegenüber einer anderen Person erfaßt werden soll. Um eine gewisse Lebensnähe zu gewährleisten, werden echte soziale Beziehungen simuliert. In diesen mittleren Bereich sind die meisten Untersuchungen einzuordnen, die sich mit physischer Attraktivität und Ähnlichkeit als Faktoren der interpersonellen Attraktion beschäftigen.

Mit dem Ausmaß der gefühlsmäßigen Beteiligung der Interaktionspartner korrespondiert die *Enge der Beziehung*. Levinger (1980, 1994) stellt das Ausmaß des Aufeinander-Bezogen-Seins bei zwei Personen P und O auf drei Stufen zunehmender Interdependenz dar (s. Abb. 9). Das *erste Niveau* bezieht sich auf eine einseitige Wahrnehmung Os durch P, ohne daß Gegenseitigkeit gegeben sein muß. Das *zweite Niveau* stellt einen oberflächlichen Kontakt dar, der rollenkonsistente Interaktionen einschließt. Das *dritte Niveau* schließlich ist durch zunehmende Gegenseitigkeit gekennzeichnet. P und O entwickeln ein Netzwerk von sich überschneidenden Wünschen und Verhaltensweisen. Die Beziehung ist auf diesem Niveau durch gegenseitige Beachtung der Vor- und Nachteile des anderen, gegenseitige Attraktion, Wissen um die persönlichen Gefühle des anderen nicht zuletzt aufgrund einer persönlichen und offenen Selbstdarstellung (Hendrick, 1981; Spitznagel, 1986) und schließlich durch Normen und Signale, die nur für das Paar gültig sind (Levinger, 1980), charakterisiert.

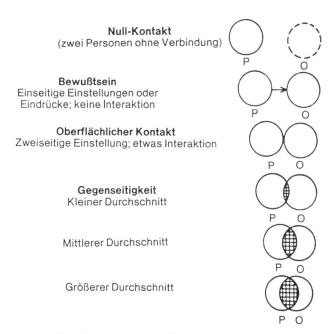

Null-Kontakt
(zwei Personen ohne Verbindung)

P   O

Bewußtsein
Einseitige Einstellungen oder
Eindrücke; keine Interaktion

P   O

Oberflächlicher Kontakt
Zweiseitige Einstellung; etwas Interaktion

P   O

Gegenseitigkeit
Kleiner Durchschnitt

P   O

Mittlerer Durchschnitt

P   O

Größerer Durchschnitt

P   O

Abbildung 9: Drei Niveaus interpersoneller Interdependenz (nach Levinger, 1980)

Die Entwicklung enger Beziehungen läßt sich am besten durch verschiedene Phasen kennzeichnen, die durchlaufen werden. Die *Stimulus-Werthaltungs-Rollen-Theorie* von Murstein (1986) ist ein Stufenmodell der Beziehungsentwicklung, in dem drei Phasen der Beziehungsentwicklung unterschieden werden:

- *Stimulus-Phase:* Während des Kennenlernens übt die *physische Attraktivität* einen wesentlichen Einfluß auf den Stimuluswert einer Person und somit auf den Verlauf der Partnerwahl aus.
- *Phase der Werthaltung:* Stimmen die Partner in ihren Überzeugungen überein? Zur Beantwortung dieser Frage ist insbesondere auch die *Einstellungsähnlichkeit* als relevanter Input für die Einschätzung des möglichen Bestands der Beziehung von Bedeutung.
- *Rollen-Phase:* Die Partner überprüfen, ob ihre Rollenvorstellungen zusammenpassen und ob sie gut miteinander auskommen.

Wenn auch die empirische Bestätigung dieser und anderer Stufentheorien nicht zufriedenstellend ist, läßt sich doch vermuten, daß eine phasenweise Betrachtung des Beziehungsverlaufs für ein Verständnis des Prozesses der Partnerwahl gewinnbringend ist (Klein, 1991), da es naheliegend ist anzunehmen, daß der Beziehungsfortschritt durch das erfolgreiche Überwinden unterschiedlicher »Filter« gekennzeichnet ist, die jeweils spezifische Merkmale (z.B. physische Attraktivität, Einstellungsähnlichkeit, Verträglichkeit der Rollenvorstellungen) in den Vordergrund rücken.
Huston & Levinger (1978) unterscheiden individuelle, dyadische und Netzwerk-Ansätze in der Attraktionsforschung sowie solche Ansätze, die soziokultu-

46

relle Determinanten berücksichtigen. Im folgenden werden wir Ansätze aus den ersten drei Bereichen besprechen, die sich nach vier Gruppen von Merkmalen aufteilen lassen (vgl. Clore, 1975):

- Akteur-Merkmale (z.B. physische Attraktivität),
- Wahrnehmer-Merkmale (z.B. positive/negative Gefühle),
- Interpersonelle Merkmale (z.B. Ähnlichkeit),
- ökologische Merkmale (z.B. Nähe).

Die Akteur- und Wahrnehmer-Merkmale lassen sich dem individuellen Ansatz zuordnen, die interpersonellen Merkmale dem dyadischen Ansatz und die ökologischen Merkmale dem Netzwerk-Ansatz. Diese vier Merkmalsgruppen sind gut geeignet, um einen Bezugsrahmen für die Darstellung der Determinanten der interpersonellen Attraktion zu liefern. Wir werden im folgenden jede der Merkmalsgruppen anhand von ausgewählten Einflußgrößen ansprechen. Im Anschluß daran gehen wir auf romantische Zuneigung in engen Beziehungen ein, wobei Fragen der Entstehung, Aufrechterhaltung und Beendigung von Liebesbeziehungen behandelt werden.

2.1. Physische Attraktivität

If you're ugly, I'm ugly too

Ugly, Destination Anywhere, Jon Bon Jovi

Die Alltagserfahrung zeigt, daß physische Attraktivität interpersonelle Attraktion beeinflußt. Die Vermutung ist berechtigt, daß dieser Einfluß noch zunehmen wird, etwa durch Einführung von Bildschirm-Telefon. Physische Attraktivität spielt im Alltag eine große Rolle. Kosmetische Produkte dienen nicht zuletzt dazu, die Attraktivität zu steigern, und dasselbe gilt für modische Kleidung. Mode betont Körperformen und beinhaltet sexuelle Signale sowie Statussignale (Grammer, 1995). In den Medien und in der Werbung wird gezielt versucht, durch den Einsatz attraktiver Personen Einschaltquoten und Werbeerfolg zu erhöhen.

2.1.1. Auswirkungen des guten Aussehens: Überblick über Methoden und Ergebnisse

2.1.1.1. Schönheit auf dem Prüfstand

Physische Attraktivität läßt sich in empirischen Studien systematisch abstufen. Eine Möglichkeit besteht darin, daß dieselbe Person einmal in der attraktiven und einmal in der unattraktiven Bedingung auftritt. Dazu wird ihre natürliche Schönheit entweder durch Make-up und Kleidung untermalt oder untergraben. So wurde in der unattraktiven Bedingung eine entstellende Perücke verwendet, während in der attraktiven Bedingung geschmackvolles Make-up zur Anwendung kam (Sigall & Aronson, 1969).
Andere Autoren (Stroebe, Insko, Thompson & Layton, 1971) suchen aus einer Vielzahl von Fotos diejenigen Personen aus, die mit großer Übereinstimmung

als attraktiv bzw. unattraktiv eingestuft werden. Die Fotos werden dann als Vorgaben verwendet, indem sie z.B. – ähnlich wie bei Bewerbungsunterlagen – dem Aufsatz oder dem Fragebogen, die angeblich von der Stimulusperson stammen, hinzugefügt werden.

Unter Beurteilern läßt sich ein gewisser Konsens darüber erzielen, ob eine Person eine hohe oder niedrige Attraktivität besitzt. Die Beurteilung der Attraktivität beinhaltet eine Komponente, die dem Stereotyp der Beurteiler entspricht, und eine Komponente, die die individuellen Präferenzen der einzelnen Beurteiler zum Ausdruck bringt (Hassebrauck, 1986). Der relative Anteil dieser Komponenten scheint je nach Gruppe beurteilter Personen zu variieren. So wird die Einschätzung der physischen Attraktivität von Frauen stärker durch Stereotype beeinflußt als die Einschätzung der Attraktivität von Männern (Henss, 1987).

Gibt es objektiv meßbare Korrelate der physischen Attraktivität? Zur Beantwortung dieser Frage ist zwischen Untersuchungen zu Gesichtsmerkmalen (s. Box A5) und zu Figurmerkmalen (s. Box A6) zu unterscheiden.

Box A5: Gesichtsattraktivität bei Männern und Frauen

Die durch Männer eingeschätzte physische Attraktivität von Frauen war mit einer Reihe von Gesichtsmerkmalen korreliert, die sich in die Bereiche Kindchenschema, Reifemerkmale und expressive Merkmale einordnen lassen (Cunningham, 1986, s. Tab. 5). Je mehr ein Gesicht dem Kindchenschema entspricht und gleichzeitig auch Reifemerkmale und expressive Merkmale beinhaltet, desto günstiger fällt die Beurteilung aus. Die Attraktivität wurde höher eingeschätzt bei relativ kleiner Nase, großen Augen und kleinem Kinn (Kindchenschema), deutlichen Wangenknochen und schmalen Wangen (Reifemerkmale) und bei hohen Augenbrauen, großen Pupillen und breitem Lächeln (expressive Merkmale).

Die Gesichtsmerkmale, die physisch attraktive Männer kennzeichnen, wurden in

Tabelle 5: Merkmale der physischen Attraktivität bei Männern und Frauen

Merkmale	Signifikante Korrelation mit physischer Attraktivität	
	Frauen	Männer
Neonative Merkmale		
Augenhöhe	.50	.33
Augenbreite	.41	.41
Augenabstand	.29	
Nasenbreite	.33	
Nasenfläche (Länge x Breite)	−.34	−.33
Kinnlänge	−.38	.41
Reifemerkmale		
Backenknochenbreite relativ zur Breite des Gesichts im Mundbereich	.58	.34
Breite des Gesichts im Mundbereich	.47	
Expressive Merkmale		
Augenbrauenhöhe	.46	
Pupillengröße	.42	
Pupillengröße zur Irisgröße	.30	
Breite des Lächelns	.53	.31
Größe des Bereichs des Lächelns		.25

drei Studien erfaßt. Sie lassen sich wieder den Bereichen Kindchenschema, Reifemerkmale und expressive Merkmale zuordnen (Cunningham, Barbee & Pike, 1990; s. Tab. 5, rechte Spalte). Dazu zählen ein großer Augenbereich mit hohen und weit auseinanderliegenden Augen einerseits und ein kleiner Nasenbereich (Kindchenschema). Weiterhin sind erwähnenswert ein großer Kinnbereich, vorspringende Backenknochen (Reifemerkmale) und ein breites Lächeln (expressives Merkmal). Diese Merkmale scheinen in verschiedenen Kulturen in der gleichen Richtung wirksam zu sein.

Box A6: Eine gute Figur machen

Physische Attraktivität läßt sich auch aus der Figur ableiten. In diesem Zusammenhang kommt dem Verhältnis von Taille zur Hüfte eine besondere Bedeutung zu. Grammer (1995) spricht von einem Kurvenindex und zeigt, daß dieser in Darstellungen in einem deutschen Männermagazin seit den siebziger Jahren bis zum Anfang der neunziger Jahre kleiner geworden ist (genauso wie der zweite Kurvenindex: Taille/Brust).

Singh (1993, 1995) ließ die Attraktivität von Frauen und Männern in Abhängigkeit von dem Taille-/Hüfte-Index (waist-hip ratio = WHR) und dem Gewicht durch Mitglieder des jeweils anderen Geschlechts beurteilen. Generell werden Personen im Bereich des Normalgewichts günstiger beurteilt. Die Ergebnisse im Zusammenhang mit dem WHR unterschieden sich bei Männern und Frauen:

- Die physische Attraktivität von Frauen wird bei einem WHR von 0.7 am günstigsten bewertet. Beurteiler haben dann (bei normalgewichtigen und z.T. auch bei untergewichtigen Frauen) besonders stark den Eindruck von Gesundheit, Kinderwunsch der Frau, jugendlichem Aussehen, Attraktivität und erotischer Ausstrahlung.
- Männer werden bei einem WHR von 0.9 als besonders attraktiv eingeschätzt, der bei den Beurteilerinnen den Eindruck von großer Gesundheit, Kinderwunsch des Mannes, jugendlichem Aussehen, Attraktivität und erotischer Ausstrahlung auslöst. Eine weitere Studie zeigt, daß auch noch ein WHR von 1.0 günstige Urteile im Hinblick auf das Interesse an einer Verabredung zum Kaffee und auch auf Heirat zur Folge hat. Demographische Merkmale der Beurteilerinnen spielen dabei nur eine geringe Rolle.

Ein anderer Zugang zum Verständnis der physischen Attraktivität ergibt sich durch die Konstruktion von *Durchschnittsbildern des Gesichts,* in die eine größere Zahl von Einzelbildern integriert werden. Dieses Verfahren war schon lange bekannt, genauso wie der Umstand, daß Durchschnittsgesichter relativ attraktiv aussehen (Henss, 1992).

Eine systematische Analyse von männlichen und weiblichen Durchschnittsgesichtern (Langlois & Roggman, 1990) zeigt, daß die Attraktivität der Durchschnittsgesichter zunimmt, wenn die Zahl der Einzelgesichter, die in den Durchschnitt eingehen, von 2 auf 32 gesteigert wird. Durch die Durchschnittsbildung werden individuelle Besonderheiten durch ein *prototypisches Gesicht* ersetzt.

Offensichtlich hängt der Erfolg der Durchschnittsbildung auch von der Technik ab, mit deren Hilfe die individuellen Gesichter miteinander verschmolzen werden. Dieser Integrationsprozeß kann spezifische Effekte auslösen (z.B. Erzeugung weicher Konturen), die ihrerseits die Attraktivität beeinflussen.

Schon 6 Monate alte Kinder bevorzugen in ihrem Blickverhalten attraktive gegenüber unattraktiven Gesichtern, und zwar unabhängig von der Rasse und dem Geschlecht der dargebotenen Personen (Langlois, Ritter, Roggman & Vaughn, 1991). Die Vermutung liegt nahe, daß eine angeborene Tendenz besteht, durchschnittliche Ausprägungen der Gesichtsmerkmale, wie sie in der Bevölkerung gegeben sind, zu bevorzugen. Möglicherweise entsteht eine solche Tendenz auch aufgrund geringfügiger Vorerfahrung in den ersten Lebensmonaten.

Urteile über physische Attraktivität sind z.T. durch Gesichts- und Figurmerkmale beeinflußt, lassen sich aber z.T. auch auf den Vorgang der Beurteilung zurückführen. In diesem Zusammenhang kommt *Kontrasteffekten* eine besondere Bedeutung zu. Die Untersuchung von Sigall & Michela (1976) liefert dafür ein Beispiel: Frauen, die zuvor die Fotos von attraktiven oder unattraktiven Frauen gesehen hatten, schätzten ihr Aussehen unterschiedlich ein:

- relativ attraktiv nach dem Betrachten der Fotos unattraktiver Frauen,
- relativ unattraktiv nach dem Betrachten attraktiver Fotos.

Die Selbsteinschätzung stand also im Kontrast zu der positiven oder negativen Bildvorgabe, die einen *aufwärts gerichteten oder abwärts gerichteten Vergleich* auslöste. Genauso zeigte eine Studie, bei der das Foto einer Frau durch Männer beurteilt wurde, daß die Bewertung ungünstiger ausfiel, wenn die Beurteiler zuvor drei attraktive Schauspielerinnen in »Drei Engel für Charly« gesehen hatten (Kenrick & Gutierres, 1980). Derartige Kontrasteffekte können die Beurteilung von Personen, die nacheinander auftreten, erheblich beeinflussen.

2.1.1.2. Auswirkungen der physischen Attraktivität

Eine Vielzahl interpersoneller Prozesse wird durch physische Attraktivität beeinflußt. An dieser Stelle kann nur auf einige Bereiche verwiesen werden. Daran anschließend wenden wir uns einer Zusammenfassung der bisherigen Forschung zu den Auswirkungen auf interpersonelle Attraktion, zu Geschlechtsunterschieden in der Gewichtung physischer Attraktivität für die Eindrucksbildung und zu Ähnlichkeitseffekten zu.

Die im folgenden exemplarisch ausgewählten Untersuchungsbereiche zeigen, daß die Auswirkungen der physischen Attraktivität schon bei Kindern sichtbar werden:

- Zwölf Monate alte Kinder zeigen positivere Gefühle und weniger Rückzugsverhalten gegenüber einem attraktiv aussehenden Erwachsenen (im Vergleich zu einem unattraktiven Interaktionspartner; Langlois, Roggman & Rieser-Danner, 1990). Außerdem spielten sie länger mit einer Puppe, wenn ihr ein attraktives Gesicht aufgemalt worden war.
- Die *Bewertung und Bestrafung unmoralischen und aggressiven Verhaltens* ist gegenüber attraktiven Kindern oder Erwachsenen bei einem schweren Vergehen nachsichtiger (Dion, 1972; Sigall & Ostrove, 1975). Unter 4-6jährigen Kindern besteht die Tendenz, die weniger attraktiven Kinder für aggressiver zu halten (Dion & Berscheid, 1974). Eine Umkehrung des Zusammenhangs weist die Grenzen des Stereotyps der physischen Attraktivität auf: Personen, die Vergehen unter Nutzung der physischen Attraktivität begehen (Beispiel Heiratsschwindler, s. Sigall & Ostrove, 1975), werden negativ bewertet.

- *Schlechte Aufsatzleistungen,* die einer attraktiven Autorin zugeschrieben werden, finden ein milderes Urteil als die gleiche Leistung, die von einer unattraktiven Autorin stammt (Landy & Sigall, 1974). Generell scheint die Abwertung der Leistung bei geringerer Attraktivität einen stärkeren Einfluß auszuüben als die Aufwertung bei hoher Attraktivität (im Vergleich zu einer neutralen Bedingung).

- *Ausbreitung der Wirkung physischer Attraktivität auf andere Personen* (Bar-Tal & Saxe, 1976, Exp. 1; Sigall & Landy, 1973): ein durchschnittlich attraktiver oder unattraktiver Mann wird positiv beurteilt, wenn er eine attraktive Frau oder Freundin hat (im Vergleich zu einer unattraktiven Begleiterin). Dieser Effekt kommt sowohl durch eine *Aufwertungstendenz bei einer attraktiven Frau* als auch durch eine *Abwertungstendenz bei einer unattraktiven Frau* zustande. Dieser Effekt ist der Assoziation mit erfolgreichen Sportmannschaften vergleichbar (s. Box A3). Eine unattraktive Frau profitiert aber nicht in der gleichen Weise von einem attraktiven Mann (Bar-Tal & Saxe, 1976, Exp.1).

- *Eine positive oder negative Bewertung,* die von einer unattraktiven Person stammt, macht auf die Zielperson nur wenig Eindruck, während sich bei einer attraktiven Bewerterin starke Auswirkungen einer unterschiedlichen Bewertung auf die interpersonelle Attraktion finden (Sigall & Aronson, 1969): Wenn ein Mann von einer attraktiven Frau positiv bewertet wird, ist das sehr angenehm, und er mag sie sehr, während ihre negative Bewertung bei ihm besonders wenig Mögen auslöst.

Die physische Attraktivität beeinflußt die Personwahrnehmung in erheblichem Umfang. Das Motto dieser Generalisierung ist: Was schön ist, ist auch gut (Box U5).

Box U5: Stereotype von schönen Menschen

Die große Übereinstimmung, die bei der Beurteilung von Schönheit in einer gegebenen Kultur erzielt werden kann, legt die Vermutung nahe, daß sich kulturell festgelegte Vorstellungen darüber finden, welche Persönlichkeitseigenschaften und Lebenserfahrungen zu (un)attraktiven Personen passen.
Hinweise auf ein solches *Stereotyp* sind wiederholt gefunden worden (Bar-Tal & Saxe, 1976, Exp. 1; Dermer & Thiel, 1975; Dion, Berscheid & Walster, 1972). Attraktiven (und z.T. auch neutralen) Personen werden bevorzugt *sozial erwünschte Eigenschaften* zugeschrieben (wie *interessant; unabhängig; warm; ehrlich*). Generell wird ihnen mehr beruflicher Erfolg, Lebensglück und größere Kompetenz in der Ehe attestiert.
Die metaanalytische Zusammenfassung von 69 Untersuchungsberichten, in denen das Stereotyp von schönen Menschen erfaßt wurde (Eagly et al., 1991), liefert weiteren Aufschluß über den *Generalisierungsgradienten physischer Attraktivität*. Das Aussehen wirkt sich besonders deutlich auf die Beurteilung von sozialer Kompetenz aus, weniger stark auf Anpassung, intellektuelle Fähigkeiten und Dominanz, und gering bzw. überhaupt nicht auf Integrität und Interesse an anderen. Es generalisiert besonders stark auf soziale Fähigkeiten (s. auch Feingold, 1992, Studie 1). Insoweit ist das Stereotyp attraktiver Personen (bei Männern und Frauen) positiv. Darüber hinaus zeigt sich aber, zumindest im Hinblick auf Frauen, auch eine Tendenz, attraktiven Personen *weniger sozial wünschbare Eingenschaften* zuzuschreiben (Dermer & Thiel, 1975). So gelten sie eher als *eitel* und *egoistisch,* Scheidung und außereheliche Beziehungen werden

ihnen eher zugeschrieben, und schließlich wird ihnen eine materialistische Orientierung unterstellt. Auch die metaanalytische Auswertung (Eagly et al., 1991) bestätigt das Vorhandensein dieser *dunklen Seite des Stereotyps*.

Die metaanalytische Auswertung läßt erkennen, daß das Motto »Schönheit ist gut« einen robusten, aber nicht allzu starken Effekt beschreibt, der von Studie zu Studie in der Größe erheblich variiert. So ist der Effekt geringer, wenn die Beurteiler neben dem Aussehen noch andere Informationen über die zu beurteilenden Personen erhalten, und größer, wenn nacheinander mehrere Personen beurteilt werden (vermutlich wegen der zu erwartenden Kontrasteffekte, die Attraktivitätsurteile extremisieren können).

Erwähnenswert ist außerdem, daß die stereotype Zuschreibung von Eigenschaften von der physischen Attraktivität der Beurteiler selbst abhängt (Dermer & Thiel, 1975): Unattraktive Beurteilerinnen schrieben *neutralen* Zielpersonen eine höhere

Kompetenz beim Umgang mit Kindern zu und bevorzugten sie tendenziell bei der Zuschreibung von sozial erwünschten Eigenschaften im Vergleich zu *unattraktiven* und *attraktiven* Zielpersonen.

Solche Beurteilermerkmale verdienen weitere Beachtung. In einer anderen Studie wurde festgestellt, daß Personen, die an eine gerechte Welt glauben (s. Abschnitt II.4.2.2.), mehr stereotype Zuschreibungen in Abhängigkeit von der physischen Attraktivität von männlichen Zielpersonen vornehmen als Personen, die weniger an eine gerechte Welt glauben (Dion & Dion, 1987; bei weiblichen Zielpersonen fanden sich keine vergleichbaren Ergebnisse). Diese Resultate deuten darauf hin, daß Menschen, die sich dem *Glauben an eine gerechte Welt* verschrieben haben, »Gewinner« bzw. Personen mit hohem Status, wie sie durch physisch attraktive Zielpersonen dargestellt werden, besonders positiv bewerten oder sogar bewundern, während sie »Verlierer« bzw. Personen mit einem niedrigen Status eher abwerten.

Entspricht das Stereotyp der physischen Attraktivität, wie es in Box U5 beschrieben wurde, der Wirklichkeit? Sind also attraktive Personen sozial kompetenter, angepaßter, intelligenter und einflußreicher? Die Antwort scheint zu lauten, daß gut aussehende Menschen nicht so sind, wie wir glauben (Feingold, 1992, Studie 3): Sie scheinen z.B. weder sozial aufgeschlossener noch dominanter oder intelligenter zu sein als weniger gut aussehende Menschen. Einzig im Hinblick auf ihre sozialen Fertigkeiten deutet sich an, daß sie sich positiv von den weniger attraktiven Personen unterscheiden.

Anders fallen die Ergebnisse hingegen aus, wenn die selbst *eingeschätzte Attraktivität* als Korrelat von Persönlichkeitsmerkmalen herangezogen wird, da Personen, die sich als attraktiv einschätzen, zu mehr sozialer Aufgeschlossenheit, größerer Dominanz und mehr sozialer Anpassung tendieren. Es ist bemerkenswert, daß sich für die selbst eingeschätzte Attraktivität ergab, daß diese mit dem *Selbstwertgefühl* mit einer Korrelation von über .30 am engsten unter den erfaßten Korrelaten zusammenhing (Feingold, 1992, Studie 2). Dieses Ergebnis steht mit der Annahme in Übereinstimmung, daß die selbst eingeschätzte physische Attraktivität Teil des globalen *Selbstwerts* ist und dementsprechend mit anderen Komponenten des Selbstwerts (z.B. soziale Aufgeschlossenheit) korreliert. Hingegen fanden sich wenig Hinweise darauf, daß die Persönlichkeitskorrelate der physischen Attraktivität durch einen Prozeß der Erwartungsbestätigung (also eine sich selbst erfüllende Prophezeiung) vermittelt sind (Feingold, 1992; vgl. Abschnitt III.2.2.1.).

Physische Attraktivität hat viele positive Konsequenzen, aber auch ihre Probleme. Berscheid & Walster (1974a) berichten, daß sich Frauen, die in ihrer Studentenzeit attraktiv waren, als 40jährige als relativ wenig glücklich einschätzten.

Diese Zusammenhänge sind zwar relativ schwach ausgeprägt, aber nicht unerwartet. Man kann vermuten, daß attraktive Personen in ihrer Jugend ein hohes *Anspruchsniveau* in ihren interpersonellen Kontakten entwickeln, weil sie häufig im Mittelpunkt stehen, nach ihren Wünschen gefragt werden und von allen Seiten umworben werden. Die Erfahrungen im späteren Erwachsenenalter dürften die hohen Erwartungen eher enttäuschen: Ältere Frauen werden »unsichtbar«, da ihnen soziale Verstärkungen entzogen werden.

In dieselbe Richtung deutet die Analyse des Glücks von Lottogewinnern (Brickman, Coates & Janoff-Bulman, 1978): Ihr Lebensglück wird langfristig nicht erhöht. Vermutlich hebt der hohe Gewinn das Anspruchsniveau deutlich an. Auf diesem Hintergrund erscheinen positive Lebenserfahrungen, die nach dem Lottogewinn eintreten, als wenig positiv, und die Gesamteinschätzung der subjektiven Zufriedenheit wird ins Negative verschoben. Statt sich zu wundern, warum sich Lottogewinner nicht besser fühlen, ist die interessantere Frage, warum Beobachter glauben, daß sie glücklicher sein müßten (Kahneman, 1997).

2.1.2. Die erste Begegnung

In Beobachtungsstudien wurde versucht, den Verlauf der ersten Begegnung zwischen Schülern und Schülerinnen (Doermer-Tramitz, 1990) und Studenten und Studentinnen (Garcia, Stinson, Ickes, Bissonnette & Briggs, 1991) in Abhängigkeit vom Aussehen zu erfassen. Im folgenden werden einige der Ergebnisse aus diesen beiden Studien zusammengefaßt:

- Die *physische Attraktivität der Frau* korrelierte positiv mit der Länge des Gesprächs und mit dem gegenseitigen Mögen der Gesprächspartner.
- Außerdem war die Bereitschaft der männlichen Personen, mit der Gesprächspartnerin ins Kino zu gehen, von deren Attraktivität beeinflußt.
- Die physische Attraktivität der Männer hing positiv mit der Dauer des gegenseitigen Anlächelns der Partner und der Länge des Anblickens durch die Partnerin zusammen.
- Außerdem zeigte sich ein *Exklusivitätseffekt:* Bei hoher männlicher Attraktivität wurde weniger von Dritten gesprochen, was der Herstellung einer intimen Gesprächsatmosphäre förderlich sein könnte.
- Der erste Blickkontakt wurde häufiger von der Frau als von dem Mann initiiert. Die Ergebnisse stellen die Vorstellung von dem Mann, der primär den Gesprächsverlauf bestimmt, in Frage.
- Männer, die sich in ihrer eigenen Attraktivität niedrig einschätzten, tendierten dazu, Gespräche mit langen Pausen zu führen, was die Entwicklung des Gesprächs eher beeinträchtigte und den Prozeß des Kennenlernens blockierte.
- Andererseits tendierten Frauen, die sich selbst als unattraktiv einschätzten, dazu, eine aktive Rolle zu spielen, indem sie den Partner z.B. besonders häufig anblickten. Dieses Ergebnismuster läßt vermuten, daß Frauen, die ihr Aussehen relativ ungünstig einschätzen, Strategien entwickeln, um einen möglichen Nachteil in ihrer Popularität beim anderen Geschlecht auszugleichen.

Grammer (1995) beschreibt das *Flirten* in Abhängigkeit von dem Risiko der Zurückweisung, das zwischen Kulturen variiert und in Japan z.B. größer ist als in Deutschland. Erfolgreiche männliche Annäherungsstrategien an Frauen (z.B. »Hallo, mein Name ist Ed und wie heißt Du?«) sind geeignet, die Wahrscheinlichkeit der *Zurückweisung* zu verringern. Generell sind Frauen gegenüber der Kontaktaufnahme durch einen Mann weniger aufgeschlossen als Männer gegenüber der Kontaktaufnahme durch eine Frau, die häufig indirekt (z.B. über Blickkontakt) erfolgt. Außerdem kommt dem *Lächeln* eine große Bedeutung zu, nicht zuletzt deshalb, weil es eine *positive Stimmung* hervorruft, die zur Erzeugung einer *freundlichen Gesprächsatmosphäre* beiträgt.

2.1.3. Geschlechtsunterschiede in den Effekten physischer Attraktivität

Das Stereotyp schöner Menschen, wie es in Box U5 dargestellt wurde, scheint gegenüber Frauen stärker und einheitlicher zu sein als gegenüber Männern (Bar-Tal & Saxe, 1976). Damit in Übereinstimmung wurde gezeigt (Stroebe, Insko, Thompson & Layton, 1971), daß die physische Attraktivität die Neigung, jemand als Arbeitspartner zu bevorzugen, als Freund oder Ehepartner in Betracht zu ziehen, bei Männern gegenüber Frauen stärker beeinflußt als bei Frauen gegenüber Männern. Möglicherweise hat physische Attraktivität bei Frauen die Funktion, als Hinweisreiz zu dienen, der das Ausmaß der Erfüllung traditioneller *Geschlechtsrollen-Stereotype* signalisiert.

Metaanalytische Vergleiche (Feingold, 1990) bestätigen diese Hinweise auf Geschlechtsunterschiede in der Gewichtung physischer Attraktivität bei der Eindrucksbildung und der Einschätzung romantischer Gefühle. Die relevanten Studien wurden nach fünf Forschungsansätzen gruppiert:

● Fragebogen zu den wichtigsten Merkmalen eines idealen Ehepartners (23 Studien),
● Korrelation zwischen Aussehen und romantischen Gefühlen (10 Studien),
● dyadische Mann-Frau-Interaktion mit anschließender Einschätzung des Mögens, das mit dem eingeschätzten Aussehen korreliert wird (6 Studien),
● experimentelle Variation der physischen Attraktivität (3 Studien),
● Inhaltsanalyse von Heiratsanzeigen (6 Studien).

In allen fünf Bereichen deuten die Ergebnisse darauf hin, daß Männer sich im Hinblick auf romantisches Interesse mehr von dem Aussehen der Frau beeinflussen lassen als Frauen, die Männer einschätzen. Dieser Effekt war stärker bei Verwendung eines Fragebogens zur Erfassung von Partnermerkmalen und bei Analysen von Heiratsanzeigen und schwächer in den drei anderen Situationen.

Borkenau (1993) führte eine Inhaltsanalyse von 200 Heirats- und Bekanntschaftsanzeigen durch, die in Deutschland veröffentlicht wurden. Unter den erfaßten Merkmalen wurden Aussehen sowie Bildung und Status berücksichtigt. Außerdem wurde zwischen *gebotenen Merkmalen* des Inserenten und *gewünschten Merkmalen* potentieller Partner unterschieden. Die Auswertung beruht auf der Summe der Nennungen einzelner Merkmale, wobei die Möglichkeit besteht, daß ein Merkmal in einer Anzeige mehrfach thematisiert wird. Für Aussehen sowie für Bildung und Status traten deutliche Geschlechtsunterschiede auf, die den Hypothesen entsprechen: In bezug auf Frauen werden mehr Merkmale der äußeren Erscheinung thematisiert (von Frauen in der Selbstbeschreibung, von Männern unter den gewünschten Merkmalen), während in bezug auf Männer mehr Statusmerkmale angesprochen werden (sowohl in der Selbstbeschreibung als auch von Frauen als gewünschte Merkmale).

Singh (1995) berichtet im übrigen, daß das weibliche Interesse an einem Mann sowohl von der Figur als auch von seinem finanziellen Status abhängig ist. Beide Faktoren trugen in etwa gleich zur Bereitschaft der Kontaktaufnahme bei.

2.1.4. Schönheit sucht Schönheit

Wenn auch eine ausgeprägte Neigung zu bestehen scheint, attraktive Zeitgenossen relativ positiv einzuschätzen, so kann man andererseits doch erwarten, daß die Wahl eines gegengeschlechtlichen Freundes nicht nur unter Zugrundelegen der physischen Attraktivität des Partners erfolgt. Vielmehr sollte auch die eigene Attraktivität einen Einfluß ausüben. Denn neben der Bewertung der Eigenschaften des Partners sollte die erwartete Wahrscheinlichkeit der Zielerreichung von Bedeutung sein.

So plausibel diese Überlegungen sind, sie fanden in einer ersten Untersuchung (Walster, Aronson, Abrahams & Rottman, 1966) keine Bestätigung. Studenten und Studentinnen, die für eine Tanzveranstaltung nach dem Zufall zugeordnet worden waren, gaben in einer Pause eindeutig eine Bevorzugung der Partner zu erkennen, die sich durch größere physische Attraktivität auszeichneten. Diese Präferenz war unabhängig von der eigenen Attraktivität.

Erst in zwei weiteren Untersuchungen (Berscheid, Dion, Walster & Walster, 1971) fanden sich Hinweise auf den Einfluß der eigenen Attraktivität. Während einer Tanzveranstaltung sollten die Teilnehmer angeben, welche Attraktivität und Popularität ihr Partner besitzen sollte. Bei höherer eigener Attraktivität wurden in diesen Urteilen höhere Ansprüche an den Partner gestellt. Außerdem wählten die Attraktiveren eher attraktivere potentielle Partner aus, wenn die Möglichkeit der *Zurückweisung* bestand.

Somit scheint der Zeitpunkt der Erhebung der Präferenz wichtig dafür zu sein, ob man primär der physischen Attraktivität des Partners folgt (nämlich dann, wenn die Beziehung schon in Gang gekommen ist) oder ob man auch die eigene Attraktivität berücksichtigt (nämlich bevor ein erster Kontakt aufgenommen worden ist). Daher kann man davon sprechen, daß sich physische Attraktivität in heterosexuellen Beziehungen wie ein *selektiver Filter* vor Beginn der ersten Kontaktaufnahme bemerkbar macht.

Weitere Ergebnisse (Stroebe, Insko, Thompson & Layton, 1971) weisen in die gleiche Richtung. Personen mit hoher selbst eingeschätzter Attraktivität dachten vor allem daran, mit solchen Partnern auszugehen, die ebenfalls eine hohe Attraktivität aufwiesen. Hingegen bevorzugten wenig attraktive Beurteiler eher Personen von mittlerer Attraktivität. Diese Ergebnisse lassen sich auf der Grundlage der *Austauschtheorie* verstehen, wenn man davon ausgeht, daß die Interaktionspartner antizipieren, daß eine stabile Beziehung am ehesten entsteht, wenn das Ausmaß der gegenseitigen Belohnung vergleichbar ist (Abschnitt II.4.4.).

Neben diesen experimentellen Untersuchungen besteht auch die Möglichkeit, die Ähnlichkeit im Hinblick auf physische Attraktivität bei Verliebten und bei gleichgeschlechtlichen Freunden zu erfassen. Die insgesamt 18 Studien, die diesem Untersuchungsansatz folgen, wurden von Feingold (1988) in einer Meta-analyse zusammengefaßt, wobei sich eine deutliche Ähnlichkeitstendenz im Hinblick auf die physische Attraktivität fand: Partner tendierten dazu, auf der Dimension der physischen Attraktivität übereinzustimmen. Die Höhe der Ähnlichkeitskorrelation für das Aussehen liegt in dem Bereich, der für andere Merkmale der Partner (wie Bildung oder Einstellung) gefunden wurde.

Zur Erklärung der gefundenen Ähnlichkeit der äußeren Erscheinung in Paaren bieten sich einfache Marktmechanismen im Sinne der sozialen Austauschtheorie an. Grammer (1995) beschreibt die Partnersuche in Abhängigkeit von Entscheidungsprozessen, die sich an dem Markt der Partner bzw. der Partnerinnen, die zur Verfügung stehen, orientieren. In einer Studie in einem Video-Dating-Service ergab sich, daß Frauen im Mittel 11 und Männer 8 Partnervorschläge begutachteten, bevor sie sich für eine Person als Partner oder Partnerin entschieden. Da Aussehen nur eines von vielen Merkmalen ist, das für potentielle Partner einen Belohnungswert besitzt, ist zu erwarten, daß ein Austausch von Belohnungswerten auftritt, die auf unterschiedlichen Merkmalen beruhen. So könnte Schönheit mit Hilfsbereitschaft oder Status auf einem angenommenen »Heiratsmarkt«, auf dem soziale Aktivposten berücksichtigt werden, kompensiert werden.

2.2. Ähnlichkeit

Belege dafür, daß die Beziehung zwischen Ähnlichkeit und interpersoneller Attraktion im Alltag gilt, sind die positiven Ähnlichkeitskorrelationen bei Eheleuten und Freunden (Feingold, 1988). So gilt z.B. für Ehepartner, daß sie sich durch Ähnlichkeit in Einstellungen, Freizeitinteressen und politischen Präferenzen auszeichnen.

Ein Beispiel für die Bedeutung der Ähnlichkeit für interpersonelle Beziehungen findet sich auch in einer Untersuchung, in der die interpersonelle Attraktion von 13 Männern erfaßt wurde, die 10 Tage in einem Atombunker verbrachten (Griffitt & Veitch, 1974). Sie sollten mehrfach angeben, welche Personen eher bleiben oder eher gehen sollten. Die Ähnlichkeit der vorher erfaßten Einstellungen war bei den Personen am größten, die an erster Stelle bevorzugt wurden.

Ein Kritikpunkt an einem Teil der Attraktionsforschung besteht darin, daß in künstlichen Situationen Urteile über hypothetische Personen abgegeben werden. Durch diese Untersuchungsstrategie scheint der Zusammenhang zwischen Ähnlichkeit und Attraktion überschätzt zu werden. Das geht zum einen darauf zurück, daß über die hypothetische Person im allgemeinen keine anderen Informationen zur Verfügung stehen als diejenigen, die nach ihrer Relevanz für die Attraktion im vorhinein ausgewählt worden sind. Außerdem werden in vielen Studien *extreme Werte der Einstellungsähnlichkeit* simuliert, die im Alltag selten oder nie auftreten.

Ein Beleg für den zweiten Kritikpunkt ist eine Untersuchung, in der 420 Personen 50 Fragen über Einstellungen, Selbstkonzept und Persönlichkeit beantworteten (Byrne, Ervin & Lamberth, 1970). Im Rahmen einer »Computer-Dating« Auswertung wurde die maximale und minimale Übereinstimmung zwischen Männern und Frauen berechnet. Der minimale Wert lag bei 12 Übereinstimmungen, der maximale Wert betrug 37 Übereinstimmungen. Das entspricht einer Schwankungsbreite von 24% bis 74% in der Ähnlichkeit. Wenn die Einstellungsähnlichkeit simuliert wird, verwendet man demgegenüber häufig 0% und 100% Übereinstimmung (s. Byrne, 1969).

2.2.1. Paradigmatische Attraktionsforschung

Der Einfluß der Ähnlichkeit auf die interpersonelle Attraktion wurde auf der Grundlage des Paradigmas vom anonymen Fremden (Byrne, 1971) untersucht (s. Box U6).

Box U6: Das Paradigma vom anonymen Fremden

Den Versuchsteilnehmern wird mitgeteilt, daß sie an einer Untersuchung zur interpersonellen Beurteilung teilnehmen. Einige Zeit vor Durchführung der Untersuchung wird – möglichst mit einer völlig anderen Begründung – den Versuchsteilnehmern ein Einstellungsfragebogen vorgelegt, in dem Themen von allgemeinem Interesse angesprochen werden:

- »Generell bin ich sehr entschieden gegen das Rauchen.«
- »Ich bin sehr stark für die meisten Techniken der Geburtenkontrolle.«

- »Ich bin sehr fest davon überzeugt, daß Krieg manchmal notwendig ist, um Weltprobleme zu lösen.«

Bei jeder Feststellung werden sechs Abstufungen der Zustimmung/Ablehnung vorformuliert, von denen jeweils die angekreuzt werden soll, die der eigenen Einstellung am ehesten entspricht.
Wochen oder Monate später findet der Beurteilungsversuch statt. Den Versuchsteilnehmern wird der Einstellungsfragebogen eines anonymen Fremden vorgelegt (der dieselben Fragen enthält, die zuvor

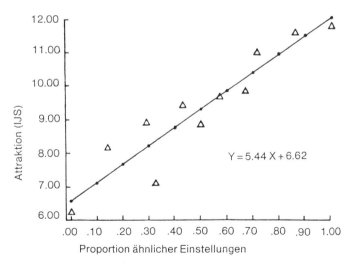

$$Y = 5.44\,X + 6.62$$

Abbildung 10: Attraktion als Funktion der Einstellungsähnlichkeit (nach Byrne & Nelson, 1965)

Beachte: In der Regressionsgleichung bezeichnet Y die Attraktion und X die Proportion ähnlicher Einstellungen relativ zur Gesamtzahl der ähnlichen und unähnlichen Einstellungen.

bearbeitet wurden), mit dessen Hilfe die Ähnlichkeit der Einstellungen zwischen dem Fremden und dem Versuchsteilnehmer systematisch variiert wird.

Die interpersonelle Attraktion wird erfaßt, indem die Versuchsteilnehmer nach Inspektion der Antworten des Fremden auf 7-Punkte-Skalen einschätzen, ob sie den Fremden mögen und ob sie mit ihm zusammenarbeiten möchten. Zusätzlich werden noch vier weitere Urteile über Intelligenz, Kenntnisstand, Moral und Anpassung des Fremden abgegeben, die das als IJS *(Interpersonal Judgement Scale)* bezeichnete Meßinstrument komplettieren. Die Antworten auf die zwei kritischen Fragen werden summiert, und die Summe stellt das Maß für die interpersonelle Attraktion dar (das zwischen 2 und 14 variieren kann).

Wenn das Ausmaß der Ähnlichkeit systematisch abgestuft wird, verweisen die Ergebnisse auf einen Anstieg der Attraktion in Abhängigkeit von der Ähnlichkeit. Weitere Untersuchungen, in denen die Anzahl und die Proportion der ähnlichen Einstellungen im Verhältnis zu der Gesamtzahl der Einstellungen variiert wurden, zeigen, daß sich nur die Proportion ähnlicher Einstellungen bedeutsam auf die Attraktion auswirkt, nicht aber die Anzahl der ähnlichen Einstellungen. Auf der Basis von 790 Beurteilern, die unter elf unterschiedlichen Proportionen der Ähnlichkeit Attraktionsurteile abgegeben hatten, konnte gezeigt werden, daß die *Attraktion eine lineare Funktion der Proportion ähnlicher Einstellungen* ist (Byrne & Nelson, 1965; s. Abb. 10).

Die Behauptung, daß die Beziehung zwischen Einstellungsähnlichkeit und Attraktion linear verläuft (Byrne, 1969), ist nicht ohne Widerspruch geblieben. Stroebe, Insko, Thompson & Layton (1971) stellten fest, daß in ihren Daten neben der linearen Komponente in der Beziehung zwischen Ähnlichkeit und Mögen auch eine *quadratische* Komponente zu beachten ist. Allerdings ging der quadratische Trend primär auf Frauen zurück, während Männer nur einen bedeutsamen linearen Trend aufwiesen. In der Analyse der Frage, ob sie die auf dem Foto abgebildete Frau als Freundin oder als Ehepartnerin bevorzugen würden, fand sich allerdings auch bei Männern ein bedeutsamer quadratischer Trend, der darauf beruht, daß der Anstieg in der Attraktion bei mittlerer Einstellungsähnlichkeit im Vergleich zu niedriger Ähnlichkeit relativ gering ist, während der Anstieg von mittlerer auf hohe Ähnlichkeit steiler verläuft.

2.2.2. Warum steigert Ähnlichkeit die interpersonelle Attraktion?

Während die Tatsache eines positiven Zusammenhangs zwischen Ähnlichkeit und interpersoneller Attraktion unbestritten ist, gibt es eine Diskussion darüber, warum dieser Zusammenhang auftritt. Byrne (1971) erklärt den Zusammenhang durch die Verstärkungstheorie. Jede Übereinstimmung in Einstellungen läßt sich als positive Verstärkung auffassen und jede Nichtübereinstimmung als negative Verstärkung (s. Box T5).

Box T5: Verstärkungstheorie der Attraktion

Die Verstärkungstheorie von Byrne & Clore (s. Byrne, 1969, 1971) faßt die Attraktion gegenüber einer Person X als eine positive lineare Funktion der Proportion positiver Verstärkungen auf, die von X erhalten werden. Solche Verstärkungen können etwa Feststellungen sein, die die eigene Meinung bestätigen, oder Bewertungen der eigenen Person, die das Selbstbild stärken.

Auf welche Weise erhält nun die Person X einen Verstärkungswert? Zur Erklärung wird das Modell der *klassischen Konditionierung* verwendet (s. auch Lott & Lott, 1960):

- Jeder Stimulus mit Verstärkereigenschaften fungiert als unkonditionierter Reiz (UCS) für eine implizite affektive Reaktion auf der Dimension angenehm-unangenehm. Belohnungen verstärken gegebene Reaktionen und Strafen schwächen sie.
- Jeder Stimulus, insbesondere auch Personen, die mit dem Auftreten des Stimulus zeitlich assoziiert sind, kann ein bedingter Reiz (CS) für affektive Reaktionen werden.
- Die implizite affektive Reaktion ist Vermittler zwischen dem CS und der bewertenden Reaktion, die aus einer sprachlichen Einschätzung des CS, aus Wahlverhalten oder aus Annäherungs-Vermeidungsverhalten gegen den CS bestehen kann.

Nach diesem Modell entsteht die Attraktion gegenüber Personen aus ihrer zeitlichen Assoziation mit dem Auftreten des UCS (s. Abb. 11). Typische unkonditionierte Reize sind die Bestätigung der eigenen Weltsicht oder des eigenen Selbstbildes. Das zugrunde liegende Motiv ist das Streben, die Welt bedeutungsvoll zu erleben und die eigenen Meinungen und Fähigkeiten zu bewerten (s. White, 1959). Durch Bestätigung wird dieses »*Effektanz*«-Motiv befriedigt (in diesem Zusammenhang spricht Festinger, 1950, von »Validierung durch Konsensus«), durch Widerspruch frustriert.

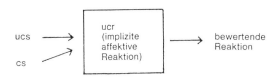

Abbildung 11: Verstärkungsmodell der Attraktion (nach Byrne, 1971)

Beachte: Die Abkürzungen werden im Text erläutert.

Lott, Lott & Walsh (1970) zeigten, daß Personen, die man mag, in Lernaufgaben als positive Verstärker fungieren. Sinnlose Silben, die mit gemochten Personen assoziiert worden waren, wurden besser gelernt als Silben, die mit neutralen Silben assoziiert worden waren. Allerdings wurden auch solche sinnlosen Silben relativ gut gelernt, die mit nicht gemochten Personen assoziiert waren. Eine Erklärung dafür besteht darin, daß negative Stimuli neben Vermeidung auch *Vigilanz* auslösen.

Das Byrne-Clore Modell der interpersonellen Attraktion (s. Box T5) stellt emotionale Reaktionen der Beurteiler in den Mittelpunkt. Aus theoretischer Sicht lassen sich eine Reihe weiterer Erklärungen dafür finden, warum Ähnlichkeit mit Attraktion im Zusammenhang steht (Burleson & Denton, 1992; Huston & Levinger, 1978):

- Ähnlichkeit bestätigt den eigenen Selbstwert.
- Ähnlichkeit ist ein Indikator dafür, daß die andere Person sich in Zukunft wohlwollend verhält und daß mit ihr gut auszukommen ist.
- Ähnlichkeit ist dann ein relevantes Merkmal für die Attraktion, wenn die Beurteiler daraus positive Schlüsse auf die Eigenschaften der anderen Person ziehen, z.B. darauf, ob sie einen sympathisch findet (Condon & Crano, 1988).

Die zuletzt genannte Erklärung läuft darauf hinaus, daß die Attraktion davon abhängig ist, welche Eigenschaften der anderen Person zugeschrieben werden (Ajzen, 1977). Die wahrgenommene Wahrscheinlichkeit, mit der die andere Person positive oder negative Attribute besitzt, beeinflußt die Attraktion, die sich als Summe der mit der Wahrscheinlichkeit ihres Vorhandenseins multiplizierten Bewertungen der Attribute ergibt (vgl. Abschnitt IV.1.4.).

Wenn eine Person als »intelligent« beschrieben wird, bildet sich bei dem Beobachter ein positiver Eindruck, weil diese Beschreibung positiv bewertete Implikationen hat (s. Ajzen, 1977). Man kann sich den Beurteiler ähnlich wie einen *rationalen Informationsverarbeiter* vorstellen, der alle relevanten Informationen nutzt, um ein bewertendes Attraktionsurteil zu bilden (Kaplan & Anderson, 1973). Für eine solche Sichtweise spricht die Tatsache, daß aus einem bewertenden Urteil über eine andere Person Rückschlüsse auf die angenommene Einstellungsähnlichkeit gezogen werden (Moss, Byrne, Baskett & Sachs, 1975).

Eine weitere Untersuchung (Byrne, Rasche & Kelley, 1974) legt die Vermutung nahe, daß rationale Informationsverarbeitung und die affektiven Reaktionen auf eine persönliche Bewertung unabhängig voneinander die Attraktion bestimmen. Gefühl und Information beeinflussen das zwischenmenschliche Mögen parallel. Attraktion gegenüber einer Zielperson entsteht sowohl aus der sachlichen Übereinstimmung in Meinungsfragen als auch aus der Häufigkeit, mit der die Zielperson Zustimmung zeigt, positiv bewertet und lobt.

Während Byrne (1971) die Rolle der Ähnlichkeit für Attraktion betont, verweist Rosenbaum (1986a,b) darauf, daß Unähnlichkeit in den Einstellungen Zurückweisung hervorruft. Dazu haben Byrne, Clore & Smeaton (1986) und Smeaton, Byrne & Murnen (1989) kritisch Stellung genommen. Ähnlichkeit übt einen positiven Einfluß auf die Attraktion aus. Die Verstärkungshypothese und die Zurückweisungshypothese schließen sich nicht gegenseitig aus. Denn es ist naheliegend, daß in der ersten Phase des Kennenlernens die Zurückweisung von unähnlichen Personen im Vordergrund steht, während in einer späteren Phase die Bevorzugung ähnlicher Partner an Bedeutung gewinnt (Mikula & Stroebe, 1991).

2.3. Gefühl und Mögen

Die Verstärkungstheorie der Attraktion geht davon aus, daß Gefühle für die Entstehung von Attraktion wichtig sind. Um Hinweise auf die Intensität von Gefühlen zu erhalten, besteht eine Möglichkeit darin, eine Messung der physiologischen Erregung durchzuführen.

Clore & Gormly (1974) stellten eine Versuchsanordnung her, die es ermöglichte, daß physiologische Messungen der Erregung durchgeführt werden konnten, während die teilnehmenden Studenten und ein Verbündeter des Versuchsleiters Meinungen zu einer Reihe von Themen austauschten. Je nach Versuchsbedingung stimmte der Verbündete weitgehend mit den Meinungen des Studenten überein oder wich davon weitgehend ab.

Die Ergebnisse zeigen, daß bei höheren Werten der physiologischen Erregung (gemessen über den Hautwiderstand) bei den Versuchspersonen die Einschätzung der Attraktion gegenüber dem Verbündeten positiver (bei hoher Meinungsübereinstimmung) oder negativer (bei geringer Übereinstimmung) ausfiel. Erregung und Attraktion hingen positiv zusammen, wenn der Verbündete ähnliche Meinungen hatte, während sie negativ zusammenhingen (höhere Erregung führt zu geringerer Attraktion), wenn der Verbündete unähnliche Meinungen vertrat.

Dieses Ergebnismuster steht in guter Übereinstimmung mit der Theorie der Emotionen, wie sie von Schachter (1964) formuliert wurde (s. Box T2). Die physiologische Erregung allein sagt die interpersonelle Attraktion nicht voraus. Vielmehr muß eine bestimmte kognitive Strukturierung gegeben sein, wie sie durch die (mangelnde) Übereinstimmung herbeigeführt wird, die dann in Verbindung mit der Erregung bestimmt, ob positive oder negative Gefühle ausgelöst werden.

Die Übereinstimmung mit dem Schachter-Modell zeigt sich auch in der Hinsicht, daß die kognitive Strukturierung allein keine gefühlsmäßigen Reaktionen zur Folge hat. Studenten, die eine niedrige physiologische Reaktion zeigten, bewerteten den Verbündeten in ihrem Mögen gleich, unabhängig davon, ob er ähnliche oder unähnliche Auffassungen vertrat.

2.4. Gegensätzlichkeit

Aus dem Alltagsverständnis heraus scheint es plausibel, daß insbesondere im Persönlichkeitsbereich Komplementarität zwischen Partnern erstrebt wird. So sollte z.B. eine dominante Person mit einer nachgiebigen Person gut harmonieren.

Eine Übersicht über die relevante Forschung (Seyfried, 1977; Stroebe, 1977) zeigt aber, daß Belege dafür, daß Komplementarität ein Kriterium für die Partnerwahl ist, nur sporadisch zu finden sind. Die beiden wichtigsten theoretischen Ansätze in diesem Bereich, die *Theorie der komplementären Bedürfnisse* von Winch (1958) und die *Verträglichkeitstheorie* von Schutz (1958) haben keine eindeutige empirische Unterstützung gefunden.

Winch geht von einer Liste von Bedürfnissen aus (vgl. Murray, 1938), die z.B. Anerkennung, Dominanz und Leistung enthält, und prüft, ob eine hohe und niedrige Ausprägung in demselben Bedürfnis *(Typ I Komplementarität)* oder gleiche Ausprägungen in sich ergänzenden Bedürfnissen wie Leistung und Anerkennung *(Typ II Komplementarität)* bei verheirateten oder verlobten Paaren überzufällig häufig vorzufinden sind. Die Ergebnisse sind aber wenig ermutigend (Stroebe, 1977).

Die Verträglichkeitstheorie von Schutz geht davon aus, daß drei Bedürfnisbereiche – Einbeziehung (Gesellung und Anerkennung), Kontrolle (sozialer Einfluß) und Affekt (enge persönliche Beziehungen) – von zentraler Bedeutung im menschlichen Leben sind. Sein Meßverfahren (FIRO-B) besteht aus zwei Skalen für jeden dieser Bereiche. Jeweils wird das von der anderen Person erwünschte Verhalten und das Verhalten, das man der anderen Person gegenüber zum Ausdruck bringt, erfaßt. Je geringer die Differenz zwischen Person A's Wunsch und Person B's Verhalten ausfällt, desto größer ist die *reziproke Verträglichkeit.*

Tatsächlich fanden sich Hinweise darauf, daß die so bestimmte Verträglichkeit für den Beziehungsfortschritt bei Langzeitpaaren, die länger als 18 Monate zusammen sind, günstig ist (Kerckhoff & Davis, 1962). Spätere Untersuchungen konnten diese Ergebnisse aber nicht bestätigen (Levinger, Senn & Jorgensen, 1970). Das könnte damit zusammenhängen, daß sich die Bedürfnisstruktur der Befragten verändert hat, da die ursprüngliche Untersuchung von Kerckhoff &

Davis im Jahre 1959 durchgeführt wurde, während die Nachuntersuchungen in der zweiten Hälfte der sechziger Jahre stattfanden. Zu diesem Zeitpunkt hatte sich das Bedürfnis nach Zuneigung generell erhöht und das Bedürfnis, kontrolliert zu werden, verringert (Levinger, 1994). Insgesamt ergeben sich Hinweise darauf, daß eine Zuwendung zu *Werten von Autonomie und individueller Unabhängigkeit* einerseits und zu einer *Gleichheitsorientierung* andererseits in den letzten drei Jahrzehnten stattgefunden hat, die im Sinne eines *säkularen Trends* zu deuten ist. Diese gesellschaftlichen Makrotrends führen zu einem neuen Verständnis von romantischen Beziehungen, das dazu beiträgt, daß die Bedeutung der Komplementarität von Bedürfnissen für den Beziehungsfortschritt reduziert wird.

Im Hinblick auf die Frage, ob sich Gegensätze anziehen, erweist sich der Versuch als vielversprechend, Rollenerwartungen zu berücksichtigen (Stroebe, 1977). Ein Beispiel dafür sind Untersuchungen, in denen sich für *Geschlechtsrollen* einige Hinweise darauf finden, daß sich Gegensätze positiv ergänzen (Seyfried & Hendrick, 1973; Grush & Yehl, 1979). Auch in diesem Zusammenhang ist damit zu rechnen, daß säkulare Trends zu mehr Angleichung zwischen den Geschlechtern führen und eine neue Beziehungsrealität schaffen, in der die positiven Anreize von Komplementarität weitgehend verschwinden, während der Belohnungswert von Gleichheit an Bedeutung gewinnt (vgl. Abschnitte II.4.3.).

2.5. Romantische Zuneigung

Was ist unter romantischer Zuneigung zu verstehen. Eine erste Antwort ergibt sich aus einer Beurteilung der Begriffe Liebe und Glück in der Partnerschaft (Box T6).

Box T6: Prototypen von Liebe und Beziehungsqualität

Der Prototypen Ansatz hat die Analyse von *alltagssprachlichen Begriffen,* die »schwammig« definiert sind, zum Thema (Eckes & Six, 1984). Liebe ist ein solcher Begriff, der durch verschiedene Merkmale gekennzeichnet ist, die in unterschiedlicher Zusammenstellung und Anzahl bei Personen vorhanden sind. Es gibt also keine Menge von notwendigen und hinreichenden Merkmalen für die Mitgliedschaft in der Kategorie. Eine Person, die dem Prototyp relativ unähnlich ist, ist nur durch zwei oder drei der prototypischen Merkmale gekennzeichnet, die in Tab. 6 aufgelistet sind, während eine Person, die dem Prototyp ähnlicher ist, sechs oder sieben solcher Merkmale aufweist. Die letztgenannte Person nähert sich dem prototypischen Ideal mehr an als die zuerst genannte Person. Je mehr Merkmale des Prototyps eine Person auf sich vereinigt,

desto eher wird sie dem Prototyp zugeordnet und desto größer ist die Beurteiler-Übereinstimmung in der Zuordnung. Bei geringer Zahl prototypischer Merkmale sinkt die Häufigkeit der Zuordnung zu der Kategorie und die Variabilität der Urteile steigt.

Shaver, Wu & Schwartz (1992) beschreiben Prototypen von Emotionen, die im Englischen, Italienischen und Chinesischen erfaßt wurden. Die amerikanischen Ergebnisse zeigen, daß der Prototyp Liebe durch drei Gruppen von Unterkategorien gekennzeichnet ist, die sich als Zuneigung, Leidenschaft und Sehnsucht kennzeichnen lassen. Liebe weist eine gewisse Ähnlichkeit zu dem Prototyp Freude auf, unterscheidet sich aber durch die Orientierung an einer bestimmten Zielperson.

Tabelle 6: Prototyp der Liebe (modifiziert nach Shaver, Schwartz, Kirson & O'Connor, 1987, in der Fassung von Shaver, Wu & Schwartz, 1992)

Basiskategorie	Unterkategorien
Liebe	Anbetung, Zuneigung, Liebe, Begeisterung, Mögen, Attraktion, Fürsorge, Zärtlichkeit, Mitgefühl, Sentimentalität Erregung, Begehren, Lust, Leidenschaft, Vernarrtheit Sehnsucht

Neben den beiden positiven Emotionen Liebe und Freude wurden an weiteren Basiskategorien mit negativem Vorzeichen Ärger, Trauer und Angst gefunden. Jeder der Prototypen ist durch antezedente Bedingungen und Reaktionsmuster gekennzeichnet, die aus Beschreibungen der Emotionen abgeleitet wurden. An *antezedenten Bedingungen* der Liebe wird genannt, daß die Zielperson etwas hat, was die Person mag, und daß die Zielperson die beurteilende Person mag. Hinzu kommen Bedingungen wie physische Attraktivität und kommunikativer Austausch. Reaktionsmuster, die Liebe kennzeichnen, sind die Suche nach Nähe, das Ausdrücken von Gefühlen und sexuelle Aktivitäten.

Es sei noch erwähnt, daß in Italien ähnliche Prototypen der Emotionen gefunden wurden wie in den USA, während in China eine stärker abweichende Klassifikation der Emotionen ermittelt wurde (Shaver, Wu & Schwartz, 1992). Liebe verschwand in China als Basiskategorie und ging in der Basiskategorie Freude/Glück auf. Diese Ergebnisse sprechen insgesamt sowohl für kulturelle Gemeinsamkeit als auch für kulturelle Unterschiede.

Am Beispiel der *Beziehungszufriedenheit* wird der Prototypen-Ansatz im folgenden weiter erläutert (s. Hassebrauck, 1995a, b) Prototypische Merkmale lassen sich aus einer Befragung ableiten, in der z.B. danach gefragt wird, welche Merkmale die Beurteiler mit Beziehungsqualität verbinden. In einem zweiten Schritt kann erfaßt werden, als wie zentral die genannten Merkmale für das Konzept Beziehungsqualität eingeschätzt werden. Die höchste Zentralität weisen die Merkmale Vertrauen, Liebe, sich aufeinander freuen, gegenseitige Achtung und Respekt, Ehrlichkeit und Freundschaft auf.

Anschließend werden die Zentralitätseinschätzungen korreliert, um die Konzeptstruktur von Beziehungsqualität zu ermitteln. Diese Korrelationen bilden die *Ähnlichkeitsmatrix*. Mit einer hierarchischen Clusteranalyse besteht dann die Möglichkeit, den Prototyp unter Berücksichtigung der vertikalen Struktur anschaulich darzustellen. Die Clusteranalyse führt zu folgenden Merkmalsgruppen (in Klammern werden typische Merkmale genannt):

- Sexualität (sexuelle Zufriedenheit, Zärtlichkeit),
- Gemeinsamkeiten (ähnliche Interessen, gemeinsame Freunde),
- Gleichberechtigung (keine Dominanz, keine Gewöhnung),
- Autonomie (Individualität bewahren, unterschiedliche Interessen),
- Diskussionsbereitschaft und Offenheit (Konfliktbereitschaft, Gefühle zeigen),
- symbiotische Bestrebungen (sich nach dem anderen sehnen, möglichst viel Zeit miteinander verbringen),
- Geborgenheit (Harmonie, Probleme gemeinsam lösen),
- Treue (Ehrlichkeit, Verantwortung),
- Spaß und Humor (keine weiteren Merkmale enthalten),
- Toleranz (Verzeihen, Kompromißbereitschaft),
- Orientierung zum anderen hin (Liebe, Zuneigung),
- Freundschaft (Verständnis, Rücksichtnahme).

Da Fehr (1988) dasselbe Verfahren zur Erfassung des Prototyps Liebe einsetzte, kann die Überschneidung zwischen den Prototypen Beziehungsqualität, der auf 64 Merkmalen beruht, und Liebe (68 Merkmale) ermittelt werden. 23 Merkmale sind für Beziehungsqualität und Liebe gemeinsam, während 41 speziell die Beziehungs-qualität kennzeichnen und 45 speziell den Begriff Liebe. Das Besondere an Beziehungsqualität scheint die Betonung von Kooperation und Gegenseitigkeit zu sein, während Liebe eher durch die Betonung von Leidenschaft und bedingungsloser Hingabe gekennzeichnet ist. Gemeinsam sind Merkmale wie Vertrauen, gegenseitige Achtung und Respekt, Freundschaft und Einfühlungsvermögen.

Auch zu Laientheorien von Liebe und Partnerschaft, die von Kraft & Witte (1992) dargestellt werden, bestehen Überschneidungen mit Beziehungsqualität. Diese liegen im Bereich der Erwartungen an die Beziehung, die z.B. Vertrauen, Symbiose, Sexualität und Verläßlichkeit umfassen.

Die Merkmale der Beziehungsqualität hängen mit der Einschätzung der Beziehungsqualität in der eigenen Beziehung zusammen. Fünf Merkmale, von denen vier einen hohen Wert der Zentralität aufweisen (Vertrauen, aufeinander eingehen, Ehrlichkeit, Freiräume haben und geben) und eines einen mittleren Wert der Zentralität (sexuelle Zufriedenheit), erklären zusammen 70% der Variation in der Beziehungsqualität.

Der Prototypenansatz kann dazu dienen, die wichtigsten Merkmale eines alltagsrelevanten Begriffs zu benennen und die Struktur der Konzeptmerkmale beschreibend zu erfassen. Er läßt sich in vielen Bereichen anwenden, wie in der Personenwahrnehmung, Situationswahrnehmung und Diagnostik.

2.5.1. Liebe und Mögen

Nachdem weiter oben das Thema der interpersonellen Attraktion behandelt wurde, liegt es nahe, Gemeinsamkeiten und Unterschiede zwischen Liebe und interpersoneller Attraktion (Mögen) zu beschreiben. Grundsätzlich lassen sich verschiedene Abgrenzungen zwischen Liebe und Mögen denken (Sternberg, 1987). Zum einen könnten Liebe und Mögen sich rein *quantitativ* auf einer Dimension der interpersonellen Attraktion unterscheiden, so daß Liebe eine intensivere Form der Attraktion als Mögen darstellt. Das Verstärkungsmodell der interpersonellen Attraktion, das in Box T5 beschrieben wurde, ist mit diesem Ansatz kongruent. Auch Ansätze, die enge Beziehungen unter dem Gesichtspunkt des Austauschs von positiven Konsequenzen betrachten (s. Abschnitt II.2.6.1.), lassen sich mit einer quantitativen Betrachtung vereinbaren.

Der quantitative Ansatz läßt sich aber nicht gut mit der Erkenntnis in Übereinstimmung bringen, daß Liebe vielfach als Ergebnis von unterschiedlichen positiven und negativen Erfahrungen in der Interaktion mit dem Partner/der Partnerin entsteht (Berscheid & Walster, 1974b; Brickman, 1987). Belohnungen im Kontext von Frustrationen können in bestimmten Fällen Liebesgefühle hervorrufen (Sternberg, 1987).

Eine alternative Abgrenzung zwischen Liebe und Mögen ist durch die Annahme von *qualitativen* Unterschieden möglich. In diesem Zusammenhang ist insbesondere daran zu denken, daß die definierenden Merkmale des Mögens eine Teilmenge der Merkmale darstellen, die zur Beschreibung von Liebe erforderlich sind (Sternberg, 1987). In Übereinstimmung mit einem solchen *Teilmenge-Menge Ansatz* gehen Davis & Roberts (1985) davon aus, daß die *Leidenschaft* als konstituierend für eine Definition der Liebe im Unterschied zur Freundschaft anzusehen ist. Unter Leidenschaft fassen sie *Faszination, Exklusivität und sexuelle Abhängigkeit* zusammen. Faszination bezieht sich auf die geliebte Person, Exklusivität auf den Anspruch, daß die geliebte Person nur diese eine Liebesbeziehung aufrechterhält, und sexuelle Abhängigkeit auf den Wunsch, sexuelle Intimität herzustellen.

Auch die Dreieckstheorie der Liebe von Sternberg (1986, s. unten) steht mit dem Teilmenge-Menge Ansatz in Übereinstimmung, da sie impliziert, daß romantische Liebe und Mögen die Komponente der *Intimität* gemeinsam haben. Darüber hinaus ist romantische Liebe durch Leidenschaft und sexuelle Anziehung gekennzeichnet. Dieser Ansatz läuft – ähnlich wie der von Davis & Roberts (1985) – darauf hinaus, daß romantische Liebe Mögen plus (sexuelle) Leidenschaft beinhaltet. Eine solche Konzeption kann die häufig gefundenen positiven Korrelationen zwischen Skalen zur Messung des Mögens und der romantischen Zuneigung erklären, ohne daß eine konzeptuelle Gleichsetzung zwischen romantischer Liebe und Mögen erfolgt, die weder aus dem Alltagsverständnis noch aus theoretischer Sicht zu rechtfertigen ist.

2.5.2. Die vielen Gesichter der Liebe

Aus einer Analyse von philosophischen und religiösen Schriften wurden drei Komponenten der Liebe abgeleitet (Rubin, 1974):

- *physische und emotionale Abhängigkeit* (»Es wäre für mich hart, ohne sie auszukommen«),
- *Wunsch, den Partner zu umsorgen* (»Ich würde nahezu alles für sie tun«),
- *Vertrauensvolle Kommunikation* (»Ich meine, daß ich ihm praktisch alles anvertrauen kann«).

Durch kulturelle Tendenzen einerseits und durch individuelle Erfahrungen mit engen Beziehungen andererseits werden die individuellen Liebeseinstellungen geprägt. Diese Einstellungen lassen sich durch *Modelle der Liebe* beschreiben, in denen das Zusammenwirken von kausalen Faktoren, die zur Entstehung der Liebe führen, und die zeitlichen Verläufen der Liebesbeziehungen abgebildet werden. In einer bestimmten historisch-kulturellen Epoche können unterschiedliche Modelle der Liebe gelten, z. B. romantische Liebe, pragmatische Liebe und altruistische Liebe (Kelley, 1983). Weitere Modelle, die von Lee (1973) beschrieben und als Liebesstile bezeichnet wurden, lassen sich als besitzergreifende Liebe, freundschaftliche Liebe und spielerische Liebe bezeichnen. Im folgenden werden diese sechs Liebesmodelle, die durch Liebesskalen gemessen werden können (Bierhoff, Grau & Ludwig, 1993; Hendrick & Hendrick, 1986), kurz beschrieben. Tab. 7 faßt die Merkmale der einzelnen Liebesstile zusammen.

Romantische Liebe (Eros) betrifft die unmittelbare Anziehung durch die geliebte Person, die mit einer physiologischen Erregung und sexuellem Interesse verbunden ist. *Besitzergreifende Liebe (Mania)* ist darüber hinaus noch durch die Betonung der Exklusivität der Beziehung, die dauernde Fokussierung auf den Partner und durch Eifersucht gekennzeichnet.

Freundschaftliche Liebe (Storge) beruht auf teilweise anderen Merkmalen. Die Liebe entsteht aus einer langen Bekanntschaft und tritt somit an die Stelle von

Freundschaft. Im Vordergrund stehen gemeinsame Interessen und gemeinsame Aktivitäten. Die sexuelle Anziehung tritt erst relativ spät auf, wenn schon eine feste Bindung zwischen den Partnern entstanden ist. In einem gewissen Gegensatz dazu steht die *spielerische Liebe (Ludus)*, bei der Verführung, sexuelle Freiheit und sexuelle Abenteuer im Vordergrund stehen, ohne daß eine Bindung intendiert wird. Versprechen sind im Augenblick wahr, aber ohne Langzeitperspektive, da sie nur auf das Hier und Jetzt bezogen sind.

Pragmatische Liebe (Pragma) und *altruistische Liebe (Agape)* stellen Liebesmodelle dar, die nicht auf sexueller Leidenschaft aufgebaut sind. Ausgangspunkt der pragmatischen Liebe ist die Einstellung, daß es wünschenswert und nützlich wäre, einen passenden Partner zu finden (z. B. um sich eine große Wohnung leisten zu können oder um Kinder zu haben). Im Mittelpunkt steht dabei der Wunsch, die Entscheidung über eine längerfristige Bindung auf einer soliden Grundlage zu treffen. Bindung betrifft die Frage der Stabilität einer Beziehung, deren Optimierung durch Herstellung von Kompatibilität zwischen den Partnern pragmatische Liebe kennzeichnet (Kelley, 1983).

Altruistische Liebe stellt das Wohl der geliebten Person über das eigene Wohlergehen. Die Aufmerksamkeit ist auf die Bedürfnisse der geliebten Person gerichtet. Opferbereitschaft läßt sich als Transformation von Belohnungen und Kosten in der Paarbeziehung interpretieren, wobei die Konsequenzen der handelnden Person nicht nach den eigenen Gefühlen und Zielen beurteilt werden, sondern nach den Gefühlen und Zielen der geliebten Person (vgl. Abschnitt V.3.3.).

Tabelle 7: Merkmale unterschiedlicher Modelle der Liebe

Merkmale der Liebe	Modell der Liebe
Sexuelles Interesse, physiologische Erregung, Leidenschaft, Liebe auf den ersten Blick, die geliebte Person brauchen	romantisch
Faszination, Exklusivität, Idealisierung, Eifersucht	besitzergreifend
Vertrauen, Toleranz	freundschaftlich
Opferbereitschaft, Hilfsbereitschaft	altruistisch
Sexuelle Abenteuer, keine Bindung	spielerisch
Bindung	pragmatisch

In zwei Studien wurde ein Vergleich der Liebesstile in *Ost- und Westdeutschland* durchgeführt (Box A7). Die Ergebnisse zeigen, daß die Einstellungen zur Liebe in gewissem Umfang von der *Kultur abhängig* sind. Eine Studie zu der Frage, inwieweit Liebesstile in der Anlage des Menschen vorgegeben sind, führt im übrigen zu dem Ergebnis, daß die Erbkomponente der Liebesstile minimal ist (Waller & Shaver, 1994).

Box A7: Liebesstile in Ost- und Westdeutschland

Hat die Entwicklung in Ostdeutschland in den 40 Jahren vor der Wiedervereinigung zu der Bildung einer eigenen ostdeutschen Subkultur geführt, die Liebe und Partnerschaft umfaßt? Zur Beantwortung dieser Frage führten Bierhoff, Schwennen & Pietsch (1997) einen Ost-West-Vergleich der Liebesstile durch.

Die Betonung der Gemeinsamkeiten hat oft den Blick für mögliche kulturelle Unterschiede zwischen Ost und West verstellt:

- In der früheren DDR wurde im Unterschied zu Westdeutschland die Versorgung der Kinder schon von frühem Alter an durch Kinderkrippen und Kindergärten sichergestellt. Durch den hohen Anteil der berufstätigen Frauen wurde außerdem die Gleichberechtigung der Partner in engen Beziehungen gefördert.

- Die frühere DDR war ein Polizeistaat. Eine Möglichkeit, der Kontrolle durch staatliche Organe zu entgehen, bestand aber darin, sich in das Privatleben zurückzuziehen. Das sollte zur Folge haben, daß der partnerschaftliche Bereich besonders hoch gewichtet wird.

- Die frühere DDR verbreitete andere Medieninhalte als Westdeutschland. In westdeutschen Medien dominiert das Bild von attraktiven und jungen Menschen, die einen Kontrasteffekt im Hinblick auf das eigene Erleben auslösen können, so daß die eigene Partnerschaft im Vergleich relativ ungünstig beurteilt wird (Kenrick & Gutierres, 1980).

Dieser Kontrasteffekt ist geringer, wenn entsprechende Spielfilme und Serien seltener gezeigt werden. Das gilt besonders für die Teile der früheren DDR, in denen das West-Fernsehen nur schlecht oder überhaupt nicht empfangen werden konnte.

Daher ergibt sich die Hypothese, daß die Partnerschaft im Osten Deutschlands auch heute noch im Durchschnitt günstiger bewertet wird als im Westen Deutschlands. Solche kulturellen Erfahrungen lassen sich nicht durch eine historische Veränderung, wie sie die Wiedervereinigung darstellt, kurzfristig rückgängig machen.

Im Hinblick auf die Liebesstile führt das zu folgenden Annahmen: Im Vergleich zum Westen sollten Partner im Osten höhere Werte auf romantischer, besitzergreifender, freundschaftlicher, pragmatischer und altruistischer Liebe aufweisen und Partner im Westen höhere Werte auf spielerischer Liebe.

Zur Prüfung dieser Annahmen wurden im Jahre 1996 90 Personen aus Chemnitz und 90 Personen aus dem Raum Duisburg/Bochum befragt. Um die Vergleichbarkeit der beiden Teilstichproben zu sichern, wurden sie unter Berücksichtigung von Alter, Geschlecht, gemeinsamer Wohnung und Heirat erfolgreich angeglichen.

Die Ergebnisse stehen mit den Annahmen in Übereinstimmung (Abb. 12). Die Richtung des Unterschieds ist auf allen Liebesstilen wie erwartet, und für romantische und altruistische Liebe sind die Unter-

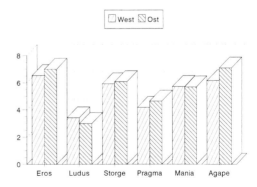

Abbildung 12: Liebesstile in Ost- und Westdeutschland (nach Bierhoff, Pietsch & Schwennen, 1997)

schiede signifikant. Außerdem wurde gefunden, daß Ostdeutsche das Glück und die Stabilität in ihrer Beziehung höher einschätzten als Westdeutsche.

In einer früheren Studie, in der andere Regionen in Ost- und Westdeutschland einbezogen wurden, fanden sich entsprechende Resultate. Allerdings scheinen die Unterschiede über einen Zeitraum von fünf Jahren in der Tendenz geringer geworden zu sein.

2.5.3. Bindungstheorie: Von der Beziehung zu den Eltern zur Partnerbeziehung

Eine der wichtigsten Annahmen der Bindungstheorie besteht darin, daß sich die frühkindliche Bindung in internalen »Arbeitsmodellen« der Bezugspersonen verdichtet (s. Abschnitt II.1.1.1.). Diese dienen dem Kind zur Bewertung anderer Menschen und seiner selbst sowie zur Einschätzung der Beziehungen zwischen sich selbst und anderen. Es ist naheliegend anzunehmen, daß solche Arbeitsmodelle auch im Erwachsenenalter die zwischenmenschlichen Beziehungen beeinflussen (s. Box U7).

Box U7: Bindungsstile Erwachsener

Hazan & Shaver (1987, 1994) unterschieden zwischen drei Bindungsstilen bei Erwachsenen, indem sie den Befragten drei Alternativen zur Auswahl stellten:

- Sicher: »Es ist relativ leicht für mich, anderen Menschen nahe zu kommen. Ich fühle mich wohl, wenn ich andere brauche und selbst gebraucht werde. Ich mache mir nur selten Sorgen darüber, verlassen zu werden oder daß jemand mir zu nah kommt.«
- Ängstlich-ambivalent: »Ich finde, daß andere zögern, so nahe zu kommen wie ich es gerne hätte. Ich mache mir oft Sorgen, daß mein Partner mich nicht wirklich liebt oder nicht bei mir bleiben will. Ich möchte mit einer anderen Person völlig verschmelzen und dieses Streben vertreibt manchmal die Leute.«
- Vermeidend: »Ich fühle mich ein bißchen unwohl, wenn ich anderen nahe komme. Ich finde es schwierig, ihnen völlig zu vertrauen und zuzulassen, von ihnen abhängig zu sein. Ich werde nervös, wenn irgend jemand mir zu nah kommt und oft wünschen Liebespartner von mir, daß ich intimer bin, als es für mich angenehm ist.«

Von 620 Personen ordneten sich 56% dem sicheren Bindungsstil, 19% dem ängstlich-ambivalenten Bindungsstil und 25% dem vermeidenden Bindungsstil zu. Diese Verteilung der Prozentwerte entspricht in etwa der Verteilung der Kinder auf die drei Bindungsstile in der Untersuchung von Ainsworth et al. (1978).

Eine erste Unterscheidung, die den drei Typen zugrunde liegt, bezieht sich auf die sichere bzw. unsichere Bindung. Die Hypothese liegt nahe, daß ein sicherer Bindungsstil mit längeren Beziehungen einhergeht. Hazan & Shaver (1987) berichten, daß Personen, die die sichere Alternative auswählen, länger zusammen sind (im Durchschnitt 10 Jahre) und seltener geschieden sind (6%) als Personen, die eine der beiden anderen Alternativen auswählen (ängstlich-ambivalent 6 Jahre bzw. 12%, vermeidend 4.9 Jahre bzw. 10%). Außerdem reagieren unsicher gebundene Personen auf Streß und Konflikt ungünstiger als sicher gebundene (Simpson & Rholes, 1994).

Die sichere Gruppe schreibt sich bevorzugt Merkmale wie Glück und Vertrauen zu. Die ängstlich-ambivalente Gruppe beschreibt sich als eifersüchtiger, nach Einheit mit dem Partner strebend, mehr an Gegenseitigkeit orientiert und einsamer, während die Personen der vermeidenden Gruppe sich weniger akzeptiert fühlen und eher glauben, daß romantische Gefühle nicht sehr stabil sind.

Zwischen Bindungsstilen und Liebeseinstellungen finden sich systematische Zusammenhänge (Bierhoff, 1996). In einer Studie von Feeney & Noller (1990) ergab sich, daß der sichere Bindungsstil mit einer Betonung des Liebesideals und der Freundschaft verbunden ist und daß der vermeidende Stil mit einer pragmatischen Einstellung und Ängstlichkeit einhergeht. Der ängstlich-ambivalente Stil ist durch romantische, leidenschaftliche und altruistische Liebe, zwanghafte Beschäftigung mit dem Partner, emotionale Abhängigkeit und Idealisieren des Partners gekennzeichnet.

Der Bindungsstil ist nicht nur für romantische Beziehungen, sondern auch für *Arbeitsbeziehungen* bedeutsam (Hazan & Shaver, 1990). Sicher-gebundene Personen sind zufriedener mit ihrer Arbeit, besonders im Hinblick auf die Sicherheit der Stelle, auf Mitarbeiter, Einkommen, Herausforderung und Aufstiegschancen. Ängstlich-ambivalente Personen schätzen ihre Arbeitsplatzsicherheit und ihre Aufstiegschancen besonders ungünstig ein. Vermeidende Personen sind relativ unzufrieden mit ihren Arbeitskollegen.

Kirkpatrick & Davis (1994) befaßten sich mit der Frage, welche Bindungsstile in Paaren häufig und selten auftreten. Dabei stellten sie fest, daß unter 240 Paaren Partner, die beide vermeidend oder beide ängstlich-ambivalent orientiert sind, überhaupt nicht auftreten. Stattdessen sind Paare häufig anzutreffen, in denen ein Partner vermeidend orientiert ist (oft der Mann) und der andere Partner ängstlich-ambivalent (oft die Frau). Paare, in denen beide Partner sicher gebunden sind, finden sich auch überzufällig häufig.

Wenn das Ausmaß der Bindung und die Dauer der bisherigen Beziehung kontrolliert werden, ergibt sich folgendes Ergebnismuster: Frauen bleiben eher in der Beziehung, wenn sie ängstlich-ambivalent sind, Männer wenn sie vermeidend sind. Frauen verlassen eher die Beziehung, wenn sie vermeidend sind, Männer wenn sie ängstlich-ambivalent sind. Diese Resultate werden im wesentlichen darauf zurückgeführt, daß Frauen hauptsächlich für die Aufrechterhaltung und Beendigung einer Beziehung verantwortlich sind und daß ängstlich-ambivalente Frauen besonders intensiv an ihrer Beziehung festhalten.

Auch Simpson (1990) untersuchte Paare und fand verschiedene Geschlechtsunterschiede. So korreliert die Zufriedenheit der Männer negativ mit dem ängstlich-ambivalenten Bindungsstil ihrer Partnerinnen. Hingegen korreliert die Zufriedenheit der Frauen positiv mit dem sicheren Bindungsstil des Mannes und negativ mit dem vermeidenden Bindungsstil des Mannes.

Die Unterscheidung zwischen einem sicheren und zwei unsicheren Bindungsstilen beruht auf der empirischen Analyse von Beobachtungsdaten in Trennungssituationen bei Kindern (s. Abschnitt II.1.1.1.). Möglicherweise ist diese Klassifikation aber bei Erwachsenen unzureichend, weil sich der vermeidende Bindungsstil weiter ausdifferenzieren läßt, wenn berücksichtigt wird, ob die Vermeidung von Nähe auf Desinteresse oder Angst beruht. Bartholomew (1990) unterscheidet aufgrund dieser Überlegungen zwischen vier Bindungsstilen (Box T7).

Box T7: Positives und negatives Selbstbild kombiniert mit positivem und negativem Fremdbild

Bartholomew (1990) entwickelt ein 2 x 2-Schema der Bindungsstile, das sich ergibt, wenn der Selbstwert und das Fremdbild als positiv oder negativ eingestuft werden.

Eine Person kann sich selbst z.B. positiv bewerten und anderen Menschen mißtrauen. Oder sie kann sich selbst negativ bewerten und anderen Menschen aufgeschlossen gegenüberstehen. Diese Selbstbilder entsprechen den Arbeitsmodellen bei Bowlby (1969).

Die Arbeitsmodelle, in denen die Bindungserfahrungen ihren Niederschlag gefunden haben, lassen sich in Abhängigkeit von dem Bezug zum Selbst und zu anderen unterscheiden:

- Bei einem *sicheren* Bindungsstil ist sowohl das Modell des Selbst als auch das Modell der anderen positiv. Die Person fühlt sich wohl mit Intimität und Autonomie.
- Bei positivem Modell des Selbst und negativem Modell der anderen ergibt sich der *gleichgültig-vermeidende* Bindungsstil. Die Person vermeidet Intimität und fühlt sich unabhängig, auch wenn sie möglicherweise unbewußte Bindungsbedürfnisse hat.
- Bei negativem Modell des Selbst und positivem Modell der anderen entsteht ein *ängstlich-ambivalenter* Bindungsstil. Die Person konzentriert ihr Denken auf ihre Beziehung und fühlt sich verunsichert im Hinblick auf die Beständigkeit der Beziehung.
- Wenn schließlich beide Arbeitsmodelle negativ sind, ergibt sich der *ängstlich-vermeidende* Bindungsstil. Die Person hat Angst vor Intimität und vermeidet tiefergehende soziale Beziehungen. Eine Übersicht über diese 2 x 2-Klassifikation enthält Tab. 8.

Tabelle 8: Bindungsstile in Abhängigkeit von Modellen des Selbst und Modellen der anderen (nach Bartholomew, 1990)

Bild vom anderen	Selbstbild	
	Positiv	Negativ
Positiv	Sicher	Ängstlich-ambivalent
Negativ	Gleichgültig-vermeidend	Ängstlich-vermeidend

Shaver & Clark (1996) stellen den Zusammenhang zwischen der 4-Gruppen-Klassifikation der Bindungsstile bei Erwachsenen und entsprechenden Forschungsergebnissen bei Kleinkindern dar. Die vier Bindungsstile hängen mit Beziehungsmerkmalen und Merkmalen des Selbstbildes und des Fremdbildes zusammen (Bartholomew & Horowitz, 1991; Doll, Mentz & Witte, 1995).

In einer Faktorenanalyse von Antworten zur Selbsteinschätzung auf Feststellungen zu den vier Bindungsstilen ergab sich, daß sich Feststellungen, die sich auf die vier Bindungsstile beziehen, auf zwei Dimensionen abbilden lassen (Grau, 1994):

- *Angst* (vor Trennung und Nicht-Geliebt-Werden),
- *Vermeidung* (charakterisiert durch Selbstgenügsamkeit und geringe Suche nach Nähe).

Die Bindungsstile lassen sich den Endpunkten dieser beiden Dimensionen wie folgt zuordnen:

- Der *sichere* Bindungsstil ist durch niedrige Angst und niedrige Vermeidung gekennzeichnet,
- der *ängstlich-vermeidende* Bindungsstil durch hohe Angst und hohe Vermeidung.
- Der *ängstlich-ambivalente* Bindungsstil ist durch hohe Angst gekennzeichnet,
- der *gleichgültig-vermeidende* Bindungsstil durch hohe Vermeidung.

Aus diesen Ergebnissen folgt:

- Angst läßt sich durch die Skala zur Erfassung des ängstlich-ambivalenten Bindungsstils messen.
- Vermeidung läßt sich durch die Skala zur Erfassung des gleichgültig-vermeidenden Bindungsstils erfassen.

Eine hohe Ausprägung des *Angstfaktors* beinhaltet eine mißtrauische und ärgerliche Haltung. Personen meinen, daß sie weniger vom Partner bekommen, als sie verdienen (sie halten sich im austauschtheoretischen Sinn für benachteiligt). Hingegen bedeutet eine hohe Ausprägung des *Vermeidungsfaktors,* daß eine geringe Offenheit und Bindungsbereitschaft besteht und auch wenig Bereitschaft, etwas für die Entwicklung der Beziehung zu tun (Grau, 1994).

2.5.4. Dreieckstheorie der Liebe

Sternberg (1986) stellt drei Merkmale der Liebe heraus, die sich in einem Drei-
eck darstellen lassen. Deshalb wird seine Theorie auch als Dreieckstheorie der
Liebe bezeichnet (s. Abb. 13).
Die erste Komponente bezieht sich auf *Vertrautheit und Intimität*. Sie steht mit
Selbstöffnung, Kommunikation, Vertrauen in den Partner oder die Partnerin,
Nähe und Häufigkeit der Interaktion in Beziehung. Nach Sternberg (1988) ver-
weist Intimität in engen Beziehungen auf mehrere Dimensionen, die sich im
Spezifitätsniveau unterscheiden: generalisiertes Vertrauen (allgemeines Niveau
der Intimität), das Gefühl, von dem Partner oder der Partnerin verstanden zu
werden (beurteilerspezifische Intimität), und die gegenseitige Abstimmung unter
den Partnern, die die spezifische Beziehung kennzeichnet (beziehungsspezifische
Intimität).

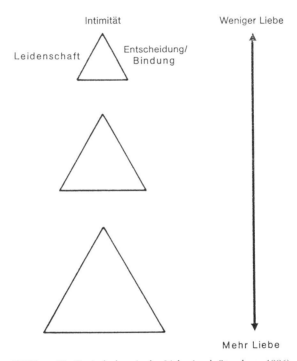

Abbildung 13: Dreieckstheorie der Liebe (nach Sternberg, 1986)

Die Komponente der *Leidenschaft* bezieht sich auf physische Attraktivität, physiologische Erregung und sexuelle Anziehung. Sternberg (1986) führt Leidenschaft
auf motivationale Prozesse zurück, die das Erregungsniveau erhöhen. In diesem
Zusammenhang charakterisiert er den Erregungsverlauf entsprechend der *»opponent-process«-Theorie* von Solomon (1980):

71

- In der Anfangsphase ist die leidenschaftliche Erfahrung stärker ausgeprägt als in einer späteren Phase.
- Auf die Erfüllung des Strebens nach Liebe folgt eine Phase der Enttäuschung und Einsamkeit, wie sie Verliebten nach der Trennung von dem Partner oder der Partnerin bekannt ist.

Die Theorie sagt weiterhin voraus, daß die leidenschaftlichen Gefühle in ihrer Intensität über die Zeit nachlassen, während andererseits der Trennungsschmerz zunimmt.

Die dritte Komponente – *Entscheidung/Bindung* – weist zwei Facetten auf: In der Kurzzeitperspektive bezieht sie sich auf die Entscheidung, die andere Person zu lieben, in der Langzeitperspektive auf die Bereitschaft, eine Bindung mit dieser Person einzugehen.

Intimität, Leidenschaft und Entscheidung/Bindung lassen sich durch eine Fragebogen, erfassen (Sternberg, 1997). Ihre Kombination ergibt eine Klassifikation von Beziehungen (s. Box A8).

Box A8: Acht Arten der Liebe

Wenn vereinfachend zwischen einer hohen und einer niedrigen Ausprägung dieser drei Merkmale einer Beziehung unterschieden wird, lassen sich acht Arten der Liebe benennen (Sternberg, 1986; die deutschen Bezeichnungen stammen von Amelang, 1991):

– – – *Nicht-Liebe:* Keine Variable ist positiv im Hinblick auf Liebe ausgeprägt. Diese Negativ-Variante dient als Bezugspunkt für die Arten der Liebe, die im folgenden beschrieben werden.

+ – – *Mögen:* Bei hoher Intimität ergibt sich eine emotionale Zuneigung, wie sie in Freundschaften zu finden ist.

– + – *Verliebt sein:* Hohe Leidenschaft kann zu einer suchtartigen Abhängigkeit führen.

– – + *Leere Liebe:* Die Beziehung beruht nur auf einer intensiven Bindung, wie es etwa in Partnerschaften der Fall sein kann, in denen die Aufrechterhaltung von Macht und Einfluß im Mittelpunkt des Interesses am Partner bzw. an der Partnerin steht.

+ + – *Romantische Liebe:* Intimität und Leidenschaft bestimmen die Verliebtheit, ohne daß weiterreichende Zukunftspläne geschmiedet werden.

+ – + *Kameradschaftliche Liebe:* Vertrautheit und Bindung bestimmen die Beziehung, wie es in langjährigen Beziehungen der Fall sein kann, in denen die sexuelle Leidenschaft nachgelassen hat.

– + + *Alberne Liebe:* Leidenschaft führt frühzeitig zu einer längerfristigen Bindung (z.B. durch Heirat), ohne daß sich zuvor Intimität in der Beziehung entwickelt hat.

+ + + *Erfüllte Liebe:* Auf der Grundlage von Vertrautheit und leidenschaftlicher Zuneigung wird eine Bindung eingegangen.

Diese Klassifikation der Arten der Liebe hat mehrere Funktionen:

- Trennung zwischen den wichtigsten Liebesformen Mögen, romantische Liebe und kameradschaftliche Liebe auf begrifflicher Ebene,
- Ableitung von Arten der Liebe, die selten untersucht wurden und häufig vernachlässigt werden (wie Verliebt sein, alberne Liebe),
- Schließlich wird mit der erfüllten Liebe ein positiver Bezugspunkt beschrieben,

wobei zwischen dem Erreichen und der Aufrechterhaltung dieser Art der Liebe unterschieden wird. Damit wird implizit auf die Tendenz zur Veränderung aufmerksam gemacht, die für alle Arten der Liebe, für die die Leidenschaft positiv ausgeprägt ist, größer zu sein scheint als für die Arten der Liebe (wie Mögen), die nicht auf Leidenschaft beruhen.

2.5.5. Erregung, die durch Furcht ausgelöst wird, kann zu einer Intensivierung der Zuneigung beitragen

Berscheid & Walster (1974b) stellen kameradschaftliche Liebe und leidenschaftliche Liebe gegenüber. Sie gehen davon aus, daß kameradschaftliche Liebe durch Faktoren erklärt werden kann, die in der Verstärkungstheorie der Attraktion (Box T5) thematisiert werden. Demgegenüber wird die Entstehung leidenschaftlicher Liebe auf der Grundlage der Zwei-Faktoren-Theorie der Emotion von Schachter (Box T2) erklärt.

Die Theorie der leidenschaftlichen Zuneigung, die von Berscheid & Walster (1974b) dargestellt wurde, nennt zwei Voraussetzungen für die Entstehung von Liebe:

● Auslösung einer starken physiologischen Erregung,
● situative Hinweisreize, die für die Erregung die Bezeichnung »Liebe« nahelegen.

In einem Feldexperiment (Dutton & Aron, 1974) wurden Männer interviewt, die eine Brücke überquerten. In einer Bedingung handelte es sich um eine solide gebaute, nur wenige Meter tiefe Brücke. In der anderen Bedingung wurde eine schmale, bei jedem Schritt schwankende, 50 Meter tiefe Hängebrücke für das Interview ausgewählt. Die attraktive Interviewerin gab wegen eventueller Rückfragen ihre Telefonnummer an. Wurde das Interview auf der furchterregenden Brücke durchgeführt, erhielt die Interviewerin mehr Anrufe von den interviewten Männern (im Vergleich zu den Männern, die auf der festen Brücke von ihr befragt worden waren).

Außerdem ergab eine inhaltsanalytische Auswertung, daß in den Interviews auf der durch ihre geringe Stabilität erregenden Brücke mehr sexuelle Inhalte zum Ausdruck gebracht wurden.

Vergleichbare Ergebnisse fanden sich auch, wenn das Interview entweder auf der schwankenden Brücke oder 10 Minuten nach ihrer Überquerung auf festem Boden durchgeführt wurde. Diese Ergebnisse lassen vermuten, daß durch die physiologische Erregung, die durch die bedrohliche Lage auf der Hängebrücke zustande kam, mehr romantische Gefühle ausgelöst wurden. In einem Laborexperiment wurde weiterhin gezeigt, daß Männer, die – während ihnen ein furchterregender Elektroschock angekündigt wurde – auf eine attraktive Frau blickten, ihre romantische Zuneigung der Frau gegenüber als besonders hoch einschätzten.

Schließlich zeigt eine weitere Untersuchung, in der durch die Beobachtung eines Elektroschock-Experiments bei den Beobachtern physiologische Erregung ausgelöst wurde, daß die Beobachter eine gut aussehende Person des anderen Geschlechts besonders günstig einschätzten (im Vergleich zu einer Bedingung, in der das Experiment als Rollenspiel vorgestellt wurde und die gemessene physiologische Erregung der Beobachter geringer war; Dutton & Aron, 1989).

Das Paradigma des Erregungs-Transfers (s. Abschnitt II.5.2.2.) läßt sich auf die Entstehung romantischer Attraktion übertragen. Die Annahme ist berechtigt, daß unter »normalen« Bedingungen nur geringe Chancen bestehen, daß eine leidenschaftliche Zuneigung entsteht. Erst wenn ein besonderer, das positive Gefühl steigernder Einfluß hinzukommt, besteht eine größere Wahrscheinlichkeit für die Entstehung leidenschaftlicher Liebe. Dabei kann der Fehlattribution eine Schlüsselrolle zufallen (vgl. Dutton & Aron, 1974).

Eine direkte Überprüfung des Einflusses von Erregungstransfer auf die Entstehung romantischer Gefühle wurde von White, Fishbein & Rutstein (1981) durchgeführt. Männliche Studenten absolvierten zum Abschluß einer Reihe ungewöhnlicher Aufgaben einen 15-Sekunden- (geringe Erregung) oder einen 120-Sekunden-Lauf (hohe Erregung). Danach betrachteten sie die Videoaufnahme einer Frau, die über sich selbst erzählte und die in einem weiteren Versuch als Partnerin des Studenten angekündigt wurde. Die Studenten sollten die Frau anhand von 13 Eigenschaften bewerten, ihre generelle Attraktion einschätzen und vor allem auch die romantische Attraktion angeben, nämlich

- wie attraktiv und sexy die Frau wahrgenommen wird,
- wie gerne man sie küssen möchte,
- wie gerne man mit ihr ausgehen möchte.

Die Frau war entweder sehr attraktiv oder ziemlich unattraktiv. In drei Indizes, die durch Summieren mehrerer Einzelantworten gebildet wurden (Bewertung, generelle Attraktion, romantische Attraktion), zeigte sich das folgende Ergebnismuster (s. auch Tab. 9):

Die attraktive Frau wurde besonders positiv beurteilt, wenn die Studenten durch den längeren Lauf physiologisch erregt waren.

Hingegen wurde die unattraktive Frau besonders negativ beurteilt, wenn die Studenten durch den langen Lauf erregt waren.

Tabelle 9: Romantische Attraktion: Angeheizt und abgekühlt (nach White, Fishbein & Rutstein, 1981)

Physiologische Erregung der Studenten	Attraktion der Frau	
	Hoch	Niedrig
Hoch	32.4	9.4
Niedrig	26.1	15.1

Beachte: Der Index der romantischen Attraktion ist die Summe der Einschätzungen auf vier 9-Punkte-Skalen und variiert zwischen 4 und 36.

Dieses Ergebnismuster läuft darauf hinaus, daß der Unterschied in der romantischen Attraktion in Abhängigkeit von der physischen Attraktivität bei geringer Erregung relativ gering ist. Große Unterschiede ergeben sich aber bei hoher Erregung. Diese Extremisierung der Gefühle könnte den Ausschlag dafür geben, daß eine leidenschaftliche Zuneigung (oder eine völlige Zurückweisung) entsteht. Voraussetzung für die experimentelle Herstellung des Effekts scheint zu sein, daß die Studenten erwarten, die gezeigte Frau tatsächlich persönlich kennenzulernen, und daß sie nicht wieder an die sportliche Tätigkeit als Ursache der anfänglichen Erregung erinnert werden (White & Kight, 1984).

2.5.6. Elterliche Interferenz und romantische Attraktion

Welche Hinweise auf Fehlattribution als Faktor in der Entwicklung leidenschaftlicher Gefühle gibt es in Studien über längerfristige Paarbeziehungen? In der ersten Phase der Entwicklung einer engen Beziehung sollte der Widerstand der Eltern gegen die Beziehung den Effekt haben, daß – aufgrund der induzierten Streßerfahrung – die allgemeine physiologische Erregung erhöht wird. Daher ergibt sich die interessante Hypothese, daß elterliche Interferenz die romantische Attraktion intensivieren sollte (»Romeo-und-Julia-Effekt«, Driscoll, Davis & Lipetz, 1972).
In einer Befragung von 140 verheirateten und unverheirateten Paaren fanden sich Zusammenhänge, die einen Romeo-und-Julia-Effekt bestätigen. Auf der Grundlage von vier Feststellungen (wie »Ich liebe meinen Partner«) wurde ein Index der Liebe gebildet. Außerdem wurde durch Zusammenfassung von sechs Feststellungen ein Index der elterlichen Interferenz abgeleitet, der sich darauf bezieht, wie stark die Eltern die Beziehung als Ganzes oder einen der Partner herabsetzen. Bei den *unverheirateten* Paaren, die im Durchschnitt 8 Monate eng befreundet waren, zeigte sich ein bedeutsamer Zusammenhang zwischen Liebe und elterlicher Interferenz (r = 0.35). Bei einer Nachbefragung nach sechs bis zehn Monaten wurden dieselben Feststellungen vorgegeben. Bei den immer noch unverheirateten Paaren zeigte sich eine positive Korrelation (r = .37) zwischen der Veränderung der elterlichen Interferenz und der Veränderung der Liebe. Bei allen anfänglich unverheirateten Paaren betrug diese Korrelation r = .34 und war signifikant. Eine Zunahme der Interferenz stand mit größerer Liebe in Zusammenhang.
Die Tatsache, daß diese Zusammenhänge bei anfänglich schon *verheirateten* Paaren, die im Median 4 Jahre verheiratet waren, nicht auftraten (die Korrelationen betrugen r = -.02 für die erste Messung und r = -.19 für die Veränderungsmaße), läßt sich vermutlich vor allem damit erklären, daß bei verheirateten Paaren das Ausmaß der elterlichen Interferenz im allgemeinen geringer ist, wie auch die Mittelwerte der elterlichen Interferenz zeigen.
Der Zusammenhang zwischen elterlicher Interferenz und Liebe wurde in einer zweiten Studie indirekt bestätigt (Rubin, 1974). In dieser Untersuchung wurde die Beziehung zwischen Übereinstimmung im religiösen Bekenntnis und Liebe in engen Beziehungen untersucht. Bei den Paaren, die sich *nicht länger als 18 Monate* kannten, war die Liebe höher ausgeprägt in der Untergruppe, die eine unterschiedliche Religionsangehörigkeit aufwies (im Vergleich zu der Untergruppe mit gleichem religiösen Bekenntnis). Bei den Paaren, die sich *länger als 18 Monate* kannten, kehrte sich dieses Ergebnismuster um, so daß die Paare höhere Liebeswerte erreichten, die eine gleiche Religionsangehörigkeit hatten.
Da in dieser Studie kein direkter Indikator der elterlichen Interferenz erhoben wurde, muß die Interpretation dieser Ergebnisse notwendigerweise vage blei-

ben. Jedenfalls wird deutlich, daß äußere Hindernisse in der ersten Phase der Paarbeziehung zu einer Intensivierung der romantischen Liebe beitragen können. Eine Interpretation geht davon aus, daß Opposition und Widerstand die Gefühle, die in der Beziehung vorherrschen, verstärken (Berscheid & Walster, 1974b).

2.6. Beziehungsqualität und Aufkündigung einer Beziehung

Die Qualität einer Beziehung ist durch zwei Merkmale gekennzeichnet: Zufriedenheit und Stabilität. Beide werden gleichzeitig in dem Investitionsmodell von Rusbult (s. Box T8) berücksichtigt, das aus der Austauschtheorie (s. Abschnitt V.3.) entwickelt wurde.

2.6.1. Beziehungsstabilität in Abhängigkeit von Konsequenzen, Zufriedenheit und Bindung

Was den Austausch von Belohnungen angeht, so läßt sich feststellen, daß mit zunehmender Enge der Beziehung die Vielfältigkeit der Belohnungen zunehmen sollte. Außerdem bringt es eine größere Enge der Beziehung mit sich, daß die »Rückzahlung« nicht mit derselben Belohnungsklasse erfolgen muß wie die »Vorleistung« (Hatfield, Utne & Traupman, 1979).
Braiker & Kelley (1979) führten eine Befragung von verheirateten Paaren durch, die verschiedene Phasen ihrer Beziehung beschreiben sollten. In den Beschreibungen fanden sich verschiedene Hinweise auf Konflikte. Dazu zählen Auseinandersetzungen und Aggressionen, Frustrationen und Eifersucht, Verwirrung über die eigenen Gefühle, Unsicherheit über die Zukunft, Angst wegen des Verlusts der Unabhängigkeit und Einengung der Bewegungsfreiheit.
Eine interessante Frage bezieht sich nun darauf, ob diese *Kostenfaktoren* mit den *Belohnungsfaktoren* zusammenhängen (s. Kelley, 1979). Eine naheliegende Möglichkeit besteht darin, daß eine negative Korrelation besteht, so daß die Paare, die über weniger Konflikte berichten, mehr positive Konsequenzen austauschen. Eine andere Sichtweise besteht darin, daß Kosten und Belohnungen positiv korreliert sind, so daß in Beziehungen, in denen viele Kosten ausgetauscht werden, die Tendenz besteht, daß auch viele Belohnungen ausgetauscht werden.
Die Ergebnisse von Braiker & Kelley (1979) sprechen dafür, daß Kosten und Belohnungen voneinander unabhängig ausgetauscht werden. Die befragten Paare sollten einen Fragebogen für vier Phasen ihrer Beziehung (oberflächliche Bekanntschaft, ernste Freundschaft, Verlobung, Ehe) beantworten. Eine Faktorenanalyse ergab zwei wichtige Dimensionen, die den Antworten zugrunde lagen: Eine generelle *Dimension der Liebe* und eine *Dimension von Konflikt und Negativität*. Diese beiden Dimensionen stehen für Aktivitäten, die belohnend sind oder die Kosten verursachen. Für beide Dimensionen wurde gezeigt, daß ihre Bedeutung über die vier Phasen der Beziehung zunimmt (s. Abb. 14). Die Entwicklung der Beziehung wurde durch Konflikte nicht beeinträchtigt. Möglicherweise sind Konflikte sogar ein wesentliches dynamisches Moment, das die Entwicklung der Beziehung vorantreiben kann (Braiker & Kelley, 1979; vgl. Bierhoff & Grau, 1997).

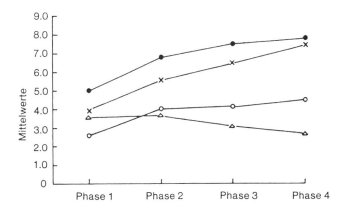

Abbildung 14: Entwicklung einer Partnerbeziehung (nach Braiker & Kelley, 1979)

Beachte: *Phase 1* = oberflächliche Bekanntschaft; *Phase 2* = ernste Freundschaft; *Phase 3* = Verlobung; *Phase 4* = Ehe. Die Dimensionen beruhen jeweils auf fünf Items (außer der Dimension Liebe, die auf zehn Items basiert). Die Items wurden auf 9-Punkte-Skalen beantwortet.

In Abb. 14 sind noch zwei weitere Dimensionen berücksichtigt, die im Vergleich zu den beiden zuerst genannten Dimensionen von untergeordneter Bedeutung sind, die aber für die Entwicklung einer Paarbeziehung bezeichnend sind. Zum einen ist die *Dimension der Ambivalenz aufgrund intrapersonaler Konflikte* berücksichtigt, in der Feststellungen zusammengefaßt sind, die sich auf Unsicherheit und Angst beziehen. Außerdem ist eine *Dimension der Aufrechterhaltung und Koordination der Beziehung* einbezogen worden, die sich auf die Minimalisierung von Kosten und Maximierung von Belohnungen bezieht. Während die Mittelwerte auf der Skala der Koordination über die vier Phasen zunehmen, sinken die Mittelwerte für Ambivalenz tendenziell ab.

Weitere Ergebnisse zeigen, daß sich die Bedeutung der dritten und vierten Dimension über die Phasen der Beziehung verändert. Während die Koordination in der zweiten Phase noch eng mit der Dimension der Liebe assoziiert ist, liegt sie in der vierten Phase nahe an der Dimension der Negativität (interpersonelle Konflikte). Die Koordination der Beziehung scheint anfänglich der Entwicklung von Liebe und Interdependenz zu dienen und steht später mehr im Dienste der *interpersonellen Konfliktbewältigung* (Braiker & Kelley, 1979).

Die genau gegenteilige Veränderung wurde für die *Dimension der Ambivalenz* (intrapersonale Konflikte) festgestellt. Während sie in der zweiten Phase eng mit Negativität und interpersonellen Konflikten assoziiert ist, findet sie sich in der vierten Phase in der Nähe der Liebesdimension. Gefühle der Unsicherheit und Angst scheinen in der späteren Phase vor allem mit dem Eindruck nachlassender Liebe in Zusammenhang zu stehen.

Austauschtheoretische Überlegungen sind auch geeignet, um die Frage zu untersuchen, welche Faktoren einen Einfluß darauf ausüben, ob eine Person in einer engen Beziehung bleibt oder sie verläßt. Diese Fragestellung steht im Mittelpunkt des Investitionsmodells, das in Box T8 dargestellt ist.

Box T8: Bleiben oder gehen

Im Investitionsmodell von Rusbult (1983), das auf der Austauschtheorie von Thibaut & Kelley (1959) aufbaut, werden zwei Merkmale einer engen Beziehung unterschieden: *Zufriedenheit* und *Bindung*, die das Verbleiben in der Beziehung bzw. das Beenden der Beziehung bestimmen. Die Zufriedenheit mit der Beziehung sollte durch *hohe Belohnungen* und *niedrige Kosten* gefördert werden sowie durch die relative Höhe dieser Komponenten im Vergleich mit einer generalisierten Erwartung in bezug auf die Beziehung, die als *Vergleichsniveau* bezeichnet wird (s. Abschnitt V.3.1.1.).

Die Bindung an die Beziehung wird nach dem Investitionsmodell durch drei Faktoren bestimmt: Zufriedenheit, Qualität von alternativen Beziehungen und Investitionen. *Die Qualität von alternativen Beziehungen* (einschließlich des Alleinseins) wird durch die erwarteten *niedrigen Kosten* und *hohen Belohnungen* in einer solchen Beziehung bestimmt. Die *Größe der Investitionen* kennzeichnet die extrinsischen und intrinsischen Beiträge, die im Hinblick auf die Beziehung geleistet wurden. *Extrinsische Beiträge* sind z.B. gemeinsame Freunde und gemeinsamer Besitz, *intrinsische Beiträge* können etwa emotionale Anstrengungen oder Selbstöffnung sein.

Eine Konsequenz des Investitionsmodells besteht darin, daß Zufriedenheit und die Entscheidung über ein Verbleiben in der Beziehung nicht notwendigerweise hoch korreliert sein müssen, weil die Bindung auch von vorhandenen Alternativen und der Größe der Investitionen abhängen sollte. In ähnlicher Weise hatten auch Thibaut & Kelley (1959) angenommen, daß die Attraktivität einer Beziehung mehr oder weniger unabhängig von der Teilnahme an der Beziehung sein kann.

In einer Längsschnittstudie über sieben Monate mit 30 etwa 20jährigen Studenten, die zu Beginn der Studie seit wenigen Wochen eine romantische Beziehung hatten (durchschnittlich etwa 4 Wochen), ergab sich, daß das Ausmaß der Belohnung sehr eng mit der Zufriedenheit mit der Beziehung zusammenhing, während die Kosten keine unabhängige Voraussage auf die Zufriedenheit leisteten. Die Bindung war wie erwartet eine positive Funktion der Zufriedenheit und der Größe der Investitionen und eine negative Funktion der Qualität von Alternativen.

Die Voraussage auf die Stabilität der Beziehung ergab, daß Personen, die nach sieben Monaten noch in der Beziehung waren (20 Bleibende), im Vergleich mit Personen, die ihre Beziehung beendet hatten (10 Verlassende), einen größeren Belohnungsanstieg über die Zeit, einen geringeren Kostenanstieg, einen größeren Zufriedenheitsanstieg, eine größere Verschlechterung der Qualität von Alternativen, eine größere Zunahme der Investitionen und eine größere Steigerung der Bindung zu verzeichnen hatten. Zusätzliche Analysen zeigten, daß das Verlassen der Beziehung hauptsächlich durch das Ausmaß der Bindung bestimmt wurde, während die direkten Effekte der anderen Merkmale (Belohnungen, Kosten, Investitionen, und Qualität von Alternativen) relativ gering waren.

Diese Ergebnisse stehen mit dem Investitionsmodell in guter Übereinstimmung, wenn auch keine Messung der generalisierten Erwartung im Sinne des Vergleichsniveaus durchgeführt wurde (s. aber Rusbult et al., 1991).

Eine spätere Studie (Johnson & Rusbult, 1989) befaßte sich mit einem speziellen Aspekt des Investitionsmodells: Der *Bewertung möglicher alternativer Beziehun-*

gen, von der in der Untersuchung von Rusbult (1983) gezeigt worden war, daß sie negativ mit der Bindung an die bestehende Beziehung korrelierte. In diesem Zusammenhang besteht eine plausible Annahme darin, daß gebundene Personen sich das Leben dadurch erleichtern, daß sie Alternativen gezielt abwerten, indem sie negative Gesichtspunkte im Zusammenhang mit ihnen akzentuieren. Eine Neuanalyse der Rusbult-Längsschnittdaten ergab, daß Bleibende alternative Partner über die Zeit zunehmend negativer bewerteten, während Verlassende sie zunehmend positiver bewerteten (s. Abb. 15). Somit scheint sowohl ein Abwertungsprozeß (bei Bleibenden) als auch ein Aufwertungsprozeß (bei Verlassenden) aufzutreten.

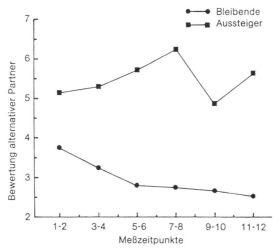

Abbildung 15: Bewertung der Qualität alternativer Beziehungen in Abhängigkeit von dem Verbleiben/Verlassen (nach Johnson & Rusbult, 1989)

Beachte: Die Beurteilung alternativer Partner wurde im Verlauf von sieben Monaten in 12 Meßzeitpunkten erhoben.

2.6.2. Auflösung der Beziehung

Für Paare, die therapeutische Beratung suchen, gilt, daß der reziproke Austausch negativer Reaktionen im Unterschied zu »normalen« Paaren typisch ist. Rusbult, Verette, Whitney, Slovik & Lipkus (1991) nehmen an, daß bestimmte Merkmale des Investitionsmodells mit der *Unterdrückung von destruktiven Reaktionen auf Provokationen* in Paarbeziehungen zusammenhängen (ein Reaktionsmuster, das sie Akkomodation nennen). Die Ergebnisse von 498 Studenten, die mit ihrem Partner/ihrer Partnerin gelegentlich ausgingen (14%), regelmäßig ausgingen (78%), verlobt waren (7%) oder verheiratet waren (1%), zeigten, daß Akkomodation bei hoher Zufriedenheit, hoher Bindung, großen Investitionen und ungünstigen Alternativen eher auftritt. Die Bindung erwies sich wieder als Schlüsselvariable, durch die die Effekte der anderen Variablen teilweise vermittelt wurden. Hohe Bindung war mit einer *konstruktiven* Reaktion auf *destruktives* Partnerverhalten assoziiert.

Das Verlassen einer Beziehung stellt eine Option dar, die unter der Bezeichnung »exit« als eine Reaktion auf ungünstige Organisationsentwicklung beschrieben wurde (Hirschman, 1970). Zwei weitere Reaktionsmöglichkeiten wurden »voice« und »loyalty« genannt. Mitsprache (voice) stellt den Versuch dar, das soziale System positiv zu beeinflussen, während Loyalität beinhaltet, daß an der Organisation festgehalten wird in der Hoffnung auf Besserung. Wenn z.B. ein Kunde mit der Warenlieferung eines Lieferanten zunehmend unzufrieden ist, bestehen die Optionen darin, den Lieferanten zu wechseln, sich über die Lieferung zu beschweren oder abzuwarten in der Hoffnung auf Besserung.

In einer Untersuchung der Reaktionen auf Unzufriedenheit in engen Beziehungen (Rusbult & Zembrodt, 1983) wurde diese Typologie um eine vierte Reaktionsweise (Vernachlässigung im Sinne von Ignorieren des Partners oder der Partnerin) erweitert. Während Mitsprache (z.B. die Aussprache über Probleme suchen) und Loyalität (z.B. am Partner festhalten, auch wenn Grund zur Klage besteht) konstruktive Reaktionen im Sinne der Erhaltung der Beziehung darstellen, sind Verlassen (z.B. Scheidung) und Vernachlässigung (Dinge laufen lassen, ohne sich darum zu kümmern) destruktive Reaktionen. Außerdem sind Verlassen und Mitsprache aktive Reaktionen, während Vernachlässigung und Loyalität passive Reaktionsweisen darstellen (Rusbult, Johnson & Morrow, 1986). Das resultierende Vier-Felder-Schema der »exit-voice-loyalty-neglect«-Typologie ist in Abb. 16 enthalten.

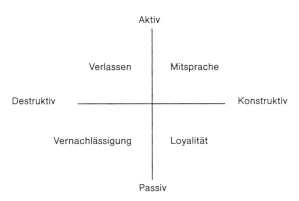

Abbildung 16: Typologie des Problemlöseverhaltens bei Unzufriedenheit in engen Beziehungen (nach Rusbult, Johnson & Morrow, 1986)

Empirische Untersuchungen mit der in Abb. 16 dargestellten Typologie des Problemlöseverhaltens ergaben, daß Unzufriedenheit der Partner vor allem mit dem Auftreten destruktiver Reaktionen zusammenhing, aber relativ unabhängig war von dem Vorhandensein konstruktiver Reaktionen (Rusbult, Johnson & Morrow, 1986). Ein Kreislauf von destruktiven Reaktionen (mit Rückzug auf Rückzug des Partners oder der Partnerin reagieren) hing mit größerer Unzufriedenheit der Paare zusammen.

Scheidung entspricht in Ehen der Option des Verlassens der Beziehung. Ohne daß an dieser Stelle eine umfassende Darstellung der Prozesse gegeben werden kann, die mit der Auflösung von Beziehungen zusammenhängen (s. aber Vaughan, 1986), soll doch aus austauschtheoretischer Sicht eine kurze Zusammenstellung der Faktoren versucht werden, die in den letzten Jahrzehnten zu einer Erhöhung der Scheidungsquote beigetragen haben (s. Box A9).

Box A9: Ehe und Scheidung: Motive und Barrieren

Sowohl in Deutschland als auch in vielen anderen Ländern ist die Scheidungsquote in den letzten Jahrzehnten angestiegen. In Tab. 10 findet sich ein Überblick über die Entwicklung der Scheidungsquoten bis in die neunziger Jahre (nach Statistisches Jahrbuch, 1996; Statistisches Jahrbuch für das Ausland, 1996).

Tabelle 10: Entwicklung der Scheidungsquote in Deutschland und ausgewählten Vergleichsländern

Scheidungen auf 1000 Personen:
Alte Bundesländer

1960	0.9
1970	1.3
1980	1.6
1990	1.9
1992	1.9
1993	2.1
1994	2.2

Scheidungen auf 1000 Personen:
Alte und neue Bundesländer

1992	1.7
1993	1.9
1994	2.0

Scheidungen auf 1000 Personen:
Internationaler Vergleich

	1980	1994
Gesamtdeutschland	1.8	2.0
Belgien	1.5	2.2
Dänemark	2.7	2.6
Frankreich	1.5	1.9 (1993)
Großbritannien	2.8	3.1 (1993)
Niederlande	1.8	2.4
Österreich	1.8	2.2
USA	5.2	4.6 (1993)
Japan	1.2	1.6
Spanien	0.3	0.7 (1993)
Portugal	0.6	1.4

Zunächst läßt sich feststellen, daß die Scheidungsquote in Deutschland seit 1960 eine schleichende Steigerung unterliegt. Die Scheidungsquoten in der DDR waren höher als in der BRD. Nach der Wiedervereinigung ist sie aber in den neuen Bundesländern niedriger als in den alten. Die meisten Ehen werden nach einer Ehedauer zwischen 3 und 10 Jahren geschieden.

In den europäischen Nachbarländern Belgien, Frankreich, Niederlande, Österreich finden sich teilweise vergleichbare Scheidungsquoten (bezogen auf 1994), teilweise höhere Quoten (Dänemark, Großbritannien) und teilweise niedrigere Quoten (Spanien, Portugal). In den USA wird eine Rekordhöhe der Scheidungsquote erreicht, die aber im letzten Jahrzehnt nicht weiter zugenommen hat, sondern leicht gesunken ist, während die japanische Scheidungsquote bei steigender Tendenz relativ niedrig liegt.

Der *säkulare Trend des Anstiegs der Scheidungsquote* hängt nicht notwendigerweise mit einem Niedergang der Ehe als Institution zusammen. Die *hohe Quote der Wiederverheiratung* nach Scheidung spricht dagegen (Schäfers, 1990). Diese Entwicklung läßt sich vielmehr erklären, wenn die *veränderten Bedingungen des ehelichen Zusammenlebens* betrachtet werden (Attridge & Berscheid, 1994). Im einzelnen ist festzustellen:

- daß die *wirtschaftliche Abhängigkeit* der Frau von ihrem Mann insgesamt geringer geworden ist. Die Ausbildung der Frau hat sich im Durchschnitt in den letzten Jahrzehnten wesentlich verbessert, und das soziale Netz ist enger geworden.
- daß die *Sorge um die Kinder* im Zusammenhang mit Scheidung geringer geworden ist. Zum einen ist die *Kinderzahl*

gesunken (und in vielen Ehen sind überhaupt keine Kinder vorhanden), die Kinder werden später im Lebenslauf der Eltern geboren, und schließlich hat sich auch das Bewußtsein geändert im Zusammenhang mit der Frage, ob Kinder eine »intakte« Familie brauchen (Schäfers, 1990).

- daß die *Stigmatisierung durch die Scheidung* weitgehend an Bedeutung verloren hat (was vermutlich in Ländern wie Spanien und Portugal weniger gilt)
- daß die *Religiosität* im allgemeinen und die religiösen Bindungen im besonderen nachgelassen haben und damit auch die Scheu, entgegen kirchlichen Lehrmeinungen zu handeln
- daß *Scheidungen vereinfacht* worden sind. Allerdings ist die Scheidung finanziell relativ teuer, und durch das Steuerrecht wird eine Ehe nach wie vor (in ungerechtfertigter Weise) belohnt.
- daß die *Sensibilisierung* für die Frage, *ob die Ehe glücklich ist,* zugenommen hat (und damit die Ansprüche in bezug auf eine Ehe). Damit einher geht die stärkere Beachtung von negativen Erfahrungen in der Partnerschaft, die mit der Frage in Zusammenhang gebracht werden, ob die Ehe noch tragfähig ist.

- daß mehr Alternativen zur Verfügung stehen, insbesondere auch das Leben in einer Partnerschaft ohne Trauschein und als Single. Die Ehe ist nicht mehr das einzige akzeptierte Modell der Lebensplanung, sondern nur noch ein Modell unter mehreren (Giddens, 1992).

Aus austauschtheoretischer Sicht hängt der Fortbestand der Ehe von der Bindung der Partner ab, die wiederum von der Zufriedenheit, der Qualität alternativer Beziehungen und den Investitionen beeinflußt wird (s. Box T8). Wenn das Vergleichsniveau für Alternativen (s. Abschnitt V.3.1.1.) oberhalb der Nettobelohnungen (Belohnungen – Kosten) liegt, wird eine Trennung der Partner wahrscheinlich, wenn nicht die Investitionen eine beträchtliche Höhe erreicht haben. Schließlich ist anzunehmen, daß eine Trennung um so wahrscheinlicher wird, je niedriger die Barrieren für eine Scheidung sind.

Die Kosten und Belohnungen, die die Zufriedenheit und Bindung in der Beziehung beeinflussen und die für den Fortbestand einer Ehe bedeutsam sind, sind in Tab. 11 zusammengefaßt. In den letzten Jahrzehnten sind die Barrieren niedriger geworden, während die Kosten bei Fortführung der Ehe tendenziell gewachsen sind.

Tabelle 11: Säkularer Trend von Kosten und Belohnungen, die für eine Entscheidung über den Fortbestand der Ehe bedeutsam sind (modifiziert nach Attridge & Berscheid, 1994)

	Bestehende Beziehung	Alternativen (andere Beziehungen, neue Ehe, Single)
Belohnungen	Nachlassende sexuelle Leidenschaft wird stärker beachtet, so daß das Eheglück abnimmt	Alternative Beziehungen sind leichter zugänglich, so daß erwartete Belohnungen steigen
Kosten	Konflikte werden stärker beachtet und Ehemängel höher gewichtet	Kosten nehmen ab, weil sich die wirtschaftliche Lage verbessert hat und weniger Kinder vorhanden sind
Kosten der Trennung	Barrieren sind niedriger geworden, weil die Stigmatisierung der Partner, die eine Ehe auflösen, sinkt	

1994 waren in 100 770 Fällen die Frauen die Antragstellerinnen auf Scheidung, während nur 55 294 Männer die Scheidung beantragten. 9 988 Anträge wurden gemeinsam gestellt. Frauen scheinen bei Unzufriedenheit eher mit »exit« zu reagieren, Männer eher mit »neglect« (vgl. Abb. 16). Das steht mit der Vermutung in Übereinstimmung, daß Frauen in der Entwicklung zufriedenstellender romantischer Beziehungen mehr Druck machen als früher und die Führungsrolle bei der Innovation von engen Beziehungen an der Jahrtausendwende eingenommen haben (Giddens, 1992). Sie sind mehr und mehr zu Beziehungsexpertinnen geworden, während viele Männer eine ambivalente Einstellung gegenüber Partnerschaften entwickelt haben, die durch eine Diskrepanz zwischen Denken und Handeln gekennzeichnet ist.

Das Heiratsalter der Erstverheirateten steigt seit 1985 von 26.6 Jahren auf 29.2 (1993) bei den Männern und von 24.1 Jahren auf 26.8 Jahre (1993) bei den Frauen. Dahinter steckt ein Trend zu mehr »Ehen ohne Trauschein«, deren Trennungsquote vermutlich höher ist, als es in den offiziellen Scheidungsstatistiken zum Ausdruck kommt.

3. Hilfreiches Verhalten

Auf dem Weg zum Prüfungsamt begegne ich einer gelähmten Studentin, die in ihrem Rollstuhl vor der Tür im Gang steht und darauf wartet, daß sie zum Vorsitzenden der Prüfungskommission in den ersten Stock gefahren wird. Während wir kurz miteinander sprechen, fällt mir ein, daß ich die Studentin genauso gut nach oben fahren könnte wie der Angestellte im Prüfungsamt, der gerade nicht in seinem Zimmer ist.

Diese kleine Episode kann die wesentlichen Teilstücke einer Definition altruistischen Verhaltens verdeutlichen:

- Die Handlung stellt eine Wohltat für eine konkrete Person oder Personengruppe dar
- auf der Basis einer Intention, der anderen Person eine Wohltat zu erweisen,
- bei Freiwilligkeit und Fehlen einer dienstlichen Verpflichtung.

Die *Psychologie hilfreichen Verhaltens* und die *Psychologie der Hilfeempfänger* werden ausführlich von Bierhoff (1990a) dargestellt. Im folgenden werden zunächst Normen der Hilfsbereitschaft angesprochen, die sich in kulturellen Unterschieden niederschlagen. Daran anschließend werden Stimmungseinflüsse auf Hilfeleistung diskutiert. Es folgt eine Analyse der Motivation hilfreichen Verhaltens, wobei zwischen extrinsisch und intrinsisch motivierter Hilfe unterschieden wird. Schließlich werden im Zusammenhang mit der Psychologie der Hilfeempfänger Modelle der Hilfeleistung besprochen.

3.1. Prosoziale Normen und kulturelle Unterschiede

Die Bedeutung von prosozialen Normen hilfreichen Verhaltens zeigt sich nicht zuletzt in der zentralen Rolle der sozialen Verantwortung für das Eingreifen in Notsituationen (Bierhoff, 1994). Soziale Normen sind kulturell bedingt, da sie Teil des sozialen Systems einer Gesellschaft sind. Daher werden im folgenden kulturelle Faktoren besprochen. Daran anschließend wird ein Prozeßmodell hilfreichen Verhaltens dargestellt, das die Aktivierung sozialer Normen in den Mittelpunkt stellt.

3.1.1. Kulturelle Unterschiede

Hilfsbereitschaft scheint bis zu einem gewissen Ausmaß kulturabhängig zu sein. Aus anthropologischen Berichten lassen sich Kulturen identifizieren, die eine altruistische Atmosphäre erzeugen, und andere, die eine eher egoistische oder sogar feindselige Atmosphäre aufweisen (Hunt, 1992). Solche Unterschiede lassen sich vermutlich auf vorherrschende kulturelle Normen zurückführen.

In diesem Zusammenhang ist insbesondere die *Norm der sozialen Verantwortung* zu nennen, die durch die wahrgenommene Abhängigkeit der Hilfeempfänger aktiviert werden kann. Berkowitz & Daniels (1963) versuchten durch einen normativen Ansatz zu erklären, daß sozial verantwortliches Verhalten in alltäglichen Situationen unabhängig von Belohnungserwartungen zu beobachten ist. Sie nahmen an, daß durch die *Abhängigkeit einer Person von der Hilfe anderer* die Norm der sozialen Verantwortung ins Bewußtsein gerückt wird, die Hilfeleistung motiviert. Die altruistische Bereitschaft sollte mit der Größe der wahrgenommenen Abhängigkeit zunehmen. Diese Annahme konnte in verschiedenen Experimenten bestätigt werden. Danach wird die Hilfeleistung durch das Gefühl, persönlich für ein Eingreifen verantwortlich zu sein, bestimmt.

Das *persönliche Verantwortungsgefühl* ist größer, wenn eine Person allein für eine Hilfeleistung zur Verfügung steht (im Vergleich zu einer Bedingung, in der mehrere potentielle Helfer anwesend sind) sowie in einer Bedingung, in der die Abhängigkeit der Person, die Hilfe braucht, groß ist (im Vergleich zu geringer Abhängigkeit; Berkowitz, 1978).

Es ist plausibel anzunehmen, daß die normative Verpflichtung zu sozial verantwortlichem Verhalten kulturell unterschiedlich ist, da sie durch Sozialisation beeinflußt wird. In diesem Zusammenhang ist insbesondere auf die Wirkung altruistischer Vorbilder, auf einen erklärenden Argumentationsstil der Sozialisationsagenten sowie auf den Einfluß von Massenmedien zu verweisen (Bierhoff, 1980a).

Altruismus läßt sich auf der Grundlage des *sozialen Systems* interpretieren, dem die potentiellen Helfer angehören (Montada & Bierhoff, 1991). Interaktionen in sozialen Systemen sind vielfach durch soziale Normen beeinflußt, die Ansprüche und Verpflichtungen legitimieren. Solche Normen sind nicht universell verbreitet, sondern spezifisch für bestimmte Kulturen und Subkulturen. Ein Beleg dafür sind Untersuchungen in Ankara und Istanbul einerseits und in vier türkischen Kleinstädten andererseits (Korte & Ayvalioglu, 1981), in denen die Hilfsbereitschaft mit drei Verfahren erfaßt wurde:

- eine Bitte, Geld zu wechseln,
- eine Bitte um Beantwortung von Interviewfragen,
- Reaktion auf das scheinbare Verlieren einer Schachtel auf dem Bürgersteig.

Die Ergebnisse zeigten, daß die so gemessene Hilfeleistung auf dem Land höher ausfiel als in den Großstädten. Allerdings stellten Bewohner von Randbezirken in Ankara und Istanbul, die in halblegal errichteten Slumsiedlungen wohnten, eine Ausnahme dar. Ihre Hilfsbereitschaft entsprach der der Landbevölkerung.

Dies ist insofern verständlich, als in diesen Siedlungen meist Personen lebten, die im Rahmen der Landflucht in die Großstädte gekommen waren und vermutlich noch mit den ländlichen Normen vertraut waren, da sie erst vor kurzem umgesiedelt waren. Ihre Orientierung an den Normen der ländlichen Subkultur könnte das relativ hohe Niveau der Hilfsbereitschaft dieser Personengruppe erklären.

Diese Vergleiche leiten schon zu der Frage von *Stadt-Land-Unterschieden* in der Hilfsbereitschaft über, die häufig untersucht wurden, wobei die Studien von Amato (1983), der 55 Dörfer und Städte in Australien miteinander verglich, besonders umfangreich waren. In einer Metaanalyse der vorliegenden Untersuchungsergebnisse (Steblay, 1987) ergab sich ein *kurvilinearer Zusammenhang* zwischen Hilfsbereitschaft und Einwohnerzahl des Wohnorts. Die Wohnortgröße wurde in sieben Stufen unterteilt (von Gemeinden mit weniger als 1 000 Einwohnern bis zu Millionenstädten). Sie stieg ausgehend von den Dörfern bis hin zu Städten mit einer Einwohnerzahl zwischen 60 000 und 300 000 Personen (z.B. Jena, Marburg, Trier) an. Dieser Trend widerspricht der typischen Annahme von Stadt-Land-Unterschieden, wonach Städter weniger hilfsbereit sind als die Landbevölkerung. Bei größeren Städten und Millionenstädten (z.B. Frankfurt, Köln oder München) fand sich ein steiler Abfall der Hilfsbereitschaft unter das Niveau der Dörfer und Kleinstädte (s. Abb. 17).

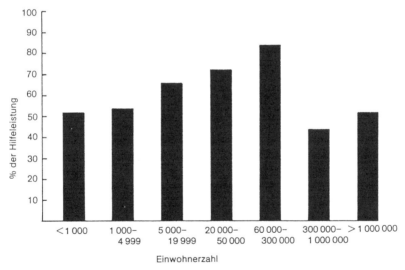

Abbildung 17: Hilfsbereitschaft in Abhängigkeit von der Einwohnerzahl des Wohnorts (nach Steblay, 1987)

Dieses auf den ersten Blick überraschende Ergebnismuster läßt sich damit erklären, daß ländliche und städtische Subkulturen widersprüchliche normative Erwartungen auslösen können. In Dörfern herrscht vermutlich ein starkes *Wir-Gefühl*, so daß Fremde eher auf Ablehnung stoßen. Hingegen dürften Millionenstädte wie New York ihren Bürgern u.a. aufgrund der hohen Verbrechensrate das Gefühl vermitteln, daß sie durch unüberlegte Kontakte mit Fremden ihre *persön-*

liche Verwundbarkeit erhöhen (Milgram, 1970). Daher entwickeln sich in beiden Subkulturen soziale Normen, die eine Hilfeleistung gegenüber Fremden eher unwahrscheinlich machen. Hingegen scheinen in Städten mittlerer Größe eher Normen gültig zu sein, die soziale Verantwortung betonen.

Vergleiche zwischen den Ländern, in denen Daten zu Stadt-Land-Unterschieden erhoben wurden, verweisen auf nationale Besonderheiten. Während die Stadt-Land-Unterschiede in den USA, Kanada und Israel eine mittlere Größenordnung erreichten, fielen sie in Australien relativ gering aus und waren in Holland überhaupt nicht nachweisbar. Andererseits fanden sich die größten Stadt-Land-Unterschiede in der Türkei (Steblay, 1987)

3.1.2. Prozeßmodell hilfreichen Verhaltens

Soziale Normen beeinflussen dann hilfreiches Verhalten, wenn sie als persönliche Normen internalisiert worden sind, die das soziale Handeln einer Person steuern. Schwartz & Howard (1981) gehen von der Annahme aus, daß durch die Wahrnehmung einer Notlage ein sequentieller Prozeß ausgelöst wird, der sich in mehrere Phasen unterteilen läßt (vgl. auch Latané & Darley, 1970):

Aufmerksamkeitszuwendung → *prosoziale Motivation* → *antizipatorische Bewertung der Konsequenzen* → *Abwehrprozesse* → *Hilfreiches Verhalten*

Aufmerksamkeit zuwenden und Notlage erkennen. Die Aufmerksamkeitsphase beginnt mit der *Situationsdefinition*. In Abhängigkeit von der Eindeutigkeit und der Klarheit der situativen Hinweisreize wird eine Person als hilfsbedürftig eingestuft. Darüber hinaus umfaßt die Aufmerksamkeitsphase auch die Beurteilung von Möglichkeiten zur Reduktion oder Beendigung der Notlage und die Einschätzung der eigenen Fähigkeit, eine entsprechende Intervention durchzuführen.

Die Bedeutung situativer Hinweisreize wurde z.B. in einer Untersuchung eines simulierten Kollaps deutlich (Staub, 1974). In einer Bedingung griff sich ein Passant an sein Knie, bevor er zu Boden stürzte, während er sich in der zweiten Bedingung an die Schulter griff. In einem Experiment, in dem ein übergewichtiger Mann das Opfer spielte, fand sich wie erwartet mehr Hilfe bei der Notlage, in der der Kollaps auf einen Herzanfall zurückzugehen schien und somit schwerwiegend zu sein schien. Hingegen war die Hilfsbereitschaft in dieser Bedingung sehr gering, als ein schlanker junger Mann das Opfer spielte. Vermutlich standen unter diesen Umständen die vorhandenen Hinweisreize (scheinbarer Herzanfall bei gesundem jungen Mann) zueinander im Widerspruch, so daß die Notlage an Eindeutigkeit einbüßte.

In einer anderen Studie (Yakimovich & Saltz, 1971) wurde festgestellt, daß ein Kollapsopfer, das um Hilfe rief, wesentlich mehr Hilfe erhielt als ein Opfer, das nicht um Hilfe rief. Der *Hilferuf* dürfte entscheidend zur Eindeutigkeit der Notlage beitragen (s. auch Clark & Word, 1972).

Erwähnenswert ist in diesem Zusammenhang auch die Studie von Solomon, Solomon & Stone (1978), bei der die Interventionshäufigkeit während eines Unfalls erfaßt wurde, der entweder nur zu hören war *(audititve Bedingung)* oder der zu sehen und zu hören war *(audiovisuelle Bedingung)*. In der letzteren Bedingung war die Interventionsrate höher als in der auditiven Bedingung, vermutlich

86

aufgrund der größeren Eindeutigkeit des Ereignisses. Größere Eindeutigkeit des Unfalls signalisiert auch vielfach einen schwerwiegenderen Unfall (Latané & Nida, 1981).

Die Fähigkeitseinschätzung ist sowohl von dem Vorhandensein einschlägiger Fähigkeiten und Kenntnisse abhängig, wie sie etwa in der *Ersten-Hilfe-Ausbildung* vermittelt wird, als auch von dem allgemeinen *Selbstkonzept der eigenen Begabung* (Meyer, 1984) und von *Stimmungseinflüssen* (s. unten). Bei guter Stimmung wird die Fähigkeit vermutlich optimistischer bewertet als bei negativer Stimmung.

Prosoziale Motivation. Wenn die Notlage wahrgenommen wird und die Fähigkeiten zur Intervention positiv beurteilt werden, folgt die Motivationsphase. Die Feststellung der Befähigung zur Hilfeleistung ist nicht gleichzusetzen mit dem Entschluß, selbst zu intervenieren. Entscheidend für die Frage der tatsächlichen Handlungsbereitschaft ist das Vorhandensein einer prosozialen Motivation. Diese steht mit *Gefühlen der moralischen Verpflichtung* in Zusammenhang (Schwartz, 1977), die als persönliche Normen bezeichnet werden können. Zur Messung der persönlichen Normen im prosozialen Bereich werden Fragen danach gestellt, ob sich eine Person verpflichtet fühlt, hilfreich einzugreifen, wenn z.B. die örtliche Blindenschule nach Freiwilligen sucht, die blinden Schülern kostenlos aus Schulbüchern vorlesen.

Persönliche Normen sind Ausdruck des Verantwortungsgefühls. Je größer die wahrgenommene Verpflichtung ist, desto größer ist das Gefühl, für die notleidende Person verantwortlich zu sein. In dem Prozeßmodell von Schwartz & Howard (1981) ist die persönliche Verantwortung zentral für die Entwicklung einer prosozialen Motivation, die somit auf einem Prozeß der Selbstbewertung beruht.

Empirische Ergebnisse stehen mit dieser Annahme in Übereinstimmung. Ein Vergleich zwischen erwiesenen Ersthelfern, die Verkehrsopfern nach einem Unfall geholfen hatten, und Personen, die mit der Ersthelfergruppe nach Alter, Geschlecht und sozialem Status parallelisiert worden waren, ohne daß sie bei einem Verkehrsunfall eingegriffen hatten, ergab einen deutlichen Unterschied in der *sozialen Verantwortung,* die durch eine entsprechende Persönlichkeitsskala (vgl. Berkowitz & Lutterman, 1968) erfaßt wurde, wobei sich Ersthelfer als sozial verantwortlicher beschrieben (Bierhoff, Klein & Kramp, 1991). Mit sozialer Verantwortung scheint ein Gefühl der Verpflichtung für die Mitglieder der Gemeinschaft verbunden zu sein, das in prosozialen Handlungen zum Ausdruck kommt. Diese Schlußfolgerung wird bestätigt durch den Vergleich zwischen Personen, die Juden vor den Nazis gerettet haben, mit Vergleichspersonen, die an die Helfergruppen nach verschiedenen Merkmalen angeglichen wurden und die keine Judenretter waren (Oliner & Oliner, 1988). Die soziale Verantwortung, die ebenfalls mit der Skala von Berkowitz & Lutterman (1968) gemessen wurde, war bei den Helfern von Juden, die unter der Nazi-Herrschaft ihr Leben aufs Spiel gesetzt hatten, größer ausgeprägt als in der Vergleichsgruppe.

Ein häufig diskutiertes Phänomen – der *Anzahl-Effekt der Hilfeleistung* – steht mit der sozialen Verantwortung in einem engen Zusammenhang. Der Anzahl-Effekt beruht darauf, daß die individuelle Interventionswahrscheinlichkeit in Gruppen von Unfallzeugen geringer ist als für einzelne Zeugen, die allein den Unfall beobachten (Latané & Nida, 1981). Eine metaanalytische Auswertung auf der Grundlage von 56 experimentellen Vergleichen ergab, daß die Reduktion der Hilfsbereitschaft in Gruppen ein stabiles Phänomen darstellt. Im Durchschnitt griffen 75% der 774 Personen ein, die allein getestet wurden, während die Anwesenheit eines passiven Verbündeten die Hilfsbereitschaft reduzierte (53% Intervention bei 1 279 getesteten Personen). Der Anzahl-Effekt führt (aus der Sicht der Opfer) dazu, daß die Wahrscheinlichkeit, Hilfe in einer Notlage zu erhalten, nicht wächst, wenn mehrere Zeugen anwesend sind. Im Gegenteil deutet sich ein Trend an, daß Opfer eher Hilfe erwarten können, wenn ein einzelner Zeuge die Notlage beobachtet.

Die geringere Hilfe bei mehreren Zeugen läßt sich auf *Diffusion der Verantwortung* zurückführen, die insbesondere auch bei akuten Notsituationen (Unfällen) die Hilfsbereitschaft von Passanten beeinträchtigen kann und die sich auch in Feldexperimenten nachweisen läßt (Bierhoff, Klein & Kramp, 1990). Mehrere Unfallzeugen tendieren dazu, die Verantwortung untereinander aufzuteilen, so daß sich die einzelnen Zeugen persönlich weniger verantwortlich fühlen. Das Resultat ist eine *soziale Hemmung* prosozialen Verhaltens. Die Diffusion der Verantwortung folgt einer Gesetzmäßigkeit, die in Box T20 ausführlicher dargestellt wird (in Abschnitt V.1.8.).

Kosten der Hilfe und Kosten der Nichthilfe. Schwartz & Howard (1981) machen die weitere Annahme, daß Verantwortungsübernahme und Verpflichtungsgefühle nicht notwendigerweise Hilfeleistung auslösen. Vielmehr gehen sie davon aus, daß in der nächsten Phase des Entscheidungsprozesses die Vor- und Nachteile einer prosozialen Handlung abgewogen werden. Die Person wird z.B. die Anstrengung und den Zeitaufwand in Rechnung stellen, die mit einem Eingreifen verbunden sind. Hohe Kosten der Hilfe machen eine Intervention eher unwahrscheinlich (s. Abschnitt II.3.2).

Abwehrprozesse. Wenn die antizipatorische Bewertung der Vorteile und Nachteile des Helfens eindeutige Ergebnisse erbracht hat – sei es, daß viel für ein Eingreifen spricht oder daß viel dagegen spricht –, wird eine Person im allgemeinen entsprechend handeln. Was geschicht aber, wenn die Bewertung der Konsequenzen ein uneindeutiges Ergebnis erbringt, das auf einen relativen Gleichstand der Höhe von Vor- und Nachteilen hinausläuft?

Eine solche unentschiedene Bewertung der Konsequenzen kann in vielen Alltagssituationen auftreten. Ein Beispiel dafür berichten Bierhoff, Klein & Kramp (1990), die ihre Befragten baten, die Vor- und Nachteile des Helfens in verschiedenen Notsituationen aufzulisten. Wenn sich die Angaben auf einen gestürzten Radfahrer bezogen, überwog die Anzahl der genannten Vorteile deutlich die der Nachteile (im Mittelwert: Vorteile 1.37, Nachteile 0.85). Wenn sich die Angaben aber auf den Zusammenstoß zweier Autos bezogen, wurden mehr Nachteile des Helfens genannt, während die Anzahl der genannten Vorteile eher geringer wurde (im Mittelwert: Vorteile 1.19, Nachteile 1.22). Daher ist die Vermutung berechtigt, daß PKW-Unfälle vielfach eine unentschiedene Bewertung der Konsequenzen auslösen.

Schwartz & Howard (1981) nehmen an, daß in diesem Fall Abwehrprozesse auftreten, die insgesamt zu einer Schwächung des Verantwortungsgefühls und zu einer Reduzierung der Wahrscheinlichkeit des Eingreifens beitragen. Sie unterscheiden vier Formen von Abwehrprozessen:

● *Verneinung der Notlage:*
  Wenn die Hinweise auf die Notlage nicht ganz eindeutig sind, kann eine Neueinschätzung der Lage der Opfer zu einer Revision des Urteils über das

Vorliegen einer Notlage führen (z.B. »Es ist doch alles nicht so schlimm, wie ich anfangs gedacht habe«).

● *Verneinung effektiver Handlungsmöglichkeiten:*
Wenn eine Hilfeleistung aufwendig, gefährlich oder schwierig ist, könnte ein Beobachter sein Urteil über mögliche Hilfsmaßnahmen revidieren (z.B. »Hier ist nichts zu machen«).

● *Verneinung persönlicher Kompetenz:*
Den Beobachtern könnten Zweifel daran kommen, ob ihre Erste-Hilfe-Kenntnisse ausreichen (z.B. »Ich kann es einfach nicht«). Daraufhin könnte die Person anstelle einer direkten Hilfe nach indirekter Hilfe suchen (z.B. den Notarzt verständigen) oder auch aus dem Felde gehen.

● *Verneinung der Verantwortung:*
Die Abwehrprozesse können sich auch direkt auf das Gefühl persönlicher Verpflichtung richten, indem z.B. das Gewissen durch Beschwichtigungen beruhigt wird, die ein Nichteingreifen nicht als Normverletzung erscheinen lassen. Ein Beispiel dafür ist die *Diffusion der Verantwortung* (s. oben).

Die genannten Abwehrprozesse können zu einer *Neubewertung* der Notlage, der Handlungsmöglichkeiten, der Kompetenz oder der Verantwortung führen, die dann eine veränderte subjektive Kosten-Nutzen-Analyse zur Folge hat. Es ist zu einfach, einer Person Vorwürfe zu machen, die ihre persönliche Verantwortung durch Abwehrprozesse reduziert. Viele Alltagssituationen, in denen die antizipierten Konsequenzen nicht eindeutig in eine Richtung weisen, sind relativ schwer zu bewältigen, so daß Patentrezepte nicht zur Verfügung stehen. Eine wiederholte Erste-Hilfe-Ausbildung kann dazu beitragen, daß die wahrgenommenen Kosten des Eingreifens durch Kompetenzerwerb verringert werden, während die positiven Konsequenzen durch Entwicklung des Verantwortungsgefühls akzentuiert werden.

3.2. Extrinsisch motivierte Hilfe

Eine Unterteilung der prosozialen Motivation besteht in der Trennung zwischen extrinsisch motivierter Hilfe, die auf impliziten oder expliziten Belohnungen beruht, und intrinsisch motivierter Hilfe, die um der Hilfe selbst willen ausgeführt wird. Diese Unterscheidung stellt darauf ab, daß prosoziale Handlungen entweder überwiegend durch die antizipierten Konsequenzen beeinflußt werden oder überwiegend durch eine Orientierung an der Notlage der Opfer motiviert werden (vgl. Box T9 in Abschnitt II.3.4.2.).

3.2.1. Positive und negative Konsequenzen der Hilfe

In vielen Fällen wird altruistisches Verhalten durch die *erwarteten Konsequenzen,* die der Geber antizipiert, beeinflußt. Während die Forschung viel Energie darauf verwendet hat, Ausnahmen von dieser Regel zu finden, kann andererseits kein Zweifel daran bestehen, daß der Austausch von positiven und negativen Konsequenzen ein wichtiger Faktor für Hilfeleistung ist.

Aus dieser Sicht ergeben sich verschiedene Hypothesen darüber, unter welchen Bedingungen die Hilfsbereitschaft gestärkt oder geschwächt werden sollte:

- *Je nach den Kosten der Hilfe.* Die Wahrscheinlichkeit altruistischer Handlungen wird verringert, wenn ein großer Zeitaufwand erforderlich ist (Clark, 1976) oder wenn sich die potentiellen Helfer in einer bedrohlichen Situation exponieren müssen (Allen, 1972).
- *Je nach der Belohnungserwartung.* Die Hilfsbereitschaft nimmt zu, wenn soziale Billigung oder materieller Gewinn (Enzle & Lowe, 1976) als Anreiz dienen.
- *Je nach den Belohnungen, die für die Empfänger der Hilfe antizipiert werden.* Die Hilfsbereitschaft ist größer, wenn der Empfänger der Hilfe statt Coca-Cola eine nahrhafte Nahrung erhält (Bickmann & Kamzan, 1973) oder wenn eine schwere Gesundheitsbedrohung abgewendet werden kann (West & Brown, 1975).

Eine Vielzahl von Ergebnissen zum hilfreichen Verhalten läßt sich austauschtheoretisch erklären (s. Box U8). Natürlich sind auch andere Erklärungen hilfreichen Verhaltens zu beachten (Bierhoff, 1980a; Lück, 1975, 1983), die z.B. auf normativen Verpflichtungen beruhen (s. oben).

Box U8: Hilfe in der U-Bahn

In einer Untersuchungsreihe, in der plötzliche Zusammenbrüche von Passagieren in U-Bahnen in New York und Philadelphia simuliert wurden (Piliavin, Piliavin & Rodin, 1975; Piliavin, Rodin & Piliavin, 1969; Piliavin & Piliavin, 1972), ergab sich eine starke Tendenz zu einer Herabsetzung der Hilfeleistung, wenn die Kosten der Hilfe relativ hoch waren. So fand sich weniger Hilfe,

- wenn das Opfer betrunken (statt krank) war,
- wenn das Opfer aus dem Mund blutete,
- wenn das Opfer im Gesicht eine entstellende Narbe hatte.

Insbesondere die Herabsetzung der Hilfeleistung bei einer entstellenden Narbe ist ein Beleg dafür, daß sich die austauschtheoretische Voraussage (weniger Hilfe bei höheren Kosten der Hilfe) bewährt. Denn in dieser Bedingung entfallen Erwägungen, die eine Hilfe durch Laien aus ärztlicher Sicht möglicherweise als nicht wünschbar erscheinen lassen (wie bei einem blutenden Opfer) oder die darauf hinauslaufen, daß dem Opfer weniger geholfen wird, weil es selbst die Schuld an seinem Unglück trägt (wie bei einem Betrunkenen; vgl. Meyer & Mulherin, 1980).

Statt dessen scheint es die Erwartung einer unangenehmen Erfahrung zu sein, die die Interaktion mit dem entstellten Opfer relativ unwahrscheinlich macht. Gegenüber diesem Opfer findet sich auch eine *Diffusion der Verantwortung:* Wenn ein Arzt anwesend ist (der sich aber passiv verhält), wird die Hilfeleistung verzögert oder unterdrückt. Die Aussicht auf Interaktion mit einem entstellten Opfer hält also vor allem diejenigen Zeugen von einem helfenden Eingreifen ab, die die Verantwortung auf eine kompetente Person abschieben können.

3.2.2. Kosten der Hilfe: Das Piliavin-Modell

Piliavin & Piliavin (1975, vgl. Piliavin, Dovidio, Gaertner & Clark, 1981) gehen davon aus, daß eine Notsituation eine *empathische Erregung* bei den Beobachtern erzeugt. Sie stellen die Hypothese auf:

- Die Erregung, die durch die Beobachtung einer Notsituation entsteht, wird um so unangenehmer, je mehr sie ansteigt, und Beobachter sind motiviert, sie zu reduzieren.

In einer weiteren Hypothese fügen sie hinzu:

- Beobachter werden die Reaktion auf eine Notsituation wählen, die ihre Erregung möglichst schnell und vollständig reduziert und die so wenig Nettokosten (Kosten minus Belohnungen) wie möglich hervorruft.

Nach diesen Hypothesen ist eine empathische Reaktion unangenehm und motiviert zu einer möglichst vollständigen Reduktion dieses aversiven Zustands. Piliavin & Piliavin schlagen in ihrer Analyse eine systematische Gegenüberstellung von Kosten der Hilfe und Kosten der Nichthilfe vor (s. Tab. 12).

Tabelle 12: Reaktionen auf Notsituationen in Abhängigkeit von direkten und indirekten Kosten

Kosten der Nichthilfe	Kosten der Hilfe	
	Niedrig	Hoch
Hoch	Direkte Intervention	Indirekte Intervention oder Neudefinition der Situation, Herabsetzung des Opfers usw.
Niedrig	Variabel (im wesentlichen eine Funktion der situationsspezifischen Normen	Verlassen der Situation, Ignorieren, Verleugnen usw.

Die *Kosten der Hilfe* beziehen sich auf den zeitlichen Aufwand, die Anstrengung, die Gefahr, den finanziellen Verlust u.ä. Faktoren, die für den Helfer bedeutsam sind. Die Übernahme der Perspektive des anderen vorausgesetzt, beachten Helfer auch die *Kosten der Nichthilfe,* wie die Bedrohung der anderen Person, das Ausmaß ihres Leids, die Größe ihrer Abhängigkeit, ihre Bedürftigkeit u.ä. Faktoren.

Bei *niedrigen Kosten der Hilfe* sind die Voraussagen des Modells unmittelbar naheliegend. Wenn eine echte Notlage gegeben ist, wird eine direkte Intervention vorausgesagt, während bei *niedrigen Kosten der Nichthilfe* angenommen wird, daß man sich an sozialen Normen (der Privatheit, der Höflichkeit, der sozialen Verantwortung) orientiert.

Bei *hohen Kosten der Hilfe* erscheint eine direkte Intervention als wenig wahrscheinlich (es sei denn, sie wird spontan und reaktiv gegeben, ohne daß die Kosten berücksichtigt werden, wie bei impulsiver Hilfe, die quasi automatisch gegeben wird). Bei *hohen Kosten der Nichthilfe* ist zu erwarten, daß eher indirekt und verzögert geholfen wird (vgl. Box U8). In anderen Fällen kommt es zu einer direkten Abwertung der Opfer (vgl. Abschnitt II.4.2.1.).

In der Bedingung, in der die *Kosten der Hilfe hoch und die Kosten der Nichthilfe niedrig* sind, liegt es nahe, daß sich Beobachter passiv verhalten, ohne daß sie einen inneren Konflikt verspüren. Denn die Balance von positiven/negativen Konsequenzen im Fall einer Hilfeleistung ist in dieser Bedingung weit in Richtung des negativen Pols verschoben.

In dem Piliavin-Modell ist die Bedeutung der Kosten der Hilfe auf dem Hintergrund der Austauschtheorie einzuordnen, da sie sich auf die negativen Konsequenzen beziehen, die bei der Ausführung einer Handlung erwartet werden.

Die Kosten der *Nichthilfe* verweisen auf die weiter oben angesprochenen Determinanten intrinsisch motivierter Hilfe und hängen von dem Ausmaß der empathischen Erregung bzw. der Fähigkeit zur Perspektiven-Übernahme ab.

Die empathische Erregung wiederum hängt von Faktoren wie der Ähnlichkeit des Opfers und der Bereitschaft der Beobachter, sich in die Lage des anderen hineinzuversetzen, ab. Darüber hinaus ist auch der Einfluß der *Nähe* und der *Sichtbarkeit* des Opfers zu beachten. So ist die Häufigkeit der Intervention größer, wenn man die Notlage sowohl hört als auch sieht, als wenn man sie nur hört (s. oben). Das läßt sich darauf zurückführen, daß es leichter ist, die Perspektive einer anderen Person zu übernehmen, die man unmittelbar vor sich sieht. Außerdem ist die Notlage bei optischer Wahrnehmung eindeutiger als bei nur akustischer Wahrnehmung.

Wir haben wiederholt auf die Bedeutung der Perspektiven-Übernahme und der empathischen Erregung für altruistische Handlungen hingewiesen. Beide Prozesse sind eng miteinander verbunden. Man kann zwar unterschiedliche Schwerpunkte setzen (einmal auf die Perspektiven-Übernahme wie bei Underwood & Moore, einmal auf die empathische Erregung wie bei Hoffman,1978), aber auf der Grundlage der Zwei-Faktoren-Theorie der Emotionen (s. Box T2) ergibt sich ein einheitlicheres Bild: Während die Empathie die Erregungskomponente des Modells repräsentiert, aktiviert die Perspektiven-Übernahme ein Etikett, das mit der Erregung verbunden wird (wie »Mitgefühle«, »Mitleid« oder »Einfühlung«; Batson, Darley & Coke, 1978). Mit zunehmender *Fähigkeit zur Übernahme der Perspektive* der anderen Person gelingt es immer besser, selbst subtile Anzeichen für das Leid einer anderen Person richtig zu interpretieren und möglicherweise auch ohne Sichtbarkeit des Opfers empathisch zu reagieren.

3.3. In guter Stimmung fällt es leichter, ein kleines Opfer zu bringen

Zahlreiche Feld- und Laboruntersuchungen zeigen, daß Personen in guter Stimmung hilfsbereiter sind als in neutraler Stimmung (Bierhoff, 1988). Ein Beispiel dafür findet sich schon bei Kindern, die altruistischer handeln, wenn sie sich zuvor durch angenehme Vorstellungsinhalte in eine positive Stimmung versetzt haben (Rosenhan, Underwood & Moore, 1974). Außerdem ergibt sich eine positive Korrelation zwischen Altruismus und Selbstbelohnung, wenn die Kinder sich in einer positiven Stimmung befinden.

Andere Studien zeigen, daß auch Erwachsene in positiver Stimmung altruistisch reagieren. So fanden Isen, Clark & Schwartz (1976), daß ein Werbegeschenk im Wert von 1-2 DM zu einer größeren Hilfsbereitschaft bei der Weiterleitung einer telefonischen Nachricht führte. Wenn der Telefonanruf erfolgte, nachdem die Waren an der Tür nur vorgeführt, aber nicht verschenkt worden waren, fand sich kein entsprechender Anstieg der Hilfsbereitschaft. Der Effekt des Geschenks, das vermutlich die Stimmung der betroffenen Vorstadtbewohner kurzfristig erhöhte, verschwand 15-20 Minuten nach der Stimmungsinduktion. Zu diesem Zeitpunkt näherte sich der Prozentsatz derer, die es übernahmen, ein Telefongespräch zu führen, dem Wert von 12%, der ohne Geschenk registriert wurde.

Die Altruismus-fördernde Wirkung positiver Stimmung läßt sich mit einem durch die Stimmung veränderten Bezugssystem für die Bewertung von positiven und negativen Konsequenzen erklären (Isen, Shalker, Clark & Karp, 1978). Vermutlich aktiviert die positive Stimmung positive Gedankeninhalte, die ins Bewußtsein treten und zu einem generellen Optimismus beitragen. Diese optimistische Orientierung trägt dazu bei, daß die aktuellen Konsequenzen (Kosten wie Belohnungen) relativ positiv wahrgenommen werden. Somit steigt die Wahrscheinlichkeit, daß die aktuellen Konsequenzen oberhalb des Vergleichsniveaus für Konsequenzen liegen, des Durchschnitts aus in der Vergangenheit wahrgenommenen Konsequenzen (gewichtet nach ihrer aktuellen Relevanz; s. Abschnitt V.3.1.).

Hilfeleistung stellt im allgemeinen ein gewisses Opfer (etwa an Zeit und Geld) dar. Somit verschlechtert die Hilfeleistung die aktuellen Konsequenzen. Wenn man aber (weit) oberhalb des Vergleichsniveaus mit den aktuellen Konsequenzen liegt, führt die Hilfe nur mit geringer Wahrscheinlichkeit dazu, daß man das Vergleichsniveau unterschreitet.

In der Tat liegen empirische Hinweise vor (Isen et al., 1978), wonach positiv bewertete Gedankeninhalte verstärkt erinnert werden, wenn eine positive Stimmung induziert worden ist. Positive Stimmung erzeugt eine gewisse Einseitigkeit in der Zugänglichkeit von positiven im Vergleich zu negativen Kategorien und damit auch eine bevorzugte Beachtung positiver gegenüber negativen Inhalten. Umgekehrt führt eine negative Stimmung zu einer größeren Zugänglichkeit von negativen Kognitionen.

Positive Stimmung erhöht den generellen Optimismus, wenn auch – nach dem Ausbleiben weiterer positiver Hinweisreize – bald eine Rückkehr auf das Basisniveau zu erwarten ist (s. Isen et al., 1976).

3.4. Intrinsisch motivierte Hilfe

3.4.1. Stellvertretende Kosten und Belohnungen

Intrinsisch motivierte Hilfe bezieht sich auf Handlungen, die gewissermaßen um der Hilfe selbst willen zustande kommen (wie in dem anfangs gegebenem Beispiel). Ist hier eine Erklärung auf der Grundlage von Kosten und Belohnungen möglich?

Krebs (1975) schlägt eine solche Erklärung vor. Das Leiden eines anderen kann bei dem Beobachter indirekte Kosten verursachen. Voraussetzung dafür ist, daß sich der Beobachter in den anderen hineinversetzt hat und mit seinem Schicksal fühlt. Mitgefühl ruft Mitleiden der Beobachter hervor. Daher werden ihre aktuellen Konsequenzen um diese indirekten Kosten verschlechtert.

Hinzu kommt, daß Hilfe gegenüber einer Person, in die man sich hineinversetzt hat und mit der man mitfühlt, stellvertretende Freude hervorruft, wenn sich die Lage des Opfers (aufgrund der Hilfe) verbessert. Somit ist die Hilfe indirekt belohnend.

Zusammenfassend ergibt sich, daß intrinsisch motivierter Altruismus auf der Grundlage der Maximierung positiver Konsequenzen erklärt werden kann. Denn das Leid des Opfers erzeugt *stellvertretende Kosten,* und die Hilfe ist mit der Erwartung einer *stellvertretenden Belohnung* verknüpft. Auf diese Weise werden in vielen Fällen die Kosten, die mit der Hilfe verbunden sind, mehr als

kompensiert, insbesondere dann, wenn sich der Helfer in das Opfer hineinversetzt hat und damit die Höhe der stellvertretenden Konsequenzen maximiert
wird.
Eine graphische Darstellung kann diese Zusammenhänge verdeutlichen (s. Abb.
18). In einem idealtypischen Beispiel werden Kosten und Belohnungen gegenübergestellt in Abhängigkeit von der Empathie. Während die Kosten der Hilfe
unabhängig von der Empathie sind, liegen die stellvertretenden Kosten bei hoher Empathie höher, so daß die Nettokosten der Hilfe bei hoher Empathie
niedriger liegen. Außerdem sorgen die höheren stellvertretenden Belohnungen
bei hoher Empathie dafür, daß die Netto-Konsequenzen bei hoher Empathie
günstiger liegen als bei geringer Empathie.

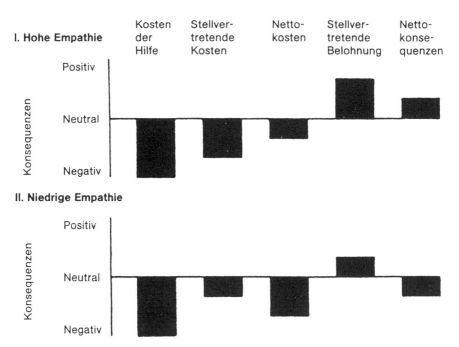

Abbildung 18: Empathie und Konsequenzen der Hilfe

In Übereinstimmung mit diesen Überlegungen läßt sich darauf hinweisen,
daß die Beobachtung eines Unglücks erregend wirkt und daß das resultierende Mitleiden Hilfeleistung wahrscheinlicher macht (Ashton & Severy, 1976;
Gaertner & Dovidio, 1977). Darüber hinaus finden sich aber auch Ergebnisse,
die den Zusammenhang zwischen empathischer Erregung und Hilfsbereitschaft direkt betreffen und zeigen, daß die Hilfsbereitschaft gesenkt wird, wenn
die (empathische) Erregung auf eine falsche Quelle *fehlattribuiert* wird (s. Box
U9).

94

Box U9: Empathie und Hilfeleistung

In einer Untersuchung von Krebs (1975) wurde besonderer Wert darauf gelegt, daß die Wohltat für einen anderen ein Opfer für den Helfer darstellt. Nach der Bearbeitung einer Serie von Lernaufgaben sollten die Studenten einen Elektroschock mit variabler Stärke zwischen sich und einem Partner aufteilen. Dazu standen 21 Alternativen zur Verfügung. Die eine extreme Alternative bedeutete maximalen Altruismus (100% Schockstärke für sich selbst und 100% Belohnung für den Partner), während das andere Extrem maximalen Egoismus bedeutete (100% Belohnung für sich selbst und 100% Schockstärke für den Partner).

Zwei Einflußfaktoren der Hilfsbereitschaft wurden variiert:

- *Ähnlichkeit* zwischen Student und Partner (hoch/gering).
- *Hedonistische Konsequenzen des Partners:* Entweder wurde der Student informiert, daß der Partner während der Lernaufgaben belohnt und bestraft wurde, oder diese Information entfiel.

Während die Wahl einer der Alternativen in drei der vier Versuchsbedingungen des 2 x 2-Versuchsplans zu dem Ergebnis führte, daß mittlere Alternativen bevorzugt werden (im Durchschnitt 9.6, 10.0 und 8.7, wobei 1 die maximal egoistische und 21 die maximal altruistische Alternative bezeichnet), findet sich eine deutliche Bevorzugung altruistischer Alternativen (Mittelwert 14.0) *bei hoher Ähnlichkeit und hedonistischen Konsequenzen.* In dieser speziellen Bedingung ergibt sich auch anhand verschiedener Indices physiologischer Erregung das höchste durchschnittliche Erregungsniveau, das als Ausdruck einer verstärkten Erfahrung empathischen Mitleidens interpretiert werden kann.

Zu ähnlichen Folgerungen führt ein Experiment von Coke, Batson & McDavis (1978). Studenten hörten einen Bericht über ein Mädchen, das seine Eltern verloren hatte und Hilfe für die Beaufsichtigung ihrer jüngeren Schwester suchte. Die An-

zahl der Stunden, die die Studenten zu diesem Zweck opfern wollten, stellte den Meßwert für die Hilfsbereitschaft dar.

Erneut wurden zwei Einflußfaktoren auf die Hilfsbereitschaft variiert:

- *Perspektiven-Übernahme:* Entweder wurde der Student instruiert, sich in das betroffene Mädchen hineinzuversetzen oder eine neutrale Beobachterrolle zu übernehmen.
- *Tabletten-Auswirkungen:* Entweder wurde erklärt, daß eine (Placebo) Tablette erregend wirkte oder sie wurde als beruhigend beschrieben.

Nur in der Gruppe, in der man sich in das Mädchen hineinversetzen sollte und glaubte, eine beruhigende Tablette eingenommen zu haben, war die Hilfsbereitschaft erhöht (Mittelwert der angebotenen Betreuungszeit: 2.6 Stunden). Hingegen war die Hilfsbereitschaft in den anderen drei Bedingungen relativ gering (1.3; 0.7 und 0.7 Stunden).

Im Unterschied zu der Untersuchung von Krebs sind in dieser Untersuchung in allen Bedingungen des 2 x 2-Versuchsplans die hedonistischen Konsequenzen des potentiellen Hilfe-Empfängers hoch, da das Leid und die Not in allen Bedingungen gleich hoch sind. Die Instruktion, sich in das Opfer hineinzuversetzen, ermöglicht es, seine Perspektive zu übernehmen und Mitgefühl zu haben. Dieser Effekt wird aber neutralisiert, wenn man die so entstehende empathische Erregung auf die erregende Tablette fehlattribuiert.

Andererseits wurden die empathischen Gefühle, die auf die Perspektiven-Übernahme zurückgehen, in der Bedingung, in der eine beruhigende Tablette eingenommen worden ist, in Hilfeleistung umgesetzt. In dieser Bedingung wurde der Effekt der empathischen Erregung vermutlich noch verstärkt, weil er auf dem Hintergrund der Beruhigung, die man aufgrund der Tablette erwartete, auftrat.

Ähnlich wie Coke et al. fanden auch Harris und Huang (1973) in ihrer Untersuchung, daß die Fehlattribution der Erregung (bei einem Unfall einer anderen Person) die Hilfsbereitschaft gegenüber dieser Person beeinträchtigte. Die Ergebnisse lassen sich in einem *Zwei-Stufen-Modell* integrieren (Coke et al., 1978):

- Perspektiven-Übernahme (z.B. aufgrund von Ähnlichkeit oder durch Hineinversetzen in eine andere Person) steigert empathische Reaktionen und intensiviert so die stellvertretenden Kosten und Belohnungen.
- Diese empathische Reaktion motiviert den Wunsch, die Notlage der anderen Person zu beenden und Hilfe zu leisten.

In einer weiteren Untersuchung wurde eine signifikante Korrelation (r = .59) zwischen der selbst eingeschätzten empathischen Beteiligung (auf einem *Index des empathischen Mitleidens,* der durch die Selbsteinschätzung auf den Skalen *weichherzig, einfühlend, warm, interessiert an anderen* und *mitleidsvoll* gebildet wurde) und Hilfsbereitschaft gefunden (Coke et al., 1978). Insofern die physiologische Erregung als Mitgefühl interpretiert wurde, motivierte sie die Hilfsbereitschaft. Hingegen ergab sich für einen *Index des persönlichen Unbehagens* (der durch die Selbsteinschätzung auf den Skalen *aufgeregt, alarmiert* und *beunruhigt* gebildet wurde), daß er keine entsprechenden Zusammenhänge mit physiologischer Erregung und Hilfsbereitschaft aufwies.

3.4.2. Empathie und Perspektive-Übernahme

Während in Box U9 Untersuchungen dargestellt wurden, in denen die empathische Beteiligung der Personen direkt manipuliert wurde, wird in einer großen Zahl weiterer Studien versucht, den Zusammenhang zwischen Empathie und Hilfsbereitschaft direkt zu erfassen. Underwood und Moore (1982) fassen Empathie und moralisches Urteil unter dem Begriff der *Perspektiven-Übernahme* zusammen, da in beiden Fällen die Frage im Mittelpunkt steht, inwieweit die Lage eines anderen Menschen berücksichtigt wird. Sie unterscheiden drei Formen der Perspektiven-Übernahme:

- *Wahrnehmungs-Perspektive:* Inwieweit wird buchstäblich die Wahrnehmungs-Perspektive einer anderen Person nachvollzogen.
- *Sozial-kognitive-Perspektive:* Inwieweit gelingt es, sich in die Gedanken, Intentionen und Motive einer anderen Person hineinzuversetzen.
- *Affektive Perspektive:* Inwieweit werden die Gefühle einer anderen Person erschlossen.

In ihrer Metaanalyse vorliegender Untersuchungsergebnisse zeigen Underwood und Moore (1982), daß bei Kindern eine deutliche Beziehung zwischen der Entwicklung der Wahrnehmungs-Perspektive und dem hilfreichen Verhalten besteht. Die Zusammenfassung von vier relevanten Untersuchungen ergibt eine durchschnittliche Korrelation von 0.28 zwischen Perspektiven-Übernahme und Hilfsbereitschaft. Was die sozial-kognitive Perspektive angeht, so zeigt die Metaanalyse eine positive Beziehung zwischen der Fähigkeit, die soziale Perspektive der anderen Person zu übernehmen, und Altruismus (die Durchschnittskorrelation über 10 Stunden beträgt 0.28). Was die kognitive Perspektive-Übernahme angeht (im Sinne des moralischen Urteils), so finden sich ebenfalls überzufällige Zusammenhänge. Der durchschnittliche Zusammenhang zwischen der Entwicklungsstufe des moralischen Urteils und der Hilfsbereitschaft beträgt über 16 Studien 0.27. Diese Untersuchungen beruhen zum größten Teil auf Kindern. Im Zusammenhang mit der affektiven Perspektive-Übernahme zeigt sich, daß bei Kindern kein bedeutsamer Zusammenhang zu Altruismus zu bestehen scheint. Schon vier- bis fünfjährige Kinder unterscheiden danach, ob sie selbst einen Schaden verursacht haben oder nicht (Halisch, 1988). Die Hilfe der Kinder war nur bei großem Schaden und Selbstverursachung relativ hoch. Hingegen war ihre Hilfsbereitschaft bei Fremdverursachung des Schadens wesentlich geringer.

Hoffman (1976, 1978, 1989) hat eine Theorie der Entwicklung eines prosozialen Motivs formuliert (s. Box T9).

Box T9: Perspektive-Übernahme und prosoziales Verhalten

Empathie wird definiert als Erregung von Gefühlen des Beobachters, die nicht eine Reaktion auf seine eigene Situation, sondern eine stellvertretende Reaktion auf eine andere Person ist (Hoffman, 1978). Mit dieser Definition wird das Schwergewicht auf den Prozeß der stellvertretenden affektiven Erregung gelegt.

Sagi und Hoffman (1976) konnten zeigen, daß ein und zwei Tage alte Babys mit Weinen reagieren, wenn ein anderes Baby weinte. Man sieht also, daß empathische Reaktionen praktisch unmittelbar nach der Geburt auftreten. Während aber Erwachsene wissen, daß ihre Reaktion durch das Leiden einer anderen Person zustande kommt, und das Gefühl stellvertretend nachvollziehen, fehlt bei kleinen Kindern eine solche kognitive Strukturierung. Dementsprechend wird die Entwicklung der Empathie als abhängig von der kognitiven Strukturierung angesehen. Die kognitive Strukturierung wiederum wird durch die Fähigkeit, die Perspektive der anderen Person zu übernehmen, bestimmt.

Hoffman (1978) unterscheidet *vier Stufen der Entwicklung:*

- Fehlen eines Bewußtseins, worauf die stellvertretende Reaktion zurückgeht. Gleichsetzung des Leids anderer Personen mit dem eigenen Leid.
- Mit der Erkenntnis, daß unterscheidbare Personen in der Umwelt des Kindes zu finden sind, wird das Leid der anderen Person richtig zugeordnet, ohne daß es gelingt, deren Gedanken und Motive nachzuvollziehen.
- Wenn es gelingt, die egozentrische Orientierung zu überwinden, entsteht die Erkenntnis, daß andere eine eigene Perspektive haben, die nunmehr erfolgreich nachvollzogen werden kann.
- Schließlich gelingt es aufgrund begrifflicher Generalisierung, über die aktuelle Situation hinaus sich das Schicksal einer anderen Person zu verdeutlichen.

Während die erste Phase im ersten Lebensjahr dominiert, folgen die beiden nachfolgenden Phasen im zweiten und dritten bzw. im dritten bis achten Jahr. Schließlich wird mit der Entstehung des Selbstbildes und der Wahrnehmung der Identität einer Person der Beginn der letzten Phase vom achten Lebensjahr an vermutet.

Hoffman geht davon aus, daß die empathische Reaktion die Grundlage für das Motiv zu helfen ist. Je differenzierter die kognitive Strukturierung ausfällt, desto besser sind die Möglichkeiten des Kindes für eine angemessene Hilfeleistung. Während es etwa in der zweiten Phase auf das Weinen eines anderen Kindes so reagiert, daß es seine eigene Mutter ruft statt die des anderen Kindes, findet sich in der dritten Phase eine sachgerechtere Hilfeleistung.

Für Hoffman ist die stellvertretende affektive Reaktion die Ursache für die Hilfeleistung. Daher stellt sich die Frage, ob nicht jede Hilfeleistung egoistisch motiviert ist (nämlich durch den Wunsch, die unangenehme Erregung abzubauen). Hoffman (1979, S. 963) merkt in diesem Zusammenhang an: »Daher erscheint es legitim, empathisches Mitleiden ein prosoziales Motiv zu nennen mit vielleicht einer quasi-egoistischen Dimension.«

Diese zwiespältige Antwort zeigt schon, daß sich die Frage, ob jede altruistische Reaktion letzlich egoistisch motiviert ist, nur schwer beantworten läßt. Batson, Darley & Coke (1978, S. 124) meinen:»Die Existenz einer wirklich altruistischen Motivation ist eine meta-experimentelle und keine experimentelle Fragestellung, jedenfalls bei dem gegebenen Niveau unserer experimentellen Möglichkeiten. Man wird vermutlich in der Lage sein, irgendeine egoistische, nicht total unplausible post-hoc-Erklärung für jede Form von hilfreichem Verhalten zu finden, das in einem experimentellen Kontext auftritt.« Aus Gründen der Sparsamkeit bei der Verwendung von Erklärungskonzepten scheint es unter diesen Umständen angebracht zu sein, *austauschtheoretische Theorien* zu verwenden.

3.4.3. Egoistisches vs. altruistisches Motivsystem

Batson, Darley und Coke (1978) versuchen, diese Aspekte in ihrer Analyse des Entscheidungsprozesses zu berücksichtigen, an dessen Ende entweder Hilfeleistung oder Passivität steht. Im wesentlichen verbinden sie eine situative Analyse der Hilfeleistung mit einer motivationalen Betrachtungsweise, um eine Integration von intrinsischen und extrinsischen Komponenten durchzuführen (s. Box T10).

Box T10: Empathie-Altruismus Hypothese

In Abschnitt II.3.1.2. wurden fünf aufeinanderfolgende Schritte in einem Entscheidungsprozeß unterschieden, der zu einem Eingreifen in einer Notlage zugunsten des Opfers führen kann. Dieses Sequenzmodell enthält keine expliziten Hinweise darauf, warum eine Person hilft, die persönliche Verantwortung empfindet. Die motivationale Komponente läßt sich mit Empathie in Beziehung setzen. Batson, Darley und Coke (1978) fanden Hinweise darauf, daß das Mitgefühl die Hilfsbereitschaft beeinflußt (s. Box U9).

In verschiedenen Experimenten wurde folgende »3:1«-Empathie-Altruismus-Hypothese überprüft, die die Auswirkungen von Fluchtmöglichkeiten betrifft: *Hohes Mitgefühl* motiviert eine starke Hilfsbereitschaft unabhängig davon, ob es leicht oder schwer ist, die Situation zu verlassen. Denn das Mitleiden sollte auch dann noch fortbestehen, wenn die Beobachter nicht mehr unmittelbar mit dem Opfer konfrontiert sind, weil sie wissen, daß das Opfer weiter leidet. *Niedriges Mitgefühl* sollte andererseits eine Fluchtmöglichkeit als effektive Möglichkeit erscheinen lassen, um sich der Situation zu entziehen,

so daß nur dann, wenn ein Verlassen der Situation schwierig oder unmöglich ist, auf die Notlage der Opfer mit Hilfe reagiert werden sollte. Diese Hypothese stellt drei Bedingungen, in denen die Hilfsbereitschaft hoch ausgeprägt sein sollte, und eine Bedingung, in der sie niedrig ausfallen sollte, gegenüber.

Empathie mit dem Opfer wurde durch *Ähnlichkeit* manipuliert, indem die Studentinnen einen Fragebogen über Werte und Interessen erhielten, der angeblich von dem späteren Opfer (»Elaine«) ausgefüllt worden war. Der Fragebogen war entweder so ausgefüllt, daß er eine hohe oder niedrige Ähnlichkeit zu den Einstellungen der Leserinnen zum Ausdruck brachte, die im vorhinein erhoben worden waren (Batson et al., 1981, Exp. 1). Die Aufgabe der Studentinnen bestand darin zu beobachten, wie Elaine Elektroschocks erhielt. Nach zwei Durchgängen berichtete Elaine von einem traumatischen Kindheitsereignis: Sie sei vom Pferd gefallen und auf einen elektrisch geladenen Zaun gestürzt. Darauf fragte die Versuchsleiterin die Studentin, für wie viele Durchgänge (maximal 8) sie anstelle des Opfers weitere Elektroschocks übernehmen würde (Erhebung der abhängigen Variable). In einer Bedingung konnten sich die Studentinnen der Notlage des Opfers leicht entziehen, weil sie ihre Aufgabe schon erledigt hatten. In einer zweiten Bedingung konnten sie die Situation nicht verlassen, weil sie noch weitere Aufgaben übernommen hatten.

Wenn das Verlassen der Situation leicht war und die Ähnlichkeit niedrig, wurde im Durchschnitt nur eine geringe Zahl von Schocks übernommen (M = 1.09). In den anderen Bedingungen war die Hilfsbereitschaft deutlich höher (schwere Flucht – unähnlich: M = 4.00; leichte Flucht – ähnlich: M = 7.09; schwere Flucht – ähnlich : M = 5.00). Somit wurde das erwartete 3 : 1-Muster bestätigt.

Ob diese Ergebnisse wirklich für die Hypothese eines selbstlosen Altruismus sprechen, wurde von Cialdini et al. (1987) bezweifelt, die darauf hinweisen, daß Helfen für jede Person, die eine normale Sozialisationsgeschichte hat, eine belohnende Komponente beinhaltet. Die große Bereitschaft zur Hilfe bei hoher Empathie läßt sich als Folge einer negativen Stimmung (Traurigkeit) interpretieren, die durch das Leid einer anderen Person ausgelöst wird und die durch Hilfeleistung abgebaut werden kann. Bei hoher Empathie, die durch die Instruktion, sich in das Opfer Elaine hineinzuversetzen, ausgelöst wurde, ergab sich eine traurigere Stimmung der Studentinnen als bei niedriger Empathie, die durch die Instruktion nahegelegt wurde, das Opfer sorgfältig zu beobachten. Das war aber nur dann der Fall, wenn die Studentinnen keine Belohnung erhielten. Wurden sie finanziell oder durch Lob belohnt, war ihre Stimmung genauso günstig wie die der Studentinnen in den Bedingungen mit niedriger Empathie. Außerdem fand sich, daß bei hoher Empathie die Belohnung die Hilfsbereitschaft auf das Niveau der niedrigen Empathie reduzierte. Hohe empathische Beteiligung erwies sich also nicht als Garant hoher Hilfsbereitschaft, da der Erhalt einer Belohnung die Hilfsbereitschaft bei hoher Empathie unterminierte. Da die Belohnung die Traurigkeit reduzierte, ergibt sich die Vermutung, daß die Ausprägung der Trau-

rigkeit die Hilfsbereitschaft bestimmt, was aber deutlich für eine egoistisch motivierte Hilfeleistung sprechen würde, da es persönlich unangenehm ist, eine traurige Stimmung zu haben, die aber durch die Hilfe reduziert werden kann.

Letztlich ist diese Traurigkeits-Belohnungs-Hypothese genauso wenig nachprüfbar wie die ursprüngliche Batson et al. Hypothese (vgl. Batson et al., 1989), da die experimentellen Manipulationen in ihren Auswirkungen immer komplexer und zunehmend unübersichtlicher werden. So instruierten Batson et al. (1989) ihre Versuchsteilnehmer, daß sie eine Stimmungsaufbesserung erwarten könnten, weil sie ein lustiges Video zu sehen bekämen. Nun differenzierten sie die Versuchsteilnehmer danach, ob ihre Reaktion auf Elaine (bzw. Charlie bei den männlichen Teilnehmern) eher durch ein Überwiegen von persönlichem Unbehagen oder ein Überwiegen von empathischem Mitleiden gekennzeichnet war (vgl. die Studie von Coke, Batson & McDavis, 1978, die in Box U9 dargestellt wurde). Erneut wurden die Teilnehmer gebeten, Elektroschocks anstelle von Elaine (oder Charlie) zu übernehmen, die von einem traumatischen Erlebnis berichtet hatte. Personen, bei denen empathisches Mitleiden überwog, übernahmen zu 70% die Rolle des Opfers, und zwar unabhängig von der Möglichkeit der Stimmungsaufbesserung. Personen, bei denen persönliches Unbehagen überwog, entschlossen sich demgegenüber seltener zu einer Hilfeleistung (33% ohne Möglichkeit der Stimmungsaufbesserung, 45% mit Möglichkeit der Stimmungsaufbesserung).

Bei der Komplexität der Versuchsabläufe ist die Replizierbarkeit solcher Ergebnisse durch unabhängige Untersucher vermutlich eher gering. In unseren eigenen Untersuchungen waren wir nicht in der Lage, das ursprüngliche 3 : 1-Muster zu replizieren. Bemerkenswert ist aber ein einfacher Zusammenhang, der von Cialdini et al. (1987) berichtet wird, daß nämlich bei hoher Empathie eine positive Korrelation (r = .29) zwischen Sozialer Erwünschtheit und Helfen auftrat, die bei niedriger Empathie nicht gefunden wurde (r = -.13). Hier ha-

ben wir wieder einen Beleg für die vermu-
tete egoistische Motivbasis empathisch
vermittelter Hilfsbereitschaft, die einfach
darin zu bestehen scheint, daß es beloh-

nend ist, empathische Gefühle zu reduzieren, weil das Opfer nicht weiter leidet und
damit ein sozial wünschenswertes Ergebnis zustande kommt.

Die Annahme eines *altruistischen Motivsystems,* das unabhängig von einem egoistischen Motivsystem wirksam ist (vgl. Batson, 1987, 1991), läßt sich experimentell
(s. Box T10) und theoretisch kaum begründen. Zum einen bieten sich weitrei-
chende Hypothesen an, die Altruismus auf der Basis egoistischer Motivation erklären können (s. Abb. 18). Zum anderen wäre ein unabhängiges altruistisches
Motivsystem auch aus einer soziobiologischen Betrachtungsweise wenig sinnvoll, weil eine Orientierung am Fortpflanzungserfolg, wie er im Konzept der
Gesamtfitneß enthalten ist, eine einheitliche Motivbasis nahelegt.
Unter *Gesamtfitneß* wird der relative Fortpflanzungserfolg eines Individuums
verstanden, der sowohl auf eigener Fortpflanzung (direkte Fitneß) als auch auf
dem Fortpflanzungserfolg von Individuen, die genetisch verwandt sind (wie Ge-
schwister; indirekte Fitness), beruht. Auf der Basis der indirekten Fitneß kann
sich Altruismus entwickeln, wenn folgende Bedingung erfüllt ist (vgl. Hamilton,
1964):

$$N \times r > K$$

N bedeutet den Nutzen für die Hilfeempfänger, r bezeichnet den Verwandt-
schaftsgrad zwischen Helfer und Hilfeempfänger und K die Kosten des Helfens.
Bei Geschwistern beträgt r z.B. 1/2. Auf der Basis der Gesamtfitneß ist die Entwicklung eines egoistisch motivierten Altruismus zu erwarten, der sich zwar
zunächst nur auf Verwandte beschränken sollte, dann aber aufgrund von *generali-
sierenden Sozialisationsprozessen* auch auf andere Personen, insbesondere solche
der *Binnengruppe,* mit denen Ähnlichkeit besteht, übertragen werden könnte
(Batson, 1983; Batson, Darley & Coke, 1978).
Eine abgeschwächte Form des Altruismus besteht aus soziobiologischer Sicht in
der Gegenseitigkeit der Hilfe (reziproker Altruismus, s. Trivers, 1971; Wilson,
1975), die auch häufig auftritt (R.C. Johnson et al., 1989), und zwar gleichermaßen in Ländern wie Australien, Ägypten, Korea, Taiwan, USA und Jugosla-
wien.

3.5. Zur Psychologie des Hilfe-Erhaltens

Hilfeleistung ist ein sozial wünschenswertes Verhalten, das im allgemeinen soziale Billigung hervorruft. Vom Standpunkt der Hilfeempfänger ergeben sich allerdings Probleme und Konflikte, die schon in der Interaktion von Schulkindern
der vierten Klasse deutlich werden (Krappmann & Oswald, 1988). Häufig wurde
Hilfeleistung mit unfreundlichen Kommentaren, Drohungen und Bloßstellun-
gen verbunden. Mehr als zwei Fünftel aller Hilfesituationen wurden von den
Helfern oder den Hilfeempfängern in dieser Weise negativ akzentuiert.
Gergen (1974) hat als einer der ersten darauf hingewiesen, daß der Erhalt der
Hilfe für die Hilfeempfänger problematisch sein kann. Insbesondere wenn die
Kosten der Helfer hoch sind, werden durch den Erhalt der Hilfe negative Ge-

fühle ausgelöst (bei Fehlen einer Möglichkeit zur Rückzahlung; Castro, 1974). Weil es unangenehm ist, keine Möglichkeit zu reziprokem Verhalten zu haben, resultiert häufig eine kognitive Umstrukturierung, so daß die Hilfe als verdient erscheint und Gefühle der Verpflichtung und Dankbarkeit abgebaut werden. Hinweise für einen solchen Prozeß der kognitiven Restrukturierung finden sich in einer Untersuchung von Gergen, Morse & Bode (1974), in der gezeigt wurde, daß das Gefühl, zuviel erhalten zu haben, abgelöst wird durch die Annahme, daß man auch viel investiert hat und somit die (übermäßige) Belohnung auch verdient.

Die Psychologie des Hilfe-Erhaltens wurde systematisch von Fisher, Nadler und ihren Mitarbeitern erforscht. Ihre zentrale Annahme besagt, daß der Erhalt von Hilfe dann negative Konsequenzen mit sich bringt, wenn dadurch der Selbstwert des Hilfe-Empfängers bedroht wird. Eine solche Bedrohung kann insbesondere deshalb auftreten, weil ein Hilfeempfänger als unterlegen, schwach und abhängig erscheinen kann. Eine Hilfe stellt im allgemeinen eine Mischung aus positiven und negativen Konsequenzen für den Hilfeempfänger dar. Denn einerseits wird die Notlage überwunden, während andererseits das eigene Versagen und die Überlegenheit anderer betont werden kann (s. Box U10). Unter diesen Umständen ist die Reaktion des Hilfeempfängers davon abhängig, ob die positiven oder die negativen Konsequenzen der Hilfe überwiegen.

Box U10: Die negativen Konsequenzen einer Hilfe

Die Balance zwischen positiven und negativen Konsequenzen der Hilfe wird in Richtung der negativen Seite verschoben, wenn die Implikation der Unterlegenheit des Hilfeempfängers gegenüber dem Geber stärker hervorgehoben wird. Die Ähnlichkeit zwischen A und B scheint ein Faktor zu sein, der die negativen Konsequenzen der Hilfe akzentuiert. Wenn die Ähnlichkeit zwischen Geber und Empfänger hoch ist, impliziert die Hilfe, daß der Geber – trotz gleicher Ausgangsposition und gleicher Startchancen – dem Empfänger überlegen ist. Ähnlichkeit macht einen sozialen Vergleich von Fähigkeiten unmittelbar bedeutungsvoll (vgl. Box T3).

In einer empirischen Untersuchung mit 64 Studenten (Fisher & Nadler, 1974) wurde diese Überlegung zugrunde gelegt. Wenn die Ähnlichkeit die Hilfe für den Empfänger unangenehm macht, dann sollten sie sich weniger gut fühlen, wenn sie von einer ähnlichen Person (statt von einer unähnlichen Person) Hilfe erhalten. Um diese Hypothese zu prüfen, wurde in einem 2 x 2-Versuchsplan die Ähnlichkeit zwischen A und B mit Hilfe des Byrne-Paradigmas (s. Box U6) als ähnlich (100% Übereinstimmung) und unähnlich (0% Übereinstimmung) variiert. Außerdem erwies sich der (fiktive) Partner der Studenten entweder als hilfreich oder als nicht hilfreich.

Die Studenten spielten ein Wirtschafts-Spiel, bei dem sie nach vier Durchgängen 25 von 30 Chips verloren hatten, während der Partner in der Zwischenzeit auf 33 Chips gekommen war. Zu diesem Zeitpunkt schickte der Partner entweder 8 Chips an die Studenten oder verhielt sich neutral. Im Anschluß daran beurteilten die Studenten ihre eigenen Gefühle auf sechs bipolaren 7-Punkte-Skalen (wie glücklich-traurig, schlecht-gut).

Die Summe über die sechs Skalen stellt die zentrale abhängige Variable dar. In Abb. 19 sind die Ergebnisse für diese Variable in Abhängigkeit von den vier Versuchsbedingungen dargestellt. Wie man sieht, fühlten sich die Personen, die von einem unähnlichen Partner Hilfe erhalten hatten, relativ gut, während sich die, die

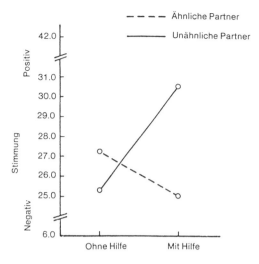

Abbildung 19: Ähnlichkeit und affektive Reaktionen auf den Erhalt von Hilfe (nach Fisher und Nadler, 1974)

Beachte: Die Stimmung wurde durch die Summe von sechs Selbsteinschätzungen auf Eigenschaftsskalen mit den Endpunkten 1 und 7 erfaßt.

von einem ähnlichen Partner profitierten, relativ schlecht fühlten.

Die Hilfe, die von einem ähnlichen Partner kommt, scheint zu einer Beeinträchtigung der Selbstwertgefühle beigetragen zu haben (s. auch Nadler, Fisher & Streufert, 1976, bei hohem dispositionellen Selbstwert). In diesem Zusammenhang ist auch zu erwähnen, daß die Suche nach Hilfe durch die Hilfeempfänger zurückhaltender angegangen wird, wenn die potentiellen Helfer ähnlich sind (und sich die Hilfe auf zentrale Leistungsbereiche bezieht), und

zwar besonders bei hohem Selbstwertgefühl (Nadler, 1987).

Der Ähnlichkeitseffekt tritt auch in dem besonders interessanten Fall auf, daß die Ähnlichkeit in der Fähigkeit besteht, die für die Aufgabenbewältigung, bei der die Hilfe erfolgt, relevant ist (Fisher, Harrison & Nadler, 1978). Ein analoges Phänomen ist die Auslösung negativer Gefühle der Hilfeempfänger durch Hilfe in zentralen Bereichen, die von einem Freund kommt (Nadler, Fisher & Ben-Itzhak, 1983; vgl. Abschnitt II.1.5.5.).

3.5.1. Selbstwert und Konsequenzen des Erhalts von Hilfe

Für die Reaktion auf Hilfe erweist es sich als wesentlich, ob die Hilfe selbstbedrohend oder unterstützend wirkt (s. Box T11). Frey & Benning (1983) weisen auf die weit verbreitete Tendenz hin, selbsterhöhende Informationen zu bevorzugen. Das Streben nach Selbstwert-Erhaltung und -Erhöhung läßt sich als ein allgemeines Bedürfnis beschreiben, das sich in verschiedenen Formen zeigen kann, vor allem in bezug auf

- Bevorzugung der Interaktion mit Personen, von denen man gemocht wird,
- *Defensive Attribution* in Leistungssituationen, so daß Erfolg auf die eigene Person und Mißerfolg auf die äußeren Umstände attribuiert werden (vgl. Abschnitt III.3.3.2.).
- *Soziale Vergleiche,* die der Selbstwertstabilisierung dienen (vgl. Abschnitt II.1.5.5.).

Das *Selbstwertgefühl* läßt sich als *Summe der positiven und negativen Bewertungen* der einzelnen Vorstellungen einer Person über sich selbst definieren (Frey & Benning, 1983). Je stärker die positiven Bewertungen gegenüber den negativen Bewertungen dominieren, desto positiver ist der Selbstwert.

Wenn die Interaktion von Geber und Empfänger der Hilfe betrachtet wird, stellt sich die Frage, inwieweit der Erhalt der Hilfe das Selbstwertgefühl beeinträchtigt oder stabilisiert. Für den Empfänger sind drei *Kostenkomponenten* bedeutsam:

- Kosten als Funktion der Bedrohung des Selbstwerts (s. Box T11).
- Kosten als Funktion des Aufwands und der Anstrengung, die der Geber unternimmt. Je höher der Aufwand, desto größer ist der Anspruch auf reziproke Hilfeleistung und damit die Schuldverpflichtung (Greenberg, 1980).
- Kosten als Funktion des *Gesichtsverlusts,* den der Empfänger gegenüber dem Geber und Beobachtern der Interaktion befürchtet. Je mehr der Empfänger glaubt, daß sein Erscheinungsbild in der Öffentlichkeit durch die Hilfe beeinträchtigt wird, desto mehr wird sein Eindrucks-Management (s. Tedeschi, 1981) gestört.

Diesen Kostenkomponenten stehen positive Konsequenzen gegenüber, die um so größer sind

- je größer die Notlage ist, die durch die Hilfe gemildert wird,
- je passender die Hilfe und je vollständiger die Reduktion der Notlage ist.

Auf der Grundlage der Unterscheidung von positiven und negativen Konsequenzen der Hilfe beschreiben Fisher, Nadler & Whitcher-Alagna (1982, s. auch Nadler & Fisher, 1986) ein formales Modell der Reaktion auf den Erhalt von Hilfe, das den Gesichtspunkt der Bedrohung des Selbstwertes in den Mittelpunkt stellt (s. Box T11).

Box T11: Wenn Hilfe verletzt

Das Modell der Bedrohung des Selbstwertes (Fisher, Nadler & Whitcher-Alagna, 1982; Nadler & Fisher, 1986) geht von zwei Reaktionsweisen auf hilfreiches Verhalten aus:

- Negative Reaktionen werden als Ergebnis einer starken Selbstwert-Bedrohung aufgefaßt,
- positive Reaktionen als Ergebnis der Selbst-Unterstützung.

Das Modell wird in folgenden Hypothesen dargestellt:

- Abhängigkeitsbeziehungen können potentiell Selbst-Bedrohung oder Unterstützung auslösen, und zwar aufgrund von a. Selbst-relevanten Botschaften, die in der Hilfe selbst enthalten sind, b. Werten, die im Sozialisationsprozeß erworben wurden, c. instrumentellen Qualitäten der Hilfe.

- Situative Bedingungen und Charakteristika des Empfängers, die mit dem Erhalt der Hilfe assoziiert sind, bestimmen, ob die Hilfe primär eine selbst-bedrohende Erfahrung darstellt. Diese Hypothese bezieht sich auf die Konfiguration der Variablen, die in Wechselwirkung das relative Gewicht der selbst-relevanten Informationen bestimmen. Wenn etwa die Notlage sehr groß ist, sollte der instrumentelle Wert der Hilfe ein überragendes Gewicht erhalten, so daß eine erfolgreiche Hilfe primär eine selbst-unterstützende Erfahrung darstellt.
- Die *kurzfristige* Reaktion auf die Hilfe wird dadurch bestimmt, ob die Hilfe primär selbst-unterstützend oder bedrohlich ist. Wenn die Hilfe eine selbst-unterstützende Erfahrung ist, wird eine positive Reaktion erwartet. Stellt die Hilfe aber eine Selbstwert-Bedrohung dar, wird eine Abwehrreaktion erwartet.

- Die *langfristige* Reaktion auf die Hilfe, die eine *hohe Selbstwert-Bedrohung* auslöst, hängt davon ab, ob die Hilfeempfänger eine hohe oder niedrige Kontrolle über die Ursachen ihrer Abhängigkeit zu haben glauben. Bei niedriger Kontrolle sollte eine Hilflosigkeitsreaktion gebahnt werden (Abschnitt II.6.1.2.), die mit einer ausgeprägten Suche nach Hilfe und wenig Selbst-Hilfe einher geht. Bei hoher wahrgenommener Kontrolle sollte eine positive Zukunftsprognose dominieren und eine positive gefühlsmäßige Reaktion auf die Hilfe und auf die Helfer überwiegen. Bei *niedriger Selbstwert-Bedrohung* entsprechen die langfristigen Konsequenzen den unmittelbaren Reaktionen.
- Selbst-Bedrohung und Unterstützung sowie die Einschätzung der Kontrollierbarkeit der Umstände sind die intervenierenden Kostrukte zwischen a. Hilfebezogenen situativen Bedingungen und Empfänger-Charakteristika und b. Reaktionen der Hilfeempfänger. Die direkteste Evidenz für diese Hypothese stammt aus Untersuchungen, in denen gezeigt wurde, daß die Stimmung (Fisher & Nadler, 1976; Nadler, Altman & Fisher, 1979) bzw. die Persönlichkeitsdimension Selbstwert (DePaulo, Brown, Ishii & Fisher, 1981; Nadler, 1987; Nadler et al., 1985) die Reaktion auf den Erhalt von Hilfe bestimmen. Diese Ergebnisse stehen mit der Annahme in Übereinstimmung, daß die Selbstwert-Bedrohung als vermittelnde Variable wirkt. Denn Personen mit niedrigem Selbstwert werden weniger durch Hilfeerhalt verunsichert (weil ihr Selbstwert sowieso schon niedrig ist), während Personen mit hohem Selbstwert durch selbst-relevante Informationen, die den Selbstwert in Frage stellen, beeinträchtigt werden (vgl. Tessler & Schwartz, 1972), weil sie »etwas zu verlieren haben«.
- Das Ausmaß, in dem die Hilfe primär selbst-unterstützend oder bedrohlich ist, bestimmt die Intensität von positiven oder abwertenden Reaktionen, die unmittelbar durch den Hilfeerhalt ausgelöst werden. Die lang andauernden Konsequenzen werden zusätzlich durch das Ausmaß der wahrgenommenen Kontrolle bestimmt, da geringe Kontrollierbarkeit *Hoffnungslosigkeit* impliziert, während hohe Kontrollierbarkeit *Optimismus* rechtfertigt.

Positive Reaktionen auf die Hilfeleistung bzw. höhere Suche nach Hilfe fanden sich, wenn die Ähnlichkeit niedrig war, eine Gegenleistung möglich war, die Hilfe freiwillig erfolgte, normativ angemessen war und mit mäßiger Verpflichtung zur Rückzahlung verbunden war sowie wenn die Freiheitseinengung der Empfänger und die Mittel der Geber gering waren. Nach dem Modell der Bedrohung des Selbstwerts resultiert bei dieser Ausprägung der Empfänger-, Geber- und Kontextvariablen ein relativ geringes Ausmaß der Bedrohung des Selbstwertes der Empfänger. Hingegen treten Abwehrreaktionen auf, wenn die Ähnlichkeit hoch ist, eine Gegenleistung unmöglich ist, die Hilfe unfreiwillig erfolgt, die normative Angemessenheit niedrig ist, keine oder aber hohe Verpflichtung zur Rückzahlung gegeben ist, die Freiheitseinschränkung der Empfänger hoch ist und die Mittel der Geber hoch sind.

Das Modell der Bedrohung des Selbstwertes überschneidet sich inhaltlich teilweise mit der Theorie der Ausgleichsmotivation (Walster, Berscheid & Walster, 1973; vgl. Abschnitt II.4.4.), mit der Reaktanz-Theorie (Brehm & Brehm, 1981; vgl. Abschnitt II.6.1.1.) und attributionstheoretischen Hypothesen (Schwartz & Tessler, 1972). Die starke Hervorhebung der Bedeutung von positiven und negativen Konsequenzen bei der Auswahl einer Reaktion auf Hilfe läßt das Modell als eine Variante einer austauschtheoretischen Formulierung erscheinen.

Wichtig ist, ob die Hilfe die Botschaft enthält, daß der Geber den Empfänger mag, sich um ihn sorgt und um ihm bemüht ist (unterstützende Botschaft), oder ob die Botschaft mitschwingt, daß der Geber den Empfänger für unterlegen und wertlos hält. Wenn z.B. ein Helfer über geringe Mittel verfügt, scheint der Eindruck einer unterstützenden Botschaft ausgelöst zu werden, während große Mittel des Gebers das relative Versagen und die Abhängigkeit des Empfängers der Hilfe hervorheben (Fisher & Nadler, 1976).

Die Reaktion auf den Erhalt von Hilfe hängt auch von den Wertvorstellungen der Hilfeempfänger ab. Im Sinne der *protestantischen Ethik* (Weber, 1969/1972) unterscheiden sich Menschen und Länder darin, inwieweit sie sich Zielvorgaben der Produktivität, Arbeitsleistung und Anstrengungsbereitschaft verschreiben (Furnham, 1990). Länder wie die USA, Australien und England liegen im Durchschnitt relativ hoch in Antworten, die sich auf die Arbeitsethik beziehen, während Deutschland relativ niedrig liegt. Diese *Kulturunterschiede* in der protestantischen Ethik legen die Vermutung nahe, daß die Reaktionen auf Hilfeerhalt in Deutschland weniger negativ sind als in den genannten englischsprachigen Ländern.

Die *Suche nach Hilfe* ist eine direkte Funktion der Kosten der Suche und der Kosten für den Helfer (DePaulo & Fisher, 1980). Bei der Lösung von 30 Aufgaben bestand die Möglichkeit, eine Expertin um Hilfe zu bitten. Die Expertin war entweder während der Zeit mit ihrer Dissertation beschäftigt (hohe Kosten der Hilfe) oder hatte keine besonderen Pläne (niedrige Kosten der Hilfe). Außerdem erfuhren die Studentinnen, daß sie mit einem Punktabzug rechnen mußten bei Inanspruchnahme der Hilfe (hohe Kosten der Suche nach Hilfe) oder aber eine entsprechende Ankündigung war in der Instruktion nicht enthalten (niedrige Kosten der Suche nach Hilfe).

Bei niedrigen Kosten (der Hilfe oder der Hilfe-Suche) wurde jeweils mehr Hilfe gesucht. Wenn beide Kostenfaktoren niedrig ausgeprägt waren, wurde im Durchschnitt 4.78mal Hilfe gesucht, während bei hoher Ausprägung beider Faktoren nur 1.25mal Hilfe gesucht wurde. Je mehr Hilfe gesucht wurde, desto eher glaubten die Studentinnen, daß die Helferin sie für inkompetent halten werde ($r = 0.36$) und desto mehr fühlten sie sich nervös ($r = 0.21$). Diese Ergebnisse stimmen mit dem Modell der Bedrohung des Selbstwerts (Box T11) überein. Denn die Suche nach Hilfe impliziert häufig fehlende Kompetenz, und zwar insbesondere dann, wenn man dadurch seine eigene Leistung verschlechtert und andere Personen von wichtigen Arbeiten abhält (und damit den Eindruck erzeugt, daß die Hilfe dringend notwendig ist; s. auch Nadler, 1987).

3.5.2. Hilfe zur Selbsthilfe

Eine negative Nebenwirkung von Hilfe kann darin bestehen, daß die Hilfeempfänger mehr und mehr von den Helfern abhängig werden und keine Anstrengungen mehr unternehmen, ihre Probleme selbst zu lösen. Wenn Hilfe gewährt wird, kann dadurch die Neigung zur Selbst-Hilfe entweder vergrößert oder verringert werden (s. Box A10).

Box A10: Die Herausforderung annehmen oder kapitulieren

Eine kontroverse Annahme besagt, daß selbst-unterstützende Hilfe häufig zu einer fortgesetzten Abhängigkeit führt, während selbst-bedrohliche Hilfe ein Hinweisreiz dafür ist, sich selbst zu helfen. Schon in einer der frühen Untersuchungen (Fisher & Nadler, 1976) wurde festgestellt, daß der Erhalt von Hilfe unter Umständen, die den Selbstwert nicht bedrohten (wenn sie von einem Geber kam, der nur über geringe Mittel verfügte), ein geringes Maß an Anstrengungsbereitschaft auslöste, wenn es darum ging, sich im Anschluß an die Hilfe selbst zu helfen. Damit trat genau in der Bedingung eine *Beeinträchtigung der Anstrengungsbereitschaft* auf, in der der Selbstwert nach dem Erhalten der Hilfe relativ hoch war.

In einer späteren Untersuchung (DePaulo, Brown, Ishii & Fisher, 1981) fand sich bestätigt, daß selbst-bedrohende Hilfe ein Anreiz sein kann, sich in der Folgezeit verstärkt selber zu helfen. Zunächst ergab sich, daß Personen, deren Selbstwert (als Persönlichkeitsmerkmal) hoch ausgeprägt war, nach dem Erhalt einer Hilfe bei einer späteren Aufgabenserie besonders hohe Leistungswerte zeigten. Personen mit niedrigem Selbstwert reagierten hingegen auf die Hilfe mit einer deutlich verringerten Leistung bei nachfolgenden Aufgaben. Wenn man annimmt, daß Hilfe für Personen mit hohem Selbstwert besonders bedrohlich ist, dann sind diese Ergebnisse einsichtig. Bei hohem Selbstwert ist die Hilfe eine negative Erfahrung, die dazu führt, daß die Anstrengung gesteigert wird, vermutlich um zu vermeiden, von der Hilfe anderer erneut abhängig zu werden. Bei niedrigem Selbstwert ist die Hilfe andererseits aber eine positive Erfahrung, die mit der Selbsteinschätzung kongruent ist.

Darüber hinaus fand sich, daß der Unterschied zwischen der Leistung bei hohem und niedrigem Selbstwert (zugunsten der Personen mit hohem Selbstwert) nach einer Hilfe besonders dann hoch ausgeprägt

war, wenn die Gefahr, daß man als Versager erschien, besonders hoch war, da die Helferin ihre Hilfe mit der Bemerkung versah: »Ich vermute, dies ist schwer für Dich«. Wenn diese Bemerkung oder kein Kommentar (statt eines aufmunternden Kommentars) mit der Hilfe verbunden war, fand sich eine besonders deutliche Überlegenheit der Personen mit hohem Selbstwert, wenn später schwere Aufgaben gelöst wurden. Diese Personengruppe nahm offensichtlich die Herausforderung an und half sich selbst, wenn sie in eine Situation gebracht wurde, in der die Gefahr des Versagens besonders hoch war (wenn nämlich eine provozierende Hilfe mit der Schwierigkeit der Aufgabe zusammenkam), während Personen mit geringem Selbstwert in solchen Situationen eine geringere Anstrengungsbereitschaft zeigten.

Wenn man die Ergebnisse auf *Sozialprogramme* anwendet, ist große Vorsicht geboten. Viel hängt davon ab, ob die Notlage so gravierend ist, daß die Hilfeempfänger sich nicht allein helfen können. In solchen Fällen besteht die Möglichkeit, daß die negativen Konsequenzen der Hilfe reduziert werden können, indem die Hilfeleistung nicht als Hilfeleistung definiert wird. Wir finden dafür schon verschiedene Beispiele in Sozialprogrammen, etwa wenn Arbeitskräfte mit Unterstützung öffentlicher Mittel angestellt werden (»Arbeitsbeschaffungs-Maßnahme«) oder wenn Umschulungs- und Weiterbildungsprogramme durch das Arbeitsamt finanziert werden. Eine Umdefinition der Hilfeleistung als angemessene und faire Bezahlung ist sinnvoll, wenn eine Hilfe einerseits notwendig ist (bzw. eine Unterlassung der Hilfe unverantwortlich ist) und wenn andererseits die negativen Folgen (wahrgenommene Inkompetenz, mangelnde Anstrengungsbereitschaft, Selbstwertprobleme) möglichst gering gehalten werden sollen. Auf diesem Wege kann Hilfe auch Hilfe zur Selbsthilfe sein.

Bei der Frage, wie sich Hilfe auf die Hilfeempfänger auswirkt, spielt das *Ausmaß der konkreten Notlage* einerseits und der *Selbstwert der Hilfeempfänger* andererseits eine zentrale Rolle. Je größer die Notlage ist, desto eher wird eine Hilfe willkommen geheißen. Je höher der Selbstwert, desto bedrohlicher wirkt es, wenn man Hilfe erhält. Der Wunsch nach Stabilisierung des Selbstwertes ist in verschiedenen Bereichen dokumentiert (s. Frey & Benning, 1983; Tesser, 1988). Bei hohem Selbstwert ist man eher bereit und in der Lage, sich mit hohen Anforderungen auseinanderzusetzen (DePaulo et al., 1981). Dies läßt sich als eine *defensive Reaktion zur Sicherung des Selbstwerts* verstehen. Dinner, Lewkowitz & Cooper (1972) berichten, daß für Personen mit hohem Selbstwert Prozesse der Selbstwert-Absicherung einen besonders stark motivierenden Faktor darstellen (s. auch Nadler, Mayseless, Peri & Chemerinski, 1985). Das Modell der Aufrechterhaltung der Selbstbewertung, das in Abschnitt II.1.5.5. zur Erklärung von aufwärts und abwärts gerichteten Vergleichen dargestellt wurde, belegt die große Bedeutung, die die Sicherung des Selbstwertes für soziale Vergleiche hat.

Hilfe, die als selbst-unterstützend erlebt wird, kann die Bereitschaft zur Selbst-Hilfe beeinträchtigen, während selbst-bedrohende Hilfe die Anstrengung, sich selbst zu helfen, verstärkt. Wie wird in Leistungssituationen auf eine (ungewollte) Hilfeleistung reagiert? Eine plausible Annahme besteht darin, daß die Hilfe die Leistungsbereitschaft reduziert und im Extremfall zu *Hilflosigkeit und Indifferenz der Aufgabe gegenüber* führt. Diese Annahme ist dann plausibel, wenn die Hilfeempfänger aus dem Erhalt der Hilfe den Schluß ziehen, daß die Helfer der Ansicht sind, daß die Kompetenz der Empfänger gering ist.

In Übereinstimmung mit diesen Überlegungen wurde festgestellt, daß positive Gefühle verringert und negative Gefühle gesteigert werden, wenn die befragte Person *selbst* Hilfe bei der Lösung von Anagrammaufgaben erhielt. Dann trat auch das Gefühl der Inkompetenz häufiger auf. Hingegen waren die negativen Gefühle besonders gering, wenn eine *andere* Person bei der Lösung von Anagrammaufgaben Hilfe erhielt (Meyer, 1982). Hilfe sollte also im Leistungsbereich sorgfältig dosiert werden. Im ungünstigen Fall kann ein Übermaß von Hilfeleistung die intrinsische Motivation des Hilfeempfängers beeinträchtigen, seine wahrgenommene Kompetenz reduzieren und die Bereitschaft zur Selbsthilfe verschlechtern.

Nicht jede Hilfe ist problematisch. *Instrumentelle Hilfe* im Rahmen eines Lernprozesses, die die Lösung erleichtert, ist funktional. Wenn z.B. Schüler in einem Computerkurs ihre Lehrerin danach fragen, wie Kursivschrift in einem Textverarbeitungsprogramm ausgeführt werden kann, und die Lehrerin es ihnen zeigt, dann handelt es sich um Hilfe, die die Lernzeit erheblich verkürzen kann.

Untersuchungsergebnisse von Engler (1988) zeigen, daß Personen, die über eine *hohe eigene Fähigkeitseinschätzung* verfügen, besonders häufig instrumentelle Hilfe in Anspruch nehmen, da sie offensichtlich im Unterschied zu Personen mit ungünstiger Selbsteinschätzung den funktionellen Wert der Unterstützung besser erkennen und nutzen. Instrumentelle Hilfe während des Lernens fördert im allgemeinen die Fähigkeit zur Selbst-Hilfe bei der Bewältigung zukünftiger Aufgaben, und ihre Inanspruchnahme erweist sich als eine günstige Strategie, die den Lernprozeß abkürzt.

3.6. Ideologien der Hilfeleistung

Bestimmte Formen der Hilfeleistung lassen den Empfängern der Hilfe keine Möglichkeit, ihr Schicksal selbst zu kontrollieren. Dazu zählt Hilfe, die dem medizinischen Modell folgt und das Problem als Krankheit definiert (Fisher & Farina, 1979). Außerdem ist auf solche Hilfsprogramme zu verweisen, die eine Unterwerfung unter die Autorität von Experten voraussetzen (Bierhoff, 1991a; Brickman, Rabinowitz, Karuza, Coates, Cohn & Kidder, 1982; s. Box A11).

Box A11: Formen effektiver Hilfe

Effektive Hilfe hat zwei Fragen zu beachten: Wem die Schuld an der Notlage zu geben ist und wer die Kontrolle über die Lösung des Problems ausübt (Brickman et al., 1982). Die *erste Frage* hängt damit zusammen, ob der Person oder anderen Einflüssen die Verantwortung für die Notlage zugeschrieben wird. (Wenn z.B. biochemische Prozesse als verantwortlich gesehen werden, findet eine Entlastung der Person von der Verantwortung für die Krankheit statt.) Die *zweite Frage* bezieht sich darauf, wem die Verantwortung für die Lösung des Problems zugeschrieben wird: Entweder der Person, die sich in Not befindet, oder anderen (Autoritäten oder Experten).

Faßt man die beiden genannten Aspekte zusammen, dann ergeben sich vier Modelle der Hilfe (s. Tab. 13). Zwei weit verbreitete Formen (Zuschreibung von Verantwortung für das Problem und seine Lösung; weder Verantwortung für das Problem noch für seine Lösung) sind in vielen Fällen unbefriedigend, weil entweder die Person in der Notlage allein gelassen wird oder aber durch die Hilfe abhängig gemacht wird. Am vielversprechendsten scheint demgegenüber das kompensatorische Modell zu sein: Entlastung von der Verantwortung für das Problem plus Kontrolle der Problemlösung durch den Empfänger der Hilfe.

Das *moralische Modell* beschränkt die Hilfe auf Belohnungen und Ermahnungen bei angemessenem oder unangemessenem Verhalten. Da den Personen die volle Verantwortung zugeschrieben wird, werden sie auch ermutigt, ihr Schicksal selbst in die Hand zu nehmen und zu glauben, daß alles davon abhängt, was sie selbst aus ihrem Leben machen. Konsequent zu Ende gedacht bedeutet das, daß man daran glaubt, daß es in der Welt völlig gerecht zugeht und daß jeder bekommt, was er verdient hat (s. Abschnitt II.4.2.2.).

Tabelle 13: Vier Modelle der Hilfeleistung (nach Brickman et al., 1982)

Verantwortung für die Entstehung	Verantwortung für die Lösung	
	Selbst	Fremd
Selbst	Moralisches Modell	Aufklärungsmodell
Fremd	Kompensatorisches Modell	Medizinisches Modell

Die Anwendung des *kompensatorischen Modells* entlastet die Person von der Verantwortung für ihre Probleme, besteht aber darauf, daß sie aktiv zur Lösung der Probleme beitragen muß. Auf diese Weise wird zwar die Belastung der Person größer, aber andererseits verliert sie nicht den Glauben daran, daß sie die Kontrolle über ihr Leben ausüben kann. Damit wird eine Entwicklung in Richtung Abhängigkeit und Hilflosigkeit vermieden (s. Abschnitt II.6.1.2.). Programme, in denen die eigenen Fähigkeiten betont werden und die Informationen bereitstellen, wie man die Problemlösung selbst herbeiführen kann (s. Deci, Nezlek & Sheinman, 1981; Langer & Rodin, 1976; Rodin & Langer, 1977), fallen in diese Kategorie.

Das *medizinische Modell* entlastet die Person völlig von jeder Verantwortung. Experten (z.B. Ärzte) übernehmen es, dafür zu sorgen, daß das Problem gelöst wird. Konventionelle Altenheime, in denen die Bewohner nur eine geringe Kontrolle über den Ablauf und ihre Behandlung haben, sind ein Beispiel für die Anwendung des medizinischen Modells. Eine längerfristige Behandlung im Rahmen dieses Modells kann zu Abhängigkeit und Hilflosigkeit führen und schließlich Gleichgültigkeit und Apathie hervorrufen.

Das Aufklärungsmodell schließlich macht die Person verantwortlich für ihre Probleme, aber nicht für deren Lösung. Um erfolgreich angewandt zu werden, ist es notwendig, daß man die Autorität von »Führern« auf dem Weg in ein besseres Leben akzeptiert. Disziplin vorausgesetzt, kann auf diese Weise eine Problemlösung erreicht werden.

Die vier Formen der Hilfe sind charakteristisch für unterschiedliche Formen der Therapie (Brickman et al., 1982). *Selbstbehauptungstraining* fällt unter das morali-sche Modell (s. Rotering-Steinberg, 1992), *Psychoanalyse* unter das medizinische Modell. Das Programm der *Anonymen Alkoholiker* läßt sich dem Aufklärungsmodell zuordnen, und *Hilfsprogramme für unterprivilegierte Gruppen wie Frauen oder Schwarze* verwenden das kompensatorische Modell.

Die Wahl des Modells hat *Konsequenzen für die Effektivität der Hilfe*. Generell scheinen die günstigsten Effekte einzutreten, wenn die Schuld für die Ursache der Entstehung des Problems auf andere Einflüsse als auf die Person zugeschrieben wird, während gleichzeitig hervorgehoben wird, daß man selbst mitarbeiten muß, um seine Probleme zu lösen (auch gerade dann, wenn man sie nicht verschuldet hat; vgl. Bierhoff, 1991a).

Das kompensatorische Modell ist auch am ehesten geeignet, die Ost-West-Integration nach der deutschen Wiedervereinigung zu bewerkstelligen. Die Überwindung von 40 Jahren DDR beruht u.a. darauf, daß Leistungsstreben und protestantische Ethik angekurbelt werden.

4. Fairneß und Gerechtigkeit

Im Alltag sind Urteile über die Fairneß von Entscheidungen und Ereignissen weit verbreitet. Das gilt z.B. bei der Entscheidung über die Zulassung zu einem bestimmten Studium, wobei zu klären ist, ob durch eine bestimmte Vorgehensweise gewährleistet ist, daß das Prinzip der Gerechtigkeit nicht verletzt wird. Oder bei der Entscheidung über die Frage, wie die Warteliste für Organspenden strukturiert ist. Andere Themen sind die Zuteilung von Vorteilen wie Wohngeld oder Kindergeld. In all diesen Bereichen der *lokalen Gerechtigkeit* werden Zuteilungsprobleme in bestimmten Teilbereichen der Gesellschaft durch spezielle Institutionen oder Entscheidungsträger gelöst (Schmidt, 1992).

Dabei sind drei Facetten der Fairneß zu berücksichtigen. Zunächst einmal läßt sich zwischen *prozeduraler Fairneß* und *distributiver Fairneß* unterscheiden. Während letztere sich auf die Bewertung einer Aufteilungsregel bezieht, ist erstere von dem Verfahren abhängig, auf dessen Grundlage eine Aufteilung zustande kommt. Diese Unterscheidung läßt sich an den Ergebnissen einer Untersuchung illustrieren, die Fairneß im Leistungsbereich zum Gegenstand hatte (Greenberg, 1986). Aus den offenen Antworten von mittleren Managern zu der Frage von fairen oder unfairen Leistungsbewertungen wurden sieben Kategorien inhaltsanalytisch abgeleitet, die in einer weiteren Studie im Hinblick auf ihre Bedeutung für eine faire Beurteilung eingestuft wurden. Diese Einschätzungen wurden faktoranalysiert, wobei zwei Faktoren abgeleitet wurden, die sich mit prozeduraler und distributiver Fairneß identifizieren lassen:

Prozedurale Fairneß

● Nach Input für die Bewertung im vorhinein suchen und sie nutzen;
● zweiseitige Kommunikation in dem Bewertungsgespräch;
● Möglichkeit, eine Bewertung in Frage zu stellen;
● Beurteiler kennt die Arbeitsleistung der zu beurteilenden Person;
● Bewertungsstandards werden konsistent angewandt.

Distributive Fairneß

● Die Bewertung entspricht der erreichten Leistung;
● Gehalts- und Beförderungsempfehlung auf der Basis der Bewertung.

Generell gilt, daß prozedurale und distributive Fairneß positiv korreliert sind. Es bleibt aber genügend spezifische Varianz für beide Facetten der Fairneß übrig, um eine Unterscheidung zwischen ihnen zu rechtfertigen. In diesem Zusammenhang ist z.B. zu erwähnen, daß prozedurale Fairneß andere Merkmale beeinflußt als distributive Fairneß (Folger & Konovsky, 1989; Greenberg, 1987; Klein & Bierhoff, 1991). Während letztere vor allem Zufriedenheit mit und Ärger über die Aufteilungsentscheidung bestimmt, steht erstere mit der Bindung an die Organisation und der zukünftigen Leistungsbereitschaft in Zusammenhang.

Eine weitere grundlegende Unterscheidung liegt zwischen der prozeduralen Fairneß und ihrer Anwendung. Daher erscheint es zweckmäßig, zwischen der Prozedur einerseits und ihrer Implementierung in der Interaktion (*interaktionale Fairneß*) zu unterscheiden, so daß sich folgende Sequenz ergibt (Bies & Moag, 1986):

$$\text{Prozedur} \rightarrow \text{Interaktion} \rightarrow \text{Ergebnis}$$

Die interaktionale Fairneß ist z.B. dann negativ ausgeprägt, wenn sich ein Ansprechpartner unfreundlich oder unhöflich verhält (Mikula, Petri & Tanzer, 1990). Generell gilt, daß eine unangemessene Implementation eines Verfahrens entscheidend zu seinem Mißerfolg beitragen kann. Wenn z.B. eine Person, die eine Beschwerde über ihren Vorgesetzten vorbringen will und dabei den offiziellen Beschwerdeweg der Firma beschreitet, ein Beschwerdebüro betreten muß, das von allen Seiten einzusehen ist, sinkt die Wahrscheinlichkeit erheblich, daß die Klage erhoben wird, weil die Durchführung des Verfahrens vor den Augen der Kollegen sehr unangenehm sein kann. Generell ist zu vermuten, daß die antizipierte Reaktion der Beobachter auf einen Einspruch die Bereitschaft zu einem Einspruch beeinflussen wird, insbesondere wenn die Möglichkeit besteht, daß der Einspruch abgewiesen wird (Fine, 1985).

Sheppard und Lewicki (1987) leiteten inhaltsanalytisch 16 Fairneßregeln ab, die sich der distributiven, prozeduralen und interaktionalen Fairneß zuordnen lassen. Beispiele für distributive Regeln sind:

- Belohnung nach Leistung,
- sinnvolle Aufgabenzuteilung und andere unterstützen, statt sie zu behindern,
- angemessene Schuldzuweisungen.

Beispiele für prozedurale Regeln sind:

- Konsistenz in der Regelanwendung über unterschiedliche Personen und Zeitpunkte,
- Unvoreingenommenheit,
- Einbeziehung der Interessen aller Betroffenen und
- Korrigierbarkeit der Entscheidung.

Beispiele für interaktionale Regeln sind:

- Bereitstellung der notwendigen Informationen,
- klare Mitteilung der bestehenden Erwartungen,
- Beachtung von Rollenvorschriften und
- Einhaltung der Organisationsstruktur.

Im folgenden gehen wir ausführlicher auf die distributive und die prozedurale Fairneß ein. Zunächst werden aber zwei Gerechtigkeitstheorien dargestellt, die zu einem allgemeinen Verständnis der Ausführung von fairen Handlungen und der Reaktionen von Beobachtern beitragen können. Reis (1986) unterscheidet zwischen der Gerechtigkeitsmotiv-Theorie einerseits und anderen Theorien, die sich auf fairneßbezogenes Verhalten auswirken können. Die *Impression-Management-Theorie* (Abschnitt II.4.1.) beschreibt ein Motiv, das nicht spezifisch für Fairneß ist, sondern in vielen Lebensbereichen auftreten kann (vgl. H.D. Mummendey, 1990): das Streben nach positiver Selbstdarstellung. Der Glaube an eine gerechte Welt verweist auf ein zentrales Gerechtigkeitsmotiv, dessen antezedente Bedingungen und Konsequenzen ausführlicher in Abschnitt II.4.2.2. besprochen werden.

4.1. Rechtfertigung und Selbstdarstellung

Politiker sind für ihre Techniken der Selbstdarstellung berühmt (Schütz, 1994). Sie verwenden offensive oder defensive Techniken und greifen auch häufig zu der Darstellung ihrer Persönlichkeit oder ihrer Fähigkeiten (assertive Selbstdarstellung).
Häufig sind Entscheidungsträger auch darum bemüht, ihre Entscheidungen und Handlungsweisen als fair zu beschreiben. Dieses Bemühen, das im Sinne eines Eindrucks-Managements zu deuten ist (Reis, 1986), hat zwei Richtungen: Einmal geht es darum, sich – egal, wie fair man sich verhalten hat – als gerecht darzustellen. Zum anderen geht es aber auch darum, sich davon zu überzeugen, daß man gerecht denkt und handelt.
Greenberg (1990a) faßte die Ergebnisse einer Interviewstudie mit Managern dahingehend zusammen, daß es ihnen wichtiger war, *fair zu erscheinen* als *fair zu handeln* (»looking fair vs. being fair«). Eine verwandte motivationale Orientierung wurde von Balke & Stiensmeier-Pelster (1995) als *Ichorientierung* bezeich-

net, die sich dadurch auszeichnet, daß der Schwerpunkt auf einer positiven Selbstdarstellung im Sinne des Übertreffens anderer und der ängstlichen Vermeidung von Unterlegenheit liegt. Der Gegenbegriff ist der der *Aufgabenorientierung,* die die Bewältigung von Problemen zum Ziel hat.

Akteure versuchen Schuldzuschreibungen zu vermeiden, indem sie verbale Strategien verwenden, die das persönliche Versagen minimalisieren (vgl. Bies, 1987):

- *Kausale Erklärungen:* Die Verantwortung wird von den Akteuren weg anderen Quellen zugeschrieben. Ein Vorgesetzter könnte z.B. argumentieren, er oder sie könne keine Einsprüche gegen eine Umsetzung berücksichtigen, weil die Unternehmensleitung das beschlossen habe.
- *Ideologische Erklärungen:* Zur Erklärung unpopulärer Maßnahmen werden übergeordnete Ziele herangezogen, z.B. die Sicherung des Überlebens der Firma.
- *Vergleichende Erklärungen:* Es wird ein Vergleich zwischen der Lage der Betroffenen und der Lage anderer Personen gezogen nach dem Motto, daß es anderen noch schlechter geht.
- *Entschuldigungen:* Die Person erklärt, daß sie Reue empfindet und in Wirklichkeit besser ist, als sie zu sein scheint.

Generell gilt, daß negative Entscheidungen eher akzeptiert werden, wenn sie durch plausible Gründe gerechtfertigt werden (Bies & Shapiro, 1988). Ein interessantes Beispiel für dieses *Rechtfertigungsprinzip* liefert eine Untersuchung von Greenberg (1990b), die sich mit den Auswirkungen einer zeitweiligen Lohnkürzung auf die Häufigkeit von Diebstählen in der Firma befaßte.

Wegen ausgefallener Aufträge mußte eine Firma in verschiedenen Betrieben die Gehälter um 15% für eine Übergangszeit kürzen. In zwei unterschiedlichen Betrieben wurde diese Entscheidung entweder *plausibel gerechtfertigt* oder *unzureichend gerechtfertigt.* In der Bedingung plausibler Rechtfertigung wurde den betroffenen Mitarbeitern mitgeteilt, daß die Gehaltskürzung bedauerlicherweise notwendig geworden sei, aber dazu beitragen würde, daß keine Entlassungen erforderlich seien. Außerdem wurde darauf hingewiesen, daß alle Mitarbeiter im Zusammenhang mit den Lohnkürzungen gleich behandelt würden. In der Bedingung mit unzureichender Rechtfertigung wurde die Gehaltskürzung nur mit den ausgefallenen Aufträgen begründet. Vor, während und nach der Phase der Lohnkürzung wurde die Diebstahlsrate in den Betrieben erfaßt.

In der Bedingung mit unzureichender Begründung nahmen die Diebstähle in der Zeit der Gehaltskürzung drastisch zu. Hingegen fand sich in dem Betrieb, in dem eine adäquate Begründung vorgetragen worden war, ein geringfügiger Anstieg der Diebstähle (s. Abb. 20). Außerdem kündigten weniger Mitarbeiter als in der Bedingung unzureichender Rechtfertigung.

Ein Grund für die günstigen Auswirkungen der angemessenen Begründung könnte darin liegen, daß sich die Mitarbeiter ernst genommen fühlen, wenn ihnen eine plausible Erklärung geliefert wird. Eine normativ angemessene Begründung trägt wesentlich zu der Akzeptanz einer ungünstigen Aufteilungsentscheidung bei. Unangemessene Rechtfertigungen verringern sowohl die wahrgenommene prozedurale als auch die distributive Fairneß, weil sie vermutlich die *Legitimität* der Organisation in Frage stellen. Die wahrgenommene Legitimation der Institution ist von grundlegender Bedeutung für die zukünftige Bereit-

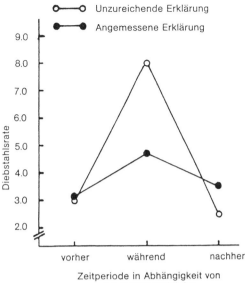

Abbildung 20: Diebstahlsrate als Funktion der Rechtfertigung der Gehaltsentscheidung und des Zeitpunkts der Messung (nach Greenberg, 1990b)

schaft, sich für sie zu engagieren. Die Leistungsbereitschaft der Mitarbeiter hängt nicht zuletzt davon ab, ob sie sich in dem Unternehmen fair behandelt fühlen. Das zeigt, daß Fairneßeinschätzungen unmittelbar für die Motivation der betroffenen Personen bedeutsam sind (vgl. Klein & Bierhoff, 1991).

Streben nach Gerechtigkeit ist ein soziales Motiv, das neben anderen Motiven (Streben nach Maximierung der eigenen Gewinne oder Streben nach Maximierung der Differenz zwischen sich und anderen) auf soziales Verhalten Einfluß nimmt (van Avermaet, McClintock & Moskowitz, 1978, Reis, 1986). Wenn diese Konkurrenzmotive (wie Streben nach positiver Selbstdarstellung, Streben nach Gewinnmaximierung) ausschlaggebend sind, entpuppt sich das Reden von Gerechtigkeit als eine Strategie zur Durchsetzung anderer Ziele.

In der Selbstdarstellung, die die soziale Bewertung einer Person steuert, wird häufig versucht, sich selbst als fair darzustellen (Reis, 1981),

● weil dadurch die normativen Erwartungen der Interaktionspartner nicht verletzt werden,
● weil sichergestellt wird, daß harmonische Beziehungen und reziproker Austausch von Belohnungen aufrechterhalten werden,
● weil eine positive Bewertung der eigenen Person durch andere ausgelöst wird.

Von diesen Fällen, in denen eine Rechtfertigung des eigenen Verhaltens angestrebt wird, sind solche zu unterscheiden, wo das Ziel der Herstellung wahrgenommener Gerechtigkeit primär ein moralisches Anliegen ist (vgl. Damon, 1982) und das Streben nach Fairneß im Mittelpunkt steht. Wie Brickman (1975) gezeigt hat (s. Box U4), besteht eine echte Ambivalenz zwischen dem Streben nach persönlicher Gewinn-Maximierung und dem Wunsch, Fairneß unter den beteiligten Personen herzustellen. Insbesondere zeigte sich, daß die wahrgenom-

mene Fairneß dann am höchsten war, wenn alle Beteiligten die gleichen potentiellen Gewinne erwarten konnten (bei gleicher Leistung). Daher kann man den
Schluß ziehen, daß fairneßbezogenes Verhalten mehr als Selbstdarstellung sein
kann, wenn es auch häufig im Dienst des Eigeninteresses steht.

4.2. Glaube an eine gerechte Welt

Neben der Selbstdarstellung beeinflussen auch andere Motive das Streben nach
Gerechtigkeit. Wenn Beobachter mit dem Leiden anderer Personen konfrontiert
werden, wird ihr Glaube daran, daß jeder in der Welt das bekommt, was er oder
sie verdient, in Frage gestellt. Eine Möglichkeit der Wiederherstellung des Glau-
bens an eine gerechte Welt besteht darin, das Opfer abzuwerten, so daß es am
Ende verdient, was ihm widerfahren ist. Eine andere Möglichkeit besteht in der
Kompensation der Schäden.
Der Glaube an eine gerechte Welt hängt mit zwei verwandten Konstrukten zusammen: Autoritarismus und Kontrollüberzeugungen.
Gerechte-Welt-Glaube und Autoritarismus haben die Bewunderung für die
Mächtigen und Erfolgreichen gemeinsam. In mehreren Untersuchungen finden
sich positive Korrelationen zwischen dem Ausmaß des Glaubens an eine gerechte Welt und *Autoritarismus* (Rubin & Peplau, 1975). Ein solcher Zusammenhang
steht mit der Konzeption des moralischen Realismus und einer an Autoritäten
und Macht orientierten Geisteshaltung (Piaget, 1932) in Übereinstimmung.
Der Unterschied zwischen beiden Konstrukten liegt auf der Dimension Opti-
mismus-Pessimismus (Dalbert, 1996): Indem man an eine gerechte Welt glaubt,
erhält man sich den Glauben daran, daß man optimistisch in die Zukunft sehen,
erfolgreich seine Pläne verwirklichen und sich sicher fühlen kann. Dieser Optimismus steht im Widerspruch zu der pessimistischen Orientierung bei hohem
Autoritarismus.
Lerner (1980) berichtet von einer Faktorenanalyse von 25 Merkmalen, in der
Autoritarismus und Glauben an eine gerechte Welt zwei unterschiedliche Faktoren kennzeichnen. Der erste (Autoritarismus)-Faktor beschreibt eine allgemein
negative Sicht von Minderheiten und läßt sich als *Ethnozentrismus-Faktor* bezeichnen. Der zweite Faktor ist demgegenüber als *Gewinner-Verlierer-Faktor* zu
kennzeichnen. Die Beurteilung der Erfolgsgruppe par excellence (Amerikaner)
lädt auf diesem Faktor positiv, während die Verlierer par excellence (Indianer)
negativ laden. Auf diesem Faktor weist die Skala zur Messung des Glaubens an
eine gerechte Welt eine hohe positive Ladung auf. Wer an eine gerechte Welt
glaubt, hat Sympathien mit den Gewinnern und verachtet die Verlierer.
Der Glaube an eine gerechte Welt kann als Versuch aufgefaßt werden, Kontrolle
auszuüben (Mikula, 1984). In Übereinstimmung damit zeigt sich, daß der Gerechte-Welt-Glaube und internale Kontrollüberzeugungen positiv zusammenhängen (Bierhoff, Klein & Kramp, 1991): Die Überschneidung zwischen beiden
Konstrukten, die auf *persönliche Entscheidungskontrolle* zurückgeht, ist aber nur
mäßig groß (Furnham & Procter, 1989).
Interessant ist der große Mittelwertunterschied, der sich zwischen internaler
Kontrollüberzeugung und Glaube an die gerechte Welt findet. Die Akzeptanz
von Items der internalen Kontrolle ist wesentlich höher (entsprechend hoher

Mittelwert) als die Akzeptanz von Items des Strebens nach gerechter Welt (entsprechend niedriger Mittelwert).

Wie wird der Glauben an eine gerechte Welt erworben? Dem Inhalt nach lassen sich enge Beziehungen zum kindlichen Glauben daran, daß es in der Welt eine *immanente Gerechtigkeit* gibt (Piaget, 1932), konstatieren (Rubin & Peplau, 1975). Der Glaube an eine immanente Gerechtigkeit besagt, daß Fehlverhalten automatisch bestraft wird. Er ist Teil des *moralischen Realismus,* wie er von Piaget (1932) als kindliche Auffassung über den Zusammenhang von Fehlverhalten und Konsequenzen beschrieben wurde.

4.2.1. Wann werden Opfer abgewertet?

Beobachter schließen aus der Tatsache, daß jemand mehr verdient hat, darauf, daß er/sie mehr geleistet hat (vgl. Abschnitt II.4.3.2.). Eine solche Tendenz zur Zuschreibung größerer Leistungsfähigkeit findet sich selbst dann, wenn die Belohnung nach dem Zufallsprinzip verteilt wird (Lerner, 1965). Analog findet sich eine Tendenz, einem nachlässigen Fahrer um so mehr Verantwortung an einem Unfall zuzuschreiben, je negativer die Folgen waren (Walster, 1966). Wie Montada (1992) in diesem Zusammenhang anmerkt, stellt die beste Technik der Schuldzuweisung an die Opfer die Anwendung eines *Leistungsprinzips* dar, wobei im Umkehrschluß von dem ungünstigen Ergebnis auf geringe Vorleistungen oder Fehler geschlossen wird. Weil das Ergebnis schlecht ist, liegen anrechenbare Fehler vor, die zu dem schlechten Resultat geführt haben (vgl. Bierhoff, Buck & Klein, 1986).

Die größere Verantwortungszuschreibung bei schweren Folgen kann als Mittel aufgefaßt werden, den Glauben an eine gerechte Welt zu schützen (Lerner, 1980; Lerner & Miller, 1978). Die Theorie besagt, daß die Menschen ein Bedürfnis haben zu glauben, daß sie in einer Welt leben, in der sie im allgemeinen bekommen, was sie verdienen. Auf diese Weise können sie die (positive) Illusion aufrechterhalten, daß ihre alltägliche Umwelt stabil und geordnet ist. Daher hat der Glaube an eine gerechte Welt eine Anpassungsfunktion. Das gilt an erster Stelle für den Glauben an die eigene gerechte Welt im Gegensatz zu der gerechten Welt anderer (Lipkus, Dalbert & Siegler, 1996).

Das paradigmatische Experiment wurde in diesem Zusammenhang von Lerner & Simmons (1966) durchgeführt, die sechs Versuchsbedingungen miteinander verglichen. Studentinnen beobachteten einen Lernversuch, bei dem das Opfer, das von der Versuchsleiterin aus den Reihen der Studentinnen aufgerufen wurde, scheinbar schmerzhafte Elektroschocks erhielt. Insgesamt wurden sechs Bedingungen verglichen:

- In der »Halbzeit«-Bedingung wurde den Beobachterinnen mitgeteilt, daß der Lernversuch zur Hälfte durchgeführt sei.
- In der »Belohnungs«-Bedingung konnten die Beobachterinnen zum selben Zeitpunkt wählen, wie der Versuch fortgesetzt werden sollte. Sie wählten überwiegend eine Fortsetzung, bei der das Opfer des ersten Versuchs eine positive Verstärkung erwarten konnte und sie darüber informiert wurden.
- In der »Wahl«-Bedingung wurde ebenfalls mit vergleichbarem Ergebnis über die Fortsetzung des Versuchs abgestimmt, aber es wurde kein Abstimmungsergebnis mitgeteilt.

- In der »Schlußpunkt«-Bedingung erfuhren die Studentinnen, daß der Lernversuch abgeschlossen sei.
- In der »Video«-Bedingung wurde den Studentinnen gesagt, daß sie eine Videoaufzeichnung sehen würden (in allen Bedingungen wurde dasselbe Video des Lernversuchs verwendet).
- In der »Märtyrer«-Bedingung überredete die Versuchsleiterin das Opfer, das sich anfänglich weigerte teilzunehmen, zur Teilnahme, wobei als Argument benutzt wurde, daß ansonsten den Beobachtern nicht ihre Versuchspersonen-Stunden bescheinigt werden könnten. Ansonsten entsprach diese Bedingung der »Schlußpunkt«-Bedingung.

Die abhängige Variable bestand aus 15 bewertenden Adjektivskalen (z.B. reif-unreif), die für das Opfer und für sich selbst eingeschätzt wurden und zwischen denen die Differenz gebildet wurde. Wie die Ergebnisse in Abb. 21 zeigen, beurteilten sich in allen Bedingungen die Versuchspersonen günstiger als das Opfer, so daß alle Differenzwerte negativ sind. Auffällig ist, daß in der »Halbzeit«- und der »Wahl«-Bedingung relativ negative Bewertungen der Opfer und daß in der »Märtyrer«-Bedingung die ungünstigsten Opfereinschätzungen abgegeben wurden. Hingegen ergaben sich günstigere Einschätzungen in den drei Bedingungen, in denen zum Zeitpunkt der Erhebung der abhängigen Variable feststand, daß der Schockversuch beendet war, ohne daß das Opfer zum »Märtyrer« geworden war. Das bedeutet, daß ein Opfer, das vermutlich weiter leiden mußte bzw. sich für andere aufgeopfert hatte, besonders negativ bewertet wurde.

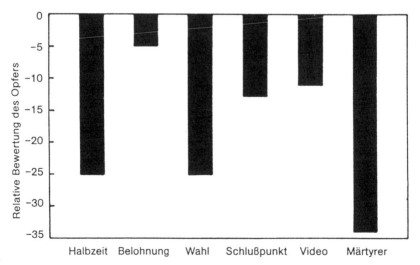

Abbildung 21: Einschätzung des Opfers in sechs Versuchsbedingungen (nach Lerner & Simmons, 1966).

Beachte: Die Eigenschaftsurteile wurden auf 9-Punkte-Skalen abgegeben. Die Summe über diese 15 Urteile kann zwischen 15 und 135 variieren. Die Summe der Selbsteinschätzungen wurde von der Summe der Opfereinschätzungen subtrahiert.

Wie die Ergebnisse in Abb. 21 zeigen, wurde ein unschuldiges Opfer unter bestimmten Bedingungen abgewertet. Die Abwertung von Opfern ist bei Vergewaltigungen bedeutsam (Jones & Aronson, 1973; Stokols & Schopler, 1973): Das Opfer einer Vergewaltigung wurde als persönlich verantwortlicher wahrgenommen, wenn es positiver bewertet wurde (als Jungfrau oder Ehefrau) als wenn es negativer bewertet wurde (als geschiedene Frau). Außerdem wurde die Attraktivität des Opfers um so ungünstiger eingeschätzt, je schwerwiegender die Konsequenzen der Vergewaltigung waren (s. auch Krahé, 1985).

Offensichtlich ist es nicht immer so, daß Opfer abgewertet werden (vgl. auch Abb. 21). Was sind die notwendigen Randbedingungen für die Abwertung unschuldiger Opfer?

- Eine Abwertung bleibt aus, wenn das Opfer als (mit)verantwortlich für sein Schicksal angesehen wird (s. Jones & Aronson, 1973). Allerdings kommt eine solche Verantwortungszuschreibung im allgemeinen einer Abwertung nahezu gleich, da das Opfer mit der Verantwortung belastet wird.
- Eine Abwertung wurde auch dann nicht beobachtet, wenn die Beobachter erwarten mußten, in eine ähnliche Lage zu kommen wie das Opfer (Chaikin & Darley, 1973). Beobachter glaubten, zu einem späteren Zeitpunkt entweder die Rolle eines Vorgesetzten oder die eines Arbeiters zu übernehmen. Sie sahen eine Videoaufnahme, die darstellte, wie ein Vorgesetzter die Arbeit des Arbeiters bei einem Unfall zerstörte. Zukünftige Vorgesetzte hielten den gezeigten Vorgesetzten für weniger verantwortlich und schrieben den Unfall eher Zufallseinflüssen zu. In einem Attraktionsmaß zeigte sich, daß zukünftige Vorgesetzte den gezeigten Vorgesetzten besonders dann mochten, wenn der Unfall schwere (statt leichte) Konsequenzen hatte. In diesem Fall mochten künftige Arbeiter den Vorgesetzten besonders wenig.
- Eine Abwertung des Opfers scheint auch dann nicht einzutreten, wenn ein Akteur für das Schicksal des Opfers verantwortlich ist, aber auf der Grundlage eines gerechtfertigten Eigeninteresses gehandelt hat (Lerner & Lichtman, 1968).
- Bestimmte Persönlichkeitsausprägungen scheinen stärker mit der Abwertung von Opfern assoziiert zu sein. Der dispositionelle Glaube an eine gerechte Welt wird durch die Gerechte-Welt-Skala erfaßt (Dalbert, Montada & Schmitt, 1987), in der Fragen enthalten sind wie »Ich glaube, im großen und ganzen verdienen die Leute, was sie bekommen«. Personen, die solchen Fragen zustimmen, bewundern eher erfolgreiche Leute und werten Opfer von Mißgeschicken und unterprivilegierte Personen eher ab. Sie finden auch, daß die Berufschancen von Frauen eher gerecht sind (Dalbert, 1996).
- Außerdem finden sich Hinweise darauf, daß Personen mit hohem Glauben an eine gerechte Welt altruistisch sind (Bierhoff, Klein & Kramp, 1991), wenn auf diese Weise das wahrgenommene Unrecht völlig oder zumindest weitgehend beseitigt wird (Miller, 1977b).

Kulturen unterscheiden sich in ihrem Gerechte-Welt-Glauben. Bei einem 12-Länder-Vergleich werden *kulturelle Unterschiede* deutlich (Furnham, 1993):

- Am höchsten liegen Indien und Südafrika.
- Es folgen auf gleicher Höhe Deutschland, USA, Australien, Neuseeland, Griechenland, Hongkong, Westindische Inseln und Zimbabwe.
- Die niedrigsten Werte fanden sich in Israel und Großbritannien.

Weitere Kulturunterschiede werden von Dalbert (1993) angeführt: Ostdeutsche Studierende äußern einen stärkeren Gerechte-Welt-Glauben und liegen im Autoritarismus höher als westdeutsche.
Wie lassen sich diese Unterschiede erklären? Eine Möglichkeit sind *Machtunterschiede.* Länder, die durch hohe Akzeptanz von Machtunterschieden gekennzeichnet sind (nach Hofstede, 1994), tendieren dazu, hohe Werte des Gerechte-Welt-Glaubens zu erreichen. Außerdem ist daran zu denken, daß eine Sozialisation in Richtung auf die Ideologie des gerechten Staates und Unterordnung unter diesen den Gerechte-Welt-Glauben und den Autoritarismus fördert.

4.2.2. Glaube an eine gerechte Welt und Anpassung an negative Lebensereignisse

Die Folgen des Gerechte-Welt-Glaubens sind je nach Situation eher positiv oder eher negativ. Das zeigt sich in der Abwertung von Unterprivilegierten und Opfern einerseits und der Hilfeleistung gegenüber Unfallopfern und größerer Wohltätigkeit andererseits. Dieselbe Janusköpfigkeit wird auch im Zusammenhang mit der Anpassung an negative Lebensereignisse deutlich.
Die Selbstzuschreibung von Verschuldung für ein Unglück kann dazu beitragen, daß das persönliche Leben weiterhin als sinnvoll erscheint und nicht als Ergebnis von Zufällen. Indem das eigene Schicksal als verdient erscheint, wird der Glaube an eine gerechte Welt geschützt.
In einer bekannten Untersuchung zu diesem Thema wird berichtet, daß gelähmte Unfallopfer, die sich selbst für den Unfall verantwortlich machten, besser mit ihrem Schicksal fertig wurden als Personen, die sich weniger stark Verantwortung zuschrieben (Bulman & Wortman, 1977). Möglicherweise hielten die Kognitionen der Selbstverursachung den Glauben daran, daß es in der Welt gerecht zugeht, aufrecht. Auf der Basis dieser *Selbstzuschreibung* des unglücklichen Schicksals waren die Unfallopfer eher in der Lage, sich aktiv mit ihrem Schicksal auseinanderzusetzen.
Der Glaube an eine gerechte Welt intensiviert Selbstvorwürfe, wie Kiecolt-Glaser & Williams (1987) bei Verbrennungsopfern zeigten und Dalbert (1996) bei arbeitslosen Frauen sowie Müttern behinderter Kinder. Diese Kognitionen der Selbstverursachung lassen sich als unrealistisch bezeichnen. Darüber hinaus ergab sich, daß sich Selbstvorwürfe bei den Opfern von Brandunfällen negativ auswirkten, da sie mit mehr *Depression* zusammenhingen, während ihre Auswirkung bei arbeitslosen Frauen und Müttern behinderter Kinder neutral war. Bei Unfallopfern in Deutschland sind Selbstvorwürfe mit einem längeren Krankenhausaufenthalt assoziiert (Frey, 1992). Es zeigte sich außerdem, daß Unfallopfer, die glaubten, ihren Genesungsprozeß beeinflussen zu können, schneller wieder an den Arbeitsplatz zurückkehrten.
Diese widersprüchlichen Ergebnisse wurden von Montada (1992) auf die unterschiedlichen *emotionalen Folgen* einer wahrgenommenen Selbstverschuldung

zurückgeführt. In einer Studie mit Personen, die seit Jahren aufgrund eines Unfalls eine Rückenmarkverletzung hatten, fanden sich folgende Ergebnisse: Hohe wahrgenommene Selbstverschuldung korrelierte einerseits positiv mit *Schuldgefühlen* und andererseits negativ mit *feindseligen Gefühle gegenüber anderen Personen.* Diese beiden Emotionen waren gleichermaßen negativ mit einer erfolgreichen Anpassung an die Verletzungsfolgen korreliert, während die Schuldzuschreibung selbst nur geringfügig mit Anpassungsvariablen (wie emotionale Ausgeglichenheit, Neid auf gesunde andere, Zufriedenheit mit eigenen Fortschritten und Traurigkeit) zusammenhing.

Nach diesen Ergebnissen wirkt sich ein Selbstvorwurf für ein negatives Lebensereignis unterschiedlich aus, je nachdem welche emotionale Reaktion im Vordergrund steht. Wenn der Selbstvorwurf feindselige Intentionen gegenüber anderen verringert, sind positive Auswirkungen auf die Bewältigung der Folgen zu erwarten, während beim Überwiegen von Schuldgefühlen negative Auswirkungen auf die Bewältigung der Belastung eintreten sollten.

Zuschreibung von Selbstverschuldung und Anpassung nach Schicksalsschlägen wurde häufig untersucht. In einer Metaanalyse ergibt sich insgesamt ein uneinheitliches Ergebnismuster (Dalbert, 1996). Das ändert sich, wenn einzelne Belastungsbereiche betrachtet werden. Nur bei *Rückenmarkverletzungen* sind Selbstzuschreibungen für das unglückliche Schicksal positiv in ihren Auswirkungen auf die Anpassung, während sie bei Opfern sexueller Gewalt negativ mit der Anpassung zusammenhängen. Wenn verschiedene Maße der Anpassung betrachtet werden, zeigt sich, daß Selbstzuschreibungen besonders ungünstig auf Depression wirken, während im Hinblick auf physische Anpassung auch positive Resultate berichtet werden.

4.2.3. Der persönliche Vertrag

In der Sozialisation wird häufig ein Glauben an die gerechte Welt beim Kind erzeugt, weil die Sozialisationsagenten angepaßtes Verhalten ermutigen wollen. Das gelingt am ehesten, wenn das Kind annimmt, daß sich »gutes« Verhalten auszahlt, während »schlechtes« Verhalten bestraft wird (*immanente Gerechtigkeit*). Außerdem trägt diese Sichtweise dazu bei, daß an die Stelle einer Orientierung am Lustprinzip, das keinen Belohnungsaufschub duldet, eine stärkere Zukunftsorientierung tritt (Rubin & Peplau, 1975).

Es ist daher nicht verwunderlich, daß versucht wurde, die *Bereitschaft, Belohnungen aufzuschieben*, als einen Indikator für den Glauben an die gerechte Welt zu verwenden (Long & Lerner, 1974; Miller & Smith, 1977). Die Ergebnisse sind aber gemischt und lassen keine konsistenten Schlußfolgerungen zu.

Für Long & Lerner (1974; vgl. auch Lerner, 1977) ist ein Verständnis des Gerechtigkeitsbegriffs über eine Analyse des Zustandekommens eines »persönlichen Vertrages« möglich. Sie nehmen an, daß das Kind beim Übergang vom Lustprinzip zum Realitätsprinzip lernt, daß es seinem langfristigen Interesse entspricht, auf eine unmittelbare Befriedigung seiner Wünsche zu verzichten. Ein Belohnungsaufschub wird in Kauf genommen, damit in der Zukunft attraktivere Ereignisse auftreten können.

Die Vorstellung von einem »persönlichen Vertrag« führt zu Hypothesen in bezug auf hilfreiches Verhalten, die sich insbesondere auf den möglichen *Konflikt zwi-*

schen Egoismus und Altruismus beziehen. Wenn eine Person, die eine *faire Bezahlung* erhalten hat, Geld spenden soll, wird eine geringere Bereitschaft erwartet, als wenn jemand spenden soll, der *überbezahlt* worden ist. Untersuchungen, in denen Viert- und Fünftkläßler entweder angemessen oder übermäßig bezahlt wurden, stehen mit dieser Hypothese in Übereinstimmung (Long & Lerner, 1974; Miller & Smith, 1977). Kinder, die glaubten, daß ihre Bezahlung mehr als ausreichend war, zeigten sich spendenfreudiger als Kinder, die entweder angemessen bezahlt oder unterbezahlt worden waren.

Dieselbe Idee wurde auch in zwei Experimenten mit Erwachsenen überprüft (Miller, 1977a). Studenten wurde die Möglichkeit angeboten, eine Reihe von Versuchspersonenstunden gegen Bezahlung zu absolvieren. Folgende vier Bedingungen wurden verglichen (Exp. 2):

- 1$/1$: Für jede Stunde erhalten der Student und eine hilfsbedürftige Familie je 1$.
- 2$/0$: Für jede Stunde erhält der Student 2$.
- 2$/1$: Für jede Stunde erhält der Student 2$ und die bedürftige Familie 1$.
- 3$/0$: Für jede Stunde erhält der Student 3$.

Die abhängige Variable war die Anzahl der Stunden, für die sich die Studenten bereit erklärten. Bei der Bewertung der Ergebnisse muß berücksichtigt werden, daß unter den Studenten *2$ als faire Bezahlung* galt. Somit war eine 1-$-Bezahlung weniger als erwartet, während eine 3-$-Bezahlung einer übermäßigen Vergütung entsprach. Vergleicht man zunächst die beiden ersten (2$) Bedingungen, so ergab sich in der zweiten Bedingung eine größere Stundenzahl als in der ersten Bedingung (s. Tab. 14, 1. Zeile). Wenn der Verlust die eigene Belohnung unter das Niveau brachte, das man für angemessen und fair hielt, war die Hilfsbereitschaft sehr gering. In diesem Fall dominierte eine egoistische Orientierung. Hingegen zeigte der Vergleich der zwei restlichen (3$) Bedingungen, daß mehr Stunden angeboten wurden, wenn 1$ für einen guten Zweck verwendet wurde, als wenn die ganze Summe für den Studenten bereitstand. Wenn die egoistischen Ansprüche durch die faire Bezahlung befriedigt waren, entwickelte sich eine altruistische Motivation, die eine hohe Bereitschaft zur Mitarbeit hervorrief.

Tabelle 14: Durchschnittliche Anzahl von Versuchspersonen-Stunden, die in den Bedingungen von Miller (1977a) angeboten wurden

| | Bedingungen | | | |
	1$/1$	2$/0$	2$/1$	3$/0$
In der konkreten Situation	3.67	7.25	11.91	7.58
In der vorgestellten Situation	4.60	11.33	8.3	15.70

Dieses Ergebnismuster verweist auf ein grundlegendes Dilemma, das zwischen Altruismus und Egoismus besteht:

- Hilfsbereitschaft tritt auf, wenn die persönlichen Ansprüche an eine faire Bezahlung befriedigt sind.
- Sind die eigenen Ansprüche nicht erfüllt, ist die Hilfeleistung gering.

Diese Ergebnisse kennzeichnen die Menschen gleichzeitig als egoistisch (bis zum Erreichen eines angemessenen Standards der Bezahlung) und altruistisch (nachdem der eigene Standard verwirklicht ist).

Eine witzige Implikation des Gerechte-Welt-Glaubens besteht darin, daß Personen mit einem starken Glauben an eine gerechte Welt vor einer Prüfung hilfsbereiter sind als Personen, die dem Glauben weniger stark anhängen (Zuckerman, 1975). Bei starkem Gerechte-Welt-Glauben versuchen die Studierenden, sich gewissermaßen durch ihre Hilfsbereitschaft ein günstiges Schicksal zu erkaufen. Indem sie sich hilfsbereit zeigen, »verdienen« sie sich eine gute Note. Dieser Effekt trat nur wenige Tage vor der Prüfung auf, während fünf Wochen vorher kein vergleichbarer Unterschied festgestellt wurde. Erst wenn die Prüfung bedrohlich näher rückte, wurde die Hilfeleistung als Schicksalshelfer eingesetzt.

Wenn in der Konzeption des persönlichen Vertrages eine egoistische mit einer altruistischen Motivation in Beziehung gesetzt wird (s. Miller, 1977a), dann geht diese Analyse über die Annahmen von Walster, Berscheid & Walster (1973) hinaus, die davon sprechen, daß die grundlegende Motivation egoistisch und auf die Maximierung des eigenen Gewinns gerichtet ist. Demgegenüber weist Lerner (1977) darauf hin, daß die Hypothese der egoistischen Motivation ein Mythos sein könnte. Er berichtet von einer Untersuchung, in der Beurteiler gefragt wurden, wie sie sich ihrer Einschätzung zufolge verhalten würden, wenn sie an dem weiter oben geschilderten Versuch von Miller (1977a) teilgenommen hätten. Die Schätzungen der Studierenden wich von den Ergebnissen der Untersuchung von Miller (1977a) ab (s. Tab. 14, 2. Zeile): Die Beurteiler gaben an, sie würden sich an mehr Versuchspersonenstunden beteiligen, wenn der individuelle Anreiz größer war.

Aus diesen Ergebnissen kann man die Vermutung ableiten, daß Menschen im Alltag eine *Austausch-Fiktion* aufrechterhalten, indem sie sich selbst in hohem Maße eine ökonomische Mentalität zuschreiben. Dementsprechend gelingt es auch wesentlich besser, Geld für behinderte Kinder zu sammeln, wenn die Spende in den Kontext eines ökonomischen Handelns gestellt wird. Passanten waren eher zu einer Spende bereit, wenn ihnen Kerzen zu einem angeblichen Sonderpreis angeboten wurden, als wenn der Preis als normal gekennzeichnet war. Die Spendenbereitschaft war noch geringer, wenn explizit darauf hingewiesen wurde, daß in dem Preis ein Anteil enthalten sei, der notleidenden Kindern zur Verfügung gestellt werde (Lerner, 1980).

4.3. Gerechtigkeitsregeln

Seit Piaget (1932) bei der kindlichen Entwicklung zwischen den Stufen des moralischen Realismus und der Moral der Zusammenarbeit unterschieden hat, wurde wiederholt darauf hingewiesen, daß Urteile über Gerechtigkeit als Ausdruck der kognitiven Entwicklung zu deuten sind (Damon, 1982). Das Urteilsverhalten des Kindes entwickelt sich systematisch, indem nacheinander als gerecht definiert wird, was dem Eigeninteresse dient, was absolute Gleichheit herstellt, was die Vorleistungen der einzelnen Personen berücksichtigt (relative

Gleichheit) und was situativ angemessen ist. Diese kognitive Entwicklung ist eng mit der Entwicklung der sozialen Beziehungen des Kindes verbunden (Piaget, 1932; Doise, Mackie & Vaughan, 1979).

In diesen Betrachtungsweisen ist implizit der Gedanke enthalten, daß es mehrere Regeln gibt, mit deren Hilfe eine gerechte Verteilung von Belohnungen hergestellt werden kann. Dieser Mehrprinzipienansatz (vgl. Kayser & Schwinger, 1982; Mikula, 1980; Schwinger, 1980) ist mit dem Konzept der *lokalen Gerechtigkeit* vereinbar, weil er auf der Annahme aufbaut, daß auch unter »Gutwilligen« mehrere mögliche Prinzipien der Aufteilung konkurrieren können (Schmidt, 1992). Es gibt nicht das einzig richtige Aufteilungsverfahren oder Aufteilungsprinzip, das gewissermaßen einen Wahrheitsanspruch für sich beanspruchen kann. Vielmehr gilt, daß Fairneßregeln in ihrer Akzeptanz von dem sozialen oder institutionellen Kontext abhängen, in dem sie angewandt werden. Diese Sichtweise läßt sich mit dem Ansatz von Kohlberg (1969) verbinden, der beinhaltet, daß unterschiedliche Entscheidungen zur Lösung eines Problems je nach ihrer Begründung gerechtfertigt sein können, und entspricht der Relativität des Wahrheitsanspruchs im Zeitalter der Postmoderne (Gergen, 1990).

Die Schule ist eine Institution, in der sich Regeln der lokalen Gerechtigkeit finden. In Übereinstimmung mit der Annahme, daß keine Regel einen Wahrheitsanspruch für sich reklamieren kann, konkurrieren im schulischen Kontext mehrere Verteilungsregeln miteinander. Wenn Lehrer Noten geben, berücksichtigen sie in vielen Fällen mehrere Regeln, weil die Erwartungen über eine gerechte Verteilung der Belohnungen in der Schule widersprüchlich sind (Heckhausen, 1981). So stehen Lehrer vor der Alternative, den individuellen Leistungen gerecht zu werden und die Form der Gesamtverteilung zu berücksichtigen. Ein Lehrer wird im allgemeinen bestimmte Präferenzen für die Form der Gesamtverteilung haben. Offensichtlich wird eine solche Präferenz häufig im Konflikt stehen mit dem Ziel, den einzelnen Schülern gerecht zu werden. Darüber hinaus gilt, daß es für das Aufteilungsproblem keine perfekte Lösung gibt. Daher werden Regeln der lokalen Gerechtigkeit immer kontrovers sein, weil sich alternative Wirklichkeiten denken lassen, die andere Regelanwendungen beinhalten und die andere Ergebnisse erzeugen (Cropanzano & Folger, 1989; Folger, 1986).

Das Schulbeispiel zeigt auch das Wechselspiel von Prinzipien der Mikro- und der Makrogerechtigkeit auf. Fragen der *Mikrogerechtigkeit* sind angesprochen, wenn es um die Fairneß der Belohnungen für individuelle Empfänger geht. Fragen der *Makrogerechtigkeit* beziehen sich hingegen auf die aggregierte Fairneß der Belohnungen in einer Gruppe von Personen, sei es eine Schulklasse, ein Industriebetrieb oder die Gesellschaft als Ganzes (Brickman, Folger, Goode & Schul, 1981; Jasso, 1983). Beide Themen der Fairneß lassen sich in die Beantwortung von Fragen der lokalen Gerechtigkeit einbringen, wobei von vorneherein klar ist, daß es keine endgültige Antwort geben kann.

In Tab. 15 findet sich eine *Gegenüberstellung von Mikro- und Makrogerechtigkeit*. Während sich die meisten Prinzipien eindeutig der einen oder anderen Seite zuordnen lassen (z.B. sind Bedürfnisprinzip und Prinzip relativer Gleichheit Mikroprinzipien, während Spezifizierung des Minimums oder des Maximums Makroprinzipien sind), nimmt das Prinzip absoluter Gleichheit eine Sonderstellung ein, da es sowohl die Gesamtverteilung als auch die Belohnung jedes einzelnen genau spezifiziert.

Tabelle 15: Mikro- vs. Makrogerechtigkeit (nach Brickman, Folger, Goode & Schul, 1981)

	Mikrogerechtigkeit	Makrogerechtigkeit
Prinzip	$Y = f(X)$	$Y = f(Y)$
Beispiel	Bedürfnis	Minimum angeben
Perspektive	Individuell	Deindividuell
Fokus	Attribute von Individuen	Ordnung in der Gesellschaft
Modell	Schätzung der Attribute	Bürgerrecht
Verwandte Konzepte	Prozedurale Gerechtigkeit	Distributive Gerechtigkeit

Die Mikrogerechtigkeit folgt grundsätzlich einer individuellen Perspektive. Mit Hilfe von Regeln (z.B. jeder wird relativ zu seiner Leistung belohnt; jeder erhält soviel, wie er/sie braucht) wird festgelegt, wie die angemessene Belohnung für jeden einzelnen bestimmt werden kann. Damit wird das Schwergewicht auf die Frage gelegt, in welcher Weise sich Individuen unterscheiden, welches die relevanten Attribute für die Gewinnverteilung sind und wie die Ausprägung jedes einzelnen auf diesen Attributen erfaßt oder gemessen werden kann. Herstellung von Mikrogerechtigkeit setzt (außer im Fall der absoluten Gleichheit) ein »diagnostisches« Verfahren voraus, mit dessen Hilfe festgestellt werden kann, inwieweit sich einzelne Personen auf der relevanten Dimension unterscheiden.

Prinzipien der Makrogerechtigkeit vernachlässigen das einzelne Individuum, indem sie Randbedingungen der Gesamtverteilung der Belohnungen spezifizieren, die nichts darüber aussagen, was die einzelne Person bekommen sollte (mit Ausnahme des Prinzips der absoluten Gleichheit, das gleichzeitig »mikrorecht« ist). Während der Mikrogerechtigkeit das Prinzip des Eigennutzes als Metaprinzip zugrunde liegt, wird die Makrogerechtigkeit durch Bürgerrecht und gemeinsame Gruppenmitgliedschaft bestimmt. Bemerkenswert ist, daß Makrogerechtigkeit einer reflexiven Anpassung der Belohnungen gleichkommt, so daß die Belohnungen eine Funktion ihrer selbst sind. An die Stelle von Korrespondenzregeln (nach dem Schema $Y=f(X)$) treten selbst-reflexive Regeln (nach dem Schema $Y=f(Y)$).

Wenn die Mittel knapp sind, treten Fragen der Makrogerechtigkeit in den Vordergrund:

- Was ist der minimale Wert, den jeder erhalten sollte (z.B. an Benzin)?
- Was ist der maximale Wert, der zugelassen wird (z.B. Luftverschmutzung)?
- Was ist die zulässige Spannbreite zwischen dem minimalen und dem maximalen Wert (z.B. in der Steuerquote)?
- Bis zu welchem Ausmaß wird auf Minoritäten Rücksicht genommen (z.B. die Interessen alter Menschen oder Jugendlicher im Fernsehen)?

Welche Prinzipien werden angewandt, um den Gewinnanteil einzelner Personen zu bestimmen (also zur Herstellung von Mikrogerechtigkeit)? Lerner, Miller und Holmes (1976) geben einen Überblick, indem sie einerseits nach der wahrgenommenen Beziehung und andererseits nach dem Objekt der Beziehung unterscheiden (s. Tab. 16). Während sich die erste Unterscheidung an typischen Erfahrungen mit der Zielerreichung in der Kindheit orientiert (Lerner, 1981), folgt die zweite Unterscheidung der Trennung zwischen Rollen und persönlichen Beziehungen.

Tabelle 16: Formen der Mikrogerechtigkeit (nach Lerner, Miller & Holmes, 1976)

| | | **Wahrgenommene Beziehung** | | |
		Identität	Einheit	Nicht-Einheit
Objekt der Wahrnehmung	Person	Bedürfnisse	absolute Gleichheit	Gesetz
	Position	Ansprüche	relative Gleichheit	Gerechtfertigtes Eigeninteresse

Diese Regeln der Mikrogerechtigkeit erreichen je nach dem sozialen Kontext, in dem sie angewandt werden, eine unterschiedliche Akzeptanz. Das steht mit der Annahme in Übereinstimmung, daß sich für einzelne Institutionen und soziale Bereiche bestimmte Präferenzen der lokalen Gerechtigkeit herausbilden. Solche Präferenzen können aber immer wieder in Frage gestellt werden, und ein Teil der kulturellen und gesellschaftlichen Entwicklung besteht gerade darin, daß neue Regeln vorgeschlagen und eingeführt werden, um Fragen der lokalen Gerechtigkeit zu beantworten. Z.B. wurde die Auswahl von Personen, die bestimmte Transplantate erhalten, nach bestimmten Kriterien geregelt, nachdem zunächst zumindest teilweise nach dem Prinzip des gerechtfertigten Eigeninteresses verfahren worden war. In diesem Zusammenhang ist z.B. an Alter, Lebensstil, emotionale Stabilität und soziale Unterstützung zu denken (Schmidt, 1992), also Kriterien, die die Auswahl geeigneter Personen für eine erfolgreiche Transplantation bestimmen können. Eine solche Vorgehensweise steht mit dem Prinzip der relativen Gleichheit in Übereinstimmung (s. unten).

Im folgenden werden verschiedene der in Tab. 16 genannten Fairneßregeln ausführlicher besprochen. Die Gegenüberstellung von relativer und absoluter Gleichheit (Box U11) soll verdeutlichen, daß Fairneßregeln unterschiedlich bewertet werden in Abhängigkeit von dem sozialen Kontext, in dem sie angewandt werden.

4.3.1. Bedürfnisprinzip

Das Bedürfnisprinzip soll nach Tab. 16 dann angewandt werden, wenn die andere Person als Teil des eigenen Selbst wahrgenommen wird. In einer solchen persönlichen Identitätsbeziehung (etwa mit Familienangehörigen) werden die Mittel so verteilt, daß die konkreten Bedürfnisse des einzelnen berücksichtigt werden (Schwinger, 1986). Wenn z.B. ein Kind neue Schuhe braucht, werden dafür ohne Rücksicht auf irgendwelche Vorleistungen des Kindes entsprechende Mittel bereitgestellt.

Zunächst einmal ist zu fragen, ob das Bedürfnisprinzip als Gerechtigkeitsregel verstanden wird. Untersuchungen zeigen (s. Lamm, Kayser & Schwinger, 1982), daß Schüler das Bedürfnisprinzip berücksichtigen, wenn von ihnen verlangt wird, in hypothetischen Situationen Gewinne gerecht aufzuteilen. Die Berücksichtigung des Bedürfnisprinzips läßt sich im übrigen schon bei 5-6jährigen Kindern beobachten, wenn die Diskrepanz der Bedürfnisse deutlich ausgeprägt ist (Gerling & Wender, 1981; Wender, 1986).

Folgt man der Klassifikation von Lerner, dann sollte die Berücksichtigung des Bedürfnisprinzips unter Freunden von größerer Bedeutung sein als bei oberflächlichen Bekannten. In Übereinstimmung mit dieser Hypothese wird berichtet (Lamm & Schwinger, 1980; Schwinger & Lamm, 1981), daß Freunden gegenüber stärker auf die Bedürfnisse geachtet wird bei der Verteilung von Belohnungen, wenn der Aufteiler als neutrale Partei die Gewinne in einer hypothetischen Situation aufteilt. Darüber hinaus ergab sich, daß die Person mit den größten Bedürfnissen mehr Geld erhielt, wenn sie zu dem Gewinn genauso viel beigetragen hatte wie eine zweite Person (statt nur 33%) und daß sie weniger erhielt, wenn die vorhandenen Geldmittel nicht ausreichten, die Bedürfnisse beider Personen zu befriedigen (statt wenn die Mittel ausreichten).

In diesen Versuchen wurde eine Situation geschildert, in der die gemeinsame Leistung von zwei Personen mit 300,– DM bezahlt worden war. Das Geld sollte dazu verwendet werden, Bücher für Prüfungen zu kaufen, wobei die bedürftigere Person Bücher im Wert von 200,– DM brauchte, während die andere Person Bücher im Wert von 50,– DM brauchte (bzw. im Wert von 300,– DM und 200,– DM bei Unmöglichkeit der Befriedigung der Bedürfnisse). Während sich die interpersonelle Beziehung, die individuelle Leistung und die Frage, ob das Geld für die Bedürfnisbefriedigung hinreichend war oder nicht, auf die Gewinnaufteilung in diesem Paradigma auswirkten, zeigte sich kein Effekt in Abhängigkeit von der Verursachung der größeren Bedürftigkeit (selbstverschuldet vs. unverschuldet). Dieses zuletzt genannte Ergebnis mag aber darauf zurückzuführen sein, daß die Manipulation der Selbstverschuldung relativ schwach war.

Im Hinblick auf die Bevorzugung des Bedürfnisprinzips lassen sich auch individuelle Unterschiede konstatieren, die bedeutsame Konsequenzen für das hilfreiche Verhalten haben (Montada, 1992). Personen, die dem Bedürfnisprinzip zuneigen, betrachten die Notlage unterprivilegierter Gruppen (Arbeitslose, türkische Gastarbeiter und Menschen in Entwicklungsländern) eher als nicht gerechtfertigt und weniger durch eigene Fehler verursacht. Außerdem bringen sie größere prosoziale Intentionen den unterprivilegierten Gruppen gegenüber zum Ausdruck. In diesem Sinn ist die individuelle Neigung, das Bedürfnisprinzip zu befolgen, der Neigung, das Prinzip relativer Gleichheit für angemessen zu halten, entgegengesetzt, da die überwiegende Orientierung an diesem Prinzip mit größerer Schuldzuschreibung gegenüber Unterprivilegierten und weniger Hilfsbereitschaft in Zusammenhang steht.

4.3.2. Absolute und relative Gleichheit der Gewinnaufteilung

Die Prinzipien absoluter und relativer Gleichheit lassen sich direkt gegenüberstellen (s. Tab. 16). Bei absoluter Gleichheit erhält jede Person unabhängig von ihren Vorleistungen den gleichen Betrag. Hingegen findet sich bei relativer Gleichheit eine Aufteilung der Gewinne in Proportion zu den Vorleistungen der Interaktionspartner. Natürlich setzt die Anwendung des Prinzips relativer

Gleichheit voraus, daß eine einigermaßen verläßliche Messung der Leistung möglich ist (und daß Einigkeit darüber besteht, was die relevanten Leistungsdimensionen sind). In ähnlicher Weise setzt das Bedürfnisprinzip voraus, daß das individuelle Ausmaß der Bedürftigkeit meßbar ist.

Das Prinzip relativer Gleichheit wird häufig auch als *Beitragsprinzip* oder als *Equity-Prinzip* bezeichnet. Der zuletzt genannte Begriff wurde von Adams (1965) und Walster, Berscheid und Walster (1973) verwendet. Diese Autoren nehmen an, daß eine Ausgeglichenheit einer interpersonellen Beziehung dann gegeben ist, wenn die Relation der Vorleistungen (Inputs) und Konsequenzen von zwei Personen A und B gleich ist:

$$I_A/K_A = I_B/K_B$$

Walster & Walster (1975) nehmen an, daß das Equity-Prinzip grundlegend ist, während die übrigen Gerechtigkeitsprinzipien davon abgeleitet sind. Sie weisen darauf hin, daß sich eine Gleichaufteilung (im Sinne absoluter Gleichheit) immer dann als in Übereinstimmung mit dem Equity-Prinzip ergibt, wenn die individuellen Vorleistungen gleich sind. Wenn z.B. als relevanter Input berücksichtigt wird, daß zwei Personen A und B die Menschenwürde besitzen, spricht das Beitragsprinzip für eine Gleichaufteilung.

Während diese Überlegung plausibel erscheint, erweist es sich als weniger überzeugend, die anderen in Tab. 15 zusammengefaßten Prinzipien der Gerechtigkeit (etwa das Bedürfnisprinzip) auf das Prinzip relativer Gleichheit zurückzuführen (s. Mikula & Schwinger, 1981). Daher ist es sinnvoll, davon auszugehen, daß Gerechtigkeit auf unterschiedlichen Wegen hergestellt werden kann. Für angewandte Fragen ist es sowieso entscheidend, unter welchen *situativen Bedingungen* das eine oder andere Prinzip befolgt wird (s. Lerner, 1974; Mikula & Schwinger, 1978; Schmitt & Montada, 1982).

Wie von Damon (1982) vermutet, bevorzugen 5-6jährige Kinder in starkem Maße das Prinzip der absoluten Gleichheit (Gerling & Wender, 1981). Auch bei Erwachsenen läßt sich eine deutliche Bevorzugung des Prinzips der absoluten Gleichheit in verschiedenen sozialen Beziehungen feststellen (Bierhoff, 1982; Kahn, Nelson & Gaeddert, 1980, Exp. 2; Schmitt & Montada, 1982).

Folgt man der Klassifikation von Gerechtigkeitsprinzipien, wie sie in Tab. 16 dargestellt ist, ergibt sich, daß die Prinzipien der absoluten und der relativen Gleichheit häufig miteinander in Konkurrenz treten. Beide Prinzipien beziehen sich auf die wahrgenommenen Beziehung als Einheit, einmal auf der Grundlage der Ähnlichkeit und einmal wegen der Übereinstimmung in den Positionen. Ähnlichkeit der Personen und Äquivalenz der Positionen sind zwei Aspekte, die sich häufig nicht eindeutig auseinanderhalten lassen. Die Äquivalenz kann den Eindruck der Ähnlichkeit induzieren, und umgekehrt kann die Ähnlichkeit äquivalente Positionen wahrscheinlich machen.

Beide Prinzipien sind von großer Bedeutung, weil sie in vielen Lebensbereichen angewandt werden (vgl. Heckhausen, 1981). Hinzu kommt, daß mit der Anwendung des einen oder anderen Prinzips unterschiedliche Konsequenzen verbunden sind (Heckhausen, 1981; Leventhal, 1976; Mikula, 1980):

- Das Prinzip relativer Gleichheit hat vor allem im *Leistungsbereich* Bedeutung, wenn es um wirtschaftliche, wissenschaftliche und technische Produktivität geht und eine Förderung der Effizienz durch die Bereitstellung individueller Anreize angestrebt wird.
- Das Prinzip absoluter Gleichheit dient dem Ziel, *Kooperation, Solidarität* und *harmonische Partnerschaft* zu fördern, indem der Gedanke der allgemeinen Bürgerrechte zugrunde gelegt wird.

In der Schule läßt sich ein Konflikt zwischen absoluter und relativer Gleichheit feststellen. Während das Prinzip relativer Gleichheit ein differenziertes Bildungssystem mit gezielter Leistungsauslese favorisiert, spricht das Prinzip absoluter Gleichheit für den Ausgleich ungleicher Startchancen (Heckhausen, 1981). Die gezielte Förderung benachteiligter Gruppen, auch wenn besser qualifizierte Personen dadurch nicht berücksichtigt werden können – *umgekehrte Diskriminierung* –, läßt sich ebenfalls auf der Basis des Prinzips absoluter Gleichheit rechtfertigen (Sampson, 1981).

Eine wichtige situative Determinante der Bevorzugung von absoluter oder relativer Gleichheit ist die Frage, ob die *Leistung im Team* erbracht wurde oder auf getrennter Arbeit beruht (Lerner, 1974). In einer Untersuchung wurde Kindern Gelegenheit gegeben, Belohnungen, die sie sich verdient hatten, untereinander aufzuteilen, wobei die Leistung des Aufteilers entweder größer oder kleiner als die des Partners war. Wenn hervorgehoben wurde, daß die Kinder als Team arbeiteten, wurde bei der Gewinnaufteilung das Prinzip absoluter Gleichheit bevorzugt. Wenn der Aspekt der individuellen Leistungsbeiträge hervorgehoben wurde, fand sich eine Gewinnverteilung, die Unterschiede in den individuellen Leistungen berücksichtigte.

Auch in späteren Untersuchungen (Reis & Gruzen, 1976; Schmitt & Montada, 1982; Shapiro, 1975) zeigte sich eine Bevorzugung relativer und absoluter Gleichheit je nachdem, ob die situativen Bedingungen das Ziel harmonischer interpersoneller Beziehungen nahelegten oder nicht. Wenn etwa Gleichaltrige Kenntnis über eine Gewinnaufteilung erhielten, wurde eher nach dem Prinzip absoluter Gleichheit aufgeteilt, während bei Kenntnisnahme durch den Experimentator eher das Prinzip relativer Gleichheit bevorzugt wurde.

Außerdem zeigte sich eine stärkere Bevorzugung absoluter vor relativer Gleichheit, wenn man selbst einen hohen Leistungsanteil hatte und erwartete, in der Zukunft erneut mit dem Partner zusammenzutreffen. Schließlich fand sich, daß in sozialen Beziehungen, in denen die Aufrechterhaltung harmonischer Beziehungen im Mittelpunkt stand, das Prinzip absoluter Gleichheit bevorzugt wurde.

In diesem Zusammenhang sind *Geschlechtsunterschiede* erwähnenswert (Kahn, O'Leary, Krulewitz & Lamm, 1980): Frauen bevorzugen eher absolute Gleichheit, während Männer eher relative Gleichheit favorisieren. Wenn keine zukünftige Interaktion erwartet wurde, entschieden sich Männer für das Prinzip relativer Gleichheit, während Frauen stärker zu einer Aufteilung im Sinne absoluter Gleichheit neigten (Austin & McGinn, 1977). Vergleichbare Resultate wurden auch von Kahn, Nelson & Gaeddert (1980, Exp. 1) berichtet: Männer teilen sich selbst mehr Gewinne zu als Frauen, und Frauen werden mehr Gewinne zugeteilt als Männern (wie bei Callahan-Levy & Messé, 1979).

Verschiedene Untersuchungen zeigen, daß bei der Gewinnaufteilung häufig ein Kompromiß zwischen dem Prinzip absoluter und dem Prinzip relativer Gleichheit hergestellt wird (Mikula, 1972; Kahn, 1972). Wie wirkt es sich aus, wenn die Verletzung von relativer Gleichheit unabhängig ist von der Befolgung absoluter Gleichheit? Die Beantwortung dieser Frage setzt die methodische Trennung zwischen der Befolgung beider Regeln voraus (s. Box U11).

Box U11: Absolute und/oder relative Gleichheit

In vielen Bereichen des täglichen Lebens müssen Belohnungen aufgeteilt werden. Im allgemeinen besteht die Möglichkeit, die Belohnung unter Berücksichtigung von Leistungsunterschieden durchzuführen oder allen den gleichen Anteil zu geben.

Wie bewerten Beurteiler die Verletzung oder Herstellung von relativer oder absoluter Gleichheit? In einer Untersuchung (Bierhoff, 1982) wurden vier Versuchsbedingungen hergestellt (s. Abb. 22), in denen die Beurteiler jeweils die aufteilende Person bewerten sollten.

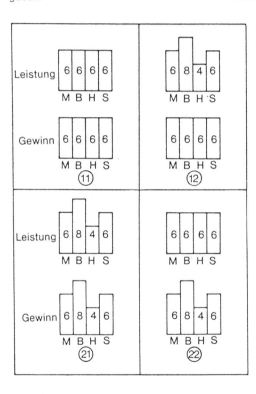

Abbildung 22: Absolute und relative Gleichheit der Gewinnaufteilung (nach Bierhoff, 1982)

Beachte: M, B, H und S sind Abkürzungen für vier Schülerinnen. In jedem Quadrant ist oben die Leistungsverteilung unter den Schülerinnen und unten die Gewinnverteilung der Lehrerin dargestellt. Die vier Bedingungen sind mit 11, 12, 21 und 22 bezeichnet.

In den Bedingungen (11) und (22) werden die Prinzipien absoluter und relativer Gleichheit der Gewinnaufteilung gleichzeitig hergestellt oder gleichzeitig verletzt. In den übrigen Bedingungen wird jeweils ein Prinzip verwirklicht, während das andere verletzt wird.

Die Beurteiler wurden mit einer hypothetischen Situation konfrontiert, die einen Wettbewerb unter Schülern darstellte. Vier Mädchen klebten Figuren aus vorgefertigtem Material zusammen. Für die Sieger standen Preise zur Verfügung.

Mit Hilfe von graphischen Darstellungen wurde verdeutlicht, wie viele Figuren jedes Mädchen geklebt hatte und wie viele Gutscheine jede der Schülerinnen von ihrer Lehrerin zur Belohnung erhielt. In der Darstellung des Wettbewerbs wurde entweder betont, daß die Kinder als Team zusammengearbeitet hatten oder daß jedes Mädchen für sich gearbeitet hatte.

Die Beurteiler schätzten ein, inwieweit sie das Verhalten der Lehrerin, die die Gewinne aufteilte, billigten. Generell war die Bewertung der Lehrerin positiver, wenn sie das Prinzip absoluter Gleichheit in der Gewinnverteilung verwirklichte. Was das Prinzip der relativen Gleichheit angeht, so hing die Bewertung davon ab, ob es für ein Team verwirklicht wurde oder in einer Situation individuellen Wettbewerbs. In der Wettbewerbssituation ergab sich eine positivere Bewertung bei Herstellung relativer Gleichheit (als bei Verletzung des Beitragsprinzips). Hingegen ergaben sich keine bedeutsamen Unterschiede in Abhängigkeit von der Verletzung oder Herstellung relativer Gleichheit, wenn die Schülerinnen als Team gearbeitet hatten.

In einer Wettbewerbssituation fand sich damit der unabhängige Einfluß beider Prinzipien auf die Bewertung der Aufteilung bestätigt, wie er von Brickman & Bryan (1976) festgestellt wurde (auf die auch das Versuchsparadigma zurückgeht). Hingegen wurde in Übereinstimmung mit den Resultaten von Lerner (1974) für ein Team die Herstellung absoluter Gleichheit bevorzugt. Die Verwendung des Prinzips relativer Gleichheit wird also je nach dem sozialen Kontext unterschiedlich bewertet, während die Verwendung des Prinzips absoluter Gleichheit keine vergleichbare Situationsabhängigkeit aufweist.

Gleichheits- und Beitragsprinzip lassen sich als *kognitive Skripts* (s. Abelson, 1976) verstehen, die in beide Richtungen arbeiten. Einerseits können sie angewandt werden, um aus einer gegebenen Leistungsverteilung eine Gewinnverteilung abzuleiten. Andererseits besteht die Möglichkeit, daß aus einer gegebenen Gewinnverteilung auf eine Leistungsverteilung geschlossen wird (s. Bierhoff, Buck & Klein, 1986).

Diese zuletzt genannte Möglichkeit ist von großer praktischer Bedeutung (Montada, 1992). Im schulischen wie im Leistungsbereich sind Leistungsunterschiede häufig nicht transparent. Entweder sind die relevanten Informationen nicht zugänglich, oder sie sind verzerrt und mehrdeutig. Schon die direkt Beteiligten sind vielfach nicht in der Lage, die Leistungsunterschiede genau zu erkennen. Das gilt noch stärker für Außenstehende.

Demgegenüber stehen sehr häufig prägnante Informationen über die Gewinnverteilung zur Verfügung. Solche Informationen sind in Zeugnissen, Einkommensverhältnissen, Wohlstandssymbolen und Hinweisen auf Unterprivilegierung und Armut enthalten. Was wird aus diesen direkt zugänglichen Informationen in bezug auf die Leistungsverteilung abgeleitet?

Die Annahme ist naheliegend, daß die Gewinnverteilung zum Maßstab für die Leistungsverteilung wird. Diese Anwendung entspräche einer Umkehrung des Prinzips relativer Gleichheit.

Wenn hingegen bei gleichen Belohnungen das Prinzip absoluter Gleichheit angewandt wird, sollte eine tendenziell ungleiche Leistungsverteilung erschlossen werden. Denn absolute Gleichheit bedeutet, daß ungleiche wie gleiche Leistungsverteilungen gleich belohnt werden.

Beurteiler erschließen aus ungleichen Gewinnverteilungen ungleiche Leistungen (Bierhoff, Buck & Klein, 1986). Damit tendieren sie dazu, die Aufteilung zu rechtfertigen. Weiterhin zeigt sich, daß Beurteiler aus der Gleichheit der Gewinnverteilung tendenziell ungleiche Leistungsverteilungen erschließen. Sie berücksichtigen also, daß die Anwendung des Gleichheitsprinzips auch bei ungleichen Leistungen erfolgen kann.

Die Ergebnisse für ungleiche Gewinnverteilungen stehen mit dem Glauben an eine gerechte Welt in Zusammenhang. Durch den Rückwärtsschluß von den Belohnungen auf die Leistungen wird kognitiv abgesichert, daß jede Person das bekommt, was sie verdient. Das schließt eine Aufwertung der Erfolgreichen und eine Abwertung der Unterprivilegierten ein. Als Folge davon kommt eine größere subjektive Sicherheit im Sinne von Selbstvertrauen bei den Personen zustande, die dem *Glauben an eine gerechte Welt* in ihrer sozialen Urteilsbildung folgen (Montada, 1992).

4.3.3. Ansprüche, gerechtfertigtes Selbstinteresse und Darwinsche Gerechtigkeit

Neben dem Bedürfnisprinzip und den Prinzipien absoluter und relativer Gerechtigkeit sind in Tab. 16 noch drei weitere Gerechtigkeitsregeln genannt, die im folgenden kurz beschrieben werden sollen (vgl. Lerner, 1977). *Ansprüche* oder soziale Verpflichtungen entstehen, wenn ein Beobachter mit dem Inhaber einer bestimmten Position Sympathie oder Mitleid empfindet. In diesem Zusammenhang ist insbesondere an die Situation des unschuldigen Opfers zu denken (etwa ein Verkehrsunfallopfer). Sofern man sich sagen kann, daß man selbst in genau derselben Situation sein könnte, weil man genauso wie das Opfer hätte betroffen sein können, wird man motiviert, dazu beizutragen, daß der Schaden oder die Verletzung des Opfers kompensiert wird. Schwieriger liegen die Dinge, wenn man als Beobachter glaubt, daß eine angemessene Wiedergutmachung nicht möglich ist (s. Abschnitt II.4.2.1.).

Gerechtfertigtes Selbstinteresse wird immer dann zum zentralen Motiv, wenn zwischen zwei Personen ein direkter Konflikt besteht, so daß der Gewinn des einen der Verlust des anderen ist. Solche Konflikte ergeben sich häufig aufgrund der Positionen, in denen sich die Interaktionspartner befinden. Viele Sportarten z.B. beinhalten einen direkten Vergleich zwischen zwei Personen, wobei der Sieg des einen die Niederlage des anderen darstellt (z.B. Boxen, Ringen und Fechten). Eine solche Auseinandersetzung muß keine weitreichenden Konsequenzen haben, sondern kann völlig auf die Wettkampfsituation beschränkt bleiben. Ähnlich läßt sich auch das Verhältnis der politischen Parteien zueinander bestimmen. Mitglieder unterschiedlicher Parteien können in der Parlamentsarbeit widersprüchliche Interessen vertreten und in ihrem Privatbereich freundschaftliche Beziehungen haben.

Bei weitem aggressiver werden im allgemeinen Beziehungen gestaltet, in denen die Wahrnehmung der Nicht-Einheit (s. Tab. 16) mit einem persönlichen Gegensatz kombiniert ist (Darwinsche Gerechtigkeit). In einer solchen Beziehung geht es um persönliche Überlegenheit. Jeder der Interaktionspartner möchte besser oder stärker sein als der andere (entsprechend der *Ichorientierung,* Balke & Stiensmeier-Pelster, 1995). Dieses Streben nach Überlegenheit verbindet sich mit einer Abwertung des Gegners, wie sie in Stereotypen und Vorurteilen enthalten ist (s. Abschnitt IV.2.).

4.3.4. Präferenzen für Verteilungsprinzipien hängen von der Belohnungsklasse ab

Fairneß hängt zumindest teilweise von der Belohnungsklasse ab, um die es geht. Lob und Anerkennung wird z.B. nach anderen Kriterien verteilt als Beförderungschancen.

Die Belohnungsklasse läßt sich nach einem zweidimensionalen Schema (Foa & Foa, 1980) beschreiben. Typische Formen von Belohnungen sind

- Liebe (Zuneigung, Wärme, Beistand),
- Status (Prestige, Selbstwert, Selbstachtung),
- Information (Rat, Meinung, Instruktion, Aufklärung),
- Geld,
- Güter und
- Dienstleistungen.

Diese sechs Belohnungsklassen lassen sich nach ihrer Konkretheit und nach ihrer Universalität gruppieren (s. Abb. 23). Die erste Dimension variiert zwischen symbolischen Belohnungen (wie Information) und konkreten Belohnungen (wie Güter). Die zweite Dimension ist durch das Ausmaß bestimmt, in dem eine Belohnung an eine bestimmte Person gebunden ist. Während etwa Geld in seinem Wert von einzelnen Personen unabhängig ist, ist Liebe auf spezifische Beziehungen bestimmter Personen beschränkt.

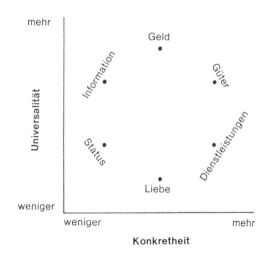

Abbildung 23: Klassifikationsschema von Belohnungsklassen (nach Foa & Foa, 1980)

Wie man sieht, bilden die einzelnen Belohnungsklassen in dem zweidimensionalen Schema eine kreisförmige Anordnung. Verschiedene empirische Untersuchungen unterstützen diese Annahme über die Anordnung der Belohnungsklassen (Foa & Foa, 1980) und bieten die Grundlage für die Formulierung einer Reihe von Austauschregeln unter Belohnungen:

- Je näher zwei Belohnungen in Abb. 23 zueinander stehen, desto wahrscheinlicher werden sie miteinander ausgetauscht.

- Je näher eine Belohnung zu Liebe ist, desto wahrscheinlicher wird sie mit derselben Belohnung erwidert. Andererseits wird Geld nahezu nie mit Geld ausgetauscht.
- Je näher eine Belohnung zu Geld ist, desto eher tendiert der Betrag des Gebers dazu, sich dem Betrag des Empfängers anzugleichen, so daß der Gewinn des einen der Verlust des anderen ist.
- Wenn eine Belohnung nicht zum Austausch zur Verfügung steht, wird sie eher durch universellere als durch eine weniger universelle Belohnung ersetzt.

Die Bevorzugung einer bestimmten Verteilungsregel variiert mit der Belohnungsklasse und dem sozialen Kontext (Schmitt & Montada, 1982; Törnblom & Foa, 1983). Außerdem sind nationale Unterschiede zu berücksichtigen, die an dieser Stelle nicht dargestellt werden. Bei einer gemischten deutschen Stichprobe (Schmitt & Montada, 1982) fand sich, daß

- für die Zuteilung materieller Güter (wie Geld oder Spielzeug) keine eindeutige Präferenz für ein Gerechtigkeitsprinzip deutlich wurde,
- für die Zuteilung positiv bewerteter Symbole (wie Lob und Auszeichnung) das Prinzip absoluter Gleichheit bevorzugt wurde,
- für die Zuteilung von Privilegien und Rechten (wie Benutzungserlaubnis und Mitspracherecht) das Bedürfnisprinzip bevorzugt wurde,
- für die Zuteilung von Positionen (wie Einstellungen und Beförderungen) das Prinzip absoluter Gleichheit als ungerechter eingestuft wurde als das Prinzip relativer Gleichheit oder das Bedürfnisprinzip.

Diese Ergebnisse stehen mit dem Ansatz von Kayser & Schwinger (1982) in Übereinstimmung, die einen Zusammenhang zwischen Belohnungsklasse und Verteilungsprinzip postulieren (s. auch Törnblom & Foa, 1983). Je nach Austauschklasse wird eine unterschiedliche Präferenz für das eine oder andere Verteilungsprinzip sichtbar.

4.4. Equity-Theorie und Liebesbeziehungen

Das Beitragsprinzip wurde ursprünglich im Leistungs- und Berufsbereich beschrieben (Adams, 1965). Es läßt sich aber auch in vielen anderen Bereichen sozialen Verhaltens anwenden. Ein Anwendungsbereich sind romantische Beziehungen (Walster, Walster & Berscheid, 1978). Das Beitragsprinzip befaßt sich mit den Inputs und Konsequenzen von zwei Personen, die zueinander ins Verhältnis gesetzt werden (s. Abschnitt II.4.3.2.). Die Beiträge, die jeder Partner in einer Beziehung erhält oder erbringt, fallen in drei Gruppen (vgl. Grau, 1997):

- *Persönliche Beiträge:*
  Soziale Fähigkeiten (aufgeschlossen, entspannt und freundlich bei sozialen Anlässen sein), Intelligenz (intelligente, informierte Person sein), Pflege des Aussehens und der Gesundheit (Sauberkeit, Eßgewohnheiten, Kleidung, Fitneß).
- *Emotionale Beiträge:*
  Mögen (dem Partner zeigen, daß man ihn mag), Liebe (dem Partner zeigen, daß man ihn liebt), Verstehen und Beachten (auf die persönlichen Probleme

und emotionalen Bedürfnisse des Partners reagieren), Rollen-Flexibilität akzeptieren und ermutigen (dem Partner zugestehen, daß er gelegentlich unterschiedliche Rollen ausprobiert).

- *Tagtägliche Beiträge:*
  Zeit und Anstrengung in den Haushalt stecken, es einem leicht machen (ein Interaktionspartner sein, der Humor hat, der nicht launisch ist, nicht häufig betrunken etc.), Gesellung (sozial aufgeschlossen sein).

Insgesamt werden 22 Einzelbereiche unterschieden, die Partner in romantischen Beziehungen einschätzen können. In empirischen Untersuchungen werden Beurteiler gebeten, ihren eigenen Beitrag und den des Partners in dem jeweiligen Bereich einzuschätzen. Dazu wird ihnen eine 8-Punkte-Skala mit den Endpunkten +4 (extrem positiv) und –4 (extrem negativ) vorgelegt.
Auf derselben Skala sollen auch die Konsequenzen eingeschätzt werden. Dazu werden dieselben Bereiche aufgelistet (z.B. Mögen: von dem Partner gemocht werden). Die Beurteiler geben an, wie sie die Konsequenzen für sich und den Partner einschätzten.
Die Einschätzungen lassen sich in die Gleichung der Equity einsetzen, um dann für beide Partner getrennt das Ausmaß der (Un-)Ausgeglichenheit zu ermitteln. Wenn man die Personen danach klassifiziert, ob sie sich als benachteiligt, gerecht behandelt oder bevorzugt in der Beziehung einschätzen, besteht die Möglichkeit, die Effekte der wahrgenommenen (Un-)Ausgeglichenheit auf die Liebesbeziehung zu untersuchen (s. Box A12).

Box A12: Ausgeglichenheit, Stabilität und Zufriedenheit in einer Liebesbeziehung

Hatfield, Utne & Traupmann (1979) stellten mehrere Hypothesen auf der Grundlage des Beitragsprinzips für romantische Beziehungen auf:

- Verglichen mit Paaren, die durch einen benachteiligten oder einen bevorzugten Partner charakterisiert sind, sind Personen in ausgeglichenen Paarbeziehungen zufriedener.
- Ausgeglichene Beziehungen sind stabiler als unausgeglichene.

Weitere Hypothesen beruhten auf der Annahme, daß Beziehungen, die über eine längere Zeit bestehen, einen Zustand dynamischen Gleichgewichts erreichen. Eine »erfolgreiche« Beziehung wird nicht zu allen Zeiten eine hohe Ausgeglichenheit aufweisen. Vielmehr besteht die Erwartung darin, daß solche Beziehungen dadurch gekennzeichnet sind, daß Unausgeglichenheit, die in der Beziehung auftritt, immer wieder reduziert wird.
In drei Untersuchungen (mit Lesern der

Zeitschrift »Psychology Today«, mit unverheirateten Paaren und mit gerade verheirateten Paaren) fanden sich Hinweise auf die Gültigkeit der Equity-Hypothesen (Hatfield, Utne & Traupmann, 1979).
In einer Untersuchung (Walster, Walster & Traupmann, 1978) wurde bei unverheirateten Studenten das Ausmaß der Ausgeglichenheit der Beziehung mit Hilfe eines globalen Maßes erhoben. Die Befragten sollten angeben, wie sie ihre eigenen Beiträge und die ihres Partners einschätzten. Außerdem wurden sie danach gefragt, wie sie ihre eigenen Konsequenzen und die des Partners beurteilten. Die Urteile wurden auf 8-Punkte-Skalen (s.o.) abgegeben und in die definierende Equity-Gleichung eingesetzt. Anhand dieser Gleichung wurden fünf Personengruppen gebildet:

- Personen, die stark im Vorteil sind (2,61),
- Personen, die etwas im Vorteil sind (4,33),

- Personen in ausgeglichenen Beziehungen (4,46),
- Personen, die etwas im Nachteil sind (3,49),
- Personen, die stark im Nachteil sind (2,31).

In Klammern finden sich die durchschnittlichen Werte auf einem Stimmungsindex. (Die Befragten gaben auf 4-Punkte-Skalen an, wie glücklich, zufrieden, ärgerlich und schuldbewußt sie sich in ihrer Beziehung fühlten. Der Index repräsentiert die Differenz zwischen der Summe der ersten beiden Urteile und der Summe der letzten beiden Urteile. Positivere Werte des Index bedeuten eine positivere Gesamtbewertung.) Wie man anhand der Ergebnisse sieht, fand sich die positivste Stimmungseinschätzung bei Personen, die ihre Beziehung als ausgeglichen wahrnahmen. Personen, die sich als bevorzugt oder benachteiligt ansahen, fühlten sich offensichtlich unbehaglicher in der Beziehung. Das steht in Übereinstimmung mit der Theorie. Allerdings wird deutlich, daß die Übereinstimmung vor allem für die benachteiligten Personen sichtbar wird. Eine getrennte Analyse für Frauen und Männer zeigte, daß Frauen, die sich als bevorzugt wahr-

nahmen, eine Zunahme des Unbehagens im Vergleich zu ausgeglichenen Beziehungen zeigten. Männer hingegen reagierten zwar negativ, wenn sie sich benachteiligt fühlten, aber nicht, wenn sie sich im Vorteil sahen.

Auch die Ergebnisse der Studie mit verheirateten Paaren belegen, daß sich Benachteiligung negativer auf die Zufriedenheit auswirkt, als wenn man im Vorteil ist. Darüber hinaus fand sich bestätigt, daß ausgeglichene Beziehungen als stabiler erscheinen. Personen (vor allem Männer), die sich benachteiligt sahen, erwogen in der Phantasie eher, die Beziehung zu verlassen oder sich scheiden zu lassen. Frauen dachten dann am ehesten an Scheidung, wenn sie sich im Vorteil sahen. In Übereinstimmung damit zeigte sich in der Untersuchung mit unverheirateten Paaren, daß sie am ehesten an die Stabilität ihrer Beziehung über fünf Jahre glaubten, wenn sie sich in einer ausgeglichenen Beziehung befanden.

Schließlich zeigt die Psychology-Today-Untersuchung, daß die Neigung zu außerehelichem Geschlechtsverkehr bei solchen Partnern am ausgeprägtesten ist, die sich in der Beziehung als benachteiligt sehen.

Die Resultate, die in Box A12 aufgelistet werden, lassen erkennen, daß Unausgeglichenheit die Gefühle in engen Beziehungen beeinflußt. Der Einfluß der Befolgung des Beitragsprinzips sollte aber nicht überschätzt werden:

- Das Streben nach Ausgeglichenheit der Beziehung wird ergänzt, überlagert oder neutralisiert durch andere soziale Motive wie Hilfsbereitschaft, Machtstreben oder Suche nach sozialer Billigung (Utne & Kidd, 1980). Manchmal steht das Streben nach Fairneß im Mittelpunkt, etwa wenn im Radio über die Mieter von Wohnungen der früheren DDR berichtet wird, deren Häuser an die alten Besitzer zurückgegeben werden sollen. In anderen Situationen ist der Glaube an eine gerechte Welt von zentraler Bedeutung. Schließlich ist auch daran zu denken, daß der Appell an Fairneß der Rechtfertigung des eigenen Vorteils dienen kann.
- Häufig scheint es so zu sein, daß Menschen geneigt sind, mit unausgewogenen Beziehungen zu leben (Utne & Kidd, 1980), z.B. wenn sie im Vorteil sind. Zumindest fällt die negative Reaktion auf eine Benachteiligung stärker aus als auf einen privilegierten Zustand!
- Unausgeglichenheit ruft häufig anstelle einer tatsächlichen Kompensation (Herstellung wirklicher Ausgeglichenheit) eine Rechtfertigung des Status quo (Herstellung psychologischer Ausgeglichenheit) hervor. Eine Kompensation

wird dann wahrscheinlicher, wenn die Unausgeglichenheit möglichst vollständig und somit adäquat reduziert werden kann (Berscheid & Walster, 1967; Miller, 1977b). Rechtfertigung ist weit verbreitet, z.B. wenn die Arbeit im Haushalt als weniger hochwertig als die im Beruf angesehen wird.

- Darüber hinaus ist zu berücksichtigen, wie man sich das Zustandekommen der Unausgeglichenheit erklärt (Utne & Kidd, 1980). Die Bereitschaft zur Kompensation sinkt, wenn ein Mißgeschick durch ein Fehlverhalten der betroffenen Person statt durch äußere Umstände erklärt wird. Das Urteil fällt besonders negativ aus, wenn ein Fehlverhalten auf internale und stabile Ursachen (z.B. Persönlichkeitsmerkmale wie Aggressivität) zurückgeführt wird.

- Schließlich wurde festgestellt, daß die Ausgeglichenheit in der Beziehung besonders für solche Menschen wichtig ist, die eine Austauschorientierung haben (Sprecher, 1992; VanYperen & Buunk, 1994). Partner, die sich weniger an einem gegenseitigen Austausch orientierten, waren generell zufriedener mit der Partnerschaft.

4.5. Prozedurale Gerechtigkeit

Im Zusammenhang mit dem Begriff der lokalen Fairneß wurde schon darauf hingewiesen, daß üblicherweise kein optimales Aufteilungskriterium zur Verfügung steht, auf das sich alle, die es gut meinen, einigen können. Unter diesen Umständen gewinnt die Frage der prozeduralen Gerechtigkeit ihre besondere Bedeutung, weil sie überprüfbare Merkmale eines fairen Entscheidungsprozesses anspricht. Wenn schon die Aufteilungsentscheidung selbst immer kontrovers bleibt, kann Konsensus wenigstens im Hinblick auf das Verfahren der Entscheidungsfindung angestrebt werden. Die Übereinstimmung in Verfahrensmerkmalen trägt zur *Legitimität* einer Autorität und ihrer Akzeptanz bei (Lind, 1996).
Konsistenz der Regelanwendung, Unvoreingenommenheit der entscheidenden Personen und *Korrigierbarkeit* von Entscheidungen, die sich als fehlerhaft erweisen, sind wichtige Bedingungen für die Herstellung prozeduraler Fairneß, die auch von Leventhal (1980) in seinem Katalog von sechs Regeln der prozeduralen Fairneß aufgenommen wurde. Weiterhin nennt Leventhal *Genauigkeit* im Sinne der Nutzung relevanter Informationen und der Vermeidung von fehlerhaften Vorannahmen, *Repräsentativität* im Sinne der Einbeziehung der Interessen aller Betroffenen und *ethische Rechtfertigung* im Sinne der Übereinstimmung mit gültigen moralischen Standards.
Auf der Basis dieser Regeln überprüfte Tyler (1988), welche Faktoren die Einschätzung der prozeduralen Fairneß tatsächlich beeinflussen. Er führte Telefoninterviews mit Bürgern von Chicago im Hinblick auf ihre Erfahrungen mit der Polizei und den Gerichten durch. Die wahrgenommene Fairneß war größer, wenn Unvoreingenommenheit, Genauigkeit, Repräsentativität, ethische Rechtfertigung und Korrigierbarkeit nach Meinung der Befragten realisiert wurden. Diese fünf Verfahrensmerkmale leisteten einen unabhängigen und signifikanten Beitrag zur Vorhersage der wahrgenommenen Fairneß. Hingegen erwies sich der Faktor der Konsistenz der Regelanwendung in dieser Untersuchung als weniger wichtig, da mit ihr kein unabhängiger Beitrag zur Aufklärung der Fairneßurteile geleistet wurde.

Der gemeinsame Nenner der Merkmale der prozeduralen Fairneß scheint darin zu liegen, daß die an einem Konflikt Beteiligten wünschen, mit Würde und Neutralität behandelt zu werden, sowie daß ihre Anliegen wichtig genommen werden (Vidmar, 1992). In diesem Zusammenhang ist auch die Bedeutung der *Mitsprache* zu erwähnen, die mehrere Funktionen in einem Verfahren hat. Generell gilt, daß Mitsprache häufig die Zufriedenheit mit dem Verfahren erhöht (Lind & Tyler, 1988). Das hängt z. T. damit zusammen, daß Mitsprache ein wichtiges Element eines demokratischen Prozesses ist und instrumentell eingesetzt werden kann, um die eigenen Interessen effektiv zu vertreten. Außerdem kann Mitsprache auch signalisieren, daß die Beteiligten als Mitglieder der Gesellschaft ernst genommen werden. In diesem Sinne kann der Ausdruck grundlegender Werte einer Gruppe durch Mitsprache symbolisiert werden (*»group-value theory«*; Tyler, 1990; Tyler & Lind, 1990).

Betroffene sind im Alltag für die Frage der prozeduralen Fairneß hochgradig sensibilisiert. In einer Befragung von Jugendlichen, die sich im Gefängnis befanden, ergab sich z. B., daß die Einschätzung der prozeduralen Fairneß die Zufriedenheit mit dem Ergebnis positiv beeinflußte: Je fairer das Verfahren eingeschätzt wurde, desto positiver fiel die Bewertung aus (Haller, Machura & Bierhoff, 1996).

Lind & Tyler (1988) geben eine Vielzahl von Beispielen aus den Bereichen Recht und Organisation, die den hohen Stellenwert der prozeduralen Fairneß verdeutlichen (vgl. Box A13).

Box A13: Gegenüberstellung von Prozeß- und Entscheidungskontrolle

Verfahren der Konfliktlösung unterscheiden sich darin, wieviel Prozeß- und Entscheidungskontrolle in ihnen realisiert wird (Sheppard, 1984; Thibaut & Walker, 1975):

- *Entscheidungskontrolle* kommt einer Person dann zu, wenn sie einen bestimmten Lösungsvorschlag durchsetzen kann. Ein Beispiel ist der Punktrichter beim Eiskunstlauf.
- *Prozeßkontrolle* bezieht sich auf den Verfahrensablauf und beinhaltet die Möglichkeit, über die Auswahl der Fakten zu bestimmen, die in der Entscheidung zugrunde gelegt werden. Ein Beispiel ist der Fußballschiedsrichter.

Konfliktlösung bezieht zwei Konfliktparteien und eine dritte neutrale Instanz ein. Fünf Verfahren der Konfliktlösung lassen sich unterscheiden, die sich in der Verteilung von Prozeß- und Entscheidungskontrolle unterscheiden:

- Hohe Prozeß- und Entscheidungskontrolle: *Autokratisches (»inquisitorisches«)*

Verfahren. Die dritte Partei leitet die Beweiserhebung und fällt allein die Entscheidung.
- Niedrige Prozeß- und hohe Entscheidungskontrolle: *Schlichtung.* Die Kontrahenten kontrollieren den Prozeß der Beweisführung, während die dritte Partei allein die Entscheidung fällt.
- Mittlere Prozeß- und Entscheidungskontrolle: *Erörterung.* Damit eine Einigung zustande kommt, müssen die Kontrahenten und die dritte Partei zustimmen.
- Hohe Prozeß- und niedrige Entscheidungskontrolle: *Vermittlung.* Die dritte Partei nimmt aktiv an den Verhandlungen teil, macht Vorschläge zum Vorgehen (Tagesordnung) und zu möglichen Lösungen, während die Kontrahenten einvernehmlich eine Lösung akzeptieren können. Hier liegt die Betonung auf der Suche nach Kompromissen, ohne daß Schuld zugewiesen wird.
- Niedrige Prozeß- und Entscheidungskontrolle: *Verhandlung.* Die Kontrahen-

ten beraten untereinander, ohne Einbeziehung einer dritten Partei, über die Konfliktlösung und streben eine einvernehmliche Lösung an.

Die *Vermittlung* hat bei der Behandlung von Konflikten in den USA in den letzten Jahren besondere Beachtung gefunden. Sie wurde z.B. bei Streitigkeiten zwischen Nachbarn oder Eheleuten als Verfahren eingesetzt. Im Ablauf lassen sich *drei Phasen* unterscheiden:

- Verfahrensregeln klären und Information sammeln,
- Streitpunkte besprechen und Alternativen aufzeigen,
- tragfähige Übereinkunft finden (Carnevale & Pruitt, 1992).

Generell scheinen Konfliktparteien Schlichtung gegenüber Vermittlung und Verhandlung zu bevorzugen, wenn es z.B. um Scheidung geht (Vidmar, 1992). Ein Problem von Vermittlung scheint darin zu bestehen, daß sie in der Praxis viele Zwangselemente beinhaltet, so daß die formale Struktur nicht der Realisierung entsprechen muß (Erlanger, Chambliss & Melli, 1987). Die konkrete Interaktion (interaktionale Fairneß) weicht gerade in informellen Verfahren leicht von der Verfahrensvorgabe ab.

Außerdem sind viele Streitigkeiten wenig geeignet für eine Kompromißbildung, da sie auf eine Entscheidung hinauslaufen, bei der eine Seite gewinnt und die andere verliert oder bei der die Kontrahenten glauben, daß sie jeweils im Recht sind (Lind et al., 1990). In der Bundesrepublik wurde das Verfahren der Vermittlung durch die Einrichtung des Schiedsmanns realisiert (Röhl, 1987). Die Erfahrungen mit dieser Form der außergerichtlichen Einigung sind gemischt. Viele der Kontrahenten scheinen ein Gerichtsverfahren gegenüber dem informelleren Verfahren der Schlichtung zu bevorzugen. Ein wichtiges Problem ist die *Neutralität* des Schiedsmanns, der leicht dazu tendiert, die Partei der Seite zu ergreifen, deren Standpunkt ihm nachvollziehbarer erscheint (s. auch Jansen, Röhl & Schwarz, 1987).

Was die Bevorzugung von Verfahrensweisen vor Gericht angeht, so sind unterschiedliche Schlüsse gezogen worden. Während Thibaut & Walker (1975) die Meinung vertraten, daß Schlichtung im Hinblick auf die wahrgenommene Fairneß bevorzugt wird, konnte Sheppard (1985) zeigen, daß eine Mischform, bei der die Kontrahenten einleitend ihre Standpunkte frei darstellen können, während der Richter im weiteren Verlauf Fragen stellen und Zeugen aufrufen kann, die höchste Fairneß erzielte. Da eine solche Mischform dem tatsächlichen Verhandlungsverlauf in kontinentaleuropäischen Gerichtsverfahren am ehesten entspricht, kann festgestellt werden, daß ihre Einstufung im Sinne der wahrgenommenen Fairneß günstiger ist, als ursprünglich angenommen wurde.

5. Aggression und Feindseligkeit

In den letzten Jahrzehnten hat sich gezeigt, daß Aggression durch kulturelle Fortschritte in der Welt nur bedingt eingeschränkt werden kann. Neben der Gewalt, die in Kriegen und Bürgerkriegen ausgeübt wird, gibt es Aggression in der Familie, in der Schule und auf der Straße. In der Kriminalstatistik treten männliche Jugendliche und Heranwachsende als Täter besonders häufig in Erscheinung (Statistisches Jahrbuch 1996). Zu Panikmache ist kein Anlaß. Die Zahl der Straftaten im wiedervereinigten Deutschland hat sich von 6.3 Millionen im Jahre 1992 über 6.8 Millionen 1993 auf 6.5 Millionen 1994 entwickelt (ohne Verkehrsvergehen). Die Aufklärungsquote ist mit 43-44% konstant geblieben. Bei

Gewaltverbrechen wie Mord und Totschlag, Vergewaltigung, Raub und gefährlicher Körperverletzung ist kein steiler Anstieg festzustellen. Die Aufklärungsquote für Mord und Totschlag, Vergewaltigung und gefährliche Körperverletzung ist mit 87.3%, 73.6% und 81.3% relativ günstig, allerdings für Raub relativ ungünstig (43.9%, Zahlen für 1994, Statistisches Jahrbuch 1996).

Diese Zahlen geben zu Besorgnis Anlaß, insbesondere wenn Dunkelziffern (etwa bei Vergewaltigungen) einbezogen werden und das Problem der organisierten Kriminalität berücksichtigt wird. Sie sind aber kein Beweis für ein um sich greifendes kriminelles Chaos. Durch die Massenmedien – sowohl in der Sensationsberichterstattung als auch in Krimis und Gewaltfilmen – wird dagegen ein Bild erzeugt, das die Bundesrepublik am Rande des kriminellen Abgrunds zeigt. Aggression hat mehrere Ursachen, so daß Einzelerklärungen unzureichend sind (Groebel & Hinde, 1989). Im Hinblick auf die Aggressionsforschung lassen sich acht verschiedene Ebenen der Analyse unterscheiden (Box T12):

Box T12: Theoretische Ebenen der Aggressionsforschung

Seit längerem wird darauf hingewiesen, daß soziale Ereignisse wie Aggression oder Hilfsbereitschaft auf unterschiedlichen Ebenen analysiert werden können, die sich untereinander nicht ausschließen. Doise (1986) unterscheidet vier Ebenen der Analyse:

- Auf der *intra-individuellen Ebene* werden Wahrnehmung, Infomationsverarbeitung und deren Folgen für das Verhalten einer Person beschrieben.
- Auf der *inter-personalen Ebene* werden Merkmale der Interaktion unter Berücksichtigung der sozialen Situation analysiert.
- Auf der *positionalen Ebene* wird der Einfluß von Statusunterschieden in der Gruppe untersucht, die schon vor der konkreten Interaktion bestanden haben. Auf dieser Ebene werden auch Beziehungen zwischen Gruppen betrachtet.
- Die *Ideologie-Ebene* berücksichtigt die Kulturabhängigkeit sozialen Verhaltens, wie die Auswirkungen von bestimmten kulturellen Glaubenssystemen (z.B. Religion) oder Traditionen.

Zimbardo (1994) erweitert diesen Ansatz, indem er acht Ebenen der Analyse aggressiven Verhaltens gegenüberstellt:

- Die *individuelle Ebene*, bei der es um die Frage geht, ob es individuelle Unterschiede im Ausmaß der Aggression gibt. In diesem Zusammenhang wird auf Geschlechtsunterschiede verwiesen, von denen aber in neueren Analysen gezeigt wurde, daß sie in ihrer Bedeutung überschätzt werden (Bornewasser, 1993; Hyde, 1984). Daneben sind Persönlichkeitsmerkmale zu nennen, die mit der Aggression zusammenhängen.
- *Stimulusbedingungen,* die mit Gewalt zusammenhängen. Dazu zählen Waffen und andere Symbole der Gewalt (Box A14) sowie Temperatureinflüsse (Abschnitt II.5.3.1.).
- *Soziale Bedingungen,* wie z.B. die Anonymität in Gruppen, die zu einer Deindividuation und einer nachfolgenden Steigerung der Aggression führen kann (Abschnitt V.1.6.).
- *Historische Faktoren,* die in einem Land zu einer Veränderung der Gewaltbereitschaft führen. So weisen Ergebnisse darauf hin, daß nach Kriegen das Aggressionsniveau in den beteiligten Staaten steigt, z.B. in den USA nach dem Vietnam-Krieg (Zimbardo, 1994).
- Die *politische Ebene,* die auf die Bedeutung von Machtausübung und militärischer Gewalt verweist und die den militärisch-technologischen Bereich einbezieht (Groebel & Hinde, 1989).
- Die *ideologische Ebene,* die u.a. die Frage der Akzeptanz von Gewalt in der Gesellschaft betrifft.

● Die *ökonomische Ebene,* bei der es um Randbedingungen geht, die mit Gewalt und Aggression im Zusammenhang stehen, wie Armut, *relative Deprivation,* Gewalt als Geschäft. Ein Aspekt ist auch die Versorgung mit Waffen, die durch die Rüstungsindustrie betrieben wird. Gerade in diesen Tagen (am 8.6.1997) hat die Schweizer Bevölkerung in einem Referendum dagegen votiert, den Rüstungsexport aus der Schweiz einzuschränken. Was motiviert die Beschäftigten in der Rüstungsindustrie und die ganze Bevölkerung eines Landes, die Rüstungsindustrie zu stützen? In der Schweiz wurde als Rechtfertigung mit der Sicherung von 200 000 Arbeitsplätzen argumentiert.

● *Strukturelle Bedingungen der Gesellschaft,* die die Lebensgewohnheiten, die bestehenden Dominanz- und Herrschaftsstrukturen und Normen/Wertsysteme betreffen. Ein Beispiel ist die Ideologie der Südstaaten, die von Nisbett & Cohen (1996) dargestellt wurde.

Auf allen Ebenen lassen sich Faktoren nennen, die die Gewalt in der Gesellschaft erhöhen. Gewalt ist ein vielschichtiges Problem, das nicht durch eine einzige wissenschaftliche Disziplin erklärt und nicht durch eine Maßnahme erfolgreich bekämpft werden kann. Was die sozialpsychologische Perspektive angeht, stehen besonders individuelle und soziale Faktoren, sowie deren Abhängigkeit von konkreten Bedingungen und kulturellen Einflüssen im Vordergrund.

Bevor wir uns sozialpsychologischen Theorien der Aggression zuwenden, wird zunächst die Definition des Aggressionsbegriffs dargestellt und Fragen der Aggressionsmessung besprochen. Dann folgen kontroverse Themen der Aggressionsforschung, bevor schließlich Anwendungsfelder der Forschung behandelt werden.

5.1. Wie wird der Begriff Aggression definiert und gemessen?

Die Definition von Aggression ist umstritten. »Gleichsam als 'Einstand' meint jeder, der dem elitären Club der Aggressionsforscher beitreten will, an der Pforte eine neue Definition abgeben zu müssen« (Selg, 1982, S. 351). Die bekannteste Definition ist vermutlich die von Dollard, Doob, Miller, Mowrer & Sears (1939): »Aggression ist eine Verhaltenssequenz, deren Zielreaktion die Verletzung einer Person ist, gegen die sie gerichtet ist« (nach Selg, 1982). Diese Definition läßt sich wie folgt präzisieren: »Eine Aggression besteht in einem gegen einen Organismus oder ein Organismussurrogat gerichtetes Austeilen schädigender Reize; eine Aggression kann offen (körperlich, verbal) oder verdeckt (phantasiert), sie kann positiv (von der Kultur gebilligt) oder negativ (mißbilligt) sein.« (Selg, 1982, S. 352).

Diese Definitionen sind verhaltensorientiert, wobei die gerichtete (nicht zufällige) Schädigung einer anderen Person im Mittelpunkt steht (Selg, Mees & Berg, 1997). Andere Autoren (z.B. Werbik & Munzert, 1978) haben betont, daß es auf die *Absicht zur Schädigung* eines anderen ankommt. In neueren Zusammenfassungen der Forschung zu aggressivem Verhalten wird Aggression meist als eine Handlung definiert, die mit der Intention ausgeführt wird, eine Schädigung oder Verletzung zu bewirken (Berkowitz, 1993; Geen, 1990).

Menschliche Aggression gegen eine Zielperson läßt sich nach Zillmann (1979) in unterschiedliche Typen unterteilen (vgl. auch Selg, Mees & Berg, 1997 für eine ähnliche Unterteilung):

- *offensiv*, ohne daß ein erkennbarer Anlaß im Verhalten der Zielperson der Aggression erkennbar ist,
- *defensiv* im Sinne einer Abwehr eines aktuellen oder früheren Angriffs,
- *vergeltend* im Sinne einer Kompensation für die Folgen eines früheren Angriffs der Zielperson,
- *provoziert* und *reaktiv,*
- *unprovoziert* und *spontan,*
- *Bestrafung entfliehend* (Ärger motiviert),
- Belohnung suchend (Anreiz motiviert im Sinne instrumenteller Ausübung von Gewalt),
- *sanktioniert* (auf sozial akzeptierte Ziele gerichtet, nicht notwendigerweise durch Gesetze gedeckt),
- *legal* (auf der Basis von staatlichen Gesetzen),
- *gerechtfertigt* in den Augen der Angreifer, der Zielperson oder von Zeugen.

Wenn Aggression eine Absicht zur Schädigung voraussetzt, ergeben sich zwei weitere Gesichtspunkte:

- Zum einen ist Aggression eine freiwillige und gerichtete Handlung, die nicht zufällig ist.
- Zum anderen erscheint Aggression häufig als ungerechtfertigtes Handeln, das soziale Normen verletzt.

Tatsächlich berücksichtigen »naive« Beurteiler bei der Definition von Aggression sowohl die Freiwilligkeit bzw. den Zwang, unter dem die Handelnden stehen (Kane, Joseph & Tedeschi, 1977) als auch die Legitimität der Handlung (Joseph, Kane, Nacci & Tedeschi, 1977). Handlungen, die unter Zwang und mit Legitimität ausgeführt werden, gelten als weniger aggressiv. Daraus ergibt sich die Schlußfolgerung, daß eine Person dann als aggressiv eingeschätzt wird, wenn sie für die Schädigung einer anderen Person moralisch *verantwortlich* gemacht wird (Kane et al., 1977).

Aggression läßt sich als Spezialfall einer sozialen Interaktion zwischen wenigstens zwei Personen (Akteur-Opfer) auffassen (A. Mummendey, 1982; A. Mummendey, Linneweber & Löschper, 1984). Diese Sichtweise verdeutlicht, daß Akteur und Opfer im allgemeinen abweichende Einschätzungen der Angemessenheit der Attacke verwenden. Während die Angreifer ihr Verhalten meist für gerechtfertigt halten, tendieren die Angegriffenen dazu, den Angriff für unangemessen und unmoralisch zu halten.

Diese rollenabhängigen Perspektiven der Bewertung von aggressiven Interaktionen werden als *Akteur-Opfer-Divergenz* bezeichnet. Beurteiler, die sich mit den jeweiligen Akteuren identifizieren, beurteilen ihr Verhalten als angemessener und bezeichnen es als weniger aggressiv als Personen, die sich mit den Opfern identifizieren. Diese Perspektivenbedingtheit wurde auch für die Einschätzung ungerechter Ereignisse, z.B. bei Ehepaaren, gefunden (Mikula, Achenstaedt, Heimgartner & Heschgl, 1997).

Für die Beurteilung der Frage, ob eine Interaktionssequenz von Beobachtern als »aggressiv« bezeichnet wird, sind eine Reihe von Merkmalen bedeutsam. Wenn einem Akteur *Verantwortung* zugeschrieben wird und *Entschuldigungsgründe fehlen*, erscheint die Schädigung einer anderen Person eher als aggressiv (Bornewasser, 1982; Mummendey, Bornewasser, Löschper & Linneweber, 1982). Weiterhin besteht die Tendenz, daß mehr Aggression wahrgenommen wird, wenn der Schaden hoch ist. Schließlich läßt sich feststellen, daß die wahrgenommene Aggression stärker ist, wenn der Akteur eine deutliche *Normabweichung* in seinem Verhalten zeigt und wenn er/sie die Verletzung einer anderen Person *absichtlich* ausführt. Was die Empfehlung für eine Bestrafung angeht, so erweist sich zusätzlich die *Größe der Verletzung* als Faktor, der die empfohlene Sanktion bestimmt (Löschper, Mummendey, Linneweber & Bornewasser, 1984)

Eine weitere Erkenntnis, die sich aus der sozialpsychologischen Analyse der Aggression ergibt, besteht darin, daß die Einschätzung der aggressiven Interaktion von den Reaktionen des Opfers abhängt (Mummendey, Löschper, Linneweber & Bornewasser, 1984). Wenn das Opfer auf eine Vergeltung verzichtet, wird der Eindruck bei Beobachtern erweckt, daß das Ausmaß der Verletzung gering ist und daß das Opfer die Sache leicht nimmt bzw. das Verhalten des Akteurs für angemessen hält. Wenn hingegen die aggressive Interaktion durch Vergeltung des Opfers eskaliert, wird von Beobachtern angenommen, daß das Opfer verletzt wurde, daß es das Verhalten des Akteurs für unangemessen hält und keine Angst wegen negativer Konsequenzen einer Vergeltung hat. Somit trägt das Opfer durch seine eigene Reaktion dazu bei, wie eine Aggression des Akteurs in der Öffentlichkeit bewertet wird. Die anfängliche Aggression wird als gravierender beurteilt, wenn das Opfer mit einer Gegenaggression reagiert.

Tedeschi & Felson (1994) haben eine sozialpsychologische Theorie dargestellt, die den Begriff Aggression durch *Macht durch Zwang* ersetzt (s. Box T13).

Box T13: Macht durch Zwang

Die Absicht der Schädigung einer anderen Person, die zur Definition von Aggression herangezogen wird, bezieht sich auf Ziele, die die angreifende Person gegenüber einer anderen Person (dem Opfer) zu erreichen versucht. Die Absicht der angreifenden Person besteht darin, Zwang auszuüben (Tedeschi & Felson, 1994). In Beobachtungen in Problemfamilien wurde deutlich, daß die Ausübung von Zwang häufig vorkommt, etwa wenn ein Kind sich durch störrisches Verhalten gegen seine Eltern durchsetzt und dadurch eine für sich unangenehme Situation beendet (Patterson, 1979).

Handlungen, durch die Zwang ausgeübt wird, umfassen Drohungen, körperliche Gewalt und Strafen und sind als direktes Aufzwingen einer Konsequenz einer Zielperson gegenüber definiert. Sie zielen häufig auf die Schädigung der Zielperson

ab. Eine andere Möglichkeit besteht darin, daß der Zwang Nachgiebigkeit auslösen soll, wie bei einem Raubüberfall. In diesem Fall ist die Schädigung des Opfers eine Nebenfolge der Absicht der Täter, sich materiell zu bereichern. Zwang stellt eine von fünf Grundlagen der Machtausübung dar (neben Belohnung, Legitimität u.a., vgl. Abschnitt V.1.1).

Die Handlungen, die mit Zwang verbunden sind, lassen sich in drei Kategorien einteilen:

• *Drohungen,* die die Mitteilung beinhalten, daß die Intention besteht, eine Schädigung auszuführen, wobei die Drohung entweder an Bedingungen gebunden ist oder nicht. Wenn Bedingungen genannt werden, die die Zielperson erfüllen soll, ist das als Versuch zu werten, Kontrolle auszuüben. Wenn ohne

Nennung von Bedingungen gedroht wird, handelt es sich meist um eine *Einschüchterung.*

- *Körperliche Gewalt,* die auf der überlegenen Kraft der Person beruht, die sie ausübt.
- *Strafen* mit dem Ziel, das Opfer zu schädigen, wobei physische Strafen, Deprivation des Opfers und soziale Strafen im Sinne von Beleidigungen zu unterscheiden sind.

Die Motive für die Anwendung von Handlungen, durch die Zwang ausgeübt wird, sind die folgenden:

- *Ausübung sozialen Einflusses,* Insofern kann von einer instrumentellen Aggression gesprochen werden, deren Auftreten sich an ihrer Erfolgswahrscheinlichkeit orientiert.
- *Streben nach Wiederherstellung von Fairneß,* nachdem eine Provokation oder eine Schädigung, ausgelöst durch die gegnerische Partei, wahrgenommen wird. Wenn keine »friedliche« Lösung zwischen den Konfliktparteien ausgehandelt werden kann, besteht die Möglichkeit, daß es zu einer Vergeltung kommt, die die Funktion hat, die wahrgenommene Ungerechtigkeit auszugleichen. Ärger beruht häufig auf wahrgenommener Unfairneß (Scherer, 1991), so daß die Verbindung zwischen Fairneß und Aggression regelmäßig auftritt.
- *Selbstdarstellung* im Sinne der Reklamierung von Macht und Überlegenheit. Die Anwendung von Macht durch Zwang kann anderen Personen die eigene Stärke demonstrieren, hat aber auch das Problem, daß die angreifende Person einem Gegenangriff ausgesetzt sein kann, der eine Spirale von gegenseitigen Attacken zur Folge hat.

Streßhafte Lebensereignisse können die Ausübung von Macht durch Zwang wahrscheinlicher machen. Der Interaktionsablauf besteht darin, daß eine Person unter Streß die Ausübung von Zwang gegen sich selbst indirekt herbeiführt und darauf ebenfalls mit Handlungen, durch die Zwang ausgeübt wird, reagiert, so daß eine Spirale von Angriffen und Gegenangriffen zustande kommt.

Zusammenfassend läßt sich feststellen, daß der sozialpsychologische Ansatz von Tedeschi & Felson (1994) Aggression nicht als Schädigungsabsicht, sondern als Ausübung von Macht durch Zwang interpretiert. Aggression wird in den sozialen Kontext einbezogen, besonders als Resultat der Wahrnehmung einer Verletzung der Fairneß in sozialen Beziehungen.

Tedeschi & Quigley (1997) kritisieren die Ansätze von Bandura (1976) Berkowitz (1993), und Geen (1990), weil in ihnen Aggression als Intention zur Schädigung einer anderen Person interpretiert wird, ohne daß in empirischen Untersuchungen die Intention der handelnden Personen gemessen wird. Daher steht die Konstruktvalidität dieser Studien in Frage. Wird überhaupt das gemessen, was gemessen werden soll? Oder erfassen viele empirische Aggressionsstudien den Gehorsam gegenüber dem Versuchsleiter?

Der Ansatz von Tedeschi & Felson (1994), der Handlungen, durch die Zwang ausgeübt wird, mit Aggression in Verbindung setzt, findet seinen Anwendungsbereich vor allem im Hinblick auf *instrumentelle Aggression,* bei der Zwang eingesetzt wird, um ein bestimmtes Ziel (wie die Nachgiebigkeit der Zielperson oder ihre Bestrafung) zu erreichen. Instrumentelle Aggression, die auf der Antizipation von Belohnung und Erfolg beruht, läßt sich häufig beobachten (Zillmann, 1979; Tedeschi & Felson, 1994). Auf der Basis der Einschätzung der eigenen Aggressionsfähigkeiten, der Größe des Widerstandes, der Vergeltungsmöglichkeiten und der Mißbilligung durch Beobachter wird eine rationale Planung aggressiven Verhaltens durchgeführt (s. auch Merz, 1965).

Ein anderer Bereich, nämlich der der *impulsiven Aggression,* die auf affektiven Reaktionen beruht, wie sie durch aversive Erfahrungen ausgelöst werden, läßt sich eher durch den revidierten Ansatz der Frustrations-Aggressions-Theorie erklären, der in Abschnitt II.5.2.1. dargestellt wird. Eine wichtige Konsequenz, die aus der Kritik von Tedeschi & Quigley (1997) gezogen werden kann, besteht darin, daß die Ansätze zur Erforschung impulsiver Aggression den Aspekt der automatischen Ausführung solcher Handlungen überbetonen, da sie weitgehend darauf verzichten, Angaben über die Intentionen der Handelnden und ihr subjektives Verständnis der Versuchssituation zu erheben. Diese Überlegung verweist auf die Messung der Aggression, die in Box T14 behandelt wird.

Box T14: Der Finger auf dem Knopf: Die Aggressionsmaschine

Eine Übersicht über verschiedene Meßmethoden der Aggression gibt H.D. Mummendey (1982). Als Beispiel für ein typisches Vorgehen bei der Messung der Aggression wird im folgenden das Verfahren von Konecni (1975) skizziert. Die Versuchspersonen werden informiert, daß eine Studie zum kreativen Einfallsreichtum durchgeführt werden soll, wobei sie die Rolle des Experimentators übernehmen. In dieser Rolle lesen sie 30 Worte vor, auf die ein Verbündeter des wirklichen Versuchsleiters mit vorbereiteten Antworten reagiert. Währenddessen sitzt der Verbündete, der an Elektroschockelektroden angeschlossen wurde, in einem Nebenraum. Wenn den Versuchspersonen die Antwort des Verbündeten gefällt, reagieren sie mit »gut«, während sie bei Nichtgefallen einen oder mehrere Elektroschocks applizieren. Die Anzahl der Elektroschocks über die 30 Durchgänge stellt die abhängige Variable der Untersuchung dar.

Dieses Verfahren entspricht in den Grundzügen der *Buss-Aggressionsmaschine,* die ursprünglich von Buss (1961) entwickelt wurde. Angeblich geht es um Bestrafungslernen, während tatsächlich die Ausführung von Aggressionen durch Verwendung von Elektroschocks erfaßt werden soll. Die Versuchsteilnehmer übernehmen die Rolle von Lehrern, während ein Verbündeter des Versuchsleiters die Rolle des Schülers spielt. Der Schüler versucht, eine Liste von Wortpaaren auswendig zu lernen, bevor der Lehrer das erste Wort eines Wortpaares vorgibt, auf das der Schüler mit dem zweiten Wort des Paares antworten soll. Dem Lehrer steht der Aggressionsapparat zur Verfügung, auf dem 10 Knöpfe unterschiedliche Schockstärken kennzeichnen. Bei falschen Antworten schockt der Lehrer den Schüler, wobei er Stärke und Länge des Schocks bestimmen kann.

In der Studie von Konecni (1975) wurde eine *Frustration bzw. Provokation* hervorgerufen, indem die Versuchsteilnehmer zu Beginn zunächst gemeinsam mit dem Verbündeten einige Anagramme bearbeiteten. Der Verbündete löste seine Aufgaben schnell und ärgerte die Versuchspersonen, indem er abwechselnd sagte, sie sollten sich beeilen oder sie sollten aufgeben, weil sie es doch nicht schafften. Schließlich riß der Verbündete das Blatt mit den Aufgaben an sich und weigerte sich, es zurückzugeben, wobei er bemerkte: »Wieso denn? Du kannst sie sowieso nicht lösen.« Diese Technik der Auslösung einer Frustration enthält zwei Elemente: Störung bei der Zielerreichung und Beleidigung der Versuchspersonen. In anderen Studien wurde zum Zweck der Frustration bzw. Provokation meist eines der beiden Elemente in den Vordergrund gestellt. So sagte das Opfer in der Studie von Rogers und Prentice-Dunn (1981) zu den Versuchsteilnehmern: »Hoffentlich bist Du nicht so dumm, wie Du aussiehst«. In den Studien von Nisbett & Cohen (1996) rammte ein Verbündeter die Versuchsperson und bezeichnete sie mit einem bekannten Schimpfwort.

Wie hängen die Merkmale der Aggression, die mit der Buss-Aggressionsmaschine und verwandten Verfahren erhoben werden können, zusammen? Eine Metaanalyse (Carlson, Marcus-Newhall & Miller, 1989) zeigt, daß über verschiedene Studien hinweg substantielle Korrelationen zwischen den verschiedenen Maßen der Aggression auftreten. So korreliert z.B. die Intensität und Dauer der Schocks im Durchschnitt mit r = .48.

Eine weitere wichtige Frage bezieht sich darauf, ob verbale und physische Aggression zusammenhängen. Nach den Ergebnissen einer Metaanalyse scheint diese Frage positiv zu beantworten zu sein (Carlson et al., 1989). Das Ausmaß der verbalen Aggression steht in einem hoch signifikanten positiven Zusammenhang mit dem Ausmaß der physischen Aggression. Dabei werden verbale Aggressionen z.B. zum Ausdruck gebracht, indem die andere Person positiv oder negativ bewertet wird oder indem eine Empfehlung für ihre Beschäftigung in einer bestimmten Anstellung ausgesprochen wird. Physische Aggression wird durch die Buss-Aggressionsmaschine gemessen.

Außerdem wurde gezeigt, daß sich Determinanten der Aggression (wie Frustration) in der gleichen Richtung sowohl auf die physische Aggression als auch auf die verbale Aggression auswirken. So findet sich sowohl bei der physischen als auch bei der verbalen Aggression, daß eine Steigerung eintritt, wenn die Akteure geärgert werden. Darüber hinaus zeigt sich auch, daß sowohl die verbale als auch die physische Aggression erhöht werden, wenn eine Person persönlich angegriffen, beleidigt und herabgesetzt wird.

Das spricht dafür, daß physische und verbale Aggression in dem Sinne äquivalent sind, daß sie dasselbe zugrunde liegende Konstrukt der Aggression erfassen. Zwischen beiden Formen der Aggression lassen sich auch Unterschiede konstatieren: Physische Aggression wird sozial weniger gebilligt als verbale Aggression. Außerdem kann verbale Aggression zurückgenommen werden, während physische Aggression in ihren Auswirkungen nicht rückgängig gemacht werden kann.

Was die Messung der Aggression mit verschiedenen Indikatoren (wie Häufigkeit, Länge und Intensität von Elektroschocks) betrifft, kann festgestellt werden, daß sich Hinweise auf die Konvergenz unterschiedlicher Methoden der Aggressionsmessung finden, wenn auch gleichzeitig eine gewisse Situationsabhängigkeit der Anwendung unterschiedlicher Techniken der Aggression zu konstatieren ist (Mummendey, Schiebel, Troske & Sturm, 1977).

Im folgenden wenden wir uns fünf grundlegenden Theorien der Aggression zu: Frustrations-Aggression, Erregungs-Transfer, Attribution, Soziales Lernen und kulturelle Erwartungen.

5.2. Sozialpsychologische Theorien der Aggression

Psychoanalytische Theorien und ethologische Erklärungsansätze der Aggression können aus Raumgründen an dieser Stelle nicht ausführlich dargestellt werden (vgl. aber Jakobi, Selg & Belschner, 1982). In der *Psychoanalyse* wird der Liebestrieb dem Todestrieb gegenübergestellt (Freud, 1940). Der Todestrieb motiviert, nachdem er vom Selbst weg nach außen gerichtet worden ist, aggressives Verhalten. Unter Zugrundelegung eines hydraulischen Triebmodells, in dem die Triebenergie ähnlich einer Flüssigkeit in einem Behälter aufgefaßt wird, kommt Lorenz (1963) zu der Annahme, daß nach dem Abfluß der angestauten Energie durch aggressives Ausleben der Gefühle die Wahrscheinlichkeit für Gewalttätigkeit reduziert wird (vgl. aber Katharsiseffekte in Abschnitt II.5.3.2.). Aus dieser Sicht ergibt sich die Empfehlung, Aggression durch relativ ungefährliche Mittel (wie Sportveranstaltungen) zu kanalisieren.

Im folgenden werden fünf weitere Theorien der Aggression dargestellt: Die Frustrations-Aggressions-Theorie, die Theorie des Erregungstransfers, die Attributionstheorie der Aggression, die soziale Lerntheorie und die Erklärung durch kulturelle Ideologien.

5.2.1. Frustrations-Aggressions-Theorie

Die einflußreichste Theorie der Aggression in der Zeit nach dem Zweiten Weltkrieg ist die Frustrations-Aggressions-Theorie von Dollard, Doob, Miller, Mowrer & Sears (1939), die auf lerntheoretischen und psychoanalytischen Gedanken beruht. Nach dieser Theorie geht

- Aggression auf Frustration zurück, und
- Frustration führt immer zu Aggression.

Unter *Frustration* verstehen Dollard et al. eine unerwartete Blockierung der antizipierten Zielerreichung, also ein Hindernis auf dem Weg zu einer belohnenden Erfahrung (Berkowitz, 1989). Da sich der zweite Teil der Hypothese nicht halten läßt, wurde er relativ schnell aufgegeben (Miller, 1941). Es tritt z.B. häufig auf, daß frustrierte Personen sich zurückziehen oder mit Hilflosigkeit reagieren. Frustration kann also sowohl zu Aggression als auch zu nicht-aggressiven Reaktionen führen, wie auch Mees (1992) betont. Er verweist darauf, daß eine Frustration vor allem dann Aggression auslöst, wenn das Verhalten der frustrierenden Person als tadelnswert angesehen wird, z.B. weil eine Beleidigung ausgesprochen wurde. Durch solche beleidigenden oder normverletzenden Frustrationen kann das Gefühl der Kränkung, des Zorns, der Empörung, der Verbitterung oder der Entrüstung ausgelöst werden. In diesem Zusammenhang ist auch zu erwähnen, daß mildernde Umstände die Aggressionsbereitschaft nach einer Frustration verringern, insbesondere wenn sie schon vorher bekannt sind (s. Abschnitt II.5.2.3.).

Der erste Teil der Frustrations-Aggressions-Hypothese beschreibt einen gültigen Zusammenhang (Berkowitz, 1989), ohne daß Frustration die einzige Ursache für Aggression ist. Eine instrumentelle Aggression ist z.B. durch die Erwartung von Belohnungen motiviert. Frustration läßt sich als Spezialfall von *aversiven Ereignissen* auffassen, die Ärger und Aggression auslösen (Berkowitz, 1989). Aggression kann z.B. auch auf aversiven Erfahrungen beruhen, die durch Kälte oder Schmerz ausgelöst werden (Berkowitz & Heimer, 1989). Studenten, die ihre Hand in unangenehm kaltes Wasser halten mußten (6°C), verhielten sich bei einer Bewertungsaufgabe gegenüber einem Mitstudenten aggressiver als Studenten, die ihre Hand in wärmeres Wasser hielten (23°C). Aversive Erfahrungen rufen einen negativen Affekt hervor, der assoziativ mit Beunruhigung, Irritation und Ärger sowie expressiv-motorischen Reaktionen verbunden ist, die zu Aggression führen können *(kognitiv-neoassoziationistische Theorie des Ärgers).*

Frustration ist eine aversive Erfahrung, die sowohl Aggression als auch Flucht auslösen kann (Berkowitz, 1989). Damit steht in Übereinstimmung, daß emotionale Ereignisse häufig sowohl Ärger als auch Furcht auslösen (Diener & Iran-Nejad, 1986). Weiterhin wird angenommen, daß nach der Auslösung einer angeborenen »fight/flight«-Reaktion kognitive Bewertungen und Attributionen einsetzen, die die emotionale Reaktion weiter differenzieren. Eine ärgerliche Person kann sich z.B. bewußt dafür entscheiden, den Ärger nicht in Aggression ausarten zu lassen, und nicht aggressive Handlungsmuster bevorzugen. Das sollte insbesondere dann der Fall sein, wenn die Aufmerksamkeit auf das Selbst gerichtet ist. Andererseits sollte eine Aggression wahrscheinlicher werden, wenn die Person sich der Situation nicht durch Flucht entziehen kann.

Die frustrierende Person muß nicht notwendigerweise die Zielscheibe der Aggression sein. Eine *Verschiebung der Aggression* auf andere Zielpersonen tritt z.B. auf, wenn eine Aggression gegen die frustrierende Person mit Nachteilen verbunden ist (z.B. in der Interaktion von Kind und Eltern). Wenn keine direkte Vergeltung geübt werden kann, übernehmen *Sündenböcke* eine Ersatzfunktion (z.B. ein jüngerer Bruder; Miller, 1948). Diese *Verschiebung der Aggression* ist ein expressives Verhalten, das durch Ärger motiviert ist (Berkowitz, 1989).

Eine andere Möglichkeit besteht darin, daß Aggression aufgrund von Gedanken erfolgt, die mit Aggression in Zusammenhang stehen. So verhielten sich z.B. Studenten aggressiver, die zuvor einen Aufsatz zur »Verteidigung der Verwendung von Strafen« geschrieben hatten. Ein solches Thema stellt ein »priming« aggressiver Denkinhalte dar, was sich in erhöhter Feindseligkeit niederschlägt. Ein anderes Beispiel sind aggressive Hinweisreize (s. Box A14). Nach Berkowitz und Heimer (1989) ist dieser *Bahnungseffekt durch Wachrufen bestimmter aggressiver Gedankeninhalte* weitgehend unabhängig von dem Auslösen von Aggression durch aversive Situationen. Beide Einflüsse scheinen sich additiv verbinden zu lassen, so daß die höchste Aggression bei den Personen beobachtet wurde, die einer aversiven Erfahrung ausgesetzt waren und bei denen aggressive Gedanken voraktiviert waren.

Box A14: Symbole der Gewalt

Eine Annahme besteht darin, daß Aggression wahrscheinlicher gemacht wird, wenn die Person an aggressive Inhalte erinnert wird. Eine solche Erinnerung kann durch bestimmte Symbole der Gewalt (z.B. eine geballte Faust), durch Gegenstände, die mit der Ausführung von Aggression assoziiert sind (z.B. Waffen), oder durch Begriffe, die mit Aggression verbunden sind (z.B. bestimmte Vor- oder Nachnamen wie Rambo oder Stallone) ausgelöst werden.

Durch Provokationen und Beleidigungen kann Ärger entstehen, durch den Aggression gebahnt wird. Verärgerte Personen, die einen Groll aufrecht erhalten, können durch *aggressive Symbole*, Gegenstände oder Namen in ihrer aggressiven Neigung verstärkt werden. Aus dieser Perspektive hat Berkowitz (1965) die Hypothese aufgestellt, daß Ärger in Kombination mit aggressiven Hinweisreizen dazu beiträgt, daß eine impulsive Aggression ausgeführt

wird. Diese Sichtweise wurde später von Berkowitz (1993) insofern modifiziert, als er nun nicht mehr das Vorhandensein von aggressiven Hinweisreizen als notwendige Voraussetzung für das Zustandekommen impulsiver Aggression ansieht. Vielmehr geht Berkowitz nun davon aus, daß aggressive Hinweisreize eine bestehende Aggressionstendenz erhöhen.

Die Bedeutung aggressiver Hinweisreize wurde ursprünglich im Zusammenhang mit Namen-vermittelter Aggression untersucht (Berkowitz & Geen, 1966, 1967). Weitaus bekannter wurde jedoch ein anderer Untersuchungsansatz zu aggressiven Hinweisreizen, bei dem durch Waffen die Aggressionsneigung erhöht werden kann (Berkowitz & LePage, 1967). Nach dem ersten bahnbrechenden Experiment wurden in den USA und in Europa eine Vielzahl weiterer Untersuchungen durchgeführt, in denen die Auswirkungen von aggressiven Hinweisreizen erfaßt werden sollten. Dabei wurde meist als aggressiver Hinweisreiz das Vorhandensein von Waffen eingesetzt. In anderen Studien wurde z.B. auch die Darstellung von Gewalt in Filmen (s. Abschnitt II.5.4.1.) als aggressiver Hinweisreiz benutzt.

Eine Meta-Analyse von 57 Experimenten (Carlson, Marcus-Newhall & Miller, 1990) läßt erkennen, daß aggressive Hinweisreize die Aggressionsbereitschaft erhöhen. Das gilt besonders deutlich bei Versuchspersonen, die zuvor provoziert oder frustriert wurden. Aber auch in Gruppen, in denen keine Provokation erfolgte und nur aggressive Hinweisreize gezeigt wurden, ergab sich eine Erhöhung der Aggression gegenüber Kontrollgruppen. Dabei wurde die Aggression häufig über die Intensität oder die Anzahl von Elektroschocks gemessen, die eine Person im Rahmen einer Lernaufgabe als Lehrer einem Schüler verabreichte (Buss-Aggressionsmaschine). Die Alternativhypothese, nach der die Wirkung von Waffen auf die Aggression dadurch erklärt werden kann, daß die Versuchsteilnehmer den Zweck der Untersuchung durchschauen, konnte nicht bestätigt werden. Vielmehr scheint es so zu sein, daß mißtrauische Versuchsteilnehmer besonders wenig Aggression in einer entsprechenden Bedingung, in der aggressive Hinweisreize enthalten sind, zeigen. Das hängt vermutlich damit zusammen, daß Aggression in unserer Gesellschaft im allgemeinen als unerwünscht betrachtet wird.

In einer Zusatzauswertung wurde von Carlson und seinen Mitarbeitern in ihrer Meta-Analyse gezeigt, daß der Effekt aggressiver Hinweisreize größer ist, wenn die Zielperson der Aggression einen niedrigen Status hat oder einer fremden Gruppe angehört. Eine andere Bedingung, unter der die aggressionsförderliche Wirkung entsprechender Hinweisreize besonders deutlich wird, besteht darin, daß die Möglichkeit besteht, durch hohe Aggression die Zielperson erheblich zu schädigen.

Worin liegt die angewandte Bedeutung dieser Ergebnisse zu aggressiven Hinweisreizen? An erster Stelle ist in diesem Zusammenhang an die Verbreitung von Waffen in der Bevölkerung zu denken. Waffen können offensichtlich allein dadurch, daß sie vorhanden sind, Symbole für Aggression darstellen, die Gewalttätigkeit erhöhen.

Die kognitive Erklärung beruht auf der Annahme, daß aggressive Hinweisreize ein »priming« aggressiver Vorstellungen leisten, das die aggressiven Tendenzen einer Person erhöht. Die Hinweisreize erinnern die Person an Streß, Angst und Aggression und tragen dazu bei, daß negative Emotionen erlebt werden (insbesondere Ärger und Groll), die dann die Aggressionsbereitschaft erhöhen.

Die negative Wirkung von Gewaltdarstellungen in Massenmedien läßt sich zumindest teilweise auf das Vorhandensein aggressiver Hinweisreize zurückführen. Denn Gewaltdarstellungen in Film und Fernsehen beinhalten zahlreiche Symbole der Aggression, Gegenstände, mit denen aggressives Verhalten ausgeführt werden kann, und Akteure, die sich als Aggressoren betätigen. Damit beinhalten Gewaltdarstellungen eine Vielzahl von Hinweisreizen, die im Alltag wieder auftreten können und die Aggressionsneigung wachrufen oder steigern können. Daher ist es auch ganz unwahrscheinlich, daß die Darstellung von Gewalt in den Massenmedien einen Katharsiseffekt auslöst. Denn Katharsis würde bedeuten, daß durch die Beobachtung der Gewalttätigkeit die eigene aggressive Neigung reduziert wird (s. Abschnitt II.5.3.2.).

Eine zentrale Rolle für die Auslösung von Aggression durch aversive Bedingungen und insbesondere Frustrationen spielt die Emotion Ärger, die als einer der grundlegenden Prototypen der Emotion aufgefaßt werden kann (Shaver, Schwartz, Kirson & O'Connor, 1987). Dieser Prototyp ist durch Interferenz mit der Ausführung von Plänen gekennzeichnet oder dadurch, daß der Person Schaden zugefügt wird. Im Mittelpunkt der Erfahrung des Ärgers steht die Wahrnehmung einer Normverletzung, die als unfair angesehen wird. Dadurch werden

Aktivitäten ausgelöst, die zu einer Korrektur der Lage beitragen können (wie Einschüchterung, Drohung, verbale und physische Aggression), es sei denn, daß sie durch Selbstkontrolle unterdrückt werden.

Diese Beschreibung des Prototyps des Ärgers legt einen Zusammenhang zwischen wahrgenommener Unfairneß und Aggression nahe (s. Tedeschi & Felson, 1994). In der Tat stellt Ärger eine zentrale Reaktion auf Unfairneß dar (Bierhoff, 1997).

5.2.2. Erregungs-Transfer-Theorie

Die Erregungs-Transfer-Theorie von Zillmann besagt, daß sich verschiedene Quellen der physiologischen Erregung zu einem gegebenen Zeitpunkt addieren können, ohne daß sich eine Person immer der Tatsache bewußt ist, daß ihre physiologische Erregung aus zwei oder mehreren Quellen stammt. Durch Fehlattribution kommt es dann zu einer falschen Interpretation der Ursache der Erregung (s. Box U12).

Box U12: Fehlattribution der Resterregung

Cantor, Zillmann & Bryant (1975) manipulierten die physiologische Erregung durch eine sportliche Aufgabe. Männliche Studenten waren für eine Minute auf einem Heimtrainer. Ein Vorversuch hatte gezeigt, daß die anhand des Herzschlags gemessene physiologische Erregung *eine* und *fünf* Minuten nach der sportlichen Übung erhöht war, während nach *neun* Minuten das Basisniveau erreicht wurde. Mit diesem Verlauf der physiologischen Erregung kontrastierte die subjektive Wahrnehmung der Erregung. Während sich die Studenten nach *einer* Minute noch erregt fühlten, glaubten sie nach *fünf* Minuten, nicht mehr erregt zu sein (obwohl die physiologische Messung noch eine erhöhte Erregung anzeigte).

Diese Diskrepanz zwischen Selbstwahrnehmung und Messung wurde im Hauptversuch genutzt, um eine Fehlattribution der Resterregung herbeizuführen. Nach einer Minute Erholungszeit sollte keine Fehlattribution eintreten, da die Studenten korrekt wahrnehmen sollten, daß ihre erhöhte Erregung auf die sportliche Aktivität zurückgeht. Nach fünf Minuten hingegen sollte eine Fehlattribution der Resterregung auftreten, da die Studenten vermutlich die verbliebene Erregung nicht mehr auf ihren ursprünglichen Anlaß zurück-

führen. Daher besteht die Möglichkeit, daß die verbliebene Erregung mit einem neuen passenden Anlaß verbunden und entsprechend etikettiert wird (in Übereinstimmung mit der Zwei-Faktoren-Theorie der Emotion, s. Box T2). Nach neun Minuten ist die physiologische Erregung abgeklungen und damit entfallen die theoretischen Voraussetzungen für eine Fehlattribution.

Zusammenfassend ergibt sich die Voraussage, daß nur fünf Minuten nach der sportlichen Aktivität eine Fehlattribution auftreten sollte. Um diese Annahme zu überprüfen, wurde den Studenten ein erotischer Film (»Naked under Leather«) gezeigt. Nach jedem von vier einminütigen Ausschnitten sollten sie ihre sexuelle Erregung einschätzen. Der Zeitpunkt der Filmdarbietung wurde systematisch variiert, indem entweder eine Minute, fünf Minuten oder neun Minuten nach der Beendigung der sportlichen Aktivität damit begonnen wurde.

Die Ergebnisse sind in Abb. 24 dargestellt. In der Fünf-Minuten-Bedingung, in der eine Fehlattribution auf die sexuelle Erregung erwartet wurde, war die eingeschätzte sexuelle Erregung deutlich höher als in den beiden anderen Bedingungen. In zusätzlichen Bewertungen des Films nach seinem ästhetischen und seinem

Unterhaltungswert ergab sich eine generell günstigere Bewertung in der Fünf-Minuten-Bedingung als in den beiden anderen Bedingungen.

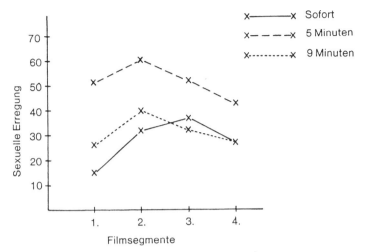

Abbildung 24: Fehlattribution auf sexuelle Erregung (nach Cantor et al., 1975)

Beachte: Urteile wurden auf einer 100-Punkte-Skala (0 = überhaupt nicht sexuell erregt, 100 = extrem sexuell erregt) abgegeben.

Das Prinzip der Erregungs-Transfer-Theorie läßt sich unmittelbar auf Aggression anwenden. Wenn z.B. eine Person schon durch eine sportliche Übung physiologisch erregt ist und dann beleidigt wird, fallen Ärger und Gegenaggression größer aus, als wenn sie beleidigt worden ist, ohne vorher Sport getrieben zu haben (Zillmann, 1979). Die Resterregung aus der sportlichen Betätigung wird als Ärger fehlinterpretiert.

Aggressive Reaktionen können also durch eine schon vorhandene Erhöhung der physiologischen Erregung zum Zeitpunkt der Provokation verstärkt werden (Zillmann & Bryant, 1974). Physiologische Erregung, die kurze Zeit vor der Provokation in einem neutralen Kontext ausgelöst wird (etwa durch eine intensive sportliche Tätigkeit), erhöht die Intensität der Gegenaggression (Zillmann, Johnson & Day, 1974a).

Erregungstransfer bei Aggression beruht darauf, daß physiologische Erregungen, die aus einer neutralen Quelle stammen, zum Zeitpunkt der Provokation noch nicht vollständig abgebaut sind. Die Residuen der Erregung können zu einem späteren Zeitpunkt wirksam werden, indem sie zu der neuen Erregungsquelle addiert werden (vgl. Box U12). Dadurch sollte eine intensivere emotionale Erfahrung ausgelöst werden, die im Kontext von Ärger aufgrund einer Frustration zu einer erhöhten Aggression führen kann. Der Transfer ist davon abhängig, wie groß die erste Erregung ist, wie schnell sie abgebaut wird, und von der generellen Schnelligkeit des Individuums, Erregung über die Zeit abzubauen.

Ein Beispiel für individuelle Unterschiede ist die sportliche Fitneß. Bei großer Fitneß sollte physiologische Erregung schneller abgebaut werden als bei niedriger Fitneß, so daß gut trainierte Personen weniger Erregungstransfer zeigen sollten als schlecht trainierte Personen, eine Annahme, die von Zillmann, Johnson und Day (1974b) bestätigt wurde, da sie eine umgekehrte Beziehung zwischen Fitneß und Blutdruck einerseits und Fitneß und Aggression andererseits feststellten. Obwohl diese Ergebnisse den Schluß nahelegen, daß Sportler weniger aggressiv auf Provokationen reagieren, ergibt sich eine Einschränkung bei Sportlern, die aggressive Gewohnheiten einüben (wie Ringer oder Boxer). In dieser Gruppe gut trainierter Sportler war die Vergeltung nach einer Provokation größer als in der Gruppe von Sportlern, die keine aggressiven Verhaltensmuster einüben (z.B. Schwimmer).

Erregungstransfer kann sich auch auswirken, wenn die Erregung lange abgeklungen ist, da es zu einer kognitiven Vermittlung kommen kann (Bryant & Zillmann, 1979). 180 männliche und weibliche Studenten wurden durch einen Gastredner provoziert, nachdem sie unmittelbar vorher einen sehr erregenden, einen mittel erregenden oder einen wenig erregenden Film gesehen hatten. Nach 8 Tagen sollten sie ihr Urteil darüber abgeben, ob der Gastredner als Assistent eingestellt werden sollte. Dazu füllten die Studenten einen Bewertungsfragebogen aus. Wenn der Gastredner die Studenten provoziert hatte, wurde er negativer bewertet, als wenn er sie nicht provoziert hatte (im Sinne einer Vergeltung). Darüber hinaus zeigte sich bei den Studenten, die provoziert worden waren, ein Filmeffekt: Je erregender der Film war, desto negativer bewerteten sie den Gastredner.

Diese Ergebnisse lassen sich damit erklären, daß der ursprüngliche Erregungstransfer zu einer kognitiven Einschätzung führt, die dann von der aktuellen physiologischen Erregung unabhängig ist und das Verhalten gegenüber dem Aggressor zu einem späteren Zeitpunkt bestimmt. Nachdem die kognitive Bewertung einmal stattgefunden hat, wird die ihr entsprechende Vergeltung auch noch Tage später auf der Grundlage der gespeicherten Erinnerung an den früheren Ärger bzw. an die mit ihm verbundene Erregung ausgeführt.

5.2.3. Attributionstheorie

In der ursprünglichen Frustrations-Aggressions-Theorie wird kognitiven Einflüssen eine sekundäre Bedeutung zugeschrieben. Andererseits weisen kognitive Faktoren einen zentralen Stellenwert auf, wenn die Absicht, die zu der frustrierenden Handlung geführt hat, in die Analyse einbezogen wird. Ob eine Person geneigt ist, Vergeltung zu üben oder nicht, hängt nicht zuletzt davon ab, wie sie die Ursachen für ihre Frustration attribuiert bzw. interpretiert. Diese Ergebnisse führen zu der Schlußfolgerung, daß nicht jede Frustration Aggression auslöst. Vielmehr führen Provokationen vor allem dann zu einer negativen Bewertung des Aggressors und zu einer verstärkten Aggressionsneigung, wenn dem Aggressor eine aggressive Absicht unterstellt wird.

In empirischen Untersuchungen wurde festgestellt, daß eine Aggression als gerechtfertigter beurteilt wurde, wenn sie eine prosoziale Intention hatte (einer anderen Person sollte geholfen werden) im Vergleich zu einer feindseligen oder egoistischen Intention (die andere Person sollte verletzt werden, oder der Aggressor wollte sich bereichern; Rule & Nesdale, 1976).

Darüber hinaus gilt, daß die wahrgenommene Intention des Aggressors eine wichtige Determinante der Größe der Vergeltung ist (Zillmann, 1979). Ein Beleg dafür findet sich in einer Untersuchung von Rule, Dyck & Nesdale (1978), in der eine Lernaufgabe durchgeführt wurde. Ein Verbündeter des Versuchsleiters störte bei der Aufgabenlösung wegen mangelnder Bereitschaft zur Mitarbeit oder wegen Unsicherheit in bezug auf die Instruktion. Der Aggressor wurde negativer eingestuft, wenn er *absichtlich* gestört hatte.

Unter bestimmten Bedingungen spielt es allerdings für die Vergeltung keine Rolle, ob der Aggressor gute oder schlechte Absichten gehabt hat, nämlich dann, wenn die physiologische Erregung sehr hoch ist (Box U13).

Box U13: Vergeltung für eine absichtliche oder entschuldigte Aggression

In Untersuchungen wurde gezeigt, daß auf eine Aggression mit weniger Gegenaggression reagiert wird, wenn mildernde oder entschuldigende Gründe für das aggressive Verhalten gegeben sind (Pastore, 1952; vgl. Berkowitz, 1989).

Zillmann, Bryant, Cantor und Day (1975) prüften die Hypothese, daß Erregung und kognitive Verarbeitung der Provokation wechselseitig das Ausmaß der Gegenaggression beeinflussen. *Mildernde Umstände* sollten sich nur dann auf die Vergeltung reduzierend auswirken, wenn die Erregung niedrig ist. Hingegen sollte bei hoher physiologischer Erregung die Vergeltung für eine Erregung generell hoch sein, weil das Opfer (der zukünftige Aggressor) die Informationen über die Absicht nicht mehr in die Verhaltensplanung einbezieht.

Der Versuchsablauf war in drei Phasen gegliedert. In der *ersten Phase* interagierten die Studenten mit einem höflichen Versuchsleiter, den sie im Anschluß auf einem Fragebogen beurteilten, der durch eine Verbündete des Versuchsleiters vorgelegt wurde und angeblich dem Zweck diente, Informationen für ein ethisches Komitee zu erheben. In der *zweiten Phase* bestand die Aufgabe darin, in einer fortlaufenden Tonaufnahme Lärmeinspielungen aufzufinden. Tatsächlich waren 12 solcher Einschübe vorhanden, von denen die Studenten im allgemeinen 5 bemerkten. In dieser Phase trat ein unfreundlicher und aggressiver Versuchsleiter auf, der behauptete, insgesamt hätte es 29 Einschübe gegeben. In diesem Zusammenhang bezweifelte er die Kooperationswilligkeit der Studenten und sagte, daß er ihr Verhalten nicht lustig fände. Diese Behandlung der Versuchsteilnehmer war so ge-

zielt abwertend, daß viele Studenten in nachträglichen Kommentaren ihre Empörung zum Ausdruck brachten und den Versuchsleiter massiv beschimpften.

In der *dritten Phase* arbeiteten die Studenten entweder für eine Minute auf einem Fahrrad-Ergometer, oder sie führten eine feinmotorische Aufgabe aus, die keine physiologische Erregung induzierte. Abschließend füllten sie erneut den Fragebogen zur Beurteilung der Versuchsleiter aus. Bei der Hälfte der Studenten merkte die Verbündete an, daß der rüde Versuchsleiter gerade in Prüfungsvorbereitungen stecke (nachdem sie zuvor selbst mit ihm aneinandergeraten war). In der Bedingung, in der die Studenten nichts über mildernde Umstände erfuhren, wurde dieser Kommentar weggelassen.

Der abschließende Fragebogen diente zur Erhebung der abhängigen Variablen. Die Studenten sollten angeben, ob der rüde Versuchsleiter weiter angestellt werden sollte. Die Beantwortung dieser Frage ermöglichte es ihnen, Vergeltung zu üben, indem sie durch ein negatives Urteil negative Konsequenzen für den Versuchsleiter wahrscheinlich machten. Die Antworten wurden auf einer Skala mit den Endpunkten –100 (bestimmt nicht) und +100 (bestimmt ja) abgegeben. Die Ergebnisse sind in Tab. 17 dargestellt.

Tabelle 17: Empfehlung für eine Weiterbeschäftigung

Mildernde Umstände	Physiologische Erregung	
	Mäßig	Hoch
Unbekannt	-66	-77
Bekannt	-16	-72

Wie die Ergebnisse in Tab. 17 zeigen, wird bei mäßiger physiologischer Erregung die Information über die Entschuldigungsgründe berücksichtigt. Demgegenüber entfällt der Effekt der mildernden Umstände bei sehr hoher Erregung (s. auch Zumkley, 1984). Die höhnischen Kommentare der hoch erregten Studenten, die über mildernde Umstände erfuhren, zeigen, daß sie nicht mehr bereit waren, entschuldigende Gründe gelten zu lassen.

Die Provokation der Studenten war sehr massiv. Es gelang nicht, denselben Versuch mit Studentinnen durchzuführen (Zillmann, 1979), weil viele weinend aus dem Raum liefen. Aus der Tatsache, daß Männer ihre Empörung und Betroffenheit nicht in der gleichen Weise expressiv zum Ausdruck bringen, kann kaum geschlossen werden, daß sie seelisch robuster sind. Vielmehr kann vermutet werden, daß die Männer erst in ihren Antworten auf den abschließenden Fragebogen ein Mittel fanden, ihrer Verärgerung »Luft zu machen«.

In diesem Zusammenhang stellt sich die Frage, ob eine *nachträgliche* Entschuldigung genauso effektiv ist wie eine *vorgeschaltete* Entschuldigung. Empirische Ergebnisse zeigen, daß die Bekanntgabe von mildernden Umständen im vorhinein wesentlich effektiver ist als im nachhinein (Zillmann & Cantor, 1976). Die physiologische Erregung ist auch wesentlich niedriger, wenn die Entschuldigungsgründe vor der Provokation und nicht nach der Provokation genannt werden. Eine Vorinformation ermöglicht es, den Vorfall als geringfügige Gefährdung zu interpretieren. Die Kausalattribution für die Provokation scheint der entscheidende Faktor zu sein, und zwar vor allem, wenn die relevante Information vor der Provokation mitgeteilt wird (Zumkley, 1981).

5.2.4. Soziale Lerntheorie

Bandura (1976) beschreibt ausführlich den Erwerb aggressiver Verhaltensmuster auf der Grundlage von *Modellierung,* die als Sammelbegriff für Beobachtungslernen, *Identifikation* mit Vorbildern, *Rollenübernahme* und ähnliche Bezeichnungen verwendet wird. Die potentielle Bedeutung von Modellen für die Ausführung von Aggression ist unmittelbar einsichtig: Wenn etwa ein Kind in der Familie beobachtet, daß es zu häufigen Streitereien und physischen Auseinandersetzungen zwischen den Eltern kommt, kann dadurch ein aggressives Verhaltensrepertoire erworben werden, das in späteren Jahren, wenn das Kind erwachsen geworden ist und selbst heiratet, die eigene Ehe beeinflussen kann. Empirische Ergebnisse zeigen, daß eine Weitergabe aggressiver Tendenzen über die Generationen tatsächlich stattfindet (Gelles, 1987).

Experimentelle Studien belegen darüber hinaus, daß Kinder, die den Streit unter Erwachsenen beobachten, sich in der Folge gegenüber Gleichaltrigen aggressiver verhalten als Kinder, die nicht mit entsprechenden Vorbildern konfrontiert wurden (Cummings, Vogel, Cummings & Lel-Sheikh, 1989). Modelle können sich auf unterschiedlichen Ebenen auf das aggressive Verhalten der Beobachter auswirken (s. Box T15).

Box T15: Vorbilder aggressiven Verhaltens

Modellierung besteht in drei Einflußprozessen (Bandura, 1976):
● Erwerb neuer Verhaltensmuster durch Imitation des Modellverhaltens. Ein Beispiel dafür ist eine Untersuchung (Bandura, Ross & Ross, 1963), in der Kindern ein aggressives Modell auf Video gezeigt wurde, das auf eine große auf-

geblasene Pupppe, die als Bobo-Doll bezeichnet wurde, einschlug und gleichzeitig die Puppe beschimpfte. Andere Teile der Vorführung bestanden darin, daß die Puppe durch die Luft gewirbelt wurde, das Modell sich auf die Puppe setzte und sie auf die Nase schlug, während es anmerkte, »Pow, direkt auf die Nase, boom, boom«. Schließlich warf das Modell Tennisbälle nach der lebensgroßen Puppe und rief dabei jeweils, wenn ein Treffer auftrat: »Bang«. Die Kinder, die ein solches Verhalten beobachteten und dann selbst Gelegenheit erhielten, mit der Bobo-Doll zu spielen, tendierten dazu, viele der neuartigen Verhaltensweisen, die sie zum erstenmal gesehen hatten, nachzuahmen.

- Hemmung oder Enthemmung aggressiver Verhaltenstendenzen. Eine Hemmung tritt dann auf, wenn die Zuschauer sehen, daß das aggressive Modell für sein Verhalten bestraft wird. Eine Enthemmung tritt auf, wenn das aggressive Modell belohnt wird. Die Effekte von positiven und negativen Konsequenzen des Modells wurden in einer Studie von Bandura (1965), der dasselbe Stimulusmaterial verwendete wie in den früheren Studien, aufgezeigt. Ein bestraftes Modell wurde weniger nachgeahmt als ein belohntes Modell. Ein Vergleich mit einer Bedingung, in der keine Konsequenzen auf das Modellverhalten folgten, zeigt, daß in dieser Untersuchung eine Hemmung der aggressiven Tendenzen demonstriert wurde. Denn die belohnte Gruppe unterschied sich nicht wesentlich von der Gruppe, die ein Modell sah, das keine Konsequenzen erfuhr. Dieser Effekt trat hauptsächlich bei Mädchen auf, deren aggressives Verhalten besonders stark reduziert wurde, wenn sie ein bestraftes Modell beobachteten. Generell zeigte sich, daß Mädchen das Modellverhalten weniger nachahmten als Jungen. Allerdings kann das zum Teil darauf zurückgeführt werden, daß das Modell männlich war.

- Modelle können die Ausführung einer Reaktion dadurch erleichtern, daß ihr Verhalten Informationen darüber liefert, wann das Verhalten in einer Situation angemessen ist. Wenn z.B. Kinder beobachten, daß Eishockeyspieler während des Spiels aufeinander einschlagen, können sie daraus den Schluß ziehen, daß es normativ angemessen ist, während der Eishockeyspiele aggressiven Tendenzen freien Lauf zu lassen. Als Folge davon kann die Wahrscheinlichkeit des Auftretens von Aggressionen bei Kindern im Eishockeyspiel erhöht werden.

Die soziale Lerntheorie von Bandura (1976; 1986) bietet einen umfassenden Rahmen zur Analyse des Erwerbs aggressiven Verhaltens. Beobachter erwerben danach symbolische Repräsentationen der wahrgenommenen Verhaltensweisen der Modelle. Die Betonung der symbolischen Repräsentation verweist darauf, daß Bilder und Sprache einen bedeutsamen Einfluß auf den Erwerb aggressiver Handlungsmuster ausüben. Modellierung wird in vier Teilprozesse unterteilt:

- *Aufmerksamkeitsprozesse:* Wenn eine aggressive Handlungsweise in den Mittelpunkt der Aufmerksamkeit rückt, besteht eine größere Wahrscheinlichkeit, daß sie nachgeahmt wird, als wenn sie nicht mit Aufmerksamkeit verfolgt wird. Aber auch Hintergrundaggression kann einen subtilen Effekt auf aggressives Verhalten ausüben.

- *Prozesse des Behaltens:* Die Internalisierung der aggressiven Handlungen, die beobachtet werden, hängt davon ab, ob eine symbolische Repräsentation dieser Verhaltensmuster eintritt.

- *Prozesse der motorischen Reproduktion:* Die Ausführung aggressiven Verhaltens setzt vielfach die Kombination von mehreren gelernten Verhaltenskomponenten voraus. Häufig besteht Aggression aber auch aus relativ einfachen motorischen Handlungsmustern (z.B. Zuschlagen), so daß die motorische Reproduktion leicht durchgeführt werden kann.

- *Motivationale Prozesse:* Externale Verstärkung, Selbstverstärkung und stellvertretende Verstärkung der Modelle wirken sich auf das Nachahmungsverhalten aus. Wir hatten schon gesehen, daß die Wahrnehmung von negativen Konsequenzen des Modells zu einer Hemmung aggressiver Verhaltensmuster führt. In diesem Zusammenhang ist anzumerken, daß die Hemmung der aggressiven Tendenzen durch stellvertretende Bestrafung zwar die Ausführung aggressiven Verhaltens reduziert, nicht aber ihren Erwerb behindert.

Bandura (1965) weist darauf hin, daß *Ausführung* und *Erwerb* von Verhaltensweisen unterschieden werden müssen.

Wenn den Kindern in seinem Experiment eine Belohnung dafür versprochen wurde, daß sie die von dem Modell gezeigten Verhaltensweisen nachahmten, ergab sich, daß alle Kinder in der Lage waren, relativ viele Verhaltensweisen zu reproduzieren, auch die, die sie bei einem bestraften Modell gesehen hatten. Die Kinder hatten zwar häufig von der Ausführung aggressiver Verhaltensweisen abgesehen, aber nicht deshalb, weil sie die Verhaltensmuster des Modells nicht erworben hatten, sondern weil ihre aggressiven Handlungen durch die stellvertretende Bestrafung gehemmt worden waren.

Die klassischen Experimente zum Modellieren (z.B. Bandura, Ross & Ross, 1963) sind kritisiert worden (Tedeschi & Quigley, 1997). Ein Haupteinwand besteht darin, daß das Einschlagen auf eine Puppe nicht als Aggression gewertet werden kann, da niemand geschädigt wird. Im Gegenteil ist die Puppe extra so gebaut worden, daß sie eine entsprechende Behandlung ohne Schädigung aushält. Insofern kann dieses Paradigma nicht als ein Aggressionsparadigma angesehen werden.

Ein Beispiel für die Modellierung aggressiver Verhaltensweisen in alltäglichen Situationen sind Gewaltdarstellungen in den Massenmedien (Box A15).

Box A15: Actionfilme: Gewalt zur Förderung der Einschaltquote

Gewalt in den Massenmedien beeinflußt das soziale Verhalten der Zuschauer (meist Kinder und Jugendliche) ungünstig (Wood, Wong & Chachere, 1991). Eine Übersicht über 12 Studien zeigt, daß die Darbietung von Aggression in Filmen im Vergleich zu Kontrollgruppen, die nicht mit entsprechender Gewalt konfrontiert werden, ansteigt. Die Größe des Effektes läßt sich als klein bis moderat bezeichnen, wenn übliche Standards der Bewertung angelegt werden. Aber auch ein relativ kleiner Effekt ist in diesem Zusammenhang besorgniserregend.

Auch Videospiele mit aggressiven Inhalten, die realistisch inszeniert werden, können einen nachteiligen Effekt auf Kinder ausüben, der in einer Abstumpfung beim Anschauen von emotional belastenden Ereignissen zum Ausdruck kommt. Das empathische Mitfühlen und die emotionale Betroffenheit gegenüber Ereignissen, die

normalerweise Betroffenheit auslösen (wie das Bild eines Kindes mit Verbrennungen), werden reduziert (Steckel, 1997).

Baron & Richardson (1994) unterscheiden drei Phasen der Erforschung der Wirkung von Medien auf Aggressionen. In der ersten Phase, die durch die Experimente von Bandura in den sechziger Jahren gekennzeichnet ist, wurde versucht, neue aggressive Verhaltensmuster vorzuführen, um deren Imitation zu erfassen.

In der zweiten Phase fand eine Änderung der Forschungsstrategie insofern statt, als nun tatsächliche Filmausschnitte aggressiver Sequenzen, wie sie etwa im Fernsehen gezeigt werden, verwendet wurden. Außerdem wurde versucht, die Generalisierung aggressiver Tendenzen auf Verhaltensweisen, die nicht unmittelbar durch das Modell vorgeführt wurden, zu zeigen. Auch dieser Ansatz führt zu Ergebnissen, die darauf hinweisen, daß aggressive Modelle aggressives Verhalten von Kindern fördern. Ein Beispiel ist die Untersuchung von Liebert & Baron (1972), in der Kinder aggressive Filmausschnitte sahen und im Anschluß daran eher dazu neigten, einem anderen Kind Schaden zuzufügen, als Kinder, die ein ebenfalls aufregendes, aber nicht aggressives Sportprogramm gesehen hatten.

In der dritten Forschungsphase schließlich wurde untersucht, wie sich das Beobachten von aggressiven Fernsehprogrammen im Alltag auf das aggressive Verhalten der Kinder in alltäglichen Situationen auswirkt. Die Metaanalyse der Studien, die in der dritten Phase durchgeführt wurden (Wood, Wong & Chachere, 1991), zeigt, daß die realistische Darstellung von Aggression in Filmen dazu führt, daß das aggressive Verhalten von Kindern in alltäglichen Situationen gefördert wird (Abschnitt II.5.4.1.).

Das Problem der Gewalt im Fernsehen ist darauf zurückzuführen, daß das durchschnittliche Kind in den westlichen Gesellschaften mit einer hohen Dosis Gewalt in den Fernsehprogrammen konfrontiert wird. In einer Inhaltsanalyse amerikanischer Fernsehprogramme (Williams, Zabrack & Joy, 1982) ergab sich, daß pro Stunde im Durchschnitt 9mal physische Aggression und 8mal verbale Aggression gezeigt wurde. Es ist nicht von der Hand zu weisen, daß eine Überflutung mit Gewalt Modelleffekte auslösen und Gedanken und Pläne aktivieren kann, die mit Gewalt zusammenhängen und die bei späterer Gelegenheit – z.B. in Konfliktsituationen – das Handeln der Kinder und Jugendlichen mitbestimmen.

Ein anderer Effekt dieser hohen Dosis von Gewalt scheint darin zu bestehen, daß die Kinder, die sich aggressiven Programmen in hohem Maße aussetzen, generell mehr Furcht und Mißtrauen gegenüber ihren Mitmenschen entwickeln und das Ausmaß der Gewalt in der Gesellschaft überschätzen (Geen, 1983). Diese verzerrte Wahrnehmung kann wiederum dazu beitragen, daß diese Personen Aggression für die Norm halten und deshalb weniger sensibel auf aggressive Vorgänge reagieren. Das Sehen aggressiver Filme führt zu einem veränderten Beurteilungsmaßstab für Aggression, der mehr Toleranz gegenüber aggressiven Handlungen zur Folge haben kann.

Eine wichtige Frage bezieht sich auf die Merkmale von Modellen, die ihren Einfluß erhöhen. Dazu zählt die Zuschreibung von Prestige, Macht, Intelligenz und Fähigkeit, die durch Modellcharakteristika wie Kleidung und Sprechstil vermittelt werden (Bandura, 1976). Weiterhin sollte eine kontinuierliche Freundlichkeit der Modelle – z.B. der Eltern – den Einfluß erhöhen (Yarrow, Scott & Waxler, 1973). Freundlichkeit und Macht des Modells sind Merkmale, die häufig auch zusammenfallen, etwa in den Personen von Vater und Mutter.

5.2.5. Kulturelle Erwartungen

Ein weiterer wichtiger Faktor für die Verbreitung aggressiver Tendenzen sind kulturelle Erwartungen im Hinblick auf die Verwendung der Aggression, ihre Anlässe und ihre Häufigkeit. In den USA finden sich viele Belege dafür, daß in den Südstaaten ein höheres Aggressionsniveau zu finden ist als in den Nordstaaten. Das läßt sich zum Teil durch Temperaturunterschiede erklären (s. Abschnitt II.5.3.1.), da im Süden höhere Temperaturen erreicht werden, die mit dem Ausmaß der Gewalt in systematischem Zusammenhang stehen.

Nisbett & Cohen (1996) weisen aber nach, daß die Unterschiede zwischen Süd- und Nordstaaten nicht allein durch Temperatureinflüsse erklärt werden können. Sie lassen sich auch nicht hinreichend durch Unterschiede im Wohlstand oder durch Unterschiede in der Vergangenheit als Sklavenhalter-Gesellschaft vollständig erklären.

Vielmehr lassen sie sich auch auf eine Kultur der Ehre zurückführen, die sich unter der weißen Bevölkerung in den Südstaaten entwickelt hat. Sie wird auf die Besiedlung der Südstaaten vorwiegend durch Einwanderer aus Schottland, Irland und Wales zurückgeführt, die in ihren Ausgangsländern wegen der kargen Böden keine intensive Landwirtschaft treiben konnten und statt dessen Viehherden hielten. Die Hirten müssen ihre Herden oft auf eigene Faust gegen den Zugriff von Dieben schützen. Die Besitzer der Herden und die Hirten leben in der dauernden Sorge, ihre Herden zu verlieren, und entwickeln die Bereitschaft, ihren Besitz gewalttätig zu verteidigen. In diesem Zusammenhang kommt es auch darauf an, die eigene Kampffähigkeit unter Beweis zu stellen. Dazu gehört, daß schon auf kleine Beleidigungen mit massiver Vergeltung und Gewaltausübung reagiert wird. Es entsteht eine Kultur der Ehre, die Stärke und *Maskulinität* bewundert und in dem Einsatz von Gewalt zur Verteidigung von Familie und Besitz kein Problem sieht, sondern vielmehr einen solchen Einsatz erwartet und befürwortet.

Die Kultur der Ehre hat ihren Preis: Sie ruft zahlreiche Gewalttaten bis hin zu Tötungsdelikten hervor. In diesem Zusammenhang führten Nisbett & Cohen (1996) einen Vergleich der Tötungsraten in den Nord- und Südstaaten der USA durch. Es zeigte sich, daß sich in den Großstädten mit über 200 000 Einwohnern keine regionalen Unterschiede ergaben. Hingegen traten deutliche Unterschiede bei Städten zwischen 50 000 und 200 000 Einwohnern auf, die bei Kleinstädten zwischen 10 000 und 50 000 Bewohnern noch größer ausfielen. Die größere Tötungsrate im Süden findet sich nur für weiße Amerikaner. Sie findet sich nicht bei Schwarzen oder bei Amerikanern spanischer Herkunft.

Das Argument der Bedeutung der Kultur der Ehre in Gebieten mit Viehwirtschaft gewinnt noch an Überzeugungskraft, wenn Vergleiche in den Südstaaten zwischen Gebieten, in denen eine Herdenwirtschaft besteht, und solchen Gebieten, in denen Landwirtschaft betrieben wird, durchgeführt werden. In den trockenen und hügeligen Geländen, in denen Viehwirtschaft dominiert, sind die Tötungsraten wesentlich höher als in den fruchtbaren Gegenden. Demgegenüber finden sich keine entsprechenden Unterschiede in der Höhe des Einkommens und in der durchschnittlichen Temperatur, während sogar im Hinblick auf die Geschichte der Sklavenhaltung festgestellt wurde, daß diese viel häufiger in landwirtschaftlichen Gebieten der Südstaaten gegeben war als in den trockenen Gebieten des Südens.

Weitere Ergebnisse sprechen auch für das Bestehen der Kultur der Ehre. So antworten Weiße aus den Südstaaten häufiger auf die Feststellung, daß ein Mann das Recht hat, einen Angreifer in Selbstverteidigung zu töten, mit Zustimmung. Auch wenn es um die Verteidigung des Eigentums geht, geben sie eher an, daß die Polizei die Täter töten sollte. Sie halten bei verschiedenen Formen der Belästigung, der Beleidigung und des körperlichen Angriffs durch andere eine gewalttätige Reaktion eher für angemessen als Befragte aus dem Mittleren Westen. Südstaatler reagieren auf Beleidigungen und Angriffe sensibler als Nordstaatler. Sie empfinden mehr Streß, sind eher aggressionsbereit, reagieren mehr mit Ärger und weniger mit Humor, wenn sie beleidigt werden, und sie zeigen nach einer Beleidigung mehr Aggression. Solche Unterschiede finden sich selbst dann, wenn Studierende von derselben Universität untersucht werden, die sich nur durch ihre Herkunft aus dem Norden und aus dem Süden der USA unterscheiden.

Im übrigen deuten viele Hinweise darauf hin, daß die Kultur der Ehre nicht nur für weiße Männer, sondern auch für weiße Frauen des Südens ihre Gültigkeit besitzt. Schließlich weisen Nisbett & Cohen (1996) darauf hin, daß in den amerikanischen Innenstädten der neunziger Jahre eine neue Kultur der Ehre unter den Unterprivilegierten entstanden ist, die sich wieder auf mangelnde persönliche Sicherheit, Bedrohung durch die soziale Umwelt und Gefahr, bestohlen zu werden, stützt. Wie im Beispiel der Südstaaten, so wird auch für die Straßenkultur der Innenstädte angenommen, daß die Ursache der Kultur der Ehre in ökonomischen Faktoren liegt.

5.3. Kontroverse Themen der Aggressionsforschung

5.3.1. Temperatureinflüsse auf die Aggression

Heiße Temperaturen können unangenehm und aversiv sein, insbesondere in Großstädten, wenn die Sonne auf den heißen Asphalt brennt. Baron & Ransberger (1978) stellten die Hypothese auf, daß Rassenunruhen meist bei mittleren Temperaturen ausbrechen und weniger bei hohen und niedrigen Temperaturen. Sie gingen davon aus, daß Aggression durch negativen Affekt bestimmt wird, der durch hohe Temperaturen gesteigert werden kann. Die Beziehung zwischen negativem Affekt und Aggression wurde als umgekehrt U-förmig angenommen: Bei mittlerem negativem Affekt entsteht danach die stärkste Aggressionstendenz. Bei sehr hohen Temperaturen könnte die Situation so unerträglich werden, daß Flucht (Verlassen der Situation) gegenüber Aggression überwiegt. Ist diese Analyse zutreffend?

Nachfolgende Analysen deuten in eine andere Richtung: Bei hohen Temperaturen wird Aggression häufiger ausgelöst als bei niedrigen und mittleren Temperaturen. So fielen in den Jahren 1967 bis 1971 viele Rassenunruhen auf Tage, an denen es sehr heiß war (Carlsmith & Anderson, 1979). Die relative Anzahl von Unruhen war im Temperaturbereich von 33-38°C höher als im Bereich 27-32°C.

Ein anderer Aggressionsindikator ist die Häufigkeit von Gewaltverbrechen. Für Houston, Texas, fand sich ein eindeutiger linearer Trend: Die Häufigkeit von Gewaltverbrechen nahm mit der Tagestemperatur kontinuierlich zu (Anderson & Anderson, 1984). Die höchste relative Dominanz von Gewaltverbrechen gegenüber anderen Verbrechen fand sich bei Temperaturen um 35°C.

In einer späteren Untersuchung (Anderson, 1987) ergaben sich drei weitere Hinweise bei der Auswertung der US-Verbrechensstatistik der Jahre 1971 bis 1980:

● In den beiden wärmeren Jahresquartalen (2. und 3.) fanden mehr Gewalttaten statt als in den beiden kälteren Quartalen (1. und 4.).

● In den Jahren, in denen die Durchschnittstemperaturen relativ hoch waren, wurden mehr Gewaltverbrechen begangen.

- In Städten, die im Durchschnitt höhere Temperaturen aufwiesen, trat mehr Gewaltkriminalität auf. Da Houston eine Stadt mit extrem hohen Temperaturen und hoher Luftfeuchtigkeit ist, entfällt auch der Einwand, daß der Temperaturbereich nicht weit genug variierte. Extremere Lebensbedingungen sind kaum vorstellbar.

Anderson (1989) hat eine Vielzahl von Datenquellen für die Erfassung des Zusammenhangs zwischen Temperatur und Aggression herangezogen, wobei er Effekte der geographischen Region, heißer Jahre, Monate, Tage und Jahreszeiten auf Gewalttätigkeit untersuchte. Diese Daten umfassen z.B. Angaben über die monatliche Verteilung der Häufigkeit von physischen Angriffen auf Frauen durch ihre Ehemänner (Michael & Zumpe, 1986) und von Vergewaltigungen, die jeweils einen Anstieg im Sommer verzeichnen. Die Vielzahl der Ergebnisse stellt eindrucksvoll unter Beweis, daß gewalttätige Verbrechen sich in den Gegenden und in den Zeiten häufen, in denen hohe Temperaturen herrschen.

Unter den Studien taucht auch eine aus Deutschland auf, die in Aschaffenburg für die Jahre 1883 bis 1892 durchgeführt wurde und die ebenfalls den typischen Sommereffekt auf öffentliche Ruhestörung, Beleidigung und Widerstand gegen Offiziere zeigt.

Obwohl die Ergebnisse teilweise durch Alternativerklärungen plausibel gemacht werden können, besteht insgesamt doch kaum ein Zweifel daran, daß hohe Temperaturen Gewalttaten begünstigen (Anderson & DeNeve, 1992; Bell, 1992).

5.3.2. Katharsis

Eine weit verbreitete Auffassung besagt, daß durch die Ausführung aggressiver Handlungen die Tendenz zum aggressiven Verhalten bei späteren Gelegenheiten verringert wird. Katharsis ist in diesem Zusammenhang als eine Reduktion aggressiver Erregung durch die Ausführung aggressiver Handlungen definiert (Geen & Quanty, 1977).

Ein Versuchsplan, der die Überprüfung der Katharsis-Hypothese ermöglicht, sieht relativ einfach aus. Eine Gruppe von Personen erhält die Möglichkeit, sich zweimal aggressiv zu verhalten, während die zweite Gruppe nur die spätere Gelegenheit zur Aggression erhält. Um die Wahrscheinlichkeit aggressiven Verhaltens zu erhöhen, werden beide Gruppen zuvor frustriert oder beleidigt. Wenn Katharsis durch Ausleben der Aggression auftritt, sollte das aggressive Verhalten in der ersten Gruppe geringer sein als in der zweiten.

Konecni & Doob (1972) verglichen Bedingungen, in denen die Gelegenheit zur Doppelaggression bestand, mit Bedingungen, in denen nur eine einmalige Aggressionsmöglichkeit geboten wurde (und in der Zwischenzeit eine Wartepause eingelegt wurde). Außerdem wurden die Versuchsteilnehmer entweder im vorhinein beleidigt oder freundlich behandelt. Ergebnis: Nach einer Beleidigung war das Aggressionsniveau dann erhöht, wenn anstelle der Doppelaggression gewartet worden war. Diese Resultate sprechen also für einen kathartischen Effekt (so auch bei Doob, 1970, und Doob & Wood, 1972).

Diesem experimentellen Ansatz gegenüber läßt sich kritisch einwenden (Bandura, 1979), daß die Wartebedingung eine ungünstige Vergleichsbedingung darstellt. Während die Versuchsteilnehmer in der Aggressionsbedingung beschäftigt sind, bedeutet das Warten, daß die Versuchsteilnehmer weiter über die Beleidigung grollen, ohne daß sie davon abgelenkt werden. Daher könnte es sein, daß sich die Personen in der Wartegruppe innerlich empören.

Um dieser Kritik Rechnung zu tragen, verwandte Konecni (1975) eine neue Vergleichsgruppe, die anstelle der Wartephase Mathematikaufgaben löste. Auf diese Weise sollte eine vergleichbare Interferenz mit dem Groll wie in der Aggressionsgruppe hergestellt werden. Während eine Wartegruppe erneut eine erhöhte Aggression zeigte, war dieser Effekt in der Mathematikgruppe nicht eindeutig feststellbar. Somit kann die Alternativhypothese Banduras nicht eindeutig ausgeschlossen werden. Interferenz mit Gedanken, die den Groll steigern können, reduziert die Aggressionsbereitschaft (und die physiologische Erregung; Zillmann, 1979).

Die Ergebnisse eines zweiten Experiments, über das Konecni (1975) berichtet, sind besonders instruktiv:

- Zunächst wurde gegenübergestellt, ob die interpolierte Aggression mit Hilfe von Elektroschocks oder lauten Lärmeinspielungen ausgeübt wurde und ob die abschließende Aggression mit Schocks oder Lärm ausgeführt wurde. Dieser Vergleich diente der Analyse von *Konsistenzeffekten der Aggressionsart*. Tatsächlich zeigte sich eine Steigerung der Aggression immer dann, wenn die Aggressionstechnik konsistent verwendet wurde (Schock-Schock oder Lärm-Lärm), während das Aggressionsniveau bei inkonsistenten Aggressionsarten (Schock-Lärm oder Lärm-Schock) niedriger lag.
- Eine zweite Analyse bezieht sich auf die Frage, ob die Dauer der interpolierten Aggressionsphase oder die Anzahl von aggressiven Handlungen einen Einfluß auf die nachfolgende Aggression ausübt. Die interpolierte Tätigkeit dauerte entweder 7 oder 13 Minuten. Die Zahl der aggressiven Handlungen betrug entweder 14 oder 42. Die nachfolgende Aggression war besonders niedrig, wenn 14 Schocks auf eine relativ lange Zeit (13 Minuten) verteilt wurden. Hingegen war die nachfolgende Aggression besonders hoch, wenn in 7 Minuten 42 Schocks gegeben werden mußten.

Diese Ergebnisse widersprechen dem hydraulischen Modell der Aggression, wie es von Lorenz (1963) vertreten wurde. Exzessive Aggression (42mal in 7 Minuten!) führte zu einer maximal hohen Aggressionsbereitschaft. Gemäßigte Aggression (14mal in 13 Minuten) führte zu geringer Aggression. Vermutlich erwarben die Versuchsteilnehmer nach der exzessiven Aggression einen *hohen Standard für die Angemessenheit von Aggression*, der ihre nachfolgende Aggression bestimmte. Sie hatten sich daran gewöhnt, gewalttätig zu sein. Es ist vorstellbar, daß sie aufgrund der exzessiven Aggression in der ersten Aggressionsphase ein verändertes Bezugssystem für die Bewertung ihres aggressiven Verhaltens entwickelten, das ihnen den Schluß nahelegte, daß ihr hohes Aggressionsniveau im Normalbereich lag.

Weitere Evidenz gegen das Katharsis-Modell fand sich in einer Untersuchung von Geen, Stonner & Shope (1975). Ausübung von Aggression ruft ein Bezugssystem der Bewertung der Aggression hervor, das weitere Aggression wahrscheinlich macht. Schneider & Schmalt (1994) weisen darauf hin, daß die Ergebnisse zur Katharsis-Hypothese uneinheitlich sind, aber insgesamt eher gegen die Hypothese eines allgemeinen kathartischen Effektes sprechen.

Eine andere Facette von Katharsis betrifft das Wohlbefinden der frustrierten Person selbst. Fühlt sich eine frustrierte Person besser, wenn sie durch verbale oder physische Aggression »Dampf ablassen« kann? Damit ist die Möglichkeit eines *psychophysiologischen Katharsis-Effekts* angesprochen.

In einer Untersuchung, in der die Hälfte der 224 Versuchsteilnehmer durch den Versuchsleiter/die Versuchsleiterin massiv beleidigt wurde, wurden verschiedene Bedingungen der Reaktion auf die Frustration hergestellt (Huber, Hauke & Gramer, 1988): Physische Aggression mit Elektroschocks gegen die Versuchsleiterin, verbale Aggression gegen den Versuchsleiter auf einem Fragebogen, Phantasie-Aggression in einem projektiven Test (Thematischer Apperzeptions-Test) und Wartebedingung.

Die Beleidigung führte zu einem Blutdruckanstieg. Der stärkste kardiovaskuläre Erregungsabfall fand sich in der verbalen Aggressionsbedingung. Bei physischer Aggression fanden sich schwächere Hinweise auf einen Katharsis-Effekt, während in den beiden anderen Bedingungen keine bedeutsamen Unterschiede zwischen frustrierten und nichtfrustrierten Personen festgestellt werden konnten. Bei der Interpretation der Ergebnisse ist zu berücksichtigen, daß die Gegenaggression in der Untersuchungssituation zu keiner weiteren Eskalation des Konflikts führte, was aber im Alltag häufig der Fall sein dürfte.

Ein verwandtes Phänomen, das als Ärgerausdrucks-Hemmung bezeichnet wurde, fand sich bei *Migränekranken* (Gerhards, 1992). Im Unterschied zu einer normalen Vergleichsgruppe brachten sie in verbalen Antworten auf ein strukturiertes Interview, in dem ärgerauslösende Alltagssituationen (wie jemand mogelt sich in eine Parklücke) vorgegeben wurden, weniger Aggression zum Ausdruck. Andererseits schätzten die Migräniker ihre innere Anspannung in solchen Ärgersituationen höher ein als die Vergleichspersonen.

5.4. Anwendungsgebiete

Das Problem der gesellschaftlichen Bewältigung von Aggression wirft viele praktische Fragen auf, deren Beantwortung zu einem besseren Umgang mit der Aggression beitragen kann. Dabei geht es einerseits um ein besseres Verständnis der Bedingungen, unter denen Frustration auftritt (Temperatureinflüsse), und andererseits auch um ihre Kontrolle und Reduktion (Gewalt in den Massenmedien, Pornographie). Schließlich wird an zwei Beispielen (Gewalt im Sport, Gewalt gegen Frauen) gezeigt, wie sich konkrete Probleme der Aggression im Alltag manifestieren.

5.4.1. Gewalt im Fernsehen

Vor einem Ausschuß des US-Senats, der sich mit der zunehmenden Gewalt in der US-Gesellschaft befaßte, berichtete der Aggressionsforscher Leonard Eron, daß Gewalt im Fernsehen vermutlich zu einer Erhöhung der Aggressionsbereitschaft führt. Er faßte damit eine Serie von Studien zusammen (Kleiter, 1993), von denen die Längsschnittstudie von Lefkowitz, Eron, Walder und Huesmann (1977) besondere Beachtung fand, in der Kinder vom dritten Schuljahr an für 10 Jahre im Hinblick auf ihre Aggressivität untersucht wurden. In dieser Studie wurde für 184 Jungen festgestellt, daß die Präferenz für gewalttätiges Fernsehen im dritten Schuljahr mit r = .31 mit der Aggressivität zehn Jahre später korrelierte, während die Aggressivität im dritten Schuljahr minimal (r = .01) mit der Präferenz für gewalttätiges Fernsehen 10 Jahre später zusammenhing. Die Aggressivität wurde aus Urteilen von Eltern, von Gleichaltrigen und von den Kindern selbst abgeleitet.

In einer Nachfolgeuntersuchung (Huesmann, Eron, Lefkowitz & Walder, 1984) wurden die mittlerweile 30jährigen 22 Jahre nach der ersten Studie erneut befragt. Dabei zeigte sich eine hohe Stabilität der individuellen Aggressivität über 22 Jahre (bei Männern betrug die Korrelation r = 50, bei Frauen r = .35). Außerdem wurden Befragungen mit den Ehegatten der 30jährigen und ihren Kindern durchgeführt sowie die Zahl der Verurteilungen vor Gericht in den letzten 10 Jahren als Kriminalitätsindex erfaßt. Eron berichtete vor dem US-Senatsausschuß, daß 8jährige Jungen, die aggressive Programme bevorzugten, im Alter von über 22 Jahren eine erhöhte Aggressivität aufwiesen. Das zeigte sich an ihrer erhöhten Beteiligung an Verbrechen, mehr Gewalttaten unter Alkohol und strengerer Bestrafung ihrer Kinder (DeAngelis, 1992; s. auch Huesmann, 1986). Die positive Korrelation zwischen dem Ausmaß des Sehens aggressiver Fernsehinhalte und der Aggressivität der Kinder und Jugendlichen wurde mehrfach bestätigt (Wood, Wong & Chachere, 1991; s. Abschnitt II.5.2.4.).

Der Zusammenhang zwischen Präferenz für Gewalt im Fernsehen und Aggressivität trat bei 8jährigen *Jungen* auf. Bei *Mädchen* fand sich ein abweichendes Ergebnismuster, da ein schwacher negativer Zusammenhang zwischen Präferenz für Gewalt im Fernsehen und Aggressivität 10 Jahre später festgestellt wurde (Lefkowitz et al., 1977). Diese Ergebnisse sprechen für Geschlechtsunterschiede, die zusätzlich noch durch Alterseffekte modifiziert werden (Geen, 1983). Bei Jungen scheint vom ersten zum dritten Schuljahr der Zusammenhang zwischen der Häufigkeit des Sehens von Gewalt im Fernsehen und Aggressivität zuzunehmen, während er bei Mädchen abzunehmen scheint. Aus verschiedenen Studien läßt sich folgern, daß Mädchen und Jungen im frühen Alter gleichermaßen mit Aggressivität auf das Sehen von Gewalt reagieren. Aufgrund von Geschlechtsrollen-Stereotypen, die Mädchen weniger Aggressivität erlauben als Jungen und die im Laufe des Sozialisationsprozesses erworben werden, tritt in späteren Jahren eine Immunisierung der Mädchen gegen die negativen Auswirkungen der Gewaltdarstellungen im Fernsehen auf. Allerdings sind in diesem Zusammenhang erhebliche Veränderungen der kulturellen Schemata zu verzeichnen, die zu einer Annäherung der Geschlechtsrollen-Stereotypen führen.

Warum kommt es zu den ungünstigen Auswirkungen der Gewaltdarstellungen im Fernsehen auf die Aggressivität der Jugendlichen? Zwei Ursachen sind besonders hervorzuheben:

● Gewalt im Fernsehen kann nachgeahmt werden, weil aggressive Verhaltensmuster gelernt werden oder weil Hemmungen gegen aggressives Verhalten abgebaut werden (Abschnitt II.5.2.4.).
● Lernen von Vorstellungen über gewalttätige Verhaltensabläufe während der aggressiven Filmdarstellungen kann Gedankeninhalte hervorrufen, die sich auf Aggression beziehen und die auf andere Gedanken generalisieren. Kinder beobachten (wie Erwachsene) fortlaufend ihre soziale Umwelt und enkodie-

ren auffällige Episoden, die sie in ein Skript integrieren (Huesmann, 1986). Die Episode wird besonders dann die Aufmerksamkeit des Kindes finden, wenn sie als realistisch wahrgenommen wird und wenn sich das Kind mit dem aggressiven Akteur identifizieren kann. Die Erinnerung an das Skript ist davon abhängig, wie viele Hinweisreize in der Konfliktsituation mit der beobachteten Episode identisch sind. Diese Hinweise müssen mit der Aggression nichts zu tun haben (wie etwa das Vorhandensein eines Funkgeräts), können aber auch direkt mit Aggression zusammenhängen (wie Waffen). In einer experimentellen Studie mit 396 Jungen aus dem zweiten und dritten Schuljahr (Josephson, 1987) ergaben sich bestätigende Hinweise für diese Überlegungen, die in ähnlicher Weise auch von Berkowitz (1984), der von dem *Priming-Effekt* (Bahnungseffekt) von Fernsehgewalt spricht, angestellt wurden.

Obwohl sich in Labor- und Felduntersuchungen viele Hinweise dafür finden, daß das Sehen von aggressiven Filmen Aggressivität fördert, ist auch daran zu denken, daß umgekehrt Aggressivität eine Präferenz für Filme hervorruft, in denen Gewalttaten gezeigt werden (Geen, 1983; Huesmann & Eron, 1986). Studenten, die auf dem Fragebogen von Buss & Perry (1992) hohe Aggressivität erreichen (z.B. »Wenn ich auf Gewalt zurückgreifen muß, um meine Rechte zu schützen, werde ich das tun.«), wählen aggressivere Filme aus, reagieren mit feindseligeren Gefühlen auf aggressive Filme (Karate Kid III) als auf nicht aggressive Filme (Gorillas im Nebel) und zeigen nach Karate Kid III mehr Aggression (Bushman, 1995). Diese Effekte treten bei Studenten, die weniger aggressiv eingestellt sind, nicht auf. Es sind also die Personen, die sowieso schon aggressive Einstellungen haben, die auf Aggression in Filmen ungünstig reagieren. Eine vorhandene aggressive Disposition wird durch Gewalt in den Medien aktiviert. Das ist besonders bei Jungen der Fall, die vermutlich über ein reichhaltigeres Repertoire aggressiver Skripts verfügen (Geen, 1990; Josephson, 1987).

5.4.2. Pornographie, Gewalt und Vergewaltigung

Die Beziehung zwischen sexueller Erregung und Aggression scheint U-förmig zu sein (Baron & Bell, 1977). In einem mittleren Bereich (etwa bei Betrachtung von Penthouse-Fotos) wird die Aggressionsbereitschaft von Männern nach einer Beleidigung reduziert, während deutlichere sexuelle Darstellungen die Aggressionsbereitschaft steigern (Donnerstein, 1983; Donnerstein, Donnerstein & Evans, 1975).
Diese Ergebnisse können damit erklärt werden, daß erotische Stimuli sowohl eine erregende als auch eine ablenkende (mit den aggressiven Inhalten interferierende) Auswirkung haben. Je nachdem, welche dieser Funktionen dominiert, haben sexuelle Inhalte eine förderliche oder hemmende Auswirkung auf Aggression (s. Baron, 1977, S. 153-159). So hupen Autofahrer z.B. weniger wegen eines ungeschickten Fahrers vor ihnen, wenn sie eine attraktive Frau beim Überqueren der Straße beobachten können, die durch ihre sparsame Bekleidung die sexuelle Phantasie anregt (Baron, 1976). Auch andere Reize, die mit Aggression inkompatibel sind (z.B. nicht-aggressiver Humor), können aggressives Verhalten hemmen (Baron, 1983).

Die Frage, ob sich *nicht-aggressive Pornographie* dahingehend auswirkt, daß die Einstellung von Männern gegenüber Frauen ungünstig beeinflußt wird, läßt sich gegenwärtig nicht eindeutig beantworten. In experimentellen Untersuchungen wurden einige Belege für einen solchen Effekt gefunden (McKenzie-Mohr & Zanna, 1990; Zillmann & Weaver, 1989). Es besteht die Möglichkeit, daß Pornographie die Einstellungen von Männern gegenüber Frauen in Richtung Gefühllosigkeit beeinflussen kann. Insbesondere finden sich Hinweise darauf, daß pornographische Darstellungen den Glauben daran fördern, daß sexuelle Lust zwischen Personen, die sich nur kurz kennen und die keine persönliche Beziehung entwickeln, normal und erstrebenswert ist (Donnerstein, Linz & Penrod, 1987). Darüber hinaus ist auch zu erwähnen, daß pornographische Magazine und Videos soziale Vergleichsprozesse auslösen, die sich im Sinne eines *Kontrasteffektes* auswirken und die Zufriedenheit mit der eigenen Beziehung beeinträchtigen können (s. Abschnitt II.2.1.1.)

Aggressive Pornographie beinhaltet häufig die Darstellung einer Vergewaltigung. Der Anteil von aggressiver Pornographie scheint generell zuzunehmen (Malamuth & Check, 1983). Die pornographische Darstellung von Vergewaltigungen enthält vielfach die Botschaft, daß Frauen Spaß daran haben, zum Opfer männlicher Gewalt zu werden. Ein typisches Ergebnis der Forschung in diesem Bereich besagt, daß Männer, die eine pornographische Darstellung einer Vergewaltigung auf Video gesehen haben, sich gegenüber einer Frau besonders aggressiv verhalten, die sie zuvor geärgert hat (Donnerstein, Linz & Penrod, 1987). Die Erhöhung der Aggressivität gegen Frauen tritt meist nur bei aggressiver Pornographie auf, aber nicht bei nicht-aggressiver Pornographie. Hingegen spielt es eine geringere Rolle für die nachfolgende Aggression, ob die Frau nach der Vergewaltigung so dargestellt wird, als hätte sie Spaß gehabt, oder ob gezeigt wird, daß sie mit Ekel und Benommenheit reagiert (Donnerstein & Berkowitz, 1981). Die Steigerung der Aggression nach der gezeigten Vergewaltigung war größer bei den Männern, die vorher geärgert worden waren, insbesondere wenn das Opfer mit Ekel reagierte. Eine weitere Studie zu diesem Thema wird in Box U14 dargestellt.

Box U14: Sexuelle Erregung bei Aggression

Werden Männer sexuell durch Vergewaltigungs-Videos erregt? Sind dafür individuelle Unterschiede bedeutsam? In einer Studie mit 146 Männern (Malamuth & Check, 1983) wurde zunächst die Hypothese geprüft, daß die Beobachter auf die Vergewaltigung vor allem dann mit erhöhter sexueller Erregung reagieren, wenn die dargestellte Frau als (unwillentlich) erregt gezeigt wird (und nicht mit Ekel reagiert). Die Männer hörten Tonkassetten, auf denen eine Vergewaltigung oder ein Beischlaf, in den die Frau einwilligte, beschrieben wurde, wobei sie entweder erregt reagierte oder angeekelt. Die Beobachter hatten zuvor auf einem Fragebogen angegeben, ob sie möglicherweise eine Frau vergewaltigen würden, wenn sie straffrei bleiben würden. Die 86 Männer, die mit einem klaren »nein« (Skalenwert 1) antworteten, wurden mit den 59 verglichen, die auf einer 6-Punkte-Wahrscheinlichkeitsskala Werte größer 1 ankreuzten. Die sexuelle Erregung wurde sowohl durch Selbsteinschätzung als auch durch physiologische Messungen erfaßt. Die Auswertung dieser beiden Maße zeigte, daß dann, wenn die Frau mit Ekel reagierte, alle Befragten durch eine Vergewaltigung weniger erregt wurden als durch die Schilderung eines Beischlafs, in den die Frau eingewilligt hatte. Wenn die Frau mit

Erregung auf den sexuellen Akt reagierte, war die sexuelle Erregung der Männer, die sich nicht vorstellen konnten, daß sie eine Frau vergewaltigen würden, gleich hoch bei Zustimmung und bei Vergewaltigung. Hingegen erwiesen sich die Männer, die sich selbst eine Vergewaltigung vorstellen konnten, als sexuell erregter durch die Schilderung einer Vergewaltigung. Malamuth und Check (1983) weisen darauf hin, daß die Reaktion der Frau auf die Vergewaltigung entscheidend ist, um Unterschiede oder Übereinstimmung zwischen den beiden Gruppen von Männern in ihrer sexuellen Reaktion festzustellen. Eine durch die Vergewaltigung erregte Frau ruft intensive sexuelle Reaktionen der Männer hervor, die sich selbst vorstellen können, daß sie unter Umständen eine Frau vergewaltigen würden.

Eine weitere Auswertung ergab, daß die selbst eingeschätzte sexuelle Erregung der Männer beim Sehen einer Vergewaltigung positiv mit ihrem Machtstreben, das in einem Fragebogen erfaßt wurde, korrelierte. Die Frage von Persönlichkeitskorrelaten der sexuellen Erregung durch Gewaltanwendung gegen Frauen wurde in einer weiteren Studie (Malamuth, Check & Briere, 1986) aufgegriffen, in der eine Reihe von bedeutsamen Zusammenhängen festgestellt wurden. Durch Gewalt erregte männliche Studenten glaubten eher, daß ein Vergewaltigungsopfer selbst schuld ist, hielten männliche Dominanz für gerechtfertigt, glaubten eher, daß Frauen bei einer Vergewaltigung Spaß haben könnten und gaben eher an, daß sie selbst eine Frau vergewaltigen würden, wenn sie straffrei blieben.

In vielen westlichen Gesellschaften stellen Vergewaltigungen ein großes soziales Problem dar, dessen Umfang aufgrund der hohen Dunkelziffern nur teilweise bekannt ist. Bei einer Befragung von Jugendlichen in der Bundesrepublik Deutschland ergab sich, daß etwa 30% der Frauen angaben, sexuelle Gewalterfahrungen gemacht zu haben (Krahé, 1997). Somit kann festgestellt werden, daß Vergewaltigung und sexuelle Nötigung eine stärkere Aufklärung und Eindämmung erfordern (Box A16).

Box A16: Vergewaltigung: Ursachen und Konsequenzen

Wie kommt es zu Vergewaltigungen? Zunächst einmal ist festzustellen, daß das Auftreten von Vergewaltigungen bis zu einem gewissen Umfang kulturabhängig ist. Eine kulturvergleichende Studie zeigt, daß verschiedene Stammesgesellschaften sich erheblich in der Häufigkeit von Vergewaltigungsdelikten unterscheiden. Während etwa die Hälfte aller Gesellschaften durch ein völliges Fehlen von Vergewaltigungen gekennzeichnet sind, sind 18% der untersuchten Kulturen dadurch gekennzeichnet, daß Vergewaltigungen ein häufiges Ereignis darstellen (Sanday, 1981). In westlichen Gesellschaften lassen sich verschiedene soziokulturelle Faktoren nennen, die Vergewaltigungen wahrscheinlicher werden lassen (Krahé, 1997):

- Zum einen werden *Vergewaltigungsmythen* akzeptiert, die beinhalten, daß viele Vergewaltigungsopfer daran Spaß finden, vergewaltigt zu werden.
- Die damit einhergehende Verharmlosung sexueller Gewalt trägt dazu bei, Vergewaltigungen und sexuelle Nötigung zu akzeptieren.
- Zum anderen kommt der Verbreitung gewaltbezogener pornographischer Literatur und Gewaltvideos, in denen Vergewaltigung gezeigt wird, eine Bedeutung für die Steigerung der Bereitschaft zur Vergewaltigung zu (s. Box A15).
- Was die individuellen Determinanten der sexuellen Aggressionen angeht, werden von Lisak & Roth (1990) vier Gruppen von Einflußfaktoren genannt, die auch von Krahé (1997) diskutiert

werden: *Physiologische Erregung* kann dazu beitragen, daß sowohl eine sexuelle Bereitschaft als auch aggressive Handlungsimpulse ausgelöst werden. Kognitive Urteilsprozesse führen zu einer *Abwertung der Opfer* (Abschnitt II.4.2.1.). In diesem Zusammenhang sind auch die stereotypen Vorstellungen über männliche und weibliche Geschlechtsrollen zu nennen, die vielfach belegt wurden (Alfermann, 1996). Eine Verabsolutierung solcher stereotypen Geschlechtsrollen-Vorstellungen kann dazu führen, daß Männer Frauen angreifen und zum Geschlechtsverkehr zu zwingen versuchen. *Mangelnde Affektkontrolle* bezieht sich darauf, daß die Täter der Vergewaltigung vielfach eine feindselige und aggressive Grundeinstellung gegenüber Frauen haben. Die Frage der Affektkontrolle kommt insbesondere dann ins Spiel, wenn sexuelle Annäherungen zurückgewiesen werden. Der resultierende *Ärger*, der mit dem Gefühl verbunden sein kann, ungerecht behandelt worden zu sein (Bierhoff, 1997), fördert die Aggressionsbereitschaft, die sich in dem Versuch, die andere Person zu überwältigen, niederschlagen kann. Das verweist auf die Frage, inwieweit ein unglücklicher Verlauf der Interaktion von Mann und Frau, die zusammen ausgehen oder zusammen eine gemeinsame Unternehmung durchführen, Vergewaltigung auslösen kann (Felson, 1993). Persönlichkeitseigenschaften und biographische Erfahrungen können ebenfalls Ursachen für Vergewaltigungsdelikte sein. Dazu gehören *sexuelle Mißbrauchserfahrungen in der Kindheit,* die die Männer selbst erfahren haben, sowie generell gestörte Familienverhältnisse (Lisak, 1994).

Ein weiterer Faktor, der mit der Ausübung sexueller Gewalt zusammenhängt, ist das Vorhandensein einer starken *ängstlich-ambivalenten Bindung* (Box T7). Gewalttäter im familiären Bereich sind sehr häufig durch einen hohen Grad von ängstlich-ambivalenten Einstellungen gekennzeichnet (Dutton & Golant, 1995).

Sexuelle Gewalt wird überwiegend gegenüber Frauen ausgeübt, wenn auch in einer beachtlichen Minderheit der Fälle Männer das Opfer sexueller Gewalt werden. Insgesamt läßt sich aber feststellen, daß über 80% der Täter männlich sind (Browne, 1994). Beachtenswert ist auch, daß für die weiblichen Opfer festzustellen ist, daß sie zu einem Drittel durch Familienmitglieder sexuell mißbraucht werden, während ein weiteres Drittel aus dem Bekanntenkreis stammt. Das widerspricht der alltäglichen Vorstellung, nach der die Vergewaltigung durch eine fremde Person begangen wird, die eine Frau auf offener Straße überfällt. Der Umstand, daß viele sexuelle Straftaten im Verwandten- und Bekanntenkreis stattfinden, sollte zu einer Veränderung der Vorkehrungen gegen Vergewaltigungen führen, um der Gefährdung durch einen Personenkreis, von dem normalerweise keine Gefahr erwartet wird, Rechnung zu tragen (Furby, Fishhoff & Morgan, 1990; Krahé, 1997).

Die Folgen einer Vergewaltigung lassen sich als *posttraumatische Belastungsreaktion* zusammenfassen, die in der akuten Phase starke Angstgefühle und Schuldempfindungen sowie Alpträume und Schlaflosigkeit umfaßt, während in einer späteren Phase der äußerlichen Wiederanpassung Gefühle der *Hilflosigkeit* und eine Bedrohung subjektiver Sicherheit auftreten (Krahé, 1997). Posttraumatische Belastungsreaktionen wurden in den letzten Jahren ausführlich erforscht (vgl. Brewin, Dalgleish & Joseph, 1996). Ein besonderes Merkmal besteht darin, daß neben der Erinnerung, die durch normales Absuchen des Gedächtnisses auftritt, auch ein Wiedereinsetzen der traumatischen Erfahrungen erlebt wird, die sich als *Flashbacks* bezeichnen lassen.

Diese Flashbacks drängen sich den Opfern auf, ohne daß sie sich ihnen entziehen können. Ihr erstes Auftreten kann noch Jahre nach der ursprünglichen traumatischen Erfahrung eintreten. Oft entwickelt sich ein Oszillieren zwischen Phasen der Bedrängung durch die traumatischen Flashbacks und Phasen der Verdrängung und Abschottung gegenüber dem traumatischen Material, das im Gedächtnis gespeichert ist. Neben dem verbal zugänglichen Wissen über die Vergewaltigung besteht ein situativ auslösbares Wissen, das durch nicht bewußte Prozesse, die sich auf emotional bedeutsames Material beziehen, aufrechterhalten wird. Die langwierige Nachwirkung dieser traumatischen Erfahrung hängt auch damit zusammen, daß die traumatisierte Person versucht, sich durch Ablenkung und Vermeidung gegen die Erinnerungen an das Trauma abzuschotten, so daß eine voreilige Hemmung der Verarbeitungsprozesse im emotionalen Bereich ausgelöst wird, die dann mit wiederholten akuten Erinnerungsschüben verbunden ist.

5.4.3. Hooligans im Fußballsport

In den letzten Jahren ist das Problem der Gewalt in den Fußballstadien zunehmend in das Bewußtsein der Öffentlichkeit gedrungen. Während einerseits die Spielweise der Profis zunehmend erfolgsorientierter geworden ist, hat sich gleichzeitig eine Subkultur gewalttätiger Hooligans entwickelt, die durch ihre Gewalttaten während und nach den Spielen immer wieder auf sich aufmerksam machen.

Pilz (1997) weist darauf hin, daß sich die Fußballprofis häufig zu Regelverletzungen im Interesse des Erfolgs der eigenen Mannschaft hinreißen lassen oder sie sogar als legitime Mittel ansehen. Verboten ist nur das, was der Schiedsrichter ahndet. Bei den Fans der Bundesliga-Mannschaften hat sich eine entsprechende Einstellung durchgesetzt, die mit einem doppelten Standard der Fairneß einhergeht: Das Foulspiel der eigenen Mannschaft wird entweder übersehen oder sogar gefeiert, während das Foulspiel der gegnerischen Mannschaft mit frenetischem Protest beantwortet wird.

Die Schiedsrichterentscheidungen werden nicht danach bewertet, ob sie den Spielregeln angemessen sind, sondern danach, ob sie der eigenen Mannschaft nützen oder schaden. Nützliche Entscheidungen, die die eigene Mannschaft dem Sieg näher bringen, werden bejubelt, während Entscheidungen, die sich gegen die eigene Mannschaft richten, mit Empörung und Ärger aufgenommen werden. Wenn scheinbar durch solche Entscheidungen ein Spiel verloren geht, ist der Weg zu gewalttätigen Ausschreitungen nur sehr kurz. Diese übersteigerte Erfolgsorientierung ist im wesentlichen ein Spiegelbild gesellschaftlicher Entwicklungen und kein Spezialproblem des Fußballs.

Eine Vielzahl gesellschaftlicher Bedingungen trägt dazu bei, daß die Gewalt um den Fußballsport zunimmt:

- Erhöhung der Toleranz gegenüber Gewalt und die Vernachlässigung moralischer Werte, die einer Gewaltausübung im Wege stehen.
- Hohe psychische Belastungen durch die Berufstätigkeit, der eine lustbetonte, durch Gewalt und Ausleben von Impulsen gekennzeichnete Hooligan-Realität gegenübergestellt wird.
- Fehlende oder überteuerte Freizeitangebote, die zu Langeweile und Desinteresse führen, rufen den Wunsch nach Herausforderungen und Abenteuern heraus, der als Hooligan ausgelebt wird. Damit erfüllen sich Jugendliche und Erwachsene, die keineswegs nur aus dem Milieu der Arbeitslosen stammen, sondern häufig aus gutsituierten Berufen, den Wunsch nach einer persönlichen Identität in einem faszinierenden Kontext der Gewalt.

- Die Häufigkeit, Intensität und Alltäglichkeit der Darstellung von Gewalt in den Massenmedien, insbesondere auch bei der Berichterstattung über Fußballspiele, führt zu einer Abstumpfung gegenüber den Folgen von Gewaltausübung (vgl. Abschnitt II.5.2.4. und II.5.4.1.).
- Normen von *Maskulinität* und Tapferkeit, die der *Kultur der Ehre* nicht unähnlich sind (Abschnitt II.5.2.5.), führen zu einer Legitimierung körperlicher Gewalt als Mittel der Selbstverwirklichung.

Pilz (1997) bezeichnet Hooligans »als die Avantgarde eines neuen Identitätstyps« (S. 136), deren Verhalten an die Prinzipien des modernen Erfolgssports angepaßt ist. Damit sind Hooligans als Ergebnis von Modernisierungsprozessen in der Gesellschaft zu verstehen, insbesondere im Kontext der Kommerzialisierung und Professionalisierung des Sports. Merkmale wie Wettbewerbsorientierung, Risikobereitschaft, Coolness und Mobilität, die in der Gesellschaft generell positiv bewertet werden, werden extremisiert und gegen die Gesellschaft gerichtet (Pilz, 1997).

6. Kontrolle, Kontrollverlust und Freiheit der Wahl

Die Ausübung von Kontrolle (oder die *Illusion der Kontrolle*) hat positive Effekte auf die Auseinandersetzung mit Streß und Angst (Taylor, 1989; Taylor & Brown, 1988). So finden sich Hinweise darauf, daß zumindest ein Teil der positiven Effekte einer Entspannungstherapie als Selbstkontrolltechnik zur Angstreduktion darauf zurückgeht, daß die Klienten den Eindruck bekommen, sie üben über ihre emotionalen Reaktionen Kontrolle aus (unabhängig davon, ob das stimmt oder nicht; s. Gatchel, 1980).

Kontrollstreben kann auch auf der Seite der Therapeuten wirken. Wicklund & Eckert (1992) stellten die Hypothese auf, daß Therapeuten bei der Bewertung des Therapieerfolgs ihrer Klienten dadurch bestimmt werden, ob es ihnen gelingt, über das Denken und Sprechen der Patienten in der Therapie Kontrolle auszuüben. Dabei ergibt sich ein Paradox: Klienten, die sich durch ihre Therapeuten beeinflussen lassen, werden von diesen als Personen eingeschätzt, die ihr Selbst besonders gut kennen und eine hohe Autonomie besitzen. Die Autoren vermuten, daß diese positiven Einschätzungen der Eigenschaften der Klienten durch das erfolgreiche Streben nach Kontrolle der Therapeuten motiviert sind, die auf Kontrollverlust mit einer ungünstigeren Einschätzung der Klienten reagieren könnten.

In Box A17 wird ein Beispiel dafür gegeben, daß es einen Unterschied macht, ob eine Person glaubt, Kontrolle über ihr Leben zu haben, oder ob sie das nicht glaubt.

Box A17: Ein Besuch im Altenheim

Die Sicht des alten Menschen ist durch die Erwartung gekennzeichnet, daß die soziale Kompetenz und die geistigen Fähigkeiten abnehmen. Daher erscheint der alte Mensch als eine Person, für die gesorgt werden muß (Lehr, 1980). Wir hatten schon in Abschnitt II.3.5. gesehen, daß der Erhalt der Hilfe abhängig machen kann und häufig den Selbstwert bedroht (s. Box T11).

Im Altenheim findet sich vielfach eine Situation, in der die Eigeninitiative der Bewohner durch die Fürsorge des Personals stark eingeschränkt ist. Eine solche Situation ist durch einen erheblichen Kontrollverlust gekennzeichnet (s. Langer & Rodin, 1976). Als Folge davon sind negative Effekte auf die wahrgenommene Kompetenz und Verantwortung zu erwarten. Kompetenz und Kontrolle sind zentrale Aspekte des Mensch-Seins. Insbesondere besteht der Wunsch, Effekte auf die Umwelt auszuüben, das Verhalten selbst (mit-)zu bestimmen und persönlich als Verursacher zu erscheinen (statt als Spielball von Institutionen und deren Repräsentanten).

Empirische Untersuchungen haben Hinweise auf einen Zusammenhang zwischen wahrgenommener Hilflosigkeit aufgrund eines Kontrollverlustes und Krankheitsanfälligkeit ergeben (Langer & Rodin, 1976). Daher besteht die Möglichkeit, daß in einem Zustand der Hoffnungslosigkeit Rückzug, Krankheit und vorzeitiger Tod die Folgen sind. Hingegen läßt sich vermuten, daß wahrgenommene Kompetenz und Wahlfreiheit eher mit Gesundheit und persönlicher Leistungsfähigkeit in Zusammenhang stehen.

Langer und Rodin (1976) führten ein Feldexperiment in einem Altenheim durch. Während in einer Vergleichsgruppe alles so blieb, wie es schon immer war (indem die Verantwortung des Personals für das Wohlergehen der Bewohner betont wurde), wurde versucht, in einer zweiten Gruppe von Bewohnern das *Gefühl der Eigenverantwortung zu steigern*. In einem Vortrag wurden sie auf Möglichkeiten hin-gewiesen, in ihrer Umgebung Einfluß auszuüben, Verantwortung für sich zu übernehmen und Entscheidungen selbst zu treffen (etwa im Zusammenhang mit der Möblierung und dem Arrangement der Einrichtung oder dem Bestehen unbefriedigender Gegebenheiten im Heim). Die Bewohner wurden aufgefordert, Vorschläge an das Personal zu machen. Schließlich wurden sie noch gebeten, selbst einen Film auszuwählen, der in Kürze vorgeführt werden sollte. Diese Mitteilungen wurden in einem persönlichen Gespräch des Leiters mit den einzelnen Bewohnern wiederholt.

Diese nicht sehr aufwendigen Maßnahmen hatten sowohl unmittelbare als auch langfristige Effekte. Nach drei Wochen zeigte sich im Urteil des Personals eine deutliche Verbesserung im Gesamtzustand der Bewohner, die zu eigenverantwortlichem Verhalten ermutigt worden waren, die deutlich größer war als in der Kontrollgruppe. Außerdem zeigte sich eine geringere Passivität des Verhaltens in der Versuchsgruppe.

Nach 18 Monaten wurde ein weiterer Nachtest durchgeführt (Rodin & Langer, 1977). Die Personalbeurteilungen zeigten erneut, daß Personen in der Versuchsgruppe als stärker aktiv, interessiert, lebhafter und mehr Eigeninitiative zeigend eingestuft wurden. Arzt-Beurteilungen ergaben, daß der generelle Gesundheitszustand sich in der Versuchsgruppe positiv entwickelt hatte, während er sich in der Kontrollgruppe negativer als bei der ersten Erhebung darstellte. Schließlich ergab sich, daß in der Versuchsgruppe nur 15% der anfangs erfaßten Personen gestorben waren, während in der Kontrollgruppe 30% der Bewohner starben ($p < 0.10$). In einer Diskussion stellten Mitglieder der Versuchsgruppe primär Fragen, die sich auf Autonomie und Unabhängigkeit bezogen, während in der Kontrollgruppe stärker das Thema Tod angesprochen wurde.

In einem Besuchsprogramm (Schulz, 1976) wurde Kontrolle und Vorhersagbarkeit von studentischen Besuchen bei alten

168

Menschen (mittleres Alter 81.5 Jahre) in einem Altenheim variiert. Ein Teil der Bewohner wurde im vorhinein informiert, wann sie besucht würden *(Vorhersehbarkeit)*, während eine zweite Gruppe über den Zeitpunkt und die Dauer der Besuche selbst entscheiden konnte *(Kontrollierbarkeit)*. Eine dritte Gruppe wurde nach Zufall besucht, während eine vierte Gruppe keine zusätzlichen studentischen Besuche erhielt. Das Programm dauerte 8 Wochen und beinhaltete im Durchschnitt 1.3 Besuche pro Woche.

Die Ergebnisse zeigten, daß sich Vorhersehbarkeit und Kontrollierbarkeit positiv auf das Wohlbefinden der Altenheimbewohner auswirkten, wobei durch einen »yoked-control«-Versuchsplan die Anzahl und Länge der studentischen Besuche in allen drei Versuchsbedingungen gleich gehalten wurden. (Die Besuche wurden angeglichen, indem die Personen in der zweiten und dritten Gruppe so häufig und so lange besucht wurden, wie die Personen in der ersten Gruppe es durch ihre Wünsche vorgaben.) In den beiden ersten Gruppen wurde der Gesundheitszustand der Bewohner durch den Heimleiter nach Ablauf des Programms günstiger eingeschätzt, und sie selbst beurteilten sich im Durchschnitt als glücklicher als die Bewohner in den beiden anderen Gruppen (Zufall- und Kontrollgruppe).

Generell läßt sich feststellen, daß in Altenheimen ein soziales Skript besteht, wonach die gezeigte Hilflosigkeit der Heimbewohner Zuwendung und Unterstützung durch das Personal hervorruft, während selbständiges Verhalten und Autonomiestreben ignoriert wird. Weiterhin zeigt eine Untersuchung aus Berlin, daß Weiterbildungsprogramme für das Personal dazu führten, daß die Angestellten unabhängiges Verhalten der Heimbewohner fördern, das in der Folge auch verstärkt auftritt (Baltes, Neumann & Zank, 1994).

Bei Menschen, deren Entscheidungsfreiheit momentan gering ist, führt die Erhöhung von Kontrollierbarkeit und Vorhersehbarkeit in ihrer sozialen Umwelt dazu, daß ihre Aktivität erhöht und das Wohlbefinden stabilisiert wird. Aus diesen Ergebnissen ergibt sich die Folgerung, in Altenheimen mehr Unabhängigkeit und Autonomie für die Bewohner zu ermöglichen. Die Resultate sind über Altenheime hinaus relevant. Sie verweisen auf ein wichtiges therapeutisches Ziel, z.B. bei einsamen und depressiven Menschen, das mit den Stichworten »mehr Kontrolle ausüben« und »Handlungspläne erstellen« umrissen wird.

Geringe Kontrollierbarkeit wichtiger Lebensereignisse und Häufigkeit von Krankheit scheinen in einem positiven Zusammenhang zu stehen (Schulz, 1978). Berichte über Krankheiten in den letzten drei Jahren lassen sich auf der Basis der streßhaften Ereignisse, die in dieser Zeit vorgefallen sind, und der wahrgenommenen Kontrollierbarkeit dieser Ereignisse vorhersagen. Geringe Kontrollierbarkeit wirkte sich vor allem dann negativ auf die Krankheitsanfälligkeit aus, wenn die Anzahl der streßhaften Ereignisse relativ hoch war (Stern, McCants & Petine, 1982). Wenn diese Ergebnisse auch keine ursächliche Abhängigkeit zwischen mangelnder Kontrollierbarkeit von Lebensereignissen und Krankheit belegen, so stehen sie doch mit anderen Untersuchungsergebnissen in Übereinstimmung, die einen ursächlichen Zusammenhang nahelegen (s. Schorr & Rodin, 1982).

Im folgenden steht die Darstellung eines *integrativen Modells der Reaktionen auf Unkontrollierbarkeit* (Wortman & Brehm, 1975) unter Berücksichtigung der Reaktanz-Theorie und der Theorie gelernter Hilflosigkeit im Mittelpunkt. Anschließend werden einige Konsequenzen der *Erfahrung mit unkontrollierbaren aversiven Situationen* dargestellt, insbesondere bezüglich Attribution, Depression und Koronarkrankheiten.

6.1. Reaktanz und Hilflosigkeit

6.1.1. Freiheitseinengung

Die *Reaktanztheorie* von Jack Brehm beschäftigt sich mit den Folgen einer Freiheitseinschränkung. »Die grundlegende Idee der Theorie ist, daß eine Person jedesmal motivational erregt wird, wenn sie denkt, daß eine ihrer Freiheiten bedroht oder eliminiert wurde« (Brehm, 1976, S. 53). Diese Motivation ist »auf die Wiederherstellung eines Freiheitsspielraums gerichtet« (Grabitz-Gniech & Grabitz, 1973a, S.32). Ein Beispiel aus dem Alltag ist in Box A18 dargestellt.

Box A18: Unfälle im Nebel

Schönbach (1996) ging der Frage nach, wie sich das häufige Auftreten von Auffahrunfällen im Nebel erklären läßt. Eine Reihe von Erklärungen liegen auf der Hand:

● Raserei aus sturer Unbekümmertheit,
● Raserei als Draufgängertum, besonders bei Männern,
● Unaufmerksamkeit durch Streß,
● Nachahmung des unvernünftigen Fahrverhaltens anderer Fahrer,
● Überschätzung des eigenen Fahrvermögens.

Neben diesen naheliegenden Erklärungen läßt sich auch eine subtilere Erklärung auf der Grundlage der Reaktanztheorie nennen:
Im Nebel besteht die Tendenz, sich an den roten Rücklichtern des vorausfahrenden Wagens zu orientieren, um sich sicherer zu fühlen. Dadurch fährt der Fahrer relativ dicht auf, um nicht den Blickkontakt zu verlieren. Wenn das auch der Fahrer des nachfolgenden Wagens tut, rückt er mit seinen hellen Scheinwerfern dicht auf. Dadurch fühlt sich der andere Fahrer bedrängt und empfindet Unbehagen. Die Grundlage dafür ist das Gefühl der Freiheitseinschränkung, das durch das dichte Aufrücken ausgelöst wird. Es ist ironisch, daß derselbe Fahrer, der sich durch den nachfolgenden Fahrer, der sein rotes Rücklicht sucht, beengt fühlt, selbst zu dem vorausfahrenden Wagen dicht auffährt und damit bei dessen Fahrer das gleiche Unbehagen auslöst. Jedenfalls entsteht der Wunsch, sich der Einengung zu entziehen. Eine Möglichkeit besteht in einer Erhöhung der Fahrgeschwindigkeit über das für die Nebelsituation vernünftige Maß hinaus.

Eine repräsentative Befragung der deutschen Bevölkerung zu diesem Thema führte zu Hinweisen, die der Reaktanztheorie entsprechen: Tatsächlich gab eine Mehrheit der Befragten, die mit Nebelfahrten Erfahrung hatten, an, daß sie es beruhigend finden, wenn sie die Rücklichter des Vorausfahrenden sehen. Außerdem wurde vielfach angegeben, daß sich die Fahrer durch die Scheinwerfer im Rückspiegel bedrängt fühlten. (Die beiden Fragen wurden nicht an dieselben Personen gestellt: Eine Hälfte der Befragten wurde im Hinblick auf Vorausfahrende befragt, die andere Hälfte im Hinblick auf hinter ihnen fahrende Wagen.)
41% der Befragten gaben an, daß sie zumindest manchmal etwas schneller fahren, wenn sie sich im Nebel durch das hinter ihnen fahrende Fahrzeug bedrängt fühlen. 58% gaben an, zumindest manchmal etwas schneller zu fahren, um Anschluß an den vorausfahrenden Wagen zu halten. Die Folge dieser Tendenzen besteht in einer Geschwindigkeitserhöhung und in zu dichten Abständen unter den Fahrzeugen, die in einer Kolonne durch den Nebel fahren.
Diese Effekte sind besonders beachtenswert, weil sich im Nebel eher Fahrzeugkolonnen bilden als bei klarer Sicht und sich die Abstände zwischen den Fahrzeugen verringern (Hawkins, 1988). Außerdem besteht die Tendenz, für die Sichtverhältnisse zu schnell zu fahren. Es ist nahe-

liegend, dieses Fahrverhalten im Nebel zumindest teilweise darauf zurückzuführen, daß sich die Autofahrer durch das dichte Auffahren eingeengt und bedrängt fühlen und in einem Versuch der Freiheitswiederherstellung schneller fahren.

Das Motiv, das dem Streben nach Wiederherstellung der Freiheit zugrunde liegt, wird als Reaktanz bezeichnet (Brehm, 1966). In drei Bereichen sind *Reaktanz-Effekte* besonders augenfällig (Wicklund, 1974):

- *Wenn Einfluß ausgeübt wird, um Einstellungen zu ändern oder zu kontrollieren.* Beispiele: Ein Kommunikator bringt seine Absicht zum Ausdruck, die Zuhörer von einem bestimmten Standpunkt zu überzeugen. Reaktanzeffekte können durch die Verwendung von Aufforderungen (z.B. »Du bist verpflichtet, mir zu helfen«; Engelkamp, Mohr & Mohr, 1985; Herrmann, 1982) ausgelöst werden. Anweisungen scheinen weniger Reaktanz auszulösen als explizite Hinweise auf eine Verpflichtung. Am wenigsten Reaktanz trat bei Aufforderungen auf, in denen die Ausführung eines Verhaltens für die Herstellung eines Effektes angesprochen wird (z.B. »ich möchte, daß du mir hilfst«).
- *Wenn Barrieren errichtet werden.* Beispiele: Ein Partner will sich nicht scheiden lassen und der andere um so mehr; Entscheidungsspielraum wird angekündigt, aber nicht gewährt. Die Attraktivitätssteigerung gegenüber verbotenen Objekten wurde schon bei zweijährigen Jungen beobachtet (Brehm & Weinraub, 1977). Ein großer Teil der Phänomene, die dem *Trotzalter* zugeschrieben werden, lassen sich als Reaktanzeffekte deuten (s. Dickenberger, 1983). Wenn jemand immer das Gegenteil von dem tut, was vorgeschrieben worden ist, kann das als Versuch zur Wiederherstellung der Freiheit der Wahl gedeutet werden.
- *Wenn man sich für eine von mehreren zur Auswahl stehenden Alternativen entscheiden muß.* In diesem Fall ist die Bedrohung der Freiheit selbst-erzeugt. Indem man eine Präferenz für eine von mehreren Alternativen entwickelt, ist ein Freiheitsverlust impliziert, weil die anderen Alternativen als Wahlobjekte ausfallen. Die Präferenz ist wie ein Signal, daß die Freiheit der Wahl in Kürze eliminiert wird (Wicklund, 1974). Daher wird in der Vorentscheidungsphase eine Konvergenz der Attraktivität mehrerer Alternativen erwartet. Je näher der Punkt der Entscheidung kommt, desto ähnlicher sollte die Attraktivität der Alternativen eingeschätzt werden. Ein direkter Beleg für die Konvergenz-Hypothese findet sich in einer Untersuchung von Linder & Crane (1970). Die Beurteiler sollten die Attraktivität von zwei potentiellen Interviewern einschätzen, unter denen sie 15 Minuten, acht Minuten oder drei Minuten später einen für sich auswählen sollten. Die Diskrepanz in den Attraktivitätsurteilen nahm ab, je kürzer der Zeitabstand zum Entscheidungspunkt wurde.

Wovon hängt das *Ausmaß der Reaktanz* ab? Grabitz-Gniech und Grabitz (1973a) und Wortman und Brehm (1975) nennen vier Einflußfaktoren:

- Stärke der Erwartung, von Beginn an Freiheit der Wahl zu besitzen,
- Stärke der Bedrohung der Freiheit,
- Bedeutung der Freiheit, die bedroht wird,
- Implikation der Bedrohung für andere Freiheiten.

Folgende *Effekte* werden vorhergesagt: Wenn ein Verhalten mit Ausschluß bedroht wird,

- steigt das Bestreben, das Verhalten zu zeigen und entsprechende Einstellungen zu entwickeln,
- steigt die Wahrscheinlichkeit, daß das Verhalten ausgeführt wird (es sei denn, die Freiheit ist völlig eliminiert),
- steigt die Wahrscheinlichkeit für die Ausführung von Verhaltensweisen, die irgendeine Beziehung zu dem verbotenen Verhalten aufweisen,
- nimmt die Feindseligkeit und Aggression gegenüber der für das Verbot verantwortlichen Person zu.

Der Wunsch, die eigene Handlungsfreiheit zu erhalten, ist ein zentrales Motiv sozialen Verhaltens. Freie Wahl bedeutet, daß die Person ihr eigenes Schicksal kontrolliert. Entscheiden andere, wird die Kontrollinstanz externalisiert und die Person erscheint als abhängig und schwach (s. Heilman & Toffler, 1976). Sie fühlt sich wie der Bauer in einem Schachspiel.

DeCharms (1968) beschreibt Personen, die sich als »Bauern« sehen, insofern sie sich von äußeren Kräften bestimmt fühlen. Wer hingegen glaubt, sein Verhalten persönlich zu verursachen, sieht den Ursprung für das eigene Verhalten in sich selbst. Mit dieser Unterscheidung deckt sich weitgehend die Trennung zwischen internaler und externaler Kontrollüberzeugung (Rotter, 1966, s. Box T16).

Box T16: Internale/Externale Kontrolle

Nach Rotter (1966) glauben Internalisierer daran, daß sie Kontrolle über ihr Schicksal ausüben. Hingegen sind Externalisierer der Überzeugung, daß ihr Schicksal außerhalb ihrer persönlichen Kontrolle liegt. Krampen (1987) hat im deutschsprachigen Bereich einen Fragebogen zu Kontrollüberzeugungen entwickelt, der eine internale Skala und zwei externale Skalen beinhaltet.

Ein anderer Fragebogen, der mit internaler Kontrolle zusammenhängt, erfaßt die Neigung, mit Reaktanz auf Freiheitseinschränkung zu reagieren (Merz, 1983). Personen unterscheiden sich darin, wie empfindlich sie darauf reagieren, wenn ihnen Vorschriften und Einschränkungen aufoktroyiert werden. In dem Fragebogen zur Messung der psychologischen Reaktanz finden sich Feststellungen wie

- Ich reagiere sehr empfindlich, wenn jemand versucht, meine persönliche Entscheidungsfreiheit einzuengen.
- Der Gedanke, von anderen abhängig zu sein, ist mir sehr unangenehm.

Die Neigung zu Reaktanz korreliert positiv mit internalen Kontrollüberzeugungen (Brehm & Brehm, 1981). Personen, die sich selbst als kontrollierend sehen, weisen soziale Einflußversuche und Kontrolle von außen besonders heftig zurück. Hingegen ist soziale Einflußnahme mit dem Selbstbild einer Person, die eine externale Kontrollüberzeugung vertritt, eher kongruent.

Die Erforschung von Kontrollerwartungen, die durch Rotter (1966) angeregt worden ist, hat zu einer großen Vielfalt von Ansätzen geführt, die von Skinner (1996) zusammengefaßt wurden. Kontrollerwartungen werden unter verschiedenen Bezeichnungen als Erklärungskonzepte benutzt: Bandura (1986) spricht von Reaktions-Ergebniserwartungen, während H. Heckhausen (1977) von Handlungs-Ergebniserwartungen und Peterson, Maier & Seligman (1993) von Kontingenz sprechen. Ein verwandter Zugang zu Kontrollerwartungen findet sich in dem Begriff der Mittel-Zweckbeziehungen (Little, Oettingen, Stetsenko & Baltes, 1995), die als Erwartungen über die Nützlichkeit bestimmter Mittel für ein bestimmtes Ergebnis (z.B. gute Schulnoten) definiert werden. In bezug auf die Mittel (z.B. Anstrengung und Fähigkeit) besteht eine starke oder geringe Überzeugung, daß sie dem Akteur zur Verfügung stehen (z.B. der Glaube des Kindes, daß es in der Schule über gute Fähigkeiten verfügt).

Eine weitere Unterscheidung, die in diesem Zusammenhang zu nennen ist, ist die zwischen primärer Kontrolle und sekundärer Kontrolle (J. Heckhausen und Schulz, 1995). Während primäre Kontrolle darauf abzielt, durch direkte Handlungen einen Kontrollverlust rückgängig zu machen, bezieht sich sekundäre Kontrolle darauf, daß die Person sich selbst verändert, um einen Kontrollverlust auszugleichen oder zu reduzieren. So kann z.B. ein erfolgreiches Bewältigungsverhalten bei negativen Konsequenzen darin bestehen, daß sich die Person davon ablenkt.

Die Bedeutung von Kontrollüberzeugungen ist in vielen Bereichen nachgewiesen worden. Dazu zählen Leistungssituationen, der berufliche Bereich, Krankheit und Depressionen sowie die soziale Entwicklung von Kindern (vgl. Krampen, 1989). So wurde z.B. für die Überzeugungen der Schüler im Hinblick auf das Vorhandensein von Anstrengung, Fähigkeit, aber auch Glück und Lehrerunterstützung festgestellt, daß sie mit der Schulleistung positiv korrelieren (in Berlin und Moskau stärker als in Los Angeles; Little et al., 1995). Gleichzeitig waren die mittleren Ausprägungen der leistungsbezogenen Attributionen auf sich selbst bei den amerikanischen Kindern am höchsten ausgeprägt. Das ist ein ironisches Ergebnis, insofern in dem kulturellen Kontext, in dem die leistungsbezogenen Attributionen am stärksten ausgeprägt sind, ihr tatsächlicher Zusammenhang mit der Schulleistung (gemessen über Noten in Mathematik und Sprachen) am niedrigsten ausfiel, vermutlich wegen weniger Verwendung individueller Leistungsrückmeldungen. Ein weiteres angewandtes Beispiel, das die Bedeutung der Reaktanztheorie im Alltag demonstriert, ist die Diskussion um warnende Hinweise, die auf den aggressiven Inhalt von Fernsehprogrammen aufmerksam machen (s. Box A19).

Box A19: Achtung, nicht einschalten

Die amerikanischen TV-Sender haben sich verpflichtet, Warnungen bei Filmen, die Gewalt transportieren, anzubringen, in denen die Eltern gewarnt werden, daß das entsprechende Programm für Kinder ungeeignet ist. Eine Möglichkeit, die durch die Reaktanztheorie nahegelegt wird, besteht darin, daß Warnungen die Programme attraktiver und interessanter machen. Ein solcher *Bumerangeffekt* kann darauf zurückgeführt werden, daß sozialer Einfluß als Zensur verstanden wird, gegen die sich die Zielperson auflehnt, indem sie genau das Verhalten zeigt, von dem sie abgebracht werden soll.

Empirische Untersuchungen (Bushman & Stack, 1996) zeigen, daß solche Reaktanzeffekte wahrscheinlich sind. Studierende gaben an, wie gerne sie Filme mit aggressivem und nicht-aggressivem Inhalt sehen möchten. Je nach Bedingung wurde die Inhaltsbeschreibung durch eine Warnung vor aggressivem Material begleitet oder nicht. Aggressive Filme, die mit einer Warnung versehen worden waren, erwiesen sich als attraktiver als aggressive Filme ohne Warnung. Das war besonders dann der Fall, wenn die Studierenden eine hohe Reaktanzneigung aufwiesen, die durch einen Persönlichkeitsfragebogen erfaßt wurde.

Schließlich wurde in einem weiteren Experiment gezeigt, daß eine bloße Information über den aggressiven Inhalt keine Reaktanz auslöste. Entscheidend war der warnende Hinweis, der das Sehinteresse der Studierenden erhöhte.

Die großen Widerstände, die in totalitären Staaten bei der gezielten Beeinflussung der öffentlichen Meinung entstehen, zeigen, daß Reaktanz ein sehr starkes Motiv sein kann. Ein Beispiel ist das Verhalten der Bürger der DDR, die sich in vielfältiger Weise gegen die Zensurmaßnahmen der Staatsmacht widersetzt haben, u.a. durch die Bevorzugung von Fernsehprogrammen aus den Westen gegenüber Ostprogrammen.

6.1.2. Gelernte Hilflosigkeit

Fortgesetzter Kontrollverlust führt zur Erfahrung von Hilflosigkeit und Hoffnungslosigkeit. Hilflosigkeit ist eine Vorstufe zur Hoffnungslosigkeit (Schulz, 1978). Wenn eine Person in wichtigen Lebensbereichen feststellt, daß – egal was sie oder was andere tun – immer nur negative Konsequenzen auftreten, verliert sie die Hoffnung auf eine Besserung und gibt auf. Hilflosigkeit beinhaltet eine niedrige eigene Kontrollerwartung über zukünftige Ereignisse, während anderen Personen eine höhere Kontrollmöglichkeit zugeschrieben wird.
Die Erfahrung des Aufgebens wird in der Theorie der gelernten Hilflosigkeit (Peterson, Maier & Seligman, 1993; Seligman, 1975) in den Mittelpunkt gestellt. Die Theorie wurde ursprünglich auf der Basis von Tierversuchen – vor allem mit Hunden – formuliert (Overmier & Seligman, 1967; Seligman & Maier, 1967), hat jedoch auch Bedeutung für menschliches Verhalten in Streß- und Bedrohungssituationen.
Die Theorie der gelernten Hilflosigkeit umfaßt in ihrer ursprünglichen Fassung *zwei Annahmen.* Wenn die Beziehung zwischen Reaktionen und aversiven Stimuli durch Unabhängigkeit gekennzeichnet ist, wird diese fehlende Kontingenz kognitiv repräsentiert, indem die *Erwartung gebildet wird, daß Reaktion und Ergebnis voneinander unabhängig sind.* Der zweite Schritt bezieht sich auf die Art und Weise, wie sich diese Erwartung auf das Verhalten auswirkt. Aufgrund der wahrgenommenen Unkontrollierbarkeit der Situation ergibt sich ein *Nachlassen der Reaktionsbereitschaft,* weil Initiativen als sinnlos erscheinen. Zum einen wird die Motivation, die Ergebnisse zu kontrollieren, reduziert. Zum anderen führt die Lernerfahrung der Unkontrollierbarkeit zu einer Interferenz mit nachfolgenden Lernprozessen in Situationen, in denen Kontrollierbarkeit gegeben ist.
Die grundlegenden Experimente wurden mit Hunden in einem *triadischen Versuchsplan* durchgeführt, der drei Versuchsgruppen enthält. In einer ersten Lernaufgabe lernte eine Versuchsgruppe, auf Elektroschocks mit einer instrumentellen Reaktion zu antworten, die den Schock beendete. In einer zweiten Versuchsgruppe erhielten die Tiere dieselben Schocklängen, wie sie sich in der ersten Gruppe jeweils ergeben hatten (yoked-control group, vgl. Box. A17). Je ein Tier der ersten Gruppe wurde mit einem Tier der zweiten Gruppe parallelisiert. In dieser zweiten Versuchsgruppe bestand aber nicht die Möglichkeit, die Schocks durch eine instrumentelle Reaktion zu beenden, so daß in dieser Gruppe ein *Hilflosigkeitstraining* durchgeführt wurde. Schließlich wurden in einer

Kontrollgruppe keine Schocks verwendet. Die Tiere in allen drei Gruppen nahmen dann an einem Versuch zum Vermeidungstraining teil, in dem sie durch eine instrumentelle Reaktion einen Schock vermeiden konnten. Während die Kontrollgruppe und die erste Versuchsgruppe schnell lernten, wie sie den Schocks entgehen konnten, war das Vermeidungslernen in der Gruppe, *die einem Hilflosigkeitstraining ausgesetzt war, beeinträchtigt* (Seligman & Maier, 1967).

In der attributionstheoretischen Revision der Theorie der gelernten Hilflosigkeit (Abramson, Seligman & Teasdale, 1978) wird das ursprüngliche Modell erweitert, da zwischen der Generalität der Effekte des Hilflosigkeitstrainings (beschränkt auf spezifische Situationen vs. weit gestreut in unterschiedlichen Situationen) und ihrer Stabilität (chronisch vs. vorübergehend) unterschieden wird. Außerdem wird berücksichtigt, ob die Person sich selbst als Ursache sieht *(internale Attribution)* oder andere Personen oder Umstände *(externale Attribution)*. Das Beispiel in Tab. 18 verdeutlicht diese Klassifikation der Ursachen nach drei voneinander unabhängigen Dimensionen.

Tabelle 18: Attribution einer Frau, die von einem Mann als Partnerin zurückgewiesen wurde (nach Abramson et al., 1978)

| | **Internal** | | **External** | |
	Stabil	Instabil	Stabil	Instabil
global	Ich bin für Männer unattraktiv	Was ich sage, langweilt die Männer manchmal	Männer verhalten sich aggressiv gegenüber Frauen	Männer geraten einmal in schlechte Stimmung
spezifisch	Ich bin für ihn unattraktiv	Was ich sage, langweilt ihn	Er verhält sich aggressiv gegen Frauen	Er war in schlechter Stimmung

In der attributionstheoretischen Version der Theorie wird angenommen, daß die Erwartung der Nichtkontingenz je nach global-spezifischen und stabil-instabilen Attributionen über eine unterschiedlich große Anzahl von Situationen und über unterschiedlich große Zeiträume generalisiert (Box A20).

Box A20: Gewohnheitsmäßige Erklärungsmuster für Verlusterlebnisse: Der depressive Erklärungsstil

Eine hinreichende Bedingung für das Auftreten von Hilflosigkeit ist die Erwartung, daß keine Handlungsmöglichkeit vorhanden ist, durch die zukünftige Ereignisse kontrolliert werden können. Diese Erwartung steht sowohl in der ursprünglichen Fassung als auch in der revidierten Version der Theorie der gelernten Hilflosigkeit im Mittelpunkt. Die Erwartung der Handlungsunfähigkeit wird durch die Wahrnehmung, daß negative Ereignisse unkontrollierbar sind, ausgelöst. Daneben wird die Erwartung der Handlungsunfähigkeit auch durch die verwendeten Erklärungsmuster beeinflußt, die sich auf Globalität, Stabilität und Internalität beziehen. *Globalität* impliziert, daß die erwartete Handlungsunfähigkeit auf viele Ereignisse bezogen ist. *Stabilität* bedeutet, daß eine andauernde Handlungsunfähigkeit erwartet wird. *Inter-*

175

nalität (Rückführung auf Ursachen, die in der Person begründet liegen) schließlich führt zu einer Beeinträchtigung des *Selbstwertgefühls*.

Welches Erklärungsmuster ausgewählt wird, hängt von der Art der negativen Ereignisse und von den gewohnheitsmäßigen Erklärungsmustern einer Person ab. Hohe Konsistenz über die Zeit legt z.B. eine stabile Attribution nahe, während niedrige Distinktheit auf hohe Globalität deutet (vgl. Abschnitt III.3.2.).

Darüber hinaus lassen sich gewohnheitsmäßige Erklärungsstile nennen. Darunter ist insbesondere der *depressive Erklärungsstil* zu zählen, der die Tendenz beinhaltet, *internale, stabile und globale Erklärungen für negative Ereignisse* zu verwenden. Die Hypothese, daß der depressive Attributionsstil mit *reaktiven Depressionen* zusammenhängt bzw. sie verursacht, wurde in zahlreichen Studien überprüft (Peterson, Villanova & Raps, 1985).

Der *Attributionsstil-Fragebogen* wurde entwickelt, um individuelle Unterschiede in den drei Attributionsdimensionen zu erfassen (Peterson et al., 1982; Peterson & Villanova, 1988). In diesem Fragebogen sind hypothetische positive und negative Ereignisse enthalten. Die Befragten sollen angeben, was ihrer Meinung nach der Hauptgrund für das vorgegebene Ereignis ist und dann das Ausmaß der Internalität, Globalität und Stabilität dieser Ursache einschätzen. Ein Beispiel aus dem deutschsprachigen GASQ (für German Attributional Style Questionnaire, Stiensmeyer, Kammer, Pelster & Niketta, 1985) kann das verdeutlichen. Ein Ereignis wird wie folgt vorgegeben: »Ihnen fällt in letzter Zeit auf, daß Sie bei Ihren beruflichen Tätigkeiten öfter kritisiert werden. Welche Hauptursache ziehen Sie zur Erklärung der Kritik heran?« Nach Nennung der Ursache beantworten die Befragten dann, ob diese Ursache an ihnen liegt oder an anderen Menschen und Umständen (internal vs. external), ob sie auch zukünftig bedeutsam sein wird (stabil vs. instabil) und ob sie auch andere Lebensbereiche als den beruflichen beeinflußt (global vs. spezifisch).

Peterson und Seligman (1984) nehmen an, daß der *depressive Erklärungsstil* ein *Risikofaktor für Depression* ist. Für diese Annahme können sie eine Vielzahl von empirischen Belegen vorlegen. In einer Zusammenfassung der Untersuchungsergebnisse (Peterson, Villanova & Raps, 1985) wurde festgestellt, daß von 49 Studien 53% den Zusammenhang zwischen Internalität und Depression bestätigen, 46% verweisen auf den Zusammenhang zwischen Stabilität und Depression, und 78% unterstützen den Zusammenhang zwischen Globalität und Depression. Eine internale, globale und stabile Attribution im Sinne des depressiven Attributionsstils hängt in 74% der Studien mit Depression zusammen.

Weitere Informationen über die Bedeutung der drei Attributionsdimensionen liefert eine Metaanalyse, in der die Effektgröße für die Attributions-Depressions-Beziehung berichtet wird (Sweeney, Anderson & Bailey, 1986). Danach erreicht der Zusammenhang eine mittlere Größe. Das gilt für jede der drei Attributionsdimensionen einzeln, die in etwa die gleichen Effektgrößen erreichen. Der zusammengefaßte Attributionsindex, der den depressiven Attributionsstil repräsentiert, erreicht eine noch höhere Effektstärke.

Wie hängt der Attributionsstil (internal, global, stabil) bei negativen Ereignissen mit dem bei positiven Ereignissen zusammen? Hull & Mendolia (1991) zeigen,

- daß der Attributionsstil bei negativen Ereignissen von dem für positive Ereignisse getrennt werden sollte, da sie nur schwach negativ korrelieren,
- daß der Attributionsstil für negative Ereignisse direkt Depression fördert, nicht jedoch der bei positiven Ereignissen,
- daß der Attributionsstil für positive Ereignisse mit dem Ausmaß des Optimismus zusammenhängt, der seinerseits negativ mit Depression korreliert (vgl. Scheier & Carver, 1988).

Eine Möglichkeit besteht darin, daß Verlusterlebnisse depressive Gefühle hervorrufen, die dann den depressiven Attributionsstil entstehen lassen. Die Ergebnisse einer fünfjährigen Längsschnittuntersuchung, die mit etwa 500 Schülern der dritten Klasse begonnen wurde und die alle 6 Monate eine Testerhebung vorsah, deuten in diese Richtung (Nolen-Hoeksema, Girgus & Seligman, 1992). Erwartungsgemäß korrelierten depressive Gefühle mit einem depressiven Attributionsstil zu allen Meßzeitpunkten. Zu den ersten und letzten zwei Meßzeitpunkten erwies sich der Bericht über negative Lebensereignisse (z.B. Scheidung der Eltern) zum vorherigen Zeitpunkt als bedeutsamer Prädiktor der nachfolgenden depressiven Gefühle. Vom sechsten Meßzeitpunkt an spielte auch der depressive Attributionsstil eine bedeutsame Rolle *in der Vorhersage* depressiver Gefühle. Das spricht dafür, daß sich der Attributionsstil in der untersuchten Lebensspanne entwickelt und etwa von einem Alter von zehn Jahren an stabilisiert. In diesem Alter wurde auch eine Tendenz sichtbar, daß Kinder, die einen depressiven Attributionsstil bevorzugten, mit stärkerer Depression auf Verlusterlebnisse reagierten als Kinder mit einem optimistischeren Attributionsstil (Diathese-Streß-Komponente, Monroe & Simons, 1991). Weiterhin zeigte sich, daß Kinder, die depressive Phasen gehabt hatten, danach dazu neigten, den depressiven Attributionsstil beizubehalten. Möglicherweise waren ihnen negative Kognitionen zugänglicher im Vergleich zu Kindern, die keine depressive Phase durchlebt hatten.

Nachdem wir die antezedenten Bedingungen des Modells dargestellt haben, sind die *Konsequenzen gelernter Hilflosigkeit* zu nennen. Wir hatten schon gesehen, daß niedriger Selbstwert und depressive Gefühle als Folgeerscheinungen auftreten können. Weitere Konsequenzen, die von Peterson & Seligman (1984) genannt werden, umfassen *Passivität, kognitive Defizite,* eine Verringerung der Aggression und gesteigerte Krankheitsanfälligkeit.

Eine Modifikation der Theorie besagt, daß Hoffnungslosigkeit zur Depression führt (Abramson, Metalsky & Alloy, 1989). Hoffnungslosigkeit wird mit einer Skala von Beck et al. (1974) gemessen. Der depressive Attributionsstil (z.B. im beruflichen Bereich) ist die Grundlage für eine spezifische Vulnerabilität, die sich auswirkt, wenn eine Person mit einem negativen Lebensereignis konfrontiert wird, das inhaltlich im beruflichen Bereich liegt (z.B. Konflikt mit Vorgesetzten). Wenn eine Passung besteht zwischen dem inhaltlichen Schwerpunkt des depressiven Attributionsstils und einem negativen Lebensereignis, ergibt sich auf der Grundlage der Diathese-Streß-Komponente die Voraussage der Auslösung einer Hoffnungslosigkeits-Depression.

Eine wichtige Änderung ergibt sich im Hinblick auf den Inhalt des depressiven Attributionsstils. Abramson, Metalsky & Alloy (1989) meinen, daß sich der ungünstige Attributionsstil durch globale und stabile Erklärungen für negative Ereignisse auszeichnet. Sie halten eine internale Attribution für ein negatives Lebensereignis nicht für »depressogen«. Dementsprechend stellen sie auch die Verbindung zwischen internaler Attribution und niedrigem Selbstwert in Frage. Diese Annahmen stehen allerdings nicht mit den Ergebnissen von Hull & Mendolia (1991) in Übereinstimmung, die zeigen konnten, daß Internalität genauso wie Stabilität und Globalität zu dem Attributionsstil beiträgt.

Die therapeutischen Konsequenzen für Hoffnungslosigkeits-Depressionen stimmen weitgehend mit der kognitiven Therapie der Depression (Beck, Rush, Shaw & Emery, 1986) überein. (Diese Autoren nehmen an, daß die Depression durch eine »*negative kognitive Triade*« gekennzeichnet ist: Geringes Selbstwertgefühl, negative Gedanken bezüglich alltäglicher Ereignisse und Hoffnungslosigkeit.)

Die Diskussion der revidierten Theorie der gelernten Hilflosigkeit stellt den depressiven bzw. pessimistischen Attributionsstil in den Vordergrund. Welche Bedeutung hat demgegenüber der optimistische Attributionsstil? Diese Frage wurde in den letzten Jahren zunehmend in den Vordergrund gestellt (Box A21).

Box A21: Mit Zuversicht in die Zukunft blicken

Der *optimistische Attributionsstil* erklärt negative Ereignisse external, instabil und spezifisch (Buchanan & Seligman, 1995). In vielen Bereichen ist es günstig, optimistisch zu attribuieren. Ein Beispiel ist der Verkaufserfolg von Versicherungsvertretern (Seligman & Schulman, 1986). Optimistische Vertreter, die oberhalb des Medians eines Summenwerts aus den drei Attributionsdimensionen für negative Ereignisse im Attributionsstil-Fragebogen lagen, verkauften 37% mehr Versicherungen in ihren ersten zwei Dienstjahren als pessimistische Vertreter, die unterhalb des Medians lagen. Außerdem zeigte sich bei Neuanfängern, daß sie in ihrem neuen Beruf eher durchhielten, wenn sie einen optimistischen Attributionsstil hatten.

In einer inhaltsanalytischen Untersuchung (Oettingen & Seligman, 1990) wurden Zeitungsausschnitte aus Ost-Berlin und West-Berlin, die sich auf die Berichterstattung über die Winterolympiade in Sarajewo 1984 bezogen, nach kausalen Aussagen durchsucht. Diese wurden nach den drei Attributionsdimensionen eingestuft. Obwohl Ostdeutschland mehr Medaillen gewann als Westdeutschland, war der Erklärungsstil der Westzeitungen optimistischer als der der Ostzeitungen. So wurden z.B. positive Ereignisse in Westzeitungen stabiler erklärt als in Ostzeitungen, während negative Ereignisse in Ost und West ähnlich in ihrer Stabilität eingeschätzt wurden.

In einer weiteren Studie (Zullow, Oettingen, Peterson & Seligman, 1988) wurde die Annahme geprüft, daß von den Präsidentschaftskandidaten in den USA derjenige gewählt wird, der in seinen Reden einen optimistischeren Attributionsstil verwendet. Dazu wurden die 20 Reden der Präsidentschaftskandidaten auf den Wahlparteitagen zwischen 1948 und 1984, mit denen sie die Wahl annahmen, inhaltsanalytisch untersucht. Neben den Attributionsdimensionen wurde auch das Ausmaß pessimistischen Grübelns erfaßt. Grübeln und pessimistische Attribution wurden in einem Gesamtscore zusammengefaßt. Wenn der in den Umfragen führende Kandidat optimistischere Erwartungen weckte, vergrößerte er seinen Vorsprung vor dem Gegenkandidaten bis zur Wahl. Wenn der in den Umfragen unterlegene Kandidat optimistischer war, holte er bis zur Wahl auf und gewann. Als Beispiel wird der Sieg Kennedys über Nixon 1960 und der Sieg Reagans über Carter 1980 genannt. Die Wahlkämpfe von Bill Clinton scheinen ebenfalls dem optimistischen Attributionsstil zuzuordnen zu sein, insbesondere 1996 im Kontrast zu dem in der Öffentlichkeit düster wirkenden Bob Dole.

Der optimistische Attributionsstil läßt sich als ein Mechanismus auffassen, der positive Illusionen erzeugt, die zum allgemeinen Wohlbefinden der Individuen beitragen. Möglicherweise sind die Attributionen und Zukunftserwartungen von Personen, die sich in leicht depressiver Stimmung befinden, realistischer als die von gut gestimmten Personen. Hinweise auf einen depressiven Realismus finden sich z.B. in einer Untersuchung von Alloy & Ahrens (1987) mit 532 Studenten, in der Depressive im Unterschied zu Normalen weder dazu neigten, die eigenen Erfolgswahrscheinlichkeiten relativ zu anderen zu überschätzen, noch die Wahrscheinlichkeit von Mißerfolgen zu unterschätzen.

Positive Illusion und depressiver Realismus verweisen gleichermaßen auf die Abhängigkeit des seelischen Wohlbefindens von optimistischen, selbstwertförderlichen Einstellungen. Die Beziehung geht in beide Richtungen: Positive Illusionen erzeugen Wohlbefinden, und gute Stimmung führt zu verstärkten positiven Illusionen (Taylor, 1989).

6.1.3. Ein integratives Modell von Reaktanz und Hilflosigkeit

Reaktanz-Theorie und Theorie der gelernten Hilflosigkeit enthalten widersprüchliche Voraussagen: Während Reaktanz erwarten läßt, daß die Person sich »aufbäumt«, Widerstand leistet und versucht, die Freiheit wiederherzustellen, führt Hilflosigkeit zu einem Absinken der Aktivität und dazu, daß man aufgibt. Der Widerspruch ist nur scheinbar und läßt sich auflösen (Box T17).

Box T17: Kontrollstreben: Ein integratives Modell

Ein zentraler Faktor für die Auslösung von Reaktanz oder Hilflosigkeit nach Kontrollverlust scheint das *Ausmaß des Hilflosigkeitstrainings* und damit die Erwartung, Kontrolle auszuüben, zu sein (Wortman & Brehm, 1975). Solange die Erwartung besteht, daß man Kontrolle ausüben kann, sollte auf Kontrollverlust mit Reaktanz geantwortet werden. Wenn hingegen nach einer längeren Erfahrung der Unabhängigkeit zwischen eigenen Reaktionen und aversiven Konsequenzen die Erwartung entsteht, keine Kontrolle zu besitzen, werden Hilflosigkeitseffekte erwartet. Darüber hinaus nehmen Wortman & Brehm (1975) an, daß sowohl die Reaktanz als auch die Hilflosigkeit stärker sein werden, wenn der Kontrollverlust in einem Bereich auftritt, dem die Person in ihrem Leben eine hohe Bedeutung beimißt (s. Abb. 25).

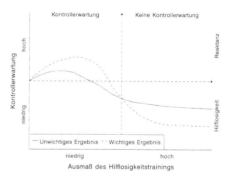

Abbildung 25: Integratives Modell von Reaktanz und gelernter Hilflosigkeit (nach Wortman & Brehm, 1975)

Das Streben nach Vorhersage und Kontrolle ist ein grundlegendes Motiv menschlichen Verhaltens (Kelley, 1972a, S. 22-24). Danach ist der Wahrnehmende darum bemüht, ähnlich wie ein angewandter Wissenschaftler, in seiner Welt eine effektive Kontrolle auszuüben. Ein wirksames Mittel der sozialen Kontrolle ist gegeben, wenn es gelingt, die Ursachen des Verhaltens von Interaktionspartnern zu erkennen. Auf diese Weise wird ihr Verhalten voraussagbar. Das Streben nach Kontrolle beeinflußt die Kausalattribution (Pittman & Pittman, 1980; Swann, Stephenson & Pittman, 1981). Dem Modell von Wortman & Brehm folgend wurde die Hypothese aufgestellt, daß die Neigung zur Ursachenattribution und zur Informationssuche vergrößert wird, wenn man die Erfahrung unkontrollierbaren Mißerfolgs bei der Bearbeitung unlösbarer Aufgaben gemacht hat. Außerdem wurde angenommen, daß durch kurzes Hilflosigkeitstraining die Leistung gesteigert wird, während durch langes Hilflosigkeitstraining das Leistungsniveau gesenkt wird.

In der *ersten Untersuchung* hatte das Hilflosigkeitstraining zur Folge, daß bei der Beurteilung eines Kommunikators, der sich gegen die Errichtung von Atomkraftwerken in dicht bevölkerten Gegenden ausgesprochen hatte, stärker berücksichtigt wurde, daß er sich wegen *Bezahlung* oder aus *innerer Überzeugung* geäußert hatte. Diese Differenzierung *fiel bei einem kurzen Hilflosigkeitstraining stärker aus als bei einem längeren Training.* Das weist darauf hin, daß ein geringer Kontrollverlust im Sinne der Reaktanz besonders motivierend ist.

Nach der Einschränkung der Kontrolle wurden dem Kommunikator, der angeblich wegen Bezahlung seinen Aufsatz geschrieben hatte (im Vergleich zu einer Kontrollgruppe ohne Training), mehr externale Einflüsse zugeschrieben, während dem Kommunikator, der angeblich aus innerer Überzeugung geschrieben hatte, weniger externale Einflüsse zugeschrieben wurden. Im Hinblick auf das Leistungsverhalten ergab sich, daß sich bei geringer Hilflosigkeit eine Steigerung ergab (bei der Lösung von Anagrammaufgaben), während bei größerer Hilflosigkeit eine Verschlechterung der Leistung im Vergleich zu der Kontrollgruppe eintrat.

In einer *zweiten Untersuchung* (Swann, Stephenson & Pittman, 1981) suchten die Versuchsteilnehmer nach einem Hilflosigkeits-Training bevorzugt solche Fragen für ein Interview aus, die einen hohen *diagnostischen Wert* in bezug auf die Person des Interviewten besaßen. Vermutlich führte der anfängliche Kontrollverlust zu verstärkten Bemühungen, die Kontrolle wiederherzustellen, sei es im ersten Experiment durch eine Kausalattribution, die die Randbedingungen des Verhaltens des Kommunikators berücksichtigt, oder im zweiten Versuch durch eine Informationssuche mit dem Ziel, aussagekräftige Informationen einzuholen.

In einem weiteren Experiment (Roth & Kubal, 1975) wurde sowohl das Ausmaß des Hilflosigkeitstrainings als auch die Bedeutung der Aufgaben, bei denen ein Mißerfolg erlebt wurde, variiert. Bei kurzem Training fanden sich bei der Bearbeitung einer zweiten Aufgabe Hinweise darauf, daß auf Kontrollverlust mit vermehrtem Einsatz und erhöhter Ausdauer reagiert wurde. Hingegen ergab sich bei hoher Bedeutung des Kontrollverlusts, daß ein verlängertes Training zu einer Verschlechterung des nachfolgenden Leistungsverhaltens führte.

Kontrollverlust kann völlig entgegengesetzte Reaktionen auslösen. Im *Krankenhaus* finden sich beide Formen der Reaktion auf Kontrollverlust nebeneinander (Taylor, 1979): Patienten, die mit Reaktanz reagieren, werden als schwierige Störer betrachtet, die »den Betrieb aufhalten«. Andererseits wird die Hilflosigkeitsreaktion vieler Patienten als angemessenes Krankenhausverhalten interpretiert, weil sie sich ruhig verhalten und keinen Widerspruch äußern.

Reaktanz und Hilflosigkeit sind aufeinanderfolgende Reaktionen, die sich nach kurzem und längerfristigem Kontrollverlust einstellen können. Ist die Persönlichkeitsstruktur der von Kontrollverlust betroffenen Personen für ihre Reaktion bedeutsam? Das ist die Frage nach dem Typ-A-Verhaltensmuster.

6.2. Typ A und Kontrollverlust

Das Typ-A-Verhaltensmuster ist definiert als »ein charakteristischer Handlungs-Emotions-Komplex, der von solchen Individuen gezeigt wird, die sich in einem relativ chronischen Kampf befinden, um eine unbegrenzte Anzahl ungenau definierter Dinge aus ihrer Umwelt in der kürzesten Zeit zu erhalten und, wenn notwendig, gegen die widerstrebenden Effekte anderer Dinge und Personen in derselben Umwelt« (Friedman, 1969, zit. nach Glass, 1977, S.24). Das Typ-A-Verhaltensmuster zeigt sich in drei charakteristischen Merkmalen (Glass, 1977; Matthews, 1982):

- *Wettbewerbsorientiertes Leistungsstreben,*
- *Gefühl von Zeitdruck und Ungeduld,*
- *Aggressivität und Feindseligkeit im Lebensstil.*

Demgegenüber sind Typ-B-Personen durch das entgegengesetzte Muster definiert. Während B's relativ entspannt und ruhig in Leistungs- und Streß-Situationen reagieren, sind A's durch hohe Leistungsbereitschaft und Anspannung charakterisiert.

Die Mediziner Friedman und Rosenman (1985) haben als erste auf das Typ-A-Muster aufmerksam gemacht. Die Unterscheidung von Typ A und Typ B führten sie mit einem strukturierten Interview durch, in dem sie weniger die verbalen Antworten der Probanden, sondern mehr die Art und Weise der Antworten und das nonverbale Verhalten zur Grundlage der Diagnose nahmen. Andere Autoren haben in der Folge aus Gründen der leichteren Durchführbarkeit einen Fragebogen zur Erfassung der Typ-A-Disposition entwickelt (Jenkins, Zyzanski & Rosenman, 1971). Allerdings erweist sich diese verkürzte Erfassung von Typ A nur bedingt als Ersatz des strukturierten Interviews (s. unten).

Ein typisches Item zur Erfassung von Typ A bezieht sich etwa auf die Frage, ob die Person sich üblicherweise Termine setzt. Wenn dies wöchentlich oder öfter auftritt, wird die Antwort im Sinne des Typ A gewertet, während weniger ausgeprägter Termindruck als Typ B interpretiert wird.

Mit der *A-B-Klassifikation* sind typische Verhaltensunterschiede verbunden. So finden sich Hinweise darauf, daß

- A's in der Schule sich eher in Sportmannschaften engagieren und mehr Sporttrophäen gewinnen, während B's sich mehr an sozialen Aktivitäten beteiligen (Glass, 1977).
- A's ihre Müdigkeit während eines intensiven Trainings auf einem geneigten Laufband geringer einschätzen als B's sowie nahe an die Grenzen ihrer physiologischen Leistungsfähigkeit herangehen (Carver, Coleman & Glass, 1976).
- A's insbesondere in Wettbewerbssituationen antizipieren, daß sie mehr als der Partner verdienen werden (Gotay, 1981).
- A's sich bei der Lösung einfacher arithmetischer Probleme beeilen, sowohl wenn sie unter Zeitdruck stehen als auch wenn sie ohne Zeitdruck arbeiten, während B's sich mehr anstrengen, wenn ein expliziter Zeitdruck vorhanden ist (Burnam, Pennebaker & Glass, 1973). Das gilt schon für Schüler der vierten Klasse (Matthews & Volkin, 1981).
- A's ein Gewicht 50 % länger hochhalten als B's (bei Schülern der sechsten Klasse; Matthews & Volkin, 1981).
- A's weniger gut warten können, wenn eine Aufgabe eine verzögerte Reaktion verlangt (Glass, Snyder & Hollis, 1974).
- A's auf die Verhöhnung bei der Lösung einer schwierigen Aufgabe mit gesteigerter Aggression reagieren, während B's aufgrund der Beleidigung nur einen schwachen Aggressionsanstieg zeigen (Carver & Glass, 1978, Exp. 1). Tatsächlich war der Anstieg der Aggression bei den B's trotz einer drastischen

Herabwürdigung ihrer Fähigkeiten im Vergleich zu einer Kontrollbedingung nicht statistisch signifikant. Das läßt vermuten, daß die Beziehung zwischen Frustration und Aggression (vgl. Abschnitt II.5.2.1.) primär auf A's konzentriert ist. Weder Frustration noch Beleidigung erhöhen die Elektroschock-Aggression von B's bedeutsam (Carver & Glass, Exp. 2).

- A's ihre Korrekturlese-Leistung steigern, wenn sie durch eine Zusatzaufgabe abgelenkt werden, während B's dadurch in ihrer Leistung eher beeinträchtigt werden (Fazio, Cooper, Dayson & Johnson, 1981).

Wie man sieht, ist das Verhaltensmuster von A's durch Betonung von Leistung, Durchsetzungsfähigkeit und Ungeduld gekennzeichnet. Damit entsprechen sie weitgehend dem Rollenstereotyp, das der maskulinen Rolle zugeschrieben wird (Bierhoff-Alfermann, 1989). Sowohl bei Männern als auch bei Frauen fand sich, daß A's eher eine maskuline Geschlechtsrolle einnehmen, während B's eher zu einer femininen Rolle tendieren (DeGregorio & Carver, 1980; Blascovich, Major & Katkin, 1981). Außerdem ergab sich, daß A's, die eine geringe Maskulinität in ihrer Geschlechtsrolle zum Ausdruck bringen, einen niedrigen Selbstwert aufweisen (DeGregorio & Carver, 1980). Vermutlich ergeben sich aus der Interferenz von Verhaltensmuster (Typ A) und Rollenorientierung (niedrig maskulin) Anpassungsprobleme, die sich in einem niedrigen Selbstwert zeigten.

Das Verhaltensmuster A scheint die Verhaltensweisen tiefgreifend zu bestimmen. Während z.B. Männer ihre Müdigkeit in Leistungssituationen unterdrücken (s.o.), neigen weibliche A's dazu, sowohl positive als auch negative Symptome während der Menstruation weniger zu beachten (Matthews & Carra, 1982).

Glass (1977) nimmt an, daß das leistungsorientierte, maskuline Verhaltensmuster der A's durch ihren Wunsch bestimmt wird, streßhafte Ereignisse in der Umwelt zu kontrollieren, weil sie einen *Kontrollverlust* als besondere Bedrohung empfinden. Daraus ergibt sich die Folgerung, daß sowohl Reaktanz als auch Hilflosigkeit nach Kontrollverlust vor allem bei A's auftreten sollten, die ein gesteigertes Interesse daran haben, Kontrolle in streßhaften Situationen auszuüben. Andererseits sollten A's besonders empfindlich auf die Erkenntnis reagieren, daß ihre Reaktionen und die aversiven Konsequenzen unabhängig voneinander sind.

Tatsächlich finden sich Hinweise darauf, daß Reaktanz nur bei A's feststellbar ist. Rhodewald & Comer (1982) replizierten ein typisches Experiment der Reaktanzforschung, bei dem verschiedene Alternativen zur Wahl gestellt werden, bevor eine der Alternativen aus der Wahl ausgeschlossen wird. Die Reaktanz-Motivation läßt unter diesen Umständen eine Aufwertung der Attraktivität der eliminierten Alternative erwarten (Brehm, Stires, Sensenig & Shaban, 1966). Dieser Aufwertungseffekt ist aber auf A's beschränkt. Nur diese Personengruppe reagierte mit einer Aufwertung der Attraktivität des von ihnen an dritter Stelle eingestuften Gemäldes, wenn sie im Gegensatz zu ihrer ursprünglichen Erwartung erfuhr, daß dieses Gemälde bei ihrer Wahl einer Belohnung ausgeschlossen sei. Auch auf eine Beeinflussung reagierten A's eher mit Reaktanz als B's (Carver, 1980).

In Übereinstimmung damit wird berichtet, daß nur A's auf einen kurzen Kontrollverlust mit schnelleren Reaktionszeiten in einem späteren Experiment antworteten (Krantz & Glass, in Glass, 1977). Demgegenüber reagierten B's sogar langsamer, wenn sie die Erfahrung des Kontrollverlustes (aufgrund von 12 nicht vermeidbaren 100 dB-Tönen) gemacht hatten. Selbst bei einer Aufgabe, die eine verzögerte Reaktion verlangt (was A's besonders schwerfällt), zeigt sich nach vorherigem Kontrollverlust ein Leistungsvorteil der A's gegenüber den B's (Glass, 1977).

Während A's in ihrem Leistungsverhalten von kurzzeitigem Kontrollverlust im Vergleich zu B's profitieren, zeigen sich bei längerfristigem Kontrollverlust ausgeprägte Zeichen der Hilflosigkeit. Krantz, Glass & Snyder (1974) verwendeten anstelle von 12 eine Serie von 35 Lärmeinspielungen (entweder 105 dB oder 78 dB). Wenn keine Möglichkeit bestand, den Lärm durch eine instrumentelle Reaktion zu beenden, fanden sich bei A's schlechtere Leistungen in einem späteren Experiment im Vergleich zu einer Gruppe von A's, deren instrumentelle Reaktionen erfolgreich gewesen waren. Das sind Ergebnisse, die mit den Experimenten bei Tieren zur gelernten Hilflosigkeit (und anderen Studien mit Menschen, z.B. Hiroto & Seligman, 1975; Gatchel & Proctor, 1976) übereinstimmen. Das gilt aber nur für A's. Ihre gesteigerte Hilflosigkeit wird darauf zurückgeführt, daß sie eher aufgeben, wenn sie eindeutige Signale erhalten, daß die Situation unkontrollierbar ist. Hingegen neigen sie dazu, das Faktum der Unkontrollierbarkeit eher zu verneinen, wenn das Feedback weniger eindeutig ist (Hollis & Glass, in Glass, 1977).

Diese Ergebnisse lassen vermuten, daß die Phänomene von Reaktanz und Hilflosigkeit primär auf A's konzentriert sind. In Übereinstimmung mit dem integrativen Ansatz von Wortman & Brehm (1975) findet sich für diese Personengruppe, daß sie auf kurzfristige Unkontrollierbarkeit mit gesteigerten Anstrengungen reagieren, während sie bei längerfristiger, eindeutig rückgemeldeter Unkontrollierbarkeit eher aufgeben.

Weiterhin ist darauf hinzuweisen, daß sich eine systematische Beziehung zwischen dem A-Verhaltensmuster und der *Auftretenswahrscheinlichkeit von Koronarerkrankungen* findet (für eine Übersicht s. Glass, 1977; Schwarzer, 1981; Miller et al., 1991). In umfangreichen Längsschnittuntersuchungen wurde festgestellt, daß Personen, die anfänglich als A's klassifiziert wurden, in den nachfolgenden Jahren ein größeres Herzinfarktrisiko hatten als B's. Generell gilt, daß unter Männern im mittleren Alter, die Koronarkrankheiten haben, der Prozentsatz der Typ-A-Personen besonders hoch ist (s. unten).

Das A-B-Verhaltensmuster erweist sich als unabhängiger Prädiktor von Koronarkrankheiten, der über die bekannten Risikofaktoren (wie Zigaretten-Rauchen) hinausgeht (Box U15). Daher wird vermutet, daß das A-Verhaltensmuster in Verbindung mit Lebensereignissen, die sich belastend auswirken, Koronarkrankheiten wahrscheinlicher macht (im Sinne einer Diathese-Streß-Komponente).

Box U15: Typ A: Pro und Kontra

In den letzten Jahren wurden auch Befunde bekannt, die keinen Zusammenhang zwischen Typ A und Herzinfarktrisiko erkennen lassen (Krantz, Lundberg & Frankenhaeuser, 1987; Siegrist, 1985). Mögliche Erklärungen sind zunächst einmal im methodisch-konzeptuellen Bereich zu suchen (Miller et al., 1991). Während ursprünglich ein strukturiertes Interview zur Erfassung von Typ A eingesetzt wurde, wurde in späteren Untersuchungen vielfach aus forschungsökonomischen Gründen auf Fragebogenverfahren zurückgegriffen. Während in den Interviews in gezielter Weise eine Streß-Situation hergestellt wird, fehlen solche Auslösebedingungen für Typ-A-Verhalten bei der Verwendung von Fragebögen weitgehend. Studien, in denen das strukturierte Interview verwendet wurde, ergaben regelmäßig einen bedeutsamen Zusammenhang zwischen Typ A und Koronarerkrankungen, während Studien, die auf der Fragebogenmethode beruhen, häufig keinen Zusammenhang zeigten (Miller et al., 1991).

Nach den Beschreibungen, die von Friedman und Rosenman (1985) gegeben werden, ist die Schlußfolgerung gerechtfertigt, daß zu Typ A ein Katalog von typischen Verhaltensmustern gehört, die nur schwach miteinander zusammenhängen (s. auch Siegrist, 1985). Somit ist zu fragen, welche Verhaltensmuster aus dem Typ-A-Komplex mit dem Herzinfarktrisiko in Zusammenhang stehen. Eine Neuauswertung einer umfangreichen Studie an über 3 000 kalifornischen Männern, die im Längsschnitt untersucht wurden, zeigte, daß bestimmte Verhaltensmuster mit dem Infarktrisiko zusammenhingen, insbesondere *feindselige Aggressivität, wettbewerbsbezogene Rivalität, Ungeduld* und *lautes und schnelles Sprechen* (Matthews, Glass, Rosenman & Bortner, 1977). Die feindselig-rivalisierende Komponente scheint von besonderer Bedeutung für die Voraussage von Koronarkrankheiten zu sein.

Typ-A-Verhalten ist von bestimmten Umweltkonstellationen abhängig, die es auslösen (Diathese-Streß-Komponente). Friedman & Rosenman (1985) weisen in ihrem lesenswerten Buch darauf hin, daß die *amerikanische Ideologie,* die den Leistungs- und Wettbewerbsdruck in allen Lebensbereichen etabliert hat und einen aggressiven Lebensstil fördert, ein wichtiger Förderer von Typ-A-Verhalten ist. In der Tat finden sich Hinweise darauf, daß Typ A in den USA weiter verbreitet ist als in anderen westlichen Kulturen. Das ändert aber nichts daran, daß der positive Zusammenhang zwischen Typ A und Koronarkrankheiten kulturübergreifend

auftritt (Miller et al., 1991). Ergebnisse, die die Bedeutung von beruflicher Belastung und Statusbedrohung für die Entstehung von übertriebenen Kontrollansprüchen hervorheben, verweisen auf soziale und motivationale Determinanten des Typ-A-Verhaltens (Siegrist, 1985). *Unzufriedenheit im Beruf, extreme Arbeitsbelastung, umfangreiche Verantwortung für andere und tägliche Spannungen* sind häufig die Stressoren, die Typ-A-Verhalten fördern.

Andere Ergebnisse, insbesondere der Befund, daß Typ-A-Personen während einer Narkose einen größeren Anstieg des Blutdrucks im Verlauf der Bypass-Operation zeigten als Typ-B-Personen, und die Tatsache, daß Betablocker das für Typ A typische Sprechverhalten reduzieren, nicht aber die für Typ A typischen inhaltlichen Äußerungen, sprechen für eine physiologische Grundlage des Typ-A-Musters (Krantz, Lundberg & Frankenhaeuser, 1987). Vermutlich neigen bestimmte Personen mehr als andere dazu, bei Streß die physiologischen Reaktionen zu zeigen, in denen sich Typ A und Typ B unterscheiden.

In einer Meta-Analyse (Miller et al., 1991) wurde gezeigt, daß bei amerikanischen Männern im mittleren Lebensalter, die Koronarkrankheiten hatten, 70 % Typ-A-Personen vertreten waren, während Typ-A-Personen bei einer entsprechenden Vergleichsgruppe gesunder Männer mit 46 % vertreten waren. Diese signifikante Differenz, die auf 13 bzw. 5 epidemiologischen Studien beruht, weist Typ A als relevanten Faktor für Koronarkrankheiten aus. Neuere Ergebnisse einer deutschen Untersuchung an über 3 000 40-65jährigen Bewohnern Heidelbergs verweisen ebenfalls darauf, daß Typ-A-Merkmale (Gefühl der Gehetztheit und Zeitnot, übertriebenes soziales Kontrollstreben) bei herzkranken Personen höher ausgeprägt sind als bei Gesunden oder Krebskranken (Schmidt-Rathjens, Amelang & Czemmel, 1997).

In diesem Zusammenhang wurde auch ein Trainingsprogramm entwickelt, das erfolgreich bei Patienten eingesetzt wurde, die einen Herzanfall erlitten hatten (Friedman et al., 1986). Das Programm enthielt den Versuch, Typ-A-Verhaltensmuster zu Hause und im Beruf durch Beratung zu ändern, sowie ein Entspannungstraining. Im Vergleich mit zwei Kontrollgruppen zeigte sich nach 4½ Jahren, daß die beratenen Personen weniger als die Personen in den Kontrollgruppen das Opfer weiterer Herzanfälle geworden waren.

Diese Ergebnisse werden durch eine weitere Auswertung der Längsschnittstudie von Friedman & Rosenman über mehr als 20 Jahre in Frage gestellt, bei der überprüft wurde, welcher Zusammenhang zwischen dem Überleben nach einem ersten Herzanfall und dem Typ-A/Typ-B-Muster besteht (Ragland & Brand, 1988). Überraschenderweise überlebten Typ-A-Patienten häufiger als Typ-B-Patienten. Eine Erklärungsmöglichkeit besteht darin, daß Typ-A-Personen besser in der Lage waren, nach dem ersten Herzanfall ein erfolgreiches Coping mit ihrer neuen Lage zu verwirklichen. Eine andere Möglichkeit besteht darin, daß die ursprünglich als Typ A klassifizierten Personen in der Zwischenzeit ihr Verhaltensmuster geändert hatten (Gatchel, Baum & Krantz, 1989).

Die Ergebnisse beider Studien lassen sich nur bedingt miteinander vereinbaren. Möglicherweise ist ein Typ-A-Verhaltensmuster eine gute Voraussetzung für die notwendige Anpassung, die bei einer Koronarkrankheit erforderlich ist, um das Überleben wahrscheinlicher zu machen. Programme zur Verhaltensänderung sind deshalb auf keinen Fall überflüssig, sondern sind gerade bei Typ-A-Personen in einer Krisenlage eher erfolgversprechend.

III. Soziale Kognitionen

Reaktionen auf Kontrollverlust sind auch durch die Ursachen, die die betroffenen Personen für ihr Schicksal verantwortlich machen, bestimmt (Abschnitt II.4.2.2.). Die kognitive Interpretation von realen Umweltereignissen ist ein wesentlicher Faktor für soziales Verhalten. Das zeigt sich z.B. auch in der Aggressionsforschung, da die Zuschreibung einer feindseligen Intention für ein aggressives Verhalten Vergeltung besonders wahrscheinlich werden läßt (s. Abschnitt II.5.2.3.).

Auch das Auftreten psychischer Störungen steht mit subjektiven Erklärungen und Attributionen in Zusammenhang (Haisch, 1995). Ein Beispiel sind Eßstörungen bei Frauen, da in einer gestörten Gruppe mehr externale Zuschreibungen und Fatalismus auftraten als in einer Vergleichsgruppe (Rost, Neuhaus & Florin, 1982). Bei Frauen, die Diät halten (»restrained eaters«), wurde festgestellt, daß sie aufgrund einer kognitiven Regulierung ihres Eßverhaltens weniger auf internale gastrische Hungerreize achten und mehr auf externale Hinweisreize (Polivy & Herman, 1985).

Solche Ergebnisse legen die Vermutung nahe, daß soziale Kognitionen eine wichtige Rolle im menschlichen Leben spielen. Man kann diesen Themenkomplex in drei Abschnitte unterteilen:

- Soziale Urteilsbildung nach bestimmten Regeln,
- Personenwahrnehmung im engeren Sinne,
- kausale Zuschreibungen und Theorien der Attribution.

Die sozialpsychologische Forschung hat sich seit den sechziger Jahren verstärkt der Thematik der sozialen Urteilsbildung zugewendet, nachdem erste Ansätze schon in den vierziger und fünfziger Jahren formuliert worden waren. Eine faszinierende Facette dieser Forschung besteht darin, daß der Versuch unternommen werden kann, viele Verhaltensweisen aus der Sicht eines »rational« handelnden Individuums zu erklären. Im Hinblick auf Verzerrungen in der alltäglichen Urteilsbildung sind unterschiedliche Meinungen vertreten worden: Während einige Autoren ein rationales Bezugssystem der Urteilsbildung hervorheben, betonen andere die Irreführung der Urteilsbildung durch Verwendung von Heuristiken. In diesem Zusammenhang ist auch die Bedeutung sprachlicher Regeln zu beachten. Außerdem sind motivationale und emotionale Faktoren zu berücksichtigen, die die kognitiven Verarbeitungsprozesse beeinflussen.

Eine sehr gute Zusammenfassung der Forschung und Theorie der sozialen Kognition findet sich bei Fiske & Taylor (1991) auf etwa 700 Seiten, die allerdings das Thema breiter angehen, als es in diesem Kapitel der Fall ist, da sie die Psychologie des Selbst, Persongedächtnis und Stimmungseinflüsse einbeziehen.

1. Soziale Urteilsbildung

Wenn zwei Wassermengen m_1 und m_2 gegeben sind und die Temperaturen t_1 und t_2 betragen, dann berechnet sich die Mischungstemperatur t als

$$t = \frac{m_1 t_1 + m_2 t_2}{m_1 + m_2}$$

Kann man diese physikalische Gesetzmäßigkeit auf die soziale Urteilsbildung übertragen? Wie wirkt es sich aus, wenn von einer Person ein Foto vorliegt, auf dem sie sehr attraktiv aussieht, und außerdem bekannt ist, daß sie nachlässig und gleichgültig gegenüber den Problemen anderer Leute ist? Läßt sich auf der Grundlage der Bewertung der Einzelinformationen vorhersagen, in welchem Ausmaß diese Person als Partner zum Ausgehen bevorzugt wird?
Ein wichtiges Anwendungsfeld der sozialen Urteilsbildung findet sich im diagnostischen Bereich. Die *diagnostische* Urteilsbildung setzt die Integration mehrerer Einzelinformationen voraus. Solche Einzelinformationen können etwa aus verschiedenen Tests und Explorationen stammen oder auch aus demselben Test (etwa dem TAT). Jeweils steht der Diagnostiker vor der Aufgabe, nach dem Sammeln der Einzelinformationen ein Gesamturteil (etwa hinsichtlich der Berufseignung oder hinsichtlich einer therapeutischen Maßnahme) abzugeben (vgl. auch Ernst, Kleinbeck & Schneidt, 1976; Schümer, Cohen & Schwoon, 1968).
Die Kombination von verschiedenen verbalen Informationen oder von verbalen und visuellen Informationen ist ein alltägliches Phänomen der Eindrucksbildung, da häufig mehrere Fakten über eine andere Person bekannt sind, die bei der Bildung eines Gesamteindrucks berücksichtigt werden. Die Ergebnisse einer Untersuchung von Lampel & Anderson (1968) sind aufschlußreich, in der Studentinnen aufgrund der Fotos von Studenten beurteilen sollten, inwieweit diese für sie als Partner zum Ausgehen in Frage kämen. Außer dem Foto wurden jeweils noch zwei Eigenschaften vorgelegt, die die Persönlichkeit des gezeigten Mannes näher charakterisieren sollten. Fotos wie Eigenschaften wurden systematisch ausgewählt, so daß wenig attraktive, mittelmäßig attraktive und sehr attraktive Männer mit Eigenschaften unterschiedlicher Bewertungsstufen kombiniert werden konnten.
Generell ergab sich, daß die Männer als Partner um so weniger in Frage kamen, je weniger attraktiv ihr Foto war und je negativer die Persönlichkeitseigenschaften bewertet wurden. Darüber hinaus zeigte sich, daß der Einfluß der Eigenschaften auf das Urteil der Eignung zum Partner geringer ausfiel, wenn der Mann wenig attraktiv aussah. Eine gewisse physische Attraktivität des Mannes ist die Voraussetzung dafür, daß der gezeigte Mann überhaupt in die engere Wahl gezogen wird, wobei die Präferenz bei höherer Attraktivität in stärkerem Ausmaß durch die Günstigkeit der Persönlichkeitsmerkmale beeinflußt wird.
Es liegt nahe, den Prozeß der Eindrucksbildung mit einem algebraischen Modell zu beschreiben. Anderson (1974) hat große Anstrengungen in diese Richtung unternommen, die zwar nicht ohne Kritik geblieben sind (s. Wyer, 1974b), die aber doch einen großen Fortschritt darstellen, weil *algebraische Modelle* gute quantitative Voraussagen auf die Ausprägung zusammenfassender Urteile, wie sie in der Eindrucksbildung abgegeben werden, gestatten. Außerdem liegt die Be-

deutung algebraischer Modelle darin, daß sie für die Analyse des Verhaltens in Kleingruppen verwendet werden können (Witte, 1979).

1.1. Algebraische Modelle in der Personenwahrnehmung

Wenn eine Person durch die Eigenschaften *freundlich* und *selbstgenügsam* beschrieben wird, können diese Informationen in unterschiedlicher Weise bei der Bildung eines Gesamturteils berücksichtigt werden. Zunächst einmal hat jede der Eigenschaften einen bestimmten Skalenwert auf der Urteilsdimension, der zum Ausdruck bringt, wie positiv oder negativ die Eigenschaft beurteilt wird. Normativen Urteilen zufolge besitzt *freundlich* z.B. einen hohen und *selbstgenügsam* einen mittleren Skalenwert, während *nörglerisch* einen niedrigen Skalenwert aufweist (Busz et al., 1972).

Diese Skalenwerte können nun z.B. summativ kombiniert werden, um ein Gesamturteil zu finden. Oder man verwendet ein Durchschnittsmodell, wie es etwa auch zur Bestimmung der Mischungstemperatur von zwei Wassermengen benutzt wird. Schließlich ist auch an die Möglichkeit zu denken, daß das Gesamturteil durch ein multiplikatives Modell vorhergesagt werden kann, so daß das abschließende Urteil als Produkt der Skalenwerte vorherzusagen ist.

Im Zusammenhang mit der Eindrucksbildung hat sich wiederholt das *Durchschnittsmodell* bewährt, das sich von einem einfachen additiven Modell durch die Restriktion unterscheidet, daß sich die Gewichte der Einzelinformationen zu 1 addieren müssen. Das jeweilige Gewicht reflektiert in diesem Zusammenhang die Bedeutung, die der Einzelinformation für das Gesamturteil zukommt. In dem Beispiel der Beurteilung der Eignung als Partner zum Ausgehen etwa fand sich, daß das Gewicht der Eigenschaftsinformationen geringer wurde, wenn ein negativ bewertetes Foto vorlag. Umgekehrt nahm das Gewicht des Fotos für das Gesamturteil ab, wenn die abgebildete Person attraktiv war.

In Analogie zur Bestimmung der Mischungstemperatur kann man sagen, daß die Gewichte den Wassermengen entsprechen, während die Skalenwerte den Temperaturen gleichgesetzt werden können. Die Mischungstemperatur entspricht dann dem vorhergesagten zusammenfassenden Urteil (T. Anderson & Birnbaum, 1976).

1.2. Grundlagen einer kognitiven Algebra

Im allgemeinen geht die Eindrucksbildung auf mehrere Informationen zurück. Ein Beispiel kann das verdeutlichen: Nehmen wir an, Christina vergleicht zwei Männer miteinander. Frank ist groß, fährt ein schickes Auto und flirtet gut. Christina entschließt sich, ihren Eindruck auf einer Skala von 1 (ungünstig) bis 10 (günstig) zu quantifizieren und beurteilt Frank mit 9 (Größe), 8 (Auto) und 9 (Flirt). Für Florian gilt: Er ist nicht ganz so groß (8), fährt ein tolles Auto (10) und flirtet recht gut (8). Wenn Christina die drei Merkmale zusammenfaßt, ergibt die Addition der Skalenwerte jeweils 26. Bei Frank ist Christina noch aufgefallen, daß er ein kleines Intelligenzproblem hat (5). Bei Florian hat sie darauf noch nicht geachtet. Christina ist eine Befürworterin des Durchschnittsmodells.

Somit gibt sie Florian den Wert 26/3. Sie schätzt das Ergebnis als 9. Frank erreicht den Wert 31/4, was Christina mit 8 schätzt. Daher entscheidet sie sich für Florian.

Eindrucksbildung findet sich in vielen Bereichen. Beispielsweise könnten auch verschiedene Episoden aus den Präsidentschaftsjahren amerikanischer Präsidenten geschildert werden, um dann ein Urteil über die staatsmännischen Fähigkeiten dieser Präsidenten zu erbitten (Anderson & Farkas, 1973).

Zur Beschreibung der Informationsintegration wurde von Birnbaum (1974) ein einfaches Grundmodell dargestellt (s. Abb. 26): Die objektiven Stimuli 1 und 2 werden als subjektive Skalenwerte repräsentiert, die zu einem Eindruck integriert werden. Auf der Basis dieses Eindrucks wird die beobachtbare Reaktion gebildet. Während psychophysikalische Regeln die Beziehung zwischen objektiven und subjektiven Stimuli beschreiben (z.B. Stevens, 1972), ist die Integrationsregel Ausdruck der Zusammenfassung der Informationen in einem Gesamturteil, während eine Transformationsregel darstellt, wie der Eindruck in eine beobachtbare Reaktion übersetzt wird.

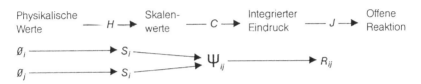

Abbildung 26: Grundmodell der Informationsintegration (nach Birnbaum, 1974)

Die Beschreibung der Integration der subjektiven Skalenwerte in einem Gesamteindruck erfolgt mit Hilfe algebraischer Modelle. In diesem Zusammenhang lassen sich zwei grundlegende Modelltypen unterscheiden:

- generelle additive Modelle (Summationsmodell, Durchschnittsmodell),
- multiplikative Modelle.

Die Integrationsregel wird in der funktionalen Messung als Rahmen herangezogen, innerhalb dessen subjektive Skalenwerte für die Stimuli bestimmt werden. Die Integrationsregel und die subjektiven Skalenwerte werden gleichzeitig validiert, wie es im „*Parallelismus-Theorem*" (Anderson, 1977, S. 202) zum Ausdruck kommt:

»Wenn (1) das lineare Modell korrekt ist und wenn
      (2) das Reaktionsmaß eine lineare Skala ist und wenn
      (3) die Stimulusvariablen unabhängige Effekte haben,
dann (1) werden die Daten aus einem faktoriellen Design auf
         parallelen Profilen abgebildet und darüberhinaus
      (2) werden die Randmittelwerte der Datentabelle die
         Stimuluswerte auf validierten Intervallskalen sein«.

Während der Parallelismus in der graphischen Darstellung der Profile ein Beleg für die Angemessenheit des Durchschnittsmodells ist, lassen sich die Randmittelwerte des Versuchsplans unmittelbar als Skalenwerte der Stimuli auf Intervallskalenniveau interpretieren. Der funktionalen Messung wird ein »Zeilen x Spalten«-Versuchsplan zugrunde gelegt. In der Untersuchung von Anderson (1973b) zur sozialen Erwünschtheit von Eigenschaften variiert der Spaltenfaktor über die Eigenschaften *eifrig, systematisch und unproduktiv,* während der Zeilenfaktor zehn Abstufungen aufweist. Die Beurteiler sollten sich vorstellen, daß die beschriebene Person ein männlicher Student sei und daß jede der beiden Eigenschaften von einem Bekannten beigetragen wurde, der ihn gut kannte. Die Urteile wurden auf 20 cm langen graphischen Ratingskalen mit den Endpunkten *gut* und *schlecht* abgegeben und sollten das Ausmaß der sozialen Erwünschtheit der beschriebenen Person angeben. Jeder Beurteiler schätzte auf diese Weise 60 Personen ein, die jeweils durch zwei Eigenschaften (z.B. *eifrig – glücklich*) beschrieben wurden.

Der Parallelismus der drei Profile (Abb. 27) zeigt, daß sich die Hinzufügung einer Spalten-Eigenschaft bei jeder der Zeilen-Eigenschaften ähnlich auswirkt. Daher erweist sich ein additives Modell als angemessen. Gleichzeitig wird die Reaktionsskala als Intervallskala validiert, da das Fehlen von Intervalleigenschaften der Skala im allgemeinen Nonparallelismus der Profile hervorrufen würde.

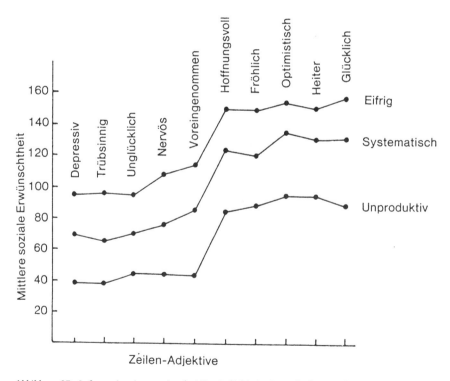

Abbildung 27: Informationsintegration bei Persönlichkeitseigenschaften (nach Anderson, 1973b)

Wenn zwei Eigenschaften 1 und 2 den Gesamteindruck (R_2) bestimmen, kommt das in der folgenden Regel zum Ausdruck:

$$R_2 = w_R s_1 + w_C s_2$$

s_1 und s_2 bezeichnen die Skalenwerte, w_R und w_C symbolisieren die Gewichte, die den Informationen 1 und 2 je nach ihrer Bedeutung für das Gesamturteil zukommen. Die Skalenwerte andererseits geben die Position des Stimulus auf der jeweiligen Urteilsdimension an. Sie bringen in dem Beispiel in Abb. 27 die soziale Erwünschtheit der Eigenschaften zum Ausdruck. R_2 kennzeichnet ein zusammenfassendes Urteil, das auf *zwei* Informationen beruht. Führt man die Restriktion ein, daß sich die Gewichte zu 1 addieren müssen, entsteht ein Durchschnittsmodell.

Ein einfaches Durchschnittsmodell kann die Eindrucksbildung gut erklären. Es reicht aber noch nicht aus, um den Mengeneffekt (set-size effect) zu erklären, der darin besteht, daß der Gesamteindruck extremer ausfällt, wenn z.B. 4 statt 2 positive Eigenschaften zur Beschreibung einer Person gegeben sind. Der Eindruck wird um so polarisierter, je mehr positive oder negative Eigenschaften die Person beschreiben, und der Polarisierungseffekt wird immer geringer, je größer die Ausgangszahl von Eigenschaften ist. So ist die Polarisierung bei drei gegenüber zwei Eigenschaften größer als bei neun gegenüber acht (Anderson, 1967; Himmelfarb, 1973).

Diese Ergebnisse lassen sich durch ein einfaches Durchschnittsmodell nicht erklären, weil der Durchschnitt von zwei oder vier Eigenschaften derselben Bewertungsstufe gleichbleibt. Wenn man aber davon ausgeht, daß der anfängliche Eindruck, wie er vor der Darbietung der Information besteht, in den Gesamteindruck einbezogen wird, ergibt sich die Erwartung eines Mengen-Effektes. Das algebraische Modell lautet dann:

$$R_3 = w_0 I_0 + w_R s_1 + w_C s_2$$

w_0 bezeichnet in dieser Gleichung das relative Gewicht des ersten Eindrucks und I_0 seinen Skalenwert, der häufig einen neutralen Wert annehmen wird. Der Effekt des ersten Eindrucks auf den Gesamteindruck läßt sich in Analogie zur Bestimmung der Mischungstemperatur gut veranschaulichen. Schüttet man zwei Wassermengen gleicher Temperatur zusammen, dann entspricht die Mischungstemperatur der Ausgangstemperatur. Wenn hingegen in dem Mischbehälter schon eine Wassermenge enthalten ist (entsprechend dem ersten Eindruck), ergibt sich für die Kurve der Mischungstemperatur ein asymptotischer Verlauf in Abhängigkeit von der Anzahl der Wassermengen, die hinzu geschüttet werden (bei gleicher Wassermenge je Behälter). Wenn z.B. die Temperatur im Mischbehälter 10° C beträgt und die in den Einzelbehältern 20° C, dann ergeben sich bei der Mischung von 2, 4, 6 und 8 Behältern folgende Mischtemperaturen: 16,67° C; 18° C; 18,57° C; 18,89° C. Die Mischungstemperatur nähert sich zunehmend langsam der Temperatur in den Einzelbehältern an. Die Voraussetzung für einen solchen Mengen-Effekt bei der Eindrucksbildung besteht allerdings darin, daß die Informationen über die Personen polarisierter bewertet werden als der erste Eindruck (s. Wyer, 1974b, S. 294-297).

Für die funktionale Messung sind zwei Annahmen Voraussetzung:

- Die Gewichte w_R und w_C sind für alle Stimuli, die in einem Zeilen- oder Spaltenfaktor variiert werden, gleich.
- Die Skalenwerte s_i und s_j unterliegen keinen Kontexteffekten, so daß sich ihr subjektiver Wert nicht je nach Kombination ändert.

Während die Verletzung der zweiten Annahme die funktionale Messung in Frage stellt, kann der Fall ungleicher Gewichte durch eine Modifikation des gleichgewichteten Durchschnittsmodells berücksichtigt werden. Ein solches Durchschnittsmodell mit ungleichen Gewichten (differential weighted averaging model) beschreibt z.B. Reihenfolge-Effekte (Anderson, 1965b) oder die Tatsache, daß neutrale Informationen im allgemeinen weniger Gewicht erhalten als negative oder positive Informationen (Himmelfarb, 1973) und negative Informationen mehr als positive (vgl. Abschnitt III.2.2.2.).

Direkte Evidenz für das Durchschnittsmodell in der Personenwahrnehmung fand sich z.B. in einer Untersuchung von Anderson (1965a). In dieser Untersuchung sollten Beurteiler ihr Mögen gegenüber Stimuluspersonen angeben, die durch drei oder sechs Eigenschaften beschrieben wurden. Wenn die Stimulusperson durch drei positive Eigenschaften beschrieben wurde (HHH), war das Mögen-Urteil positiver, als wenn sie durch drei positive und drei tendenziell positive Eigenschaften (HHHM+M+M+) beschrieben wurde. Die M+-Eigenschaften verschlechterten also die Bewertung.

Dieses Ergebnis läßt sich leicht mit Hilfe der Mischungstemperatur darstellen. Wenn drei gleiche Wassermengen bei gleicher Temperatur zusammengeschüttet werden, ist die Mischungstemperatur höher, als wenn zusätzlich noch drei gleich große Mengen kühleren Wassers hinzugeschüttet werden.

Umgekehrt ergab sich, daß das Urteil negativer ausfiel, wenn drei negative Eigenschaften zusammengestellt wurden (LLL) im Vergleich mit drei negativen und drei tendenziell negativen Eigenschaften (LLLM-M-M-). Genauso wie man die Mischungstemperatur mit einem Durchschnittsmodell bestimmen kann, besteht die Möglichkeit, das zusammenfassende Urteil des Mögens mit diesem algebraischen Modell vorherzusagen.

In diesem Zusammenhang ist auch bemerkenswert, daß sich Hinweise darauf finden, daß bei Urteilen über Leistungen, die mit Hilfe des multiplikativen Modells erklärt wurden (Anderson & Butzin, 1974: Leistung = Anstrengung x Fähigkeit), das Durchschnittsmodell angemessener ist (Surber, 1981).

Algebraische Modelle ermöglichen in vielen Fällen eine gute Beschreibung der Urteilsbildung. Ein Problem liegt darin, daß konkurrierende Modelle zum Teil identische Folgerungen ergeben und nur bedingt voneinander zu trennen sind (s. auch Yamagishi & Hill, 1983).

2. Personenwahrnehmung

Zwei Forschungsergebnisse, die eng mit dem Namen von Solomon Asch verbunden sind, haben einen zentralen Stellenwert für die Personenwahrnehmung:

- die Unterscheidung von zentralen und peripheren Eigenschaften,
- die Untersuchung von Reihenfolge-Effekten in der Personenwahrnehmung.

Beide Fragestellungen verweisen auf die Annahme, daß Eigenschaften je nach dem Kontext, in dem sie stehen, eine unterschiedliche inhaltliche Bedeutung annehmen.

2.1. Bedeutungswandel und Eindrucksbildung

2.1.1. Zentrale und periphere Eigenschaften

Asch (1946) las Beurteilern Eigenschaftslisten vor und bat sie, einen Eindruck von der beschriebenen Person zu bilden. Wenn etwa die Liste *tatkräftig – sicher – gesprächig – kalt – ironisch – neugierig – überzeugend* vorgegeben wurde, fanden sich Beschreibungen wie:

»Er ist ein Typ von Mensch, den man allzu oft trifft: Selbstsicher, spricht zuviel, will dich immer von seinem Standpunkt überzeugen und ohne viel Gefühl für seine Mitmenschen.«

Allgemein läßt sich feststellen, daß

- auf der Basis der diskreten Eigenschaften ein allgemeiner Eindruck gebildet wurde,
- die Eindrucksbildung gegenüber der Vorgabe abgerundet und vervollständigt war und Schlüsse auf neue Sachverhalte enthielt.

Darüber hinaus zeigte sich, daß die Eigenschaften *warm* und *kalt* den Gesamteindruck stark bestimmten. Wenn sechs identische Eigenschaften einmal mit *warm* und einmal mit *kalt* kombiniert wurden, fand sich eine Betonung von Eigenschaften wie *gesellig* und *glücklich* in der *Warm*-Bedingung. Andere Eigenschaften (wie *ernsthaft* und *verläßlich*) wurden durch die *»Warm-Kalt-Variable«* nicht beeinflußt. Generell ergab sich ein deutlich positiverer Eindruck, wenn *warm* anstelle von *kalt* eingefügt worden war. Wurde *warm* und *kalt* aus den Listen weggelassen, ergaben sich neutralere Eindrücke. Allerdings zeigte sich bei denen, die die Person von sich aus als *warm* charakterisierten, eine positive Beschreibung, während die Beurteiler, die die Eigenschaft *kalt* erschlossen, eine negative Bewertung ihrer Beschreibung zugrunde legten.
In zwei Felduntersuchungen (Kelley, 1950) ergab sich zusätzlich, daß die *Warm-Kalt-Variable* das Diskussionsverhalten in Seminaren beeinflußte. Studenten wurden im Verlauf einer Veranstaltung mit einem Diskussionsleiter bekanntgemacht, der im voraus als fleißig, kritisch, praktisch und entschlossen beschrieben wurde. Je nach Versuchsbedingung wurde er außerdem als *sehr warm* oder *ziemlich kalt* charakterisiert. Wenn der Veranstaltungsleiter als *warm* beschrieben wurde, ergab sich tendenziell eine größere Beteiligung an der Diskussion (56% nahmen teil, während bei einem *kalten* Leiter nur 32% diskutierten). Außerdem ergab sich, daß die Studenten, die den Diskussionsleiter abschließend positiver beurteilten, eher an der Diskussion teilnahmen (s. auch Widmeyer & Loy, 1988).

Was ist nun die genaue Bedeutung der Begriffe »zentral-peripher«? Diese Frage, die von Wishner (1960) gestellt wurde, fand eine interessante Antwort: *Eigenschaften in der Stimulusliste* sind dann zentral, wenn sie mit den meisten Eigenschaften in der *Checkliste* korrelieren. Das läßt sich wie folgt erläutern: In den Versuchen von Asch werden Personen durch Stimuluslisten beschrieben. Außerdem werden den Beurteilern Checklisten vorgelegt, in denen eine Reihe von Eigenschaften enthalten sind, um anzugeben, ob diese neuen Eigenschaften die beschriebene Stimulusperson charakterisieren. Nun zeigte sich (Wishner, 1960), daß *warm-kalt* besonders hoch mit denjenigen Eigenschaften der Checkliste korrelierte, die in der Originaluntersuchung von Asch den größten Unterschied in Abhängigkeit von der Verwendung von *warm* bzw. *kalt* gezeigt hatten. Wenn Studenten ihren Veranstaltungsleiter auf den Eigenschaften der Checkliste und der Stimulusliste gleichzeitig beurteilten, korrelierten z.B. *gesellig und glücklich* (die bei Asch einen starken Effekt der Versuchsbedingungen angezeigt hatten) hoch mit der *Warm-Kalt*-Variable, während *ernsthaft* und *verläßlich* (die keinen Effekt angezeigt hatten) keine bedeutsame Korrelation aufwiesen.

Wishner (1960) konnte darüber hinaus zeigen, daß bestimmte Eigenschaften praktisch nach Belieben in den Status einer zentralen Eigenschaft versetzt werden können, indem geeignete Checklisten verwendet werden (in denen Eigenschaften aufgeführt werden, die mit der zentralen Eigenschaft hoch korrelieren). Umgekehrt stellt sich eine Eigenschaft als peripher dar, wenn in der Checkliste Eigenschaften überwiegen, die Nullkorrelationen mit dieser Eigenschaft aufweisen.

Die *Warm-Kalt*-Variable nimmt aus mehreren Gründen eine zentrale Stellung in der Eindrucksbildung ein:

- Die Eigenschaften auf der Checkliste sind mit warm und kalt hoch korreliert (s. oben).
- Die Eigenschaften der Eindrucksbildung lassen sich auf zwei Dimensionen abbilden: *sozial gut vs. sozial schlecht* und *intellektuell gut vs. intellektuell schlecht*. *Warm* und *kalt* werden wie viele Eigenschaften der Checkliste der Dimension *sozial gut vs. sozial schlecht* zugeordnet. Die weiteren Eigenschaften der Stimulusliste lassen sich hingegen der Dimension *intellektuell gut vs. intellektuell schlecht* zuordnen (Rosenberg, Nelson & Vivekananthan, 1968). Dadurch erhält *warm* und *kalt* auf der Stimulusliste eine hohe *Distinktheit*.
- *Warm und kalt sind polarisierte Eigenschaften* auf der Dimension *sozial gut vs. sozial schlecht*. Sie repräsentieren die extremen Pole von *sozial gut* und *sozial schlecht* (Hays, 1958) und haben deshalb eine große Wirkung darauf, welche weiteren Eigenschaften erschlossen werden.

2.1.2. Bedeutungsveränderung je nach Kontext

Asch hatte in einem seiner Experimente einen weiteren Effekt hervorgerufen, als er die Eigenschaft warm mit den folgenden zwei Stimuluslisten verband:

- *gehorsam-schwach-oberflächlich-schlicht-neidisch.*
- *eitel-scharfsinnig-gewissenlos-oberflächlich-schlicht-neidisch.*

Als Teil der ersten Stimulusliste wurde *warm* als abhängig und submissiv interpretiert, während auf dem Hintergrund der zweiten Liste Wärme als unechte Wärme interpretiert wurde.

Anhand dieses Untersuchungsergebnisses läßt sich die theoretische Orientierung von Asch (1946) gut veranschaulichen. Seine Hypothese war, daß eine gegebene Eigenschaft ihre inhaltliche Bedeutung aus ihrem Platz in dem System der Beziehungen mit anderen Eigenschaften erwirbt. Die einzelne Eigenschaft wurde verstanden als Teil eines Ganzen, in dem sie erst ihre volle Bedeutung gewinnt. So erhält z.B. *warm* eine spezifische Bedeutung (etwa als *abhängig* oder *unecht*) erst im Kontext mit den anderen Eigenschaften der Stimulusliste.

Diese Hypothese wurde von Ostrom (1967, zit. nach Wyer, 1974a) genauer formuliert. Wenn ein einzelnes Adjektiv vorgegeben wird, ist nach dieser Hypothese die Bewertung eine Zusammenfassung der unterschiedlichen Implikationen, die sich aus allen möglichen Alternativinterpretationen (z.B. *warm* als *abhängig* oder *unecht*) ergeben. Durch die Kombination mit anderen Eigenschaften in der Stimulusliste werden aber verschiedene dieser unterschiedlichen Implikationen unwahrscheinlich gemacht und scheiden somit aus dem *Bedeutungsspektrum der Eigenschaft* aus. Die Bewertung beruht dann nur noch auf einer *ausgewählten Teilmenge von Alternativinterpretationen*.

Demgegenüber versuchte Anderson (1966, 1971) in einer Serie von Experimenten zu zeigen, daß sich die genannten Kontexteffekte als *generalisierter Halo-Effekt* erklären lassen (eine Erklärung, die im übrigen schon von Asch erwogen wurde). Danach ergibt sich die Beurteilung einer Eigenschaft im Kontext mit anderen Eigenschaften aus der kontextfreien Bedeutung einer Eigenschaft und dem Gesamteindruck der Person, der sich aufgrund der gesamten Eigenschaftsliste einstellt. Dieser Hypothese zufolge wird die Beurteilung einer bestimmten Eigenschaft durch einen positiven Gesamteindruck zum positiven Pol verschoben, während die Eigenschaft in einem negativen Kontext in ihrer Bewertung in Richtung auf den negativen Pol verschoben wird.

Der Ansatz von Anderson wird ausführlicher in Abschnitt III.1.2. dargestellt. An dieser Stelle sei nur darauf hingewiesen, daß er in seinen Experimenten zusammenfassende Urteile der Attraktivität von Stimuluspersonen benutzt, die durch Eigenschaftslisten beschrieben werden. Ein solcher Ansatz, in dem die Beurteiler jeweils nur das Mögen oder Nicht-Mögen einstufen sollen, stellt nicht unbedingt einen angemessenen Test der Hypothese eines Bedeutungswechsels dar (s. Hamilton & Zanna, 1974), da eine direkte Erfassung der inhaltlichen Bedeutung, wie sie von Asch (1946) durchgeführt wurde, nicht möglich ist. Es ist durchaus denkbar, daß sich die inhaltliche Bedeutung einer Eigenschaft wandelt, ohne daß sich eine Verschiebung der Bewertung ergibt (etwa in dem oben genannten Beispiel für die inhaltliche Interpretation von warm, wo beide Bedeutungen eine eher negative Bewertung hervorrufen sollten). Ein direkter Test, wie er von Hamilton & Zanna (1974) und von Zanna & Hamilton (1977) durchgeführt wurde, unterstützt die Hypothese eines Bedeutungswandels in Abhängigkeit von dem Kontext.

Nach einer langen und kontroversen Diskussion um die Rolle des Bedeutungswandels in der Eindrucksbildung ergibt sich die Schlußfolgerung, daß ein generalisierter Halo-Effektes zur Erklärung nicht ausreicht (Bierhoff, 1989). Dieser Effekt wurde dann aufgewiesen, wenn die Eindrucksbildung im Sinne des Mögens bzw. der Attraktivität der Stimulusperson erfaßt wurde. Diese abhängigen

Merkmale weisen aber nur eine geringe und indirekte Beziehung zu der inhalt-lichen Bedeutung von Eigenschaften auf, um die es bei der Frage des Bedeu-tungswandels eigentlich geht (Zanna & Hamilton, 1977).

2.1.3. Reihenfolge-Effekte

Auswirkungen der Reihenfolge der Darbietung auf kognitive Prozesse werden häufig thematisiert. An erster Stelle sind Gedächtnisprozesse zu nennen, die durch die Reihenfolge der Darbietung des Lernmaterials beeinflußt werden und die die Behaltensleistung bestimmen (Greene, 1986).

Asch (1946) hat in seiner Serie von Experimenten auch Reihenfolge-Effekte in der Eindrucksbildung untersucht. Dazu wurde die Reihenfolge der Darbietung identischer Eigenschaften durch Umkehrung variiert:

- In einer Bedingung wurde eine Stimulusperson als *intelligent-fleißig-impulsiv-kritisch-widerspenstig-neidisch* geschildert,
- während sie in der zweiten Bedingung als *neidisch-widerspenstig-kritisch-impul-siv-fleißig-intelligent* beschrieben wurde.

Generell zeigte sich, daß die ersten Eigenschaften in der Liste einen prägenden Einfluß auf die Eindrucksbildung ausübten. Begann die Beschreibung mit *intelli-gent*, ergab sich ein positiverer Eindruck als wenn die Beschreibung mit *neidisch* anfing. Im ersten Fall wurde die Stimulusperson als fähig beschrieben, im zweiten Fall erschien sie als eine Problemperson, wie etwa in der Feststellung »Diese Person ist wahrscheinlich fehlangepaßt, weil sie neidisch und impulsiv ist.« Die erste Eigenschaft bestimmte also die *Richtung des Gesamteindrucks*. Später ge-nannte Eigenschaften wurden im Licht der vorangehenden Eigenschaften inter-pretiert. Mit dieser Schlußfolgerung nahm Asch (1946) erneut den Gedanken auf, daß Eigenschaften in ihrer Bedeutung von Kontextmerkmalen abhängig sind.

Das Überwiegen des ersten Eindrucks läßt sich als *Vorrangeffekt* kennzeichnen. In einer Reihe von Untersuchungen zur Eindrucksbildung wurden solche Pri-macy-Effekte gefunden (Anderson, 1965b, 1973a; Jones, Rock, Shaver, Goethals & Ward, 1968; Jones, Goethals, Kennington & Severance, 1972, Exp. 1 und 2). Besonders umfassend ist die Dokumentation von Positionseffekten in der Untersuchung von Anderson (1965b). Er erklärte das Auftreten des Primacy-Effektes damit, daß das Gewicht der ersten Information größer ist als das der nachfolgenden Informationen. Wenn man annimmt, daß das Gewicht der Infor-mationen für das zusammenfassende Urteil von Position zu Position kontinuier-lich abnimmt, resultiert ein Modell, das dem tatsächlichen Ergebnismuster nahe-kommt.

Damit wäre alles soweit geklärt, wenn nicht häufig auch *Neuheits-Effekte* in der Eindrucksbildung berichtet würden, die darin bestehen, daß die zuletzt gege-benen Informationen einen stärkeren Einfluß ausüben als die früheren. Eine Reihe von Untersuchungen zur Eindrucksbildung zeigte solche Recency-Ef-fekte (Anderson, 1968; Jones & Berglas, 1976; Wyer, 1973), die im übrigen schon im Zusammenhang mit der Beeinflussung von Einstellungen gefunden wurden (Miller & Campbell, 1959). Wenn die zweite Kommunikation mit größerem zeitlichem Abstand auf die erste folgte, überwog der Effekt der zweiten Mittei-lung (s. auch Insko, 1964; Wilson & Miller, 1968).

Eine *vergleichende Gegenüberstellung von Primacy- und Recency-Effekten* wurde von Jones & Goethals (1972) durchgeführt. Primacy-Effekte werden auf drei Faktoren zurückgeführt:

- *Aufmerksamkeitsverlust über die Serie.* Diese Erklärung fand ihre Unterstützung insbesondere in Untersuchungen, die zeigten, daß der Primacy Effekt entfällt, wenn es gelingt, die Aufmerksamkeit des Betrachters bis zum Schluß der Liste aufrechtzuerhalten (Hendrick & Costantini, 1970; Tetlock, 1983).
- *Abwertung inkonsistenter Informationen.* Wenn die Beurteiler glaubten, daß nicht alle Informationen die gleiche Zuverlässigkeit besaßen, ergab sich eine Tendenz, nachgeordnete Informationen, die mit den früheren Informationen inkompatibel waren, in ihrer Bedeutung herabzusetzen und im Extremfall zu ignorieren (Anderson & Jacobson, 1965).
- *Assimilierung.* Anfängliche Informationen werden zum Anker genommen, an den spätere inkonsistente Informationen «heranrotiert» werden, so daß sie im Licht des ersten Eindrucks interpretiert werden (Jones & Goethals, 1972). Diese Hypothese entspricht weitgehend der Hypothese des Bedeutungswandels (Asch, 1946).

Das Auftreten von Recency-Effekten wird von Jones & Goethals (1972) auf folgende Einflußfaktoren zurückgeführt:

- *Vergessensunterschiede.* Die zuletzt gegebenen Eigenschaften sind dem Beurteiler noch besser aus dem Gedächtnis abrufbar als frühere Informationen. Je weiter die anfänglichen Informationen vom Zeitpunkt der Urteilsbildung zeitlich entfernt sind, desto eher sind sie nicht mehr voll präsent (entsprechend der Ebbinghaus-Vergessenskurve, s. Miller & Campbell, 1959).
- *Kontrasteffekte.* Ein Beurteilungsobjekt, das eine mittlere Bewertung (bei isolierter Beurteilung) erhält, wurde relativ positiv beurteilt, wenn ihm ein negativ bewertetes Objekt vorausging und relativ negativ, wenn es auf ein positiv bewertetes Objekt folgte (Bierhoff & Bierhoff-Alfermann, 1977). Dieser Kontrasteffekt kann die abschließende Beurteilung verschlechtern (bei negativem Kontrasteffekt) oder verbessern (bei positivem Kontrasteffekt; Jones & Goethals, 1972).
- *Logik der Entwicklung.* Wenn ein Lern- oder Entwicklungsprozeß zugrunde gelegt wird, erhält die spätere Information automatisch eine größere Bedeutung als die frühere in der Zwischenzeit durch den Prozeß überholte Information (R.G. Jones & Welsh, 1971).

Diese Einflußfaktoren, die auf Primacy oder Recency deuten, können sich auch gegenseitig neutralisieren. Darüber hinaus stellen Jones & Goethals (1972) die generelle Hypothese auf, daß ein Primacy-Effekt nur dann zu erwarten ist, wenn die zu beurteilende Qualität bzw. »Entität« (etwa die Intelligenz oder die Gutmütigkeit einer Person) stabil ist und über die Zeit nicht fluktuiert. Wenn man z.B. weiß, daß der zweite Teil einer Serie »anderen Gesetzen gehorcht« als der erste Teil, sollte kein Primacy-Effekt auftreten.[1] Denn in diesem Fall wäre es

---

[1] Untersuchungstechnisch wurde diese Hypothese überprüft, indem rote und blaue Karten unterschiedlich häufig im ersten und zweiten Teil einer Serie von Spielkarten auftraten. Wenn die Zahl der Asse im ersten Teil dieser Serie größer war als im zweiten Teil, fand sich kein Primacy-Effekt, wenn im nachhinein nach der Anzahl der Asse in der Serie gefragt wurde.

nicht sinnvoll, auf der Basis der ersten Informationen eine Erwartung zu bilden für die nachfolgenden Informationen, da Unabhängigkeit zwischen den ersten und den nachfolgenden Informationen besteht (vgl. Jones, Goethals, Kennington & Severance, 1972).

Reihenfolge-Effekte im Sinne der Dominanz des ersten Eindrucks lassen sich zwanglos mit der Hypothese eines Bedeutungswandels je nach Kontext erklären. In den Begriffen von Wyer & Carlston (1979) kann man feststellen, daß frühe Informationen eine bestimmte Vorstellung darüber wachrufen, um was für einen Typ von Person es sich handelt. Diese erste Vorstellung ist wie die Aktivierung eines »*Skripts*« zu verstehen, das der nachfolgenden Information Richtung und Bedeutung verleiht. Ein solches Skript wird vermutlich nur dann aktiviert, wenn die begründete Erwartung besteht, daß die anfänglichen Informationen repräsentativ für die nachfolgenden Informationen sind (wenn also im Sinne von Jones & Goethals, 1972, die Vermutung gerechtfertigt ist, daß man es mit einer stabilen Entität zu tun hat).

2.2. Personenwahrnehmung und soziale Interaktion

Personenwahrnehmung und soziale Interaktion sind vielfältig aufeinander bezogen. Im folgenden werden diese Zusammenhänge am Beispiel von Sich-selbst-erfüllenden-Prophezeiungen verdeutlicht. Wie wirkt sich eine gegebene Erwartung über den Interaktionspartner auf die soziale Interaktion aus? Nach der Beantwortung dieser Frage gehen wir auf die besondere Rolle von negativen Personinformationen ein, die ein größeres Gewicht in der Eindrucksbildung haben als positive Informationen. In diesem Zusammenhang werden wir die Mobilisierungs-Minimalisierungs-Hypothese besprechen.

2.2.1. Sich-selbst-erfüllende-Prophezeiungen

Der Begriff der »*Sich-selbst-erfüllenden-Prophezeiung*« wurde ursprünglich von Merton (1957) geprägt. Er bezieht sich auf die Prozesse der Bestätigung von Erwartungen, wenn das, was man für wahrscheinlich hält, auch eintritt. Als Beispiel sei etwa darauf verwiesen, daß die Erwartung der Bankkunden, daß ihre Bank vor dem Zusammenbruch steht, tatsächlich einen Bankzusammenbruch nach sich zieht, wenn nämlich viele Kunden aufgrund ihrer Erwartung versuchen, ihr Geld gleichzeitig abzuheben.

Unter die Sich-selbst-erfüllenden-Prophezeiungen fällt der Prozeß der *Erwartungsbestätigung*. »Erwartungen sind realitätsbezogene Vorstellungen, die auf die Zukunft gerichtet sind und von denen der Erwartende überzeugt ist, daß sie durch die nachfolgende Ereignisentwicklung bestätigt werden« (Ludwig, 1991,

---

[1] Hingegen trat der erwartete Primacy-Effekt auf, wenn rote und blaue Karten unsystematisch über die Serie verteilt waren. In diesem Versuch ist die Entität »Asse« im zweiten Fall stabil, da kein plausibler Grund dafür vorliegt anzunehmen, daß sich die Proportion der Asse über die Serie verändert. Im ersten Fall hingegen erscheint die Entität insofern als instabil, als die Verringerung der Häufigkeit der Asse mit einem Farbenwechsel korreliert ist (Jones, Goethals, Kennington & Severance, 1972, Exp. 3).

S. 32). Eine *Erwartungsbestätigung* läßt sich dann als »eine Erwartung, die ihre eigene Erfüllung selbst bedingt« (Ludwig, 1991, S. 53), bezeichnen. (Ludwig spricht von *«sich selbst erfüllender Erwartung«*; andere Begriffe, die gleichbedeutend verwendet werden, sind *»Verhaltensbestätigung«* und *»Pygmalion-Effekt«*.) Wichtig ist die Feststellung, daß eine Erwartungsbestätigung sowohl zu einer Selbstkonzeptänderung führen kann (wenn die Erwartung und das Selbstkonzept diskrepant sind) als auch zu einer Stabilisierung des Selbstkonzepts (wenn Erwartung und Selbstkonzept übereinstimmen). Erwartungen können korrekt oder inkorrekt sein. Nur inkorrekte Erwartungen können eine Sich-selbst-erfüllende Prophezeiung auslösen (Jussim, 1990).

In der Psychologie wurden Prozesse der Erwartungsbestätigung intensiv im Zusammenhang mit Leistungserwartung von Lehrern gegenüber Schülern untersucht (vgl. Chow, 1990; Raudenbush, 1984; Rosenthal, 1990). Ein Beispiel ist eine Untersuchung des Lehrerverhaltens gegenüber schwarzen und weißen Schülern (Rubovits & Maehr, 1973): Lehrerstudenten wurden während des Unterrichts mit Vierer-Gruppen von Siebt- und Achtkläßlern beobachtet, insbesondere unter den Gesichtspunkten Aufmerksamkeitsverteilung, Ermutigung, Eingehen auf Schüleräußerungen, Lob und Kritik. Jeweils zwei Schüler waren schwarz bzw. weiß. Außerdem wurde der Eindruck erweckt, als ob je einer der weißen und schwarzen Schüler hochbegabt bzw. durchschnittlich begabt sei. Unterrichtsthema war das Fernsehen, wofür ein Leitfaden zur Verfügung stand.

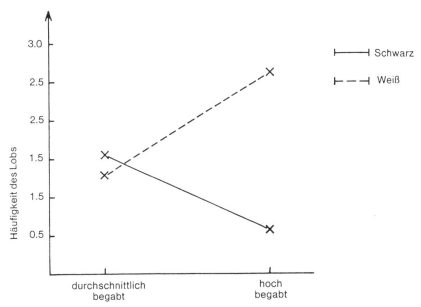

Abbildung 28: Aufmerksamkeitszuwendung in Abhängigkeit von Begabung und Rasse (nach Rubovits & Maehr, 1973)

Die Beobachtungsergebnisse (basierend auf 66 weißen Lehrerstudentinnen, die 264 Schüler unterrichteten) zeigten, daß begabten weißen Schülern eine besonders starke Beachtung zuteil wurde. Hingegen wurde begabten schwarzen

Schülern sogar etwas weniger Aufmerksamkeit zuteil als den durchschnittlich begabten Schwarzen. Die Vernachlässigung der angeblich begabten schwarzen Schüler wurde am deutlichsten bei der Häufigkeit von positiven Verstärkungen. Während weiße begabte Schüler häufiger gelobt wurden als weiße Durchschnittsschüler, wurden schwarze begabte Schüler weniger häufig gelobt als schwarze Durchschnittsschüler (s. Abb. 28). Dieses Ergebnismuster läßt vermuten, daß sich Lehrererwartungen positiv bei begabten weißen Schülern auswirken und negativ bei begabten schwarzen Schülern.

Sich-selbst-erfüllende-Prophezeiungen beruhen auf falschen *Situationsdefinitionen,* die Verhaltensweisen hervorrufen, die das fälschlicherweise erwartete Ereignis eintreten lassen und somit zum Beweis dafür werden, daß die Erwartung von Anfang an zutreffend war (Merton, 1957). Im folgenden werden einzelne Phasen des Prozesses der Erwartungsbestätigung dargestellt. Daran anschließend wird die Selbstwahrnehmungs-Theorie beschrieben, um schließlich auf Prozesse einzugehen, die zu einer Korrektur der sozialen Wahrnehmung durch die soziale Wirklichkeit führen.

2.2.1.1. Phasen der Bestätigung einer Erwartung

Darley & Fazio (1980) unterscheiden zwischen sechs Phasen der Erwartungsbestätigung (s. auch Deaux & Major, 1987):

- Die wahrnehmende Person bildet eine Erwartung über die Intentionen und Dispositionen der Stimulusperson. Diese Erwartung basiert entweder auf direkten Beobachtungen (*»target based expectancy«*) oder auf Stereotypen (*»category based expectancy«*).
- Die wahrnehmende Person verhält sich der Stimulusperson gegenüber dem Bild entsprechend, das sie sich von ihr gemacht hat. Bei negativer Erwartung vermeidet sie die Interaktion möglicherweise ganz. Häufig wird die Interaktion durch die Erwartung beeinflußt (vgl. Abb. 28).
- Die Stimulusperson interpretiert die Handlungen der wahrnehmenden Person, indem sie das Verhalten auf spezifische Ursachen zurückführt, sei es auf Dispositionen der anderen Person, auf die Situation und Rollenvorschriften, auf die eigene Person oder auf spezifische Person-Situations-Interaktionen.
- Auf der Grundlage dieser Attribution handelt die Stimulusperson, indem sie entweder mit *reziprokem Verhalten* reagiert oder einen angenommenen *schlechten Eindruck zu kompensieren versucht* oder einen *guten Eindruck zu bestätigen versucht.*
- Die wahrnehmende Person interpretiert das Verhalten der Stimulusperson. Wenn die ursprüngliche Erwartung bestätigt wurde, bleibt die Erwartung bestehen und der eigene Beitrag zur Bestätigung der Erwartung wird häufig unterschätzt. Bei widerlegendem Verhalten perseveriert in vielen Fällen der falsche Eindruck trotz der abweichenden Verhaltensweisen der Stimulusperson. Bei mehrdeutigem Verhalten setzt sich im allgemeinen eine erwartungskonforme Interpretation durch, nicht zuletzt auch auf der Grundlage eines *selektiven Behaltens.*
- Die Stimulusperson interpretiert ihr Verhalten, indem sie die Situationsbeurteilung verändert oder das Selbstkonzept modifiziert.

200

In diesem Ablaufschema schaffen die *ersten beiden Phasen* die Voraussetzung dafür, daß Sich-selbst-erfüllende-Prophezeiungen sich einstellen. Die *dritte Phase* ist durch Attributionsprozesse gekennzeichnet, wobei vier unterschiedliche Möglichkeiten (Dispositionen der anderen Person, situativer Kontext, eigene Dispositionen und Person-Situations-Interaktionen) gegenübergestellt werden. Die Person-Situations-Interaktionen beziehen sich auf Erklärungen, die berücksichtigen, daß eine Person nur unter spezifischen Umständen eine Handlung ausführt. So könnte es etwa sein, daß die Stimulusperson erschließt, daß die wahrnehmende Person sich nur in Streß-Situationen aggressiv zeigt (vgl. Zumkley, 1981).

Mit der *vierten Phase* ist der Kreis geschlossen, da sich die Erwartung der wahrnehmenden Person in erwartungskonsistentem Verhalten der Zielperson niedergeschlagen hat. Wenn sich etwa die wahrnehmende Person gegenüber der Zielperson aggressiv verhalten hat, weil sie von der Erwartung ausgeht, daß die Zielperson unkooperativ handelt, dann ist die daraus resultierende reziproke Aggression der Zielperson ein Beispiel für eine Sich-selbst-erfüllende-Prophezeiung.

Das ursprüngliche Konzept der Sich-selbst-erfüllenden-Prophezeiung (Merton, 1957) entspricht den ersten vier Phasen. Wenn noch die weiteren Schritte hinzukommen, kann zusätzlich auch eine *Selbskonzeptänderung* bei Personen eintreten, die anfänglich das Ziel einer bestimmten Erwartung der wahrnehmenden Person waren. So mag etwa ein Mann eine Frau, mit der er am Telefon spricht, für attraktiv halten. Eine Sich-selbst-erfüllende-Prophezeiung ist gegeben, wenn sich das Gespräch als anregend und vielversprechend herausstellt. Darüber hinaus besteht die Möglichkeit, daß die Zielperson aufgrund dieser Erfahrung ihr Selbstkonzept ändert, indem sie sich etwa als besonders attraktiv, empfindsam, gefühlvoll und begeisterungsfähig einschätzt (vgl. Abschnitt III.2.2.1.).

Auch wenn das Selbstkonzept durch direktes Feedback verändert wurde, fanden sich deutliche Auswirkungen. Kinder, denen gesagt wurde, sie seien sauber und ordentlich, warfen weniger Abfall weg (Miller, Brickman & Bolen, 1975). Die Bereitschaft zu hilfreichem Verhalten wurde bei Studentinnen vergrößert, wenn ihr hilfreiches Verhalten auf ihr Mitleid (statt auf ihre Nachgiebigkeit gegenüber äußerem Druck) zurückgeführt wurde (Batson, Harris, McCaul, Davis & Schmidt, 1979). Kinder verhielten sich altruistischer, wenn sie darauf hingewiesen wurden, daß Helfen Spaß mache (Grusec, Kuczynski, Rushton & Simutis, 1978), oder wenn ihr hilfreiches Verhalten darauf zurückgeführt wurde, daß sie die Art von Personen sind, die hilfsbereit handeln (Grusec & Redler, 1980; s. Box A22).

Box A22: Selbstkonzept und Attribution

Wenn hilfreiches Verhalten auf die Persönlichkeit der Helfenden zurückgeführt wird (im Sinne einer *Charakter-Attribution*), sollte die allgemeine altruistische Orientierung verstärkt werden (Grusec, 1991). Das könnte insbesondere im Altersbereich von 7 bis 9 Jahren der Fall sein, weil jüngere Kinder noch keine ausgeprägte Konsistenz zwischen Selbstzuschreibung und Verhalten zeigen, während ältere Kinder schon über ein relativ fest gefügtes Selbstkonzept verfügen, was die Beeinflußbarkeit durch Charakter-Attributionen einschränken sollte. In einem Experiment mit sieben- bis achtjährigen Kindern (Grusec & Redler, 1980) wurde hilfreiches Verhalten trainiert und je nach Versuchsbedingung als Charakter-Attribution interpretiert, durch ein Lob positiv verstärkt oder kommentarlos aufgenommen. Die Kinder spielten mit einem Bowling-Spiel und wurden bei Gewinndurchgängen aufgefordert, ihre Gewinne an arme Kinder zu spenden. Das resultierende Spendenverhalten wurde darauf zurückgeführt, daß das Kind die Art von Person sei, die hilft, oder es wurde mit einem »gut« belohnt. In der Kontrollgruppe erfolgte kein Kommentar.

Im Anschluß an das Training erhielten die Kinder zweimal Gelegenheit zu spenden. Zum einen spielten sie selbständig mit dem Bowling-Spiel und machten erneut Gewinne, zum anderen wurden ihnen 12 Stifte geschenkt, von denen sie welche an Kinder weitergeben konnten, die an dem Versuch nicht teilnahmen. Eine Woche später fand ein dritter Test der Hilfsbereitschaft statt. Zunächst mußten die Kinder vier Pappkartons für den Versuchsleiter falten, was erneut – je nach Versuchsbedingung – auf ihre Person zurückgeführt wurde, mit einem Lob quittiert wurde oder unkommentiert blieb. Im Anschluß daran konnten sie entweder mit einem attraktiven Spiel spielen oder weitere Pappkartons für den Versuchsleiter falten. Der vierte Test schließlich erfolgte erneut ein bis zwei Wochen später. Die Kinder wurden gebeten, für andere Kinder, die im Krankenhaus waren, Bilder zu malen, um ihnen eine Freude zu machen.

Die interessantesten Ergebnisse beziehen sich auf die abschließende Testung, da diese die Generalisierung des altruistischen Verhaltens aus der Trainingsphase am deutlichsten erfaßt. Hilfsbereitschaft, die auf ein entsprechendes Selbstkonzept zurückgeht, sollte auch auf neue Situationen generalisieren, während positiv verstärkte Hilfsbereitschaft nur situationsspezifisch gesteigert werden sollte. Die Ergebnisse (s. Tab. 19) zeigen, daß Charakter-Attributionen in dem abschließenden Test der Hilfsbereitschaft einen positiven Effekt zeigten, während die Verstärkungsgruppe sich nicht bedeutsam von der Kontrollgruppe unterschied.

Außerdem ergab sich ein deutlicher Geschlechtseffekt, da Mädchen mehr Bilder abgaben als Jungen. Grusec & Redler (1980) ziehen aus ihren Ergebnissen den Schluß, daß man bei positiven Handlungen das Kind als Person loben sollte und weniger die spezifische Handlung. Das ist das Gegenteil zu der Schlußfolgerung, daß man Kinder bei negativen Handlungen für die spezifische Handlung tadeln sollte und nicht als Person, um ungünstige Attributionsmuster nach Mißerfolg oder sogar einen depressiven Attributionsstil zu vermeiden (s. Abschnitt II.6.1.2.).

Tabelle 19: Bilder für Kinder im Krankenhaus

	Charakter-Attributionen Jungen Mädchen		Positive Verstärkung Jungen Mädchen		Kontrollgruppe Jungen Mädchen	
Durchschnittliche Anzahl gemalter Bilder	1.9	3.4	0.9	2.3	1.1	1.8

Beachte: Je Gruppe wurden 10 Kinder untersucht.

Die direkte Verwendung eines Labels für eine andere Person (wie »hilfreich«, »kooperativ« oder »ordentlich«) vermittelt ihr, welcher Erwartungshorizont ihr gegenüber besteht. Wenn sie sich dann dem Label entsprechend verhält, tritt eine Erwartungsbestätigung im Sinne von Darley & Fazio (1980) ein.

Wenn die Erwartung des Wahrnehmenden auf diese Weise bestätigt wird, läßt sich vermuten, daß er/sie die Erwartung verfestigt und die eigene Rolle bei dem Hervorrufen des erwartungskonsistenten Verhaltens unterschätzt. Das ist insbesondere auch deshalb der Fall, weil Beobachter dazu neigen, die Ursachen des Verhaltens eines Akteurs in dessen Person zu suchen (Jones & Nisbett, 1972; s. Abschnitt III.3.4.) und andererseits nicht genügend berücksichtigen, daß die soziale Rolle der Stimulusperson ihr Verhalten beeinflußt. In diesem Sinne wurde festgestellt, daß Personen, die per Zufall die Rolle des *Quizmasters* spielten, als intelligenter eingeschätzt wurden als solche, denen zufälligerweise *die Rolle des Quizkandidaten* zugefallen war (Ross, Amabile & Steinmetz, 1977).

Wenn andererseits das Verhalten der Zielperson die ursprüngliche Erwartung widerlegt, ist nicht unbedingt eine Korrektur der falschen Erwartung wahrscheinlich (s. Ross & Anderson, 1982, S. 144-151). Vielmehr finden sich Hinweise darauf, daß falsche Erwartungen auch dann noch perseverieren, wenn die Personen über den anfänglichen Irrtum aufgeklärt worden sind (Anderson, 1983; Ross, Lepper, Strack & Steinmetz, 1977).

Schon Walster, Berscheid, Abrahams & Aronson (1967) hatten festgestellt, daß ein falsches Persönlichkeitsfeedback nach der Bearbeitung eines Fragebogens sich auch dann noch auf die Selbsteinschätzung der Persönlichkeit auswirkte, wenn die Versuchsteilnehmer über den fiktiven Charakter des Feedbacks aufgeklärt worden waren. Hier wird erneut ein *Primacy-Effekt* sichtbar, insofern die anfangs gegebene Falschinformation durch die nachfolgende Aufklärung nicht vollständig neutralisiert werden kann.

Am Rande sei noch erwähnt, daß die Nachwirkungen von Informationen, die sich als falsch herausstellen, nicht nur für Persönlichkeitsfeedback, sondern auch für die Beibehaltung des Glaubens an eine Hypothese, deren empirische Basis zusammengebrochen ist, gezeigt wurde (Anderson, Lepper & Ross, 1980). Falsche Annahmen (über die Eignung von Feuerwehrleuten in Abhängigkeit von ihrer Risikobereitschaft) perseverierten, obwohl ihnen die anfänglich gelieferte empirische Basis entzogen worden war, indem der Versuchsleiter erklärte, daß den Versuchsteilnehmern willkürlich eine positive oder negative Bewertung suggeriert worden sei (was auch den Tatsachen entsprach). Die Beibehaltung der falschen Hypothese scheint darauf zurückzugehen, daß die Versuchspersonen *Erklärungen generieren,* die den Hypothesen entsprechen (Anderson & Sechler, 1986).

2.2.1.2. Selbstwahrnehmung und Selbstverifikation

Stereotpye lösen Sich-selbst-erfüllende-Prophezeiungen aus (Snyder, Tanke & Berscheid, 1977). Männern wurde ein Hinweis auf die physische Attraktivität der Partnerin durch ein Foto gegeben, um das Stereotyp vom schönen Menschen (s. Box U5) hervorzurufen. Da die Männer nur telefonisch mit ihrer Partnerin sprechen konnten, bestand für sie keine Möglichkeit zu erkennen, daß sie nicht das Foto ihrer Partnerin gesehen hatten.

Nachdem den Männern entweder das Bild einer attraktiven oder einer unattraktiven Frau vorgelegt worden war, folgte eine 10minütige Konversation über Mikrophone und Kopfhörer, bei der die Stimmen des Mannes und der Frau auf unterschiedliche Tonspuren aufgezeichnet wurden. Das ermöglichte im nachhinein eine getrennte Auswertung der Konversation für Männer und Frauen.

Diese Auswertung ergab zunächst, daß sich die Gruppe der Männer, denen ein attraktives Foto vorgelegt worden war, *interessierter, extravertierter, humorvoller und sozial gewandter* in dem Gespräch zeigte als Männer, die das Bild einer unattraktiven Frau mit ihrer Gesprächspartnerin identifizierten. Außerdem zeigte sich bei der Auswertung des Gesprächsverhaltens der Frauen, daß das bei den männlichen Gesprächspartnern ausgelöste Stereotyp eine Erwartungsbestätigung hervorrief. Frauen, die mit Männern sprachen, die glaubten, ihre Gesprächspartnerin sei attraktiver, wurden als anregender, persönlicher im Gespräch und zufriedener beurteilt, als sich neutrale Beurteiler die Gesprächsaufzeichnungen ausschnittsweise anhörten.

Diese Ergebnisse wurden in einer weiteren Untersuchung (Anderson & Bem, 1981) für männliche und weibliche Zielpersonen bestätigt, allerdings nur bei Personen, die ein traditionelles Geschlechtsrollenverständnis hatten (Männer, die sich als maskulin/instrumentell beschrieben, und Frauen, die sich als feminin/expressiv beschrieben).

Offensichtlich bestimmen Erwartungen die Wahrnehmung und Interpretation nachfolgender Ergebnisse. Wenn man z.B. weiß, welcher Fachrichtung ein Student angehört, werden die Informationen über sein tatsächliches Studienverhalten selektiv im Sinne der Erwartung behalten (Zadny & Gerard, 1974). Oder wenn man eine andere Person mag, werden positiv bewertete Handlungen der Person zugeschrieben und negativ bewertete Handlungen mit situativen Umständen erklärt. Umgekehrt ergeht es einer Person, die man nicht mag, deren negativ bewertetes Verhalten verstärkt auf persönliche Ursachen zurückgeführt wird (Regan, Straus & Fazio, 1974).

Aber Erwartungen beeinflussen nicht nur die Wahrnehmung, die Kausalattribution und das Verhalten des Wahrnehmenden, sondern wirken sich auch auf das *Verhalten der Zielperson* aus, einmal im Sinne einer Verhaltensbestätigung (als Sich-selbst-erfüllende-Prophezeiung) und darüber hinaus auch auf die Selbstwahrnehmung und das Selbstkonzept der Zielperson. Wenn die Zielperson so handelt, wie es ihr Interaktionspartner von ihr erwartet, beginnt sie allmählich, ihre Reaktion als Teil des eigenen Handlungssystems zu interpretieren (dazu einschränkend: Swann, 1987).

Damit schließt sich der Kreis: Die Selbstwahrnehmung wirkt sich im Sinne einer Internalisierung des induzierten Verhaltensstils aus, so daß zukünftige Handlungen und nicht nur das Verhalten in der aktuellen Situation (wie bei Snyder, Tanke & Berscheid, 1977) eine neue Qualität erhalten. Was als falsche Erwartung begann, kann als internalisierte Disposition enden (Fazio, Effrein & Falender, 1981).

Diese Ergebnisse stimmen mit der *Theorie der Selbstwahrnehmung*, wie sie von Bem (1967, 1972) dargestellt wurde, überein. Zur Illustration der Theorie kann eine Episode aus dem Leben von Richard Nixon dienen (s. Janis & Mann, 1977): Als er vor Beginn seiner politischen Karriere von einem Bekannten befragt wurde, ob er Republikaner sei, soll er geantwortet haben: »Ich glaube ja. Denn ich habe Dewey gewählt.« Dewey war der republikanische Kandidat. Vor die Frage gestellt, wie man etwas über die eigenen inneren Zustände aussagen kann (z.B. Nahrungspräferenzen, Einstellungen, Persönlichkeitsneigungen oder Gefühle), verhält man sich partiell so wie ein außenstehender Beobachter: Wenn *die internalen Hinweisreize schwach oder widersprüchlich sind*, ist man darauf angewiesen, sich auf externale Hinweisreize zu stützen, um die eigenen inneren Zustände zu erschließen.

Solche externalen Hinweisreize werden durch das eigene Verhalten *und* die wahrgenommenen Belohnungskontingenzen für dieses Verhalten geliefert. Wenn eine Person ihre Einstellung beurteilt, fragt sie sich: »Wie muß meine Einstellung sein, wenn ich in diesen Situationen (nicht) bereit war, mich in bestimmter Weise zu verhalten?« Aussagen über die eigenen internalen Zustände sind dann nichts anderes als *Selbstattributionen auf der Grundlage des eigenen Verhaltens in Abhängigkeit von den kontrollierenden situativen Bedingungen.*

Eine Bestätigung dieser Theorie fand sich in einer Untersuchung (Salancik & Conway, 1975, Exp.1.), in der religiöse Einstellungen erfaßt wurden. Zunächst wurde den Befragten eine Reihe von Feststellungen zu religiösen Verhaltensweisen vorgelegt, die entweder das Wort »gelegentlich« oder das Wort »häufig« enthielten. In der *proreligiösen Gruppe* wurde gezielt das Wort »gelegentlich« eingesetzt, um es den Befragten leichter zu machen, proreligiösen Feststellungen zuzustimmen (»Gelegentlich weigere ich mich, Bücher atheistischer Autoren zu lesen«), während antireligiöse Feststellungen mit »häufig« versehen wurden, um ihre Ablehnung zu erleichtern (z.B. »Ich mogele häufig bei Prüfungen«). Hingegen wurde in der *antireligiösen Gruppe* gewährleistet, daß proreligiöse Feststellungen eher abgelehnt wurden (z.B. »Ich spende häufig Blut für das Rote Kreuz«) und antireligiöse Feststellungen eher Zustimmung fanden (»Gelegentlich weigere ich mich, in meiner Wohnung einen Weihnachtsbaum aufzustellen«).

Die gezielte Verwendung von »häufig« und »gelegentlich« führte nicht nur dazu, daß das Antwortmuster in der proreligiösen Versuchsgruppe stärker proreligiös war als in der antireligiösen Gruppe. Vielmehr wurde im Anschluß an die Beantwortung der Feststellungen deutlich, daß Personen aus der proreligiösen Gruppe eine positivere Einstellung zur Religion zeigten. Auf die Frage »In welchem Ausmaß betrachten Sie sich selbst als positiv oder negativ gegenüber der Religion eingestellt?« ergab sich in der proreligiösen Gruppe ein Mittelwert von 1,74 und in der antireligiösen Gruppe ein Mittelwert von 0,35 auf einer Skala von –5 (völlig negativ) bis +5 (völlig positiv).

Man kann vermuten, daß die Befragten aus ihrem Antwortmuster auf die anfänglich vorgelegten Feststellungen ihre Einstellung zur Religion erschlossen. Experimentelle Hinweise auf die *Selbstattribution von Einstellungen* finden sich auch im Zusammenhang mit *hilfreichem Verhalten* (s. Box A22) und mit *Selbstdarstellung* (Jones, Rhodewalt, Berglas & Skelton, 1981): Die Ausführung einer altruistischen Handlung kann das Selbstkonzept hervorrufen, eine altruistische Person zu sein, während die Tatsache, daß man die eigene Person in einem Interview positiv oder negativ dargestellt hat, im nachhinein ein eher positives oder eher negatives Selbstwertgefühl zur Folge hat.

Selbstwahrnehmung kann aber auch eine Selbstverifikation bedeuten, wenn die Selbsteinschätzung stabil ist. Es ist unwahrscheinlich, daß eine Person, die sich aus Erfahrung für extravertiert hält, ihr Selbstkonzept der Extraversion langfristig ändert, wenn sie mit einem Partner oder einer Partnerin interagiert hat, der/die sie für introvertiert hält. Die Prozesse, die einer Erwartungsbestätigung entgegenwirken, lassen sich unter dem Begriff der Selbstverifikation zusammenfassen (s. Box T18). Selbstverifikation kennzeichnet einen Prozeß, bei dem sich die soziale Realität gegenüber der sozialen Wahrnehmung durchsetzt.

Box T18: Selbstverifikation, Erwartungsbestätigung und Stabilität des Selbstkonzepts

Die Laborbefunde zu Erwartungsbestätigungsprozessen und Selbstwahrnehmung lassen sich nicht ohne weiteres auf die Stabilität des Selbstkonzepts im Alltag übertragen. Einschränkend ist anzumerken, daß Erwartungsbestätigung häufig mit *Selbstverifikation* (Swann, 1987) in Konkurrenz steht, da Menschen danach streben, ihr Selbstkonzept beizubehalten. Dazu zählt das spontane Aufsuchen von Situationen, die eine Selbstverifikation wahrscheinlich machen (»self confirmatory opportunity structures«; Swann, 1987) und verzerrte Wahrnehmung, die Feedback bevorzugt berücksichtigt, das mit dem Selbstkonzept übereinstimmt. In diesem Zusammenhang stellt Swann fest, daß die Formbarkeit des Selbstkonzepts in Laborexperimenten überschätzt wurde. Alltagsrelevante Hinweise auf Erwartungsbestätigung ergeben sich dann, wenn eine offene Interaktion unter den Interaktionspartnern möglich ist (Bierhoff & Schreiber, 1988).

Selektive Interaktion mit Personen, die das Selbstkonzept bestätigen, ist ein Beispiel für Selbstverifikation. Die Bezugspersonen sind oft über viele Jahre identisch, so daß sich eine relativ stabile soziale Umwelt für einen Akteur ergibt. Diese stabile soziale Umwelt trägt zu der Stabilität des Selbstkonzepts über die Zeit bei, die der Alltagserfahrung entspricht, aber in Experimenten in Frage gestellt wurde. In diesem Zusammenhang wird von *kumulativer Kontinuität* gesprochen (Caspi, Bem & Elder, 1989), die darauf beruht, daß Personen eine soziale Umwelt bevorzugen, die mit ihrem Interaktionsstil übereinstimmt und ihn bestätigt. Die kontinuierliche Erzeugung von mit dem Verhaltensmuster kongruenten Konsequenzen führt zu einer Stabilität individuellen Verhaltens über den Lebenslauf. Hinzu kommt das selektive Behalten von *sozialem Feedback*, das mit dem bestehenden Selbstkonzept übereinstimmt, und allgemein Erwartungsbestätigung, *wenn die Erwartungen der sozialen Umwelt mit dem Selbstkonzept kongruent sind.*

So wurde z.B. in einer Längsschnittstudie über 30 Jahre gezeigt, daß Schüchternheit (die sich als Zurückhaltung im Aufsuchen neuer Situationen auffassen läßt) im Jungenalter mit höherem Heiratsalter und höherem Alter beim Eintritt in eine Berufskarriere der Männer (als Beispiele für Rollenübergänge) zusammenhängt. Der Zeitpunkt des Beginns der Berufskarriere wiederum korreliert sowohl mit dem beruflichen Status (bei späterem Eintritt eher niedrig) als auch mit der Häufigkeit beruflichen Wechsels (bei spätem Eintritt eher häufig). Kumulative Kontinuität ruft *dispositionelle Stabilität des Selbstkonzepts* hervor (Caspi, Bem & Elder, 1989).

Die Frage, wann Selbstverifikation und wann Erwartungsbestätigung vorherrschend ist, kann an dieser Stelle nicht weiter diskutiert werden (vgl. Bierhoff & Schreiber, 1988; Swann, 1987). Wichtig ist die Erkenntnis, daß beide Prozesse miteinander verschachtelt sind und sowohl Stabilität als auch Veränderung des Selbstkonzepts hervorrufen können.

Die Wirksamkeit der Erwartungsbestätigung wurde in der Interaktion von Jungen demonstriert, die glaubten, mit einem gestörten, hyperaktiven Jungen oder mit einem normalen Jungen zu spielen (Harris et al., 1992). Die Dritt- bis Sechstkläßler verhielten sich weniger freundlich und waren weniger involviert in der Interaktion mit dem Kind, das als hyperaktiv bezeichnet wurde. Darüber hinaus ergab sich, daß die tatsächliche Verhaltensstörung (Hyperaktivität) sich stärker auf die soziale Interaktion auswirkte als die Stigmatisierung. Das entspricht der Zusammenfassung der Evidenz von Jussim (1991), wonach der Einfluß der Erwartungsbestätigung relativ gering ist. Das bedeutet nicht, daß Erwartungsbestätigung unbedeutend ist. Wenn z.B. das Verhalten, auf das sich die Erwartung bezieht, leicht beeinflußbar ist, sind Sich-selbst-erfüllende-Prophezeiungen wahrscheinlicher (Bierhoff, 1990b). Vielfach scheint sich aber die soziale Realität gegenüber der sozialen Wahrnehmung durchzusetzen. Das ist z.B. der Fall, wenn die Person Genauigkeit ihrer Wahrnehmung anstrebt (Neuberg, 1989).

2.2.2. Wahrnehmung negativer Ereignisse: Die Mobilisierungs-Minimalisierungs-Hypothese

Das Streben nach Kontrolle (Abschnitt II.6.) sollte durch negativ bewertete Personen, die bedrohlich zu sein scheinen, in stärkerem Ausmaß hervorgerufen werden als durch positiv bewertete Personen. Gegenüber bedrohlichen Personen sollte das *Vigilanzniveau* erhöht werden (s. Irwin, Tripodi & Bieri, 1967), um mögliche negative Konsequenzen zu vermeiden. Aus soziobiologischer Sicht (vgl. Abschnitt V.4.4.) ließe sich argumentieren, daß es für die Sicherung des Überlebens eines Organismus wesentlich ist, daß er besonders aufmerksam auf Gefahren und unerwartete Situationen reagiert. Außerdem besteht die Möglichkeit, daß negative Ereignisse seltener im Leben einer Person auftreten als positive Ereignisse, so daß negative Ereignisse einen *Kontrasteffekt* hervorrufen (Fiske 1980).

Bei negativ bewerteten Personen wurde festgestellt, daß sie differenzierter wahrgenommen wurden als positiv bewertete Personen. Außerdem wurde ihr Verhalten in einem höheren Ausmaß durch Verhaltenstheorien erklärt (Bierhoff, 1980b). Vermutlich ist das Verhalten einer negativ bewerteten Person bedrohlich und damit besonders erklärungsbedürftig. Dadurch wird eine intensive Beschäftigung mit den möglichen Ursachen des Verhaltens der bedrohlichen Person ausgelöst. In diesem Zusammenhang ist auch darauf zu verweisen, daß negative Eigenschaften in der Eindrucksbildung ein höheres Gewicht haben als positive Eigenschaften (Fiske, 1980; van der Pligt & Eiser, 1980).

Eine Vielzahl von Untersuchungsergebnissen läßt sich dahingehend zusammenfassen, daß eine Person auf negative Ereignisse *kurzfristig* mit Mobilisierung ihrer Ressourcen und *langfristig* mit Minimalisierung der Auswirkungen reagiert. Hingegen wird auf positive Ereignisse kurzfristig mit weniger Mobilisierung und langfristig mit weniger Minimalisierung reagiert (s. Abb. 29). Menschen scheinen auch mehr über negative als über positive Ereignisse nachzudenken, und negative Ereignisse rufen mehr Attributionen und komplexere kognitive Aktivitäten hervor als positive (Peeters & Czapinski, 1990). In Übereinstimmung damit wurde festgestellt, daß negative Stimmung eine rationalere Informationsverarbeitung auslöst als positive und neutrale Stimmung. Bei positiver Stimmung sind die kognitiven Operationen durch intuitive und kreative Strategien gekennzeichnet, während sie bei negativer Stimmung durch systematischere und umfassendere Strategien gekennzeichnet sind (Fiedler, 1988).

Andererseits lassen sich eine Reihe von kognitiven Strategien nennen, die zu einer Anhebung einer negativen Stimmung führen. Zu diesen Techniken des »Stimmungs-Management« zählen positive Selbstdarstellung, »Image«-Aufbesserung und Bildung positiver Illusionen (s. Abschnitt II.6.1.2). Außerdem scheinen

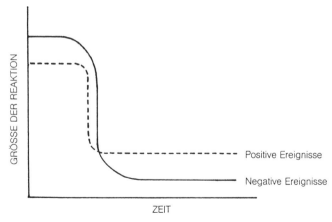

Abbildung 29: Die Mobilisierungs-Minimalisierungs-Hypothese (nach Taylor, 1991)

in depressiven Stimmungen automatisch antidepressive Prozesse ausgelöst zu werden, die längerfristig eine Anhebung der Stimmung zur Folge haben können (Blaney, 1986).

3. Attribution

Die Theorie der Attribution von Ursachen befaßt sich mit der Frage, wie die Ursachen des Verhaltens bzw. eines Ereignisses zugeschrieben werden. Kelley (1982, S. 11) gibt folgende *Definition der Attribution:* »Das Studium der wahrgenommenen Kausalität wird mit dem Begriff Attributionstheorie identifiziert, wobei Attribution sich auf die Wahrnehmung oder Schlußfolgerung einer Ursache bezieht.«

Attribution hat viele Anwendungsfelder. Dazu zählt die Attributionstherapie (Försterling, 1986), die z.B. bei Schlaflosigkeit oder Ängstlichkeit eingesetzt wird. Haisch & Haisch (1991) stellen eine Attributionsanalyse bei Eßstörungen vor. Ein ganz anderer Anwendungsbereich liegt in der Schulung von Richtern im Hinblick auf eine stringente Ursachenzuschreibung für Ereignisse, die strafrechtlich bedeutsam sind (Haisch, 1980).

Die Attributionstheorie wurde von Fritz Heider (1958) begründet, der eine »Naive Analyse des Verhaltens« vorlegte. Dabei ging es ihm darum zu beschreiben, wie der Alltagsmensch bestimmte Verhaltensweisen (etwa im Leistungsbereich) erklärt. In diesem Zusammenhang verwendete Heider u.a. das Konzept des »Könnens« und des »Versuchens«. »Können« bezieht sich auf die Zuschreibung von Fähigkeiten, während »Versuchen« sich auf die Anstrengung bezieht. Fähigkeit und Anstrengung sind wichtige Erklärungskonzepte, die der Alltagsmensch benutzt, um Erfolge oder Mißerfolge zu erklären (Weiner, 1986). So kann z.B. der Mißerfolg bei der Lösung einer Aufgabe darauf zurückgeführt werden, daß die Person, die die Aufgabe bearbeitet hat, über eine geringe Fähigkeit verfügt. Eine andere Erklärung geht davon aus, daß der Mißerfolg durch geringe Anstrengung hervorgerufen wurde. Die Erklärung des Mißerfolgs hat Auswirkungen auf das Verhalten in zukünftigen Leistungssituationen. Eine Erklärung durch Anstrengung legt es nahe, sich beim nächsten Mal mehr anzustrengen. Eine Erklärung durch Fähigkeit führt leicht in eine pessimistische Haltung nach dem Motto: »Ich kann es sowieso nicht«.

Die Attributionsforschung ist dadurch gekennzeichnet, daß verschiedene Fragestellungen aus der »Naiven Analyse des Verhaltens« von späteren Forschern aufgegriffen wurden. So hat Weiner (1986) Heiders Analyse des Leistungsverhaltens weitergeführt und ein umfassendes Modell entwickelt, in dem zusätzlich auch die erlebten Emotionen einbezogen werden. Nach Mißerfolg, der mit mangelnder Anstrengung erklärt wird, wird z.B. mit Schuldgefühlen reagiert (Russell & McAuley, 1986). Der Ansatz von Weiner wurde von Seligman und seinen Mitarbeitern zugrunde gelegt, um Reaktionen auf Mißerfolge und Schicksalsschläge zu analysieren (Abramson, Seligman & Teasdale, 1978).

Eine andere Forschungsrichtung wurde durch die Beobachtung Heiders, daß Handlungen mehr im Mittelpunkt der Attribution stehen als die Situation, ausgelöst. Verhaltensweisen werden *internal* durch die Person des handelnden Individuums und *external* durch die Situation oder äußere Umstände erklärt. Jones & Davis (1965) befassen sich in ihrer *Theorie der korrespondierenden Schlußfolgerungen* mit der Frage, wann eine Handlung auf die Dispositionen der Akteure zurückgeführt wird und wann nicht. Eine wichtige Erkenntnis aus dieser Forschungsrichtung besteht darin, daß sich ein *Korrespondenzfehler* findet, der darin besteht, daß Beobachter die internalen Ursachen im Sinne der Disposi-tionen der Zielperson überschätzen (und die externalen Einflüsse unterschätzen; Gilbert & Malone, 1995).

Kelley (1967) hat einen Ansatz vorgelegt, mit dem es grundsätzlich möglich ist, normativ zu entscheiden, ob eine Verhaltensweise external oder internal attribuiert wird. Dieses ANOVA-Modell der Attribution (ANOVA steht für analysis of variance) beruht darauf, daß festgestellt wird, ob die Person sich auch in anderen vergleichbaren Situationen ähnlich verhält und wie sich andere Personen, die zum Vergleich herangezogen werden, in derselben Situation verhalten. Schließlich wird auch einbezogen, wie sich die Person in der Vergangenheit verhalten hat. Auf der Grundlage dieser drei Informationen, die mit Distinktheit, Konsensus und Konsistenz bezeichnet werden, läßt sich die Attribution vorhersagen, wobei die Logik der einer statistischen Varianzanalyse ähnlich ist, bei der die Frage gestellt wird, mit welchen Bedingungen ein Effekt variiert. Daher spricht Kelley (1973) von Konzepten der *Kovariation*.

Wenn entsprechende Vergleiche nicht zur Verfügung stehen, ist eine Attribution durch die Verwendung kausaler Schemata möglich (Kelley, 1972b). Eine hervorragende Prüfungsleistung könnte z.B. auf hohe Fähigkeiten und hohe Anstrengung zurückgeführt werden. Die Verknüpfung beider Ursachen schafft eine Konfiguration der Verursachung, die zur Erklärung bestimmter Ereignisse verwendet wird. Kelley (1973) behandelt diese Schemata als Konzepte der *Konfiguration*.

Das Gegensatzpaar *internal-external* betrifft eine zentrale Dimension der sozialen Wahrnehmung. »Internalität« besitzt eine hohe soziale Erwünschtheit (zumindest in der westlichen Kultur; s. Jellison & Green, 1981). Die Bevorzugung internaler Attributionen findet ihre Grenzen, wenn *negative Verhaltensweisen* auf eine Ursache zurückgeführt werden müssen. Um nicht für negative Konsequenzen *Verantwortung* tragen zu müssen, bevorzugen Akteure externale Attributionen, die ihre Verantwortung für Handlungen mit negativen Konsequenzen minimalisieren (im Sinne eines selbst-schützenden Urteils, s. Bradley, 1978). *Handlungsfähigkeit* beinhaltet die Möglichkeit der Übernahme von Verantwortung für die Handlungsfolgen vor bestimmten Adressaten oder Instanzen (Lenk, 1992). Der Mißerfolg von Akteuren ruft *Vorwürfe* von Beobachtern oder Betroffenen hervor, auf die die Akteure mit dem Versuch reagieren, Rechenschaft zu geben, indem sie *Rechtfertigungen oder Entschuldigungen* vorbringen (Schönbach, 1990). Ein typisches Beispiel für diese Interaktion zwischen Akteuren und Beobachtern/Betroffenen stellt aggressives Verhalten dar, das von den Tätern in der Tendenz verharmlost wird, während die Opfer Vorwürfe erheben (s. Abschnitt II.5.1.).

Im folgenden werden zunächst kausale Schemata dargestellt. Im Anschluß daran folgt die Beschreibung der ANOVA-Theorie von Kelley. Dann wird das Thema von verzerrten Attributionen behandelt. Abschließend werden Heuristiken der Urteilsbildung besprochen, wobei auch das Thema des Korrespondenzfehlers aufgegriffen wird.

3.1. Konfigurationskonzepte

Wie beeinflußt die Kombination von zwei plausiblen Ursachen die wahrgenommene Bedeutung einer dieser Ursachen? Zur Beantwortung dieser Frage stellt die Attributionstheorie zwei Konfigurationskonzepte bereit: Abwertungs- und Aufwertungsprinzip. Zur Erläuterung dieser Regeln wird im folgenden auf den Ansatz der kognitiven Algebra (s. Abschnitt III.1.2.) zurückgegriffen.

Abwertungsprinzip: Häufig ist es plausibel, einen Effekt nur auf eine Ursache zurückzuführen. Ein Beispiel wäre etwa: »Maria kocht sich ihr Essen«. Die Ursache wäre vermutlich der Hunger, der durch das Essen gestillt werden soll.

Wenn in diesem Beispiel auch eine zweite Ursache plausibel wäre, würde die erste Ursache in ihrer wahrgenommenen Bedeutung verringert. Eine solche Ursache wäre etwa gegeben, wenn bekannt wäre, daß Maria gerne kocht. Wären beide Ursachen plausibel, würde jede für sich einen geringeren wahrgenommenen Einfluß ausüben als allein.

Dieser Zusammenhang läßt sich durch einen einfachen Vergleich verdeutlichen. Wenn die erste und zweite Ursache mit U_1 und U_2 symbolisiert werden und der Effekt mit E, dann ergibt sich im Sinne der kognitiven Algebra folgende Gegenüberstellung:

$$U_1 = E$$
$$U_1' + U_2 = E$$

Bleibt der Effekt gleich, muß U_1' einen geringeren Wert haben als U_1 (vorausgesetzt daß U_2 nicht den Wert Null annimmt). Dieser Zusammenhang wird als Abwertungsprinzip bezeichnet (Kelley, 1972a, b). Ein Beispiel ist die Abwertung der intrinsischen Motivation durch extrinsische Anreize, die zusätzlich geboten werden. Bei gleichbleibendem Interesse unterminiert die extrinsische Ursache die intrinsische (Lepper & Greene, 1978), was auch als *übermäßige Rechtfertigung* bezeichnet wird. Ein anderes Beispiel wird von Gilbert & Malone (1995) berichtet: Wenn jemand Hilfe erhält, obwohl er sie nicht braucht, besteht die Gefahr, daß er als inkompetent eingeschätzt wird. Diese Beispiele zeigen, daß die Anwendung des Abwertungsprinzips nicht automatisch zu richtigen Attributionen führt. Denn die Berücksichtigung einer überflüssigen Hilfe bei der Bestimmung der Kompetenz eines Schülers führt in die Irre. Häufig führt die Anwendung des Abwertungsprinzips aber auch zu sinnvollen Schlußfolgerungen. Es dient dazu, vorhandene situative Zwänge zu berücksichtigen, die das Verhalten der Akteure einschränken. Die Faustregel lautet: Wenn Verhalten durch starke förderliche Ursachen hervorgerufen wird, die in der Situation liegen, kann nicht auf die Dispositionen des Akteurs als Ursache geschlossen werden.

Das Abwertungsprinzip enthält die Warnung, nicht voreilig auf die Dispositionen eines Akteurs zu schließen, wenn situative Zwänge in der Situation wirksam sind. Wenn jemand als Quizmaster auftritt, ist er nicht automatisch intelligenter als der Quizkandidat, der die Antworten nicht vom Blatt ablesen kann. Trotzdem werden Personen in der Rolle als Quizmaster als intelligenter eingeschätzt als in der Rolle als Quizkandidat (Ross, Amabile & Steinmetz, 1977). Das ist ein Beispiel für die unzureichende Anwendung des Abwertungsprinzips.

Aufwertungsprinzip: Nicht alle wahrgenommenen Ursachen sind für einen Effekt förderlich. Wenn z.B. eine Prüfung zu bewältigen ist, dann besteht eine förderliche Ursache für den Prüfungserfolg in der intensiven Vorbereitung (Wissen). Hingegen besteht eine hemmende Ursache für den Prüfungserfolg in der hohen Schwierigkeit der Prüfung. Wenn ein Prüfling eine Prüfung besteht, obwohl sie sehr schwierig ist, dann wird die Leistung des Prüflings auf sein besonders hohes Wissen zurückgeführt. Dieser Zusammenhang läßt sich als kognitive Algebra darstellen, wobei die förderliche Ursache mit U_f und die hemmende Ursache mit U_h bezeichnet wird:

$$U_f = E$$
$$U_f' - U_h = E$$

In der ersten Gleichung wird die förderliche Ursache allein mit dem Effekt gleichgesetzt (wenn z.B. keine Informationen über die Prüfungsschwierigkeit vorliegen). In der zweiten Gleichung überwiegt die förderliche Ursache die hemmende Ursache. Wenn der Effekt E in beiden Fällen gleich ist, dann ergibt sich, daß der Wert für U_f' größer sein muß als der für U_f (vorausgesetzt daß U_h nicht den Wert Null annimmt). Dieser Zusammenhang wird als Aufwertungsprinzip bezeichnet.

Ein Untersuchungsbeispiel aus dem Bereich der Hilfeleistung (Suls, Witenberg & Gutkin, 1981) kann diese Regel verdeutlichen: Studenten wurden gebeten, eine Person zu bewerten, die sich prosozial verhält. In diesem Kontext wurden verschiedene Bedingungen variiert:

• Die Person hilft jemandem, der ihr zuvor geholfen hat.
• Die Person hilft jemandem, der ihr zuvor Hilfe verweigert hat.

Hilfe nach verweigerter Hilfeleistung wurde günstiger eingeschätzt als Hilfe auf Gegenseitigkeit. Die Verweigerung der Hilfe stellt eine hemmende Ursache für nachfolgende Hilfe dar, während die prosoziale Intention des Helfers die förderliche Ursache ist. Hingegen repräsentiert gegenseitige Hilfe eine Situation, in der zwei förderliche Ursachen der Hilfeleistung plausibel sind: Wiedergutmachung und prosoziale Intention.

3.2. Kovariationskonzepte

Kelley (1967) verwendete ein *varianzanalytisches Modell* für die Voraussage darauf, wann der Alltagsmensch ein Ereignis external oder internal attribuiert. Dieses *»ANOVA«-Modell,* das auch als Kelley-Würfel bezeichnet wird, berücksichtigt drei Dimensionen, die sich als Würfel graphisch darstellen lassen.

Das Modell geht davon aus, daß ein Ereignis auf die Bedingung zurückgeführt wird, die vorhanden ist, wenn das Ereignis auftritt, und nicht vorhanden ist, wenn das Ereignis ausbleibt, also auf die Bedingung, mit der es systematisch kovariiert. Dieses *Kovariationsprinzip* spricht für eine *externale Attribution,* wenn eine Person unterschiedlich auf verschiedene Situationen reagiert, und dies konsistent und in Übereinstimmung mit anderen Personen tut. Hingegen wird eine *internale Attribution* vorausgesagt, wenn die Reaktion konsistent und über verschiedene Situationen gleich ist und von anderen Personen nicht geteilt wird.

Ein Beispiel veranschaulicht diese Idee (s. Shaver, 1975): Wenn ich den Sonnenaufgang in Marburg schön finde und wenn andere Personen mit mir übereinstimmen, wenn außerdem dieser Eindruck im Sommer wie im Winter auftritt und wenn ich andere Sonnenaufgänge mäßig finde, dann ist eine externale Attribution angebracht: Der Marburger Sonnenaufgang ist einmalig schön. Wenn ich hingegen mit dieser Auffassung alleine stehe und außerdem auch Sonnenaufgänge in anderen Städten schön finde, dann läßt sich meine Reaktion am ehesten auf Besonderheiten meiner Person zurückführen, etwa darauf, daß ich etwas sentimental bin.

Die nach dem Kelley-Würfel entscheidenden Einflußfaktoren auf die Attribution sind Distinktheit, Konsensus und Konsistenz. Hansen (1980, Exp. 5) hat in Anlehnung an eine frühere Studie (McArthur, 1972) diese drei Dimensionen in einer Untersuchung des Urteilsverhaltens variiert. Betrachten wir z.B. das Ereignis: *»Person X schlägt ihren Gegner im Schach.«*

Das Ereignis hat eine hohe oder niedrige *Distinktheit,* wie aus zusätzlichen Angaben zu entnehmen ist:

- *Niedrig:* »Person X schlägt die meisten Gegner.«
- *Hoch:* »Person X schlägt nur wenige Gegner.«

Distinktheit bezieht sich auf die Frage, ob das Ereignis (hier der Sieg im Schachspiel) nur bei einer spezifischen *Entität* (hier ausgewählter Gegner) auftritt oder auch bei anderen Entitäten (andere Gegner) eintritt.

Der *Konsensus* bezieht sich auf den Vergleich unter mehreren Personen. Er läßt sich ebenfalls durch Zusatzinformationen abstufen:

- *Niedrig:* »Nur wenige Leute schlagen diesen Gegner.«
- *Hoch:* »Die meisten Leute schlagen diesen Gegner.«

Konsistenz betrifft unterschiedliche Zeitpunkte:

- *Niedrig:* »Person X schlägt diesen Gegner selten.«
- *Hoch:* »Person X schlägt diesen Gegner fast immer.«

In drei Sätzen wurden Distinktheit, Konsensus und Konsistenz für ein Ereignis vorgegeben (Hansen, 1980). Die Beurteiler sollten einschätzen, inwieweit das Ereignis durch Eigenschaften des Akteurs, des Gegners (also durch die Situation) oder durch die besonderen Umstände verursacht wurde, wobei jeweils 17 Punkte-Skalen verwendet wurden (1 = überhaupt nicht; 17 = in sehr hohem Maße). Das für die Personattribution typische Ergebnismuster ist in Tab. 20 dargestellt:

Tabelle 20: Personenattribution in Abhängigkeit von Konsensus und Distinktheit (nach Hansen, 1980)

Konsensus	Distinktheit	
	Hoch	Niedrig
Hoch	3,87	9,17
Niedrig	5,76	14,92

Beachte: Die beiden Haupteffekte und die Interaktion Konsensus x Distinktheit sind zumindest auf dem 5%-Niveau signifikant. Wie erwartet, ist die Personenattribution in der Hoch-/Hoch-Bedingung besonders niedrig und in der Niedrig-/Niedrig-Bedingung sehr hoch.

Für *Konsistenz* ergab sich, daß bei konsistentem Ereignismuster sowohl stärker auf die Person als auch auf die Situation attribuiert wurde als bei inkonsistentem Muster. Hingegen wurde wesentlich stärker auf Umstände attribuiert, wenn Inkonsistenz statt Konsistenz gegeben war, und zwar vor allem bei hohem Konsensus.

Für die *situative Ursachenzuschreibung* fand sich nur noch ein zusätzlicher Effekt: Bei *hohem Konsensus* wurde wesentlich stärker der Gegner als Ursache angesehen (M = 12,93) als bei niedrigem Konsensus (M = 6,00). *Die Distinktheit* wirkte sich hingegen nicht bedeutsam aus (Hansen, 1980).

Das Ergebnismuster für die situativen Attributionen entspricht Erwartungen, die sich aus einer Theorie der alltäglichen Attribution ableiten lassen (Hansen, 1980). Ein Grundprinzip besagt, *daß einfache gegenüber komplexen Ursachenzuschreibungen bevorzugt werden und daß die Bestätigung einer Hypothese leichter zu interpretieren ist als ihre Widerlegung* (s. dazu auch Snyder, 1981). Internale und externale Attributionen sind sowohl von Distinktheit als auch von Konsensus abhängig: Internale Attributionen werden durch niedrige Distinktheit und niedrigen Konsensus begünstigt, externale Attributionen umgekehrt durch hohen Konsensus und hohe Distinktheit.

Das *Prinzip der Einfachheit* sollte dazu führen, *daß die externale Attribution hauptsächlich von dem gegebenen Konsensus abhängt.* Die Begründung ist folgende: Bei hohem Konsensus kann unmittelbar auf eine situative Verursachung geschlossen werden. Hingegen ist Distinktheitsinformation umständlicher zu

»verrechnen«. Wenn z.B. ein Schachspieler nur gegenüber einem spezifischen Gegner verliert (und sonst regelmäßig gegen andere Gegner gewinnt), kann der Mißerfolg der Stärke des Gegners zugeschrieben werden. Dazu ist der Schluß erforderlich, daß der gegebene Schachspieler ein guter Spieler ist und daß die Aufgabe besonders schwer werden muß, bevor ein Mißerfolg für diesen guten Spieler eintreten kann.

Diese Argumentation verwendet das *Aufwertungsprinzip*. Der Mißerfolg wird external mit Aufgabenschwierigkeit erklärt (der Schachspieler ist gut, also muß der Gegner besonders stark gewesen sein). Daher kann man zusammenfassend feststellen, daß hohe Distinktheit als Basis für eine externale Attribution wegen der komplexen Informationsverarbeitung mit Hilfe des Aufwertungsprinzips eher unwahrscheinlich ist, während hoher Konsensus als primäre Informationsquelle im Vordergrund steht.

Umgekehrt liegen die Verhältnisse bei *internalen Attributionen, die direkt aus Distinktheitsinformationen erschlossen werden können,* indem die förderliche Ursache bei niedriger Distinktheit im Akteur lokalisiert wird. Wer z.B. fast alle Gegner schlägt, erscheint als hervorragender Schachspieler. In diesem Fall kann auch Konsensusinformation berücksichtigt werden. Aus niedrigem Konsensus läßt sich indirekt – erneut auf der Grundlage des *Aufwertungsprinzips* – auf die Fähigkeit des Akteurs schließen. Weil alle anderen Spieler schlecht gegen einen spezifischen Gegner abschneiden, nicht aber Maria, liegt in der Stärke des Gegners eine Ursache dafür, daß Maria verlieren müßte. Das wertet ihren tatsächlichen Sieg auf!

Wie die Ergebnisse zeigen (s. Tab. 20), haben sowohl Distinktheit als auch Konsensus einen Effekt auf die internale Attribution. Aber der Distinktheitseffekt ist wesentlich stärker (31% Varianzaufklärung) als der Konsensuseffekt (14% Varianzaufklärung). Das spricht dafür, daß bei internalen Attributionen hohe/niedrige Distinktheit ausschlaggebend ist (während externale Attributionen vor allem durch hohen/niedrigen Konsensus bestimmt werden; vgl. Kammer, 1984). Umstände-Attributionen schließlich sind von der niedrigen Konsistenz abhängig (Hansen, 1980).

Diese Ergebnisse leiten zu einer zweiten zentralen Hypothese über, die schon von Jones und Davis (1965) formuliert wurde: Wenn man eine hinreichende Ursache gefunden hat, dann wird die Suche nach einer angemessenen Attribution abgebrochen. Mit dieser Annahme stimmt überein, daß niedrige Distinktheit allein eine nahezu genauso starke Personattribution zur Folge hat (M = 14,75) wie niedrige Distinktheit + niedriger Konsensus + hohe Konsistenz (M = 15,75; Hansen, 1980, Exp. 5).

Noch deutlicher sind die Ergebnisse für externale Attributionen. Hoher Konsensus als alleinige Information hat eine polarisiertere Attribution zur Folge (M = 15,75) als hoher Konsensus + hohe Distinktheit + hohe Konsistenz (M = 12,60). Daher ergibt sich die Annahme, daß Beurteiler nach geeigneter Evidenz suchen (bei internalen Ursachen in der Distinktheit; bei externalen Ursachen im Konsensus) und sich damit zufriedengeben, ohne das nach dem ANOVA-Modell ideale Gesamtmuster der Daten (Distinktheit, Konsensus, Konsistenz) vollständig auszuwerten.

Ein umfassendes Verständnis des Schemas der hinreichenden Ursache ergibt sich, wenn es in den Kontext *sprachlicher Regeln* gestellt wird. Grice (1975) beschreibt verschiedene Konversationspostulate: *Die Maxime der Qualität* besagt, daß ein Sprecher keine falschen Darstellungen geben sollte und sich auf das beschränken sollte, was wichtig ist. *Die Maxime der Quantität* besagt, daß ein Sprecher die erforderliche Information darstellen sollte, ohne Nebensächlichkeiten zu behandeln. *Die Maxime der Art und Weise* besagt, daß Argumente kurz und geordnet dargestellt werden sollten. *Die Maxime der Relevanz* schließlich verweist auf den Anspruch an den Sprecher, sich zum Thema zu äußern.

Diese Maximen wurden von Hilton (1990) als Erklärungsprinzipien für Kausalattributionen genutzt. Er konnte zeigen, daß sich Kausalattributionen aus ihrer Funktion im Gespräch erklären lassen. Das ANOVA-Modell läßt sich auf der Grundlage von Sprachregeln deuten, wenn angenommen wird, daß ein Sprecher in Übereinstimmung mit der Maxime der Relevanz sich darauf konzentriert, das Besondere, das mit der Norm im Kontrast steht, zu erklären.

Eine andere Hypothese besagt, daß ein Sprecher nur so viele Ursachen für ein Ereignis nennen sollte, wie zur hinreichenden Erklärung des Ereignisses erforderlich sind. Eine solche Gesprächsstrategie steht mit der Maxime der Quantität und der Maxime der Art und Weise in Übereinstimmung. Ein Sprecher, der zahlreiche Ursachen für ein Ereignis nennt, das gleich mit der ersten Ursache plausibel erklärt ist, verstößt gegen beide Maximen (Bierhoff, 1991b).

Zusammenfassend kann man feststellen, daß Ursachenzuschreibung prototypische Attributionsmuster beinhaltet (Hewstone & Jaspars, 1987):

- Person: *Niedrig,* Niedrig, Hoch
- Situation: Hoch *Hoch,* Hoch
- Umstände: Niedrig, Hoch, *Niedrig.*

Die drei Dimensionen sind in der Reihenfolge Distinktheit, Konsensus, Konsistenz aufgeführt. Jeweils wurde die Dimension hervorgehoben, die für die Attributionsrichtung ausschlaggebend ist und für sich eine hinreichende subjektive Basis darstellt.

Alltägliche Attributionen beginnen mit einer «naiven» Kausalhypothese, die für den Inhalt der zu erklärenden Handlung angemessen erscheint. (Der Bedarf nach einer Erklärung entfällt, wenn ein Ereignis mit der Norm übereinstimmt – wenn z.B. ein Mann im Supermarkt einkauft, wie es alle tun; Hilton, 1990.) Wenn weitere Informationen zur Verfügung stehen, wird die Frage der Distinktheit überprüft, um das Ausmaß der internalen Verursachung abzuschätzen, während Konsensusinformationen aufgesucht werden, um das Ausmaß externaler Verursachung zu beurteilen. Stellt sich heraus, daß das Handlungsmuster inkonsistent ist, greift man auf eine Umstände-Attribution (als Residualkategorie) zurück, die benutzt wird, wenn weder eine internale noch eine externale Attribution angemessen ist (Hansen, 1980).

Die Information über Distinktheit, Konsensus und Konsistenz ist lückenhaft, wenn ein vollständiges varianzanalytisches Modell zugrunde gelegt wird (Försterling, 1989). Denn dieses Modell beinhaltet im einfachsten Fall, in dem jede Dimension mit zwei Abstufungen berücksichtigt wird (2 Personen, 2 Entitäten, 2 Zeitpunkte), acht Bedingungen, während Distinktheit, Konsensus und Konsistenz nur Informationen über vier dieser Bedingungen enthalten:

Tabelle 21: Vollständiger Versuchsplan des ANOVA-Modells (nach Försterling, 1989) und Informationen im Kelley-Würfel

Personen/Entitäten/Zeitpunkte	Kelley-Würfel
Person 1, Entität 1, Zeit 1	Ereignis
Person 1, Entität 1, Zeit 2	Konsistenz
Person 1, Entität 2, Zeit 1	Distinktheit
Person 1, Entität 2, Zeit 2	
Person 2, Entität 1, Zeit 1	Konsensus
Person 2, Entität 1, Zeit 2	
Person 2, Entität 2, Zeit 1	
Person 2, Entität 2, Zeit 2	

Daher kann festgestellt werden, daß im Kelley-Würfel Informationen über die Ereignisse anderer Personen in Beziehung zu anderen Entitäten (Person 2 mit Entität 2 zum Zeitpunkt 1 und Person 2 mit Entität 2 zu beiden Zeitpunkten) fehlen, die für die Anwendung des erweitertes ANOVA-Modells wünschenswert sind. Ergebnisse mit dem erweiterten Modell zeigen, daß sich das Kovariationsprinzip bestätigt: Die Ereignisse werden auf die Ursachen (Personen, Entitäten oder Zeitpunkte) zurückgeführt, mit denen sie kovariieren (Försterling, 1992). Außerdem läßt sich feststellen, daß die Ergebnisse für das erweiterte ANOVA-Modell ähnlich ausfallen wie für den Kelley-Würfel, wobei aber ein umfassendes Informationsmuster im Sinne von Tab. 21 zu stärkeren Effekten in der durch das Kovariationsprinzip vorhergesagten Richtung führt als das reduzierte Informationsmuster des Kelley-Würfels.

Die Analyse alltäglicher Attributionen trägt zu einem besseren Verständnis der Analyse gelernter Hilflosigkeit und der Hoffnungslosigkeit bei (s. Abschnitt II.6.1.2.). Nach Abramson, Metalsky & Alloy (1989) wird Hoffnungslosigkeit durch eine *globale und stabile Attribution des Mißerfolgs* vermittelt. Niedrige Distinktheit (sich wiederholende Mißerfolge in unterschiedlichen Fächern) entspricht hoher Globalität, hohe Konsistenz (wiederholter Mißerfolg in demselben Fach) entspricht hoher Stabilität (Abramson, Metalsky & Alloy, 1989). Hingegen wird Konsensus nicht thematisiert. Darüber hinaus enthält das Modell der gelernten Hilflosigkeit zusätzlich die Dimension internal-external, die in dem ANOVA-Modell aus den Informationen über Distinktheit, Konsensus und Konsistenz abgeleitet wird.

3.3. Attributionen, wenn die Situation da ist

Aus der Analyse alltäglicher Attributionen könnte der Eindruck entstehen, daß Attributionen nur in entspannter Atmosphäre auftreten, wenn die Bedingungen für eine rationale Informationsverarbeitung günstig sind. Aber schon der Hinweis auf die Attribution nach schweren Schicksalsschlägen zeigt, daß Attributionen häufig »heiße Kognitionen« sind. In der Tat ist es vielfach eine Schicksalsfrage, ob ein Ereignis im eigenen Leben oder im Leben anderer Menschen external oder internal attribuiert wird, stabil oder variabel, global oder spezifisch (Janoff-Bulman & Brickman, 1982).

Knight & Vallacher (1981) unterscheiden *drei Stufen der Involviertheit:*

- *gering:* passive und distanzierte Beobachtung eines Akteurs,
- *mittel:* Beobachtung eines Akteurs, mit dem eine Interaktion antizipiert wird,
- *hoch:* Beobachtung eines Interaktionspartners während einer Interaktion mit dem Beobachter.

Die grundlegenden Hypothesen der alltäglichen Attribution (s.o.) beanspruchen ihre volle Gültigkeit für eine distanzierte Beobachtung eines Akteurs. Hingegen bringen mittlere und hohe Involviertheit zusätzliche Einflüsse ins Spiel, die damit zusammenhängen, daß der Beobachter (potentiell) selbst betroffen ist.

3.3.1. Antizipation einer Interaktion: Das Prinzip Hoffnung

Wenn man erwartet, daß man mit einer anderen Person demnächst persönlich zusammentreffen wird, um etwa gemeinsam eine Aufgabe zu bearbeiten oder ein Gespräch zu führen, wird eine Abhängigkeit von dem Verhalten dieser Person hergestellt (s. Berscheid, Graziano, Monson & Dermer, 1976). Studentinnen erwarteten z.B., mit einem von drei Studenten, der per Zufall ausgewählt wurde, in den nächsten Wochen mehrmals auszugehen. Offensichtlich hing der Erfolg des Ausgehens wesentlich davon ab, ob sie gut mit dem Partner auskamen. Diese *Konsequenzen-Abhängigkeit* sollte dazu beitragen, daß ein *Streben nach Kontrolle* aktiviert wird, das sich in erhöhter Aufmerksamkeit und möglicherweise auch in einer wunscherfüllenden Einschätzung des Partners niederschlägt (s. Wicklund & Eckert, 1992). Das Prinzip Hoffnung erweist sich bei Konsequenzen-Abhängigkeit als ein zentrales Motiv (Berscheid & Graziano, 1979).

In Abschnitt II.6.1.3. wurde darauf hingewiesen, daß durch eine Kontrolldeprivation Attributionsprozesse in Gang gesetzt werden können. An anderer Stelle (Abschnitt III.2.2.2.) wurde erwähnt, daß eine Person, die möglicherweise bedrohlich ist, eine gesteigerte Aufmerksamkeitszuwendung hervorruft. Die Antizipation einer Interaktion mit einer fremden Person ist insofern bedrohlich, als man nicht weiß, als was für ein Mensch sich der andere herausstellen wird. Man kann diese Gedanken noch ergänzen durch die Annahme, daß eine Konsequenzen-Abhängigkeit einer der Faktoren ist, der die »Attributionsmaschinerie« in Gang bringt (Berscheid et al., 1976) und die das Streben nach Kontrolle anregt (Wicklund & Eckert, 1992).

Die Tendenz zu Wunsch *erfüllenden Attributionen* wurde in Studien deutlich, in denen die Antizipation einer Interaktion mit einer anderen Person zu einer Erhöhung der Attraktivität dieser Person führte (Berscheid, Boye & Darley, 1968; Darley & Berscheid, 1967). Diese Ergebnisse werden ergänzt durch die Feststellung, daß Personen des anderen Geschlechts, die als Ausgehpartner in Aussicht genommen worden waren, mehr Aufmerksamkeit erhielten, besser erinnert wurden und stärker Eigenschaften (wie warm-kalt, schwach-stark) zugeschrieben erhielten im Vergleich zu einer Bedingung, in der keine Interaktion antizipiert wurde (Berscheid, Graziano, Monson & Dermer, 1976). Außerdem fand sich erneut, daß antizipierte Interaktionspartner mehr gemocht wurden. Diese Ergebnisse zeigen, daß Konsequenzen-Abhängigkeit mehr Aufmerksamkeitszuwendung und eine positivere Beurteilung des Partners hervorruft, vermutlich ausgelöst durch das Streben nach Kontrolle und Wunscherfüllung.

In einer weiteren Studie (Miller & Marks, 1982) deutete sich erneut die Tendenz zur Wunscherfüllung bei Antizipation einer Interaktion an, die sich darin zeigte, daß bei Antizipation die angenommene Ähnlichkeit der Einstellung zu einem Diskussionsthema besonders hoch eingeschätzt wurde. Es ist plausibel anzunehmen, daß die übertriebene Einschätzung der Einstellungsähnlichkeit des zukünftigen Interaktionspartners dazu beitrug, das Ausmaß von Konflikten und Meinungsverschiedenheiten, das für die Diskussion erwartet wurde, herabzusetzen. Insofern erfüllten sich die Studenten durch ihre Einschätzungen den Wunsch nach harmonischen Beziehungen (ähnlich wie es Therapeuten tun, die Klienten, die sich ihren Denkgewohnheiten anpassen, als erfolgreich behandelt einschätzen; s. Wicklund & Eckert, 1992). Diese Steigerung der angenommenen Übereinstimmung bezog sich aber nur auf das Thema, das zur Diskussion vorgesehen war.

In einer Untersuchung von Knight & Vallacher (1981) führte ein zukünftiger Interaktionspartner ein Bewerbungsgespräch durch, wobei er sich entweder als freundlicher oder unangenehmer Diskussionspartner darstellte. In der positiven Bedingung lobte er die Fragen, die ihm gestellt wurden (»Das ist eine gute Frage«), während er in der negativen Bedingung den Interviewer kritisierte (»Das ist keine sehr gute Frage«). Die Beurteiler, die erwarteten, daß sie diese Personen ebenfalls interviewen sollten, führten ihr Verhalten bevorzugt auf die Dispositionen des Interviewten zurück, *wenn es positiv war*, und auf den Kontext der Befragung, *wenn es negativ war*.

Diese Ergebnisse folgen dem Prinzip Hoffnung: Zeigt sich der zukünftige Partner als angenehmer Diskussionspartner, kann man die Hoffnung auf eine freundliche Interaktion haben, wenn man sein Verhalten der Person zuschreibt. Damit wird dem wohlwollenden Verhalten Stabilität über die Zeit unterstellt, und man kann erwarten, daß sich der Interaktionspartner auch zukünftig als sozial kompetent erweisen wird. Zeigt sich der zukünftige Partner aber als feindselig und ironisch, bleibt einem ein Funken Hoffnung für den Verlauf des nachfolgenden Gesprächs, wenn man sein Verhalten auf Situationseinflüsse zurückführt, die vermutlich – wenn eine andere Person die Fragen stellt – ausgeschaltet werden können.

3.3.2. Soziale Interaktion, Verantwortung und Egotismus

Ursachenzuschreibungen haben je nach der Involviertheit der Beobachter eine unterschiedliche Bedeutung (s. Bradley, 1978). Während sie als passive Zuschauer wie angewandte Wissenschaftler um ein Verständnis der Ursachen des Verhaltens der Akteure bemüht sind (und zu diesem Ziel das Kovariationsprinzip benutzen), ergibt sich bei Antizipation einer Interaktion das Streben, die Hoffnung auf eine harmonische Beziehung aufrechtzuerhalten. Schließlich, wenn die Beobachter selbst Akteure sind, tritt an die Stelle des Prinzips Hoffnung das *Streben, den eigenen Selbstwert zu verteidigen* (Knight & Vallacher, 1981). Diese *selbstwertdienlichen Attributionen* bedeuten bei positivem Verhalten des Partners, daß Akteure motiviert sind, sich selbst die Ursache dafür zuzuschreiben. Hingegen werden Akteure bei einem feindseligen Verhalten des Partners dazu neigen,

Eigenschaften des Partners als Ursachen in den Vordergrund zu rücken. Dieses *asymmetrische Attributionsmuster* läßt sich auch als *Egotismus* (Snyder, Stephan & Rosenfield, 1976, 1978) bzw. als egozentrische Erklärung (Schönbach, 1990) bezeichnen.

Selbstwertdienliche Attributionen bestehen darin, daß Erfolge auf die Person des Akteurs (z.B. seine Fähigkeit) zurückgeführt werden und Mißerfolge auf externale Ursachen (z.B. die Aufgabenschwierigkeit). Dieses Attributionsmuster schützt den Selbstwert und dient dazu, einen guten Eindruck in der Selbstdarstellung zu erzielen. Ergebnisse mit dem ANOVA-Modell zeigen, daß bei Erfolgen eher die Person als wichtige Ursache angesehen wird und bei Mißerfolgen eher die Entitäten (Försterling, 1992).

Egotismus tritt unter zwei Bedingungen auf, die notwendig erfüllt sein müssen (Snyder et al., 1978): Die Konsequenzen des Handelns werden der Person zugeschrieben (also internal attribuiert) und die internale Attribution muß sich auf den Selbstwert auswirken. Das ist dann der Fall, wenn der Erfolg/Mißerfolg für das eigene Selbst relevant ist (etwa weil er bei einem validen Intelligenztest eingetreten ist und nicht etwa in einem nebensächlichen Randbereich). Dementsprechend findet sich in hypothetischen Situationen kein Egotismus (Kammer, 1984).

Motivationale Verzerrungen in der Kausalattribution wurden mit unterschiedlichen Paradigmen aufgezeigt (s. zusammenfassend Bierhoff & Bierhoff-Alfermann, 1983). Entweder sollte eine bestimmte Lernaufgabe vermittelt werden, wobei die Schüler erfolgreich lernten oder versagten, oder in Leistungssituationen wurde Erfolg/Mißerfolg hervorgerufen, die internal/external erklärt werden konnten, oder man verglich die Attribution von Akteuren und Beobachtern (s. Abschnitt III.3.4.).

Knight & Vallacher (1981) fanden einen deutlichen Egotismus-Effekt (s. auch Miller, 1976; Stevens & Jones, 1976). Während die Beobachter einen Interviewpartner befragten, reagierte der Befragte entweder wohlwollend oder aber ablehnend auf den Interviewer. Die Interviewer schrieben das ablehnende Verhalten in größerem Umfang der Person des Interviewten zu als sein wohlwollendes Verhalten. Wenn sich also der Partner freundlich verhielt, bevorzugten es die Interviewer, diesen positiven Effekt der Situation zuzuschreiben und damit dem eigenen Selbst zu schmeicheln. Verhielt sich der Partner hingegen ironisch und zurückweisend, schrieben die Interviewer dieses negative Verhalten stärker der Person des Interviewten zu und schützten auf diese Weise ihren Selbstwert.

Diese Ergebnisse bei hoher Involviertheit des Beobachters stellen eine Umkehrung des Ergebnismusters dar, das sich einstellte, wenn eine Interaktion antizipiert wurde (s.o.). Während z.B. bei Antizipation des Interviews positives Verhalten eher dem Interviewten zugeschrieben wurde (im Sinne des Prinzips Hoffnung), wurde dasselbe Verhalten in der tatsächlichen Interaktionssituation weniger dem Interviewten zugeschrieben (Egotismus und Selbstwert-Erhöhung).

Egotismus läßt sich als ein Spezialfall von *Rationalisierungstendenzen* ansehen, wie sie in der Psychoanalyse im Zusammenhang mit *Abwehrmechanismen* beschrieben wurden. Die resultierende motivationale Verzerrung der Attribution läßt sich als Dissonanzreduktion interpretieren (vgl. Abschnitt IV.4.). Wenn z.B. ein Mißerfolg für das Selbstbild relevant ist, ergibt sich ein Widerspruch, vorausgesetzt daß ein positiver Selbstwert besteht. Diese widersprüchlichen Kognitionen in einem zentralen Bereich der Persönlichkeit motivieren den Wunsch, die Verantwortung für negative Ergebnisse zu minimalisieren (s. Snyder et al., 1978).

In Abschnitt II.6.1.2. hatten wir uns ausführlicher mit dem Phänomen der *gelernten Hilflosigkeit* beschäftigt. Die Egotismus-Hypothese bietet eine alternative Erklärung für Verhaltensdefizite nach unkontrollierbaren Mißerfolgen (Frankel & Snyder, 1978). Das Versagen in der ersten Aufgabenserie bedroht den Selbstwert. Diese Selbstwertbedrohung besteht fort, wenn eine neue Aufgabenserie vorgelegt wird, weil ein erneutes Versagen möglich ist. Um nun eine günstige Attributionstaktik für den zu erwartenden erneuten Mißerfolg zur Verfügung zu haben, reduzieren die »hilflosen« Personen ihre Anstrengung, um ein weiteres Versagen nicht auf ihre niedrigen intellektuellen Fähigkeiten attribuieren zu müssen (s. Arkin & Baumgardner, 1985).

Diese Egotismus-Hypothese entspricht der Analyse von *Selbst-Handicaps* (Jones & Berglas, 1978; Berglas & Jones, 1978). Darunter wird das Streben verstanden, einen Mißerfolg wahrscheinlich zu machen und plausible Gründe dafür zu finden, nachdem man anfänglich einen unerklärlichen oder unerwarteten Erfolg gehabt hat. Der unerwartete Erfolg in einem Bereich, der persönlich relevant ist, belastet den Akteur insofern, als ihm/ihr die Mittel fehlen, einen Erfolg bei der Bewältigung weiterer Aufgaben sicherzustellen. Um nun nicht den *Nimbus der intellektuellen Überlegenheit* zu verlieren, kann sich der Akteur in eine Taktik des Selbst-Handicaps flüchten, um gute Gründe vorweisen zu können, wenn Mißerfolge auf dem Hintergrund der anfänglichen Erfolge eintreten (Greenberg, 1985).

In Übereinstimmung mit dieser Analyse konnten Berglas & Jones (1978) zeigen, daß unerwartete Erfolge die Tendenz hervorriefen, leistungshemmende Medikamente zu nehmen, deren Wirkung dann als Entschuldigung für nachfolgende Mißerfolge dienen konnte. *Alkoholmißbrauch* ist im Alltag ein analoges Verfahren, das Mißerfolge erklärlich macht, ohne daß man sie auf ein (niedriges) Selbstkonzept der eigenen Begabung attribuieren muß. Genauso wie durch Drogen oder Alkohol ein Mißerfolg external erklärt werden kann (und damit unschädlich für den eigenen Selbstwert bleibt), läßt sich ein Versagen bei einer Aufgabe subjektiv damit erklären, daß man sich wenig angestrengt hat. Die geringe Anstrengung wird zum Alibi für den Mißerfolg. Dieser leistungshemmende Effekt läßt sich vermeiden, wenn der Aufgabenserie, die nach dem Hilflosigkeitstraining bearbeitet wird, eine hohe Schwierigkeit zugeschrieben wird (Frankel & Snyder, 1978). Dann stellt die Aufgabenschwierigkeit eine plausible und für den Selbstwert unschädliche Erklärung eines möglichen Mißerfolgs dar, so daß auf eine Reduktion der Anstrengung verzichtet werden kann. In diesem Fall dient die Schwierigkeit als mögliches Alibi.

Was im Zusammenhang mit dem Auftreten von Selbst-Handicaps schon angedeutet wurde, soll abschließend noch einmal hervorgehoben werden: Attributionaler Egotismus kann langfristig nachteilige Effekte haben, auch wenn kurzfristig das Selbstwertgefühl geschützt wird. Die Verleugnung von Mißerfolgen verschlechtert die realistische Selbsteinschätzung der eigenen Fähigkeiten und damit auch die Chancen, daß sich ein Akteur Ziele setzt, die er/sie verwirklichen kann. Nur indem man Mißerfolge in Kauf nimmt, lernt man, wo die eigenen Grenzen liegen. Wer die eigenen Mißerfolge als Mißerfolge akzeptiert, ist eher in der Lage, Kontrolle auszuüben, persönliche Katastrophen zu meistern und verhängnisvolle Irrtümer (wie den vieler Drogenabhängiger, sie könnten die Droge angemessen handhaben) zu vermeiden (Janoff-Bulman & Brickman, 1982).

3.4. Akteur-Beobachter-Unterschiede

Ein gutes Beispiel für Akteur-Beobachter-Unterschiede liefert die Watergate-Affäre. Hohe Repräsentanten der US-Regierung waren in verschiedene kriminelle Unternehmungen verwickelt, die die Wiederwahl Richard Nixons zum Präsidenten sicherstellen sollten. Die Befragung dieser Personen zeigte, daß sie sich im allgemeinen keinesfalls persönlich für das Geschehen verantwortlich fühlten. Das Urteil der Öffentlichkeit war demgegenüber bei weitem negativer und verurteilte die betroffenen Personen *als Personen*.

Dieses Beispiel verdeutlicht zwei Faktoren, die zu Akteur-Beobachter-Unterschieden in der Kausalattribution beitragen können:

● Motivationale Einflüsse: Akteure versuchen sich für negative Konsequenzen zu entschuldigen und ihre eigene Verantwortung zu minimalisieren (s. Abschnitt III.3.3.), während Beobachter kritischer und neutraler eingestellt sind (Harvey, Harris & Barnes, 1975).
● Unterschiede in der Wahrnehmungsperspektive: Akteure handeln im Kontext der gegebenen Situation. Beobachter hingegen sehen die Person des Akteurs als »Figur«, während der Kontext im Hintergrund verschwimmt. Daher ergibt sich die Vermutung, daß Akteure eher auf die Situation attribuieren, während Beobachter eher die Person für verantwortlich halten (Jones & Nisbett, 1972), weil ihnen unterschiedliche Informationsausschnitte zur Verfügung stehen (s. Abschnitt III.3.5.1.).

Über Akteur-Beobachter-Unterschiede, die sich auf motivationale Einflüsse zurückführen lassen, berichten Snyder, Stephan & Rosenfield (1976). In einem Wettbewerbsspiel sollten Verlierer und Gewinner das jeweilige Ergebnis auf Fähigkeiten, Anstrengung, Zufall und Aufgabenschwierigkeit zurückführen. Verlierer bemühten stärker den Zufall als Erklärung und verwiesen weniger auf (niedrige) Fähigkeiten als Beobachter, die als Gewinner das Ergebnis des Verlierers erklären sollten. Umgekehrt zogen Gewinner verstärkt (hohe) Fähigkeiten als Erklärung heran (und vernachlässigten den Zufall als Erklärung), wenn man sie mit den Einschätzungen der Beobachter (Verlierer) verglich.

Unterschiede in der Wahrnehmungsperspektive zwischen Akteuren und Beobachtern liegen darin begründet, daß die Aufmerksamkeit der Akteure im allgemeinen auf die Umgebung gerichtet ist, während Beobachter ihre Aufmerksamkeit auf die Akteure fokussieren, so daß die Situation, in der die Akteure handeln, als Hintergrund wahrgenommen wird. Die Ursachenzuschreibung wird durch die Wahrnehmungsfokussierung beeinflußt (s. Box U16).

Box U16: Umkehrung der Wahrnehmungsperspektive

Akteur-Beobachter-Unterschiede, die auf unterschiedliche Wahrnehmungsperspektiven zurückgeführt werden können, wurden in drei Untersuchungen gefunden, in denen die Urteile von Akteuren und Beobachtern global gegenübergestellt wurden (Nisbett, Caputo, Legant & Marecek, 1973). Ähnliche globale Unterschiede fanden sich in einer Untersuchung von Storms (1973), in der darüber hinaus auch versucht wurde, die Auswirkungen der Wahrnehmungs-Fokussierung direkt zu erfassen.

Zwei Diskutanten, die sich gegenüber saßen, sprachen fünf Minuten miteinander, während sie von zwei Beobachtern, die ihnen schräg gegenüber saßen, beobachtet wurden. Außerdem waren auf die zwei Akteure Videokameras gerichtet. Nachdem mitgeteilt worden war, daß eine Kamera ausgefallen sei, wurde allen Beteiligten das Videoband von Akteur 1 vorge-

führt. Auf diese Weise ergaben sich vier unterschiedliche Urteilsbedingungen:

- Akteur 2 sah Akteur 1 (Akteur-gleiche Orientierung).
- Akteur 1 sah sich selbst (Akteur-neue Orientierung).
- Beobachter 1 sah Akteur 1 (Beobachter-gleiche Orientierung).
- Beobachter 2 sah Akteur 1 (Beobachter-neue Orientierung).

Schließlich wurde auch eine Kontrollbedingung hergestellt, in der kein Videoband gezeigt wurde und unmittelbar nach der Diskussion ein Fragebogen über die Einflüsse von Person und Situation auf den Diskussionsverlauf ausgefüllt wurde. Bei «gleicher» Orientierung von Akteuren und Beobachtern zeigte sich, daß Beobachter das Verhalten der Akteure stärker auf deren Person zurückführten als die Akteure selber (s. Tab. 22).

Tabelle 22: Akteur-Beobachter-Unterschiede (nach Storms, 1973)

	Orientierung gleich (Video)	gleich (KG)	Neu
Akteure	0.15	2.25	6.80
Beobachter	4.90	4.80	1.60

Beachte: Je höher der Wert, desto mehr wird auf Dispositionen der Akteure attribuiert.

Beobachter und Akteure, die eine neue Orientierung durch die Videovorführung erhielten, zeigten genau das entgegengesetzte Attributionsmuster, also mehr Personattributionen der Akteure (Tab. 22). Die Umkehrung der Wahrnehmungsperspektiven hatte zur Folge, daß Beobachter situativer attribuierten als Akteure.

Die Bedeutung der Wahrnehmungs-Perspektive wurde in Untersuchungen deutlich, in denen Beobachter, die die Instruktion erhielten, *sich in die Sichtweise von Akteuren hineinzuversetzen* (Finney, Merrifield & Helm, 1976; Galper, 1976; Regan & Totten, 1975), stärker als neutrale Beobachter die situativen Einflüsse auf das Verhalten der Akteure berücksichtigten. Man kann sich diese Ergebnisse gut damit erklären, daß die *Rollenübernahme* dazu führt, daß die Beobachter die Wahrnehmungsperspektive der Akteure übernehmen. Die neue Perspektive ruft eine Annäherung an das Attributionsmuster, das für Akteure typisch ist, hervor (s. Kammer, 1984).

Zusätzliche Hinweise auf die Bedeutung der Wahrnehmungsperspektive für die Kausalattribution finden sich in einer Untersuchung, in der der Selbst-Fokus der

Akteure durch eine TV-Kamera erhöht wurde (Arkin & Duval, 1975). Wenn man glaubt, gefilmt zu werden, rückt die eigene Person stärker in das Bewußtsein der Handelnden (*hoher Selbst-Fokus;* Carver, 1979; Duval & Wicklund, 1972). Wenn sich ein Verhaltensstandard nicht unmittelbar aus der Situation heraus aufdrängt, ruft der hohe Selbst-Fokus ein gesteigertes Bewußtsein wichtiger Elemente des Selbst hervor. Unter diesen Umständen ergibt sich die Voraussage, daß ein hoher Selbst-Fokus die Person als Ursache ihres Handelns hervorhebt, wie es auch empirisch bestätigt wurde (Arkin & Duval, 1975). Der Akteur-Beobachter-Unterschied wird in sein Gegenteil umgekehrt, wenn die Akteure sich im Zustand eines hohen Selbst-Fokus befinden.

Eine Reihe von Untersuchungen befaßte sich schließlich mit der Frage, ob eine *Hervorgehobenheit* (Salienz) des Verhaltens einer Person dazu beiträgt, daß ihre Bedeutung für den Interaktionsverlauf höher eingeschätzt wird (s. zusammenfassend McArthur, 1981; Taylor & Fiske, 1978). Die Hervorhebung des Verhaltens eines Akteurs wurde z.B. dadurch hergestellt, daß er/sie hell beleuchtet wurde, der einzige Mann oder die einzige Frau unter Frauen/Männern war oder ein bunt gemustertes Hemd trug.

Die Ergebnisse zeigen, daß Salienz dazu beitragen kann, daß dem hervorgehobenen Akteur von Beobachtern ein besonderer Einfluß zugeschrieben wird. Die Ergebnisse sind aber nicht eindeutig, da stärkere internale Attribution auf den Akteur bei hoher Salienz nicht nachgewiesen werden konnte (Gilbert & Malone, 1995). Vielmehr trat sie vor allem dann auf, wenn eine Skala verwendet wurde, deren Pole die situative und dispositionale Attribution gegenüberstellt und die damit beide Attributionsrichtungen miteinander verschachtelt. Salienz des Verhaltens erhöht vor allem dann die dispositionale Attribution, wenn die Beurteiler davon abgelenkt werden, situative Information zu berücksichtigen.

Die Aufrechterhaltung dispositionaler Attributionen durch Beobachter läßt sich auf verschiedene Faktoren zurückführen (Jones, 1976):

- Persönliche Neigungen und situative Einflüsse konvergieren häufig aufgrund von *Sich-selbst-erfüllenden-Prophezeiungen.*
- *Die Variabilität der Situationen,* in denen ein Beobachter einen Akteur sieht, ist häufig gering. So kennen sich viele Leute nur aus der Bürozeit oder nur als Nachbarn, weshalb sie die Variabilität des Verhaltens in unterschiedlichen Situationen unterschätzen. Bei niedriger Distinktheit wird aber bevorzugt auf die Person attribuiert (s. Abschnitt III.3.2.).
- Selbst wenn Beobachter Akteure in unterschiedlichen Situationen sehen, haben diese Situationen doch im allgemeinen ein *gemeinsames Element:* den Beobachter. Die Person des Beobachters trägt zur Konsistenz bei (vgl. Box T18).

Außerdem ist zu bedenken, daß Akteur-Beobachter-Unterschiede durch die Art der Fragestellung zustande kommen können (s. Abschnitt III.3.5.4.). Fragen an den Akteur erzwingen häufig situative Erklärungen, während Fragen an den Beobachter dispositionale Erklärungen fördern.

Akteure können ihr eigenes Verhalten in vielen Fällen genauer einschätzen als Beobachter, denen das Verhalten eines Akteurs nur in Teilausschnitten bekannt wird. »Typischerweise hat der Akteur mehr und präzisere Informationen als der Beobachter über seinen eigenen emotionalen Zustand und seine Intention« (Jones & Nisbett, 1972, S. 85).

Akteur-Beobachter-Unterschiede lassen sich als eine wichtige Ursache für *interpersonelle Mißverständnisse* verstehen, die auch den Ausgangspunkt für Sich-selbst-erfüllende-Prophezeiungen darstellen können (Jones, 1976). Wenn die Beobachter die dispositionale Attribution überbetonen, besteht die Möglichkeit, daß die Akteure in ihrem Verhalten und in ihrer Selbstwahrnehmung beeinflußt werden (vgl. Abschnitt III.2.2.1.).

Abschließend sei noch einmal an das Beispiel der Watergate Affäre erinnert. In einer Felduntersuchung (West, Gunn & Chernicky, 1975) wurden Personen scheinbar für einen Watergate-ähnlichen Einbruch angeworben. Befragt, worauf sie ihr zustimmendes oder ablehnendes Verhalten zurückführen, nannten die befragten Akteure stärker situative Bedingungen als Beobachter, die sich entsprechende Situationen vorstellten. Bemerkenswert war auch, daß in der Bedingung, in der ein Regierungsauftrag vorgetäuscht und Straffreiheit in Aussicht gestellt wurde, 45% der durch einen Privatdetektiv angesprochenen Studenten einwilligten.

3.5. Heuristiken und Attributionen

Ein Urteil darüber, ob eine Person angemessen an die Situation gehandelt hat oder ihren Dispositionen entsprechend, läßt sich als Wahrscheinlichkeitsaussage auffassen. Heuristiken beziehen sich auf die Frage, wie Wahrscheinlichkeiten eingeschätzt werden (Kahneman, Slovic & Tversky, 1982; Nisbett & Ross, 1980). Unter Heuristiken werden Urteilstechniken verstanden, die zu einer Reduktion der Komplexität der Urteilsaufgabe beitragen (Tversky & Kahneman, 1974).

Ein Beispiel ist das »Gesetz der kleinen Zahl«, dem Beurteiler folgen, wenn sie von einem Einzelmitglied einer Gruppe auf alle Mitglieder einer Gruppe schließen (s. unten). Das Gleichsetzen der Eigenschaften eines Studenten mit den Eigenschaften der Studenten im allgemeinen stellt eine Vereinfachung dar, die möglicherweise einen Urteilsfehler zur Folge hat.

Ein zweites Beispiel ist die Erklärung von Akteur-Beobachter-Unterschieden und der figuralen Hervorhebung (Abschnitt III.3.4.) durch die Heuristik der Zugänglichkeit, die besagt, daß die Einschätzung der Häufigkeit oder Plausibilität eines Sachverhalts davon bestimmt wird, wie leicht man sich ihn vorstellen oder sich an ihn erinnern kann (s. unten). Diese Urteilstendenz bietet eine Erklärung für die stärkere Beachtung von Personen, auf die die Aufmerksamkeit fokussiert ist, in der Ursachenzuschreibung. Die Wahrnehmungsfokussierung erhöht vermutlich die Vorstellbarkeit der hervorgehobenen Personen. Die erhöhte Vorstellbarkeit trägt wiederum dazu bei, daß diese Person als eine plausible Ursache des Verhaltens erscheint.

Im folgenden werden vier Heuristiken (Zugänglichkeit, Repräsentativität, Anpassung an einen Anker, Simulation) besprochen. Heuristiken können zu Fehlurteilen führen. Das heißt aber nicht, daß ihre Verwendung generell Nachteile hat. Aus soziobiologischer Sicht wird darauf hingewiesen, daß angepaßtes Verhalten im allgemeinen Vor- und Nachteile hat (Arkes, 1991). Für Urteilsfehler, die durch Anwendung von Heuristiken zustande kommen, gilt, daß sie auf normalerweise sinnvollen Anpassungen beruhen, die unter bestimmten Bedingungen zu Irrtümern führen können.

Die Verwendung von Urteilsstrategien, die nicht alle Informationen ausschöpfen (Strategie-basierte Fehler in der Terminologie von Arkes, 1991) hat unter Zeitdruck den Vorteil einer schnellen Urteilsbildung, die keinen großen Aufwand erfordert. In diesem Zusammenhang ist das Ergebnis wichtig, daß der Einsatz fehlerhafter Urteilsheuristiken abnimmt, wenn der Anreiz bzw. die *Konsequenzen-Abhängigkeit* hoch ist (Harkness, DeBono & Borgida, 1985). Die größere Sorgfalt bei wichtigen Entscheidungen ist für die menschliche Informationsverarbeitung funktional (Arkes, 1991). Außerdem gilt, daß Urteilsfehler bei Experten, die sich mit ihnen bekannten Sachverhalten befassen (z.B. Wirtschaftsprüfer, die Firmenbilanzen bearbeiten), abnehmen (Smith & Kida, 1991).

Diese Überlegungen führen zu einem neuen Verständnis von Heuristiken, die nicht als Beweis für das menschliche Unvermögen zur rationalen Urteilsbildung mißverstanden werden dürfen. Es ist schwer vorstellbar, daß die natürliche Selektion die Entwicklung von kognitiven Prozessen ermöglicht hat, die überwiegend Urteilsfehler zur Folge haben. Heuristiken sind Ausdruck von Urteilsprozessen, die einen hohen Anpassungswert besitzen, wenn sie auch gelegentlich zu systematischen Urteilsfehlern führen (Arkes, 1991).

Gigerenzer & Goldstein (1996) gehen noch einen Schritt weiter, indem sie Forderungen an Heuristiken (in ihrer Terminologie: kognitive Algorithmen) stellen:

- Sie sollten psychologisch plausibel sein,
- sie sollten schnelle Schlußfolgerungen ermöglichen, also ein schnelles Ergebnis,
- sie sollten bei der Lösung von Alltagsproblemen zu genauen Schlußfolgerungen führen.

In einer Simulation der Entscheidung, welche von jeweils zwei deutschen Städten die größere ist (unter Einbeziehung aller Städte mit mehr als 100 000 Einwohnern von Berlin bis Erlangen) gaben sie neun Hinweisreize vor, die mehr oder weniger gut zur Vorhersage der Größe einer Stadt geeignet sind (z.B. spielt eine Fußballmannschaft in der ersten Bundesliga, hält ein Intercity, handelt es sich um eine Landeshauptstadt, handelt es sich um eine Universitätsstadt, liegt die Stadt in der früheren DDR). Das Vorhandensein einer Bundesliga-Mannschaft ist z.B. ein relativ valider Hinweisreiz, während die Zugehörigkeit zur früheren DDR nur minimale Vorhersagekraft besitzt.

Die Vorhersage darauf, welche von jeweils zwei Städten die größere Einwohnerzahl hat, konnte mit einfachen Faustregeln erfolgreich durchgeführt werden. Eine brauchbare Vorhersage ergab sich z.B. dadurch, daß als erster Prädiktor benutzt wurde, ob die Stadt dem Beurteiler bekannt war oder nicht. Wenn eine der Städte im Vergleich unbekannt war, wurde die bekannte Stadt als die größere angenommen. Wenn Bekanntheit nicht diskriminierte, wurde per Zufall ein Hinweisreiz ausgewählt. Wenn er nicht diskriminierte, wurde nach Zufall ein zweiter Hinweisreiz ausgewählt usw. Dieser sog. *minimalistische Algorithmus* führte zu guten Ergebnissen. Das zeigt, daß selbst stark vereinfachende Urteilsverfahren in der Welt, in der wir leben, brauchbare Ergebnisse erzielen können.

3.5.1. Zugänglichkeit

Wenn die Wahrscheinlichkeit von Ereignissen eingeschätzt wird, zeigt sich die Tendenz, solche Informationen besonders stark zu gewichten, die unmittelbar

aus dem Gedächtnis abrufbar, leicht vorstellbar oder konkret und farbig dargestellt sind (Tversky & Kahneman, 1974). Diese Heuristik der Zugänglichkeit
führt in vielen alltäglichen Situationen zu einer angemessenen Urteilsbildung.
Wenn aber die konkrete, schnell abrufbare, gut vorstellbare Information eine
Ausnahme von der Regel darstellt, sind Übertreibungen und Irrtümer wahrscheinlich.

Die Auswirkungen der Heuristik der Zugänglichkeit lassen sich in vielen Bereichen sozialer Urteilsbildung finden (s. Arkes, 1991). An dieser Stelle sollen nur
drei Phänomene genannt werden, denen eine große Bedeutung für interpersonelle Mißverständnisse zukommt.

Falscher Konsensus besteht darin, daß der Alltagsmensch im allgemeinen eine
übertriebene Vorstellung davon hat, wie häufig seine Mitbürger seine Meinung
teilen (Ross, Greene & House, 1977). Die Zusammenfassung von 115 Hypo-
thesentests ergab in einer Metaanalyse eine Korrelation von r=.31 zwischen
eigener Verhaltenspräferenz und wahrgenommenem Konsensus (Mullen et al.,
1985). Somit wird der Konsensus mit der eigenen Position in vielen Fällen überschätzt. Dieses Mißverständnis läßt sich damit erklären, daß die persönlichen
Auffassungen besonders leicht aus dem Gedächtnis abrufbar sind und dementsprechend für plausibel und allgemein verbreitet gehalten werden.

Falscher Konsensus ist nicht notwendigerweise irrational. Oft ist die eigene Position die einzige Information, die ein Beurteiler zur Verfügung hat, um den
Standpunkt der Gruppe einzuschätzen. Dann besteht die beste Strategie darin,
diese Information zu nutzen (Marks & Miller, 1987).

Politiker sind den Gefahren eines falschen Konsensus in hohem Maße ausgesetzt. Wenn gelegentlich davon die Rede ist, daß die Politiker in Bonn wie auf
einer Raumstation leben, dann wird darin die Gefahr eines falschen Konsensus
deutlich. In den letzten drei Jahrzehnten ist den demoskopischen Instituten
immer mehr die Aufgabe zugefallen, solche Gefahren eines falschen Konsensus
zu reduzieren.

Egozentrische Irrtümer bestehen darin, daß jede von zwei Personen, die gemeinsame Aktivitäten unternommen haben, dazu neigt, ihren Anteil beim Zustandekommen der Aktivitäten relativ hoch einzuschätzen. Wenn z.B. Paare befragt
werden, in wieviel Prozent der Fälle der Mann und die Frau die Initiative für
Freizeitaktivitäten ergriffen haben, dann ergibt sich typischerweise eine Prozent-
summe, die größer als 100 ist (Ross & Sicoly, 1979; Thompson & Kelley, 1981).
Diese unrealistischen Einschätzungen beruhen vermutlich darauf, daß der eigene
Beitrag überschätzt wird. Als Erklärung für diese egozentrischen Irrtümer bietet
sich die Annahme an, daß dem Mann bzw. der Frau ihre eigenen Anstrengungen
und Überlegungen zugänglicher und damit präsenter sind als die des jeweiligen
Partners.

Generell zeigte sich, daß Selbst-Informationen leichter erinnert wurden als Part-
ner-Informationen. Außerdem war der Anteil der Selbst-Informationen korreliert mit der Überschätzung der Verantwortlichkeit, so daß bei Fragen, wo beide
Partner überproportional viel Verantwortung für sich reklamierten, in ausgeprägter Weise die Tendenz bestand, an Verhaltensbeispiele zu denken, bei denen man
selbst im Mittelpunkt stand (Ross & Sicoly, 1979; Thompson & Kelley, 1981).

Dieses Ergebnismuster legt die Interpretation egozentrischer Irrtümer auf der
Grundlage der Zugänglichkeits-Heuristik nahe. Sie sind durch einen hohen

Selbst-Fokus gekennzeichnet, und dieser Fokus steht mit der besseren Abrufbarkeit von Selbst-Informationen in Zusammenhang (Ross, 1981).

Egozentrische Irrtümer sind Anlaß für Meinungsverschiedenheiten, wenn sich Mitglieder einer Gruppe darüber unterhalten, welche Leistungen und Anstrengungen jeder der Partner unternimmt, um die Beziehung zu erhalten, die Leistung des Teams zu gewährleisten oder die sportliche Steigerung der Mannschaft herbeizuführen (s. Ross, 1981). In diesem Zusammenhang konnte gezeigt werden, daß eine heterosexuelle Beziehung als erfolgreicher eingeschätzt wurde, wenn dem Partner/der Partnerin zugestanden wurde, daß er/sie sich um die Konfliktlösung und die Gesprächsanregung verdient machte (Thompson & Kelley, 1981). Egozentrische Irrtümer schaffen in persönlichen Beziehungen ein Potential der Unzufriedenheit, das das wahrgenommene Glück und die Zufriedenheit beeinträchtigen kann und Auseinandersetzungen hervorruft, deren Ursache − unterschiedliche Zugänglichkeit Selbst-bezogener Informationen für die Partner − weitgehend unerkannt bleibt (Ross,1981).

Auch divergente Wahrnehmung von Ursachen durch Akteure und Beobachter läßt sich auf die Anwendung der Zugänglichkeitsheuristik zurückführen. Für die Beobachter stellt die handelnde Person die »Figur« dar, die als Ursache unmittelbar in Frage kommt, weil auf sie die Aufmerksamkeit zentriert ist. Umgekehrt läßt sich mit der Zugänglichkeitsheuristik auch erklären, wieso Akteure im allgemeinen stärker auf die Situation als Ursache ihres Verhaltens attribuieren. Da ihre Aufmerksamkeit nach außen auf die Situation gerichtet ist, sind ihnen situative Charakteristika leichter »zugänglich« als den Beobachtern.

Vorstellungseffekte bestehen darin, daß eine Person, die sich eine bestimmte Hypothese vorstellt, dazu neigt, die Hypothese für zutreffend zu halten (Koehler, 1991). Ein Beispiel für diesen Effekt ist die Beibehaltung von Hypothesen, die widerlegt worden sind (s. Abschnitt III.2.2.1.1.). Etwas erklären oder sich etwas vorstellen führt dazu, daß man daran glaubt. Erklärungen und Vorstellungen von einem Ereignis erhöhen die Zugänglichkeit und damit die Wahrscheinlichkeit des Ereignisses (s. auch Grau & Bierhoff, 1996).

Dieser Urteilsfehler läßt sich als Ausdruck der assoziativen Verknüpfungen des semantischen Gedächtnisses (spreading activation) interpretieren. Diese semantischen Assoziationen sind die Grundlage für viele menschliche Leistungen: Stimulusgeneralisierung, Schlüsse ziehen und Trainingtransfer. Sie bedingen aber auch, daß Assoziationen Urteile über das Zutreffen eines Sachverhalts bestimmen, wenn sie für die Urteilsgenauigkeit irrelevant oder irreführend sind (Arkes, 1991).

3.5.2. Repräsentativität

Die Heuristik der Repräsentativität besagt, daß die Einordnung eines Objektes in eine Klasse von der Ähnlichkeit abhängt, die der Beurteiler zwischen Objekt und Klasse wahrnimmt. Bei vielen induktiven Schlüssen wird Repräsentativität erfolgreich benutzt, um angemessene Schlußfolgerungen zu ziehen. Falsche Schlüsse auf Wahrscheinlichkeiten bestimmter Ereignisse werden dann hervorgerufen, wenn der Aspekt der Repräsentativität verabsolutiert wird. Das führt insbesondere dann in die Irre, wenn der Einzelfall eine Ausnahme darstellt (s. Box A23). Repräsentativität läßt sich auch auf die semantischen Assoziationen des Gedächtnisses zurückführen (Arkes, 1991).

Box A23: Induktive Schlüsse bei atypischen Fällen

Die Generalisierung von Stichproben auf Populationen ist ein weit verbreitetes Phänomen. Hat man den ersten Japaner etwas näher kennengelernt, liegt es nahe, die guten oder schlechten Erfahrungen auf alle Japaner zu generalisieren.

Wenn man solche Stichproben »zieht«, ist die Validität der Schlußfolgerung davon abhängig, daß die Stichprobengröße berücksichtigt wird. Häufig begnügen sich die Menschen damit, ihr Urteil auf die Meinung von nur einer Bezugsperson zu stützen (Borgida & Nisbett, 1977). Sie berücksichtigen nicht genügend, daß der Standardfehler der Verteilung der Mittelwerte um so kleiner ist, je größer die Stichprobe gewählt wird. Außerdem wird leicht außer acht gelassen, wie die Informationen gewonnen werden, ob nach dem Zufallsprinzip, der erstbesten Gelegenheit folgend oder als Illustrationen, die allgemeine Charakteristika der Population konkret darstellen sollen (Nisbett & Borgida, 1975; Nisbett, Krantz, Jepson & Fong, 1982).

Fallbeschreibungen sind lebhaft und konkret, während statistische Informationen blaß und abstrakt sind. Konkrete Einzelfallbeschreibungen dominieren häufig den Gesamteindruck und die Schlußfolgerung, obwohl widersprüchliche statistische Informationen zur Verfügung stehen (Tversky & Kahneman, 1974; Hamill, Wilson & Nisbett, 1980).

Man stelle sich etwa die Illustrierten-Beschreibung einer unverantwortlich handelnden Sozialhilfeempfängerin vor, die ihr Geld sinnlos ausgibt, in Schmutz und Ungeziefer lebt und ihre Kinder vernachlässigt. Diese Schilderung verschlechtert die Einschätzung von Sozialhilfeempfängern selbst dann, wenn die Schilderung ausdrücklich – durch eine Anmerkung des Herausgebers – als untypisch bezeichnet wird (Hamill, Wilson & Nisbett, 1980, Exp.1).

Ein weiteres Beispiel ist die Einschätzung der Fairneß, mit der Gefängnisbeamte inhaftierte Personen behandeln (Hamill et al., Exp.2). Zunächst wurde den Beurteilern der Einzelfall eines Gefängnisbeamten geschildert (mit Hilfe eines Videoband-Interviews), der sich entweder als human und am Ziel der Rehabilitation orientiert darstellte oder aber als wenig human und an der Durchsetzung von Autorität orientiert. Außerdem erfuhren die Beurteiler, daß der Interviewte nach Angaben von Dr. Nisbett, der zahlreiche Beamte interviewt hatte, typisch oder untypisch für Gefängnisbeamte war. Andere Beurteiler erhielten keine Zusatzinformation. Abschließend sollte die Fairneß des Wachpersonals in Gefängnissen eingeschätzt werden. Die Ergebnisse sind in Tab. 23 zusammengefaßt.

Tabelle 23: Atypische Einzelfälle als Basis eines Stereotyps

Einzelfall	Zusatzinformation		
	Typisch	Ohne Information	Atypisch
Human	12,56	13,28	11,94
Inhuman	9,44	10,44	10,11

Beachte: Die Mittelwerte beruhen auf je vier Fragen, die von 147 Psychologiestudenten beantwortet wurden (Max. = 22, Min. = 4). Je höher der Wert, desto positiver die Einschätzung des Gefängnispersonals.

Die Einschätzung der Einstellung des Wachpersonals wurde – unabhängig von den gegebenen Zusatzinformationen – in erheblicher Weise davon beeinflußt, ob in dem gezeigten Einzelfall ein human denkender oder ein inhuman denkender Gefängnisbeamter vorgestellt wurde.

Selbst in der Bedingung, in der der Interviewte ausdrücklich als Ausnahmefall gekennzeichnet worden war, beeinflußte die Darstellung des Einzelfalls das Gesamturteil über das Gefängnispersonal.

Die konkret vorstellbare Beschreibung des Einzelfalls nimmt die Zuschauer so weitgehend gefangen, daß sie nicht mehr hinreichend relativiert wird. Beurteiler neigen zu radikalen Generalisierungen (Kahneman & Miller, 1986).

Eine solche unbewußte, durch das Gedächtnis vermittelte Generalisierung macht deutlich, daß die Berichterstattung auf der Basis von Einzelfällen, wie sie in den Massenmedien fast durchgängig zu finden ist, nicht unproblematisch ist. Selbst wenn das Schicksal der dargestellten Personen als Ausnahmefall gekennzeichnet wird, sind Generalisierungen auf der Basis der geschilderten Zustände zu erwarten. Illustrationen hingegen, mit deren Hilfe allgemeine Charakteristika der Population konkret dargestellt werden, unterliegen weniger der Gefahr der übertriebenen Generalisierung.

Allerdings ist die Berichterstattung auf der Basis von zusammenfassenden Statistiken auch nicht unproblematisch. In Politik und Wirtschaft wird häufig mit scheinbar widersprüchlichen Daten argumentiert. Außerdem ist die Erhebung von Meinungsdaten in der Bevölkerung durch Befragung anfällig für Fehler, da die Formulierung der Frage einen Einfluß auf ihre Beantwortung ausübt (Schwarz & Scheuring, 1991).

Repräsentativität kann Stereotype fördern. Das »*Gesetz der kleinen Zahl*« (Tversky & Kahneman, 1974) besagt, daß Beobachter von dem Verhalten einer einzelnen Person in übertriebener Weise auf Charakteristika der Gruppe schließen, der die Person angehört (vgl. auch Box A23). Angenommen wir erfahren, daß ein Grieche sich dafür entschieden hat, *allein zu warten,* bis die Vorbereitungen zur Durchführung eines Experiments abgeschlossen sind. Diese Einzelfallinformation sollte einen Einfluß auf die Antwort des Beobachters haben, der gefragt wird, wie nach seiner Meinung der durchschnittliche Grieche sich in einer entsprechenden Situation entscheiden wird. Zum Vergleich wird das Urteil über den durchschnittlichen Griechen ermittelt, wenn in der Beschreibung des Einzelfalls das *gemeinsame Warten* gewählt worden ist. Der Unterschied der Erwartungen, die in beiden Bedingungen entstehen, ist ein Maßstab für den Effekt des Gesetzes von den kleinen Zahlen.

In diesem Sinn fand sich ein starker Effekt des Gesetzes der kleinen Zahl, wenn Princeton-Studenten Rutgers-Studenten beurteilten und wenn Rutgers-Studenten Princeton-Kollegen einschätzten (in bezug auf die Frage, ob sie allein auf ein Experiment warten würden; Quattrone & Jones, 1980). Die *Auswirkungen des Stereotyps* zeigten sich darin, daß der Effekt schwächer war, wenn die Studenten jeweils den Durchschnittsstudenten ihres eigenen Campus einschätzten. Diese Schwächung des Effekts geht vermutlich darauf zurück, daß man in der eigenen Gruppe größere Unterschiede auf einer bestimmten Urteilsdimension wahrnimmt als in einer anderen Gruppe. Simon (1990) spricht von einem »*Outgroup-Homogenitäts-Effekt*«, den er auf eine *Asymmetrie in der kognitiven Repräsentation von Outgroups und Ingroups* zurückführt. Outgroups werden als abgrenzbare Einheiten wahrgenommen, während Ingroups als Aggregate von Einzelindividuen erscheinen, es sei denn, die Identifikation mit der Ingroup wird gesteigert (durch gemeinsames Schicksal oder gemeinsame Bedrohung).

Personen aus anderen Ländern, an anderen Universitäten oder anderer Hautfarbe sind Beurteilern im allgemeinen wenig vertraut. Auf dem Hintergrund dieser »weißen Flecken« wirkt sich die Einzelinformation besonders stark aus, weil sie sich nicht erst gegenüber einer kognitiven Vorstrukturierung durchsetzen muß.

Hingegen weiß man über die Mitglieder der Binnengruppe viel besser Bescheid, was sich auch in einer komplexeren Wahrnehmung der Binnengruppe niederschlägt (Linville, 1982; Linville & Jones, 1980; vgl. Simon, 1990).

Die Untersuchungsergebnisse zeigen, daß Einzelfälle in besonderer Weise geeignet sind, ein Vorurteil gegenüber einer Außengruppe hervorzurufen. Propaganda mit dem Ziel der Abwertung anderer Völker greift häufig auf die Darstellung von Einzelfällen zurück. Man muß leider feststellen, daß diese Strategie erfolgversprechend ist, weil man für irgendwelche Behauptungen nicht notwendigerweise einen Beweis antreten muß, sondern nur Einzelfälle finden muß, die der erwünschten Schlußfolgerung ähnlich sind.

3.5.3. Anpassung an einen Anker und Korrespondenzneigung

Ankereffekte entstehen, wenn anfängliche Informationen in eine Richtung gehen, nachfolgende Informationen in die gegenteilige Richtung und daraufhin keine hinreichende Anpassung der anfangs gebildeten Meinung an die neue Sachlage erfolgt. Primacy-Effekte (s. Abschnitt III.2.1.3.) stellen ein Beispiel für Ankereffekte dar.

Tversky & Kahneman (1974) beschreiben zwei Beispiele für die unzureichende Anpassung an einen Anker:

- Eine Versuchsgruppe sollte abschätzen, wie groß das Produkt 1 ★ 2 ★ 3 ★ 4 ★ 5 ★ 6 ★ 7 ★ 8 ist, während die zweite Gruppe das Produkt 8 ★ 7 ★6 ★ 5 ★ 4 ★ 3 ★ 2 ★ 1 abschätzen sollte (ohne die Zeit für eine Berechnung zu haben). Die Schätzung der ersten Gruppe fiel wesentlich niedriger aus als die der zweiten Gruppe!

- Zwei Versuchsgruppen sollten einschätzen, wieviel Prozent der UNO-Mitglieder afrikanische Staaten sind. Zuvor wurde mit Hilfe eines Glücksrads eine Zahl ermittelt, von der ausgehend die Beurteiler zunächst angeben sollten, ob die richtige Antwort oberhalb oder unterhalb zu suchen sei. Anschließend sollte der genaue Prozentsatz geraten werden. In der ersten Versuchsgruppe blieb das Glücksrad immer bei 65 stehen, in der zweiten Gruppe immer bei 10. In der zweiten Bedingung fiel die Schätzung des Prozentsatzes afrikanischer Staaten in den Vereinten Nationen wesentlich niedriger aus als in der ersten Bedingung!

Zur Erklärung wurde darauf verwiesen (Tversky & Kahneman, 1974), daß die erste(n) Zahl(en) für die jeweilige Schätzaufgabe als Anker genommen werde(n). Nachfolgende Informationen werden *an den Anker assimiliert.*

Die Ankerheuristik wird verwendet, um die Bevorzugung einer Personattribution zu erklären (Jones, 1990; Quattrone, 1982), die von Ross & Nisbett (1991) als *Laien-Dispositionismus* bezeichnet wird und ursprünglich von Ross (1977) als fundamentaler *Attributionsfehler* benannt wurde. Die empirische Forschung zeigt, daß Beobachter das Verhalten von Akteuren selbst dann noch auf die Person des Akteurs zurückführen, wenn auf die Akteure Zwang ausgeübt wird (Jones, 1990, Kap. 6; Ross & Nisbett, 1991, Kap. 5).

Ein typisches Beispiel bezieht sich auf Beurteiler, die die Einstellung eines Akteurs zu Castros Kuba erschließen sollen. Dazu wurde ihnen ein Aufsatz vorgelegt, der angeblich auf Verlangen des Versuchsleiters als Pro- oder Anti-Aufsatz geschrieben worden war oder aber freiwillig (so daß der Akteur die Richtung des Aufsatzes selbst gewählt hatte; Jones & Harris, 1967).

Wenn der Aufsatz freiwillig geschrieben worden war, fand sich eine *Einstellungsattribution,* die mit der im Aufsatz vertretenen Position weitgehend korrespondierte. Darüber hinaus war aber bemerkenswert, daß selbst dann, wenn die Akteure keine andere Wahl hatten, als pro oder anti zu schreiben, aus dem Aufsatzinhalt entsprechende Einstellungen erschlossen wurden (pro-Aufsatz eher positive Einstellung, anti-Aufsatz eher negative Einstellung zu Castros Kuba). Allerdings war der Unterschied in der Einstellungsattribution unter Zwang geringer als in der freiwilligen Bedingung.

Diese Ergebnisse machen eine Urteilstendenz sichtbar (Ross & Nisbett, 1991), die von Jones (1990) und Gilbert & Malone (1995) als *Korrespondenzneigung* benannt wird (um den umstrittenen Begriff des fundamentalen Attributionsfehlers zu vermeiden): Verhalten wird mehr oder weniger ausschließlich auf Eigenschaften des Akteurs zurückgeführt und situative Determinanten des Verhaltens werden vernachlässigt. Diese *Überattribution auf die Person* läßt sich auch mit der Heuristik der Zugänglichkeit und der Repräsentativität in Zusammenhang bringen, da die Person konkret und »Gestalt« ist und da das Verhalten eine einmalige Information darstellt, von der ausgehend sich eine induktive Schlußfolgerung unter Vernachlässigung der situativen Bedingungen anbietet. Eine weitere Erklärung auf der Grundlage der Sprache liegt darin, daß Eigenschaftsbegriffe wie »großzügig« oder »feindselig« sowohl zur Beschreibung von Handlungen als auch zur Beschreibung der Dispositionen einer Person verwendet werden können (Ross & Nisbett, 1991).

Die Überattribution von Einstellungen wird noch verstärkt, wenn die Informationen über den ausgeübten Zwang erst gegeben werden, nachdem die Beobachter den Aufsatz gelesen haben (Jones, Riggs & Quattrone, 1979). In diesem Fall wird die Kontextinformation nahezu vollständig ignoriert. Dieses Ergebnismuster läßt sich auf der Grundlage der Ankerheuristik gut erklären: Wenn zunächst der Aufsatz gelesen wird, entsteht ein stabiler Anker als Resultat des Lesens des Aufsatzes, in dem ein bestimmter Standpunkt vertreten wird. Die nachfolgende Information über den ausgeübten Zwang verblaßt demgegenüber und wird kaum noch ins Kalkül gezogen.

Eine weitergehende Interpretation der Korrespondenzneigung geht davon aus, daß sie durch mehrere Faktoren bestimmt wird, die in der Sequenz des Attributionsprozesses auftreten können (Gilbert & Malone, 1995):

Vorannahmen → Berücksichtigung der Situation → Erwartungen über Verhalten → Verhaltenswahrnehmung → Dispositionale Erklärung → Korrekturfaktor der Situation

Nach diesem Modell begegnet der Beobachter einem Ereignis mit bestimmten Vorannahmen (z.B. Amerikaner verkünden keine Anti-US Parolen), interpretiert die Situation (z.B. ein Terrorkommando übt Zwang auf die Gefangenen aus), leitet daraus Verhaltenserwartungen im Hinblick auf die Gefangenen ab (Terroropfer verkünden Anti-US-Parolen), beobachtet das tatsächliche Verhalten der Geiseln (Verlesen einer antiimperialistischen Botschaft), erklärt es mit ihren Einstellungen (die Geisel sympathisiert mit den Geiselnehmern) und korrigiert diese Attribution nachträglich durch Berücksichtigung des situativen Zwangs (in der Situation hätte jeder Amerikaner solche Botschaften verlesen).

Gilbert (1991) nimmt an, daß eine *Asymmetrie zwischen dem Akzeptieren und der Zurückweisung* eines Tatbestands gegeben ist, da das Akzeptieren dem Zurückweisen vorausgeht. Die Grundvorstellung, die in verschiedenen Untersuchungsparadigmen Bestätigung fand, besteht darin, daß das Verstehen eines Sachverhaltes von positiven Tatbeständen ausgeht (s. Peeters & Czapinski, 1990) und daß die Kommunikation sich an der Wahrheit orientiert (Grice, 1975).

Widerlegung und Zurückweisung sind sekundär abgeleitet. Während des Verstehens eines Sachverhalts tritt eine automatische Akzeptanz auf. Ein Beispiel: Eine Information über eine Person wird zunächst der Person zugeschrieben, um dann im nachhinein situative Einflüsse korrigierend zu berücksichtigen. Gilbert (1991) weist darauf hin, daß diese Asymmetrie für die Wahrnehmung, die im allgemeinen sehr genau ist, weniger problematisch ist als für die Kognition, die in der Evolution aus der Wahrnehmung entstanden ist.

Die Korrespondenzneigung läßt vermuten, daß sich der Alltagsmensch zu sehr als Persönlichkeitspsychologe betätigt und zu wenig die Situationseinflüsse beachtet (Ross & Nisbett, 1991). Das führt dazu, daß Situationseinflüsse übersehen werden und daß eine übertriebene Gewißheit in der Voraussage des Verhaltens einer Person aufgrund ihrer Dispositionen entsteht. Dieser Laien-Dispositionismus mit seinen Konsequenzen für eine fehlerhafte soziale Wahrnehmung ist insbesondere gegenüber Fremden oder oberflächlichen Bekannten zu erwarten, über deren Verhalten in unterschiedlichen Situationen die Beurteiler nur wenig wissen. Hingegen besitzen Beurteiler über enge Freunde im allgemeinen hinreichende Informationen, die über die Zeit in verschiedenen Situationen gesammelt wurden, so daß die dispositionalen Zuschreibungen dieser Personengruppe gegenüber valider sind.

Eine weitergehende Frage lautet: Wie problematisch ist das Auftreten der Korrespondenzneigung, und wenn dadurch Fehler entstehen, wie gravierend wirken sie sich im Alltag aus? In vielen Situationen entstehen keine gravierenden Nachteile, wenn irrtümlich die Dispositionen der Person als Hauptursache des Verhaltens angesehen werden, obwohl die Zwänge in der Situation die bessere Erklärung abgeben (Gilbert & Malone, 1995). Solange wir eine Person immer in derselben Situation antreffen, z.B. als Tankstellenpächter, der nachts an der Autobahn im Dienst ist, ist es ganz gleichgültig, ob wir ihre mißtrauische Einstellung als bedingt durch die Persönlichkeit oder die Situation ansehen und dann ihr Verhalten vorhersagen. Denn die Vorhersage ändert sich nicht: Auch beim nächsten Mal ist der Tankstellenpächter, den wir auf der nächtlichen Heimfahrt kennengelernt haben, mißtrauisch.

Hinzu kommt, daß sich viele Menschen die Situationen selbst aussuchen, in denen sie sich befinden. Das gilt z.B. für das Mitglied einer Fußballmannschaft. Wenn wir diese Person als loyalen Freund ansehen und die Gegebenheiten des Mannschaftssports außer acht lassen, ist der Fehler möglicherweise gering, weil die Person tatsächlich ein loyaler Freund ist und sich Situationen aussucht, wo sie es sein kann. Ein anderes Beispiel: Die Annahme, daß ein Professor nur wegen des Situationsdrucks an der Universität intelligent redet, könnte ein Irrtum sein, weil die Auswahlverfahren für den Lehrkörper an der Universität insgesamt dazu tendieren, intelligente Menschen zu bevorzugen. In diesem Fall sucht ein Auswahlgremium nach einem passenden Fachvertreter, und es wäre nicht ganz unproblematisch, das Abwertungsprinzip anzuwenden und den Schluß zu ziehen: Universitäten erzwingen intelligentes Verhalten, also sind die Lehrenden weniger intelligent, als sie einem auf den ersten Blick erscheinen. Die Vernachlässigung des Abwertungsprinzips kann also auch günstige Folgen haben.

Schließlich ist darauf hinzuweisen, daß bisher keine Informationen darüber vorliegen, ob der Korrespondenzfehler in Alltagssituationen häufig auftritt und ob er im Alltag häufig zu Fehlentscheidungen führt. Kann sein, kann aber auch nicht sein (Gilbert & Malone, 1995). Die Frage der Urteilsbildung in Alltagssituationen – statt in Experimenten – ist letztlich das wichtigere Thema (Gigerenzer & Goldstein, 1996).

3.5.4. Was wäre wenn: Kontrafaktisches Denken als Simulation alternativer Welten

Kahneman & Tversky (1982; s. auch Kahneman & Miller, 1986) beschreiben die Heuristik der Simulation, die sich um den Vergleich der Realität mit ihren möglichen Alternativen dreht. Dazu zählen kontrafaktisches Denken (Hätte ich doch ..., dann wäre alles viel besser ausgegangen) und zukunftsorientiertes Ändern (daraus ziehe ich die Lehre, daß ich in Zukunft das und das mache; Klauer & Migulla, 1995).

Kontrafaktisches Denken hängt mit der Leichtigkeit der Veränderung des Sachverhalts in Gedanken zusammen. Beispiele sind:

- nach Unfällen: Was wäre, wenn der Unfallfahrer eine andere Strecke gefahren wäre?
- nach einem Kartenspiel: Was wäre, wenn der Verlierer bessere Karten gehabt hätte?
- nach einer sportlichen Niederlage: Was wäre, wenn dem Verlierer ein bestimmter Fehler nicht unterlaufen wäre?

Die Simulation von Alternativen folgt bestimmten Regeln:

- Effekte erscheinen eher veränderbar als Ursachen: So wird die Größe eines Kindes mit »groß für sein Alter« kommentiert, aber nicht mit »jung für seine Größe«.
- Was im Zentrum der Aufmerksamkeit steht erscheint als veränderbarer als das, was im Hintergrund steht: So werden Opfer von Verbrechen eher abgewertet als die Täter, weil alternative Verhaltensweisen des Opfers, die das Verbrechen verhindert hätten, leichter vorstellbar sind.
- In einer Sequenz von Ereignissen erscheint das zweite Element als veränderbarer als das erste.

Wichtig sind auch die emotionalen Reaktionen, die mit der Simulation alternativer Möglichkeiten verbunden sind:

- Ein knapp verpaßtes Flugzeug ruft mehr Ärger hervor als wenn das Flugzeug schon vor zwei Stunden abgeflogen ist. Untersuchungen zeigen, daß zeitliche oder räumliche Nähe zu dem angestrebten aber nicht erreichten Ziel mehr »Was-wäre-wenn«-Gedanken auslösen als eine größere Entfernung (Roese, 1997).
- Ein Autounfall, der aufgetreten ist, als der Fahrer ausnahmsweise eine andere als die normale Strecke gefahren ist, ruft mehr Ärger hervor als ein Unfall, der

sich auf der Standardstrecke zum Büro ereignet hat. Außerdem besteht die Tendenz, außergewöhnliche Ereignisse mit außergewöhnlichen Ursachen in Verbindung zu bringen, was sich auf die Korrespondenzneigung (s. oben) zurückführen läßt (Roese, 1997).

- Ein Opfer, das fast noch hätte gerettet werden können, scheint mehr Wiedergutmachung zu verdienen als ein Opfer, das von Anfang an nicht zu retten war (Miller & McFarland, 1986).

Der Beachtung von Ausnahmen steht die Tendenz gegenüber, den Normalfall aus bruchstückhaften Informationen abzuleiten: Ein Einzelfall reicht aus, um die Norm zu beschreiben (s. Box A23). Die Korrespondenzneigung (s. oben) läßt sich zumindest teilweise auf die Tendenz zurückführen, vorschnell eine Norm abzuleiten. Ein bestimmtes Verhalten, wie eine erzwungene Stellungnahme für das Castro-Regime auf Kuba, erzeugt eine einseitige Norm, indem das gezeigte Verhalten als das typische Verhalten der Person erschlossen wird, und zwar unabhängig von der begleitenden Information über den situativen Zwang.
Die Akteur-Beobachter-Unterschiede in der Attribution (Abschnitt III.3.4.) lassen sich ebenfalls über die unterschiedliche Simulation von Vergleichen erklären. Durch die Fragestellung werden unterschiedliche Antworten erzwungen:

- Externale Attribution: Frage an den Akteur: Warum magst Du dieses Mädchen (mehr als andere)?
- Internale Attribution: Frage an den Beobachter: Warum mag er dieses Mädchen (mehr als die meisten anderen Männer)?

Die Fragestellung an Akteure und Beobachter setzt unterschiedliche Schwerpunkte und grenzt dadurch die möglichen Antwortelemente ein, z.B. Vergleich mit anderen Mädchen aus der Sicht des Akteurs, Vergleich mit anderen Akteuren aus der Sicht der Beobachter. Daher kann festgestellt werden, daß Akteure und Beobachter sich mit unterschiedlichen »Warum«-Fragen befassen, die dementsprechend unterschiedlich beantwortet werden. Mit dieser Analyse stimmt überein, daß ein Perspektivenwechsel zu einem Antwortwechsel führt (s. Box U16).
Was wäre, wenn? Diese Frage wird öfter im Hinblick auf ein günstigeres Ergebnis (im Vergleich zur Wirklichkeit) gestellt (was wäre, wenn ich keinen Fehler gemacht hätte) als im Hinblick auf ein ungünstigeres Ergebnis (was wäre, wenn ich einen Fehler gemacht hätte; Roese, 1997). Außerdem wird sie eher bei negativen als bei positiven Ereignissen gestellt (Klauer & Migulla, 1995). Das legt die Vermutung nahe, daß kontrafaktisches Denken funktional ist, weil es die Richtung für die Planung des zukünftigen Handelns weisen kann (Markman, Gavanski, Sherman & McMullen, 1993).
Im Mittelpunkt der Erforschung des »Was wäre wenn« steht die spontane Auslösung von entsprechenden Gedanken. Kontrafaktisches Denken läßt sich als Teil der Mobilisierung von Kräften zur Problembewältigung auffassen, als Korrektiv, nachdem etwas schiefgelaufen ist. Tatsächlich hängen Gedanken an bessere Alternativen mit der Bildung leistungsorientierter Intentionen, besseren Leistungen und einer Steigerung des Gefühls persönlicher Kontrolle zusammen (Roese, 1997).
Weiterhin dienen solche Gedanken dem generellen Ziel der Vermeidung von unangenehmen Situationen. So fand sich z.B., daß der plötzliche Kindstod nach

3 Wochen und nach 15 Monaten »Was–wäre–wenn«-Gedanken auslöste. Je mehr Schuldgefühle erlebt wurden, desto mehr kontrafaktisches Denken wurde berichtet (Davis, Lehman, Wortman, Silver & Thompson, 1995). Außerdem fand sich, daß kontrafaktisches Denken von 76% der Befragten berichtet wurde. In einer zweiten Studie mit Personen, die ihr Kind oder ihren Ehepartner bei einem Autounfall verloren hatten, grübelten 80% nach 4 bis 7 Jahren über den Verlust. Davon berichteten 56% über kontrafaktisches Denken.

»Was–wäre–wenn«-Gedanken haben affektive Konsequenzen, die sich als Kontrasteffekt interpretieren lassen (s. Box A24).

Box A24: Wer ist glücklicher? Gewinner der Bronze-Medaille oder Gewinner der Silber-Medaille?

Medaillen-Gewinner erleben turbulente Gefühle. Medvec, Madey & Gilovich (1995) analysierten den Gesichtsausdruck von Sportlern bei den olympischen Sommerspielen in Barcelona, die eine Medaille gewonnen hatten. Die Hypothese bestand darin, daß Gewinner der Silber-Medaille weniger begeistert reagieren als Gewinner der Bronze-Medaille.

Diese Hypothese konnte anhand von Fernsehaufzeichnungen unmittelbar nach dem Gewinn und während der Verleihung der Medaillen bestätigt werden. Beurteiler schätzten die Sportler auf einer Skala von 1 (Agonie) bis 10 (Ekstase) ein. Die Urteile auf dieser Skala stimmten sehr gut zwischen unterschiedlichen Beurteilern überein. Die Ergebnisse sind in Abb. 30 dargestellt. Sie zeigen, daß unmittelbar nach dem Gewinn mehr Glück zum Ausdruck gebracht wird als bei der Verleihung der Medaillen und daß Gewinner der Bronze-Medaille mehr Glück zum Ausdruck bringen als Gewinner der Silber-Medaille: weniger ist mehr.

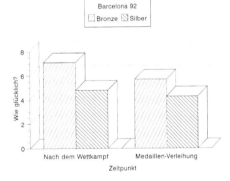

Abbildung 30: Mittlere Einschätzung des Glücks von Medaillen-Gewinnern sofort nach dem Gewinn und während der Verleihung der Medaille (nach Medvec, Madey & Gilovich, 1995)

Die Erklärung ist folgende: Gewinner der Bronze-Medaille hängen eher dem Gedanken nach, daß sie auch ohne Medaille hätten ausgehen können. Im Kontrast dazu freuen sie sich. Gewinner der Silber-Medaille sind eher mit dem Gedanken beschäftigt, wie nahe sie an der Gold-Medaille sind und sind oft noch nach Jahren enttäuscht, daß sie nicht gewonnen haben. Befragungsergebnisse bei Sportlern bestätigen diese Annahmen. Im weiteren wurden Interviews danach beurteilt, inwieweit die Gewinner den Gedanken zum Ausdruck brachten: »Wenigstens habe ich« vs. »Ich habe fast«. Gewinner der Silber-Medaille sprachen mehr über das Thema »Ich habe fast« als Gewinner der Bronze-Medaille, deren Gedanken eher in die Richtung von »Wenigstens habe ich« gingen.

Jeder kann sich wohl an lästige Gedanken nach dem Motto »Hätte ich nur« erinnern, die zunächst einmal als belastend und irritierend erscheinen, da sie mit Gefühlen wie Bedauern, Scham und Schuld verbunden sind. In Einzelfällen kann auch eine zwanghafte Beschäftigung mit »Was-wäre-wenn«-Gedanken eintreten, die noch über Jahre anhalten. Im allgemeinen gilt, daß kontrafaktisches Denken der Planung des zukünftigen Verhaltens dient, wenn es sich auf Sachverhalte bezieht, die sich in der Zukunft wiederholen (Markman, Gavanski, Sherman & McMullen, 1993).

Ein weiterer Gesichtspunkt besteht darin, daß »Was-wäre-wenn«-Gedanken die Kausalattribution beeinflussen, indem sie ein gegebenes Ereignis mit konkreten Ursachen verbinden, die das Ereignis als nachvollziehbar und unausweichlich erscheinen lassen (Roese & Olson, 1996). Darin liegt auch der Grund, warum die Simulation möglicher Alternativen mit einer größeren Gewißheit über die Vergangenheit im Sinne von »das habe ich schon immer gewußt« verbunden sind. Dieser Hindsight-Bias (Hawkins & Hastie, 1990) erhöht die Wahrnehmung von Kontrolle und Vorhersagbarkeit, die zukünftige Planungen erleichtert.

IV. Einstellungen

1. Definition und Theorien von Einstellungen

Einstellungen sind »Reaktionen, die Gedankenobjekte auf Urteilsdimensionen lokalisieren« (McGuire, 1985, p. 239) bzw. »Einstellung ist eine psychologische Tendenz, die ausgedrückt wird durch die Bewertung einer speziellen Entität mit einem bestimmten Ausmaß der Zustimmung oder Ablehnung« (Eagly & Chaiken, 1993, p. 1). Die Gedankenobjekte bzw. Entitäten sind Personen, Objekte oder Themen, mit denen sich ein Beurteiler befaßt. Die Urteilsdimensionen beziehen sich auf Bewertungen (z.B. gut-schlecht) wie in dem Beispiel »Spinat schmeckt schlecht«. Die Bewertung kann kognitiv, affektiv oder im Verhalten erfolgen. Wenn von einer psychologischen Tendenz gesprochen wird, soll damit zum Ausdruck gebracht werden, daß die Person aufgrund ihrer Einstellung in voreingenommener Weise positiv oder negativ auf das Einstellungsobjekt reagiert, wobei diese Voreingenommenheit nicht notwendigerweise zeitlich überdauernd wie bei einem Persönlichkeitsmerkmal ist.

Der neuere Stand der Einstellungsforschung wird von Eagly & Chaiken (1993) zusammengefaßt. Im Hinblick auf Stereotype und Vorurteile, die eine Teilmenge von Einstellungen darstellen, findet sich eine aktuelle Darstellung bei Macrae, Stangor & Hewstone (1996).

Katz & Stotland (1959) unterscheiden eine bewertende, eine kognitive und eine behaviorale Einstellungskomponente. Rosenberg & Hovland (1960) fassen zusammen: »Einstellungen sind Tendenzen, auf bestimmte Klassen von Reizen mit bestimmten Klassen von Reaktionen zu antworten, und wir bezeichnen die drei hauptsächlichen Klassen von Reaktionen als kognitive, affektive und als Verhalten.« Das Drei-Komponenten Modell der Einstellung ist in Abb. 31 dargestellt. Es beinhaltet Einstellung als einen bewertenden Zustand, der den Zusammenhang zwischen Reizen und beobachtbaren Reaktionen systematisiert (Eagly & Chaiken, 1993).

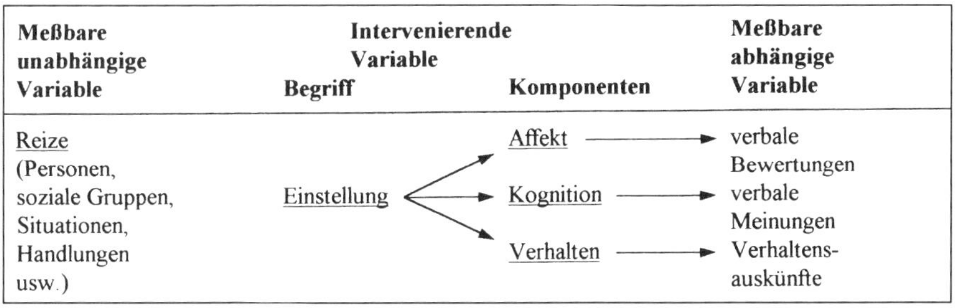

Meßbare unabhängige Variable	Intervenierende Variable		Meßbare abhängige Variable
	Begriff	Komponenten	
Reize (Personen, soziale Gruppen, Situationen, Handlungen usw.)	Einstellung	Affekt ⟶	verbale Bewertungen
		Kognition ⟶	verbale Meinungen
		Verhalten ⟶	Verhaltens- auskünfte

Abbildung 31: Drei-Komponenten Modell der Einstellung (nach Katz & Stotland, 1959)

Ein Beispiel kann das Drei-Komponenten-Modell veranschaulichen, das sich auf die Einstellung einer Frau zu der Frage, ob sie eine berufliche Laufbahn einschlagen will (vgl. Sperber, Fishbein & Ajzen, 1980), bezieht:

● Werte lassen sich als motivationale Größen auffassen. Wenn ein Einstellungsobjekt die Beurteiler anzieht, beeindruckt, hinreißt oder glücklich macht, dann stellt es einen positiven Wert dar. Wenn ein Einstellungsobjekt hingegen die Beurteiler abstößt, irritiert, in die Flucht treibt oder unglücklich macht, dann stellt es einen negativen Wert dar (Jones & Gerard, 1967). Bewertungen des Einstellungsobjekts werden häufig mit Hilfe eines *semantischen Differentials* gemessen. Dabei handelt es sich um bipolare Adjektivpaare (angenehm-unangenehm; gut-schlecht, etc.), die die Endpunkte einer Skala bezeichnen und die einen allgemeinen Bewertungsfaktor repräsentieren (s. Bergler, 1975). Eine andere Möglichkeit stellt ein direktes Rating dar, in dem ein zentrales Adjektivpaar verwendet wird: »Eine berufliche Laufbahn anzustreben ist gut-schlecht« (vgl. auch Schäfer, 1983).
● Meinungen über die Vor- und Nachteile, die mit dem Einstellungsobjekt verbunden sind: Diese *kognitive Komponente* bezieht sich auf die Informationen und Auffassungen, die in bezug auf das Einstellungsobjekt bestehen. Wenn es etwa um den Lebensstil als berufstätige Frau geht, wäre nach der Wahrscheinlichkeit zu fragen, mit der dieser Lebensstil bestimmte Konsequenzen hat. Solche Konsequenzen könnten z.B. sein: »mit viel Verantwortung beladen sein«, »finanziell abgesichert sein«, »ein bezauberndes Leben führen«, »hart und selbständig sein«, »abhängig sein«, »sich emotional sicher fühlen«, »viel verpassen.«
● Verhaltensabsicht und tatsächliches Verhalten: Die *Verhaltensabsicht* ist die Meinung einer Person, daß sie eine bestimmte Handlung vollziehen wird. Diese Meinung wird als subjektive Wahrscheinlichkeit erfaßt, mit der die Person glaubt, daß sie die Handlung ausführen kann (Fishbein & Ajzen, 1975). Sie läßt sich z.B. durch folgende Frage erfassen: »Ich beabsichtige, in der Zukunft einen Beruf auszuüben – wahrscheinlich – unwahrscheinlich.« Das *offene Verhalten* bezieht sich auf mögliche Vorbereitungen für eine Berufstätigkeit (gute Noten anstreben, Bewerbungen schreiben, Berufsinformationen lesen) und auf die tatsächliche Entscheidung, ob nach der Ausbildung ein Beruf angestrebt oder ergriffen wird.

Die Verhaltensabsicht stimmt mit Meinungen und Bewertungen nicht immer überein. Daher ist der *Zwei-Komponenten-Ansatz* zur Definition von Einstellungen, wie er von Stroebe (1980) zugrunde gelegt wird, zu bevorzugen: »Einstellung wird hier als Bereitschaft zur positiven oder negativen Bewertung eines Einstellungsobjektes definiert, die auf Gefühlen und Meinungen über diesen Einstellungsgegenstand beruht.« Das Wissen über das Einstellungsobjekt führt zu bestimmten Meinungen, die sich wie folgt definieren lassen (Fishbein & Ajzen, 1975): Meinung ist ein Wahrscheinscheinlichkeitsurteil über das Bestehen einer Verbindung zwischen dem Einstellungsobjekt und einem Attribut (z.B. Spinat ist gesund). Die Zusammenhänge zwischen Gefühlen und Meinungen lassen sich empirisch prüfen, wobei die Betrachtung von Einstellungsstrukturen im Vordergrund steht (Mendler, Doll & Orth, 1990).

Eine Einstellung kann als Schlußfolgerung aus einer Meinung und einem Wert dargestellt werden, die sich als *Syllogismus* darstellen läßt (Jones & Gerard, 1967), wie das folgende Beispiel zeigt:

- Ein vereinigtes Deutschland bedeutet Freiheit für alle Deutschen.
- Freiheit für alle Deutschen ist gut.
- Daher ist ein vereinigtes Deutschland gut.

Da unterschiedliche Meinungen über ein Einstellungsobjekt bestehen können, die *widersprüchliche Bewertungen* auslösen können, stimmen Einstellung und Verhalten nicht immer überein. Die Einheit Deutschlands könnte auch negativ bewertet werden, weil sich die ökonomische Entwicklung verschlechtert hat. Die Einstellungsstruktur weist dann widersprüchliche Schlußfolgerungen auf, die eine Verhaltensvoraussage erschweren.

Einige Autoren haben Einstellung als eindimensionales Konzept aufgefaßt, in dem die gefühlsmäßige Stellungnahme zu einem Einstellungsobjekt im Mittelpunkt steht. In diesem Sinne lautet die Definition von Thurstone (1931): »Einstellung ist der Affekt für oder gegen ein psychologisches Objekt.« Ein Beispiel für einen Einkomponentenansatz geben Fishbein & Ajzen (1975), die die bewertende Reaktion auf das Einstellungsobjekt in den Mittelpunkt stellen. Dementsprechend schlagen Fishbein & Ajzen (1975) vor, die Einstellung über bipolare Bewertungsdimensionen (»gut-schlecht«) zu bestimmen.

In bezug auf Einstellungen lassen sich verschiedene Fragen stellen, von denen einige hier genannt werden sollen: Welche Funktion haben Einstellungen? Sind sie unverbunden, oder besteht eine Tendenz zur Einstellungskonsistenz? Sind sie realitätsangemessen oder verzerrt? Wie stehen sie mit dem Verhalten in Zusammenhang?

1.1. Typologie von Einstellungen

Der Begriff Einstellung ist sehr weit gefaßt, so daß es sinnvoll erscheint, Unterteilungen einzuführen. Die Typologie von Einstellungen, die von Katz & Stotland (1959) entwickelt wurde, berücksichtigt, daß das relative Gewicht von Emotionen, Meinungen und Verhalten unterschiedlich sein kann:

- *Affektive Assoziationen:* Einstellungen, in denen die affektive Komponente deutlich überwiegt (z.B. Einstellungen zu bestimmten Nahrungsmitteln).
- *Intellektualisierte Einstellungen* zeichnen sich durch ein Überwiegen der Meinungskomponente aus. Ein Beispiel dafür ist die Einstellung zu dem Wochenmagazin »Der Spiegel«, die auf mehreren inhaltlich bestimmten Einstellungskomponenten beruht (Informationsmedium, Unterhaltungsmagazin, Zeitschrift mit typischem Stil; Mendler, Doll & Orth, 1990).
- *Handlungsorientierte Einstellungen* sind in hohem Ausmaß verhaltensabhängig. Wenn z.B. ein Jugendlicher wiederholt zusammen mit den Eltern in den Alpen seine Ferien verbracht hat, wird in der Selbstwahrnehmung der Eindruck hervorgerufen, eine positive Einstellung gegenüber Ferien in den Bergen zu besitzen (Theorie der Selbstwahrnehmung, Bem, 1972).

● *Balancierte Einstellungen* sind durch eine Konsistenz zwischen Bewertung, Meinung und Verhaltensintention gekennzeichnet. Eine wichtige Voraussetzung dafür besteht darin, daß die Beurteiler das Einstellungsobjekt in der Vergangenheit aus eigener Anschauung kennengelernt haben (s.u.).

Ein Spezialfall balancierter Einstellungen sind defensive Einstellungen. Mit der *autoritären Persönlichkeit* (Adorno, Frenkel-Brunswik, Levinson & Sanford, 1950) wurde eine Persönlichkeitsstruktur beschrieben, die durch die Dominanz defensiver Einstellungen, die die eigene Person schützen, gekennzeichnet ist. Eine typische Feststellung der F-Skala – eines Fragebogens zur Erfassung antidemokratischer Orientierung – lautet (Adorno et al., 1950):
»Die meisten unserer gesellschaftlichen Probleme wären gelöst, wenn man die Asozialen, Gauner und Schwachsinnigen loswerden könnte.«
Einstellungen lassen sich als erworbene Verhaltensdispositionen deuten, die sich auf bestimmte Ziele richten oder auf Mittel zur Erreichung der Ziele (Campbell, 1963). Das Lernen von Einstellungen stellt entweder eine individuelle Leistung oder eine soziale Vermittlung dar (Campbell, 1961). Vor die Frage gestellt, wie gut ihm ein neues Spielzeug gefällt, kann das Kind entweder selbst ausprobieren, wie gut es mit dem Spielzeug spielen kann, oder es beobachtet andere Kinder und schließt aus deren Begeisterung, daß das Spielzeug attraktiv ist.
Wenn der *individuelle Modus* gegenüber dem sozialen Modus des Lernens zurücktritt, dominiert Konformität und Anpassung an den wahrgenommenen Konsens. Wenn die Situation z.B. nicht eindeutig ist und unterschiedliche Interpretationen erlaubt, ist die Konformität höher als bei eindeutigen Sachverhalten, die den persönlichen Modus des Lernens verstärken. Andererseits kann man annehmen, daß eine Sozialisation, in der das Kind Selbstvertrauen und Neugier zeigen kann, den persönlichen Modus des Erwerbs von Einstellungen begünstigt, während eine Erziehung, die Konformität belohnt und abweichendes Verhalten bestraft, den sozialen Modus verstärkt.

1.2. Einstellungsstärke

Einstellungen können für das Individuum zentral oder peripher sein. Manche Einstellungen erscheinen subjektiv als besonders wichtig, andere als völlig belanglos. Die Stärke einer Einstellung kann also variieren.
An diesem Punkt setzt die Theorie der Zugänglichkeit von Einstellungen ein, die Fazio (1986, 1990) entwickelt hat. Die grundlegenden Ideen sind einfach: Einstellungen werden als Assoziationen zwischen einem gegebenen Einstellungsobjekt und seiner Bewertung aufgefaßt. Objekte können politische Themen, Situationen, Personen oder Gegenstände sein. Bewertungen können bedingte emotionale Reaktionen, positiv oder negativ bewertete Meinungen über die Nutzen eines Objekts oder positive/negative Erfahrungen aus früheren Begegnungen mit dem Einstellungsobjekt sein.
Damit eine Einstellung bei der Bewertung eines Einstellungsobjekts benutzt wird, muß sie aus dem Gedächtnis abgerufen werden. Das ist um so eher der Fall, je zugänglicher die Einstellung ist. Bei chronischer Zugänglichkeit übt die Einstellung einen größeren Einfluß auf das Individuum aus als bei geringer Zu-

gänglichkeit. Die Einstellungsstärke ist das Ergebnis assoziativen Lernens. Je häufiger die Bewertung mit dem Einstellungsobjekt verbunden wurde, desto zugänglicher sollte die Einstellung sein und desto schneller sollte sie abrufbar sein. Die Einstellungsstärke hängt von der Stärke der Objekt-Einstellungs-Assoziation ab.

Wie lenken Einstellungen das Verhalten? Soziale Situationen werden aufgrund von Einstellungen in spezifischer Weise interpretiert. Durch *Selektivität der Wahrnehmung* färbt eine aktivierte Einstellung die Einschätzung des Einstellungsobjekts. Die Einstellung fungiert als Filter der Wahrnehmung, der jeweils besondere *Ereignisdefinitionen* nahelegt (s. Abb. 32). Wie kommt es dann zu Verhalten, das mit der Einstellung inkonsistent ist? Eine wichtige Ursache für Inkonsistenz sind widersprüchliche Normen, die abweichende Situationsdefinitionen erzeugen.

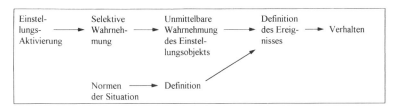

Abbildung 32: Wie lenken Einstellungen das Verhalten? (nach Fazio, 1986)

Eine andere Ursache für inkonsistentes Verhalten ist die niedrige Zugänglichkeit von Einstellungen. Bei schwacher Assoziation zwischen Bewertung und Einstellungsobjekt kann nicht davon ausgegangen werden, daß das Objekt quasi automatisch mit der Einstellung in Zusammenhang gebracht wird. Allerdings können Einstellungen durch explizite Hinweisreize wachgerufen werden, z.B. durch eine Instruktion, die eine situative Bahnung der Einstellung durch Erhöhung ihrer Zugänglichkeit ermöglicht. Die Aktivierung der Einstellung aus dem Gedächtnis ist beim Fehlen expliziter Hinweisreize für die Frage der Einstellungs-Verhaltens-Konsistenz entscheidend.

Fazio erfaßt die Zugänglichkeit einer Einstellung über die Reaktionszeit. Schnelle Bewertungen eines Einstellungsobjekts verweisen auf hohe Zugänglichkeit, langsame Bewertungen auf niedrige Zugänglichkeit. Die Zugänglichkeit wird erhöht durch mehrfache Wiederholung der Gelegenheit, die Einstellung auszudrücken, weil dadurch die Stärke der Assoziation zwischen Einstellungsobjekt und Bewertung erhöht wird.

In einem Experiment von Powell & Fazio (1984) wurde gezeigt, daß auf ein Einstellungsthema um so schneller reagiert wurde, je häufiger es zuvor dargeboten worden war. Bei sechs Wiederholungen war die Reaktionszeit und damit die Zugänglichkeit der Einstellung größer als bei einer vorherigen Darbietung oder bei keiner vorherigen Darbietung.

Die Zugänglichkeit der Einstellung hat unmittelbar Konsequenzen für die Einstellungs-Verhaltens-Konsistenz. Hohe Konsistenz kann nur bei hoher Zugänglichkeit erwartet werden. Bei niedriger Zugänglichkeit ist nur geringe oder fehlende Konsistenz zu erwarten. Nach dem Modell können Einstellungen in Abhängigkeit von der Assoziationsstärke zwischen Objekt und Bewertung mehr oder weniger automatisch aktiviert werden (Fazio, Sanbonmatsu, Powell & Kardes, 1986). Bei automatischer Aktivierung ist ihr Einfluß auf die Verhaltenslenkung hoch (s. Box A25).

Box A25: Vorhersage des Wahlverhaltens unter Berücksichtigung der Einstellungsstärke

Wie schon erwähnt, dienen Einstellungen als Wahrnehmungsfilter. Diese These wurde in einer Untersuchung von Fazio & Williams (1986) anhand der 1984er US-Präsidentenwahlen, bei denen Reagan und Mondale zur Wahl standen, überprüft. Die chronische Zugänglichkeit einer Einstellung sollte eine Funktion der assoziativen Stärke zwischen Bewertung und Einstellungsobjekt sein. Die Einstellung sollte Wahrnehmung und Handeln vor allem dann lenken, wenn die Zugänglichkeit hoch ist.

245 Wähler nahmen an einer Befragung teil, bei der 25 Einstellungsfeststellungen auf einer Fünf-Punkte-Skala so schnell wie möglich zu beurteilen waren. Die Fragen wurden über Tonband dargeboten und die Reaktion in einen Computer durch Knopfdruck eingegeben, der die Reaktionszeit erfaßte. Die für die Studie kritischen beiden Feststellungen lauteten:

• »Ein guter Präsident für die nächsten vier Jahre wäre Ronald Reagan.«
• »Ein guter Präsident für die nächsten vier Jahre wäre Walter Mondale.«

Zu einem späteren Zeitpunkt wurde die Bewertung der Qualität der beiden Kandidaten in zwei Streitgesprächen, die im Fernsehen übertragen wurden, erfaßt. Die Ergebnisse sind eindeutig: Je positiver die Einstellung zu dem Kandidaten, desto günstiger wird sein Diskussionsverhalten beurteilt. Das ist ein Fall von selektiver Wahrnehmung. Generell war dabei die Einstellung gegenüber Reagan wichtiger als die gegenüber Mondale.

Was die Wahl anging, die drei Monate nach der Messung stattfand, so korrelierte sie hoch mit der Einstellung, insbesondere mit der gegenüber Reagan. Um den Einfluß der Einstellungszugänglichkeit zu untersuchen, wurde aufgrund der Reaktionszeit am Median eine Trennung nach hoher bzw. niedriger Verfügbarkeit durchgeführt. Bei niedriger Verfügbarkeit sollte die Einstellung mit der Wahl niedriger korrelieren als bei hoher Verfügbarkeit. Die Ergebnisse zeigen, daß die Korrelation bei hoher Zugänglichkeit generell höher ausfiel. Bei hoher Zugänglichkeit betrug die Korrelation $r = .89$, bei niedriger Zugänglichkeit $r = .66$, wobei die erste Korrelation signifikant höher als die zweite liegt. Diese signifikanten Unterschiede traten nur für die Einstellung zu Reagan auf, nicht für die zu Mondale.

Generell war die Einstellung zu Reagan der wichtigste Prädiktor der Wahl. Die Dominanz der Reagan-Einstellung entspricht der Hypothese in der politischen Wissenschaft, daß die Wahl hauptsächlich durch rückblickende Bewertung des bisherigen Stelleninhabers bestimmt ist.

Fazio (1990) faßt *Einstellungen als Gedächtnisassoziationen zwischen einem Einstellungsobjekt und der Bewertung dieses Objekts* auf. Die Zugänglichkeit einer Einstellung, die die *automatische Aktivierung einer Einstellung* widerspiegelt, ist abhängig von der assoziativen Stärke der Verbindung zwischen Einstellungsobjekt und Bewertung, die durch assoziatives Lernen erworben wird. Je schneller die Reaktionszeit auf das Einstellungsobjekt ausfällt, desto größer die Zugänglichkeit und desto größer der Zusammenhang zwischen Einstellung und Verhalten.

Fazio (1989) unterscheidet zwischen Einstellungen und Nichteinstellungen. Je weniger zentral eine Einstellung für die Person ist, desto mehr nähert sie sich dem Pol der Nichteinstellung, der durch völlige Unzugänglichkeit der Einstellung gekennzeichnet ist. Wenn nun eine Person in einem Fragebogen eine Antwort im Hinblick auf ein Einstellungsobjekt geben soll, von dem sie keine abrufbare Einstellung hat (eine Nichteinstellung), kann die Antwort nichts über die zugrunde liegende Einstellung aussagen. Im Extremfall wird ein Einstellungsobjekt vorgegeben, über das die Person bis zum Zeitpunkt des Tests noch nie nachgedacht hat. Dann gibt es keine passende Bewertung, die aus dem Gedächtnis abrufbar wäre.

1.3. Funktionen der Einstellung

Frage: Warum haben die Menschen die Einstellungen, die sie für richtig halten? Antwort: Einstellungen dienen der erfolgreichen Ausführung von Plänen und der Erreichung von Zielen.

Eine funktionale Betrachtung von Einstellungen (Katz, 1960; Katz & Stotland, 1959; Smith, Bruner & White, 1956) führt zu der Unterscheidung verschiedener Ziele oder Funktionen, die mit einer Einstellung verfolgt werden können:

- *Wissensfunktion:* Kennenlernen der Menschen, mit denen man zu tun hat, Üben von Fähigkeiten, Gelegenheit neue Fertigkeiten zu erwerben, neue Einsichten gewinnen, Berufschancen verbessern, sich in einer komplexen Umwelt orientieren,
- *Soziale Anpassungsfunktion:* Normative Einflüsse von Freunden, Familie etc., um sich bestimmten Situationen anzupassen, Strategien der Selbstdarstellung mit dem Ziel, bei anderen Personen ein möglichst positives Bild der eigenen Person zu erzeugen, Vermeidung sozialer Angst (Schlenker & Leary, 1982) ruft sozial angepaßte Einstellungen hervor, Konformitätstendenzen,
- *Wert-Ausdrucksfunktion:* Wertvorstellungen zum Ausdruck bringen, z.B. humanitäre Einstellung, soziale Verantwortung, moralische Standards,
- *Funktion der Ich-Abwehr:* Schuldgefühle wegen Benachteiligung der Dritten Welt, Reaktionsbildung gegen Gier, Selbstschutz, im Glauben an eine gerechte Welt sich eine gute Zukunft verdienen, Aggression als Feindseligkeit auf andere Personen projizieren, abwärts-gerichtete Vergleiche.

Ein Beispiel für diese Einstellungsfunktionen ist ehrenamtliche Hilfe (Box A26).

Box A26: Wie entsteht soziales Engagement?

Welche Funktionen kann ehrenamtliche Hilfe für die Helfer haben? Zur Beantwortung dieser Frage entwickelten Bierhoff, Burkart & Wörsdörfer (1995) einen Fragebogen, der vier Einstellungsdimensionen erfaßt (Antworten von 208 ehrenamtlichen Helfern aus DRK, DLRG, Freiwillige Feuerwehr und amnesty international) wurden auf 9-stufigen Skalen mit den Endpunkten 1 (unzutreffend) und 9 (zutreffend) abgegeben):

- Verantwortung im Sinne einer moralischen Verpflichtung zu helfen. Beispielitem: Ich fühlte mich verpflichtet, gesundheitlich oder in anderer Weise in Not geratenen Menschen zu helfen. M = 6.83
- Soziale Bindung im Sinne der Freizeitgestaltung. Beispielitem: Ich wollte eine nette Gemeinschaft finden. M = 5.45

- Streben nach Abenteuer und Selbsterfahrung. Beispielitem: Die Erfahrung mit schwierigen Situationen und wie ich in solchen reagiere, reizte mich.
M = 4.53
- Streben nach Anerkennung, wobei sowohl die Anerkennung der individuellen Tätigkeit als auch die gesellschaftliche Anerkennung der Hilfsorganisation gemeint ist. Beispielitem: Berichte über mutige Einsätze und Aktivitäten dieser oder ähnlicher Organisationen haben mein Interesse geweckt.
M = 4.56

Die Verantwortung erhält die höchste Zustimmung, gefolgt von der sozialen Bindung und Streben nach Abenteuer und nach Anerkennung, die ähnliche Werte erreichen. Die Vermutung, daß die Einstellung zur ehrenamtlichen Hilfe hoch mit Sozialer Erwünschtheit zusammenhängt, bestätigt sich nicht. Die Korrelationen sind niedrig. Die höchsten Zusammenhänge finden sich mit Streben nach Abenteuer ($r = .18$, $p < .01$) und Verantwortung ($r = .20$, $p < .01$), die maximal auf 4% gemeinsamer Varianz hindeuten.

Wie hängt die Zufriedenheit mit der ehrenamtlichen Arbeit in der Organisation mit den Motiveinschätzungen auf den vier Skalen zusammen? Drei der vier Einstellungsdimensionen, die zusammen 21% der Varianz aufklären, sind bedeutsame positive Prädiktoren der Zufriedenheit:

- Soziale Bindung,
- Verantwortung,
- Streben nach Anerkennung.

Mit diesen Einstellungen sind noch nicht alle der ehrenamtlichen Tätigkeit zugrunde liegenden Motive genannt. So ist etwa auch daran zu denken, daß die Tätigkeit der Förderung des eigenen Selbstwertes dienen kann und daß politische Zielsetzungen eine Rolle spielen (Omoto & Snyder, 1995; Tietz & Bierhoff, 1997).

Einstellungen können bei unterschiedlichen Menschen unterschiedlichen Funktionen dienen. Ein Beispiel ist *Self-Monitoring* (Snyder, 1979):

- Hohe Self-Monitorer orientieren sich an der sozialen Erwünschtheit, indem sie in unterschiedlichen Situationen danach trachten, sich situationsangemessen zu verhalten und die Rollen, die sie spielen, gut zu spielen. Sie gehen mit dem konform, was sie als sozial wünschenswert ansehen.
- Niedrige Self-Monitorer sind demgegenüber vor allem daran interessiert, ihren Wertvorstellungen entsprechend zu leben und ihre Werte zum Ausdruck zu bringen, selbst wenn die Situation eine andere Stellungnahme nahelegt.

Die Dimension des Self-Monitoring läßt sich durch Fragebogen-Festellungen erfassen: »Ich bin nicht immer die Person, die ich zu sein scheine«, »Ich kann Leute durch meine Freundlichkeit täuschen, auch wenn ich sie wirklich nicht mag«.

Einstellungen erfüllen für hohe und niedrige Self-Monitorer unterschiedliche Funktionen (Snyder & DeBono, 1989):

- Hohe Self-Monitorer legen besonderen Wert auf die soziale Anpassungsfunktion,
- niedrige Self-Monitorer auf die Wertausdrucksfunktion.

Das sollte sich z.B. darin zeigen, wie sich Werbespots auswirken (s. Box A27).

Box A27: Image vs. Qualität

Image-Werbung, die den Konsumenten den Eindruck vermitteln will, daß sie ein bestimmter sozial anerkannter Typ Mensch sind, wenn sie ein bestimmtes Produkt kaufen, sollte bei hohen Self-Monitorern besonders gut ankommen, weil ihre soziale Anpassungsfunktion durch entsprechende Werbespots befriedigt wird (Beispiel Marlboro-Werbung). Sie bevorzugen attraktive Image-Werbung.

Umgekehrt sollte Werbung, die auf die Qualitäten und Eigenschaften des Pro-dukts zu sprechen kommt, eher bei niedrigen Self-Monitorern wirken, weil sie dadurch eher ihre Wertausdrucksfunktion befriedigen können (Beispiel Pepsi-Cola-Werbung: Pepsi schmeckt besser als die Konkurrenz). Information über die Qualität eines Produktes ist für niedrige Self-Monitorer einflußreich, weil sie die Werbung auf der Grundlage ihrer Werte interpretieren können (vgl. Snyder & DeBono, 1985). Sie bevorzugen Experten-tum.

Einstellungsänderung läßt sich ebenfalls funktional interpretieren. Eine Botschaft sollte besonders erfolgreich sein, wenn sie auf die spezielle Funktion der Einstellung gerichtet ist, die bei der Person im Vordergrund steht. Z.B. erwies sich eine Botschaft, die die Institutionalisierung von psychiatrischen Patienten als wünschenswert darstellte, bei hohen Self-Monitorern als effektiver, wenn sie darauf Bezug nahm, daß die Mehrheit der Bevölkerung diese Meinung vertrat. Hingegen erwies sich eine vergleichbare Botschaft, die die Institutionalisierung mit wissenschaftlichen Ergebnissen begründete, bei denen als einflußreicher, die niedrige Self-Monitorer waren (Snyder & DeBono, 1989).

Die funktionale Einstellungstheorie kann erklären, wann Werte einer Einstellung zugrunde liegen (Maio & Olson, 1994, 1995). Wenn die Wertausdrucksfunktion (im Sinne der sozialen Verantwortung für andere) betont wird, findet sich eine positive Beziehung zwischen den Werten einer Person und ihren Einstellungen, die nicht auftritt, wenn ihre eigenen Interessen betont werden. Die Einstellung zu Spenden für Krebsforschung hing nur dann mit altruistischen Wertvorstellungen zusammen, wenn zuvor auf die Bedeutung altruistischer Werte für Krebsforschung hingewiesen wurde (jedoch nicht, wenn darauf hingewiesen wurde, daß Krebsforschung das eigene Leben schützen kann).

Theorien, die eine ähnliche Unterscheidung treffen wie in der funktionalen Einstellungsforschung, wurden von Kelman (1958), der zwischen *Internalisierung, Nachgiebigkeit und Identifikation* trennt (s.u.), vorgelegt und von Abelson (1982), der zwischen *Individuation, Skript-Situationen* und *Deindividuation* unterscheidet. Individuation ist der subjektive Zustand, in dem die Selbstaufmerksamkeit und die Selbstbeobachtung hoch sind. In Skript-Situationen folgt man den Anforderungen der Situation, die wie ein Skript befolgt werden, ohne daß man individuellen Neigungen Raum gibt. Der Zustand der Deindividuation schließlich ist durch Anonymität und Impulsivität gekennzeichnet und das Fehlen eines autonomen und rationalen Handelns (s. Abschnitt V.1.6.). Dieser Ansatz wurde von Doll und Mallü (1990) aufgegriffen, die das Ausmaß der Individuation als einen Supermoderator der Einstellungs–Verhaltens-Beziehung interpretieren, da er verschiedene Moderatorvariablen, die in Abschnitt 3 behandelt werden, integriert.

1.4. Theorie des überlegten und des geplanten Handelns

Die wichtigste Einstellungstheorie der Gegenwart ist die *Theorie des geplanten Handelns* (Ajzen, 1988; 1991), die auf der Grundlage der *Theorie des überlegten Handelns* (Fishbein & Ajzen, 1975) entwickelt wurde (Abb. 33).

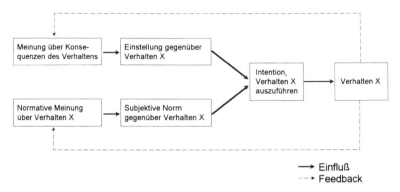

Abbildung 33: Schematische Darstellung der Theorie des überlegten Handelns (nach Fishbein & Ajzen, 1975)

Ausgangspunkt der Einstellung sind Meinungen, die aus Beobachtungen und anderen Meinungen resultieren. Damit wird ein rationales Modell des Menschen zugrunde gelegt. Einstellung beruht auf den wichtigsten Meinungen zu dem Einstellungsobjekt, durch die das Einstellungsobjekt mit positiven und negativen Attributen assoziiert wird. Bei der Frage an Schülerinnen, ob sie als Hausfrau arbeiten oder berufstätig sein wollen, sind positive Attribute der Berufstätigkeit »mein Talent klug einsetzen« und »Zeit haben, meine eigenen Ziele und Pläne zu verfolgen«. Negative Attribute sind »sich emotional sicher fühlen« und »Zeit haben, die man der Familie widmen kann«.

Die Meinungen lassen sich danach unterteilen, ob sie die Einstellung bestimmen (s. oben) oder ob sie die normativen Erwartungen beeinflussen, die z.B. durch folgende Feststellungen erfaßt werden: Was erwarten die wichtigsten Bezugspersonen (Mutter, Vater, Lehrer, Schulberater, Freund) im Hinblick auf Berufstätigkeit?

Fishbein & Ajzen (1975) nehmen an, daß Einstellungen und subjektive Norm die Verhaltensintention bestimmen, die ihrerseits wiederum das Verhalten beeinflußt. In der Studie zur Berufstätigkeit ergab sich eine multiple Korrelation von .86 auf die Verhaltensintention, wobei die Einstellung das größere Gewicht in der Vorhersage hatte. Aber auch die subjektive Norm leistete einen unabhängigen Beitrag zur Vorhersage der Verhaltensabsicht.

Eine metaanalytische Betrachtung ergibt, daß sich die Theorie des begründeten Handelns gut bewährt (Manstead & Parker, 1995). Die Durchschnittskorrelation zwischen Einstellungen und Normen einerseits und Verhaltensabsicht andererseits betrug über 150 Stichproben 0.68, während die Durchschnittskorrelation zwischen Verhaltensabsicht und Verhalten 0.62 betrug. Eine umfassendere Analyse wurde von Eckes & Six (1996) berichtet, die 644 Studien berücksichtigten. Die geschätzte Einstellungs-Verhaltens-Korrelation betrug .36, die zwischen Einstellung und Verhaltensabsicht (bei 414 Studien) .41 und die zwischen Verhaltensabsicht und Verhalten .40. Der Unterschied in der Höhe der Vorhersage läßt sich zumindest teilweise darauf zurückführen, daß sich die Theorie des begründeten Handelns auf verhaltensrelevante Einstellungen bezieht, die sich von Einstellungen zu Objekten unterscheiden lassen. Eckes & Six (1994) konnten zeigen, daß Einstellungen zum Verhalten das Verhalten besser vorhersagen (geschätzte Korrelation .525) als Einschätzungen zu Objekten (.363). Außerdem zeigte sich, daß die Verhaltensvorhersage je nach Bereich unterschiedlich erfolgreich war: Besonders zutreffend bei politischen Aktivitäten und Drogenmißbrauch und weniger zutreffend bei Altruismus und Freizeitverhalten.

Die Grundstruktur der Theorie des geplanten Handelns (Ajzen, 1988) ist die folgende:

- *Verhaltensintentionen* sind dem Verhalten unmittelbar vorgeordnet und können das Verhalten vorhersagen, wenn es für die Person kontrollierbar bzw. frei wählbar ist.

- *Wahrgenommene Handlungskontrolle* bezieht sich auf das Ausmaß, in dem das in Frage stehende Verhalten kontrollierbar erscheint. Ein Verhalten, das intendiert wird, sollte um so eher ausgeführt werden, je größer das Zutrauen in die eigene Fähigkeit ist, es auszuführen. Neben diesem direkten Einfluß auf das Verhalten wird auch ein indirekter Einfluß über die Verhaltensintention postuliert. Je größer die Kontrolle, desto stärker sollte die Verhaltensintention sein, die wiederum das Verhalten direkt beeinflußt.

- Verhaltensintentionen werden durch drei Einflußfaktoren bestimmt: *wahrgenommene Handlungskontrolle, Einstellung gegenüber dem Verhalten und subjektive Norm,* die je nach Verhaltensbereich unterschiedlich bedeutsam sein können. Meist besitzt die Einstellung gegenüber der subjektiven Norm das größere Gewicht.

- Jeder der drei Prädiktoren der Intention basiert auf *Meinungen,* und zwar auf Meinungen über das Verhalten (Einstellungen), Meinungen über Normen und Meinungen über Kontrolle. Die Messung der einzelnen Prädiktoren folgt der Logik von *Erwartungs-Wert-Modellen.* Die relevanten Meinungen werden jeweils nach ihrem subjektiven Wert gewichtet, indem z.B. das Produkt zwischen subjektiver Wahrscheinlichkeit der Meinung über das Verhalten und dem subjektiven Wert der in der Meinung angesprochenen Verhaltenskonsequenzen gebildet wird. Anschließend wird die *Produktsumme* als Index der Einstellung gebildet. Die subjektive Norm wird durch die Produktsumme aus den angenommenen Meinungen wichtiger Bezugsgruppen und der Motivation, der Bezugsgruppe nachzugeben, erfaßt. Schließlich wird jede Meinung über Kontrollmöglichkeiten mit dem wahrgenommenen förderlichen oder hemmenden Einfluß multipliziert, den die Kontrollmöglichkeit auf das Verhalten ausübt. Skalierungsprobleme, die sich aufgrund der Produktbildung ergeben, werden von Doll, Ajzen & Madden (1991) behandelt.

Die Theorie des geplanten Verhaltens unterscheidet sich von ihrem Vorläufer, der Theorie des begründeten Verhaltens, dadurch, daß sie die wahrgenommene Handlungskontrolle einbezieht. Dadurch wird die Vorhersage der Verhaltensabsicht bedeutsam verbessert (vgl. Ajzen, 1991; Doll, Ajzen & Madden, 1991). Die Erweiterung der Theorie führt zu einer Erhöhung der Aufklärung der Varianz der Verhaltensintention (Manstead & Parker, 1995).

Ajzen (1988) nennt verschiedene Beispiele, in denen sich die Kontrollwahrnehmung zusätzlich zu Einstellung und subjektiver Norm bedeutsam auswirkt:

- Vorhersage der Absicht, das Gewicht zu reduzieren.
- Eine gute Note in einem Seminar bekommen.

Der hohe Wert der Theorie des geplanten Handelns liegt darin, daß sie neben einer quantitativen Analyse der Zusammenhänge über die Erfassung der Meinungen ein differenziertes Verständnis des in Frage stehenden Handlungsbereichs ermöglicht, durch das gezielte Interventionen nahegelegt werden (Ajzen, 1991). Die Einstellungsänderung erfolgt auf der Grundlage einer Beeinflussung der Meinungen durch Argumente.

So wurde z.B. im Hinblick auf das Streben nach guten Noten festgestellt, daß es größer ausfiel wenn,

- das Thema interessant war,
- die Veranstaltung klar strukturiert war,
- Unterstützung durch den Veranstaltungsleiter angeboten wurde.

Hingegen war das Streben nach guten Noten schwächer ausgeprägt, wenn

- Aktivitäten außerhalb des Studiums wichtig waren,
- das Textmaterial schwierig war,
- Prüfungen und Tests schwer waren.

Anwendungen des Ansatzes von Fishbein & Ajzen finden sich für viele soziale Problembereiche. Dazu zählen:

- Verkehrsmittelwahl (Bamberg & Schmidt, 1993; Bamberg & Lüdemann, 1996),
- umweltschonendes Verhalten (Bamberg, 1996; Bamberg & Lüdemann, 1996),
- Verhalten im Straßenverkehr (Geschwindigkeit, Trunkenheit, Überholmanöver; Manstead & Parker, 1995),
- sportliche Leistung (Arnscheid & Schomers, 1996),
- Kondom-Verwendung bei neuen sexuellen Partnern (Plies & Schmidt, 1996). In diesem Bereich werden die Grenzen der Theorie des geplanten Verhaltens deutlich. Die Ergebnisse weisen auf eine niedrige Verhaltensvorhersage über ein Jahr bei 14-24jährigen hin (7% erklärte Varianz durch Verhaltensintention und wahrgenommene Verhaltenskontrolle). Bei Jugendlichen ist die Einstellungsstruktur noch relativ instabil, zumindest im Bereich sexueller Einstellungen und Absichten. Günstigere Ergebnisse berichtet Fishbein (1996) aus einem Programm zur AIDS-Prävention bei Erwachsenen.

1.5. Elaboration-Likelihood-Modell (ELM)

Eine weitere wichtige Theorie der Einstellungsänderung ist das »*elaboration likelihood model of persuasion*« (ELM), in dem zwischen einer peripheren Einstellungsveränderung und einer zentralen Einstellungsveränderung unterschieden wird (Petty & Cacioppo, 1986). Ausgangspunkt ist die Frage, wie sich Argumente auf die Einstellungsänderung auswirken. Elaboration bezieht sich auf das Ausmaß, in dem eine Person über themenspezifische Argumente nachdenkt:

- Wenn die Wahrscheinlichkeit der Elaboration hoch ist, sollte eine intensive Auseinandersetzung mit den Argumenten folgen, so daß sich die Qualität der *Argumente* auf die Einstellungsänderung auswirkt *(zentraler Weg der Einstellungsänderung)*.
- Ist die Wahrscheinlichkeit gering (z.B. bei geringem Interesse, geringer Relevanz oder geringer Betroffenheit), sollten sich periphere *Hinweisreize* wie die Berühmtheit der Quelle der Kommunikation (z.B. Sportler, die in der Werbung auftreten) auf die Einstellungsänderung auswirken *(peripherer Weg der Einstellungsänderung)*.

Das ELM ist in Abb. 34 dargestellt. Petty & Cacioppo (1986) stellen das ELM anhand mehrerer Postulate dar. So gehen sie davon aus, daß Menschen nach korrekten Einstellungen streben und daß das Ausmaß der Themen-relevanten Elaboration, zu der jemand fähig und bereit ist, nach individuellen und situativen Faktoren variiert. Merkmale, die die Einstellungsänderung beeinflussen, tun das als überzeugende Argumente, als periphere Hinweisreize oder als Einfluß auf das Ausmaß der Elaboration.

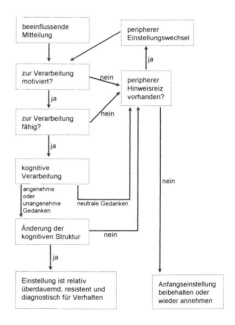

Abbildung 34:
Schematische Darstellung des ELM
(nach Petty & Cacioppo, 1986)

Wenn die Elaboration hoch ist, sollten gute und schlechte Argumente durch genaue Prüfung erkannt werden, aber nicht bei niedriger Elaboration. Daher wirkt sich die Argumentstärke vor allem bei hoher Elaboration aus. Hingegen wirken sich periphere Hinweisreize (wie die Anzahl der Argumente) bei niedriger Elaboration stärker aus.
Eine Methode, diese Hypothesen zu testen, besteht in der Bereitstellung guter oder schlechter Argumente für eine Erhöhung der Studiengebühren. In einer Vorstudie wird geprüft, welche Argumente gut sind (z.B. Der Buchbestand in der Bibliothek kann aktualisiert werden) und welche schlecht sind (z.B. Der

Campus kann besser begrünt werden). Studenten werden entweder mit guten oder schlechten Argumenten konfrontiert. Wie erwartet, führen gute Argumente zu einer größeren Einstellungsänderung im Sinne der Argumente, da man ihnen weniger entgegenzusetzen hat. Dieser Effekt verschwindet aber, wenn die Studenten abgelenkt werden, während sie sich mit den Argumenten auseinandersetzen (z.B. durch die Aufgabe, auf einem Bildschirm alle 3 Sekunden zu erfassen, in welchem Quadrant ein X erscheint). Dann sind gute und schlechte Argumente in ihren Auswirkungen nicht mehr unterscheidbar. Allerdings ist ihr Einfluß auf die Einstellung dann gering.

Gute Argumente bewirken mehr Einstellungsänderung, wenn sie wiederholt werden, während schlechte Argumente durch Wiederholung an Einfluß verlieren. Außerdem erhöht persönliche Relevanz die genaue Prüfung der Argumente, zumindest nach Ergebnissen der Ohio-Forschergruppe um Petty und Cacioppo. Bei niedriger Relevanz (wenn es einen nicht persönlich betrifft) wirken sich gute Argumente nicht wesentlich stärker auf die Einstellungsänderung im Sinne der Argumentation aus als schlechte Argumente. Hingegen macht die Qualität der Argumente bei hoher persönlicher Relevanz einen großen Unterschied.

Johnson & Eagly (1989) zeigen in ihrer Metaanalyse, daß diese Ergebnisse im wesentlichen nur von der Ohio-Forschergruppe gefunden wurden und insofern für ein Labor spezifisch sind (s. auch Petty & Cacioppo, 1990 und Johnson & Eagly, 1990). Sie unterscheiden auch zwischen verschiedenen Formen der Relevanz, insbesondere die Relevanz im Sinne persönlicher Betroffenheit von den Ergebnissen (outcome-relevant involvement), wie sie von Petty & Cacioppo (1986) untersucht wird, und Betroffenheit im Sinne von Werten, die durch ein Thema angesprochen werden (value-relevant involvement). Für Werte zeigt die Metaanalyse, daß die Beeinflußbarkeit abnimmt, wenn die betroffene Einstellung näher an zentrale Werte rückt.

Das *Bedürfnis nach Kognition* wirkt sich ebenfalls auf die Einstellungsänderung aus. Es wird z.B. durch folgende Feststellungen erfaßt (Bless, Wänke, Bohner, Fellhauer & Schwarz, 1994): »Die Aufgabe, neue Lösungen für Probleme zu finden, macht mir wirklich Spaß« (positiv). »Was ich nicht weiß, macht mich nicht heiß« (negativ). Bei einem hohen Bedürfnis nach Kognition wird die Qualität der Argumente genauer geprüft als bei einem niedrigen Bedürfnis (Cacioppo, Petty, Feinstein & Jarvis, 1996).

Weitere Studien zeigen, daß bei geringer Relevanz des Themas die Anzahl der Argumente die Einstellungsänderung erhöht, und zwar unabhängig von der Stärke der Argumente. Nur bei hoher Relevanz kommt es auf die einzelnen Argumente an. Ein anderes Ergebnis besagt, daß angenehme Musik sich nur dann günstig auf die Urteilsbildung auswirkt, wenn die Relevanz des Themas niedrig ist.

Das ELM ist ein *Zwei-Prozeß-Modell der Einstellungsänderung*. Daher ist es mit anderen Zwei-Prozeß-Modellen verwandt, die für soziale Urteilsbildung und Einstellungen entwickelt wurden:

● automatische vs. kontrollierte Informationsverarbeitung (Bargh, 1989),
● Kategorien-abhängige vs. Einzelfall-bezogene Stereotype (Deaux, 1985),
● heuristische vs. systematische Verarbeitung sozialer Information (Bohner, Moskowitz & Chaiken, 1995; Eagly & Chaiken, 1993).

Während wir in dem Abschnitt über Vorurteile und Stereotype auf die Bedeutung von Kategorien-Informationen eingehen, läßt sich im Hinblick auf die Gegenüberstellung von automatischer und kontrollierter Verarbeitung bzw. heuristischer und systematischer Verarbeitung feststellen, daß sie Annahmen beinhalten, die dem ELM ähnlich sind. Der periphere Weg im ELM entspricht der automatischen bzw. heuristischen Informationsverarbeitung, während der zentrale Weg der kontrollierten bzw. systematischen Verarbeitung nahekommt. Heuristische Informationsverarbeitung wird als schnelle Urteilsbildung unter Benutzung von Schemata, Stereotypen und Erwartungen beschrieben. Systematische Verarbeitung setzt eine zeitaufwendigere Anstrengung unter Berücksichtigung individueller Informationen und eigener Einstellungen und Werte voraus und eine Integration dieser Informationen in einem zusammenfassenden sozialen Urteil.

2. Vorurteile und Stereotype

Vorurteile stellen eine Teilklasse sozialer Einstellungen dar. Sie sind dadurch charakterisiert, daß sie eine hohe Änderungsresistenz aufweisen und meist einen negativen Inhalt haben. (Positive Vorurteile – etwa eines Prüfers gegenüber einem Prüfling – sind allerdings auch nicht selten.) Da Vorurteile von neuen Informationen weitgehend unbeeinflußt bleiben, besteht wenig Optimismus, was ihre Veränderung angeht, wenn sie einmal entstanden sind. Einen Überblick über Forschung zu Vorurteilen und Stereotypen gibt Brown (1995), während eine Zusammenstellung von schulischen Programmen zur Verhinderung der Entstehung von Vorurteilen bei Klink, Hamberger, Hewstone & Avci (1997) zu finden ist. Thomas (1993) beschreibt Programme, die das Kennenlernen fremder Kulturen fördern.

2.1. Stereotype

Die kognitive Komponente eines Vorurteils wird als Stereotyp bezeichnet. Stereotype sind *Meinungen über die persönlichen Attribute einer Gruppe von Menschen* (Ashmore & DelBoca, 1981). Wenn diese Meinungen weithin geteilt werden, kann man von einem *kulturellen Stereotyp* sprechen. Zielgruppen für solche Stereotype sind z.B. Aussiedler, ausländische Arbeitnehmer und Straffällige.
Lippman (1922) hat den modernen Begriff des Stereotyps geprägt. Er bezeichnete Stereotype als »Bilder in unseren Köpfen«. Ein Beispiel aus einer Untersuchung von Sporer (1992) kann das veranschaulichen. Er legte Beurteilern acht Gesichter von Männern vor, die Polizistenmörder waren, und gab an, die Hälfte der Bilder würde Polizistenmörder zeigen und die andere Hälfte unbeteiligte Zeugen. Die Beurteiler sollten angeben, wie stark jeder der gezeigten Männer als Täter in Frage kam. Bestimmte Gesichter wurden wesentlich häufiger als Täter eingestuft als andere und wurden zu einem späteren Zeitpunkt auch besser

wiedererkannt. Es gibt also einen Konsensus darüber, wie Täter aussehen. Dieses Wahrnehmungsstereotyp kann die ungünstige Konsequenz haben, daß jemand wegen seines Gesichts falsch als Täter identifiziert wird.

Lippman (1922) verstand Stereotype als vereinfachte Repräsentationen der sozialen Umwelt und somit als kognitive Schemata, die der schnellen Informationsverarbeitung in einer komplexen Umwelt dienen. Darüber hinaus hob er hervor, daß Stereotype integraler Bestandteil der Persönlichkeit sind und eine schützende Funktion für die eigene Position haben. Schließlich wies er auch darauf hin, daß Stereotype Teil des kulturellen Erbes sind und dazu beitragen, die bestehenden Verhältnisse zu rechtfertigen.

Mit dieser Analyse hat Lippman die drei zentralen Orientierungen der Forschung zu Stereotypen vorweggenommen, die im folgenden dargestellt werden: soziokulturell, psychodynamisch, kognitiv.

2.1.1. Soziokultureller Ansatz

Der soziokulturelle Ansatz läßt sich auf die Übereinstimmung in der Sichtweise fremder Völker in einem gegebenen Kulturkreis anwenden. Der kulturelle Konsensus beinhaltet bestimmte ethnische und nationale Stereotype. Zur Erfassung wurde von Katz & Braly (1933) eine einfache Methode der Zuschreibung von Eigenschaften zu ethnischen Gruppen entwickelt.

Über einen Zeitraum von mehr als 35 Jahren sind die Stereotype von Princeton-Studenten relativ stabil geblieben (Katz & Braly, 1933; Gilbert, 1951; Karlins, Coffman & Walters, 1969). Den Studenten wurde eine Liste von 84 Adjektiven vorgelegt, mit deren Hilfe sie Deutsche, Italiener, Schwarze, Iren, Engländer, Juden, Amerikaner, Chinesen, Japaner und Türken charakterisieren sollten, indem sie die typischen Eigenschaften jedes Volkes angaben.

Die Resultate lassen sich anhand des Stereotyps der Deutschen veranschaulichen. Sie wurden 1933, 1951 und 1967 gleichermaßen als wissenschaftlich orientiert und fleißig eingeschätzt. Weitere Eigenschaften, die häufiger genannt wurden, waren »intelligent«, »methodisch« und »extrem nationalistisch« sowie seit 1951 »aggressiv« und »arrogant«. Die relativ hohe Stabilität über die Generationen der Princeton-Studenten läßt vermuten, daß Stereotype zum kulturellen Erbe zu zählen sind.

Das Heterostereotyp (über andere) läßt sich mit dem Autostereotyp (über die eigene Gruppe) kontrastieren. Hofstätter (1966) erfaßte mit semantischen Differentialen die Selbsteinschätzung von Wienern und Berlinern sowie die Einschätzung der Wiener durch die Berliner und die der Berliner durch die Wiener. In der Selbsteinschätzung fanden sich deutliche Unterschiede, da sich Berliner mehr maskuline Eigenschaften und Wiener mehr feminine Eigenschaften zuschrieben. Diese Einschätzungen stimmten in der Tendenz mit den Selbsteinschätzungen von Deutschen und Österreichern im allgemeinen überein.

Das Autostereotyp stimmte mit dem Heterostereotyp gut überein. Allerdings fiel die Beurteilung durch die jeweils andere Stadt negativer aus. Die Wiener hielten die Berliner für relativ aggressiv, während die Berliner die Wiener für eher verschlafen hielten.

In einer umfangreichen Untersuchung über Auto- und Heterostereotype nahmen Deutsche, Engländer, Finnen, Franzosen, Italiener und Österreicher teil

(Peabody, 1985). Generell zeigte sich, daß die Heterostereotype einer Beurteiler-gruppe über die anderen stark variierten, während die Beurteilung einer Ziel-gruppe durch relativ großen Konsens unter den verschiedenen Beurteiler-gruppen gekennzeichnet war. Die Deutschen wurden z.B. von allen anderen als kontrolliert und durchsetzungsfähig beschrieben. Das Autostereotyp der Deut-schen stimmte mit dem ersten Merkmal überein, wich aber insofern von dem Heterostereotyp ab, als die Deutschen sich als weniger durchsetzungsfähig ein-schätzten.

2.1.2. Psychodynamischer Ansatz

Die *psychodynamische Orientierung* liegt dem Ansatz der autoritären Persönlichkeit (Adorno et al., 1950) zugrunde, die sich auf vier Merkmale bezieht:

- Antisemitismus als abwertende Einstellung gegenüber Juden,
- Ethnozentrismus gegen Schwarze und andere Minderheiten im Kontrast zu positiven Einstellungen gegenüber der eigenen Gruppe,
- Konservative Einstellungen im politischen und wirtschaftlichen Bereich im Kontrast zu liberalen Einstellungen,
- Autoritarismus im engeren Sinne als Persönlichkeitsmerkmal, das Autoritäts-gehorsam, Betonung von Stärke und Dominanz, Aggressionsbereitschaft zur Verteidigung der eigenen Werte und eine konventionelle Haltung umfaßt.

Obwohl der Inhalt der Autoritarismus-Skala, die auch als F-Skala bezeichnet wird (s. oben), heterogen ist, erweist sie sich als intern konsistent. Außerdem kor-reliert Autoritarismus positiv mit den drei anderen Merkmalen.
Ethnozentrismus ist die Komponente der autoritären Persönlichkeit, die für Vor-urteile unmittelbar bedeutsam ist. Hohe Ethnozentrismus-Werte weisen auf eine vorurteilsvolle Einstellung hin. Vorurteilsvolle Personen sind relativ unkritisch gegen sich selbst, projizieren negative Eigenschaften auf andere und bewerten Wohlstand und Erfolg hoch. Sie denken in rigiden Kategorien von gut und schlecht und neigen zu Schwarz-Weiß-Malerei.
Die Entstehung ethnozentrischer Einstellungen wird mit der Sozialisation in Beziehung gebracht. Danach legen die Eltern vorurteilsvoller Personen beson-deren Wert auf Erfolg, Karriere und Disziplin. Die harte Durchsetzung solcher Vorgaben führt zu Frustrationen, die Ärger und Aggression auslösen. Da es aber nicht möglich ist, diese Impulse gegen die Eltern zum Ausdruck zu bringen, werden sie gegen Sündenböcke gerichtet. Für die Rolle von Sündenböcken eig-nen sich bestimmte Minderheiten wie Juden oder Schwarze.
Kritik an dem Ansatz der autoritären Persönlichkeit konzentriert sich vor allem auf die Messung des Autoritarismus, die Stichprobenauswahl und die Interpreta-tion der Ergebnisse. An die Stelle der Frage, ob bestimmte Personen vorurteils-voll sind, tritt damit die Frage, unter welchen Bedingungen Vorurteile entwickelt und aufrechterhalten werden. Das Konzept des Autoritarismus bleibt aber als Untersuchungsgegenstand interessant und wichtig. Wann werden autoritäre Ein-stellungen wachgerufen? Wie lassen sie sich am besten messen? Wie hängen sie mit sozialer Diskriminierung zusammen, und intensivieren sie sich in Krisen- und Belastungssituationen? Das sind einige der Fragen, die sich aus dem Ansatz der autoritären Persönlichkeit ableiten lassen.

Campbell (1967) nimmt an, daß das ethnozentrische Denken universell verbreitet ist. Daher sollten ethnische Vorurteile in allen Gesellschaften vorzufinden sein. Darüber hinaus nimmt er an, daß Vorurteile sich inhaltlich ähneln. Während die eigene Gruppe als ehrlich, friedfertig und tugendhaft erscheint, wird anderen ethnischen Gruppen abgesprochen, diese Eigenschaften zu besitzen.

2.1.3. Kognitiver Ansatz

Stereotype lassen sich als Ergebnis eines Prozesses der Kategorisierung interpretieren (Brewer, 1996; Hewstone, 1996). Diese Sichtweise liegt Untersuchungen zur *Theorie der Reizklassifikation* zugrunde, die zeigen, daß die willkürliche Trennung einer Stimulusserie in eine A- und eine B-Gruppe eine *Akzentuierung der Differenz zwischen den Gruppen* zur Folge hat (s. Box U17).

Box U17: Die kognitiven Wurzeln von Stereotypen

Die Beurteilung sozialer Stimuli unterliegt – genauso wie psychophysikalische Urteile über Gewichte oder Lautstärken – bestimmten Urteilstendenzen, die mit den verwendeten Urteilsskalen und der gewählten *Urteilssprache* zusammenhängen (Eiser & Stroebe, 1972; Schwarz & Scheuring, 1992). So fanden sich z.B. *Kontrast- und Assimilationseffekte* in Abhängigkeit von der Wahl eines Ankerstimulus. Wurde der Anker weit außerhalb der Stimulusserie, die beurteilt werden sollte, gewählt, wurde die Beurteilung der Stimuli in die Gegenrichtung verschoben (ein Kontrasteffekt). Wenn z.B. Gewichte zwischen 55g und 141g nach ihrer Schwere beurteilt werden sollten, fand sich eine Verschiebung in Richtung der Antwort »leicht«, wenn Anker verwendet wurden, die wesentlich schwerer waren als das schwerste Gewicht der Serie. Andererseits fand sich eine Verschiebung in Richtung der Antwort »schwer«, wenn der Anker dem schwersten Gewicht der Serie entsprach (ein Assimilationseffekt). Assimilations- und Kontrasteffekte finden sich auch, wenn Stimuli auf einer quantitativen Dimension variieren, während sie gleichzeitig von einer peripheren dichotomen Dimension überlagert werden, die mit der Ausprägung der Stimuli korreliert ist. Ein Beispiel sind Linien unterschiedlicher Länge, wobei die kürzeren Linien mit dem Buchstaben A gekennzeichnet sind und die längeren Linien mit dem Buchstaben B (Tajfel & Wilkes, 1963). Wenn Beurteiler die Längen einschätzen sollen, überschätzen sie den Unterschied zwischen der längsten A-Linie und der kürzesten B-Linie.

Diese *Akzentuierung der Differenz* läßt sich darauf zurückführen, daß die A-B-Klassifikation einen Kontrasteffekt auslöst, der die Interklassen-Differenz vergrößert (s. auch Lilli, 1982). Hinweise auf eine Reduktion der Intraklassen-Differenz und damit auf eine Assimilation in den A- und B-Klassen traten hingegen nur sporadisch auf (s. Lilli, 1982).

In derselben Weise wie Längen von Linien können Eigenschaften als Urteilsdimensionen betrachtet werden, auf denen Personen variieren. Personen können außerdem nach bestimmten dichotomen Merkmalen klassifiziert werden (wie Weiße und Schwarze), die subjektiv mit Eigenschaften korreliert sind. Die bloße Kategorisierung in einer korrelierten Klassifikation kann zu einer Akzentuierung der wahrgenommenen Unterschiede zwischen den Mitgliedern der Gruppen führen (Tajfel, 1982).

Diese Möglichkeit wurde in einer Untersuchung (Lilli, 1982, Exp. 9) berücksichtigt, in der Erstwähler bei der 1976er Bundestagswahl die Parteien SPD und CDU sowie deren Spitzenkandidaten Helmut Schmidt und Helmut Kohl nach 10 Eigenschaften beurteilen sollten. Die Beurteiler wurden in die Gruppen derer, die angaben, eine der beiden Parteien wählen zu wollen, und derer, die keine von beiden wählen wollten, eingeteilt. Dadurch konnte die Hypothese geprüft werden, daß die Interklassen-Differenz stärker akzentuiert wird, wenn die überlagernde Klassifikation für die Beurteiler eine hohe Bedeutung besitzt (Tajfel, 1973).

Die Eigenschaftsurteile wurden auf 7-stufigen bipolaren Skalen abgegeben (z.B. sachlich-unsachlich; problemorientiert-machtorientiert), über die pro Partei die Summe gebildet wurde. Die Differenz der Summen stellte die abhängige Variable dar, für die sich ein bedeutsamer Effekt der persönlichen Bedeutung fand: Erstwähler, für die die beiden Parteien relevant waren, akzentuierten die Unterschiede in den Eigenschaftsurteilen stärker als solche, für die sie weniger relevant waren.

Stereotype, die durch eine überlagernde Klassifikation hervorgerufen werden, beeinflussen nicht nur die Wahrnehmung, sondern auch die *Diskrimination der Außengruppe*.

In einer Reihe von Untersuchungen (s. Brewer, 1979; Tajfel, 1982; Wilder, 1981) wurde gezeigt, daß Beurteiler Mitglieder der Binnengruppe positiver beurteilen und höher belohnen als Mitglieder der Außengruppe. Das ist selbst dann der Fall, wenn die Gruppen zufällig gebildet werden, aber angeblich auf der Präferenz für Bilder der Maler Kandinsky und Klee beruhen (Tajfel, Billig, Bundy & Flament, 1971) oder auf der Bevorzugung bestimmter elektronenmikroskopischer Aufnahmen von Blutzellen (Dann & Doise, 1974) oder worauf auch immer.

Die Untersuchungsergebnisse, die in Box U17 dargestellt sind, verdeutlichen, daß die soziale Kategorisierung in unterschiedliche Gruppen eine Stereotypisierung und eine Intergruppen-Diskriminierung zugunsten der Binnengruppe hervorruft. Durch die Akzentuierung der Unterschiede wird sichergestellt, daß die kognitive Differenzierung eine gute Gestalt hat und leicht aufrechterhalten werden kann (Lilli, 1982; Wilder, 1981).

2.2. Soziale Diskriminierung

Wie läßt sich soziale Diskriminierung erklären? Im folgenden werden drei Theorien der sozialen Diskriminierung dargestellt, die sich gegenseitig ergänzen und die zeitlich aufeinander folgen: Realistischer Gruppenkonflikt, Soziale Identität und Soziale-Struktur-Analyse.

2.2.1. Theorie des realistischen Gruppenkonflikts

Viele ethnische Konflikte drehen sich um politische Vorherrschaft, Landbesitz oder Kontrolle über die Wasserreserven. Diese realen Konflikte führen dazu, daß die beteiligten Gruppen sich auf Kosten der jeweils anderen durchzusetzen versuchen. Dabei kommt es häufig zu Feindseligkeit und Gewalt, wie das Beispiel des Konflikts um Bosnien demonstriert.

Die Theorie des realistischen Gruppenkonflikts von Sherif (1966) erklärt diese Auseinandersetzungen durch die Folgen der Interessengegensätze, die zwischen den Gruppen bestehen, wenn eine Konkurrenzsituation um knappe Ressourcen gegeben ist (Box A28).

Box A28: Streit im Ferienlager

Sherif (1966) studierte in drei Ferienlager-Experimenten Intergruppen-Konflikte unter Schülern. Der Versuchsablauf bestand aus drei Phasen: *Gruppenbildung, Auslösung von Gruppenkonflikten* und *Konfliktreduzierung.* In der ersten Phase wurde das Sommerlager in zwei Gruppen von etwa einem Dutzend Jungen aufgeteilt. Die Bildung der Gruppen verursachte eine Neuorientierung vieler Freundschaften, da die Zahl der Freunde, die in der anderen Gruppe waren, deutlich abnahm, während die Zahl der Freunde in der Binnengruppe parallel dazu zunahm.

Nachdem sich die Gruppen einige Tage lang stabilisiert hatten, wurde zwischen den Gruppen Konkurrenz aufgebaut. Die Annahme bestand darin, daß der Kampf um einen Erfolg, wobei nur eine Gruppe gewinnen kann, Feindseligkeit zwischen den Gruppen auslöst, während die Solidarität in den Gruppen zunimmt.

Um Konkurrenz herzustellen, wurden sportliche Wettkämpfe zwischen den Gruppen veranstaltet. Danach entstand eine Atmosphäre, in der sich die beiden Gruppen gegenseitig schlecht machten, beschimpften und sogar physisch angriffen. Außerdem wurde die eigene Leistung sowohl von den Gewinnern eines Wettkampfs als auch von den Verlierern höher eingeschätzt als die Leistung der Gegner. Innerhalb weniger Tage wurde ein Intergruppenkonflikt ausgelöst.

In der dritten Phase wurden *übergeordnete Ziele* vorgegeben, die nur in Kooperation beider Gruppen bewältigt werden konnten. Die Folge war eine deutliche Reduktion der Feindseligkeit und der Diskriminierung der anderen Gruppe, die sich u.a. auch in der Zunahme von Freundschaften zwischen den Gruppen ausdrückte. Eine Gruppe lud sogar die andere, die vorher ihre Rivalen gewesen waren, ein. Obwohl die Vorgabe von übergeordneten Zielen nicht notwendigerweise die Intergruppen-Beziehungen verbessert (vgl. Brown, 1988), stellt sie doch einen wichtigen Schritt in Richtung auf eine Reduktion von Intergruppen-Feindseligkeit dar, wobei eine bestehende Arbeitsteilung sich positiv auf die Bewertung der anderen Gruppe nach der Bearbeitung einer gemeinsamen Aufgabe auswirkt (Brown & Wade, 1987).

Wenn kooperative oder freundschaftliche Beziehungen zwischen Gruppen aufgebaut werden, findet sich weniger Binnengruppen-Favorisierung als in Wettbewerbsbeziehungen (Rabbie, Benoist, Oosterbaan & Visser, 1974). Eine Wettbewerbssituation ruft eine größere Feindseligkeit gegenüber der anderen Partei hervor als eine kooperative Aufgabenstellung.

Wettbewerb um knappe Ressourcen ist ein Faktor, der Intergruppen-Feindseligkeit hervorrufen kann. Entscheidend scheint dafür das Merkmal des Nullsummenspiels bzw. des Interessenkonflikts zu sein, bei dem der Gewinn einer Partei dem Verlust der anderen Partei entspricht (wie bei Konflikten um Wasser oder Land). Diese Schlußfolgerung stimmt mit Sherifs (1966) Hypothese überein, daß die Stereotypisierung anderer Gruppen positiv oder negativ sein kann, je nachdem, ob die Aktivitäten und Interessen der Gruppen harmonisch oder im Widerspruch sind.

2.2.2. Theorie der sozialen Identität

Soziale Konflikte beruhen nicht nur auf Interessengegensätzen. Vielmehr spielen auch die Abwertung der anderen Gruppe und die Aufwertung der eigenen Gruppe eine große Rolle. Die Mitglieder einer Gruppe streben nach einem positiven *Selbstwert*, der durch einen *sozialen Vergleich* mit den Mitgliedern bestimmter Fremdgruppen gefördert werden kann. Der Wunsch, eine *positive Distinktheit* der Binnengruppe sicherzustellen, führt zu dem Bestreben, sich positiv von der Fremdgruppe abzugrenzen. Das Ergebnis ist eine Binnengruppen-Favorisierung.

Die *Theorie der sozialen Identität* (Tajfel & Turner, 1986) beruht auf vier Grundbegriffen: Soziale Kategorisierung, Soziale Identität, Sozialer Vergleich und Soziale Distinktheit.

Soziale Kategorisierung bezieht sich auf die Einteilung zwischen Binnengruppe und Fremdgruppe, die mit einer Akzentuierung von Unterschieden einher geht. Ein Serbe betrachtet sich mit großer Wahrscheinlichkeit als Mitglied der Serben, während er Kroaten der Fremdgruppe zuordnet. Ethnische Gruppen bieten die Möglichkeit der sozialen Kategorisierung: Palästinenser vs. Israelis, Serben vs. Kroaten, Türken vs. Kurden usw.

Soziale Identität wird aus den Gruppenzugehörigkeiten abgeleitet, z.B. als Serbe oder als Kroate. Identität läßt sich als dynamische Konfiguration von Eigenschaften und Verhaltensmustern definieren, wie sie durch das Selbst (Ich-Identität, persönliche Identität) und durch andere (öffentliche oder soziale Identität) wahrgenommen wird (Hofman, 1988). Die soziale Identität besteht aus verschiedenen Subidentitäten, von denen solche, die sich auf die Zugehörigkeit zu einer ethnischen Gruppe beziehen, als *ethnische Identitäten* bezeichnet werden. Andere Subidentitäten beziehen sich auf Gruppen in der Gesellschaft, z.B. Psychologen und Mediziner. Diese kollektiven Identitäten verbinden das Individuum mit den Gruppen, in denen es Mitglied ist.

Soziale Vergleiche führen zu einer Kontrastierung von Binnen- und Fremdgruppe auf relevanten Merkmalen (z.B. Loyalität, Ehrlichkeit, ökonomische und sportliche Leistungen). Intergruppen-Vergleiche sind darauf gerichtet, die Unterschiede zwischen Binnen- und Fremdgruppe zu maximieren. Außerdem stehen sie im Dienste der Selbstwert-Steigerung, da die soziale Identität Teil des Selbstkonzepts ist.

Positive Distinktheit schließlich kennzeichnet das Streben nach einer positiven sozialen Identität, das dazu führt, daß positive Eigenarten der Binnengruppe betont werden, um eine Überlegenheit gegenüber der Fremdgruppe zu erzielen. Daher werden solche Vergleichsdimensionen bevorzugt, auf denen die eigene Gruppe einen Vorteil hat. Dann wird der Schluß gezogen: Wir sind besser als die anderen. Da beide Seiten nach demselben Muster verfahren, beruht die Auf- und Abwertung oft auf Gegenseitigkeit (Campbell, 1967): Serben halten sich gegenüber Kroaten für überlegen und umgekehrt.

Die Theorie der sozialen Identität stellt *interpersonelle* Beziehungen *intergruppalen* Beziehungen gegenüber. Auf der einen Seite finden sich persönliche Beziehungen, die auf individuellen Merkmalen der Interaktionspartner beruhen. Auf der anderen Seite finden sich Beziehungen zwischen Gruppenmitgliedern, die nicht auf individuellen Besonderheiten, sondern auf Besonderheiten der Gruppen beruhen. Somit treten Stereotype der Gruppen in den Vordergrund, die sich zu ethnozentrischen Einstellungen verdichten können.

Intergruppale Prozesse lassen sich nach der Theorie der sozialen Identität nicht aus interpersonellen Prozessen ableiten. Vorurteile, Intergruppen-Diskriminierung und Ethnozentrismus werden auf der Grundlage von Gruppenprozessen erklärt. Der Konsensus in der Gruppe trägt dazu bei, daß Stereotype für angemessen gehalten werden.

Dieser Punkt wird durch die Weiterentwicklung der Theorie in der *Selbst-Kategorisierungs-Theorie* verdeutlicht (Turner & Oakes, 1989). Der Gegensatz zwischen interpersonell und intergruppal wird in einen graduellen Übergang zwischen einmaligem Selbst und zunehmend abstrakten Klassifikationen bis hin zum abstrakten Gruppenmitglied, für das individuelle Merkmale keine Rolle spielen, übersetzt. Das abstrakte Gruppenmitglied ist depersonalisiert, da seine persönlichen Eigenschaften ausgeblendet werden. Die *Depersonalisierung* des Selbst schafft die Voraussetzung für Intergruppen-Beziehungen, die durch Kohäsion der Binnengruppe einerseits und Diskriminierung der Fremdgruppe andererseits gekennzeichnet sind.

Depersonalisierung erzeugt ein abstraktes Niveau der Identität, das sich an *Prototypen* (s. Box T6) orientiert. In dem Prototyp ist die kognitive Repräsentation der Gruppennormen enthalten, wie er z.B. von bestimmten typischen Gruppenmitgliedern dargestellt wird (wie Oskar Lafontaine für die Saarländer). Prototypen des typischen Gruppenmitglieds werden von den Gruppenmitgliedern geteilt, so daß eine Stereotypisierung eintritt, bei der alle Gruppenmitglieder einschließlich der eigenen Person angeglichen werden.

Ethnische und soziale Identitäten werden in Abhängigkeit von situativen und sozialen Bedingungen unterschiedlich aktuell bzw. »salient«. Wenn z.B. die Kroaten von Serben angegriffen werden, löst diese kollektive Bedrohung bei den meisten Kroaten ein verstärktes Bewußtsein ihrer ethnischen Identität aus, durch das eine *Binnengruppen-Solidarität* gefördert wird, der andererseits eine Abwertung der äußeren Feinde auf der Grundlage von Prozessen des sozialen Vergleichs (insbesondere abwärts gerichteter Vergleiche, s. Box T4) entspricht (Hofman, 1988). Die Bedrohung der Mitglieder einer ethnischen Gruppe löst ein manifestes *Bewußtsein der Gruppenzugehörigkeit im Sinne eines gemeinsamen Schicksals* aus, das in friedlichen Zeiten nur latent vorhanden ist.

Eine andere Möglichkeit der Steigerung des Bewußtseins der Gruppenmitgliedschaft liegt in der öffentlichen Aufmerksamkeit, die einem Repräsentanten der eigenen Gruppe zuteil wird (s. Box A29).

Box A29: Oskar Lafontaine, der Stolz der Saarländer

Die Wirkung öffentlicher Bedeutung einer bekannten Persönlichkeit läßt sich am Beispiel von Oskar Lafointaine als Repräsentant der Saarländer demonstrieren. Er steht für die Saarländer und ruft ihr Bewußtsein der Gruppenzugehörigkeit wach. Das sollte insbesondere für SPD-Mitglieder gelten, während für CDU-Mitglieder eine Diskordanz besteht, da Lafontaine einerseits die Binnengruppe der Saarländer und andererseits die Fremdgruppe der SPD-Mitglieder repräsentiert.

In Übereinstimmung mit diesen Annahmen konnte vor und nach der Bundestagswahl 1990 (bei der Oskar Lafontaine SPD-Kanzlerkandidat war) gezeigt werden, daß sich saarländische SPD-Mitglieder stärker mit Lafontaine und mit der Gruppe der Saarländer insgesamt identifizierten als saarländische CDU-Mitglieder. Außerdem beurteilten die Befragten Saarländer positiver als Bundesbürger im allgemeinen. Diese Favorisierung der Eigengruppe war bei den SPD-Mitgliedern stärker als bei den CDU-Mitgliedern ausgeprägt (Simon & Massau, 1991).

Typische Merkmale der Eigengruppe der Saarländer waren genießerisch, geradeheraus und gesellig. Hinsichtlich dieser Eigenschaften schrieben sich die Saarländer mehr Homogenität zu als den Bundesbürgern als Vergleichsgruppe, und zwar unabhängig von der Parteimitgliedschaft. Der Eigengruppen-Homogenitätseffekt stellt eine Stereotypisierung der Eigengruppe der Saarländer dar.

Viele Studien verweisen auf eine *Binnengruppen-Favorisierung* (s. Box A29 sowie zusammenfassend Brown, 1995), die sich z.B. auch in Firmen zwischen unterschiedlichen Produktionsteams (Brown et al., 1986) und zwischen ethnischen Gruppen in Ostafrika (Brewer, 1979) zeigen läßt.

Ein Faktor, der auf motivationale Einflüsse für die Stereotypisierung verweist, wurde von Wills (1981) genannt: Personen, die sich in ihrem Wohlbefinden beinträchtigt fühlen, neigen dazu, *abwärts gerichtete Vergleiche* durchzuführen. Wenn sie sich mit Personen vergleichen, denen es schlechter geht als ihnen selbst, können sie aus der wahrgenommenen Überlegenheit ein positives Selbstbild ableiten und ihr subjektives Wohlbefinden erhöhen (s. Box T4).

2.2.2.1. Stellvertretender Personalismus und Attributionstendenzen

Wenn Gruppenmitglieder wahrnehmen, daß eine andere Gruppe ihre feindseligen Handlungen auf sie als Gruppe richtet, entsteht *stellvertretender Personalismus* (Cooper & Fazio, 1986; Hewstone, 1988). Als Folge wird eine *verzerrte Attribution* ausgelöst, die dadurch gekennzeichnet ist, daß positive Verhaltensweisen der Binnengruppe internal und der Fremdgruppe external den situativen Umständen zugeschrieben werden, während negative Verhaltensweisen der Binnengruppe external »wegattribuiert« und der Fremdgruppe internal angelastet werden (Hewstone, 1990). Diese Attributionstendenzen lassen sich als Versuch, den positiven Wert der eigenen Gruppe abzusichern, deuten. Sie stehen im Dienst des Strebens nach Selbstwertsteigerung, da sie die positive Distinktheit der eigenen Gruppe fördern. Durch voreingenommene Intergruppen-Attributionen wird der Status der Binnengruppe stabilisiert. Gute Eigenschaften werden der Binnengruppe zugeschrieben, während ungünstige Eigenschaften der Fremdgruppe angelastet werden.

Ein Beispiel für diese *gruppendienlichen Attributionen* besteht in dem Gegensatz zwischen Malaien und Chinesen, die gemeinsam in Malaysia leben. Malaien, die z.B. Hilfsbereitschaft oder unterlassene Hilfe von Malaien oder Chinesen internal oder external erklären konnten, urteilten in einer Weise, die mit der Idee von ethnozentrischen Attributionen in Übereinstimmung steht: Das hilfsbereite Verhalten eines Malaien wurde internal erklärt, während Hilfeverweigerung eines Malaien external durch situative Einflüsse erklärt wurde. Umgekehrt wurde die Hilfsbereitschaft eines Chinesen seltener internal erklärt als die Hilfeverweigerung eines Chinesen (Hewstone & Ward, 1985). Malaien, die in Singapur lebten, zeigten demgegenüber nur eine Binnengruppen-Favorisierung in ihren Attributionen, indem sie ihr positives Verhalten internaler erklärten als ihr negatives Verhalten, während sie gegenüber Chinesen keinen Unterschied machten. Die Chinesen zeigten in beiden Staaten keine ethnozentrische Attributionstendenz. Vielmehr imitierten die Chinesen, die in Malaysia befragt wurden, sogar das Urteilsmuster der Malaien, was einer negativen sozialen Identität entsprechen könnte oder auch einer Antworttendenz im Sinne sozialer Erwünschtheit. Die geringeren ethnozentrischen Tendenzen der Malaien in Singapur könnten damit erklärt werden, daß Singapur eher als multikulturelle Gesellschaft aufgefaßt werden kann, während in Malaysia Tendenzen zur Durchsetzung der malaiischen Identität bestanden (Malaien stellen die Bevölkerungsmehrheit, Chinesen die Minderheit; Hewstone & Ward, 1985).

Ein anderes Beispiel ist die unterschiedliche Erklärung des Versagens eines deutschen oder türkischen Schülers, da deutsche Schüler das Versagen eines Deutschen eher auf Pech zurückführen als das Versagen eines Türken (Hewstone, Wagner & Machleit, zit. nach Wagner & Zick, 1990).

2.2.2.2. Negative soziale Distinktheit, soziale Mobilität und soziale Kreativität

Eine abgesicherte positive Distinkheit in einer Gruppe, die den sozialen Konsensus der Überlegenheit erreicht hat, ist selten (Tajfel, 1982). Vielmehr überwiegt Unsicherheit im Hinblick auf die soziale Distinktheit. Das ist besonders bei Unterlegenheit der Binnengruppe bedeutsam.

Was passiert, wenn eine Person feststellt, einer Gruppe anzugehören, deren Status in der Gesellschaft niedrig ist? Wie denken Sportler über sich, deren Mannschaft gegen eine überlegene Mannschaft verloren hat? Niedriger Status und Niederlagen widersprechen dem Streben nach Selbstwertsteigerung! Andererseits kann nicht beliebig zwischen Gruppen gewechselt werden, so daß die positive Distinktheit maximiert wird. In vielen Bereichen findet ein Wettbewerb um positive Distinktheit statt.

Grundsätzlich lassen sich drei Strategien zur Beseitigung einer negativen sozialen Distinktheit unterscheiden (Tajfel & Turner, 1986):

- Soziale Mobilität, wenn die Gruppengrenzen durchlässig sind und ein Verlassen der Gruppe möglich ist: Assimilierung mit der überlegenen Gruppe, ohne daß Barrieren überwunden werden müssen, und Verlassen der Gruppe mit der negativen sozialen Distinktheit.
- Sozialer Wandel, wenn ein Verbleib in der unterlegenen Gruppe unumgänglich ist: direkter Wettbewerb mit der Fremdgruppe mit dem Ziel des Besserstellens der Binnengruppe, Entwicklung eines neuen Nationalismus, Bildung einer sozialen Bewegung, die im politischen Bereich Fortschritte zugunsten der Binnengruppe anstrebt.
- Soziale Kreativität, wenn keine bessere Alternative vorstellbar erscheint, die realisiert werden kann: Wechsel der wichtigen Vergleichsdimensionen (z.B. nicht wirtschaftliche Leistung, sondern historische Kontinuität ist wichtig und macht uns stolz) sowie ihr Umdeuten (wie im Beispiel der Bewertung der Hautfarbe).

Während sozialer Wandel und Soziale Kreativität kollektive Strategien darstellen, ist soziale Mobilität eine individuelle Strategie, die häufig als erste gewählt wird, wenn das Individuum mit negativer sozialer Distinktheit konfrontiert wird. Allerdings führt niedrige Durchlässigkeit der Grenzen dazu, daß individuelle Strategien an Wert verlieren und kollektive Strategien eingesetzt werden. Die gewählte kollektive Strategie hängt von der Möglichkeit der Realisierung ab. Wenn z.B. eine Sportmannschaft verloren hat, kann sie die spielerische Überlegenheit der Gewinner kaum in Frage stellen, ohne sich lächerlich zu machen. Daher wird positive Distinktheit auf weniger fixierten Merkmalen angestrebt (Lalonde, 1992).

Auf der Basis früherer Untersuchungen (Mummendey & Simon, 1989; Ellemers, van Knippenberg & Wilke, 1990) wurde Studierenden in drei Studien die Meinung vermittelt, daß sie Mitglied in einer negativ distinkten Gruppe sind bzw. Mitglied einer Gruppe ohne entsprechende Information (Jackson, Sullivan, Harnish & Hodge, 1996). Studierende in negativen Gruppen sahen sich selbst als weniger ähnlich zur Binnengruppe, und zwar unabhängig davon, ob die Gruppengrenzen durchlässig waren. Sie tendierten also dazu, sich von ihrer Binnengruppe abzugrenzen, vermutlich um soziale Mobilität zu ermöglichen. Außerdem hielten sie die ihnen zugeschriebenen negativen Eigenschaften für weniger negativ (besonders bei undurchlässigen Gruppengrenzen) und schrieben der Binnengruppe andere positive Eigenschaften intensiver zu als die Kontrollgruppe, was auf soziale Kreativität deutet. Die ausgewählten Ersatz-Positiv-Eigenschaften wurden so gewählt, daß sie die Negativinformation milderten. Wenn die Negativinformation schlechte soziale Anpassung in einem Bereich signalisierte, machte sich die Gruppe Komplimente in anderen Bereichen der sozialen Anpassung.

Diese Ergebnisse unterstützen die Annahmen von Tajfel & Turner (1986) und zeigen außerdem, daß soziale Mobilität und Soziale Kreativität parallel auftreten können, wenn eine negative soziale Distinktheit besteht. Allerdings wurde nicht bestätigt, daß Soziale Mobilität vor allem dann auftritt, wenn die Gruppengrenzen als durchlässig wahrgenommen werden. Hingegen fand sich bestätigt, daß Soziale Kreativität verstärkt wird, wenn die Gruppengrenzen als undurchlässig erscheinen. Insgesamt fanden sich viele Hinweise auf Identität-steigernde Strategien bei Personen, die feststellten, daß sie Mitglied einer negativ distinkten Gruppe waren.

2.2.3. Soziale-Struktur-Analyse

Soziale Rollen können die Inhalte von Stereotypen erklären (Hofstätter, 1966). In Übereinstimmung damit stellten Eagly & Steffen (1984) die Hypothese auf, daß der Inhalt der Stereotype den typischen sozialen Rollen entspricht, in denen die Zielpersonen des Stereotyps sich verhalten. Diese Hypothese wird durch die Zuschreibung von *Geschlechtsrollenstereotypen* belegt, die die Tätigkeit als Hausfrau *(fürsorglich, pflegend)* und Berufstätigkeit *(aktiv, durchsetzungsfähig)* reflektieren (s. auch Eagly, 1987). Frauen, die typische Männerberufe ausüben (Abteilungsleiterin), und Männer, die typische Frauenberufe ausüben (Hausmann), werden demgegenüber weniger stereotyp wahrgenommen, insbesondere von Personen, die keine traditionelle Geschlechtsrollenorientierung vertreten (Bless et al., 1992).

Aus der Perspektive dieser *Sozialen-Struktur-Analyse* ergibt sich die Hypothese, daß sich Stereotype am ehesten auflösen lassen, wenn die Rollenzuweisungen (z.B. von Männern und Frauen) sich vereinheitlichen. Da tatsächlich eine Angleichung zwischen Männern und Frauen im Hinblick auf die Berufstätigkeit zu beobachten ist, läßt sich längerfristig eine Schwächung der Geschlechtsstereotype erwarten.

2.3. Abbau von Stereotypen

Stereotype, die zu einer *Favorisierung der Binnengruppe* führen, stellen ein Problem für harmonische Beziehungen zwischen Mitgliedern unterschiedlicher ethnischer Gruppen dar. Was läßt sich tun, um Stereotype abzubauen? Klink, Hamberger, Hewstone & Avci (1997) kontrastieren drei Vorgehensweisen, die alle auf der Theorie der sozialen Identität und ihrer Unterscheidung von interpersonellem und intergruppalem Verhalten beruhen: Dekategorisierung, Intergruppen und Rekategorisierung.

Das Dekategorisierungsmodell von Brewer & Miller (1988) geht davon aus, daß individueller Kontakt über die Gruppengrenzen hinweg zu einer Verringerung von Stereotypen führt. Dafür ist wichtig, daß die Person aus der anderen Gruppe nicht als Gruppenmitglied, sondern als einzigartige Person wahrgenommen wird. Die Depersonalisierung wird durch eine Personalisierung rückgängig gemacht. Je mehr persönlicher Kontakt eintritt, desto größer wird der Widerspruch zu einer stereotypisierten und negativen Sicht von Mitgliedern der anderen Gruppe und schließlich zu der Fremdgruppe insgesamt.

Untersuchungsergebnisse (Bettencourt, Brewer, Rogers-Croak & Miller, 1992) zeigen, daß ein personalisierter Kontakt zwischen Gruppenmitgliedern das Ausmaß der Intergruppen-Diskriminierung stärker reduziert als ein depersonalisierter Kontakt. Da die Betonung auf persönlichen Kontakten mit individuellen Personen liegt, ergibt sich die Schlußfolgerung, daß der Abbau von Stereotypen nach diesem Modell auf der interpersonellen Ebene erfolgt.

Das Intergruppenmodell (Hewstone & Brown, 1986) beinhaltet die Annahme, daß Stereotype auf derselben Dimension reduziert werden können, auf der sie entstanden sind: intergruppal. Es bringt wenig für die Reduktion von Stereotypen, wenn individuelle Personen gut miteinander auskommen, ohne daß sie sich ihrer unterschiedlichen Mitgliedschaften in Gruppen bewußt sind. Denn es kann leicht passieren, daß der gute interpersonelle Kontakt auf besondere Eigenschaften der anderen Person zurückgeführt wird, die sie von typischen Mitgliedern ihrer Gruppe unterscheidet (z.B. der gute Deutsche). Es geht aber darum, die positiven Erfahrungen aus dem Kontakt mit Mitgliedern anderer Gruppen auf diese Gruppen zu generalisieren. Ein weiterer Gesichtspunkt kommt hinzu: Die positiven Eigenschaften der jeweiligen Fremd- und Binnengruppe werden bestätigt und nicht im Sinne der Gleichmacherei in Frage gestellt. Der Bestand der Gruppen steht außer Frage, es geht um eine positive Beziehung zwischen den Gruppen, die sich gegenseitig als in erwünschten Bereichen positiv anerkennen.

Untersuchungsergebnisse (Vivian, Brown & Hewstone, 1995; zit. nach Klink et al., 1997) stimmen mit diesen Annahmen überein. Engländer schätzten Deutsche positiver ein, wenn sie mit einem typischen Deutschen in Kontakt kamen, als wenn der Deutsche weniger typisch für die Deutschen war. In diesem Ansatz wird die intergruppale Ebene für die Reduzierung von Stereotypen betont.

Das Rekategorisierungsmodell von Gaertner et al. (1993) baut auf der Idee der Überwindung der Gruppengrenzen durch Gemeinsamkeit auf, wie sie auch von Sherif in seiner Konzeption von übergeordneten Zielen vertreten wurde. Wenn es gelingt, die Zugehörigkeit zu unterschiedlichen Gruppen als zweitrangig erscheinen zu lassen und stattdessen die Mitgliedschaft in einer übergeordneten gemeinsamen Gruppe in den Vordergrund zu rücken, verlieren Intergruppen-Stereotype an Bedeutung. Im Idealfall entsteht eine gemeinsame soziale Identität, die durch ein *wir* gekennzeichnet ist.

Ergebnisse zeigen, daß dieses Modell erfolgreich angewandt werden kann (Gaertner, Mann, Murell & Dovidio, 1989). Die Hervorhebung von Gemeinsamkeiten trägt dazu bei, daß Mitglieder fremder Gruppen in der Attraktivität steigen. Das Modell nutzt die positive soziale Distinktheit in Gruppen, indem es die Bildung einer umfassenderen Gruppe nahelegt, die an die Stelle der früheren Gruppenmitgliedschaften tritt.

Für alle drei Modelle findet sich empirische Unterstützung (Klink et al., 1997). Sie sind nicht widersprüchlich, sondern ergänzen sich gegenseitig (Hewstone, 1996) und sind in unterschiedlichen Situationen mögliche Optionen für die Reduktion von Stereotypen. Wenn es z.B. als illusorisch erscheint, eine gemeinsame Gruppe zu bilden, bietet das Intergruppenmodell eine gute Alternative. Wenn andererseits vielfältige persönliche Kontakte zwischen den Mitgliedern unterschiedlicher Gruppen aufgebaut werden können, die sich in ihr alltägliches Leben (z.B. in der Schule) integrieren lassen, kann das Dekategorisierungsmodell angewandt werden.

Gegenwärtig stellt die multikulturelle Gesellschaft ein Diskussionsthema dar, das auf eine vorurteilsfreie Atmosphäre in der Gesellschaft verweist (Thomas, 1996). Kulturübergreifende Gemeinsamkeit in einer Gesellschaft stellt ein zentrales Thema kulturvergleichender Psychologie dar (Triandis, 1994). Wichtige Fragen in diesem Zusammenhang beziehen sich darauf, welche Faktoren den Erfolg der Immigration bestimmen und welche Schwierigkeiten zu berücksichtigen sind.

3. Einstellung und Verhalten

Eine empirische und begriffliche Analyse der Beziehung zwischen Einstellung und Verhalten wurde von Fishbein & Ajzen (1975) vorgelegt. Sie unterscheiden vier Elemente von Einstellungen:

- Handlung,
- Ziel der Handlung,
- Kontext der Handlung,
- Zeitpunkt der Handlung.

Folgende Aussage ist in jedem dieser vier Elemente spezifiziert: »Heute nachmittag um fünf Uhr mit Georg einen Tee im Café Barfuß trinken.« In allen Elementen unspezifiziert ist das Item 'Gesellig sein'.

Man kann also vier Dimensionen der Spezifität unterscheiden. Je nachdem, ob diese Dimensionen in der Einstellung und im Verhalten (bzw. in der Vehaltensintention) übereinstimmen oder nicht, sollte die Korrelation zwischen Einstellung und Verhalten hoch oder niedrig ausfallen.

Verhaltenskriterien sind in vierfacher Hinsicht spezifisch, da sie sich auf eine einmalige Handlung, spezifiziert in Ziel, Kontext und Zeit beziehen. Durch multiple Beobachtungen kann über eine oder mehrere Dimensionen generalisiert werden.

Einstellungsindikatoren spezifizieren meist nur das Ziel (wie Kirche, ethnische Gruppen, politische Parteien) und lassen die übrigen Dimensionen unspezifiziert. Möglich wäre aber auch eine Festlegung von Handlung, Kontext und Zeit. Eine hohe Korrelation zwischen Einstellung und Verhaltensindikator ist dann zu erwarten, wenn alle vier Elemente in ihrer Einstellungs-Entität und in ihrer Verhaltens-Entität übereinstimmen. Wenn z.B. das Verhalten durch den Kirchenbesuch am nächsten Sonntag konstituiert wird, dann sollte sich die Einstellungsmessung auch auf den 'Kirchenbesuch am nächsten Sonntag' beziehen.

Im allgemeinen sind zwei der vier Elemente von zentraler Bedeutung: *Handlung und Ziel.* Dementsprechend lassen sich zwei Formen von Einstellungen unterscheiden:

- *Einstellung gegenüber einem Ziel* (nur das Ziel ist spezifiziert),
- *Einstellung gegenüber einer Handlung* (Ziel und Handlung sind spezifiziert).

Auf der Verhaltensseite lassen sich analog unterscheiden:

- Spezifizierung des Ziels bei verschiedenen Handlungen = *Kriterium multipler Handlungen,*
- Spezifizierung von Ziel und Handlung = *Kriterium einmaliger Handlung.*

Korrespondenz ist gegeben zwischen

- Einstellungen zu Zielen und Kriterien multipler Handlungen,
- Einstellungen zu Handlungen und Kriterien einmaliger Handlungen.

Zusammenfassend kann man feststellen, daß eine niedrige Konsistenz zwischen Einstellung und Verhalten auf eine niedrige Korrespondenz der Entitäten von Einstellungen und Verhalten zurückgeführt werden kann. So erfaßten Fishbein & Ajzen (1974) z.B. die Einstellungen zur Religion mit Semantischem Differential, Likert-Skala, Guttman-Skala und Thurstone-Skala sowie mit einer Ratingskala, auf der man einschätzen sollte, ob man der Religion positiv oder negativ gegenüberstand. Likert-Skala, Guttman-Skala und Thurstone-Skala wurden aus verschiedenen Arbeiten über die Einstellung zur Religion entnommen.

Alle Skalen erfassen eine Einstellung gegenüber einem Ziel (der Kirche). Daher ist zu erwarten, daß sich niedrige Korrelationen mit Kriterien einmaliger Handlungen finden sollten und hohe Korrelationen mit einem Kriterium multipler Handlungen. Die Ergebnisse entsprechen dieser Erwartung. Einstellungsskalen zur Religion korrelieren hoch mit einem multiplen Verhaltenskriterium religiösen Verhaltens, das 100 Verhaltensweisen berücksichtigt (durchschnittliche Korrelation .63; Fishbein & Ajzen, 1974). Hingegen ist die Korrelation zwischen Einstellung und einzelnen Verhaltenskriterien sehr niedrig (im Durchschnitt .14).

Mummendey (1979) befragte Fernsehzuschauer über fünf Wochen regelmäßig, wieviel Zeit sie in der darauffolgenden Woche für Fußballsendungen investieren wollten, »wenn es nach meinen persönlichen Wünschen geht und nichts dazwischenkommt«. Die Untersuchung wurde während der Fußballweltmeisterschaft 1978 durchgeführt. Die Einstellungswerte wurden mit dem tatsächlichen Sehverhalten in der jeweils folgenden Woche in Beziehung gesetzt, wie es von einem Partner des Fernsehzuschauers beobachtet wurde. Als Verhaltensmaß diente die Anzahl der Sendungen aus der Kategorie Fußball, die während einer Woche gesehen wurden.

Über fünf Wochen der Untersuchung hinweg ergab sich eine Korrelation von .45 zwischen Einstellung und Verhalten. Diese Korrelation ist relativ hoch, wie der Vergleich mit anderen Programmkategorien zeigt (wie Nachrichten, Filme), vermutlich deshalb, weil die Fußballweltmeisterschaft das Einstellungsobjekt Fußball besonders wichtig werden ließ. Es ergab sich eine noch wesentlich höhere (kanonische) Korrelation von .75, wenn die Einstellung, gemessen zu den fünf Zeitpunkten, mit dem Verhalten, ebenfalls gemessen zu fünf Zeitpunkten, in Beziehung gesetzt wurde.

Diese Untersuchungsergebnisse verdeutlichen, daß Einstellungen zur Vorhersage von Verhalten geeignet sind (s. Ajzen, 1982, 1988). Eine Voraussetzung dafür scheint darin zu bestehen, daß das Einstellungsobjekt für den Beurteiler einen hohen Stellenwert hat. Außerdem erweist es sich als wichtig, daß sowohl die Einstellung als auch das Verhalten zu mehreren Zeitpunkten und/oder in mehreren Bereichen erfaßt wird (s. Siegmund & Fisch, 1983).

In den folgenden Abschnitten werden Determinanten der Einstellungs-Verhaltens-Relation diskutiert, und zwar einerseits individuelle Unterschiede und andererseits situative Einflüsse.

3.1. Individuelle Unterschiede in der Beziehung zwischen Einstellung und Verhalten

3.1.1. Self-Monitoring

Self-Monitoring (s. Abschnitt IV.1.3.) ist für die Beziehung zwischen Einstellung und Verhalten unmittelbar von Bedeutung:

- Hohe Werte bedeuten, daß das Verhalten eher situationsspezifisch und instabil sein sollte, da es von den jeweils dominierenden sozialen Einflüssen und Zwängen abhängt.
- Niedrige Werte zeigen an, daß das Verhalten über unterschiedliche Situationen konsistenter ist und zeitlich stabiler.

In Übereinstimmung mit dieser Charakterisierung wurde festgestellt, daß Personen, die durch ein niedriges Self-Monitoring gekennzeichnet sind, eine größere Einstellungs-Verhaltens-Konsistenz zeigen als Personen, die durch ein hohes Self-Monitoring gekennzeichnet sind (Ajzen, Timko & White, 1982; Snyder & Swann, 1976).

Zanna et al. (1980) baten ihre Beurteiler anzugeben, wie sehr sie sich von Situation zu Situation in ihrer Religiosität unterscheiden und wie ihre Einstellung zur Religion sei. Außerdem füllten die Beurteiler den Self-Monitoring-Fragebogen aus. Etwa einen Monat danach gaben sie an, mit welcher Häufigkeit sie in der Zwischenzeit zwei religiöse Aktivitäten ausgeübt hatten (Gottesdienst besuchen, beten). Die Korrelation zwischen Einstellung zur Religion und religiösem Verhalten war besonders hoch bei niedrigen Self-Monitorern, die die Variabilität als gering eingeschätzt hatten (r = .52).

Zanna & Olson (1982) nehmen an, daß niedrige Variabilität nur dann die Einstellungs-Verhaltens-Konsistenz erhöht, wenn innere Maßstäbe für das Verhalten dominieren (also bei niedrigen Self-Monitorern). Diese Annahme fand in zwei Untersuchungen eine tendenzielle Bestätigung (Olson & Zanna, 1980; Coreless & Zanna, 1980, jeweils zitiert nach Zanna & Olson, 1982), in denen eine größere Zahl von Einstellungsbereichen berücksichtigt wurde (etwa zu Fernsehen, Alkohol trinken oder Jeans tragen), direktere Verhaltensmaße aufgrund von Tagebuchaufzeichnungen benutzt wurden und schließlich auch einmalige Entscheidungen (z.B. für oder gegen eine Petition zum Energiesparen, die unterschrieben werden sollte) aufgrund der relevanten Einstellung vorausgesagt werden sollten.

3.1.2. Persönliche Normen und Verneinung der Verantwortung

Fishbein & Ajzen (1975) gehen von der Annahme aus, daß Verhaltensintentionen und damit auch das Verhalten selbst von den Meinungen über die Konsequenzen des Verhaltens und von den normativen Meinungen abhängen. Normative Meinungen beziehen sich auf die Annahmen darüber, wie sich wichtige Bezugspersonen zu einem Einstellungsbereich äußern werden. Wenn etwa ein Beurteiler glaubt, daß seine Eltern den Gottesdienstbesuch für wichtig halten und wenn er/sie außerdem motiviert ist, diesen normativen Erwartungen Folge zu leisten, sollte seine religiöse Verhaltensintention unabhängig von der Einschätzung der Konsequenzen intensiviert werden.

Persönliche Normen sind für sich genommen gute Prädiktoren des Verhaltens (Manstead & Parker, 1995). In einer Untersuchung von Schwartz & Tessler (1972) wurden die Beurteiler u.a. gefragt, ob sie sich persönlich verpflichtet fühlen würden, einem engen Verwandten, der auf eine bestimmte Transplantation angewiesen sei, zu helfen. Diese persönliche Norm korrelierte .38 mit der Reaktion auf eine Anfrage, sich als Knochenmarkspender zur Verfügung zu stellen, die drei Monate nach der Erfassung der persönlichen Norm zur Spende von Knochenmark erfaßt wurde (das Verhaltensmaß variierte von 0 = nicht interessiert bis 3 = interessiert, mit der Bitte um Arztanruf für einen Termin zur Durchführung von Bluttests).

In einer weiteren Untersuchung, die sich mit der Bereitschaft zu Knochenmarkspenden beschäftigte (Schwartz, 1973), erhielten 253 weibliche Angestellte einen Fragebogen, der durch eine medizinische Gesellschaft versandt wurde. In diesem Fragebogen wurde auch die persönliche Norm erfragt, wie groß die moralische Verpflichtung sei, einem Fremden, der auf eine Knochenmarkspende angewiesen sei, Knochenmark zu spenden. Außerdem füllten die Befragten einen Fragebogen aus, der die Tendenz zur Verneinung von Verantwortung messen soll-

te. Diese Persönlichkeitsdimension bezieht sich auf die Frage, ob man geneigt ist, die Verantwortung für Konsequenzen des Handelns abzuschieben und zu leugnen. Eine typische Frage lautet:
»Berufliche Verpflichtungen können niemals die Vernachlässigung des Wohlergehens anderer rechtfertigen.«
Nach drei Monaten erhielten die Befragten eine schriftliche Anfrage von einem berühmten Transplantationsspezialisten der örtlichen Universität, in der sie nach ihrer Einwilligung gefragt wurden, in den Pool der Knochenmarkspender aufgenommen zu werden. Die Korrelation zwischen persönlicher Norm und Verhaltensbereitschaft war bei den Personen am höchsten (r = .44), die wenig zur Verneinung der Verantwortung neigten. Bei der mittleren Gruppe betrug die Korrelation noch .27, während sie in der Gruppe, die am stärksten eine Verneinung der Verantwortung erkennen ließ, praktisch Null war (r = .01). Persönliche Normen erwiesen sich also als wichtige Verhaltensdeterminanten, aber nicht bei den Personen, die zu einer Verneinung der Verantwortung neigten.
In einer Längsschnittstudie (Schwartz, 1978) wurde deutlich, daß die Bereitschaft, entsprechend den persönlichen Normen zu handeln, auch davon abhängt, wie stabil diese Normen sind. Damit wird das Bem & Allen-Argument (1974) bedeutsam, daß nur bei stabiler Selbsteinschätzung eine *transsituationale Konsistenz* zu erwarten ist. In dieser Untersuchung wurde die Stabilität über die Zeit aber nicht erfragt, sondern direkt erfaßt, indem im Abstand von drei Monaten die persönlichen Normen zu altruistischen Handlungen gemessen wurden. Weitere drei Monate später wurde in einem offiziellen Schreiben der örtlichen Blindenschule um die Mitarbeit bei der Betreuung von Blinden geworben. Die Befragten konnten je nach ihrer Bereitschaft unterschiedliche Stundenzahlen nennen.
Die Ergebnisse waren eindeutig. Die Korrelation zwischen persönlichen Normen und altruistischer Verhaltensbereitschaft hing von der Stabilität/Instabilität der persönlichen Normen ab. Bei hoher Stabilität zwischen den beiden Messungen waren die Korrelationen mit der Hilfsbereitschaft relativ hoch (r = .47 bzw. r = .32 bei drei bzw. sechs Monaten Abstand), während sie bei geringer Stabilität sehr niedrig waren (r = -.03 bzw. r = .07). Offensichtlich ist Stabilität in der Selbsteinschätzung der persönlichen Normen eine wichtige Voraussetzung für das Auftreten einer Einstellungs-Verhaltens-Konsistenz.

3.1.3. Affektiv-kognitive Konsistenz

Wir hatten bei der Definition der Einstellung gesehen, daß sich ein Zwei-Komponenten-Ansatz, der Meinungen und Bewertungen berücksichtigt, als günstig erweist. In einer Nachanalyse der Fishbein & Ajzen-Untersuchung zu religiösem Verhalten (1974) fanden Bagozzi & Burnkrant (1979), daß die Daten nicht mit einem Ein-Komponenten-Ansatz, wohl aber mit einem Zwei-Komponenten-Ansatz verträglich waren. Das widerspricht der Auffassung von Fishbein & Ajzen (1975), daß Einstellungen als Bewertungen (etwa mit dem semantischen Differential gemessen) anzusehen sind.
Stattdessen kann zwischen einer affektiven und einer kognitiven Einstellungskomponente unterschieden werden. Allerdings erwies sich die affektive Komponente als bedeutsamerer Prädiktor des religiösen Verhaltens als die kognitive Komponente.

Das führt zu der Vermutung, daß die Einstellungs-Verhaltens-Konsistenz davon abhängt, ob eine *affektiv-kognitive Konsistenz* der Einstellung besteht (Norman, 1975). Ausgehend von der Annahme, daß bei niedriger affektiv-kognitiver Konsistenz Einstellungen durch Instabilität gekennzeichnet sind (Rosenberg, 1968), überprüfte Norman die Hypothese, daß die Einstellung zur Teilnahme an psychologischen Experimenten nur dann ein guter Prädiktor der Bereitschaft zur tatsächlichen Teilnahme ist, wenn eine hohe affektiv-kognitive Konsistenz besteht.

Die affektive Komponente wurde erfaßt, indem die Teilnahme an einem Experiment als generell positiv oder negativ eingeschätzt wurde. Die kognitive Komponente wurde gemessen, indem mögliche Konsequenzen der Teilnahme eingeschätzt wurden. So sollte etwa angegeben werden, inwieweit man glaubt, daß die Teilnahme zu einer Steigerung des Wissens über sich selbst führt und wie positiv dieses Ziel bewertet wird. Über zwölf solcher Konsequenzen wurden die Produkte der Urteile gebildet und anschließend zu einem kognitiven Index summiert.

Beurteiler, die die Teilnahme an psychologischen Experimenten gleichermaßen positiv oder negativ in beiden Indices einschätzten, wurden als hoch konsistent eingestuft. Bei Abweichungen zwischen der affektiven und kognitiven Komponente erfolgte eine Klassifikation als niedrig konsistent. Generell fand sich, daß die Korrelation zwischen Einstellung und Bereitschaft, unbezahlt und ohne Vpn-Stunden-Vergütung an einem Experiment teilzunehmen, nur bei hoher affektiv-kognitiver Konsistenz durchgehend hoch war.

Eine weitergehende Überlegung besteht darin, daß nur bei niedriger affektiv-kognitiver Konsistenz *Selbstwahrnehmungseffekte* auftreten sollten, wie sie von Bem (1972) für den Fall vorausgesagt wurden, daß internale Standards schwach und widersprüchlich sind (Chaiken & Baldwin, 1981). Insofern läßt sich die affektiv-kognitive Konsistenz als ein Indikator für die Frage auffassen, ob eine Einstellung gut artikuliert und durchdacht ist. Nur wenn die Einstellung (für oder gegen ein ökologisch bewußtes Verhalten) schwach artikuliert war, ließ sie sich durch semantische Manipulationen mit der Methode von Salancik & Conway (1975, s. Abschnitt III.2.2.1.) in die eine oder andere Richtung beeinflussen.

3.2. Unter welchen situativen Umständen werden Einstellungen für Verhaltensvoraussagen relevant?

3.2.1. Direkte Erfahrung als Voraussetzung für Einstellungs-Verhaltens-Konsistenz

Eine wichtige Hypothese besagt, daß Einstellungen, die durch *direkte Interaktion mit dem Einstellungsobjekt* geformt worden sind, einen stärkeren richtenden und dynamischen Einfluß auf Verhalten ausüben als Einstellungen, die aus externalen Quellen abgeleitet sind (Regan & Fazio, 1977). Ein Überblick über die Untersuchungen (Fazio & Zanna, 1981) zeigt, daß diese Hypothese empirisch gut bestätigt ist (s. auch Doll & Mallü, 1990, die die Bedingung direkter Erfahrung als Antizipationspotential bezeichnen).

Im Herbst 1973 brach eine Wohnungskrise unter den Studenten der Cornell Universität aus, von denen viele für längere Zeit in Notquartieren untergebracht werden mußten. Von diesen Studenten kann angenommen werden, daß sie eine direkte Erfahrung mit der Wohnungsnot gemacht hatten. Außerdem wurden die Studenten befragt, die von Anfang an in einer festen Wohnung untergebracht waren und die somit nicht zu Opfern der Wohnungsnot geworden waren. Die Einstellung zur Wohnungsnot wurde durch Fragen nach ihrer Bewertung (z.B. wie sehr die Studenten unter der Not gelitten hätten) und durch Fragen nach der Effektivität von Studentenprotesten erfaßt (Regan & Fazio, 1977).

Für beide Studentengruppen getrennt wurden diese Einstellungswerte mit verschiedenen Maßnahmen in Beziehung gesetzt, die die Befragten bereit waren auszuführen (z.B. eine Petition unterschreiben, sich zur Mitarbeit in einem Komitee einschreiben). Auf einer Skala, die die Intensität der unterschiedlichen Verhaltensalternativen erfaßte (z.B. war die Mitarbeit in einem Komitee ein »schwierigeres« Verhaltensitem als eine Unterschrift zu leisten), wurde das direkte Verhalten in bezug auf die Wohnungskrise gemessen. Die Ergebnisse waren eindeutig: In der Gruppe, die von Anfang an eine feste Bleibe gefunden hatte, fand sich eine Nullkorrelation zwischen Einstellung und Verhalten (z.B. .037 zwischen Bewertung der Krise und Verhaltensskala). Hingegen ergab sich eine wesentlich höhere Korrelation von .421 für die Gruppe der Studenten, die anfänglich in Notunterkünften untergebracht worden war.

In einer späteren Untersuchung (Fazio & Zanna, 1978) wurde gezeigt, daß die Validität der Einstellungsmessung für die Verhaltensvorhersage kontinuierlich mit dem Ausmaß der direkten Erfahrung mit dem Einstellungsobjekt zunimmt: je mehr Erfahrung, desto höhere Validität. Auch wenn man sich in eine andere Person hineinversetzt hat, die eine direkte Erfahrung macht, ist die Erfassung der eigenen Erfahrung zu der dargestellten Thematik valider, als wenn man zuvor nur sorgfältig zugehört hat, ohne sich in die Perspektive der anderen Person hineinzuversetzen (Fazio, Zanna & Cooper, 1978).

Fazio & Zanna (1981) erklären die erhöhte Einstellungs-Verhaltens-Konsistenz bei direkter Erfahrung mit dem Einstellungsobjekt damit, daß

● direkte Erfahrung mehr Informationen über das Einstellungsobjekt zugänglich macht
● und zu der Bildung von Einstellungen führt, deren Zugänglichkeit im Gedächtnis hoch ist.

3.2.2. Selbst-Fokus

Ein *hoher Selbst-Fokus* läßt sich z.B. mit Hilfe eines Spiegels hervorrufen. Eine andere Möglichkeit besteht darin, daß eine Videokamera auf die Versuchsperson gerichtet ist. Carver (1979) beschreibt den Zustand eines hohen Selbst-Fokus als durch ein *hohes Bewußtsein* internaler *Zustände* bestimmt. Die bessere Zugänglichkeit internaler Erfahrungen zeigt sich z.B. darin, daß sich Falschinformationen über den Erregungszustand der Person weniger stark auswirken (Gibbons, Carver, Scheier & Hormuth, 1979) und die Beurteilung sexueller Stimuli durch unterschiedliche Vorinformationen weniger verzerrt wird (Scheier, Carver & Gibbons, 1979). Bei hohem Selbst-Fokus wird also die *Suggestibilität* reduziert.

In diesem Zusammenhang ist auch darauf hinzuweisen, daß wiederholt gezeigt wurde (s. Wicklund, 1982), daß Einstellungen das entsprechende Verhalten dann besser vorhersagen, wenn die Einstellungen so erhoben wurden, daß die Befragten sich möglichst intensiv auf ihre eigenen Gedanken und Vorstellungen konzentrieren konnten. Wenn Einstellungen vor einem Spiegel erfaßt werden, ist die Einstellungs-Verhaltens-Konsistenz größer, als wenn sie bei niedrigem Selbst-Fokus erfaßt werden (Carver, 1975; Hormuth, 1982; Pryor, Gibbons, Wicklund, Fazio & Hood, 1977). Die größere Genauigkeit in der Voraussage von Einstellungen auf Verhaltensweisen ist Ausdruck der Tatsache, daß hoher Selbst-Fokus die *Zugänglichkeit relevanter Gedächtnisausschnitte* für die Befragten erhöht.

Aus diesen Analysen ergibt sich die Konsequenz, daß die Einstellungs-Verhaltens-Konsistenz bei hoher Zugänglichkeit relevanter Informationen groß sein sollte. Diesem Gedanken folgend gaben Snyder & Kendzierski (1982) einem Teil ihrer Versuchsteilnehmer Gelegenheit, intensiv über ihre Einstellung nachzudenken und so ihre generellen Auffassungen, Gefühle und Meinungen in Einklang zu bringen.

Diese Prozedur erhöhte die Einstellungs-Verhaltens-Konsistenz bei solchen Personen, die auf der Dimension des *Self-Monitoring* niedrige Werte aufwiesen, während pragmatische, auf Selbstdarstellung bedachte Personen in ihrer Konsistenz auf diese Weise nicht beeinflußt wurden. Im nächsten Abschnitt wird eine Technik dargestellt, die offensichtlich auch die zuletzt genannte Personengruppe zu einer höheren Korrespondenz zwischen Einstellung und Verhalten veranlaßt.

3.2.3. Das Selbstbild, so zu handeln, wie man denkt

Das Selbstbild, so zu handeln, wie man denkt, läßt sich z.B. durch falsches Persönlichkeitsfeedback hervorrufen. Nachdem man einen Persönlichkeitstest ausgefüllt hat, erfährt man, daß man eine Person ist, die so handelt, wie sie denkt (McArthur, Kiesler & Cook, 1969). Auf diese Weise vorbereitet, sollte die Einstellungs-Verhaltens-Konsistenz erhöht werden.

Diese Idee läßt sich mit der *Theorie der Selbstwahrnehmung* in Zusammenhang bringen. Rufe die Selbstwahrnehmung hervor, daß du so handelst, wie du sprichst, und die Konsistenz zwischen Reden und Handeln wird erhöht! Schon McArthur et al. (1969) hatten das festgestellt. Aber es dauerte ein Jahrzehnt, bis die Implikationen dieser Ergebnisse erkannt wurden (Snyder, 1982)

Auf der Suche nach einer Technik, die die Einstellungs-Verhaltens-Konsistenz bei niedrigen und hohen Self-Monitorern gleichermaßen erhöht, versuchten Snyder & Kendzierski (1982) eine »Tu es«-*Motivation* auszulösen. In ihrer ersten Untersuchung informierten sie die Versuchsteilnehmer darüber, daß ihr Verhalten einen Einfluß auf zukünftige Entscheidungen haben werde. Konfrontiert mit der Tatsache, daß ihr Verhalten über den Tag hinaus von Bedeutung sein würde, handelten die Versuchsteilnehmer stärker in Übereinstimmung mit ihren Einstellungen. Die Instruktion rief eine Selbstdarstellung hervor, die durch das Motiv bestimmt war, die eigenen Einstellungen zum Ausdruck zu bringen.

Auf diese Weise läßt sich bei den Befragten eine Überzeugung des »was man denkt, sollte man auch tun« hervorrufen. In einem zweiten Experiment wurde die Wirksamkeit eines »Tu es«-Selbstbildes erneut unter Beweis gestellt. Die Versuchsteilnehmer wurden in einem Warteraum mit zwei Personen konfrontiert, die sich über die Frage unterhielten, ob man an psychologischen Experimenten teilnehmen sollte oder nicht. Aus einem Anschlag ging hervor, daß Versuchspersonen gesucht würden, wobei aber der Zeitaufwand groß (je eine Stunde an zwei Tagen der kommenden Woche) und die Bezahlung schlecht (1,50 Dollar insgesamt) war. Ein Verbündeter las das Plakat laut vor und fragte dann den anderen, ob er teilnehmen sollte oder nicht. In der *Versuchsbedingung* lautet die Antwort:

»Ich glaube, ob Du es tust oder nicht, ist wirklich abhängig davon, als wie lohnend Du Experimente einschätzt.«

In der *Kontrollbedingung* antwortete der Verbündete im Sinne von »Du kannst mich mal«.

Später wurde die echte Versuchsperson gefragt, ob sie bereit sei, an dem angekündigten Experiment teilzunehmen. In der Versuchsbedingung stimmten 60% zu, in der Kontrollbedingung nur 25%. Die Ausprägung des Self-Monitoring war dabei ohne Auswirkung.

Wenn man bedenkt, daß das Angebot der Versuchsteilnahme nicht gerade lukrativ war, sind 60% Zustimmung beeindruckend. Das Verhaltensbeispiel erzeugte einen individuellen Plan, mit den Einstellungen übereinstimmend zu handeln. Diese Handlungsstruktur ist dadurch gekennzeichnet, daß folgende Sequenz abläuft (Snyder & Kendzierski, 1982):

● Habe ich eine allgemeine Einstellung, die für diese spezifische Situation relevant ist?

● Welche Handlungsweise legt mir diese Einstellung nahe, in dieser Situation zu zeigen?

● Wenn meine Einstellung besagt, daß ich etwas tun sollte, dann ist es das, was ich tun muß.

Offensichtlich ist die Strategie der Hervorrufung eines »Tu es«-Selbstbildes von großer praktischer Bedeutung. Nicht zuletzt erhält die einzelne Person auf diese Weise die Möglichkeit, ihr Leben mit Handlungen zu füllen, die angemessen ihre eigenen Einstellungen reflektieren, und anderen mitzuteilen, was sie wirklich denkt. Das ist im übrigen ein Lebensstil, wie er vor allem bei niedrigem Self-Monitoring zu finden ist (Snyder, 1982)

4. Konsistenz und Dissonanz

Es gibt kaum eine Theorie in der Sozialpsychologie, die so vielfältige Anwendungsmöglichkeiten gefunden hat wie die Dissonanztheorie von Festinger (1957), die von Wicklund und Brehm (1976) und von Irle und Möntmann (1978) zusammengefaßt wurde. Im folgenden werden die wichtigsten Paradigmen der Theorie dargestellt: Wahlsituationen, einstellungskonträres Verhalten, Anstrengungsrechtfertigung und selektive Informationsaufnahme. Daran anschließend werden die Weiterentwicklung der Dissonanztheorie und ihre Anwendungen diskutiert.

4.1. Wahlsituationen, in denen sich eine Person zwischen zwei Alternativen entscheiden muß

Entscheidungskonflikte sind im Alltag häufig anzutreffen, wenn die Alternativen in ihrer Attraktivität nahezu identisch sind. Das könnte etwa dann der Fall sein, wenn ein Käufer, der sowohl von Elton John als auch von Rod Steward begeistert ist, zwischen einer CD des einen und einer des anderen entscheiden muß. In einer solchen Entscheidungssituation ist es naheliegend anzunehmen, daß die Präferenz für die eine oder andere Alternative häufig wechselt. Schon Kleinigkeiten wie die Verpackung können dazu beitragen, daß die Bevorzugung einer Alternative gegenüber der anderen revidiert wird. So kann es sein, daß letztlich die Wahlentscheidung mehr oder weniger zufällig auf eine der beiden CDs fällt, die im Moment des Kaufs gerade präferiert wird.

In seinem Buch über Konflikt, Entscheidung und Dissonanz hat Festinger (1964) solche Entscheidungskonflikte genauer analysiert. Während in der *Vorentscheidungsphase* keine eindeutige Präferenz erkennbar ist, wird in der *Nachentscheidungsphase* vorhergesagt, daß ein »*Spreading-Apart-Effekt*« auftritt, der darin besteht, daß die gewählte Alternative in ihrer Attraktivität erhöht wird, während die nichtgewählte Alternative in ihrer Attraktivität verringert wird.

Was wird durch einen solchen Spreading-Apart-Effekt erreicht? Zunächst einmal kann festgestellt werden, daß der Käufer sich vermutlich besser fühlt, wenn er die Dissonanzreduktion in der genannten Weise durchgeführt hat, da der innere Spannungszustand, der daraus resultiert, daß die nichtgewählte Alternative auch sehr attraktiv ist, abgebaut wird. Im nachhinein erscheint es so, als wenn die Wahl nicht anders hätte ausfallen können, als sie ausgefallen ist. Damit wird der Status quo gerechtfertigt und mögliche Zweifel, die die Entscheidung belasten könnten, werden vermieden.

Eine solche Rechtfertigung einer Entscheidung scheint sinnvoll zu sein, wenn die Entscheidung irreversibel ist, das heißt, daß sie nicht rückgängig gemacht werden kann. Die Irreversibilität ist aber das Merkmal vieler Entscheidungen im Alltagsleben, die, wenn sie einmal gefallen sind, längerfristige Gültigkeit beanspruchen können. Das gilt etwa auch, wenn sich ein Rekrut zwischen zwei Ausbildungsgängen bei der Bundeswehr entscheiden muß. Die Entscheidung schafft Fakten, deren Bedeutung für das weitere Leben sehr groß sein kann.

Durch welche Faktoren wird der Spreading-Apart-Effekt ausgelöst? Eine globale Antwort besteht darin, daß eine Dissonanzreduktion einsetzt, durch die der unangenehme Zwiespalt, der nach der Entscheidung empfunden wird, abgebaut wird. Festinger (1964) macht aber noch eine spezifischere Annahme: Danach ist es das *Bedauern* über die entgangene Alternative, die letztlich den Spreading-Apart-Effekt auslöst. Im ersten Moment nach der Entscheidung bedauert die Person, daß sie nicht die andere Alternative, die ebenfalls sehr attraktiv ist, gewählt hat, da ihr diese Alternative nun entgangen ist. Dieses Bedauern schafft einen unangenehmen Spannungszustand, der dazu tendiert, durch Abwertung der nichtgewählten Alternative und Aufwertung der gewählten Alternative abgebaut zu werden (Walster, 1964).

Zusammenfassend kann festgestellt werden, daß sich die Nachentscheidungsphase systematisch von der Vorentscheidungsphase unterscheidet. Das ist ein Beleg dafür, daß Entscheidungen eine besondere psychologische Bedeutung aufweisen, die damit zusammenhängt, daß sie irreversibel und für den weiteren Verlauf der Dinge bestimmend sind. Darüber hinaus ist in der Nachentscheidungsphase zwischen einer Phase des Bedauerns, die unmittelbar auf die Entscheidung folgt, und einer Phase der Dissonanzreduktion, die das Bedauern beendet, zu unterscheiden.

4.2. Einstellungskonträres Verhalten: Wie es sich auswirkt, wenn mein Verhalten gegen meine Überzeugungen verstößt

Wir werden immer wieder mit Situationen konfrontiert, in denen wir unser Verhalten nicht in Übereinstimmung mit unseren Einstellungen bringen können. Das gilt z.B. für Jugendliche, die sich in ihrem Verhalten an die Vorstellungen der Eltern anpassen, obwohl ihre Einstellungen dem widersprechen. Es gilt aber z.B. auch dann, wenn eine ökologisch orientierte Person einen Kleinwagen kauft, dessen Abgaswerte ungewöhnlich schlecht ausfallen. Wie wirkt es sich aus, wenn das Verhalten mit der Einstellung im Widerspruch steht? Die Beantwortung dieser Frage, die ein zentrales Thema der Dissonanztheorie darstellt, läßt sich nicht auf einen einfachen Nenner bringen. Vielmehr ist zu berücksichtigen, welche Anreize, Belohnungen und Vorteile auftreten, die mit dem einstellungskonträren Verhalten kontingent sind.

Wenn eine Person eine geringe Belohnung für ein einstellungskonträres Verhalten erhält, wird sie sich die Frage stellen, warum sie ihre Einstellungen verletzt hat. Sie wird sich z.B. fragen: Wie konnte ich nur? oder: Was ist denn mit mir los? Diese Fragen lösen einen Prozeß aus, der zu einer *Einstellungsänderung* führen kann. Da die Person ihr Verhalten nicht verändern kann, weil es nicht rückgängig zu machen ist, bleibt ihr nur die Möglichkeit, ihre Einstellungen mit dem Verhalten in Übereinstimmung zu bringen, um das unangenehme Spannungsgefühl, das aus dem Widerspruch zwischen Verhalten und Einstellung resultiert, abzustellen.

Die Situation sieht ganz anders aus, wenn eine Person für ein einstellungskonträres Verhalten eine hohe Belohnung bekommt. In diesem Fall kann sie sich darauf zurückziehen, daß ihr ungewöhnliches Verhalten durch die hohe Belohnung gerechtfertigt ist. Während eine geringe Belohnung eine *unzureichende Rechtfertigung* für das Verhalten darstellt, was sich dann in psychologischen Rechtfertigungsversuchen niederschlägt, stellt eine hohe Belohnung eine hinreichende Rechtfertigung dar, die weitere Erwägungen überflüssig macht. Insofern ergibt sich die Vorhersage, daß eine große Belohnung nur wenig Einflüsse auf die Einstellung ausüben sollte, während eine geringe Belohnung bei einstellungskonträrem Verhalten zu einer Einstellungsänderung in Richtung des Verhaltens beitragen sollte (Festinger und Carlsmith, 1959). Bei einem Anreiz, der knapp ausreichend ist, um das erwünschte Verhalten zu motivieren, sollte die Dissonanzreduktion maximal ausfallen und die Änderung der eigenen Meinung sollte am größten sein.

Voraussetzung ist dafür, daß die Person den Eindruck hat, daß sie sich frei entschieden hat. Freiheit der Wahl ist aber ein Merkmal, das viele Gesichter hat. Es reicht nämlich schon aus, wenn die Illusion der Freiheit gegeben ist. Im Alltag und in vielen Experimenten zur Dissonanztheorie wird den Personen der Eindruck vermittelt, daß sie sich frei entscheiden können, obwohl sie in eine bestimmte Situation hineinmanipuliert werden. Tatsächlich ist es so, daß in den Bedingungen, in denen Freiheit der Wahl herrscht, nahezu alle Personen sich im Sinne des Versuchsleiters entscheiden. Daher kann nicht davon die Rede sein, daß tatsächlich Freiheit der Wahl gegeben war, denn eine freie Wahl würde implizieren, daß sich auch Personen für die andere Alternative – nämlich das einstellungskonsistente Verhalten – entscheiden.

Da sich aber alle Personen dafür entscheiden, das einstellungskonträre Verhalten zu zeigen, kann es sich nur um eine *Illusion von Freiheit* handeln, die durch geschickte Manipulation hervorgerufen wird. In diesem Zusammenhang kann der Versuchsleiter etwa sagen, wie sehr er darauf angewiesen ist, daß sich die Versuchsperson freiwillig in seinem Sinne entscheidet. Die Untersuchungsergebnisse zeigen, daß ein einstellungskonträres Verhalten tatsächlich dazu führt, daß die Einstellung oder damit verwandte Meinungen geändert werden, wenn der Anreiz für das Verhalten gering ist.

Das konnten Festinger und Carlsmith (1959) z.B. dadurch zeigen, daß sie Personen, die eine langweilige Aufgabe durchgeführt hatten, dazu veranlaßten, einem Verbündeten des Versuchsleiters zu erzählen, daß die Aufgabe tatsächlich interessant gewesen sei. Durch diese Lüge verstießen die Versuchsteilnehmer gegen normative Vorstellungen von Ehrlichkeit und persönlicher Integrität. Für sie bestand eine Möglichkeit der Dissonanzreduktion darin, daß sie im nachhinein das Experiment interessanter einschätzten, als es tatsächlich gewesen war. Dadurch löste sich die Lüge in nichts auf.

Die Dissonanztheorie sagt eine umgekehrte Beziehung zwischen der Höhe des Anreizes und dem Ausmaß des Meinungswechsels nach einstellungskonträrem Verhalten vorher. Je mehr Gründe jemand hat, sich einstellungskonträr zu verhalten, desto weniger Dissonanz sollte ausgelöst werden. Diese Überlegung ist durch einen weiteren Gedanken zu ergänzen, der schon in dem Experiment von Festinger und Carlsmith (1959) implizit enthalten ist. Danach ist es wichtig, daß das einstellungskonträre Verhalten zu negativen Konsequenzen führt. Das bedeutet z.B., daß es der Versuchsperson scheinbar gelingt, den Verbündeten davon zu überzeugen, daß das Experiment, das ihm bevorsteht, interessant ist. Wenn hingegen der Verbündete sagen würde, daß er der Versuchsperson keinen Glauben schenkt und der Überzeugung ist, daß ein langweiliges Experiment bevorsteht, dann entfallen die negativen Konsequenzen, die für die Dissonanzreduktion erforderlich sind (s. Box U18).

Box U18: Negative Konsequenzen und Dissonanz

Diese Überlegungen wurden in einer Untersuchung (Goethals und Cooper, 1972) bestätigt, in der die Personen die freie Wahl zu haben schienen, ob sie der nächsten Versuchsperson erklären wollten, wie interessant das uninteressante Experiment gewesen sei. Der Versuchsleiter fragte, ob die Versuchsperson bereit wäre, diese Aufgabe zu übernehmen, wobei ihr entweder nur eine halbe Versuchspersonenstunde (geringer Anreiz) oder eine ganze Stunde (hoher Anreiz) in Aussicht gestellt wurde. Nachdem die Versuchsperson eingewilligt hatte, wurde sie mit einem Verbündeten des Versuchsleiters bekanntgemacht, der die Rolle einer Versuchsperson übernahm. In der Hälfte der Fälle ließ sich der Verbündete davon überzeugen, daß die Aufgabe interessant sei und sagte noch »vielen Dank« (negative Konsequenz). In der anderen Bedingung blieb der Verbündete skeptisch, so daß die negative Konsequenz nicht auftrat.

Im weiteren Verlauf begab sich die echte Versuchsperson zu einer Sekretärin, die eine abschließende Befragung durchführte. Unter verschiedenen Fragen fand sich auch die, für die eingeschätzt werden sollte, wie interessant die Aufgabe sei. Die Ergebnisse zeigten, daß das einstellungs-

konträre Verhalten nur dann zu einer verbesserten Einschätzung der Aufgabe führte, wenn negative Konsequenzen gegeben waren. Ohne negative Konsequenzen zeigte sich kein Anreizeffekt. Wenn hingegen negative Konsequenzen . eintraten, wurde die Aufgabe generell positiver eingeschätzt, und zwar insbesondere bei geringem Anreiz.

Somit ergibt sich, daß einstellungskonträres Verhalten per se keine Dissonanz erzeugt, sondern nur dann, wenn vorhersehbare negative Konsequenzen entstehen. In Übereinstimmung mit Nel, Helmreich und Aronson (1969) kann gesagt werden, daß Dissonanz entsteht, wenn eine Diskrepanz zwischen dem eigenen Selbstkonzept und der Kenntnis, daß man eine unmoralische Handlung ausgeführt hat, auftritt. Voraussetzung dafür ist aber, daß ein geringer Anreiz gegeben ist, der es verhindert, daß das eigene Fehlverhalten auf äußere Umstände (nämlich die gute Bezahlung) zurückgeführt werden kann.

Die Tatsache, daß eine Person, die sich freiwillig für ein einstellungsdiskrepantes Verhalten entschieden hat, bei geringer Bezahlung ihre Einstellung verändert, läßt sich auch attributionstheoretisch erklären (s. Box T19).

Box T19: Attributionstheoretische Erklärungen von Dissonanzeffekten

Vier alternative Erklärungen lassen sich unterscheiden (Bierhoff & Bierhoff-Alfermann, 1983):

1. Abwertungsprinzip. Bei hoher Bezahlung gibt es zwei plausible Ursachen: Die Bezahlung und eine dem Verhalten entsprechende Einstellung. Somit wird die eigene Einstellung als Ursache für das Verhalten abgewertet und eine Einstellungsänderung wird vermieden. Bei niedriger Bezahlung liegen die Dinge anders: Das Verhalten wird auf die Einstellung zurückgeführt, die mit dem Verhalten in Übereinstimmung gebracht wird.

2. Wahrgenommene Singularität des eigenen Verhaltens. Da bei geringer Bezahlung wenig dafür spricht, sich gegen die eigenen Einstellungen zu verhalten, ergibt sich die Schlußfolgerung, daß niemand sonst unter den gegebenen Umständen den Aufsatz geschrieben hätte. Die Person stellt fest, daß sie möglicherweise als einzige eine entsprechende Handlung unternommen hat. Aus der

(falschen) Auffassung heraus, nur allein dem Druck des Versuchsleiters nachgegeben zu haben, ergibt sich die Schlußfolgerung, daß die eigene Einstellung doch eher mit dem eigenen Verhalten übereinstimmt, als es im vorhinein angenommen worden ist.

3. Revision der Bewertung nach unten. In der Bedingung »hohe Belohnung« wird der Eindruck erzeugt, daß die belohnende Person glaubt, sie müsse mit einer massiven Bezahlung nachhelfen, damit das einstellungsdiskrepante Verhalten ausgelöst wird. Daher könnte die Versuchsperson den Schluß ziehen, daß die hohe Bezahlung deshalb erforderlich ist, weil ihr Verhalten negativ eingeschätzt wird. Wieso sonst sollte der Versuchsleiter unverhältnismäßig viel bezahlen, es sei denn, daß er der Überzeugung ist, daß ein großer Anreiz geschaffen werden muß, damit das erwünschte Verhalten zustande kommt. Diese Erklärung läuft darauf hinaus, daß in der Bedingung hohe Bezahlung eine negative Verschiebung der

Einstellung stattfindet, so daß die Versuchsperson annimmt, mit dem gezeigten Verhalten besonders wenig übereinzustimmen.

4. Selbstwahrnehmung. Die Theorie der Selbstwahrnehmung (Bem, 1967) besagt, daß Einstellungen aus der Beobachtung des eigenen Verhaltens abgeleitet werden können. Bei der Theorie der Selbstwahrnehmung wird davon ausgegangen, daß die Selbstbeobachtung der Fremdbeobachtung funktional äquivalent ist. Daher sollte ein Beobachter zu derselben Schlußfolgerung kommen wie die Person, die sich selbst beobachtet. Sowohl der Beobachter als auch der Akteur sollten die äußeren Anreizbedingungen, unter denen das Verhalten ausgeführt worden ist, bei der Interpretation des Verhaltens berücksichtigen. Das ergibt folgende Situation: Ein Beobachter, der sieht, daß eine Person bei einer hohen Belohnung ein einstellungskonträres Verhalten zeigt,

könnte denken, daß der Akteur im wesentlichen aufgrund des hohen Anreizes gegen seine Einstellungen verstoßen hat. Wenn hingegen eine geringe Belohnung bezahlt wird, sollte der Beobachter denken, daß der Akteur seine wirkliche Meinung zum Ausdruck gebracht hat. Denn wieso sonst sollte der Akteur entsprechend gehandelt haben, da ja der Anreiz niedrig war. Diese Schlußfolgerung läßt sich auch in der Selbstbeobachtung durchführen. Der Akteur wird in der Bedingung mit geringer Belohnung denken, daß seine Einstellung die Grundlage des Verhaltens gewesen sein muß, weil die Belohnung niedrig war und als Erklärung ausfällt. Im nächsten Schritt erschließt der Akteur aus seinem Verhalten, welche Einstellung er besitzt. Somit wird das ursprünglich einstellungskonträre Verhalten zum Anker für die Bildung einer neuen Einstellung, die mit dem gezeigten Verhalten möglichst konsistent ist.

Im Unterschied zu der Dissonanzerklärung gehen alle attributionstheoretischen Erklärungen davon aus, daß sich die Einstellungsänderung nach einem einstellungsdiskrepanten Verhalten ohne Einbeziehung von motivationalen Annahmen erklären läßt. Die attributionale Erklärung beruht einzig und allein auf Urteilseffekten. In einer späteren Untersuchung wurde gezeigt, daß eine solche kognitive Erklärung vor allem dann angemessen ist, wenn das einstellungsdiskrepante Verhalten für die Person eine geringe Bedeutung aufweist. Andererseits wurde festgestellt, daß ein einstellungsdiskrepantes Verhalten in einem zentralen Bereich eher im Sinne der Dissonanztheorie interpretiert werden kann. Das würde bedeuten, daß Selbstwahrnehmung und Dissonanztheorie sich nicht gegenseitig ausschließen, sondern unterschiedliche Verhaltensausschnitte erklären.

Die weitere Forschung hat zu Hinweisen auf zusätzliche Randbedingungen geführt, die erfüllt sein müssen, damit ein Dissonanzeffekt ausgelöst wird (s. Cooper, 1971):

1. Der Akteur muß den Eindruck gewinnen, daß er sich frei entschieden hat. Zwar beruht dieser Eindruck, wie wir gesehen haben, häufig auf einer Illusion der Freiheit, aber die Wahrnehmung von freier Entscheidung ist notwendig, damit das gezeigte Verhalten überhaupt für einen Rückschluß auf die Einstellung relevant wird. Wenn nämlich das Verhalten unter Zwang zustande gekommen ist, dann ist der Zwang eine ausreichende Erklärung für das gezeigte Verhalten.
2. Der Akteur muß glauben, daß er sich öffentlich festgelegt hat und daß er negative Konsequenzen hervorgerufen hat.
3. Der unerwünschte Effekt muß vorhersehbar gewesen sein, damit ein Dissonanzeffekt ausgelöst werden kann. Unter diesen Umständen kann man davon

sprechen, daß eine persönliche Verantwortung des Akteurs gegeben ist (Goethals, Cooper und Naficy, 1979).

4.3. Anstrengungsrechtfertigung

Das Paradigma der Anstrengungsrechtfertigung besagt, daß ein Ziel, das mit großer Anstrengung erreicht worden ist, mehr gemocht wird als ein Ziel, das ohne große Anstrengung erreicht wurde. Ein Beispiel dafür besteht darin, daß eine Gruppe, die einen aufwendigen Initiationsritus hat, im allgemeinen für die Teilnehmer eine größere Attraktivität besitzt als eine Gruppe, in die man leicht aufgenommen werden kann (Aronson & Mills, 1959; Gerard & Mathewson, 1966). Allerdings konnten Lodewijkx & Syroit (1997) dieses Ergebnis nicht replizieren. Das Prinzip der Anstrengungsrechtfertigung läßt sich auf den Prozeß der Psychotherapie übertragen. Stellen wir uns vor, wie sich ein Klient verhält, der z.B. an einer Psychoanalyse teilnimmt. Der Therapeut verlangt von dem Klienten, daß er sich Situationen vorstellt, die mit großem Streß, mit Angstgefühlen und mit Scham verbunden sind. Es ist also naheliegend anzunehmen, daß sich der Klient während der Therapie in hohem Maße anstrengen muß, um einen Fortschritt zu erzielen. Daher liegt die Vermutung nahe, daß die gezeigte Anstrengung ein Faktor ist, der aufgrund von Dissonanzreduktion zum Erfolg einer Therapie beitragen kann.
Dieser Gedanke wurde von Cooper & Axsom (1982) überprüft. Sie gingen davon aus, daß eine Aktivität, die eher als unangenehm denn als angenehm erlebt wird und die man normalerweise nicht unternehmen würde, dazu führt, daß ein positiver Therapieeffekt erzielt werden kann. Der Klient scheint zu sich selbst zu sagen, daß die große Anstrengung durch einen Therapiefortschritt gerechtfertigt werden muß, so daß im Endeffekt auch ein Therapiefortschritt eintritt. Damit werden sogenannte nicht-spezifische Faktoren des Therapieerfolgs angesprochen (s. Wills, 1982), die in jeder Therapie mehr oder weniger stark verwirklicht werden. Voraussetzung für den Erfolg der Anstrengungstherapie ist aber, daß die Person das Gefühl hat, daß sie sich freiwillig für die therapeutische Maßnahme entschieden hat. Denn aus der Dissonanzforschung ist bekannt, daß entsprechende Effekte nur auftreten, wenn Freiheit der Wahl gegeben ist.
In einer Untersuchung (Cooper, 1980) wurde versucht, mit Hilfe der Anstrengungstherapie eine Schlangenphobie zu heilen. In der Anstrengungsbedingung wurde eine Reihe von physischen Übungen durchgeführt, die unter anderem Gewichtheben und Seilspringen umfaßte. Diese Therapiebedingung wurde mit einer Bedingung verglichen, in der eine Implosionstherapie durchgeführt wurde, die darin besteht, daß sich die Versuchsteilnehmer die Schlange möglichst intensiv vorstellen, um die Angst zu überwinden. Vor und nach der Therapie wurden Schlangenphobiker gebeten, sich möglichst nahe an eine Boa-Konstriktor, die sich in einem Glas befand, anzunähern. Im übrigen wurde neben der Therapieform auch die Freiheit der Wahl variiert. Entweder konnten sich die Klienten zwischen ähnlichen Therapieformen entscheiden und eine auswählen, oder es wurde ihnen eine Therapieform zugewiesen. Die Ergebnisse zeigten, daß sowohl die Implosionstherapie als auch die Anstrengungstherapie sehr erfolgreich waren, wenn sie mit hoher Wahlfreiheit verbunden waren. Hingegen führte in bei-

den Therapieformen eine niedrige Wahlfreiheit zu einem geringen therapeutischen Erfolg. Das heißt also, daß Wahlfreiheit ein wichtiger nichtspezifischer Faktor für den Erfolg einer Therapie darstellt.

In einem weiteren Versuch wurde dasselbe Prinzip auf das Training von Durchsetzungsfähigkeit angewandt. Es zeigte sich, daß eine Anstrengungstherapie ähnlich wie eine Lerntherapie dazu beitrug, daß die Durchsetzungsfähigkeit der Klienten erhöht wurde. Erneut war Freiheit der Wahl die entscheidende Voraussetzung für den Therapieerfolg.

Schließlich wurde das Prinzip der Anstrengungstherapie auch auf ein Gewichtsreduktionsprogramm übertragen (Axsom & Cooper, 1985). Es zeigte sich, daß große Erfolge im Sinne eines Gewichtsverlustes über sechs und zwölf Monate erzielt wurden, wenn die Anstrengungstherapie eingesetzt wurde. Die Personen scheinen sich zu sagen: »Ich arbeite sehr hart dafür, also muß das Therapieziel für mich besonders wichtig sein.« Vermutlich erhöht also die Anstrengungstherapie die Attraktivität des Ziels.

Diese Ergebnisse schließen nicht aus, daß bestimmte Therapieformen spezifische Effekte auslösen können, die den besonderen Erfolg dieser Therapie ausmachen. Vielmehr beziehen sie sich auf nichtspezifische Therapiefaktoren, die in allen Therapiesituationen vorhanden sind (wie z.B. auch die Glaubwürdigkeit des Therapeuten). Diese nichtspezifischen Faktoren, die zum Erfolg einer Therapie beitragen, umfassen Freiheit der Wahl und Anstrengung.

4.4. Selektive Informationsaufnahme

Beispiele für selektive Informationsaufnahme sind, wenn SPD-Wähler primär solche Informationen beachten, die ihre Parteienpräferenz unterstützen, oder wenn ein Autokäufer nur das wahrnimmt, was mit seiner Kaufentscheidung in Übereinstimmung steht, während mit der Entscheidung inkonsistente Informationen ausgeblendet werden.

Führt Dissonanzreduktion zu einer selektiven Informationsaufnahme? Folgt man der dissonanztheoretischen Argumentation, dann ergibt sich zunächst einmal, daß Dissonanzreduktion mit selektiver Informationsaufnahme zusammenfällt. Das geht aber nur bis zu dem Punkt, an dem die Person glaubt, daß die Dissonanz erfolgreich reduziert werden kann. Ist dieser Punkt überschritten, sammelt die Person auch inkonsistente Informationen, um einen neuen Standpunkt definieren zu können, der den aufgetauchten Widersprüchen Rechnung trägt. Da die Dissonanz nicht höher sein sollte als der Änderungswiderstand der schwächsten Kognition, bestimmt diese den Punkt, an dem die Neigung zur selektiven Informationsaufnahme in eine relative Offenheit und in ein Interesse an widerlegenden Informationen umschlägt (Frey, 1981).

Somit ergibt die Dissonanztheorie die Vorhersage eines kurvilinearen Zusammenhangs, da bei geringen Widersprüchen und bei sehr großen Widersprüchen keine selektive Wahrnehmung erwartet wird, während im mittleren Bereich eine Neigung bestehen sollte, inkonsistente Informationen auszublenden. Experimentelle Ergebnisse (Frey, 1981) stehen mit dieser Annahme der Kurvilinearität in Übereinstimmung. Bei mittlerer Dissonanz ist die stärkste Präferenz für konsistente Informationen zu beobachten.

4.5. Weiterentwicklung der Theorie

Ausgehend von der Selbstwahrnehmungstheorie von Bem (1967) ergibt sich die Frage, ob zur Erklärung von Dissonanzphänomenen die Annahme erforderlich ist, daß Dissonanz ein aversiver Motivationszustand ist. Wir hatten schon darauf hingewiesen, daß attributionstheoretische Analysen in vielen Fällen zu denselben Vorhersagen führen wie dissonanztheoretische Hypothesen. Offensichtlich sind mehrere Faktoren im allgemeinen wirksam, wenn ein dissonanzanaloger Effekt auftritt. Nichtsdestoweniger ist die Frage zu prüfen, ob ein motivationaler Einfluß nachweisbar ist.

Ein Ansatz, der sich dieser Frage zugewandt hat, geht von der Fehlattribution von motivationalen Zuständen aus. Dieser beruht darauf, daß die physiologische Erregung, die durch das Spannungsgefühl der Dissonanz ausgelöst wird, auf andere Ursachen fehlattribuiert wird (z.B. auf eine scheinbar erregende Tablette).

In der ersten Untersuchung, in der diese Hypothese geprüft wurde (Zanna & Cooper, 1974), wurden die Versuchsteilnehmer gebeten, einstellungsdiskrepante Aufsätze zu schreiben. Außerdem erhielten sie eine Tablette, die laut Instruktion entweder beruhigende oder erregende oder keine Nebenwirkungen hatte (und in Wirklichkeit immer eine Placebo-Tablette war). Wenn die dissonanzerzeugte Erregung auf eine Tablette zurückgeführt werden kann, sollte keine Einstellungsänderung resultieren, weil die Dissonanz falsch interpretiert wird. Hingegen sollte die Einstellungsänderung besonders intensiv sein, wenn eine Person sich trotz einer beruhigenden Tablette durch das einstellungsdiskrepante Verhalten erregt fühlt. Diese Hypothese wurde durch die Ergebnisse bestätigt.

4.6. Anwendung der Dissonanztheorie

Die Dissonanztheorie enthält vielfältige Anwendungsmöglichkeiten, etwa im Bereich der Sozialisation und der Therapieforschung (siehe oben). Ein anderer Bereich, auf den sich die Dissonanztheorie anwenden läßt, ist die Reduktion von Vorurteilen (Leippe und Eisenstadt, 1994). Die Grundidee besteht darin, daß Personen durch einstellungskonträres Verhalten dazu veranlaßt werden, für Thesen Stellung zu beziehen, die ihrem Vorurteil widersprechen. Ein Beispiel dafür ist die Aufgabe, die Studenten an einer amerikanischen Universität gestellt wurde. Sie sollten einen Aufsatz schreiben, in dem sie Gründe nennen sollten, warum schwarze Studenten bei der Vergabe von Stipendien stärker berücksichtigt werden sollten. Dazu sollten sie angeben, warum es sinnvoll wäre, daß die Universität den Anteil ihrer Stipendien für Schwarze verdoppelt.

Die Einstellung der Studierenden, die diesen Aufsatz schreiben sollten, war der Intention des Aufsatzes entgegengesetzt. Insofern kann davon gesprochen werden, daß ein einstellungskonträres Verhalten von den Studierenden verlangt wurde. Das kam auch darin zum Ausdruck, daß ein größerer Anteil der Studierenden der Instruktion nur teilweise Folge leistete, indem sie nämlich in ihrem Aufsatz nicht eindeutig das Ziel der Erhöhung des Anteils der Stipendien für Schwarze unterstützten. Diese nur teilweise Befolgung der Instruktion war offensichtlich Ausdruck der Tatsache, daß die Studierenden den Standpunkt, über den sie schreiben sollten, für falsch hielten. Wenn die Öffentlichkeit des

Aufsatzes groß war, indem nämlich der Name des Studierenden mit dem Aufsatz verbunden wurde, ergab sich jeweils eine Einstellungsänderung in Richtung geringerer Vorurteile. Dabei wurde oft weniger die direkte Einstellung zu den Stipendien beeinflußt als vielmehr Meinungen und Auffassungen über Schwarze, die mit ihrer allgemeinen Bewertung im Zusammenhang standen. Insgesamt wurde der Anteil negativer Meinungen verringert und der Anteil positiver Meinungen über Schwarze vergrößert. Das war auch dann der Fall, wenn keine Freiheit der Wahl gegeben war. In diesem Versuch erwies es sich also nicht als unbedingt notwendig, daß eine Freiheit der Wahl vorgegeben war. Es zeigte sich allerdings, daß die Freiheit der Wahl sich förderlich auf die Einstellungsänderung in Richtung geringerer Vorurteile auswirkte.

Zusammenfassend kann man feststellen, daß die Öffentlichkeit des Verhaltens und die Freiheit der Wahl unabhängig voneinander zu einer Einstellungsänderung nach einem einstellungskonträren Verhalten beitrugen. Diese Einstellungsänderung trat selbst dann auf, wenn die Studierenden der Instruktion nur teilweise Folge leisteten und nur schwache Argumente in ihren Aufsätzen verwendeten. Das Schreiben von einstellungskonträren Aufsätzen führte zu positiven Veränderungen in einer Vielzahl von Meinungen über Schwarze.

Das ist besonders bemerkenswert, wenn berücksichtigt wird, daß der Prozentsatz der Studenten, die der Instruktion in vollem Umfang folgten, zwischen 50 und 70% lag. Damit wird deutlich, wie stark die Vorurteile im Hinblick auf die Erhöhung von Stipendien für Schwarze waren. Das mag auch damit zusammenhängen, daß die Studierenden bei diesem Thema in hohem Ausmaß eine Ich-Beteiligung empfanden. Am ehesten fanden sich die Personen bereit, der Instruktion zu folgen, deren Ambivalenz in der Einstellung gegenüber Schwarzen relativ hoch war. Die Ambivalenz stellt offensichtlich eine gute Basis dar, um Dissonanzreduktion auszulösen. Denn ambivalente, das heißt widersprüchliche Meinungen, lassen sich durch Dissonanzreduktion verringern. Dafür scheint es schon ausreichend zu sein, wenn jemand eine tendenziell einstellungsdiskrepante Handlung in einem öffentlichen Rahmen durchführt, ohne daß dafür eine Freiheit der Wahl gegeben sein muß.

V. Interaktion und Gruppeneinflüsse

Definitionen von Gruppen unterscheiden sich vor allem in der Art und der Zahl der Kriterien, die als konstituierend angesehen werden. Während Jones & Gerard (1967) hervorheben, daß eine Aggregation von Personen dann eine Gruppe darstellt, wenn ihre Handlungen und ihr Schicksal wenigstens in bestimmtem Ausmaß voneinander abhängig sind und wenn sie erwarten, daß die Mitgliedschaft zu positiven Konsequenzen führt, lassen sich als weitere wichtige Kriterien nennen, daß ein »Wir-Gefühl« besteht und daß die Gruppe nach außen abgegrenzt ist (Kruse, 1972).

Zur weiteren Klärung des Gruppenbegriffs wird zwischen zwei Arten von Gruppen unterschieden. Während *Mitgliedschaftsgruppen* durch formale Zugehörigkeit definiert werden (etwa durch eine Mitgliederliste), verweisen *Bezugsgruppen* auf Einflüsse auf der Basis der Identifikation, wobei die Gruppe – ohne Rücksicht darauf, ob sie Mitgliedschaftsgruppe ist oder nicht – zu einem Orientierungspunkt für das Individuum wird (Kruse, 1972; Kumpf, 1983).

Bezugsgruppen haben zwei Funktionen (Kelley, 1952):

- Sie vertreten Normen, deren Einhaltung durch Sanktionen durchgesetzt werden kann = *Normative Funktion* (s. Abschnitt V.4.7.).
- Sie bieten einen Vergleichsmaßstab an, an dem man die eigenen Einstellungen, Wahrnehmungsurteile und Erwartungen orientieren kann = *Vergleichsfunktion* (s. Abschnitt II.1.5.).

Beide Funktionen werden von Jones & Gerard (1967) auf den *Sozialisationsprozeß* übertragen. Indem die Sozialisationsagenten bestimmte Normen durchsetzen (etwa der Sauberkeit), tragen sie dazu bei, daß das Kind die Normen der Eltern übernimmt. In diesem Zusammenhang zeigt es sich, daß harte Strafen zwar unerwünschtes Verhalten unterdrücken, aber nur wenig zu einer Internalisierung der Werte der Sozialisationsagenten beitragen. Hingegen tritt ein stärkerer Internalisierungseffekt auf, wenn die Strafandrohung gerade ausreicht, das unerwünschte Verhalten zu unterdrücken und somit nur einen minimalen Druck darstellt (Festinger & Freedman, 1964).

Neben dieser *Effektabhängigkeit* besteht für das Kind auch eine *Informationsabhängigkeit*. Durch seine Unwissenheit ist es darauf angewiesen, von den Erfahrungen der Sozialisationsagenten zu lernen und sich an ihnen zu orientieren, um sich angemessen verhalten zu können. Der *Konsensus* darüber, wie man sich in einer bestimmten Situation verhält, gibt für das Kind wichtige Anhaltspunkte dafür, welche Handlungen es zeigen sollte (vgl. die ANOVA-Theorie der Attribution, Abschnitt III.3.2.).

Interpersonale Kommunikation bezieht sich auf das »Miteinander von Menschen‹, also das Erleben und Verhalten von Menschen zueinander« (Graumann, 1981, S.174). Der Begriff *Kommunikation* hebt im Unterschied zu dem Begriff der *Interaktion* besonders den Mitteilungsaspekt hervor. Durch Übermittlung von Informationen findet eine Beeinflussung statt. Das gilt auch für nonverbale

Informationen (insbesondere Intonation, Gestik und Mimik), die einen bedeutsamen Einfluß auf die interpersonale Kommunikation ausüben (s. Scherer & Giles, 1979).

1. Sozialer Einfluß, Konformität und Macht

Wenn Menschen zusammenkommen, entsteht sozialer Einfluß. Einfluß bedeutet, daß ein veränderter Zustand hervorgerufen wird. Bei *sozialen Einflüssen* sind diese Effekte weit gefächert. Sie reichen von Konformität, Opposition und Einstellungsänderung über eine Beschleunigung oder Verringerung des Arbeitstempos in Leistungssituationen bis hin zu Aggression und hilfreichem Verhalten.

Soziale *Konformität* läßt sich als ein Verhalten definieren, mit dem intendiert wird, normative Gruppenerwartungen zu erfüllen, und zwar so, wie diese Erwartungen vom Akteur wahrgenommen werden (Willis & Levine, 1976). Diese Form der *intendierten* Konformität läßt sich gegenüber einer *inzidentellen* Konformität abgrenzen, die sich aufgrund der Einwirkung von zusätzlichen Faktoren ergibt. Wenn z.B. bei Regen alle Menschen einen Regenschirm aufspannen, dann ist diese Übereinstimmung des Verhaltens nicht sozial determiniert.

Von der Konformität läßt sich die *Opposition* unterscheiden, die als Verhalten definiert ist, das einer Zielerreichung dient, die der Erfüllung normativer Erwartung entgegengesetzt ist. Ein Großteil der Untersuchungen, die zum Phänomen der Reaktanz durchgeführt wurden, fällt in diese Kategorie des oppositionellen Verhaltens. Ein weiterer Begriff, der von Konformität unterschieden werden muß, ist der der *Nachahmung*, wie sie in der Theorie von Bandura (1976) dargestellt wird. Unter *Nachahmung* versteht man das Zeigen eines Verhaltens, das mit dem einer anderen Person identisch oder ähnlich ist. Wenn die Nachahmung normativ bestimmt ist, handelt es sich um Konformität. Nachahmung kann aber auch spontan erfolgen (vgl. Abschnitt II.5.2.4.).

Weiterhin läßt sich der Begriff des *Gehorsams* als Konformität mit einem normativen Standard, wenn dieser durch eine Autoritätsfigur kommuniziert wird, definieren. Schließlich läßt sich *Einstellungsänderung* als eine Änderung von Meinungen und Gefühlen kennzeichnen, die sich nicht unbedingt in einer Verhaltensänderung niederschlagen muß.

1.1. Grundlagen der Macht

Unter Macht versteht man die Möglichkeit einer beeinflussenden Instanz (Person, Gruppe oder Institution), nach eigenen Vorstellungen Einfluß auf andere zu nehmen. Nach French & Raven (1959) lassen sich verschiedene Grundlagen der Macht unterscheiden (s. auch Raven & Rubin, 1976):

Informationale Macht, die durch überzeugende Inhalte zustande kommt. Wenn z.B. ein Schüler einen mathematischen Beweis führt, bewirkt die inhaltliche Beweisführung, daß die Aussage, die bewiesen wurde, als richtig akzeptiert wird. Es kommt also auf den Inhalt der Botschaft an, der zu einer kognitiven Umstrukturierung führt. Auch wenn der Beweis durch einen Sechsjährigen geführt würde, würde er seine inhaltliche Überzeugungskraft nicht verlieren.

Belohnung und Zwang sind zwei Grundlagen der Macht, die durch eine Kontrolle des Verhaltens vermittelt sind. Denn das Versprechen einer Belohnung und die Drohung mit einer Strafe hängen von der beeinflussenden Person ab und darüber hinaus davon, ob sie beobachten kann, daß die Zielperson das erwünschte Verhalten zeigt oder nicht zeigt. Ein wichtiger Unterschied zwischen Belohnung und Zwang besteht darin, daß Belohnung eine positive Bewertung der beeinflussenden Person durch die Zielperson hervorruft, während Zwang zu einer negativen Bewertung führt. Ein Problem von Kontrolle und Überwachung, wie sie bei Belohnungsmacht und Zwangsmacht vorhanden ist, besteht darin, daß sie bei der beeinflussenden Person Mißtrauen gegenüber der Zielperson auslöst. Das gilt besonders bei der Androhung von Strafen (Kruglanski, 1970).

Expertenmacht resultiert aus der speziellen Sachkenntnis, die einer Person zugeschrieben wird. In diesem Sinne besitzen Lehrer gegenüber ihren Schülern Expertenmacht. Sie wird im allgemeinen akzeptiert, wenn auch das Problem besteht, daß in vielen Streitfällen die Aussagen von Experten widersprüchlich sind.

Macht der Bezugsgruppe besteht darin, daß sich die Zielperson mit der beeinflussenden Instanz identifiziert. Bezugsgruppen üben eine normative und eine Vergleichsfunktion aus (s. oben). Beide Funktionen tragen zur Entwicklung von Normen bei (Box U19).

Box U19: Autokinetische Situation und Normentwicklung

Sherif (1935) zeigte, daß in Gruppen die Tendenz besteht, Gruppennormen zu entwickeln. Er zeigte seinen Versuchspersonen einen feststehenden Lichtpunkt in einem dunklen Raum, der aufgrund des fehlenden sensorischen Ankers die Illusion der Bewegung in der subjektiven Wahrnehmung erzeugt. Allerdings sind die Einschätzungen, die unterschiedliche Beurteiler über das Ausmaß der Bewegung des Lichtpunktes geben, sehr unterschiedlich. Beurteiler entwickeln in dieser *autokinetischen Situation* unterschiedliche individuelle Normen, denen ihre Urteile folgen. Diese Unterschiede in den individuellen Normen weisen darauf hin, daß die autokinetische Situation durch eine hohe Ambiguität der Wahrnehmung gekennzeichnet ist.

Sherif konnte zeigen, daß Personen, die gemeinsam die Beurteilungsaufgabe durchführten, dazu tendierten, eine *gemeinsame Gruppennorm* zu entwickeln, nach der sich die individuellen Urteile richteten. Diese Gruppennorm wurde auch in eine Situation übertragen, in der die beteiligten Personen individuell die Verschiebung des Lichtpunktes beurteilten. Dieses Experiment kann als Nachweis der Entstehung von sozialen Normen angesehen werden. In der Versuchssituation entsteht eine *Mikrokultur*, die das Urteilsverhalten der Mitglieder bestimmt. Darin kommt eine kulturelle Wirklichkeit zum Ausdruck, wie sie für tatsächliche Kulturen typisch ist (z.B. in der Mode und allgemein in der Konformität der Kleidung). Jacobs & Campbell (1961) konnten zeigen, daß Gruppennormen, die in der autokinetischen Situation entstehen, über mehrere Generationen von Gruppenteilnehmern weitergegeben werden. Die verschiedenen Generationen wurden dadurch gebildet, daß nach und nach ein Wechsel der Gruppenteilnehmer erfolgte. Allerdings zeigte sich, daß die Gruppennorm über die Generationen hinweg an Einfluß verlor. Weick & Gilfillan (1971) stellten fest, daß solche Mikrokulturen im Labor länger überlebten, die eine leichte und effek-

tivere Problemlösung ermöglichten und in- nen. Darüber hinaus zeigen diese Untersu-
sofern als gerechtfertigter erschienen als chungen aber auch, daß in Mikrokulturen
solche Techniken, die relativ schwierig dieser Art eine kulturelle Veränderung
waren und weniger gerechtfertigt erschie- über mehrere Generationen auftritt.

Legitime Macht rechtfertigt sich durch formale soziale Strukturen, wie sie z.B. in einem Unternehmen oder in der Schule gegeben sind. Die Befolgung einer Anweisung, die auf legitimer Macht beruht, geht darauf zurück, daß die Zielperson den Status der beeinflussenden Person akzeptiert und als Rechtfertigung für die Befolgung der Anweisung ansieht. Das kann z.B. auch im Eltern-Kind-Verhältnis häufig auftreten. Ein anderes Beispiel für legitime Macht ist der Einfluß, den der Versuchsleiter in psychologischen Experimenten auf die Versuchsperson ausübt. Ein extremes Beispiel für diese Einflußnahme stellen Experimente zum Autoritätsgehorsam dar, bei dem der Experimentator seine Autorität nutzt, um die Versuchsperson zu veranlassen, inhumanes Verhalten, das gegen die Menschenrechte verstößt, auszuführen (Milgram, 1974; s. Abschnitt V.1.5.).

Während informationaler Einfluß sozial unabhängig ist, sind die vier anderen Formen des Einflusses sozial vermittelt. Sie beruhen entweder auf Sanktionen (Belohnung und Zwang) oder aber auf Merkmalen der Quelle des Einflusses (Experten, Bezugsgruppen, Legitimität). Experten und informationaler Einfluß beruhen auf sachlichen Erwägungen, Belohnung, Zwang, Bezugsgruppe und Legitimität auf Gruppendruck (Hogg, 1992). Zwang dient als Grundlage instrumenteller Aggression (Box T13).

1.2. Gruppensozialisation und Gruppenkohäsion

In der experimentellen Kleingruppenforschung, die unter dem Einfluß von Lewin und Festinger nach dem Zweiten Weltkrieg entstand (s. Lück, 1996), rückte der Zusammenhalt der Gruppe, der als Gruppenkohäsion bezeichnet wird, auf der Basis gemeinsamer Zielerreichung in den Vordergrund (Hogg, 1992).

Was geschieht, wenn die Gruppenmitglieder feststellen, daß unter ihnen eine Person ist, die von ihrer Gruppennorm abweicht? Wie verläuft die Gruppenmitgliedschaft? Moreland & Levine (1982, s. auch Levine & Moreland, 1994) beschreiben ein Modell der *Gruppensozialisation*, das aus fünf Phasen besteht:

- Suche nach neuen Mitgliedern bzw. Suche nach einer passenden Gruppe,
- Assimilation der neuen Mitglieder an die Gruppe und Akkomodation der Gruppe an die neuen Mitglieder,
- gegenseitige Akzeptanz und Entwicklung einer Rollenverteilung unter den Gruppenmitgliedern,
- Auftreten von Divergenzen und Neuorientierung der Mitglieder, die zu einer neuen Bindung führen kann aufgrund der erneuten Konvergenz der Rollen, die aber auch
- zu einem Verlassen der Gruppe und zu einer Rückschau beitragen kann, bei der die Gruppe den Beitrag des ehemaligen Gruppenmitglieds bewertet und das Ex-Mitglied das Ausmaß einschätzt, in dem die Gruppe seine persönlichen Bedürfnisse befriedigt hat.

Obwohl dieser Ablauf eine idealisierte Darstellung der Gruppensozialisation beinhaltet, trägt er doch zu einem Verständnis der dynamischen Entwicklung des Gruppenzusammenhalts und der Bindung des einzelnen Gruppenmitglieds an die Gruppe bei. Außerdem wird verdeutlicht, daß Gruppe und Gruppenmitglied sich gegenseitig beeinflussen und aufgrund der gegenseitigen Anpassung von Ansprüchen und Forderungen zu einer Konvergenz oder Divergenz der Zielsetzungen kommen.

Verläßt ein Mitglied die Gruppe, können sich unterschiedliche Folgen einstellen:

- Wenn die Gruppe die Beiträge des Ex-Mitglieds positiv bewertet und wenn es einen positiven Eindruck in der Öffentlichkeit macht, der auf die Gruppe ausstrahlt, wird die Bewertung des Ex-Mitglieds durch Respekt gekennzeichnet sein.
- Andererseits wird ein Ex-Mitglied, dessen Beiträge als gering eingeschätzt werden, im nachhinein abgewertet. Die Zurückweisung eines Ex-Mitglieds scheint besonders deutlich auszufallen, wenn die Gruppe eine hohe Kohäsion besitzt (Collins & Raven, 1969). Die Zurückweisung eines Abweichlers nimmt in totalitären Staaten dramatische Formen an, in denen Renegaten systematisch verfolgt werden (Moscovici, 1985).

Wie kommt sozialer Einfluß in Gruppen zustande?

Festinger (1954) stellt die Hypothese auf, daß der menschliche Organismus ein Streben danach hat, seine Meinungen und Fähigkeiten zu bewerten (s. Box T3). Aus dem Streben nach Selbstbewertung läßt sich ableiten, daß in Gruppen ein Druck in Richtung auf Meinungskonformität besteht (Collins & Raven, 1969). Moscovici (1979) hat diesen Ansatz als *funktionalistisches Modell des sozialen Einflusses* bezeichnet und ihn in sechs zentralen Aussagen zusammengefaßt:

- Sozialer Einfluß ist ungleich verteilt und wird einseitig ausgeübt.
- Er dient der *sozialen Kontrolle*.
- Das Ausmaß der Abhängigkeit im Sinne von Effekt- und Informationsabhängigkeit (vgl. Jones & Gerard, 1967) bestimmt Richtung und Ausmaß des sozialen Einflusses.
- Die individuelle Basis des Erfolgs der sozialen Einflußnahme besteht in der *subjektiven Unsicherheit* der Zielperson.
- Der angestrebte Konsensus beruht auf der *Norm der Objektivität*, die davon ausgeht, daß es eine einzige richtige Lösung gibt.
- Im Mittelpunkt der Einflußprozesse steht die Herstellung von *Konformität* unter den Gruppenmitgliedern.

Die Aufrechterhaltung der Gruppenmitgliedschaft läßt sich auf die *Gruppenkohäsion* zurückführen. Sie läßt sich als Bindung an die Gruppe auffassen. Gruppenkohäsion beruht auf verschiedenen Faktoren, von denen gezeigt worden ist, daß sie die Bindung an die Gruppe erhöhen (Baron & Greenberg, 1989):

- das Bestehen von äußeren Bedrohungen, die die Existenz der Gruppe in Frage stellen,
- kleine und exklusive Gruppen im Unterschied zu großen Gruppen,
- Erfolge, die die Gruppe in der Vergangenheit erreicht hat und die in der Zukunft antizipiert werden,

- Entstehung einer befriedigenden Rollenverteilung,
- ein hohes Ausmaß an gemeinsam verbrachter Zeit,
- Schwierigkeit und Hindernisse, Mitglied der Gruppe zu werden.

Gruppenkohäsion beinhaltet einerseits interpersonelle Attraktion (individuelle Präferenzen) und andererseits soziale Attraktion, die sich aus der gemeinsamen Gruppenmitgliedschaft ableitet (Hogg, 1992). Zu den positiven Konsequenzen der *Gruppenkohäsion* zählen:

- Freude über die Zugehörigkeit zur Gruppe,
- Teilnahme an Gruppenaktivitäten und Akzeptanz der Gruppenziele,
- wenig Fehlzeiten.

Unter die *negativen Konsequenzen* hoher Gruppenkohäsion fallen:

- Fehlentscheidungen aufgrund einer ungünstigen Gruppendynamik, die insbesondere bei autoritärer Führung zustande kommen und die mit dem Begriff des Gruppendenkens (Janis, 1982) bezeichnet worden sind (s. Abschnitt V.1.6.).
- In größeren Organisationen können sich kohäsive Gruppen gegenüber der Gesamtorganisation abschotten und im Extremfall gegen die Interessen der Organisation arbeiten.

1.3. Leistungen in Anwesenheit von Beobachtern

Wie wirkt es sich aus, wenn eine Aufgabe in einer öffentlichen Situation vor Zuschauern ausgeführt wird (z.B. bei einer Sportveranstaltung), und wie fällt die Leistung aus, wenn sie ohne Beobachter zustande kommt? Diese Fragestellung ist für den Arbeits- und Leistungsbereich von unmittelbarer Bedeutung. Sie ist auch eine der zentralen Fragen, wenn es um die Bestimmung sozialer Einflüsse im Alltag geht.

Nachdem seit dem ersten Experiment aus dem Jahre 1897 von Triplett zu diesem Thema eine Vielzahl von Untersuchungen mit widersprüchlichen Resultaten durchgeführt wurden, gelang es Zajonc (1965), eine integrative Theorie zu entwerfen: Die *Triebtheorie der sozialen Aktivierung*. Obwohl der Begriff soziale Aktivierung nahelegt, daß sich die Anwesenheit anderer förderlich auf Leistungen auswirkt, bezieht sich der Begriff in der Theorie sowohl auf Leistungssteigerungen als auch auf -verschlechterungen.

Zajonc nimmt an, daß die Auswirkung der Anwesenheit anderer davon abhängt, ob es sich um die Ausführung *einfacher* Tätigkeiten handelt oder ob es sich um *komplexe* Aufgaben dreht. Er geht davon aus, daß die Anwesenheit anderer zu einer physiologischen Erregung führt, deren Folge die Aktivierung der in der Situation dominanten Reaktion ist (was als soziale Aktivierung bezeichnet wird). Wenn die beobachtete Person eine sehr gut erlernte Tätigkeit ausübt, so daß die Aufgabe für sie leicht ist, ist die dominante Reaktion im allgemeinen auch die richtige Reaktion. Daher ergibt sich die Annahme, daß sich die Anwesenheit anderer auf die Ausführung leichter Aufgaben positiv auswirkt und zu einer verbesserten Leistung führt.

Bei komplexen Aufgaben ist es naturgemäß so, daß die dominante Reaktion nicht unbedingt die richtige ist. Die Lösung solcher Aufgaben sollte durch die Anwesenheit anderer beeinträchtigt werden, so daß eine Leistungsverschlechterung eintritt (siehe Abb. 35).

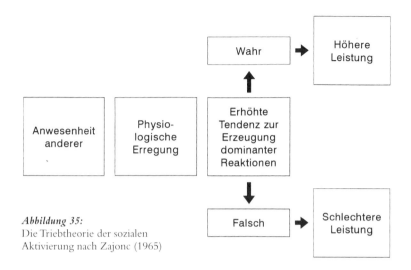

Abbildung 35:
Die Triebtheorie der sozialen
Aktivierung nach Zajonc (1965)

Wenn z.B. ein Hammer- oder Diskuswerfer seine Leistung vor Zuschauern zeigt, sollte die Leistung durch die Anwesenheit der Zuschauer verbessert werden. Denn die lange Übung hat dazu geführt, daß die richtigen Reaktionen geradezu überlernt worden sind, so daß die erhöhte Erregung durch die Öffentlichkeit zu einer Steigerung der Leistung führen kann. Andererseits ist anzunehmen, daß ein Sportler, der nicht geübt ist, vor Zuschauern eher schlechtere Leistungen erbringen wird, da die erhöhte Erregung dominante Reaktionen auslöst, die nicht optimal für die Erreichung einer großen Weite sind.
In Übereinstimmung damit wurde für komplexe motorische Aufgaben festgestellt, daß ihre Ausführung in der Lernphase durch die Anwesenheit anderer beeinträchtigt wird, während sie zu einem späteren Zeitpunkt, wenn sie sehr gut gelernt sind, durch die Anwesenheit anderer gefördert wird. Eine Metaanalyse zeigt in Übereinstimmung mit der Theorie von Zajonc, daß sich bei einfachen Aufgaben die Anwesenheit anderer förderlich auf die Leistung auswirkt, während bei komplexen Aufgaben ein negativer Effekt beobachtet wird (Guerin, 1986).
Eine weitergehende Theorie zur Auswirkung der Anwesenheit anderer auf das Leistungsverhalten ist die *Bewertungsangst-Theorie* von Cottrell (1972). Diese geht davon aus, daß die bloße Anwesenheit anderer nur dann soziale Aktivierung auslöst, wenn die anderen Personen ihre Aufmerksamkeit auf die Leistung richten und sie beobachten. Die Ergebnisse sprechen dafür, daß vor allem bewertende Zuschauer einen Effekt der sozialen Aktivierung ausüben. Bewertungsangst wird in vielen sozialen Situationen ausgelöst, in denen die Leistung bewertet wird (z.B. durch Vorgesetzte).
Eine dritte Theorie, die das Auftreten von sozialer Aktivierung erklärt, ist die *Ablenkungs-Konflikttheorie* von Baron (1986). Sie geht davon aus, daß die

287

Anwesenheit anderer eine Ablenkung darstellt, die während der Ausführung einer Aufgabe einen Aufmerksamkeitskonflikt hervorruft, der zu einer Erhöhung der physiologischen Erregung beiträgt. Die weitere Erklärung der sozialen Aktivierung stimmt mit der ursprünglichen Theorie von Zajonc überein. Eine Implikation dieser Theorie besteht darin, daß auch nichtsoziale Ablenkungsreize, z.B. Auf- und Abblenden von Lichtquellen die Effekte der sozialen Aktivierung auslösen können. Diese Annahme wurde durch Untersuchungsergebnisse bestätigt (Sanders & Baron, 1975).

Die drei genannten Theorien, die sich mit den Auswirkungen der bloßen Anwesenheit anderer befassen, ergänzen sich in ihren Aussagen. Die Anwesenheit anderer allein kann schon einen aktivierenden Einfluß ausüben, der zusätzlich durch Bewertung und durch Ablenkung verstärkt werden kann.

Die Theorie der sozialen Aktivierung ist unmittelbar für die Einführung moderner Computer gestützter Technologien relevant. Informationstechnologien vermitteln die Anwesenheit anderer, die physisch abwesend sind (Griffith, 1993). Ein Unterschied zwischen elektronischer Kontrolle und Kontrolle durch physische Anwesenheit besteht darin, daß elektronische Kontrolle jederzeit möglich ist, während physische Anwesenheit wahrgenommen werden kann. Daher ergeben sich Leistungsunterschiede in Abhängigkeit von der Anwesenheit des Vorgesetzten, die bei *elektronischer Anwesenheit* entfallen.

Eine Untersuchung von Aiello & Svec (1993) läßt erkennen, daß für soziale Aktivierung die tatsächliche Anwesenheit anderer nicht erforderlich ist. Es reicht aus, wenn die Aufgabenleistung am Computer erfaßt wird und auf andere Bildschirme übertragen wird. In dieser Untersuchung wurden schwierige Anagramm-Aufgaben gelöst, deren Bearbeitung in der Alleinbedingung relativ erfolgreich war. Hingegen wurde die Anzahl der Lösungen verringert, wenn Beobachter hinter der Versuchsperson standen. Dieselbe Beeinträchtigung der Leistung zeigte sich aber auch in der *computerüberwachten* Bedingung.

Diese Ergebnisse sprechen für die Bewertungsangst-Theorie, da eine Ablenkung der Aufmerksamkeit in der computerkontrollierten Bedingung unplausibel ist. Vielmehr liegt es nahe, anzunehmen, daß die Aktivierung der Versuchspersonen erhöht wurde, weil sie wußten, daß ihre Leistung durch andere elektronisch bewertet wurde.

Die Vor- und Nachteile elektronischer Überwachung liegen auf der Hand. Einerseits ist die Kontrolle genauer und damit auch fairer, andererseits kann sie Unsicherheit und Streß erzeugen (Aiello, 1993). Inwieweit die Nachteile auftreten, hängt u.a. von der Arbeitsatmosphäre im allgemeinen und dem Führungsstil im besonderen ab. Autokratische Führung unter Verwendung elektronischer Kontrolle erweist sich als problematisch. Darüber hinaus ist elektronische Kontrolle der Gruppenleistung vermutlich günstiger als elektronische Kontrolle individueller Leistungen.

1.4. Ringelmann-Effekt

Im Jahre 1913 machte der französische Forscher Ringelmann eine interessante Beobachtung: Wenn Personen gemeinsam eine Aufgabe ausüben, strengen sie sich weniger an, als wenn sie die Aufgabe allein durchführen. Dieser Ringelmann-Effekt wurde seither vielfach beobachtet und kann deshalb als sehr gut dokumentiert angesehen werden (Karau & Williams, 1993).

Ringelmann war Professor für Agrikultur, der zahlreiche Tests im Tauziehen durchführen ließ, bei denen er die maximale Kraft durch einen Dynamometer maß (Kravitz & Martin, 1986). Dabei erfaßte er unter anderem auch das Gewicht der Versuchspersonen als Determinante der aufgewendeten Kraft. Er erhob sowohl Daten in individuellen Versuchen als auch in Gruppenversuchen. Er konnte zeigen, daß die individuelle Leistung deutlich höher als die Leistung der einzelnen in der Gruppe liegt. So lag die individuelle Zugleistung bei 85,3 kg, während sie in 7-Personen-Gruppen bei 65 kg lag und in 40-Personen-Gruppen auf 61,4 kg absank.

Den Leistungsverlust in Gruppen, der den Ringelmann-Effekt ausmacht, erklärte Ringelmann mit einem *Koordinationsverlust* in Gruppen. In einer Übersicht über die Leistung von Personen in Gruppen zwischen 2 und 8 Personen sowie in Einzelleistung wurde verdeutlicht, daß sich eine kontinuierliche Verringerung der Leistung mit der Gruppengröße ergab.

Die Arbeiten von Ringelmann sind bis auf den heutigen Tag relevant geblieben. So verwies Steiner (1972) darauf, daß sie sich auf additive Aufgaben beziehen und daß ihre Ergebnisse erklärt werden können durch die Annahme, daß die Gruppenproduktivität die potentielle Leistung aller Mitglieder minus Koordinationsverlusten sowie Motivationsverlusten in Gruppen ist.

Bibb Latané und seine Mitarbeiter haben in den späten siebziger Jahren den Ringelmann-Effekt unter dem Begriff des *sozialen Faulenzens* aufgegriffen (Latané, Williams & Harkins, 1979). Durch ihre experimentelle Versuchsanordnung waren sie in der Lage, den Einfluß des Motivationsverlustes isoliert zu untersuchen, ohne daß Koordinationsverluste auftreten konnten. Die Versuchspersonen sollten so laut wie möglich klatschen oder einen möglichst hohen stimmlichen Aufwand betreiben und so laut wie möglich rufen. Sie saßen in Einzelkabinen, so daß kein Koordinationsverlust auftreten konnte. Wenn sie ihre Aufgabe allein ausführten, war die Leistung höher als wenn sie die Aufgabe in Gruppen ausführten. Somit trat ein deutlicher Motivationsverlust in Gruppen ein, der als soziales Faulenzen bezeichnet wurde.

Eine Erklärung für diesen Motivationsverlust ist die verringerte *Identifizierbarkeit* der individuellen Leistung in der Gruppe. In einer Untersuchung, in der die Leistung der einzelnen in der Gruppe identifizierbar blieb (Williams, Harkins & Latané, 1981), entfiel der Effekt des sozialen Faulenzens. Weitere Untersuchungen (Harkins & Szymanski, 1989) zeigen, daß die Identifizierbarkeit ausreicht, um den Leistungsverlust in Gruppen zu eliminieren.

Latané (1981) erklärt den Leistungsverlust in Gruppen durch seine Social-Impact-Theorie (s. Box T20). Die Annahme besteht darin, daß der Experimentator in den Versuchen einen Einfluß auf die Versuchsperson ausübt, indem er sie auffordert, sich möglichst intensiv anzustrengen. Wenn der Versuchsleiter mehrere Versuchspersonen gleichzeitig auffordert, wird der Einfluß dieser Aufforderung auf die anwesenden Personen aufgeteilt, so daß sie sich weniger aufgefordert fühlen, sich anzustrengen. Allerdings läßt diese Erklärung die zugrunde liegenden Prozesse, die zum sozialen Faulenzen führen, weitgehend außer acht.

Karau & Williams (1993) führten eine Metaanalyse der Experimente zum Ringelmann-Effekt durch. Generell wurde in den Experimenten gefunden, daß in

Gruppenbedingungen weniger Anstrengung gezeigt wurde als in individuellen Bedingungen. Die Größe des Effektes der Gruppe läßt sich nach üblichen Standards als klein bis mittel kennzeichnen.

Wann wird der Ringelmann-Effekt verstärkt, und wann wird er abgeschwächt? Wir hatten schon gesehen, daß die Identifizierbarkeit dazu führt, daß das soziale Faulenzen verschwindet. Weiterhin gilt, daß der Ringelmann-Effekt schwächer wird, wenn die Valenz der Aufgabe steigt. Bei belanglosen Aufgaben, wie Klatschen und Rufen, fällt der Ringelmann-Effekt größer aus als bei bedeutsamen Aufgaben, die eine hohe *persönliche Involviertheit* hervorrufen bzw. die *persönliche Relevanz* besitzen (s. Box A30).

Box A30: Persönliche Relevanz verringert soziales Faulenzen

Eine Untersuchung von Brickner, Harkins & Ostrom (1986) bestätigt den Einfluß der persönlichen Involviertheit. Studenten sollten ihre Gedanken zu der Einführung einer neuen Prüfungsordnung aufschreiben. Die Anzahl der aufgeschriebenen Gedanken wurde als Maß für Anstrengung gewertet. Den Studenten wurde entweder gesagt, daß sie durch die neue Prüfungsordnung unmittelbar betroffen seien (hohe persönliche Relevanz) oder es wurde ihnen gesagt, daß sie nicht betroffen seien (niedrige persönliche Relevanz). Außerdem erfuhren sie, daß die niedergeschriebenen Gedanken einzeln gesammelt und einem Ausschuß vorgelegt wurden (hohe Identifizierbarkeit) oder daß die Gedanken der Versuchspersonen und ihrer Partner gemeinsam dem Ausschuß vorgelegt würden.

In drei Replikationen dieses Versuchs ergab sich übereinstimmend, daß durch hohe Beteiligung der Einfluß der Identifizierbarkeit auf die Anzahl der Gedanken weitgehend verringert wurde. Bei niedriger Relevanz führte eine niedrige im Vergleich zu einer hohen Identifizierbarkeit dazu, daß relativ wenige Gedanken aufgelistet wurden. Hingegen wirkte sich die Identifizierbarkeit auf die Anzahl der niedergeschriebenen Gedanken bei hoher persönlicher Relevanz nur unwesentlich aus. Diese Studenten schrieben generell sehr viele Gedanken nieder.

Es zeigte sich außerdem, daß das Ausmaß des sozialen Faulenzens mit der Gruppengröße zunahm. Dieses Ergebnis steht gut mit der Social-Impact-Theorie von Latané (1981) in Übereinstimmung (s. Box T20). Außerdem gilt, daß soziales Faulenzen für Männer ausgeprägter als für Frauen war. Das läßt sich möglicherweise mit einer größeren Betonung der individualistischen Orientierung bei Männern erklären. In Übereinstimmung damit zeigte sich, daß das Ausmaß des Ringelmann-Effektes bei Versuchspersonen aus westlichen Kulturen größer war als bei Versuchspersonen aus östlichen Kulturen. Vermutlich haben sowohl Frauen als auch Personen aus östlichen Kulturen eine stärkere Gruppenorientierung, die sie weniger sozial faulenzen läßt.

Abschließend kann die Frage gestellt werden, wie soziales Faulenzen überwunden werden kann. Diese Fragestellung ist insbesondere im Organisationskontext von Bedeutung, z.B. bei *Teamarbeit*. Wie die Ergebnisse der Metaanalyse zeigen, ist ein wichtiger Faktor die Identifizierbarkeit der individuellen Leistungsbeiträge. Durch das Hervorheben der individuellen Beiträge für die gemeinschaftliche Leistung wird die Wahrscheinlichkeit des Auftretens von Ringelmann-Effekten verringert. Außerdem sprechen die Ergebnisse dafür, daß der persönlichen Involviertheit der Mitarbeiter eine zentrale Rolle zukommt. Wenn sie die Aufgabe als interessant, wichtig und persönlich bedeutsam ansehen, wird die Wahrscheinlichkeit eines Ringelmann-Effektes minimiert. Schließlich sollten Hinweise auf eine Firmenkultur, die die Leistung der Angehörigen der Firma als Ganzes betont und den Stolz auf die Firmenprodukte fördert, dazu beitragen, daß soziales Faulenzen verringert wird.

1.5. Destruktiver Gehorsam und Nachgiebigkeit gegenüber Autoritäten

Menschen erweisen sich oft als überraschend nachgiebig gegenüber den Anweisungen von Autoritätspersonen. Ein Beispiel ist die Befolgung von unmenschlichen Befehlen im Vietnamkrieg, wie sie sich in My Lai ereignet hat, wo Frauen und Kinder durch Soldaten der US-Armee ermordet wurden.
Wie kann es dazu kommen, daß Menschen, die als sozial angepaßt und rücksichtsvoll erscheinen, sich an Gewalttaten gegen Unschuldige beteiligen? Auf diese Frage hat der amerikanische Sozialpsychologe Stanley Milgram (1974) eine Antwort gesucht. Die Grundidee seiner Untersuchung besteht darin, die Situation von Befehl und Gehorsam in das Labor zu bringen, um zu überprüfen, ob Versuchspersonen unter bestimmten Bedingungen bereit sind, auf Anweisung andere Menschen zu quälen. Milgram war durch die Untersuchungen von Asch (1956) zur *Konformität* beeinflußt (s. Box U20).

Box U20: Konformitätsdruck:
Eine einmütige Mehrheit schüchtert einen einzelnen ein

Asch (1956) bat Beurteiler, die Länge einer vorgegebenen Standardlinie einzuschätzen, indem sie angaben, welche von drei Vergleichslinien entsprechend sei (Abb. 36). Die Beurteiler saßen in einem Klassenraum, und die Linien wurden an der Tafel befestigt. Das geschah in einer Gruppensituation, in der alle anderen Gruppenmitglieder (in Wahrheit Verbündete des Versuchsleiters) in kritischen Testdurchgängen eine falsche Antwort gaben, die offensichtlich nicht zutraf. Vier Gruppenmitglieder behaupteten einmütig, eine kurze Linie entspreche der mittleren Linienlänge. Danach gab die echte Versuchsperson ihr Urteil ab, die durch das Verhalten der Verbündeten in einen Konflikt zwischen dem eigenen Wahrnehmungsurteil und dem Urteil anderer geriet.

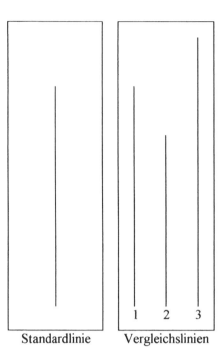

Abbildung 36:
Konformitätstest nach Asch (1956)

Standardlinie   Vergleichslinien

Der Konflikt der Versuchspersonen war teilweise sehr intensiv, führte aber nicht dazu, daß nahezu alle Versuchsteilnehmer Konformität zeigten (Harris, 1985). In jedem Versuchsdurchgang waren 12 kritische Durchgänge enthalten. Etwa zwei Drittel der Urteile waren mit der Mehrheit nicht konform und überwiegend im Sinne der richtigen Antwort. Hingegen war etwa ein Drittel der Urteile in den kritischen Durchgängen konform. Die Beurteiler folgten entgegen dem Augenschein dem Konformitätsdruck der Gruppe.

Eine genauere Analyse zeigte, daß die Mehrzahl der Fehlurteile auf relativ wenige Versuchsteilnehmer zurückging, die sich stark beeinflussen ließen. Insgesamt machten etwa 50% der Versuchspersonen bis zu drei Fehler (von 12 möglichen), und 20 bis 25% der Beurteiler ließen sich nicht ein einziges Mal beeinflussen. Demgegenüber verhielten sich etwa 5% der Versuchspersonen in allen 12 kritischen Durchgängen der drei Experimente, über die Asch (1956) berichtet, nachgiebig.

Weitere Untersuchungen mit Schülern und Schülerinnen zeigen, daß die Größe der einmütigen Mehrheit eine Rolle spielt: Bei Gruppengrößen von 2 bis 7 einmütigen Urteilern steigt die Konformität linear an, um dann bei acht Beurteilern wieder leicht abzusinken (Gerard, Wilhelmy & Connolley, 1968). Außerdem fand sich, daß Schülerinnen in diesem Versuch höhere Konformitätswerte erreichten als Schüler. In einer Metaanalyse zum Asch-Experiment, für das 133 Experimente aus 17 Ländern vorliegen, fanden sich folgende Ergebnistrends (Bond & Smith, 1996):

- Größere Beeinflußbarkeit weiblicher Versuchsteilnehmer als männlicher.
- Mehr Einfluß bei größeren Gruppen einmütiger Beurteiler. Der lineare Zusammenhang läßt Zweifel an der Gültigkeit der Social-Impact-Theorie (Box T20) in diesem Bereich aufkommen.
- Eine abnehmende Tendenz zur Konfor-

mität seit Beginn der Untersuchungsserie sowohl innerhalb der USA als auch unter Einbeziehung der interkulturellen Studien. Das bedeutet, daß sich die Konformitätsneigung seit den fünfziger Jahren verringert hat.

● In westlichen Kulturen ist die Konformitätsneigung geringer als in östlichen Ländern (wie China oder Kuwait). Das läßt sich mit dem größeren Individualismus im Westen und dem größeren Kollektivismus im Osten erklären.

Milgram war mit der experimentellen Demonstration von Konformitätsdruck, wie sie Asch entwickelt hatte, unzufrieden (s. Meeus & Raaijmakers, 1989), da ihm die Aufgabe der Versuchspersonen als zu belanglos erschien. Was hatte es schon für soziale Auswirkungen, die Länge einer Linie auf sozialen Druck hin falsch anzugeben?

Daher entwickelte Milgram eine neue Versuchssituation, die drei Personen umfaßte: den Versuchsleiter, der die Autorität ausübte, die Versuchsperson, die durch den Versuchsleiter angeleitet wird, physische Gewalt auszuüben, und das Opfer, das angeblich Lernaufgaben bearbeitet und für falsche Antworten Elektroschocks erhält. Die Versuchsperson übernahm in dieser Versuchssituation die Rolle eines Lehrers, der einem Schüler Lernaufgaben vorlas und im Anschluß die Antworten abfragte.

Angeblich ging es um Bestrafungslernen. Der Lehrer las eine Serie von Wortpaaren vor (z.B. Blau, Schachtel), um danach das erste Wort zu nennen und vier weitere Wörter, von denen der Schüler das richtige Wort durch Drücken eines Knopfes angeben sollte. Für jede der (vorprogrammierten) falschen Antworten des Schülers sollte der Lehrer dem Schüler einen Elektroschock geben, der über eine Elektrode am Handgelenk appliziert wurde. Das Besondere an dem Versuch bestand darin, daß nach jeder falschen Antwort das Schockniveau erhöht werden sollte, so daß am Anfang sehr niedrige Elektroschocks gegeben wurden, die aber zunehmend durch stärkere und schließlich möglicherweise gefährliche Schocks abgelöst wurden. Um die Glaubwürdigkeit zu erhöhen, erhielt die Versuchsperson vor Beginn des Lernexperiments einen Probeschock.

In den ersten zwei Experimenten der Versuchsserie sitzt die Versuchsperson zusammen mit dem Versuchsleiter in einem Raum, während sich der Schüler in einem anderen Raum befindet und an einen Elektroschock-Apparat angeschlossen ist, der scheinbar durch die Versuchsperson aktiviert werden kann. Außerdem wird der Schüler wie auf einem elektrischen Stuhl festgeschnallt, um störende Bewegungen zu vermeiden. Natürlich erhält der Schüler niemals einen Schock. Der Schüler wird durch einen Verbündeten des Versuchsleiters gespielt, der seine Rolle sorgfältig eingeübt hat. In den ersten Experimenten handelte es sich um einen 47jährigen Buchhalter, der auf die meisten Versuchspersonen einen sympathischen Eindruck machte. Der Versuchsleiter wurde von einem 31jährigen Biologielehrer gespielt, der den grauen Kittel eines Technikers trug und den Versuch sachlich und distanziert durchführte. Er erklärte den Versuchspersonen: »Obwohl die Schocks äußerst schmerzhaft sein können, verursachen sie keine bleibende Gewebeschädigung.«

Insgesamt stehen dem Lehrer 30 Schockstufen zur Verfügung. Diese sind in verschiedene Gruppen eingeteilt, die mit »leichter Schock« über »mäßiger Schock«, »mittlerer Schock«, »kräftiger Schock«, »schwerer Schock«, »sehr schwerer Schock«, »Gefahr! bedrohlicher Schock« bis hin zu »X X X« bezeichnet sind.

Die einzelnen Schockstufen sind durch Voltangaben gekennzeichnet, die von 15 Volt bis 450 Volt (Maximalschock) reichen. Ein typischer Versuchsablauf sieht so aus, daß die Versuchsperson bei den falschen Antworten des Schülers, die systematisch in das Lernexperiment eingebaut werden, den entsprechenden Elektroschock appliziert. Wenn der Schüler zögert, wird er durch den Experimentator aufgefordert, weiterzumachen, indem er sagt: »Bitte, fahren Sie fort! « Weitere Ermahnungen des Versuchsleiters lauten: »Das Experiment erfordert, daß Sie weitermachen!«; »Sie müssen unbedingt weitermachen!« und: »Sie haben keine Wahl, *Sie müssen weitermachen*!« Diese Mahnungen wurden nach Bedarf eingesetzt.

Im ersten Experiment erfolgt keine verbale Rückmeldung durch das Opfer. Allerdings hämmert der Schüler bei dem 300-Volt-Elektroschock gegen die Wand. Im zweiten Experiment wurde wie in den folgenden eine Serie von verbalen Rückmeldungen des Opfers realisiert. Bei 75, 90 und 105 Volt ist ein leichtes Knurren zu hören. Bei 120 Volt ruft das Opfer, daß die Schocks jetzt schmerzhaft werden. Bei 135 Volt ist ein schmerzhaftes Stöhnen zu hören. Bei 150 Volt ruft das Opfer: »Versuchsleiter, holen Sie mich hier raus. Ich will in diesem Experiment nicht länger mitmachen! Ich weigere mich weiterzumachen!« Bei 180 Volt schrie das Opfer: »Ich kann den Schmerz nicht aushalten«. Bei 270 Volt war ein qualvolles Brüllen zu hören. Ab 300 Volt weigerte sich das Opfer, Antworten zu geben. Wenn die Versuchsperson nachfragte, wies der Versuchsleiter darauf hin, daß fehlende Antworten falsche Antworten seien. Bei den verbleibenden Durchgängen ist qualvolles Schreien oder nichts mehr zu hören.

Die Vermutung liegt nahe, daß nur wenige Versuchsteilnehmer sich als Lehrer in dieser Situation mißbrauchen lassen. Diese Annahme, die von vielen geteilt wird, die von den Versuchsergebnissen noch nichts gehört haben (vgl. Meeus & Raaijmakers, 1989; Milgram, 1974), wird aber durch die Resultate widerlegt. So betrug in dem ersten Experiment der mittlere Maximalschock 27 Schockstufen, was einer Voltangabe von 405 Volt entspricht. 65% der Versuchspersonen erwiesen sich als durchgehend gehorsam in dem Sinne, daß sie die Lernprozedur bis zur höchsten Schockstufe fortsetzten. Das sind 26 von 40 Versuchsteilnehmern, die in dieser Bedingung untersucht wurden. Im zweiten Experiment (akustische Rückkopplung) betrug der mittlere Maximalschock 24.5 Stufen, und 62.5% der Versuchspersonen blieben bis zum Schluß dabei (25 von 40).

Die Versuchsteilnehmer wurden über Anzeigen in der Lokalzeitung und über postalische Anfragen auf der Basis von Telefonbuchadressen gewonnen. Es handelte sich um Beamte, Lehrer, Vertreter, Ingenieure oder Arbeiter, also um Menschen aus allen Bevölkerungsschichten. Gehorsam gegenüber dem Experimentator fand sich bei allen Schichtangehörigen gleichermaßen. Die Versuche wurden mit Männern durchgeführt. In einem Experiment waren allerdings Frauen die Versuchspersonen. Das Ergebnis entsprach dem der Männer: 65% durchgehend gehorsame Versuchspersonen, die einen mittleren Maximalschock von 24.7 Stufen erreichten.

In seinem eindrucksvollen Buch berichtet Milgram (1974) über 18 Experimente, in denen die Versuchsanordnung des Gehorsamkeitsexperiments in vielfältiger Weise variiert wurde. Diese Variationen verweisen auf verschiedene Bedingungen, unter denen der Gehorsam verringert wird. Dazu zählt die direkte Berührungsnähe des Schülers, den der Lehrer anfassen muß, um die Elektroschocks zu applizieren, wenn er keine Antwort gibt. In diesem Fall sinkt der Prozentsatz gehorsamer Versuchspersonen auf 30%. Wenn der Versuchsleiter abwesend ist und telefonisch zur Fortsetzung des Versuchs auffordert, sinkt der Prozentsatz der gehorsamen Versuchspersonen auf 20.5%. Die mittlere maximale Schockstärke beträgt 18.15 Stufen, was in etwa der Angabe von 270 Volt entspricht. Wenn die Versuchsteilnehmer die angemessene Schockstärke selbst auswählen können, ergibt sich eine durchschnittliche Schockstärke von 5.5 und nur eine von 40 Versuchspersonen wählt die maximale Schockstärke. Wenn zwei Versuchsleiter widersprüchliche Befehle geben, sinkt der Prozentsatz der Personen, die den Maximalschock geben, auf 0%.

Schließlich wurde festgestellt, daß die Reaktionen von zwei anderen vorinstruierten Lehrern, die rechts und links von der Versuchsperson sitzen und dieselbe Rolle wie die Versuchsperson innehaben, das Ergebnis des Versuchs wesentlich mitbestimmen. Wenn sie die Befolgung der Befehle ablehnen, sinkt der Gehorsam auf 10%. Wenn sie den Versuch gehorsam durchführen, steigt die Bereitschaft, bis zur maximalen Schockstärke zu gehen, auf schauerliche 92,5%, wobei der durchschnittliche Maximalschock 28.65 Schockstufen beträgt.

Ein Teil dieser Ergebnisse läßt sich dahingehend zusammenfassen, daß die Bereitschaft sinkt, bis zur maximalen Schockstärke zu gehen, je näher das Opfer dem Lehrer ist. Eine zweite Generalisierung besagt, daß der Gehorsam um so geringer ausfällt, je weniger eindeutig die Anweisungen des Versuchsleiters ausfallen. In diesem Sinne weisen Meeus & Raaijmakers (1989) darauf hin, daß das konsequente Verhalten des Experimentators wesentlich zu seinem Einfluß beiträgt. Während das Opfer erst bereitwillig mitmacht, um dann seine Meinung zu ändern, zieht der Versuchsleiter seinen Standpunkt konsistent durch.

Ein weiterer Faktor, der den Einfluß des Versuchsleiters steigert, ist sein hoher Status. Wenn der Versuch von einer anderen vorinstruierten Versuchsperson geleitet wird, die den verhinderten Versuchsleiter vertritt, sinkt der Gehorsam auf 20%. Schließlich kann festgestellt werden, daß in den meisten Versuchen der Einfluß des Versuchsleiters stärker ist als der des Opfers. Der Versuchsleiter hält sich im gleichen Raum wie die Versuchsperson auf, während sich das Opfer in einem anderen Raum befindet. Damit hat der Versuchsleiter einen direkteren Zugriff auf die Versuchsperson als das weiter entfernte Opfer. Wir haben gesehen, daß der Gehorsam sinkt, wenn der Versuchsleiter den Raum verläßt bzw. wenn Opfer, Versuchsleiter und Versuchsperson sich im gleichen Raum befinden.

Eine andere Form des Autoritätsgehorsams wurde von Meeus & Raaijmakers (1995) untersucht (Box A31).

Box A31: Moderne Formen destruktiven Gehorsams: Die Utrecht-Studien

Das Phänomen des Autoritätsgehorsams gegenüber Experimentatoren wurde nicht nur in den USA gefunden. Replikationen in vielen Staaten rund um den Globus belegen, daß es sich um ein universelles Phänomen handelt (Meeus & Raaijmakers, 1989). Autoritätsgehorsam wurde auch in Deutschland aufgezeigt (Mantell, 1971). Studien in Utrecht zeigen, daß sich auch ein *administrativer Gehorsam* belegen läßt (Meeus & Raaijmakers, 1995). Der Versuchsleiter wies die Versuchspersonen an, einen Bewerber (in Wahrheit einen Verbündeten des Versuchsleiters) während eines Eignungstests psychisch unter Druck zu setzen, um eine Untersuchung über psychischen Streß und Testleistungen durchzuführen. 91% der Versuchsteilnehmer folgten der Anweisung, 15 negative Äußerungen über den Bewerber zu machen. Der Versuchsleiter forderte die Versuchsteilnehmer zum Weiterma-chen auf, wenn sie zögerten. Dadurch wurde eine noch größere Konformität erzielt als in den ursprünglichen Milgram-Versuchen. Der Grund dürfte darin zu suchen sein, daß es den Versuchspersonen leichter fällt, psychische Gewalt im Vergleich mit physischer Gewalt auszuüben. Erneut zeigte sich, daß in Abwesenheit des Versuchsleiters weniger Gehorsam auftrat (36%) und daß die Verweigerung des Gehorsams durch vorinstruierte Mitarbeiter die Konformität weitgehend außer Kraft setzte (16 %). Wenn den Versuchsteilnehmern eine persönliche juristische Haftung für ihr Verhalten in Aussicht gestellt wurde, zeigten sie sich ebenfalls weniger gehorsam (30%). Diese Ergebnisse zeigen, daß diese moderne Form von Gehorsam besonders hoch ausgeprägt ist, sich aber stark verringert, wenn für die Versuchsperson persönliche Kosten entstehen.

Um die Versuche von Milgram ist eine hitzige Debatte entstanden, in der es um die Frage geht, ob es ethisch vertretbar ist, solche Versuche durchzuführen (vgl. Elms, 1995; Meeus & Raaijmakers, 1989). Die Antwort darauf hängt immer auch von persönlichen Werten und Prioritäten ab. Zweifelsohne ging Milgram in seinen Versuchen an die Grenzen des ethisch Zulässigen oder sogar darüber hinaus (Miller, Collins & Brief, 1995). Die Versuchspersonen von Milgram wurden aber sorgfältig über den Versuch aufgeklärt. Nur etwa 1% äußerte sich in Nachinterviews negativ, während 84% der Teilnehmer im Rückblick positiv über die Teilnahme urteilten.

Dramatische Erfahrungen in Versuchen müssen nicht negative Nachwirkungen haben, sondern können auch positiv und als Bereicherung erlebt werden, etwa in dem Sinn, daß man etwas über sich selbst lernt und sich besser versteht als vorher (vgl. Schwartz & Gottlieb, 1981; Zimbardo, 1973). Die Vermutung liegt nahe, daß die ethische Ablehnung des Migram-Versuchs z.T. etwas damit zu tun hat, daß die Ergebnisse im Hinblick auf menschliche Konformitätstendenzen ein trübes Bild entstehen lassen und daß die Vorstellung, daß böse Taten von bösen Menschen begangen werden, in Frage gestellt wird.

Untersuchungsergebnisse zeigen, daß Beurteiler ein Milgram-Experiment eher für moralisch fragwürdig halten, wenn die Ergebnisse auf hohen statt auf niedrigen Autoritätsgehorsam hindeuten (Bickman & Zarantonello, 1978). Schlechte Nachrichten werden bekanntlich dem Überbringer angelastet (Miller, 1995). Es ist auch zu berücksichtigen, daß das Milgram-Experiment in der Öffentlichkeit eine aufrüttelnde Wirkung hatte und Menschen für ihre Neigung, sich gedankenlos einer Autorität zu unterwerfen, sensibel gemacht hat (s. Box A32).

Box A32: Naziterror und Vernichtungskriege: Was kann die Sozialpsychologie zur Erklärung beitragen?

Tragen die Ergebnisse dieser Experimente tatsächlich zur Aufklärung des Gehorsams gegenüber dem Naziterror bei? Diese Frage läßt sich nicht leicht beantworten, weil das Milgram-Experiment nicht die kulturellen und sozialen Bedingungen der Nazizeit rekonstruieren kann. Vielmehr wird nur die Autoritätsbeziehung simuliert, die aber ohne Zweifel ein Teil des gesamten Nazisystems gewesen ist. Daher kann man vermuten, daß das Ausmaß des Gehorsams ansteigt, wenn weitere Elemente des Naziterrors realisiert werden (vgl. Sofsky, 1993). Dazu gehören die ideologische Verbrämung der Befehle zu unmenschlichem Verhalten, ihre Wiederholung durch Massenmedien und Propaganda sowie die Tendenz, den Opfern den Status als Mensch abzusprechen und sie zu dehumanisieren, wie dies von Zimbardo (1973) in einem Experiment gezeigt wurde, in dem er ein Gefängnis der Unterdrückung simulierte.

All dies sind Faktoren, die das Naziregime gekennzeichnet haben. Die Einrichtung von Konzentrationslagern und die damit verbundene systematische Verfolgung und Ausrottung der Juden läßt sich als ein weiterer Faktor eines perfektionierten Terrorsystems auffassen. Kelman (1995) nennt Faktoren, die zusammen genommen destruktiven Gehorsam auslösen: *Autoritätsstruktur* unter den Tätern, Dehumanisierung der Opfer und Ausführung des Terrors als Routine.

Milgram hat den Zusammenhang zwischen der Banalität des Bösen, wie es von Hannah Arendt in bezug auf Adolf Eichmann konstatiert wurde, und seinen Ergebnissen selbst gesehen (Milgram, 1974; Miller, 1995). Es bedarf keines sadistischen Charakters, um andere Menschen zu quälen. Autoritätsgehorsam in der passenden Situation reicht aus. Das Verhalten im Milgram-Experiment läßt sich auf der Grundlage situativer Zwänge, die im Sinne einer schrittweisen Steigerung ausgeübt werden, verstehen.

Andererseits sollten diese Überlegungen nicht als ein Freispruch für Mitarbeiter in Terrorsystemen verstanden werden. Colman (1995) weist darauf hin, daß Täter individuell verantwortlich bleiben, auch wenn sie durch die Struktur sozialer Organisationen in ihre Taten gedrängt werden. Die Studien von Milgram zeigen, daß eine Minderheit von Versuchspersonen sehr wohl dem destruktiven Gehorsam widerstanden haben. Sie hatten die realistische Alternative, die Opfer nicht zu quälen. Das gilt natürlich auch für Nazi-Verbrecher, deren Taten auch dadurch nicht entschuldbar werden, daß sie einem verbrecherischem System angehörten.

Trotz einiger Parallelen kann das Milgram-Experiment mit historischen Fällen der Völkervernichtung nicht gleichgesetzt werden (Darley, 1995). Statt dessen demonstriert es den Einstieg in die Sozialisation eines willfährigen Dieners totalitärer Regime. Die Ergebnisse verweisen darauf, wie gewöhnliche Menschen anfangen, sich inhuman zu verhalten, obwohl sie das niemals geplant hatten. Eine Möglichkeit besteht darin, daß Menschen, die anfänglich auf Befehl unmoralisch handeln, anfangen, ihre Handlungen zu rechtfertigen. Im Endergebnis kann aus der verzweifelten Versuchsperson, die im Milgram-Experiment meist äußerst unwillig den Befehlen des Experimentators gehorcht, ein emotional unbeteiligtes Rädchen in einer Unterdrückungsmaschinerie werden. Was als persönlicher Alptraum beginnt, kann als gesellschaftlicher Alptraum enden (Darley, 1995). Daher sind destruktiver Gehorsam und das positive Gegenstück der *Zivilcourage* auch ein wichtiges Thema der Friedensforschung (Sommer, 1997).

Die Frage, ob bestimmte Persönlichkeitstypen von Situationen, in denen Autoritätsgehorsam auftritt, besonders angezogen werden, läßt sich nicht abschließend beantworten. Allerdings berichten Meeus & Raaijmakers (1995), die den Milgram-Versuch replizierten, daß unter den Personen, die die Elektroschocks weisungsgemäß applizierten, autoritäre Personen überrepräsentiert waren. Allerdings bestand die spezielle Variante dieser Replikation darin, daß den Versuchsteilnehmern im vorhinein brieflich im Detail geschildert wurde, welche Aufgabe sie innerhalb des Experiments übernehmen sollten, so daß sie über ihre Absichten in Ruhe nachdenken konnten. Milgrams Versuchsteilnehmer wurden hingegen durch die Forderungen des Versuchsleiters überrollt, ohne daß sie sich auf die ungewöhnliche Situation vorbereiten konnten.

In den USA wird inzwischen auch die Frage diskutiert, inwieweit Fälle von Konformität am Arbeitsplatz durch das Paradigma des Autoritätsgehorsams erklärt werden können. So verweist Miller (1995) bei der Darstellung von Anwendungsbereichen des Paradigmas auf die Entstehung von moralisch problematischen Handlungsmustern in westlichen Gesellschaften (s. auch Gibson, 1997).

Die Untersuchungen von Hamilton & Sanders (1995) in drei Kulturen (USA, Japan, Rußland) befassen sich mit Fehlverhalten in einem Unternehmen, das z.B. Wasserverschmutzung aus Gründen der Kostenersparnis betrifft. Sie zeigen, daß Akteure, die aus eigenem Entschluß handeln, für verantwortlicher gehalten werden als solche, die auf Befehl eines Vorgesetzten handeln (z.B. ungeklärtes Wasser in den Fluß ableiten). Manager werden für entsprechende Taten mehr verantwortlich gemacht als Mitarbeiter (z.B. Vorarbeiter) und weniger dadurch entschuldigt, daß sie Weisungen ausgeführt haben. Dieses Ergebnismuster tritt in Washington DC, Tokio und Moskau gleichermaßen auf.

1.6. Deindividuation

Während eines Fußballspiels sind die Zuschauer von dem Geschehen auf dem Spielfeld fasziniert. Sie stehen im Block der Heimmannschaft und feuern ihre Mannschaft mit lautem Schreien an. Sie vergessen mehr und mehr ihre eigene Lage, wer sie sind und welche Verantwortung sie als Mensch und Bürger tragen. Im Endeffekt ergibt sich ein Zustand, der als Deindividuation bezeichnet werden kann.

Deindividuation kennzeichnet den psychologischen Zustand, den LeBon (1895/1982) in seiner Psychologie der Massen beschrieben hat. Er spricht von der *Massenseele*, die entsteht, wenn der einzelne in der Masse das Gefühl großer Macht erlebt und wenn ein Prozeß der geistigen Übertragung eintritt, bei dem sich ein gemeinsames Gefühl oder eine gemeinsame Handlungsweise auf alle Mitglieder der Masse überträgt. Hinzu tritt schließlich noch eine erhöhte Beeinflußbarkeit, die nach LeBon ebenfalls dazu beiträgt, daß der Mensch in der Masse zum Triebwesen bzw. Barbaren hinabsteigt.

Festinger, Pepitone & Newcomb (1952) verwendeten den Begriff der Deindividuation, wenn in Gruppen ein Verhalten gezeigt wird, das normalerweise gehemmt ist. Dabei geht die Wahrnehmung als individuelle Person verloren und wird durch die Gruppenmitgliedschaft als ganze ersetzt. Indem sich die einzelne Person mit der Gruppe identifiziert, tritt ein Verlust an *Selbstaufmerksamkeit* ein.

In diesem Sinne definiert Diener (1980, S. 210) Deindividuation als einen Zustand, in dem die Person durch situationale Einflüsse, die in der Gruppe auftre-

298

ten, davon abgehalten wird, selbstaufmerksam zu sein. Daher ist einer Person im Zustand der Deindividuation das Bewußtsein ihrer selbst versperrt, und die Beobachtung ihres eigenen Verhaltens ist reduziert.

Die Selbstaufmerksamkeit wird verhindert, wenn die Gruppe in das Zentrum der Aufmerksamkeit des Individuums tritt und als ganze Einheit wahrgenommen wird. Dieser Zustand wird gefördert, wenn der Fokus der Aufmerksamkeit nach außen gerichtet ist, physische Aktivitäten ausgeführt werden und die Aufmerksamkeit durch die Ereignisse stark in Anspruch genommen ist. Deindividuation wird subjektiv erlebt als fehlende Zuwendung der Aufmerksamkeit zum eigenen Verhalten und als fehlendes Bewußtsein des eigenen Selbst als unabhängige Einheit. Als Folge tritt ein Verlust an *Selbstregulation* auf, der sich durch eine Vernachlässigung von Normen, einen Mangel an Selbstverstärkung und einen Mangel an Zukunftsplanung auszeichnet. Als Folge davon tritt eine erhöhte *Beeinflußbarkeit* durch die umgebende Situation und die Emotionen, die durch sie ausgelöst werden, auf.

Welche Faktoren führen nun zu einer erhöhten Deindividuation? Ein wichtiger Einflußfaktor ist *Anonymität* und der damit zusammenhängende Verlust an individueller *Verantwortung*. In einem bekannten Experiment verglich Zimbardo (1970) das aggressive Verhalten von Personen, die durch ein Kostüm vollständig verkleidet waren und durch Sehschlitze auf ihr Opfer blickten, mit Personen, die nicht verkleidet waren. Die Hypothese, daß in der Kostüm-Bedingung einem weiblichen Opfer längere Elektroschocks gegeben werden als in der Kontrollbedingung, konnte bestätigt werden.

Das Phänomen des *Vandalismus* wurde von Zimbardo ebenfalls mit dem Zustand der Deindividuation in Zusammenhang gebracht. Zur Demonstration benutzte er das Abstellen eines Autos in der Bronx auf dem Campus der New York Universität und in Palo Alto in Kalifornien in der Nähe des Campus der Stanford Universität. Die Nummernschilder der Fahrzeuge wurden entfernt. Beobachter stellten fest, was mit den Autos in der Folgezeit geschah. Das New Yorker Auto wurde von Passanten immer weiter demoliert und ausgeraubt. Das Auto, das in Palo Alto abgestellt worden war, wurde in keiner Weise beschädigt. Statt dessen schloß ein Passant, der während eines Regens vorbei kam, die geöffnete Motorhaube, damit der Motor nicht naß wurde.

Eine Fortsetzung des Versuchs in Palo Alto bestand darin, daß die Versuchsleiter einen Hammer mitbrachten, um den Vandalismus der Passanten zu bahnen. Es zeigte sich, daß das erste Zuschlagen schwerfällt, wenn aber der Anfang gemacht ist, folgt eine Orgie der Gewalt, bei der das Fahrzeug mit dem Hammer systematisch und enthusiastisch demoliert wird.

Zimbardo (1970) liefert auch eine nützliche Klassifikation von Ursachen und Folgen der Deindividuation. Zu den Ursachen zählt er: Anonymität, Diffusion der Verantwortung, verkürzte Zeitperspektive mit Betonung der Gegenwart, physiologische Erregung, hohen sensorischen Input, physische Beteiligung an der Handlung, neue und unstrukturierte Situationen sowie veränderte Bewußtseinszustände durch Drogen und Alkohol. Natürlich muß nicht jede dieser Variablen einen Zustand der Deindividuation hervorrufen. Häufig ist es die Kombination mehrerer Faktoren, die Deindividuation auslöst.

Im Zustand der Deindividuation kann antinormatives Verhalten verstärkt werden (Box U21).

Box U21: Dunkelheit, Kostümierung und antinormatives Verhalten

Am Abend vor Allerheiligen (Halloween) ziehen traditionell amerikanische Kinder kostümiert durch die Stadt und klingeln bei den umliegenden Wohnungen. Üblicherweise erhalten sie kleine Süßigkeiten und ziehen dann weiter. In einer Feldstudie wurden 1 352 Kinder in 27 Wohnungen von einer Versuchsleiterin begrüßt, die in freundlicher Weise ihre Kostümierung kommentierte. Dann gab sie den Kindern durch die Feststellung, daß sie sich jeweils eine Süßigkeit aus einer Schale nehmen konnten, eine Norm des Verhaltens vor.

Die Kinder kamen entweder allein oder in Gruppen. Neben dieser vorgegebenen Variation wurde abgestuft, ob die Kinder anonym in ihren Kostümen blieben oder ob die Versuchsleiterin nach ihrem Namen und ihrer Adresse fragte. Die Ergebnisse zeigten, daß insgesamt 416 Vergehen im Hinblick auf die vorgegebene Norm zu verzeichnen waren. So fand sich in der Allein-Bedingung, bei der das Kind nach Namen und Adresse befragt wurde, eine niedrige Vergehensrate von 7,5%. Hingegen betrug die Vergehensrate in der Bedingung, in der Gruppen von Kindern anonym blieben, 57,2%. Das Ausmaß des Verstoßes gegen die Norm wurde noch erhöht, wenn zusätzlich das kleinste Kind von der Versuchsleiterin dafür verantwortlich gemacht wurde, daß die Norm befolgt wurde. In dieser Bedingung, in der eine zusätzliche *Diffusion der Verantwortung* möglich war, stieg die Vergehensrate auf 80% (Diener, Frazer, Beaman & Kelem, 1976).

Die Ergebnisse zeigen, daß anonyme Kinder mehr stehlen als identifizierte Kinder, wobei der Anstieg des Stehlens in Gruppen mit 36% höher ausfällt als bei Einzelkindern mit 13%. Darüber hinaus zeigt sich, daß dann, wenn das erste Kind gestohlen hat, im allgemeinen die weiteren Kinder das Verhalten des Vorbilds *nachahmen* (in 83,3% der anonymen Gruppen und in 66,7% der identifizierten Gruppen). Hat das erste Kind nicht gestohlen, tendieren auch die übrigen Kinder der Gruppe

dazu, nicht zu stehlen (88,6% der anonymen Kinder und 91% der identifizierten Kinder). Das erste Kind, das Süßigkeiten nimmt, läßt sich als Gruppenführer bezeichnen, der Nachahmung findet.

In zwei weiteren Experimenten (Beaman, Klentz, Diener & Svanum, 1979) lag dieselbe Versuchsdurchführung zugrunde wie in der ersten Studie. Diesmal wurde die *Selbstaufmerksamkeit* experimentell variiert, indem entweder hinter dem Tisch, auf dem die Schale stand, ein großer Spiegel postiert wurde oder aber kein Spiegel aufgestellt wurde. Kinder in Gruppen zeigten tendenziell mehr Verstoß gegen die Norm als Kinder, die allein klingelten. Unter den Gruppenkindern zeigte sich, daß das Ausmaß des Stehlens mit Spiegel geringer ausfiel (8,9%) als ohne Spiegel (37,7%).

Dieser große Unterschied fand sich aber nur bei den Kindern, die mit Name und Adresse identifiziert worden waren. Bei den anonymen Kindern wirkte sich das Vorhandensein des Spiegels nicht aus.

Der Verstoß gegen die Norm nahm mit dem Alter der Kinder zu (unterteilt in 1 – 4 Jahre, 5 – 8 Jahre, 9 – 12 Jahre und älter als zwölf Jahre). Es zeigte sich, daß bei den identifizierten Kindern der Spiegel nur bei den älteren Kindern das Stehlen reduzierte. Außerdem zeigte sich, daß Jungen mehr stahlen als Mädchen und daß nur sie einen Spiegeleffekt aufwiesen.

Diese Ergebnisse stimmen im wesentlichen mit der Theorie der Selbstaufmerksamkeit von Wicklund (1975) und ihrer Weiterentwicklung durch Carver & Scheier (1982) überein, die davon ausgehen, daß in einem Zustand der Selbstaufmerksamkeit (hoher Selbst-Fokus) eine stärkere Beachtung von Normen eintritt. So konnten auch Diener & Wallborn (1976) zeigen, daß in einem Leistungstest weniger gemogelt wurde, wenn ein Spiegel aufgestellt worden war, in dem sich die Probanden sehen konnten.

Der Spiegeleffekt wurde in einer dritten Untersuchung repliziert, in der die Vergehensrate durch einen Spiegel von 34,2%

auf 11,7% reduziert wurde. Erneut war der Spiegeleffekt auf ältere Kinder beschränkt und trat nur bei Jungen auf.

Insgesamt zeigt sich, daß erhöhte Selbstaufmerksamkeit den Effekten der Deindividuation entgegenwirkt. Umgekehrt kann man sagen, daß niedrige Selbstaufmerksamkeit eng mit dem Zustand der Deindividuation verbunden ist. Es zeigte sich im übrigen, daß die Anonymität sich nicht in allen Bedingungen konsistent auswirkte. In dem zweiten Experiment war das Ausmaß des Stehlens in der anonymen Bedingung sogar etwas niedriger als in der Bedingung, in der die Kinder Name und Adresse nannten. Anonymität allein führt also nicht immer zu einem Anstieg antinormativen Verhaltens.

Die Ergebnisse, die in Box U21 dargestellt sind, führen zu einer Neufassung der Theorie der Deindividuation (Prentice-Dunn & Rogers, 1982, 1989). Die Grundidee besteht darin, daß Selbstaufmerksamkeit zwei Aspekte hat:

- *Öffentliche Selbstaufmerksamkeit* befaßt sich mit der Aufmerksamkeit auf die eigene Person als soziales Objekt. Dazu zählt das Interesse an der eigenen äußeren Erscheinung und an dem Eindruck, den eine Person in der Öffentlichkeit macht.
- Hingegen bezieht sich die *private Selbstaufmerksamkeit* auf die persönlichen Gedanken und Gefühle, die ins Bewußtsein gehoben werden.

Diese Unterscheidung wurde ursprünglich von Fenigstein, Scheier & Buss (1975) vorgeschlagen, die auch einen Fragebogen zur Erfassung dieser beiden Facetten der Selbstaufmerksamkeit vorlegten. Es ist klar, daß die Determinanten der öffentlichen Selbstaufmerksamkeit mit denen der privaten Selbstaufmerksamkeit nicht übereinstimmen müssen. Die private Selbstaufmerksamkeit kann durch Gemeinsamkeitsgefühle in der Gruppe (*Gruppenkohäsion*) und physiologische Erregung reduziert werden. Anonymität und Reduktion der Verantwortung können zu einer Reduktion der öffentlichen Selbstaufmerksamkeit führen.

Eine Reduktion der privaten Selbstaufmerksamkeit führt zu Deindividuation, während eine Reduktion der öffentlichen Selbstaufmerksamkeit zu einer verringerten Rechenschaftspflichtigkeit führt. Beides wiederum soll zu einer Erhöhung der Aggression bzw. zu einer größeren Enthemmung des Verhaltens im allgemeinen beitragen (s. Abb. 37, Box U22).

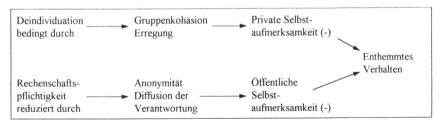

Abbildung 37: Enthemmung des Verhaltens auf der Grundlage von Deindividuation und verringerter Rechenschaftspflichtigkeit (nach Prentice-Dunn & Rogers, 1989)

Box U22: Deindividuation und Aggression

In einem Experiment (Prentice-Dunn & Rogers, 1982) wurde die Deindividuation von Gruppenmitgliedern erhöht, indem sie gemeinsame Aufgaben ausführten, während sie laute Rockmusik hörten. Diese Manipulation führte dazu, daß das Ausmaß der *Aggression* gegen eine andere Person, die mit Hilfe einer Elektroschock-Anlage ausgeübt wurde, erhöht wurde. Außerdem zeigte sich, daß das Ausmaß der *privaten Selbstaufmerksamkeit* durch die Manipulation reduziert wurde.

Zusätzlich wurde auch die *Rechenschaftspflichtigkeit* manipuliert, indem den Versuchsteilnehmern der Eindruck vermittelt wurde, daß sie das Opfer ihrer Aggression zu einem späteren Zeitpunkt treffen würden oder nicht. Diese Manipulation führte zu einer Beeinflussung der öffentlichen Selbstaufmerksamkeit, die bei hoher Rechenschaftspflichtigkeit größer ausfiel. Außerdem zeigte sich, daß bei niedriger Rechenschaftspflichtigkeit das Ausmaß der Aggression erhöht war. Das bestätigt die Theorie insofern, als zwei unabhängige Wege zu einer Erhöhung der Aggression führen: Deindividuation und verringerte Rechenschaftspflichtigkeit.

In einem späteren Experiment (Prentice-Dunn & Spivey, 1986) wurde gezeigt, daß eine extreme Manipulation der Deindividuation durch eine Intensivierung von Gruppenkohäsion und physiologischer Erregung zu einer noch intensiveren Aggression gegenüber einem Opfer führte. Erneut zeigte sich, daß das Ausmaß der Aggression, das durch die Deindividuation ausgelöst wurde, durch das Ausmaß der privaten Selbstaufmerksamkeit vermittelt wurde.

Eine alternative Interpretation von Deindividuation besteht darin, daß sie in Gruppen zu einer Salienz der sozialen Identität (besonders bei Anonymität) und als Folge davon zu erhöhter Konformität mit Gruppennormen und Stereotypen führt. Voraussetzung dafür ist, daß keine mächtigen anderen das Verhalten der Gruppenmitglieder beobachten und zensieren (Reicher & Levine, 1994a). Außerdem wird mächtigen anderen gegenüber das Stereotyp der eigenen Gruppe in den Bereichen betont, für die keine negativen Sanktionen erwartet werden (Reicher & Levine, 1994b). Der Ansatz von Reicher & Levine (1994a,b) führt zu der Schlußfolgerung, daß nicht jede Gruppe auf Deindividuation der Mitglieder mit destruktiven Tendenzen reagiert. Vielmehr gilt das nur für Gruppen, die entsprechende Normen vertreten, und vor allem dann, wenn keine mächtigen anderen dagegen opponieren.

Hat Deindividuation etwas zu tun mit Gewalt im Alltag? Eine Antwort gibt eine historische Analyse der Lynchjustiz (s. Box A33).

Box A33: Lynchjustiz und Deindividuation

Mullen (1986) verwendete in seiner Analyse der Lynchjustiz einen einfachen Gruppenindex, der die Anzahl der Opfer ins Verhältnis setzt zur Summe aus der Anzahl der Täter und der Anzahl der Opfer. Dieser Gruppenindex bringt das Ausmaß des Gruppeneinflusses auf die einzelne Person zum Ausdruck. Wenn der Wert groß ist, sollte die *Selbstaufmerksamkeit* hoch sein. Wenn der Wert niedrig ist (wenn also die Zahl der Mitglieder der Binnengruppe größer ist als die Zahl der Gruppe der Opfer), sollte der Gruppeneinfluß auf die einzelne Person vergrößert sein.

Eine Zeitungsauswertung von 60 historischen Fällen von Lynchjustiz zeigte, daß ein Zusammenhang zwischen der Schwere des Verbrechens und der Deindividuation der Täter bestand. Die Zahl der Opfer betrug im Durchschnitt 1.23 und variierte zwischen 1 und 4. Die durchschnittliche Zahl der Täter betrug etwa 1 500 und variierte zwischen 4 und 15 000. Daher resultierte ein mittlerer Gruppenindex von 0.0146. Ein solch niedriger Index spricht dafür, daß das Ausmaß der Deindividuation in den Gruppen hoch war und daß die Selbstaufmerksamkeit sehr niedrig war. Weitere Analysen zeigten, daß die Lynchjustiz um so schlimmere und grausamere Formen annahm, je niedriger der Index bzw. je höher die Deindividuation war. Die Korrelation betrug r = -.35. Diese Resultate sind ein Beleg für den Zusammenhang zwischen Deindividuation und Gewalt.

Ein anderes Beispiel für Deindividuation sind religiöse Sekten mit ihren Ritualen des Betens und der intensiven Selbstbesinnung, die oft in Gruppen stattfindet und über Stunden und Tage fortgesetzt wird. In vielen archaischen Kulturen finden sich ähnliche religiöse Rituale, die in ihrer Wirksamkeit häufig noch durch die Verwendung von Drogen und Alkohol intensiviert werden. Die Folge sind eine Reduktion der Selbstkontrolle und eine Erhöhung der Beeinflußbarkeit durch die Gruppe (Prentice-Dunn & Rogers, 1989).

Schließlich ist auch das eingangs genannte Beispiel der Sportzuschauer, die in großen Gruppen ihre Teams unterstützen, ein Fall der Deindividuation. Im Umfeld von Fußballspielen findet sich z.B. ein hohes Gewaltpotential, das durch Gruppenprozesse beeinflußt ist (Pilz, 1997). Schon die Sportveranstaltungen im alten Rom waren durch Gewalttätigkeiten gekennzeichnet, die mit einer Deindividuation unter den Zuschauern erklärt werden (Guttman, 1983).

1.7. Gruppendenken: Wenn Gruppenentscheidungen in ein Fiasko führen

Wie werden in Gruppen Entscheidungen getroffen? Welche Probleme treten dabei auf? Damit ist nicht gemeint, daß alle durcheinander sprechen und nicht zuhören, was die anderen sagen. Vielmehr geht es um gut strukturierte Gruppen, in denen die Voraussetzungen für Gruppenarbeit gegeben sind. Ein Phänomen, das in Gruppen beobachtet wurde, ist die Polarisierung der Gruppenentscheidung gegenüber Einzelentscheidungen. Damit ist gemeint, daß eine Gruppendiskussion dazu führt, daß die ursprüngliche Tendenz in der Meinung der Individuen verstärkt wird: Wenn sie von Anfang an überwiegend eine vorsichtige Entscheidung bevorzugen, dann erst recht nach einer Gruppendiskussion, und wenn sie eine riskante Entscheidung bevorzugen, wird auch diese durch die Gruppendiskussion verstärkt (Myers, 1994). Das gilt auch für andere Themen: Wenn vorurteilsvolle Personen über Asylbewerber sprechen, wird ihre Meinung danach noch negativer sein als vorher. Wenn vorurteilsfreie Personen über dasselbe Thema sprechen, werden sie nach der Gruppendiskussion noch positiver gegen Asylbewerber eingestellt sein. Da die meisten Menschen täglich mit Personen sprechen, die ihre Meinungen im wesentlichen teilen, entsteht auch im Alltag eine *Gruppenpolarisation*.

Eines der interessantesten Gruppenphänomene stellt das *Gruppendenken* dar. Janis (1982, p. 9) schreibt dazu: »Ich benutze den Begriff ›Gruppendenken‹ als schnelle und einfache Methode, um eine Art des Denkens zu charakterisieren, der Menschen folgen, wenn sie zutiefst in einer kohäsiven Binnengruppe beteiligt sind, wenn das Streben der Mitglieder nach Einmütigkeit sich über ihre Motivation hinwegsetzt, alternative Handlungsrichtungen realistisch einzuschätzen.« Der Begriff Gruppendenken wurde bewußt in Anlehnung an Orwells »1984« gewählt und deutet also keinesfalls auf etwas Gutes hin.

Stellen wir uns eine Krisensituation vor, in der eine Gruppe von Politikern und Beratern eine wichtige Entscheidung treffen muß. Ein Beispiel aus Europa, das von Janis (1982) behandelt wird, ist die Appeasement-Politik des englischen Kabinetts unter Premier Neville Chamberlain gegenüber Hitlers Deutschland in den Jahren 1938 und 1939. Statt den kriegslüsternen Nazis die Grenzen ihres Expansionsdrangs aufzuzeigen, ließ die britische Regierung zu, daß Deutschland sich immer weiter ausdehnen konnte. Die weitere Entwicklung, die mit dem Überfall auf Polen begann, ist bekannt. Offensichtlich ignorierte der innere Kreis um Premier Chamberlain alle Warnsignale, die auf eine bedingungslose Expansion der Nazis hindeuteten. Die englische Regierung reagierte mit Tatenlosigkeit auf die gewaltige Kriegsrüstung der Nazis, weil sie von dem Erfolg ihrer Friedenspolitik fest überzeugt war. Für Janis realisierte der innere Kreis der Entscheidungsträger Chamberlains Gruppendenken, das durch die Unfähigkeit gekennzeichnet war, auf das offensichtliche Hegemoniestreben der Nazis in Europa angemessen zu antworten.

Andere Beispiele des Gruppendenkens, die Janis (1982) behandelt, sind die Entscheidung des amerikanischen Präsidenten Harry S. Truman, den Koreakrieg im Jahre 1950 auszuweiten, die Entscheidung des Präsidenten John F. Kennedy, die Invasion in der kubanischen Schweinebucht im Jahre 1961 durchzuführen, die Eskalation des Vietnamkrieges unter Lyndon B. Johnson Mitte der sechziger Jahre, die mangelnde Vorbereitung der amerikanischen Marine auf den japanischen Überfall auf Pearl Harbor im Jahre 1941 und die Watergate Affäre von Präsident Richard Nixon von 1972 bis 1974. In allen Fällen weist Janis durch eine ausführliche historische Analyse nach, daß in den befaßten politischen Gremien schwerwiegende Fehlentscheidungen aufgrund des Gruppendenkens gefällt wurden.

Stimmt das wirklich? Ist das nur die persönliche Einschätzung von Janis, der nicht einmal Historiker ist, oder bewegt sich die Argumentation auf der Linie der zeitgeschichtlichen Analyse? Dieser Frage gingen Tetlock, Peterson, McGuire, Chang & Feld (1992) in ihrer Auswertung historischer Quellen nach (s. Box A34).

Die Annahme von Janis besteht darin, daß diese politisch-militärischen Niederlagen vorhersehbar waren, aber aufgrund von Gruppenphänomenen im inneren Entscheidungskreis der jeweiligen Politiker und Militärs nicht vermieden werden konnten. Im Mittelpunkt steht dabei die Annahme, daß drei Gruppen von antezedenten Bedingungen dazu beitragen, daß eine *Übereinstimmungstendenz* auftritt, die dann Symptome des Gruppendenkens auslöst, die wiederum zu Fehlentscheidungen und damit zu Mißerfolg führen (s. Abb. 38).

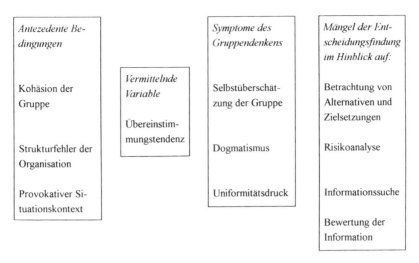

Abbildung 38: Modell des Gruppendenkens (nach Janis, 1982)

Janis (1982) stellt dem Gruppendenken die Arbeit in *vigilanten Gruppen* gegenüber, in denen fehlerhafte Entscheidungsprozesse vermieden werden. Zwei Beispiele sind: Der Entwurf des Marshall-Plans zum Wiederaufbau Westeuropas nach dem zweiten Weltkrieg und die Bewältigung der Raketenkrise um Kuba im Herbst 1962 durch die Kennedy-Administration.

Janis geht davon aus, daß hohe *Kohäsion in Gruppen* dazu führt, daß die Gruppenmitglieder es vermeiden, Meinungsverschiedenheiten zu äußern und auszutragen. Vielmehr besteht eine Tendenz, um jeden Preis an einem bestimmten Kurs festzuhalten, der den Vorteil hat, daß alle Gruppenteilnehmer sich darauf einigen können, aber den Nachteil, daß er möglicherweise in die Katastrophe führt.

Das wird dadurch erleichtert, daß die Entscheidungsgruppe von der Außenwelt weitgehend isoliert ist, wie das bei militärischen und politischen Führungsgremien oft der Fall ist. Dazu zählt auch, daß keine Experten von außen einbezogen werden. Damit ist ein Faktor angesprochen, der in den Bereich der *Strukturfehler der Organisation* fällt. Weitere Faktoren in dieser Kategorie sind:

- *autoritäre Führung*, die zur Nachlässigkeit im Hinblick auf die Befolgung einer unvoreingenommenen Einstellung der Führung beiträgt. Die Führungsperson signalisiert den Gruppenmitgliedern nicht, daß sie an einer offenen Diskussion über alle denkbaren Alternativen interessiert ist.
- Fehlen *methodischer Entscheidungsregeln*. Dazu zählt z.B. die Norm, alle relevanten Hinweise zu sammeln und bei der Entscheidung zu berücksichtigen, sowie Verfahrensweisen, die eine Gegenüberstellung aller Vor- und Nachteile der wichtigsten Alternativen ermöglichen (z.B. Verwendung tabellarischer Zusammenfassungen der Evidenz).
- Hohe *Homogenität der Gruppenmitglieder* im Hinblick auf sozialen Hintergrund und politische Ideologie.

Wesentlich für die Strukturfehler ist die Ausübung einer Führung, die vorgefaßte Meinungen durchzusetzen versucht, Widerspruch als Majestätsbeleidigung auffaßt und an einer systematischen Bewertung der Evidenz nicht interessiert ist. Gruppendenken wird noch verstärkt, wenn die Gruppe unter *Streß* gerät, wie es bei kritischen politischen Entscheidungen häufig der Fall ist, und wenn durch Fehler in der Vergangenheit ein hoher Erfolgsdruck entstanden ist, der den Gruppenmitgliedern das Gefühl gibt, daß sie sich beweisen müssen. Diese Faktoren zählen zum *provokativen Situationskontext*, innerhalb dessen die Entscheidungen fallen. Fehler aus der Vergangenheit sind ein Spezialfall eines niedrigen Selbstwertes unter den Gruppenmitgliedern, der auch durch Mangel an Entscheidungsalternativen und Schwierigkeiten der Entscheidungsfindung ausgelöst werden kann.

Die Symptome des Gruppendenkens lassen sich ebenfalls weiter aufgliedern. Unter die Selbstüberschätzung der Gruppe fallen:

- Illusion der Unverwundbarkeit,
- Glauben an die inhärente Moralität der Gruppe.

Unter Dogmatismus des Denkens sind einzuordnen:

- Kollektive Rationalisierungen,
- Stereotype gegenüber der Fremdgruppe.

Was schließlich den Uniformitätsdruck angeht, so sind im einzelnen zu nennen:

- Selbstzensur, die eine offene Meinungsäußerung verhindert,
- Illusion der Einmütigkeit,
- direkter Druck auf Personen, die eine abweichende Meinung vertreten,
- selbst-ernannte Tugendwächter, die potentielle Abweichler zum Schweigen ermahnen.

Die historischen Analysen von Janis (1982), in denen all diese Elemente des Gruppendenkens nachgewiesen werden, können noch nicht als erfolgreicher Test des theoretischen Modells in Abb. 38 angesehen werden, wenn sie auch sehr kenntnisreich und differenziert ausgearbeitet sind. Dazu liegt aber eine empirische Untersuchung von Tetlock, Peterson, McGuire, Chang & Feld (1992) vor, in der die Angemessenheit der Analyse von Janis für die acht genannten historischen Ereignisse überprüft wurde (s. Box A34).

Box A34: Vergleich zwischen erfolgreicher und erfolgloser Entscheidungsfindung

Tetlock et al. (1992) wählten für die von Janis thematisierten Ereignisse der Zeitgeschichte repräsentative historische Quellen aus und ließen sie durch neutrale Beurteiler im Hinblick auf die von Janis genannten Dimensionen der Gruppenentscheidung auswerten. Dazu verwendeten sie sieben Skalen. Folgende Merkmale fördern Gruppendenken, wenn sie hoch ausgeprägt sind:

- Führungsperson, die ihren eigenen Standpunkt durchzusetzen versucht,

- Rigidität im Sinne von Isolierung von der Außenwelt und dogmatischem Denken,
- Konformität im Sinne von Bekämpfung von Abweichlern.

Die folgenden Merkmale führen zu Gruppendenken, wenn sie niedrig ausgeprägt sind:

- Subgruppenbildung im Sinne von mehreren Richtungen, die vertreten werden,
- demokratische Rechenschaft im Sinne von Respekt vor Prinzipien der Demokratie,

- Pessimismus im Sinne von geringem Selbstvertrauen,
- Aufgabenorientierung im Sinne von Betonung der Aufgabenbewältigung.

Eine Gegenüberstellung der Ausprägung dieser Merkmale zwischen erfolgreichen und erfolglosen Entscheidungen, eingeschätzt auf der Grundlage der historischen Quellen, führt zu einer Bestätigung der Bewertung, die Janis (1982) vorgenommen hat (s. Abb. 39).

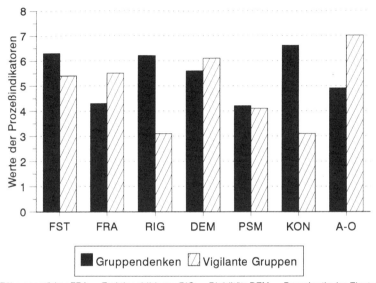

FST = Führungsstärke; FRA = Fraktionsbildung; RIG = Rigidität; DEM = Demokratische Einstellung; PSM = Pessimismus; KON = Konformität; A-O = Aufgabenorientierung.

Abbildung 39: Prozeßindikatoren für Fälle von Gruppendenken und erfolgreicher Gruppenentscheidung (nach Tetlock et al., 1992)

Ein Vergleich der Bewertungen in den historischen Quellen und in der Darstellung von Janis (1982) führt zu großen Übereinstimmungen. Allerdings tendiert Janis dazu, Rigidität und Konformität des Gruppendenkens zu überschätzen und den Pessimismus zu unterschätzen.

Das Modell von Janis ist ein Prozeßmodell, da es antezedente Bedingungen über vermittelnde Merkmale mit Konsequenzen verbindet (Mohamed & Wiebe, 1996). Daher liegt es nahe, die Gültigkeit des Ablaufschemas in Abb. 38 zu testen. Tetlock et al. zeigten in weiteren Analysen der historischen Quellen, daß das Prozeßmodell des Gruppendenkens ziemlich gut an die historischen Daten angepaßt ist.

Weiterhin zeigt sich, daß eine Vereinfachung des Modells empfehlenswert ist, da sich die Passung nicht wesentlich verschlechtert, wenn unter den antezedenten Bedingungen nur Strukturfehler der Organisation einbezogen werden. Der Einfluß dieses Faktors wird über die Übereinstimmungstendenz und die Symptome des Gruppendenkens auf Mängel der Entscheidungsfindung vermittelt.

Hingegen erweist sich die Betonung des hohen Gruppenzusammenhalts als antezedente Bedingung des Gruppendenkens als voreilig, was im übrigen schon Flowers (1977) festgestellt hatte, die in einer experimentellen Untersuchung keinen Einfluß der Kohäsion auf das Gruppendenken feststellen konnte (wohl aber die Bedeutung einer autoritären gegenüber einer offenen Führung nachweisen konnte). Kohäsion ist möglicherweise in dem Modell deshalb fehlspezifiziert, weil hoher Gruppenzusammenhalt auch offene und intensive Kommunikation sowie die Bereitschaft, unangenehme Wahrheiten anzusprechen, auslösen kann (Aldag & Fuller, 1993).

Eine Untersuchung von 19 politischen Krisen in der Zeit des kalten Krieges (Schafer & Crichlow, 1996) ergab, daß fünf antezedente Bedingungen mit ungünstigen Entscheidungsverläufen zusammenhängen:

- Fehlen einer unvoreingenommenen Führung, die an einer offenen Prüfung der zur Verfügung stehenden Alternativen interessiert ist,
- Fehlen eines methodischen Vorgehens, etwa im Sinne der Aufstellung einer Liste der Pros und Contras einer Entscheidung,
- Selbstüberschätzung der Gruppe,
- Dogmatismus des Denkens,
- Uniformitätsdruck.

Diese Ergebnisse bestätigen im wesentliche Annahmen über die Bedingungen des Gruppendenkens, wenn auch eine Vereinfachung des Modells von Janis (1982) angezeigt zu sein scheint (s. Box A34), wie sie schon durch Longley & Pruitt (1980) nahegelegt wurde.

Voreingenommene Führung und Fehlen eines methodischen Vorgehens fallen unter die Strukturfehler der Organisation, die wesentlich zu ungünstigen Gruppenentscheidungen beitragen. Sie erzeugen eine *Illusion der Einmütigkeit*, die in Wirklichkeit nur auf starkem Konformitätsdruck beruht. Eine solche scheinbare Einmütigkeit steht mit *pluralistischer Ignoranz* (Miller, 1987) in Zusammenhang, die darin besteht, daß viele Gruppenmitglieder annehmen, alle anderen Gruppenmitglieder vertreten die vorgetragene Position, während sie selbst die einzigen sind, die Zweifel am Erfolg der präferierten Lösung hegen.

Es ist gut vorstellbar, wie in autoritär geführten Gruppen eine *selektive Informationssuche* dominiert, wie sie im Zusammenhang mit der Dissonanztheorie beschrieben wurde (Frey, 1981). Informationen, die nicht zu den Erwartungen und Vorannahmen passen, werden ignoriert oder in ihrer Bedeutung abgewertet. Gruppendenken kann selbst dann auftreten, wenn anerkannte Experten und hoch intelligente Politiker in einem Gremium zusammensitzen, wie es etwa bei der Entscheidung der Invasion in der Schweinebucht in Kennedys Beraterkreis, der unter anderem den Verteidigungsminister Robert McNamara und den Außenminister Dean Rusk umfaßte, der Fall war. Individuelle Fähigkeit schützt nicht vor den Auswirkungen des Gruppendenkens, das in der Gruppendynamik gründet, die für durchschnittliche Leute genauso funktioniert wie für exzellente Fachminister.

Eine wichtige Schlußfolgerung, die auch von Longley & Pruitt (1980) genannt wird, bezieht sich darauf, daß die Effekte des Gruppendenkens verstärkt werden, wenn sie mit *autoritärer Führung* verbunden sind, da diese zusätzlich die Bereitschaft zur kritischen Diskussion verringert. Eine direktive Führung, die in einer isolierten Gruppe stattfindet, kann leicht außer Kontrolle geraten, wenn die Vorgaben der Führungsperson fehlerhaft und irreführend sind oder wenn ein *charis-*

matischer Führungsstil (House & Shamir, 1995, vgl. Abschnitt V.5.1.2.) mit fehler-haften Vorannahmen verbunden ist.

Wie kann Gruppendenken vermieden werden? Janis (1982, 1989) gibt eine Reihe von Hinweisen:

● Eine Strategie zur *Reduktion des Gruppendenkens* besteht darin, daß eine Person die *Rolle des Kritikers* übernimmt, um eine alternative Position hinreichend in die Diskussion einbeziehen zu können. Natürlich gelingt es um so besser, die Rolle des Kritikers zu übernehmen, wenn die Person, die sie übernimmt, selbst von den Kritikpunkten (zumindest teilweise) überzeugt ist.

● Eine andere Vorsichtsmaßnahme gegen Fehlentscheidungen in Gruppen besteht darin, daß Konsultationen mit *unabhängigen Experten* gesucht werden, die der kohäsiven Gruppe nicht angehören und die dementsprechend dem Gruppendruck nicht ausgesetzt sind.

● Außerdem kann die Gruppe in Subgruppen unterteilt werden, die zwischen den gemeinsamen Sitzungen getrennt tagen.

● Schließlich sollte sich die Führungsperson nicht frühzeitig auf eine Handlungsalternative festlegen und die Gruppenmitglieder ermutigen, ihre Einwände und Zweifel zu artikulieren.

Das Modell des Gruppendenkens hat auch Kritiker gefunden, die die Gleichsetzung des Gruppendenkens mit Fehlschlägen in Frage gestellt haben (Aldag & Fuller, 1993). Die Analyse von Janis (1982) erfolgt im Rückblick. Es ist bekannt, daß im Rückblick das tatsächliche Ergebnis, das bekannt ist, die Erinnerung verzerren kann (Hawkins & Hastie, 1990): Wenn es schlecht ausgegangen ist, muß auch schlechte Arbeit geleistet worden sein. Allerdings sind solche Verzerrungen der Realität dann besonders wahrscheinlich, wenn die Erinnerung getrübt ist (Stahlberg, Eller, Romahn & Frey, 1993). Eine Urteilsverzerrung im Rückblick läßt sich leicht vermeiden (Wendt, 1993) und ist nicht das Schicksal jeder historischen Analyse. Beispiele aus der neueren Zeit, wie das Challenger-Unglück im Weltraumprogramm der NASA (Esser & Lindoerfer, 1989), lassen wenig Zweifel daran, daß Gruppendenken ein relevantes Problem ist.

Die Forschung zum Gruppendenken berührt das generelle Problem der Gruppenleistung im Vergleich zu Einzelleistungen (Hofstätter, 1966). Gruppen urteilen genauer als der durchschnittliche Beurteiler, während sie dem besten Beurteiler eher unterlegen sind (Gigone & Hastie, 1997). Allerdings ist es im vorhinein oft nicht feststellbar, wer der beste Beurteiler sein wird. Außerdem gewinnen Gruppen Überlegenheit, wenn das Urteilswissen nur lückenhaft vorhanden ist und über die Gruppenmitglieder verteilt.

1.8. Minoritäten, Innovationen und Stigmatisierung

Die letzten Jahrzehnte sind durch große Innovationen im Bereich technischer Entwicklung gekennzeichnet. Aber auch soziale Einstellungen (vgl. Geschlechtsrollenstereotype) und das Selbstbild der Menschen verändern sich, was mit dem Begriff der Postmoderne in Beziehung gesetzt wird (Gergen, 1990). Wie kommt es, daß z.B. postmoderne Auffassungen sich ausbreiten können? Die Ursache ist sicher nicht darin zu suchen, daß die Mehrheit sie gegenüber einer Minderheit propagiert. Vielmehr ist genau die umgekehrte Einflußrichtung plausibel: Kleine Minderheiten greifen Innovationen auf und setzen sie durch.

Dieser Prozeß der Innovation kann auf der Grundlage des *genetischen Modells* interpretiert werden, das Moscovici (1979) dem funktionalistischen Modell (s. Abschnitt V.1.2.) gegenüberstellt und das sich ebenfalls in sechs Aussagen zusammenfassen läßt:

- Jedes Gruppenmitglied ist sowohl potentielle Quelle als auch potentieller Empfänger von sozialem Einfluß (*Reziprozität* der Einflußnahme).
- Nicht nur soziale Kontrolle sondern auch *soziale Veränderung* ist das Ziel des sozialen Einflusses. Das gilt insbesondere in einer schnellebigen Zeit, die durch raschen technischen und gesellschaftlichen Wandel gekennzeichnet ist. Einflußprozesse beziehen sich direkt auf die *Erzeugung und Lösung von Konflikten*. Die Unsicherheit des Individuums folgt aus dem Konflikt, und das Wesentliche des sozialen Einflusses ist Konfliktbewältigung.
- Einflußversuche hängen in ihrem Erfolg hauptsächlich von dem *gewählten Verhaltensstil* ab. Wichtig sind vor allem die Bereitschaft, sich für den eigenen Standpunkt einzusetzen, eine autonome und unabhängige Urteilsbildung sowie Konsistenz im Sinne von Stabilität über die Zeit.
- Einflußprozesse finden sowohl in Bereichen statt, wo eine *Objektivitätsnorm* ausschlaggebend ist, als auch, wenn mehrere Meinungen koexistieren können (*Präferenznorm*) und wenn der Wunsch nach Neuheit besteht (*Originalitätsnorm*).
- Die Modalitäten der Einflußnahme sind neben der Konformität vor allem die *Innovation*, die von *aktiven, glaubwürdigen und konsistenten Minderheiten* ausgeht, sowie die Konfliktvermeidung (Normalisierung).

Aktive und konsistente Minderheiten, die einen Innovationseffekt auslösen, werden im allgemeinen nicht gemocht, aber (im geheimen) bewundert und respektiert (Moscovici, 1979). Während die positive Bewertung vermutlich aus der Bewunderung für den Mut zur Nonkonformität und die Bereitschaft, ehrlich zu sein, resultiert, geht die niedrige Attraktivität auf Schuldgefühle und unangenehme Befürchtungen zurück, die ausgelöst werden, wenn der Status quo in Frage gestellt wird (Moscovici, 1979).

Für Moscovici (1981) ist der Einfluß von Mehrheiten eher oberflächlich und ohne langfristige Wirkung (vgl. aber Schneider, 1978), während der Einfluß von Minderheiten als subtil und langfristig wirksam beschrieben wird. *Drei Phasen der Innovation lassen sich unterscheiden*:

- Ohne daß abweichende Botschaften bewußt akzeptiert werden, verändern sie doch langsam und schleichend Einstellungen und Sichtweisen in der Gesellschaft.
- Jedes einzelne Individuum wird sich der veränderten Einstellung bewußt, glaubt aber, mit den neuen Einstellungen mehr oder weniger allein zu stehen. Dies ist die Phase der *pluralistischen Unwissenheit*.
- Die neuen Ideen und Vorstellungen werden für alle an der Oberfläche sichtbar, ohne daß ihre Entstehung für den Betrachter hinreichend nachvollziehbar wäre.

310

Da der Alltag des nächsten Jahrtausends durch Innovation geprägt sein wird, stellt das genetische Modell von Moscovici einen wichtigen Beitrag zu einem besseren Verständnis der heutigen Zeit dar. Eine Übersicht über experimentelle Demonstrationen von Minderheitseinflüssen (Levine, 1989) zeigt, daß konsistente Minderheiten in der Lage sind, soziale Einflußprozesse mit dem Ergebnis der Einstellungsänderung bei der Majorität herbeizuführen.

Minderheiten sind vor allem dann in der Lage, den Standpunkt der Mehrheit zu verändern, wenn sie eine Position vertreten, die den aktuellen geistigen Strömungen, wie sie sich zusammenfassend im *Zeitgeist* widerspiegeln, entspricht (Maass & Clark, 1984; Maass, West & Clark, 1985). Außerdem sind die unnachgiebigen oder nachgiebigen Reaktionen anderer Mitglieder der Majorität zu beachten, die den Minderheiteneinfluß bremsen oder fördern können (Doms & van Avermaet, 1985).

Moscovici (1985) weist darauf hin, daß sich die Einflußversuche von Majoritäten und Minoritäten systematisch unterscheiden können:

- Majoritäten rufen soziale Vergleiche hervor, die die Gründe für den Meinungsunterschied aufdecken sollen und insofern eine soziale Orientierung auslösen.

- Minoritäten lösen eine Validierungsprozeß aus, weil die Mehrheit die Frage analysiert, warum die Minderheit ihren abweichenden Standpunkt vertritt, wobei das Nachvollziehen der Erklärung der Minderheit zu einer veränderten Sichtweise der Realität durch die Mehrheit führt (denn das Nachvollziehen einer Erklärung erhöht ihre Akzeptanz; Koehler, 1991, s. Abschnitt III.3.5.1.).

Ist der Einfluß der Minderheit ein spezielles Phänomen oder läßt er sich in einem umfassenden Erklärungsansatz integrieren, der gleichzeitig auch berücksichtigt, daß Majoritäten einen sozialen Einfluß ausüben können? Dieser Frage ist die »Social-Impact-Theorie« gewidmet, die in Box T20 dargestellt ist.

Box T20: Theorie des sozialen Einflusses

Es besteht kein Zweifel daran, daß ein einzelner durch die Meinungen einer Majorität in seinem Urteil beeinflußt werden kann. Mit zunehmender *Gruppengröße der Majorität* besteht außerdem die Tendenz, daß ihr Einfluß zunimmt. Andererseits ist bekannt, daß Minderheiten einen Einfluß auf die Majorität ausüben (s. oben). Diese beiden Phänomene werden durch die Theorie des sozialen Einflusses erklärt. Latané & Wolf (1981) stellten die Hypothese auf, daß sozialer Einfluß durch *die Stärke, die Nähe und die Anzahl der Personen* bestimmt wird, von denen der Effekt ausgeht. Insbesondere wurde angenommen, daß der Zuwachs in der Anzahl der Personen eine Steigerung des sozialen Einflusses hervorruft, die einer *Potenz-*

funktion folgt. *Jede neue Person, die der Quelle hinzugefügt wird, übt danach einen zunehmend geringeren Effekt auf die Reaktion der Zielperson aus.* Der Zusammenhang läßt sich wie folgt ausdrücken (s. auch Latané, 1981): $I = sN^t$ (I = sozialer Einfluß; N = Anzahl der Personen).

In dieser Potenzfunktion, die dem *psychophysikalischen Gesetz* ähnelt, ist s eine Konstante, die den Einfluß der einzelnen Person in der gegebenen Situation reflektiert, während der Exponent t einen Wert kleiner 1 annimmt und somit den negativ akzelerierten Verlauf der Funktion bestimmt. Abb. 40 gibt ein Beispiel dafür, daß die Konformität in Abhängigkeit von der Anzahl der beeinflussenden Personen der genannten Potenzfunktion folgt.

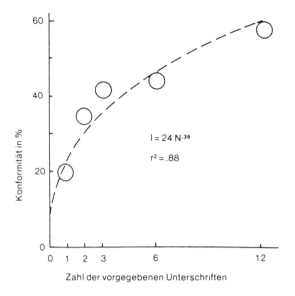

$I = 24 N^{.38}$

$r^2 = .88$

Abbildung 40: Sozialer Einfluß, dargestellt als Potenzfunktion (nach Latané und Wolf, 1981)

Zahl der vorgegebenen Unterschriften

Beachte: Studenten wurden gebeten, die Qualitäten der örtlichen Zeitungen einzuschätzen, etwa der Sportnachrichten. Dazu wurde ihnen eine Frage vorgelegt, die entweder mit Ja oder mit Nein beantwortet werden konnte. Die Studenten gaben ihre Antwort ab, indem sie entweder in der Ja-Spalte oder in der Nein-Spalte unterschrieben. Auf dem vorgelegten Blatt wurde die im vorhinein eingetragene Zahl der Unterschriften systematisch variiert (1, 2, 3, 6, 12), wobei sich die Unterschriften einheitlich entweder in der Ja-Spalte oder in der Nein-Spalte befanden. Wenn gleichviele Unterschriften in beiden Spalten vorgegeben waren, wurde jede Seite mit 50% der Unterschriften versehen. Die Konformität in % ist auf die relative Anzahl der Personen bezogen, die von den 50%, die normalerweise nicht zustimmen oder ablehnen würden, einer sozialen Beeinflussung unterliegen. Dieser Prozentsatz war 36% über alle Bedingungen (bzw. 18% aller Personen, so daß 68% der Antworten in den Spalten lagen, die durch unterschiedliche Personenzahlen gekennzeichnet waren). Die Konformität stieg mit der Anzahl der Unterschriften systematisch an. Der monotone, negativ akzelerierte Verlauf der Kurve läßt sich durch eine Potenzfunktion gut beschreiben (erklärte Varianz 88%). Die Konformität wächst in etwa entsprechend der dritten Wurzel aus der Zahl der Unterschriften (wenn auch der Exponent nicht genau .33 beträgt).

Die Implikationen einer Potenzfunktion mit einem Exponenten kleiner 1 für soziale Einflußprozesse sind offensichtlich. *Die erste Person, die einen Einfluß ausübt, löst den größten Effekt aus.* Weitere Personen, die die einzelne Person unterstützen, haben einen zunehmend geringeren Effekt. Insofern kommt der Minderheit tatsächlich ein ungewöhnlich hoher Einfluß zu, weil ihre Meinungsäußerung besonders stark ins Gewicht fällt.
Die Potenzfunktion beschreibt eine Reihe weiterer sozialer Phänomene (Latané, 1981). So folgt etwa die Größe des Trinkgeldes einer ähnlichen Funktion, insofern immer weniger Trinkgeld gegeben wird, je

größer die Gruppe der Gäste, wobei der Kurvenverlauf erneut negativ akzeleriert ist. Auch die Ergebnisse zur *Diffusion der Verantwortung* in akuten Notsituationen (vgl. Abschnitt II.3.1.2.) lassen sich als Potenzfunktion darstellen, da der hemmende Einfluß jedes neuen Zuschauers zunehmend geringer wird. Die größte individuelle Hilfsbereitschaft wurde beobachtet, wenn der/die potentielle Helfer/Helferin allein Zeuge einer Notsituation wurde. Hingegen war die Hilfsbereitschaft geringer, wenn mehrere Zeugen anwesend waren. Bei 93 experimentellen Vergleichen ergab sich 79mal, daß die Hilfsbereitschaft *allein* größer war als

312

in Gruppen. Vergleicht man die Allein-Bedingung mit einer konkreten Gruppen-Bedingung, sind die Prozentsätze der individuellen Hilfsbereitschaft 50% vs. 22% (Latané & Nida, 1981). Darüber hinaus zeigt sich aber, daß die Hilfsbereitschaft mit der Zahl der anwesenden Zeugen abnimmt, wobei das Absinken der Hilfeleistung mit zunehmender Zahl von Zeugen immer geringer wird (Latané, 1981).

Weitere Anwendungsmöglichkeiten ergeben sich, wenn man das *psychosoziale Gesetz* ($I = sN^t$; $t < 1$) als Hypothese über den Uniformitätsdruck in Gruppen versteht (Witte, 1987). Eine alternative Formulierung zur Beschreibung der Prozesse des sozialen Einflusses wurde von Tanford & Penrod (1984) vorgelegt.

Die Frage von Innovationen wird unter dem Aspekt der Führung in Abschnitt V.5.1.4. behandelt. An dieser Stelle wenden wir uns der Frage zu, welche gefühlsmäßigen Reaktionen Minderheiten auslösen können. Wie wird auf Minderheiten, die durch eine vom Durchschnitt abweichende äußere Erscheinung in der Öffentlichkeit auffallen, reagiert? Ein Beispiel für eine solche Minderheit sind Behinderte.

In diesem Zusammenhang sind Studien zum *Verhalten gegenüber Körperbehinderten* durchgeführt worden (Tröster, 1989). Die Bewertung von Körperbehinderten auf Urteilsskalen fällt im allgemeinen positiv aus, was als *Sympathieeffekt* gedeutet werden kann. Andererseits zeigen Studien zum nonverbalen Interaktionsverhalten (Heinemann, Pellander, Vogelbusch & Wojtek, 1981; Tröster, 1988), daß Nichtbehinderte gegenüber Behinderten vermeidende Tendenzen (weniger Blickkontakt und eine größere räumliche Distanz) zeigen. Außerdem ergeben sich Hinweise auf größere körperliche Anspannung und Nervosität Nichtbehinderter, die mit einer behinderten Person (z.B. einem Rollstuhlfahrer) interagieren.

Diese Ergebnisse lassen erkennen, daß Körperbehinderte *ambivalente Reaktionen* auslösen (Sympathie und Vermeidung). Der Sympathieeffekt läßt sich teilweise auf *Selbstdarstellung* der Beurteiler zurückführen, die bemüht sind, in der Öffentlichkeit keine Diskriminierung von Behinderten zum Ausdruck zu bringen (Tröster, Hecker & Schulte, 1991).

In einem Versuch konnten sich Nichtbehinderte dafür entscheiden, neben einer behinderten oder einer nichtbehinderten Person Platz zu nehmen, um einen Film anzusehen. Wenn der Film auf beiden Monitoren identisch war (*attributionale Eindeutigkeit*), setzten sich 83% der Nichtbehinderten neben die behinderte Person. Wenn hingegen auf beiden Monitoren unterschiedliche Filme gezeigt wurden (*attributionale Mehrdeutigkeit*, vgl. Snyder & Wicklund, 1981), setzten sich 33% der Nichtbehinderten neben die behinderte Person. Bei attributionaler Mehrdeutigkeit können Beobachter nicht eindeutig erschließen, daß die nichtbehinderte Person den Kontakt mit der behinderten Person vermeiden wollte, weil eine zweite Ursache (die unterschiedlichen Filme) die Sitzplatzwahl erklären kann.

In einem weiteren Experiment (Tröster, Lischka & Schipp, 1990) wurde gezeigt, daß die Vermeidung von Körperbehinderten bei attributionaler Mehrdeuigkeit nur auftritt, wenn das Gesprächsthema einen höheren Intimitätsgrad hat und wenn die Möglichkeit besteht, daß weitere Kontakte zustande kommen.

2. Vertrauen und soziale Interaktion

»Zwischenmenschliches Vertrauen zeichnet sich durch seine Ungewißheit, das damit verbundene potentielle Risiko, eine unzureichende Beeinflußbarkeit und seine Zukunftsorientierung aus« (Schweer, 1996, p. 8). Grundsätzlich lassen sich zwei Komponenten des Vertrauens unterscheiden (Buck & Bierhoff, 1986):

- Verläßlichkeit (z.B. Einhaltung von Terminen),
- Vertrauenswürdigkeit (z.B. verschwiegen sein).

Es gibt verschiedene Anwendungsfelder der Vertrauensforschung (Schweer, 1996). Dazu zählen Beziehungen zwischen:

- Vorgesetzten und Mitarbeitern,
- Lehrern und Schülern,
- Therapeuten und Klienten.

Im folgenden wenden wir uns einem weiteren Anwendungsfeld zu: Vertrauen zwischen Konfliktpartnern. Wenn jemand einen Gebrauchtwagen zum Verkauf anbietet und sich ein potentieller Käufer meldet, müssen Anbieter und Interessent darüber verhandeln, unter welchen Bedingungen die Transaktion ablaufen kann. Eine solche Verhandlungssituation ist dadurch definiert, daß beide Parteien anfangs unterschiedliche Positionen einnehmen und durch Aushandeln eine Lösung des Interessenkonflikts zu erzielen versuchen. Ein Aushandeln ist natürlich nur dann möglich, wenn Zwischenpositionen bezogen werden können. Eine Übersicht über die Ergebnisse der Verhandlungsforschung geben Carnevale & Pruitt (1992). An dieser Stelle soll auf die Verhandlungssituation unter Berücksichtigung der Frage eingegangen werden, wie sich das Vertrauen oder Mißtrauen der Verhandlungspartner auf ihre soziale Interaktion auswirkt.

In Verhandlungen besteht ein *Vertrauensdilemma*:

- Einerseits wird eine Einigung vielfach nur erzielt, wenn die verhandelnden Parteien ein Minimum an gegenseitigem Vertrauen aufbringen,
- andererseits kann gezeigtes Vertrauen ausgenutzt und mißbraucht werden.

Wenn etwa eine Partei ein Versprechen macht und das erwünschte Verhalten erst zu einem späteren Zeitpunkt zeigen muß, dann bestimmt das Vertrauen der Zielperson, ob das Versprechen den erwarteten Effekt hat (Pruitt, 1976). Genauso ist es eine Sache des Vertrauens, wenn man erwartet, daß eine Vorleistung durch eine Gegenleistung beantwortet wird.

In Verhandlungssituationen ist es besonders wichtig für das Finden einer gegenseitig zufriedenstellenden Lösung, ob die Parteien zu *Konzessionen* bereit sind, Informationen auszutauschen und die eigenen Prioritäten transparent werden zu lassen (Carnevale & Pruitt, 1992). Zu einer solchen Koordination des Verhaltens auf beiden Seiten ist aber ein gegenseitiges Vertrauen eine zentrale Voraussetzung (Pruitt & Smith, 1981).

Ein Informationsaustausch kommt in einer Verhandlungssituation vor allem dann zustande, wenn Vertrauen in die Kooperationsbereitschaft des Verhandlungspartners besteht (Kimmel, Pruitt, Magenau, Konar-Goldband & Carnevale, 1980):

- Informationsaustausch über Bedürfnisse und Prioritäten der Verhandlungspartner ist nur dann zu erwarten, wenn Vertrauen besteht, weil die Preisgabe solcher Informationen ansonsten als zu riskant erscheint.
- Mißtrauen ruft indirekte Formen des Informationsaustauschs hervor, etwa wenn ein Verhandlungspartner seine Präferenz unter zwei vorliegenden Angeboten kundtut oder auf den Bereich verweist, in dem er/sie am ehesten eine Veränderung des Angebots wünscht.

Typische Verhandlungssituationen sind Tarifrunden zwischen Arbeitgebern und Arbeitnehmern. In solchen Situationen stehen im allgemeinen mehrere Verhandlungsgegenstände zur Diskussion (z.B. Tariferhöhung, Arbeitszeitverkürzung, Eintritt in den vorzeitigen Ruhestand). Durch indirekte Kommunikationen besteht die Möglichkeit, auch bei relativ geringem gegenseitigen Vertrauen die Prioritäten des Verhandlungspartners abzutasten. Gelegentlich führt das bestehende Mißtrauen zu einem Verhandlungsabbruch oder zur Hinzuziehung von Schlichtern, weil keine angemessene Koordination der gegenseitigen Interessen möglich erscheint (vgl. Carnevale & Pruitt, 1992).

2.1. Ziel-/Erwartungs-Theorie der Kooperation

Mit Deutsch (1958) wird Vertrauen als wesentliche Voraussetzung für Kooperation angesehen. Diese Sichtweise wurde von Pruitt & Kimmel (1977) in ihrer *Ziel-/Erwartungs-Theorie* modifiziert. Vertrauen schafft danach zwar die Erwartung, daß die andere Partei kooperieren wird. Aber zusätzlich muß auch das Ziel etabliert worden sein, eine fortgesetzte gegenseitige Kooperation herzustellen und aufrechtzuerhalten. Nur die Kombination von Erwartung und Ziel führt zu Kooperation in sozialen Situationen, in denen die Möglichkeit besteht, der anderen Partei Wohlwollen zu attribuieren oder nicht.
Pruitt & Kimmel (1977) nennen drei Merkmale, die das *Ziel gegenseitiger Kooperation* entstehen lassen:

- *persönliche Abhängigkeit* von der anderen Partei (z.B. weil man eine zukünftige Interaktion antizipiert, in der man auf ihre Hilfe angewiesen ist),
- *Pessimismus* darüber, den anderen ausbeuten zu können, weil die bisherige Erfahrung in der Interaktion eine Ausbeutung als aussichtslos erscheinen läßt,
- *Einsicht* in die Notwendigkeit, selbst zu kooperieren, damit die andere Partei kooperiert.

In Übereinstimmung mit diesen Annahmen steht die Tatsache, daß in vielen Alltagssituationen eine Zunahme kooperativen Verhaltens über die Zeit zu beobachten ist. Mit fortschreitender Interaktion zeichnet sich immer mehr eine Sackgasse ab, aus der auf der Basis fortgesetzten Wettbewerbs kein Ausweg möglich ist. Diese Sachlage erhöht den Pessimismus, den anderen ausbeuten zu können, und steigert die Einsicht in die Notwendigkeit, selbst zu kooperieren, damit die andere Seite ebenfalls kooperiert (s. Pruitt & Smith, 1981). In einer Studie von Müller & Crott (1978) wurde gezeigt, daß erfahrene Konfliktteilnehmer in einer Verhandlungssituation ein besseres Ergebnis erzielen als unerfahrene Personen (s.

auch Müller, 1980). Diese *Konfliktkompetenz* wird in konkreten Verhandlungssituationen erworben (Müller, 1985).

2.2. Dreieckshypothese der Kooperation

Was passiert, wenn *kooperativ orientierte Personen* mit Personen verhandeln müssen, die wettbewerbsorientiert sind? In solchen Situationen geben Kooperative der anderen Partei einen Vertrauensvorschuß. Das nachfolgende Verhalten der anderen Seite informiert sie dann darüber, ob der Vertrauensvorschuß berechtigt war. Je nachdem, wie dieses Feedback ausfällt, schalten sie auf Wettbewerb um (Müller, 1980).
Mit diesem Handlungsmuster kontrastiert das Verhalten von *Wettbewerbsorientierten*: Sie zeigen sich generell wettbewerbsorientiert ohne Rücksicht darauf, ob der Partner kooperativ oder wettbewerbsorientiert eingestellt ist (Kelley & Stahelski, 1970). Das zeigt, daß es zwei unterschiedliche interpersonelle Orientierungen zu unterscheiden gilt, die mit einer unterschiedlichen Sicht der Welt gekoppelt sind, speziell in bezug auf die in Frage stehende Dimension (= *Dreiecks-Hypothese*): Kooperative erwarten, daß in der sozialen Welt ein weites Spektrum von Kooperation/Wettbewerb zu beobachten ist (heterogene Erwartung). Wettbewerbsorientierte gehen stärker von der Erwartung aus, daß ihre Mitmenschen ebenfalls wettbewerbsorientiert sind (uniforme Erwartung). Sie erwarten Wettbewerb, und als Resultat wird Wettbewerb erzeugt (Erwartungsbestätigung, vgl. Abschnitt III.2.2.1.). Graphisch ergibt sich ein Dreiecksmuster, wenn die eigene Orientierung und die Erwartung der Orientierung des anderen gegeneinander abgetragen werden (s. Abb. 41).

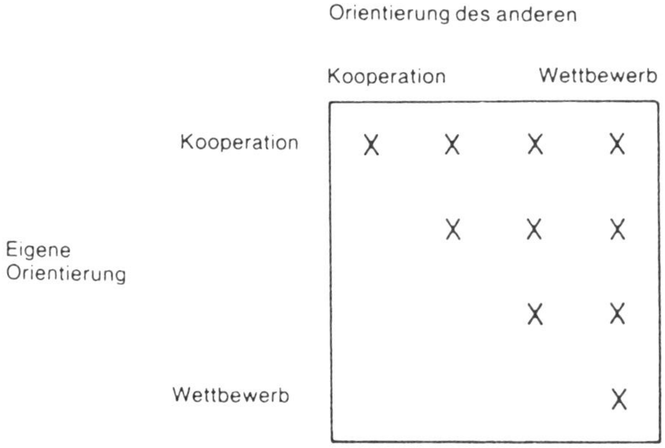

Abbildung 41: Dreieckshypothese (nach Kelley & Stahelski, 1970)

Beachte: Die Orientierung des anderen stellt das Spektrum der Erwartung dar, die die Person hinsichtlich der Kooperationsneigung ihres Interaktionspartners hat.

Für ein wenig Optimismus sorgt in diesem Zusammenhang das Ergebnis (Müller, 1980), daß sich *erfahrene Verhandlungspartner* eher wie kooperative Personen

316

verhalten, während unerfahrene Partner oder gemischte Gruppen wettbewerbs-orientiert verhandeln. Aber es gibt schon zu einigem Nachdenken Anlaß, daß der größte Wahrnehmungsfehler bei gemischten Paaren auftrat, wo der wettbewerbsorientierte Partner meinte, daß der kooperationsorientierte Partner auch wettbewerbsorientiert sei. Beide Personengruppen scheinen daher mehr oder weniger unfähig zu sein, sich ihre gegenseitige Weltsicht mitzuteilen.

2.3. Mit Konflikten umgehen

Allgemein lassen sich drei Strategien unterscheiden, mit deren Hilfe eine Über-einkunft in einer Konfliktsituation erzielt werden kann (Pruitt & Smith, 1981):

- einseitig *Konzessionen* machen (bzw. Eingehen auf die Bedürfnisse des anderen),
- *Drucktaktiken* verwenden (Kampf unter Verwendung von Drohungen und Sanktionen, Verführung),
- *Koordination* (Aushandeln mit dem Ziel der Kompromißfindung, Befolgung sozialer Normen, kreatives Konfliktlösen, Vermittler hinzuziehen).

Häufig ist der Spielraum für einseitige Konzessionen schnell erschöpft. Druck-taktiken haben ihre Probleme: Sie verbittern die andere Partei, rufen Gegen-maßnahmen hervor und führen leicht in die Sackgasse. Somit bleibt in vielen Fällen nur die Möglichkeit übrig, eine Koordination unter den widersprüchli-chen Interessen anzustreben. Dazu ist es günstig, wenn die kooperative Absicht deutlich wird, während gleichzeitig sichergestellt bleibt, daß die andere Partei die Festigkeit und Entschlossenheit des Partners wahrnimmt, bestimmte Grund-positionen nicht zu verlassen. Diese Strategie läßt sich als *flexible Rigidität* kenn-zeichnen: entschlossen in unabdingbaren Forderungen, flexibel innerhalb dieser Grenzen und in bezug auf die Mittel zur Verwirklichung der Forderungen (Pruitt & Smith, 1981).

Diese Überlegungen lassen sich auch auf die Konfliktlösung bei internationalen Konflikten übertragen (Box A35).

Box A35: Internationale Spannungsreduktion durch vertrauensbildende Maßnahmen

Osgood schlug eine »*Graduelle und rezi-proke Initiative zur Spannungsreduktion*« zwischen den Großmächten vor, die folgende Punkte beinhaltet (Lindskold, 1986):

- Vorbereiten der Atmosphäre für eine Konzession durch Bekanntgabe der ge-nerellen Intention, Spannungen zu redu-zieren, mit Hinweis auf den Vorteil, den die andere Partei erreicht, wenn sie die Konzession erwidert.
- Öffentliche Ankündigung jeder einseiti-gen Initiative im voraus und Verdeutli-chung ihres Stellenwertes innerhalb der generellen Strategie.

- Jede Ankündigung sollte zu einer rezi-proken Ankündigung einladen.
- Jede Initiative muß so wie angekündigt ausgeführt werden, ohne daß die For-derung nach reziproken Initiativen ge-stellt wird.
- Die Initiativen müssen einige Zeit fort-gesetzt werden, auch wenn reziproke Reaktionen auf sich warten lassen.
- Die Initiativen müssen so eindeutig wie möglich und verifizierbar sein.
- Initiativen müssen riskant sein und die ei-gene Verletzbarkeit erhöhen, aber sie dür-

fen nicht die Fähigkeit reduzieren, Vergeltung zu üben (etwa mit nuklearen Waffen).

- Da ein Nuklearkrieg relativ unwahrscheinlich ist, muß auch die Fähigkeit, einen konventionellen Krieg zu führen, erhalten bleiben.

- Die unilateralen Initiativen sollten abgestuft sein im Ausmaß des Risikos. Sobald die andere Partei mit Konzessionen antwortet, sollte die Verwundbarkeit, die man bereit ist einzugehen, tendenziell vergrößert werden.

Um der anderen Seite Konzessionen zu erleichtern, sollten die unilateralen Initiativen möglichst weit gefächert sein. Der genannte Maßnahmenkatalog läßt sich als eine Mischung aus *vertrauensbildenden Initiativen* und *Demonstrationen der Stärke* zum Zweck der Abschreckung vor einem Mißbrauch der Abrüstungsinitiativen verstehen. Generell finden die einzelnen Punkte in empirischen Untersuchungen und in politischen Analysen Unterstützung in dem Sinn, daß sie zu einem interpersonellen bzw. internationalen Spannungsabbau beitragen (Lindskold, 1986).

Die Gesamtstrategie wurde noch nie umfassend im politischen Bereich angewandt. Allerdings unternahm Kennedy zu Beginn des Jahres 1962 eine Initiative, die in einigen Aspekten den Osgoodschen Vorschlägen folgte. Nach einer generellen Ankündigung einer Strategie des Friedens folgten verschiedene einseitige Initiativen (wie Stop von nuklearen Tests in der Atmosphäre), die von russischer Seite mit reziproken Konzessionen beantwortet wurden. Andererseits war die Initiative nicht konsequent genug (vor allem Punkt 5 und 6 betreffend), so daß kein durchschlagender Entspannungseffekt erzielt werden konnte (Lindskold, 1986).

Vertrauensbildende Maßnahmen sind in einem Zeitalter der weltweiten politischen Kommunikation mehr denn je das Gebot der Stunde. Wie Bundeskanzler Schmidt auf einer internationalen Konferenz in Ottawa am 19.7.1981 sagte: »Das persönliche Vertrauen ist hier entscheidend.«

3. Sozialer Austausch und Strategien der Interaktion

3.1. Sozialer Austausch

Ein bekanntes Sprichwort besagt: »Wie du mir, so ich dir«. Die Alltagserfahrung bestätigt, daß man von einer anderen Person mit hoher Wahrscheinlichkeit eine positive Rückmeldung erwarten kann, wenn man sie unterstützt, und daß man eine negative Rückmeldung erwarten kann, wenn man sie angreift. Diese *Reziprozität* der sozialen Interaktion ist ein universelles Prinzip sozialen Verhaltens, das in vielen Kulturen auftritt (Triandis, 1978).

Reziprozität ist ein gutes Beispiel für den Austausch von positiven (oder negativen) Konsequenzen. Die Austauschtheorie geht von dem Ziel der Maximierung positiver Konsequenzen und der Minimierung negativer Konsequenzen aus.

Die Konsequenzen sozialer Interaktionen werden in Kosten und Belohnungen unterteilt. Es liegt nahe, Belohnungen und Kosten auf einer gemeinsamen Skala der Nettobelohnungen zu erfassen, in der Belohnungs- und Kostenkomponenten zusammengefaßt werden (Thibaut & Kelley, 1959). Wenn eine Interaktion für jeden der Akteure durch positive und negative Konsequenzen gekennzeichnet ist, dann lassen sich die Nettobelohnungen ausdrücken als Differenz zwischen Bruttobelohnungen und Kosten.

Um *Kosten* und *Belohnungen* in einer konkreten Beziehung zu analysieren, ist es erforderlich zu beachten, ob ein Interaktionspartner ein Verhalten selbst ausführt oder ob die Handlung von einem anderen Akteur ausgeht. So kann z.B. eine Aggression für den Aggressor zu einer positiven Konsequenz führen, während das Opfer negative Konsequenzen erfährt. Umgekehrt gilt für hilfreiches Verhalten, daß eine Hilfeleistung zu negativen Konsequenzen für den Helfer und zu positiven Konsequenzen für den Empfänger der Hilfeleistung führen kann.

Positive und negative Konsequenzen werden in der Interaktion der Akteure ausgetauscht und sind somit spezifisch für diese Interaktion. Wenn eine Interaktion von Person A mit Person B1 beendet ist und eine Interaktion mit Person B2 folgt, dann wird ein neuer Austausch von Konsequenzen begonnen. Da die Erwartungen und Belohnungsstrategien von Person B1 und B2 häufig unterschiedlich sind, folgt aus der Interaktion mit unterschiedlichen Personen, daß dieselbe Person A sich u.U. unterschiedlich oder sogar widersprüchlich verhält. Diese *Inkonsistenz des Verhaltens* beruht darauf, daß die Konsequenzen *situationsspezifisch* sind.

Die Neigung zu inkonsistentem Verhalten über unterschiedliche soziale Beziehungen hinweg wird vermutlich durch *Sanktionen* in Grenzen gehalten, die auftreten, wenn ein Akteur dafür bekannt ist, daß er/sie sich inkonsistent verhält. Denn dann wissen die Interaktionspartner (B1, B2 usw.), daß auf diese Person A kein Verlaß ist, daß sie »heute so und morgen anders redet« und daß sie ihre Meinung »an der Windrichtung orientiert«. Inkonsistenz, die den Interaktionspartnern transparent ist, wird häufig negativ sanktioniert. Ein weiterer Faktor, der Inkonsistenz reduziert, besteht aus den *moralischen Kosten*, die entstehen, wenn jemand wahrnimmt, daß er/sie gegen bestimmte selbst auferlegte Grundsätze verstößt.

3.1.1. Vergleich mit alternativen Beziehungen

Simpson (1976) formulierte eine Gleichung, mit der die *Güte der Konsequenzen* unter Berücksichtigung entgangener Belohnungen und ersparter Kosten definiert werden kann:

Güte der Konsequenzen = $B - K - B_{alt} + K_{alt}$
(B = Bruttobelohnung; K = Kosten; B_{alt} = Entgangene Belohnungen; K_{alt} = Ersparte Kosten)

Entgangene Belohnungen und *ersparte Kosten* sind Konsequenzen, die sich in alternativen sozialen Beziehungen ergeben hätten. Entgangene Belohnungen reduzieren die Güte der Belohnungen in einer gegebenen Beziehung. Ersparte Kosten steigern demgegenüber die Güte der Konsequenzen in der gegebenen Beziehung.

Thibaut & Kelley (1959) definieren das *Vergleichsniveau für Alternativen* (Cl$_{alt}$), das sich auf die beste Alternative bezieht, die zu einer gegebenen Beziehung besteht, als Standard, an dem sich das Verbleiben in der Beziehung orientiert. Der Wert des Vergleichsniveaus für Alternativen ergibt sich dann aus folgender Gleichung:

$$Cl_{alt} = B_{alt} - K_{alt}$$

Wir sind bisher noch nicht auf den Begriff des *Vergleichsniveaus* (Cl_{alt}) eingegangen, das als Standard dient, um die Annehmbarkeit der Konsequenzen in einer gegebenen Beziehung abzuschätzen. Das Cl resultiert aus der Erfahrung mit Konsequenzen aus der Vergangenheit bis in die Gegenwart, die nach ihrer aktuellen Bedeutung gewichtet werden. Das Ausmaß der aktuellen Bedeutung hängt wiederum davon ab, wie ähnlich vergangene Situationen zu der aktuellen Situation sind und wie gut man sich an sie erinnert. Das Cl läßt sich als Bezugspunkt auffassen, an dem beurteilt wird, »was einem zusteht«.

Die relative Position von Nettobelohnungen, Cl_{alt} und Cl zueinander hat Einfluß auf die *Beziehungszufriedenheit* und die *Abhängigkeit einer Person* (vgl. Götz-Marchand, 1980). Wenn z.B. die Nettobelohnungen oberhalb des Cl_{alt} liegen, aber unterhalb des Cl, dann besteht einerseits Unzufriedenheit (weil das Anspruchsniveau unterschritten wird und die Beziehung dementsprechend als unattraktiv eingeschätzt wird), und andererseits ist die Person von der Beziehung abhängig, weil ihre Alternativen noch schlechter sind. Wenn andererseits die Nettobelohnungen sowohl oberhalb des Cl wie des Cl_{alt} lokalisiert sind, ergibt sich Zufriedenheit, die mit Abhängigkeit einhergeht. Natürlich wird die Abhängigkeit im zweiten Fall positiver eingeschätzt als im ersten Fall.

Schließlich ist noch der Begriff der *distributiven Gerechtigkeit* zu erwähnen, wie er von Homans (1961) geprägt wurde. Das Prinzip distributiver Gerechtigkeit ist erfüllt, wenn jeder das bekommt, was ihm oder ihr aufgrund seiner/ihrer Vorleistungen zusteht. Das Prinzip der distributiven Gerechtigkeit bringt die Idee auf den Punkt, daß die Verteilung von Kosten und Belohnungen nach Reziprozitätsnormen beurteilt wird. Nicht nur die Position der eigenen Nettobelohnungen relativ zu Cl und Cl_{alt} bestimmt die Zufriedenheit und Abhängigkeit in der gegebenen Beziehung, sondern auch die relative Position der eigenen Nettobelohnungen zu denen von passenden Vergleichspersonen, die ähnliche Vorleistungen erbracht haben wie man selbst (Abschnitt II.4.).

3.1.2. Schicksalskontrolle und Verhaltenskontrolle

In Box T21 findet sich eine theoretische Betrachtung der Komponenten, die in die Interaktionsmatrix eingehen. Diese Analyse verdeutlicht, welche sozialen und individuellen Einflußgrößen für das Gesamtmuster der Interaktionsmatrix bestimmend sind.

Box T21: Drei Komponenten der Nettobelohnungen

Die Matrix der Interaktion läßt sich in drei Komponenten zerlegen (Kelley & Thibaut, 1978). Jede dieser Komponenten hat eine psychologische Bedeutung. Abb. 42 enthält die Aufspaltung einer zusammenfassenden Matrix der Nettobelohnungen in die drei zugrundeliegenden Komponenten der Schicksalskontrolle, der Verhaltenskontrolle und der reflexiven Kontrolle.

Betrachten wir zwei Personen, von denen die eine (»er«) lieber Tee trinkt, während die andere (»sie«) lieber radfährt. Die Komponente der Schicksalskontrolle (Abb. 42a) bringt zum Ausdruck, inwieweit die Konsequenzen einer Person von dem Verhalten des Partners oder der Partnerin – unabhängig von dem eigenen Verhalten – bestimmt werden. In dem genannten Beispiel ergibt sich in der Schicksalskontrolle eine Asymmetrie: Sie bevorzugt generell, wenn er radfährt, statt Tee zu trinken, während er der Frage, welche Aktivität sie bevorzugt, gleichgültig gegenübersteht. Dementsprechend sind die Konsequenzen der Schicksalskontrolle für die Frau positiver, wenn er radfährt, als wenn er es nicht tut, während seine Konsequenzen in allen Fällen den gleichen Wert haben (nämlich 0).

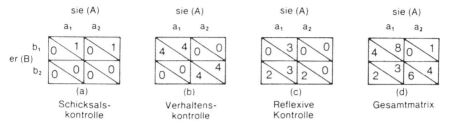

Abbildung 42: Soziale und individuelle Einflüsse auf Präferenzen (nach Kelley und Thibaut, 1978)

Beachte: »Ihre« Gewinne sind oberhalb der Diagonalen eingetragen, während »seine« Gewinne unterhalb der Diagonalen zu finden sind. Ihre Alternativen sind mit a_1 (Radfahren) und a_2 (Tee trinken) gekennzeichnet, während seine Alternativen mit b_1 (Radfahren) und b_2 (Tee trinken) bezeichnet sind.

Soziale Interdependenz kommt primär in der Komponente der Verhaltenskontrolle zum Ausdruck (s. Abb. 42b). Wie man sieht, bevorzugen beide ein gemeinsames Tun. In den Zellen a_1b_1 und a_2b_2 finden sich jeweils höhere Konsequenzen der Verhaltenskontrolle (nämlich jeweils 4) als in den Zellen a_1b_2 und a_2b_1 (nämlich jeweils 0). Der große Unterschied der Konsequenzen in Abhängigkeit davon, ob eine Aktivität gemeinsam ausgeführt wird oder nicht, zeigt an, daß die Interdependenz in dem gewählten Beispiel relativ hoch ist.

Schließlich muß noch berücksichtigt werden, wie groß die generelle Präferenz der Interaktionspartner dafür ist, selbst die eine oder andere Aktivität auszuüben. Damit sind persönliche Vorlieben für bestimmte Alternativen angesprochen, die von der sozialen Situation unabhängig sind. Diese reflexive Kontrolle wird in Abb. 42c dargestellt. In unserem Beispiel bevorzugt die Frau eindeutig das Radfahren, während der Mann sich für das Teetrinken entscheidet.

In Analogie zu einer 2 x 2-Varianzanalyse kann man feststellen, daß Schicksalskontrolle und reflexive Kontrolle die Haupteffekte darstellen, während die Verhaltenskontrolle dem statistischen Interaktionseffekt entspricht. Die Addition der einzelnen Effekte ergibt das Interaktionsmuster in Abb. 42d.

3.2. Strategien der Interaktion

Strategien der sozialen Interaktion konzentrieren sich auf die Frage, wie ein Akteur sich in der Interaktion selbst darstellt, ob er/sie sich z.B. bescheiden gibt oder die eigenen Fähigkeiten übertreibt. Eine *strategische Selbstdarstellung* läßt sich definieren als »jene Verhaltensmuster, die durch das Streben nach Machtsteigerung angeregt werden, mit dem Ziel, bei anderen Personen Attributionen über die Dispositionen des Akteurs hervorzurufen oder zu formen« (Jones & Pittman, 1982, S. 233).

Wenn in dieser Definition von »Machtsteigerung« die Rede ist, dann läßt sich das verstehen als Einflußnahme auf die Komponenten der Schicksalskontrolle und Verhaltenskontrolle, die die soziale Abhängigkeit zwischen zwei Akteuren widerspiegeln (s. Box T21). Die Macht von Person A gegenüber Person B wird dann erhöht, wenn es ihr gelingt, gemeinsame Aktivitäten für B attraktiver zu machen (Steigerung der Verhaltenskontrolle), oder wenn sie Einfluß auf die Konsequenzen nehmen kann, die Person B erreicht, wenn sie eine von mehreren Handlungsalternativen wählt (Steigerung der Schicksalskontrolle).

Je nach dem Interaktionsziel lassen sich *fünf Formen der strategischen Selbstdarstellung* unterscheiden (Jones & Pittman, 1982):

- *Sich-beliebt-Machen* (Ingratiation), definiert als »eine Klasse strategischen Verhaltens, die verbotenerweise geplant wird, um eine bestimmte andere Person hinsichtlich der Attraktivität der eigenen persönlichen Qualitäten zu beeinflussen« (Jones & Wortman, 1973, S. 2). Typische Mittel des Sich-beliebt-Machens sind Konformität um der Konformität willen, Schmeichelei, Wohltaten tun, die eigene Kompetenz übertreiben.
- *Einschüchterung* durch Drohung mit negativen Konsequenzen, wobei man dem anderen zeigt, daß man ihm Schaden zufügen kann. Voraussetzung für den Erfolg dieser Strategie ist das Vorhandensein von Drohmitteln, während gleichzeitig der Zielperson nur wenig Vergeltungsmöglichkeiten bleiben. Außerdem setzt Einschüchterung voraus, daß der Akteur durch Desinteresse an positiven interpersonellen Gefühlen wie Zuneigung und Respekt (zumindest in der Beziehung mit der Zielperson) gekennzeichnet ist, weil im Endeffekt zu erwarten ist, daß das Mögen der Zielperson sinkt.
- *Selbstbeförderung*, definiert als strategisches Verhalten, das speziell die Einschätzung der eigenen Kompetenz durch die andere Person beeinflussen soll. Dazu besteht die Möglichkeit, sich selbst Fähigkeiten zuzuschreiben, über die man nicht oder nur bedingt verfügt. Andererseits können auch tatsächliche Leistungen der Selbstbeförderung dienen.
- *Exemplifikation*, indem man sich selbst als Beispiel für einen moralischen und integren Menschen darstellt. Eine militante Form der Exemplifikation ist dann zu beobachten, wenn jemand einen »reinen« Standpunkt verficht, zur Durchsetzung dieses Standpunkts zu persönlichen Opfern bereit ist und von anderen fordert, daß sie dem eigenen Beispiel folgen.
- *Demut*, indem ein Akteur die eigene Schwäche und Abhängigkeit betont. Ein typisches Beispiel für diese Form der Selbstdarstellung ist eine Frau, die einem Mann gegenüber ihre Unterlegenheit und Hilflosigkeit hervorhebt, so daß er für sie den Wein bestellen, die Tür öffnen und das Formblatt ausfüllen muß. Da Demut impliziert, daß man die Überlegenheit des Interaktionspartners anerkennt, wird diese Strategie normalerweise nur als letzte Rettung verwendet.

Wenn man die verschiedenen Strategien der Selbstdarstellung miteinander vergleicht, läßt sich zunächst feststellen, daß die Selbstbeförderung ein Spezialfall des Sich-beliebt-Machens ist, da eine Steigerung der Attraktivität im Bereich der Kompetenz angestrebt wird. Daher kann man feststellen, daß die Selbstbeförderung und das Sich-beliebt-Machen häufig auch gemeinsam auftreten. Hingegen schließen sich Einschüchterung und Ingratiation weitgehend aus, weil ein Akteur, der anderen Personen droht, seine Attraktivität beeinträchtigt. Exemplifikation und Demut sind Formen der Selbstdarstellung, von denen vermutlich relativ selten Gebrauch gemacht wird. Exemplifikation findet sich in extremer Form bei Fanatikern, die ein Ziel, das sie für erstrebenswert halten, verabsolutieren, und in abgeschwächter Form bei Minderheiten, die neue Ideen verbreiten (Moscovici, 1985). Demut bedeutet paradoxerweise, daß man die eigene Schwäche ausschlachtet, um gegenüber dem Partner stark zu sein. Voraussetzung für den Erfolg dieser Strategie ist aber, daß die sozialen Motive von Akteur und Zielperson aufeinander abgestimmt sind.

Wie stellt man sich selbst dar, damit der positive Eindruck bei anderen maximiert wird? Die Antwort fällt komplex aus (s. Box A36).

Box A36: Wie man andere Menschen beeindruckt

Quattrone & Jones (1978) stellten sich das folgende Problem: Wie stellt man unter Beweis, daß man eine Fähigkeit besitzt, und wie unterstreicht man diesen positiven Tatbestand, wenn feststeht, daß man die Fähigkeit besitzt?

Wenn keine diagnostische Information zur Verfügung steht, sollte die Strategie der Wahl darin bestehen, alle nur denkbaren förderlichen Ursachen – ob sie nun positiv oder negativ bewertet werden, ist von sekundärer Bedeutung – zu nennen, um wahrscheinlich zu machen, daß man die gesuchte Kompetenz besitzt. Hingegen sollte es nach Möglichkeit vermieden werden, hemmende Ursachen zu erwähnen, die den Besitz der in Frage stehenden Fähigkeit in Zweifel ziehen könnten.

Wenn hingegen eindeutig bewiesen ist, daß man die Kompetenz hat, sollte die Strategie der Wahl darin bestehen, hemmende Ursachen zu nennen (insbesondere solche, die positiv bewertet werden), weil man dann als jemand dasteht, der die Leistung trotz hemmender Ursachen zustandebringt. In diesem Fall macht sich der Selbstdarsteller das Aufwertungsprinzip (s. Abschnitt III.3.1.) zunutze. Beurteiler wurden gebeten, sich in einen Streit zwischen zwei Bekannten hineinzuversetzen, die widersprüchliche Auffassungen darüber haben, ob das Wort »iatric« Bestandteil ihrer Muttersprache ist. Im Beweisfall steht ein Wörterbuch zur Verfügung, das belegt, daß das Wort korrekt ist, während ohne Beweis kein Wörterbuch vorhanden ist. Die Beurteiler sollten nun unter vorgegebenen Argumenten auswählen, von denen sie annahmen, daß sie geeignet wären, in einer solchen Diskussi-

on von der Person verwendet zu werden, die die Existenz des Wortes behauptet. Förderliche Ursachen waren etwa gute Wortkenntnisse (positiv bewertet) oder das Lesen von Büchern mit dem Titel »Große Worte, um andere Leute zu beeindrucken« (negativ bewertet). Hemmende Ursachen waren etwa Selbstfinanzierung des Studiums durch Arbeit, so daß man außer der Fachliteratur nicht viel lesen kann (positiv bewertet) oder das Lesen von Comics in der Freizeit (negativ bewertet).

Die Ergebnisse zeigten, daß die Beurteiler es jeweils bevorzugten, positive förderliche Ursachen zu benennen. Mit Wörterbuch wurde auch von hemmenden Ursachen Gebrauch gemacht – um die eigene Kompetenz »heroisch« zu übersteigern –, während ohne Wörterbuch auch die Neigung bestand, neutrale und negative förderliche Ursachen zu nennen – um den Preis eines negativen Gesamteindrucks.

Baumeister & Jones (1978) stellten sich eine zweite Frage: Welche Unterschiede finden sich in der Selbstdarstellung in Abhängigkeit davon, ob positive oder negative diagnostische Informationen über die eigene Persönlichkeit vorliegen? Die Ergebnisse zeigten, daß bei Vorliegen eines negativen Persönlichkeitsbildes versucht wurde, auf andere Bereiche auszuweichen, um sich dort positiv darzustellen (Kompensation). Andererseits ergab sich bei Vorliegen positiver Informationen über die eigene Person die Tendenz, in anderen Persönlichkeitsbereichen eine weniger positive Selbstdarstellung zu wählen (Bescheidenheit).

3.3. Soziale Motive in der Interaktion

Die eine ist eine »geborene Samariterin« und betrachtet immer nur die Nutzen-funktionen für ihre Mitmenschen, die andere ist eine »geborene Egoistin«, die sich nur um ihre Belange kümmert. Was bedeuten solche Unterschiede in der interpersonellen Orientierung für die soziale Interaktion?

Zunächst einmal: Nur die Egoistin, die sich um die Maximierung des indi-viduellen Gewinns kümmert, handelt so, wie es direkt aus der Matrix-darstellung (s. Abb. 42) folgt. Aber auch für die Samariterin ist die Matrix-repräsentation der Güte der Konsequenzen von Bedeutung. Der Unterschied liegt darin, daß die Samariterin die *gegebene Matrix transformiert*. Die transfor-mierte, »effektive« Matrix bestimmt dann ihr weiteres Handeln (Kelley & Thibaut, 1978).

Ein *Beispiel* kann diesen Transformationsprozeß verdeutlichen. Angenommen die Person A handelt auf der Grundlage der Matrixwerte, wie sie in Abb. 42d enthalten sind. Je nach Handlungskombination ergeben sich dann die Kon-sequenzen 8, 3, 1 oder 4. Offensichtlich wird Person A die Alternative 1 wählen, wenn sie daran interessiert ist, den *individuellen Gewinn zu maximieren*. Was ist aber ihre Strategie, wenn sie *den gemeinsamen Gewinn maximieren* will? Dieses Motiv läuft auf eine Transformation der Matrix hinaus, wobei die Werte von A und B in jeder Zelle summiert werden. Die effektive Matrix für Person A beinhaltet dann die Werte 12, 5, 1, 10. Diese Werte werden nun zu Deter-minanten ihres Handelns. Erneut ist eine Präferenz für die erste Alternative zu erwarten.

Neben der Maximierung des eigenen und des gemeinsamen Gewinns gibt es noch eine Reihe weiterer sozialer Motive in Interaktionen (Kelley & Thibaut, 1978). Dazu zählt die *Maximierung des Gewinns der anderen Person* (altruistische Motivation) und die *Maximierung der relativen Differenz*. Eine Transformation der Matrixwerte in Abb. 42d auf der Grundlage des erstgenannten Motivs führt da-zu, daß die Gewinne des Partners/der Partnerin nun wie die eigenen Gewinne behandelt werden. Somit sind die Konsequenzen für A durch die Werte 4, 2, 0 und 6 gegeben, was impliziert, daß keine eindeutige Präferenz für die Alternati-ve a_1 zu erwarten ist. Eine Transformation auf der Grundlage der Maximierung der relativen Differenz schließlich bedeutet, daß die Person die Differenz zwi-schen sich und dem Partner/der Partnerin zu maximieren versucht. Die Ma-trixwerte der effektiven Matrix A's lauten dann 4, 1, 1, -2, und erneut sollte eine Präferenz für a_1 resultieren.

Im Alltag überlagern sich häufig unterschiedliche Motive, die in vielen Fällen nur schwer zu trennen sind, da sie oft dieselbe Präferenz hervorrufen (wie in unserem Beispiel). Man kann die unterschiedlichen Mischungsverhältnisse in einem zweidimensionalen Koordinatensystem darstellen, dessen Achsen den eigenen Gewinn und den Gewinn des Partners repräsentieren (Maki, Thorngate & McClintock, 1979). In diesem Koordinatensystem lassen sich Vektoren ein-zeichnen, die die unterschiedlichen sozialen Motive repräsentieren (s. Abb. 43; Liebrand, 1984).

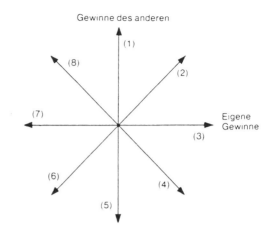

Abbildung 43: Soziale Motive
(nach Maki et al., 1979)

Beachte: Die Vektoren sind von (1) bis (8) durchnumeriert: (1) Altruismus; (2) Kooperation; (3) Individualismus; (4) Wettbewerb; (5) Aggression; (6) Sadomasochismus; (7) Masochismus; (8) Märtyrertum.

Zwei Vektoren sind mit den Achsen des Koordinatensystems deckungsgleich: Der Vektor für die Maximierung der eigenen Gewinne mit der X-Achse und der Vektor für die Maximierung der Gewinne des Partners mit der Y-Achse. Der Vektor für die Maximierung der gemeinsamen Gewinne verläuft auf halbem Weg zwischen eigenen Gewinnen und denen des Partners (2). Der Vektor für die Maximierung der relativen Differenzen verläuft um 45° von der X-Achse in Richtung des Uhrzeigersinns verschoben (4).

Die genannten sozialen Motive unterscheiden sich in den Gewichten auf dem eigenen Gewinn und Gewinn des Partners, wie im folgenden an den wichtigsten sozialen Motiven deutlich wird:

- Maximierung des eigenen Gewinns: +1 auf eigenen Gewinn,
- Maximierung des Gewinns des Partners: +1 auf Gewinn des Partners,
- Maximierung des gemeinsamen Gewinns: +1 auf eigenen Gewinn, +1 auf Gewinn des Partners,
- Maximierung der relativen Differenz: +1 auf eigenen Gewinn, -1 auf Gewinn des Partners.

In dem zweidimensionalen Koordinatensystem (Abb. 43) lassen sich nun beliebig Punkte definieren, indem die eigenen Gewinne und die des Partners, wie sie bei einer bestimmten Interaktion erwartet werden, angegeben werden. Von diesen Punkten kann man die Projektionen auf die Vektoren bzw. Achsen bilden, um festzustellen, in welchem Ausmaß die einzelnen sozialen Motive durch das vorgegebene Wertepaar aktiviert werden. Auf diese Weise ergeben sich untersuchungstechnische Möglichkeiten, auf die aber hier nicht weiter eingegangen werden kann (s. Maki et al., 1979).

Interessanterweise finden sich Unterschiede in der *Eindrucksbildung* je nach dem dominanten Motiv der beobachteten Person. Wenn Beurteiler einen Akteur beobachten, der *individualistisch orientiert* ist, gelingt es ihnen relativ gut, diese individualistische Orientierung zu erkennen und bei der Voraussage darauf, wie sich der Akteur weiter verhalten wird, zu verwenden. Dasselbe gilt für einen Akteur, der an der *Maximierung der relativen Differenz* orientiert ist. Bei weitem weniger erfolgreich sind die Voraussagen aber gegenüber einem Akteur, der *altruistisch orientiert* ist (Maki et al., 1979; Exp. 2).

Hier wird das Dilemma einer altruistischen Orientierung deutlich. Die Interaktionspartner scheinen nur unzureichend darauf vorbereitet zu sein, daß jemand sich in einer typischen sozialen Konfliktsituation anders als wettbewerbsorientiert verhält. Vermutlich schlagen sich hier zwei dominierende Motive des gesellschaftlichen Lebens – Leistungsstreben und Konkurrenz – nieder.

Das verweist auf eine gewisse *historische Abhängigkeit der Wahrnehmung sozialer Interaktionen* (Gergen, 1982). Andererseits besteht Grund zu der Annahme, daß die dramatische Zunahme der Bedeutung von Kommunikationstechnologien im Alltagsleben eine zunehmende Offenheit gegenüber den Meinungen und Handlungsmustern anderer Personen hervorruft. Das *Zeitalter der Postmoderne* ist durch Vielfältigkeit der interkulturellen Einflüsse und Verlust stabiler Bezugssysteme einschließlich des Anspruchs auf objektive Wahrheit gekennzeichnet (Gergen, 1990).

3.4. Es kommt nicht nur darauf an, was gesagt wird, sondern auch, wie es gesagt wird

Blicken wir noch einmal auf die strategische Selbstdarstellung zurück. Wenn jemand in einen Streit gerät, der seine Kompetenz in Frage stellt, kann er/sie bestimmte Argumente wählen, um seine Selbstdarstellung möglichst positiv zu gestalten (s. Box A36). Darüber hinaus ist aber auch zu vermuten, daß die Art und Weise, wie jemand seine/ihre Argumente vorbringt, einen Einfluß darauf hat, wie überzeugend er/sie wirkt.

Ein wichtiger Faktor ist das paralinguistische Verhalten. Weiterhin ist aber auch das nonverbale Verhalten ein Ausdruck der Gefühle und kognitiven Prozesse, die sich die Interaktionspartner gegenseitig attribuieren (s. Scherer, 1979; Scherer & Wallbott, 1979). Im Unterschied zu den Argumenten, die die Sprecher verwenden, unterliegt das Sprachverhalten bei weitem weniger einer bewußten Kontrolle und ist daher weniger leicht im Sinne der strategischen Selbstdarstellung einzusetzen.

Interessant ist in diesem Zusammenhang die Feststellung, daß *machiavellistische Personen* (die gegenüber anderen Personen eine manipulative Einstellung haben, die dem Ziel dient, ihre eigenen Interessen möglichst weitgehend durchzusetzen) eine stärkere Kontrolle über ihr nonverbales Verhalten zu haben scheinen als andere Personen (Waldert-Lauth & Scherer, 1983). So blätterten machiavellistische Bedienstete von öffentlichen Ämtern während der Diskussion um einen Unterhaltspflicht-Fall weniger in den Unterlagen. Außerdem sprachen sie weniger, und die Variabilität der Grundfrequenz der Stimme war relativ gering. In der Beurteilung durch Beobachter schlug sich der machiavellistische Verhaltensstil darin nieder, daß Machiavellisten als »überlegen« eingeschätzt wurden, was bei anderen Personen weniger der Fall war (Waldert-Lauth & Scherer, 1983).

Eine Voraussetzung für die Validität der Attribution von Eigenschaften oder Neigungen besteht darin, daß sie als distale Hinweisreize externalisiert werden

(Scherer, 1978). Die empirische Kovariation zwischen *internen Zuständen* und *distalen Hinweisreizen* werden durch Assoziationskoeffizienten (Korrelationen) erfaßt (s. Abb. 44).

Die distalen Hinweisreize rufen *proximale Perzepte* hervor, aus denen die Wahrnehmenden bestimmte Gefühle und Neigungen der Zielperson erschließen. Die Beziehung zwischen proximalen Perzepten und *Attributionen* läßt sich erneut (mit Hilfe von Utilisationskoeffizienten) quantifizieren. Schließlich besteht auch die Möglichkeit, Zusammenhänge zwischen internen Zuständen der Zielperson und Attributionen der wahrnehmenden Personen zu berechnen (Genauigkeitskoeffizienten). Außerdem kann auch der Zusammenhang zwischen distalen Hinweisreizen und proximalen Perzepten durch Repräsentationskoeffizienten erfaßt werden (s. Abb. 44).

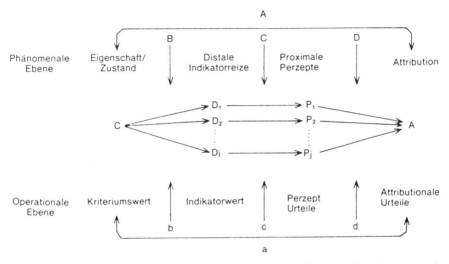

Abbildung 44: Externalisierung und Schlußfolgerung in der Personenwahrnehmung (nach Waldert-Lauth und Scherer, 1983)

Beachte:
A = Funktionale Validität; a = Genauigkeitskoeffizient
B = Externalisation; b = Assoziationskoeffizient
C = Wahrnehmung; c = Repräsentationskoeffizient
D = Inferenz; d = Utilisationskoeffizient

Das Modell von Scherer (1978) basiert in seinen Grundzügen auf dem Linsenmodell von Brunswik. Es ist ein generelles Bezugssystem, mit dessen Hilfe sich die Schlüsse aus nonverbalen und verbalen Verhaltensweisen des Sprechers oder der Sprecherin differenziert untersuchen lassen. So besteht sowohl die Möglichkeit, die generelle Genauigkeit der Attributionen zu ermitteln (mit Hilfe der Genauigkeitskoeffizienten) als auch den Gesamtprozeß in Teilprozesse aufzuspalten – etwa in den der Externalisierung (Ausdruck) oder den der Inferenz (Eindruck).

Verschiedene Untersuchungen zeigen, daß auf der Grundlage des in Abb. 44 dargestellten Modells die Attribution von Persönlichkeitseigenschaften auf ihre Validität und Fehleranfälligkeit überprüft werden kann (Fiedler, 1989; Scherer &

Scherer, 1982). So besteht z.B. die Möglichkeit zu erfassen, mit welchen distalen Hinweisreizen ein Persönlichkeitszug hoch korreliert, in welchen proximalen Perzepten die distalen Hinweisreize repräsentiert werden und mit welchen Perzepten primär der Schluß auf bestimmte Charakteristika der Zielperson im Zusammenhang steht.

In der Sequenz Ausdruck-Eindruck bleibt genügend Spielraum für Fehlschlüsse. Ein Beispiel dafür ist der Rückschluß auf die *emotionale Stabilität* der Zielperson, die z.T. auf der Stimmhöhe basiert. Unglücklicherweise korreliert aber die Stimmhöhe der Zielperson nicht mit ihrer emotionalen Stabilität (Scherer, 1978). Eine höhere Genauigkeit findet sich demgegenüber für die Attribution der *Extraversion* (bei amerikanischen Sprechern). Der Stimmaufwand erweist sich als valider Hinweisreiz für die Extraversion des Sprechers und korreliert positiv mit der wahrgenommenen Extraversion (Scherer & Scherer, 1982), so daß man von der lauten Stimme der Extraversion sprechen kann.

Die Extraversion scheint überhaupt relativ deutlich in distalen Hinweisreizen kodiert zu werden, da Extravertierte mehr Blickkontakt mit ihrem Gesprächspartner halten, eine größere räumliche Nähe suchen und insgesamt mehr sprechen (Waldert-Lauth & Scherer, 1983). Darüber hinaus wurde wiederholt festgestellt, daß nonverbale Verhaltensweisen, die eine Unmittelbarkeit eines Gesprächspartners kennzeichnen (Nähe, Blickkontakt), die Bewertung der Zielperson positiv beeinflussen.

Diese Untersuchungsergebnisse verdeutlichen, daß soziale Interaktion und Personenwahrnehmung eng zusammenhängen. In dem Modell der »Sich-selbsterfüllenden-Prophezeiungen« (s. Abschnitt III.2.2.1.) war dieser Tatbestand explizit dargestellt worden. Wahrnehmende bilden bestimmte Erwartungen in bezug auf ihre Interaktionspartner, verhalten sich dementsprechend, so daß den Partnern eine bestimmte Situationsdefinition nahegelegt wird, die ihr soziales Verhalten steuert. Aus dem (verbalen und nonverbalen) Verhalten der Partner erschließen die Wahrnehmenden bestimmte Dispositionen und Neigungen, die sie den Zielpersonen zuschreiben, die sich selbst ebenfalls bestimmte Charakteristika zuschreiben (Selbstwahrnehmung im Sinne von Bem, 1967). Der *soziale Vergleich* zwischen den Interaktionspartnern trägt schließlich dazu bei, daß Fragen der Fairness und der Konformität auftreten.

In der sozialen Interaktion stellen die verbalen und paralinguistischen Merkmale sowie das nonverbale Verhalten die Grundbausteine dar, die in der Wahrnehmung synthetisiert werden, denen durch soziale Vergleiche Bedeutung verliehen wird und die auf der Grundlage bestehender Erwartungen interpretiert werden. Diese Prozesse der Attribution und des sozialen Vergleichs werden – im Sinne der Selbstwahrnehmung mit Auswirkungen auf das Selbstkonzept – bei den Akteuren selbst ausgelöst wie auch bei Beobachtern des Verhaltens, deren Neigung, eher dispositionale Attributionen anstelle situativer Zuschreibungen zu bevorzugen, schon in Abschnitt III.3.4. dargestellt wurde.

Die Untersuchungen, über die von Scherer & Scherer (1982) berichtet wurde, zeigen, auf der Basis welcher distalen Hinweisreize solche dispositionalen Attributionen geformt werden und wie diese Attributionen mit den tatsächlichen Dispositionen der Akteure in Zusammenhang stehen.

4. Die Evolution der Kooperation

Hofstadter begann einen seiner Beiträge als Kolumnist des American Scientist (Mai 1983) mit dem Satz: »Das Leben strotzt vor Paradoxien und Dilemmas« (Hofstadter, 1988, S. 781). In seinem Diskussionsbeitrag befaßte sich Hofstadter mit der Theorie der Kooperation, die von Axelrod (1984) vorgelegt worden war. Eine zentrale These der Analyse von Axelrod, eines politischen Wissenschaftlers an der Universität Michigan, besagt, daß sich Kooperation in vielen Konfliktsituationen für die kooperierenden Parteien auszahlt. Allerdings ist Kooperation keine Strategie, die »Sieger« hervorbringt. Sie dient zwar dem Streben, den individuellen Vorteil zu maximieren, ist aber denkbar schlecht geeignet, die Differenz zwischen sich und den Interaktionspartnern zu den eigenen Gunsten zu maximieren (Abschnitt V.3.3.). Kooperative Strategien wie Tit-for-Tat (s.u.) liegen im Ergebnis im allgemeinen nicht besser als die Partnerstrategie.

Axelrod (1984) stellte sich die Frage, was ist eine effektive Strategie, die sich in wiederkehrenden Konfliktsituationen in dem Sinne bewährt, daß ein relativ hohes Belohnungsniveau erreicht wird. Diese Frage läßt sich empirisch beantworten, indem »Computer-Turniere« durchgeführt werden, in denen die wichtigsten Strategien gegeneinander »antreten«. Wenn die unterschiedlichen Strategien aufeinandertreffen, kann festgestellt werden, welches Programm die meisten Punkte in einer experimentellen Spielsituation erzielt.

Bevor ein Computer-Turnier durchgeführt werden kann, muß zunächst festgelegt werden, wie die interpersonelle Konfliktsituation strukturiert sein soll. Axelrod entschied sich für das *Gefangenendilemma*. Das ist eine in der sozialpsychologischen Konfliktforschung häufig untersuchte experimentelle Spielsituation, in der die Versuchung besteht, sich einen individuellen Vorteil durch Wettbewerb zu verschaffen, während gleichzeitig die Gefahr besteht, daß sich ungünstige Konsequenzen ergeben, wenn beide Konfliktparteien sich gleichermaßen für Wettbewerb entscheiden. Eine Wettbewerbswahl lohnt sich also nur dann, wenn die Interaktionspartner kooperativ wählen.

Diese Überlegung wird besonders wichtig, wenn die Interaktionspartner mehrfach miteinander interagieren. In einem solchen *wiederholten Gefangenendilemma* ist zu befürchten, daß ein kooperativer Partner schon bald auf Wettbewerb umschalten wird, wenn das kooperative Verhalten durch Wettbewerbswahlen der Gegenpartei konterkariert wird (Abschnitt V.2.2.).

4.1. Das Gefangenendilemma als Paradigma sozialer Konflikte

Der Name des Gefangenendilemmas, der von Hofstadter (1988) auf zwei Wissenschaftler der RAND Corporation zurückgeführt wird, die es im Jahre 1950 entwickelten, geht auf eine Anekdote zurück, die die Quintessenz dieser Konfliktsituation anschaulich darstellt (s. Box T22).

Box T22: Das Gefangenendilemma

Zwei Männer werden wegen eines Bankraubs festgenommen. Sie können aber nur als Bankräuber überführt werden, wenn zumindest einer die Tat eingesteht. Die beiden Männer haben untereinander keine Kommunikationsmöglichkeiten, um sich gegenseitig in ihren Aussagen abzustimmen. Die Ermittlungsbeamten unterbreiten jedem der beiden Männer folgendes Angebot: Ein Geständnis führt dazu, daß der Geständige in die Freiheit entlassen wird, während der andere Mann zu 10 Jahren Gefängnis verurteilt wird. Wenn beide Männer ein Geständnis ablegen, muß jeder mit 5 Jahren Gefängnisstrafe rechnen. Wenn beide nicht gestehen, werden beide wegen eines weniger gravierenden Vergehens, das nachweisbar ist (z.B. illegaler Waffenbesitz), zu einem Jahr Gefängnis verurteilt.

Gehen wir davon aus, daß jeder der beiden Gefangenen eine möglichst geringe Strafe anstrebt. Welche Reaktion wird dann aufgrund rationaler Überlegungen nahegelegt? Wenn der Partner nicht gesteht, ist es am günstigsten zu gestehen, da man dann in die Freiheit entlassen wird und nicht ein Jahr im Gefängnis verbringen muß. Wenn der andere Gefangene gesteht, ist es auch am günstigsten, wenn man selbst gestanden hat, da man mit 5 und nicht mit 10 Jahren Gefängnis bestraft wird.

Es zeigt sich also, daß bei beiden Wahlalternativen des Partners ein Geständnis immer zu den günstigeren Konsequenzen führt im Vergleich mit dem Leugnen. Wenn aber beide Gefangene gestehen und somit die rationale Entscheidung treffen, ergibt sich für jeden eine Gefängnisstrafe von 5

Jahren. Hätten beide geleugnet, wäre jeder mit einer Gefängnisstrafe von einem Jahr davongekommen. Die durch das Eigeninteresse diktierte Wahl ruft also relativ ungünstige Konsequenzen für die beiden Männer hervor. Gleichzeitig steht eine günstigere Alternative zur Verfügung, die nicht genutzt wird.

Die Konsequenzen des Gefangenendilemmas lassen sich in einer Auszahlungsmatrix repräsentieren, die das Entscheidungsdilemma veranschaulicht (s. Tab. 24). Die Auszahlungsmatrix kombiniert die zwei Wahlmöglichkeiten der beiden Partner, so daß sich vier Felder ergeben. Um die konventionelle Darstellung eines Gefangenendilemmas zu ermöglichen, wurde die Auszahlung jedes »Spielers« als Einsparung gegenüber der maximalen Gefängnisstrafe von zehn Jahren angegeben. Wenn also z.B. beide Männer leugnen, ergibt sich für jeden ein Auszahlungswert von 9 (eingesparten Gefängnisjahren).

Das Gefangenendilemma stellt eine soziale Grundsituation dar, in der die Alternative von kooperativem und unkooperativem Verhalten zur Wahl steht. (Verwandte Auszahlungsmatrizen werden von Liebrand, Wilke, Vogel & Wolters, 1986, mit dem Gefangenendilemma verglichen.) In Tab. 24 bezeichnet C die kooperative Wahl und D die unkooperative Wahl. Wenn beide Spieler die Alternative C wählen, wird die Höhe des gemeinsamen Gewinns maximiert. Allerdings schneidet jeder der beiden Spieler schlechter ab als in dem Fall, in dem er D wählt, während der Partner C wählt. Aber die D-Wahl führt nur dann zu günstigen Konsequenzen, wenn sie nicht gleichzeitig von beiden Partnern bevorzugt wird.

Tabelle 24: Auszahlungsmatrix des Gefangenendilemmas

| | Wahlalternative des Spielers 2 | |
	Leugnen (C)	Gestehen (D)
Leugnen (C)	R = 9, R = 9	S = 0, T = 10
Wahlalternative des Spielers 1		
Gestehen (D)	T = 10, S = 0	P = 5, P = 5

Beachte: Die vier unterschiedlichen Auszahlungswerte (eingesparte Gefängnisjahre) werden mit R, S, T und P symbolisiert. Vor dem Komma ist der Wert von Spieler 1 eingetragen, nach dem Komma der von Spieler 2. In einem Gefangenendilemma gelten für die Auszahlungswerte die folgenden Restriktionen: T > R > P > S und 2R > T + S. Mit C und D werden die beiden Strategien der Spieler bezeichnet.

Im Alltag finden sich viele Situationen, die strukturell dem Gefangenendilemma entsprechen. Entweder handelt es sich um soziale Interdependenz zwischen zwei Personen (s. Box T22), oder es geht um Abhängigkeiten, die sich in großen Gruppen ergeben können. In einem solchen *N-Personen-Gefangenendilemma* wirkt es sich für alle ungünstig aus, wenn alle unkooperativ wählen. Beispiele für solche Situationen stellen die Luftverschmutzung – z.B. durch Autoabgase – und hoher Wasserverbrauch von Privathaushalten dar. Andere Fälle sind die Beeinträchtigung der Ozonschicht der Erde durch Treibgase und die Verschmutzung der Nordsee. Hofstadter (1988, S. 826) merkt an: »Mit einem Wort, die Apathie des einzelnen führt in den Wahnsinn der vielen.«
Ein besonderes Charakteristikum des Gefangenendilemmas besteht darin, daß die kurzfristigen und die langfristigen Perspektiven unterschiedlich sind. In einem einmaligen Gefangenendilemma ist die unkooperative Wahl rational (s. Box T22). Wenn es gelingt, durch eine unkooperative Wahl die Kooperationsneigung des Partners auszunutzen, entstehen besonders günstige Konsequenzen für den unkooperativen Spieler. Wenn das Gefangenendilemma zwischen zwei Spielern mehrfach nacheinander gespielt wird, so daß wir es mit einem wiederholten Gefangenendilemma bzw. einem »Superspiel« zu tun haben, ist die unkooperative Wahl nicht mehr automatisch die günstigste Entscheidung. Im Gegenteil spricht viel dafür, daß unkooperative Wahlen über eine Serie von Spielen in der Endabrechnung ein ungünstiges Gesamtergebnis erzeugen. Das hängt vor allem damit zusammen, daß durch unkooperative Wahlen häufig *negative Echoeffekte* ausgelöst werden, die dadurch zustande kommen, daß viele erfolgreiche Strategien in einem Superspiel darauf beruhen, daß eine unkooperative Wahl durch eine unkooperative Wahl beantwortet wird. Daher besteht die Tendenz, daß anfängliche Erfolge, die durch die unkooperative Wahl im ersten Spiel erzeugt werden, langfristig nicht stabilisiert werden können.

4.2. Die Tit-for-Tat-Strategie

In dem genannten Superspiel gibt es keine eindeutig beste Strategie, die unabhängig ist von der Strategie der Partner. Vielmehr erweist es sich als erfolgversprechend, mit kooperativen Partnern zu kooperieren und unkooperativen Partnern in gleicher Münze zu antworten. Daher ergibt sich die Konsequenz, daß eine Strategie besonders erfolgreich ist, die maximal zwischen kooperativen und unkooperativen Partnern differenziert (Axelrod, 1984). Eine Strategie ist dann maximal differenzierend, wenn sie auf kooperative Partner kooperativ antwortet und auf unkooperative Partner mit Wettbewerb reagiert. Damit ist das Prinzip der *Reziprozität* beschrieben, das die Grundlage der Tit-for-Tat-Strategie darstellt und das für die kooperative Bewältigung von sozialen Dilemmata von grundlegender Bedeutung ist (Yamagishi, 1986).

Ein Spieler kann in einem wiederholten Gefangenendilemma ganz unterschiedliche Strategien einsetzen. Zwei Möglichkeiten sind, immer unkooperativ zu wählen (immer D) bzw. immer kooperativ zu wählen (immer C). Diese Strategien sind offensichtlich nicht differenzierend. Die Strategie Tit-for-Tat beinhaltet die Regel, im ersten Zug immer kooperativ zu wählen und in den nachfolgenden Zügen die Wahl des Partners zu imitieren. Hat der Partner im letzten Zug kooperativ gewählt, ergibt sich im folgenden Zug eine kooperative Wahl, während nach einer unkooperativen Wahl des Partners im folgenden Zug eine D-Wahl vorgeschrieben ist. Die Tit-for-Tat-Strategie weist einige typische Merkmale auf: 1. Sie provoziert von sich aus nicht eine unkooperative Interaktion, sondern bevorzugt immer Kooperation, wenn die Partnerstrategie kooperativ ist. Diese Eigenschaft hat Tit-for-Tat mit allen Strategien (z.B. immer C) gemeinsam, die kooperativ strukturiert sind und die sich als »nice« bzw. »fair« bezeichnen lassen; 2. Tit-for-Tat reagiert auf eine Provokation durch eine unkooperative Wahl des Partners mit einer eigenen unkooperativen Wahl; 3. Tit-for-Tat ist eine Verwirklichung des Reziprozitätsgedankens und insofern eine einfache und in vielen sozialen Interaktionssituationen anwendbare Regel. Die Anwendung dieser Strategie verlangt keine umfangreichen Aufzeichnungen oder komplexen Berechnungen. Vielmehr reicht es aus, wenn der Spieler sich den letzten Zug des Partners merken kann, bis er/sie den nächsten Zug festlegt; 4. Tit-for-Tat ist eine Strategie, die ein unkooperatives Verhalten des Partners schnell vergibt. Durch das Reziprozitätsprinzip werden negative Echoeffekte möglichst gering gehalten, die sich dadurch ergeben können, daß unkooperative Wahlen eskalieren (s. unten).

4.3. Computer-Turniere: Auf der Suche nach der erfolgreichen Konfliktstrategie

Durch Computersimulationen kann geprüft werden, wie sich eine Spielstrategie im Gefangenendilemma bewährt (s. Box T23).

Box T23: Der sportliche Wettkampf der Computerprogramme

Axelrod (1984) berichtet die Ergebnisse eines Computer-Turniers, das von ihm veranstaltet wurde. Er legte dem Turnier die Matrix, die in Tab. 25 dargestellt ist, zugrunde. Die Teilnehmer des Turniers, die Programme einschickten, die in dem Turnier möglichst viele Punkte gewinnen sollten, wußten, daß jedes der eingeschickten Programme mit jedem anderen Programm über 200 Runden spielen sollte. Sieger war das Programm, das insgesamt die meisten Punkte erzielte.

Tabelle 25: Gefangenendilemma in Axelrods Computer-Turnier (1984)

| | | Wahlalternative des Spielers 2 | |
		C	D
Wahlalternative des Spielers 1	C	3,3	0,5
	D	5,0	1,1

Beachte: In dem Computer-Turnier konnte ein Superspiel maximal zu einem Gewinn von 600 Punkten (200 x 3) führen, wenn in allen Zügen kooperiert wurde. Der minimale Gewinn betrug 0 Punkte. Ein immer unkooperatives Programm konnte im Spiel mit einem immer kooperativen Programm 1000 Punkte erreichen.

Durch den Spieltheoretiker Anatol Rapoport wurde Tit-for-Tat eingereicht, das das kürzeste Computer-Programm unter allen Einsendungen war. Es erwies sich auch als das erfolgreichste unter den 14 eingesandten Programmen. Insgesamt zeigte sich, daß faire Programme besser abschnitten als unkooperative Programme. Das hängt nicht zuletzt damit zusammen, daß diese Programme im Spiel gegeneinander sehr gut abschnitten und im allgemeinen in die Nähe von 600 Punkten kamen.

Demgegenüber hatten unkooperative Programme mit den negativen Echoeffekten von unkooperativen Wahlen zu kämpfen, die ihre Gewinne oft in die Nähe von 200 Punkten drückten. Der scheinbar harmlose Versuch, sich gelegentlich einen Vorteil zu erschleichen, hatte verheerende Folgen für den Gesamtgewinn.

Wie schon erwähnt, hängt der Erfolg einer Strategie nicht zuletzt davon ab, mit welcher Strategie sie konfrontiert wird. Nun ist es eine naheliegende Annahme, daß erfolglose Strategien im Laufe der Zeit von der Bildfläche verschwinden. Das ist zumindest dann der Fall, wenn der Erfolg eines Programms darüber bestimmt, wie häufig es im nachfolgenden Turnier repräsentiert sein wird. Dieses Prinzip erinnert an die Idee der natürlichen Selektion in der Evolutionstheorie (s. unten).

In einer umfangreichen Computersimulation führte Axelrod eine Serie von 1000 Turnieren durch, wobei die Anzahl der Programmkopien in nachfolgenden Turnieren durch den Erfolg des Programms in vorhergehenden Turnieren bestimmt wurde. Nachdem die anfangs erfolglosen Programme verschwunden waren, erwiesen sich auch unkooperative Programme als zunehmend erfolglos. Ihr Erfolg basierte auf der Schwäche anderer Programme.

Demgegenüber konnte Tit-for-Tat seinen Erfolg über die Turnierfolge stabilisieren. Als entscheidend erwies sich der Gesichtspunkt, daß der Erfolg von Tit-for-Tat auf der gewinnbringenden Interaktion mit anderen erfolgreichen Programmen beruhte.

Wir hatten bei der Darstellung des einmaligen Gefangenendilemmas gesehen, daß eine rationale Entscheidung darin besteht, D zu wählen. Im wiederholten Gefangenendilemma kann es unter bestimmten Bedingungen aber auch günstig sein, C zu wählen. Diese Gegenüberstellung verweist auf einen Widerspruch zwischen der kurzfristigen und der langfristigen Perspektive. Solche Widersprüche werden als »soziale Fallen« bezeichnet (Platt, 1973). Damit werden Probleme bezeichnet, bei denen kurzfristige Belohnungen langfristigen Kosten gegenüberstehen. Soziale Fallen sind dadurch gekennzeichnet, daß individuelle Vorteile durch die Benachteiligung anderer Personen erzielt werden, die aufgrund dieser Benachteiligung in der Folgezeit so antworten, daß die individuellen Vorteile durch Nachteile abgelöst werden. Soziale Fallen dieser Art wurden von Dawes (1980) als soziale Dilemmata bezeichnet. Andere Bezeichnungen sind N-Personen-Gefangenendilemma, »tragedy of the commons« und Trittbrettfahren (Yamagishi & Sato, 1986).

4.4. Soziobiologische Betrachtung: Evolutionsstabile Strategien

Spieltheoretische Überlegungen lassen sich mit Fragen der Evolutionsbiologie verbinden (Axelrod, 1984). Das führt unmittelbar in den Bereich der Soziobiologie, die sich mit dem Sozialverhalten von Tieren aus der Sicht der Evolutionstheorie befaßt. Grundlage einer soziobiologischen Betrachtungsweise ist die Analyse des individuellen Fortpflanzungserfolgs. Die natürliche Selektion im Sinne von Darwin orientiert sich an dem individuellen Fortpflanzungserfolg. Es wird angenommen, daß von zwei erblichen Merkmalen, die innerhalb einer Population konkurrieren, dasjenige Merkmal langfristig erfolgreich ist, das seinen Trägern einen höheren Fortpflanzungserfolg sichert.

Die Soziobiologie befaßt sich mit der Frage, wie sich die natürliche Selektion auf soziale Verhaltensstrategien auswirkt. In diesem Zusammenhang ist der Begriff der evolutionsstabilen Strategie von besonderer Bedeutung. Verhaltensstrategien sind dann evolutionsstabil, wenn sie konkurrierenden Strategien keine Angriffsfläche bieten. Das ist dann der Fall, wenn in einer Population, in der alle Mitglieder die gleiche Strategie anwenden und in der ein einzelner Mutant auftritt, der eine alternative Strategie einsetzt, der Mutant keine höheren Auszahlungswerte erreichen kann als das durchschnittliche Mitglied der Population. Der erfolgreiche Eindringling muß besser abschneiden als der Durchschnitt der Auszahlungswerte in der Population (Axelrod, 1984; Hammerstein & Bierhoff, 1988).

Ein Beispiel für eine evolutionsstabile Strategie ist die unkooperative Immer-D-Strategie im Gefangenendilemma. Interessanterweise ist aber auch Tit-for-Tat unter bestimmten Bedingungen eine evolutionsstabile Strategie für das Gefangenendilemma. In eine Population, in der alle Mitglieder Tit-for-Tat spielen, kann z.B. die Immer-D-Strategie nicht eindringen (Axelrod, 1984), vorausgesetzt, daß die Interaktion mehrfach wiederholt wird. Eine andere Voraussetzung besteht darin, daß das kooperative Verhalten beobachtbar sein muß (Hammerstein & Bierhoff, 1988).

Trotzdem ist es nicht unvorstellbar, daß Tit-for-Tat sich gegenüber der Immer-D-Strategie durchsetzt. Die Voraussetzung dafür besteht darin, daß die Eindringlinge in eine unkooperative Population in Gruppen («Clustern») auftreten, die eine höhere Wahrscheinlichkeit haben, untereinander zu interagieren, als mit unkooperativen Einheimischen zusammenzutreffen (Axelrod, 1984). Der Grund dafür liegt darin, daß die kooperativen Mitglieder in wechselseitiger Interaktion günstiger abschneiden als die unkooperativen Mitglieder in wechselseitiger Interaktion.

Hier ist eine interessante Asymmetrie zwischen Immer-D und Tit-for-Tat festzustellen. Während die Immer-D-Strategie gegenüber Gruppen von kooperativen Eindringlingen anfällig ist, gilt das umgekehrt nicht für Tit-for-Tat. Denn unkooperative Eindringlinge haben keinen Vorteil durch Clusterbildung bei der »Invasion« in eine kooperative Population (Axelrod, 1984).

Diese Überlegungen zeigen, wie komplex die Frage ist, ob sich Kooperation in einer Gefangenendilemmasituation durchsetzen kann. Das hängt nach soziobiologischer Sicht nicht zuletzt von der Häufigkeit der Interaktion ab, der Identifizierbarkeit von Individuen über längere Zeitspannen und der gegenseitigen Beobachtbarkeit des Interaktionsverhaltens bzw. der Anfälligkeit für »Betrug«. Außerdem ist zu berücksichtigen, ob sich Gruppen gleichgesinnter Individuen finden können, die unter sich eine kooperative Tit-for-Tat-Strategie anwenden.

4.5. Soziale Dilemmata

Das Gefangenendilemma stellt ein soziales Dilemma dar. Dawes (1980) definierte solche Dilemmata mit zwei Merkmalen:

● Der einzelne verdient mehr durch eine D-Wahl als durch eine kooperative Wahl.
● Allen geht es besser, wenn alle Parteien kooperieren anstelle von gegenseitigem Wettbewerb.

Solche Situationen wurden von Hardin (1968) als »Tragedy of the Commons« bezeichnet. In den Gemeinden in Neu-England fand eine Tierhaltung auf einer gemeinsamen Wiese (Commons) statt. Die Folge war häufig eine Übergrasung des Geländes durch zu große Herden. Die Freiheit der Nutzung führte zu einer rücksichtslosen Vernichtung der Weidegebiete. Stroebe & Frey (1982) sprechen von der Versuchung des Trittbrettfahrens. Charakteristisch für Trittbrettfahren ist es, daß die einzelnen nach einem individuell rationalen Plan handeln, wenn man die zukünftige Entwicklung außer acht läßt. Die Rationalität der Bauern, die zu viele Tiere auf das gemeinsame Weideland treiben, gilt nur für das »Hier und Jetzt«. In zwei grundlegenden Experimenten (Dawes, McTavish & Shaklee, 1977) wurden Situationen simuliert, die der »Tragedy of the Commons« nachempfunden sind (s. Box U23).

Box U23: Kommunikation erleichtert eine kooperative Abstimmung unter den Gruppenmitgliedern

Dawes, McTavish & Shaklee (1977) verwandten ein N-Personen-Gefangenendilemma. Jeder Mitspieler hatte zwei Wahlen. Die D-Wahl ergab einen Gewinn von 2,50 $ + 9,50 $ – (N – m) 1,50 $. N bezeichnet die Gesamtzahl der Mitglieder der Gruppe und m die Anzahl derer, die nicht D wählen. Somit wurde von 12 $ ein Wert abgezogen, der dem Produkt der Anzahl der D-Wähler mit 1,50 $ entsprach. Es ist klar, daß der individuelle Auszahlungswert um so kleiner wurde, je mehr Personen in der Gruppe D wählten.

Als Alternative zu der D-Wahl stand eine C-Wahl zur Verfügung, die einen Auszahlungswert von 2,50 $ – (N – m) 1,50 $ ergab. Für keinen der m C-Spieler wurde ein Abzug erhoben. Sie hatten aber die Abzüge, die durch die D-Wähler verursacht wurden, zu erdulden.

An der Untersuchung nahmen 284 Personen teil. Wenn zwischen den Spielern *keine Kommunikation* möglich war, ergab sich ein Überwiegen der D-Wahlen. In 73% der Fälle wurde D gewählt. Auch eine Kommunikation, die sich nicht auf die Spiellage bezog (*irrelevante Kommunikation* über demographische Daten), führte zu einer entsprechend hohen Präferenz für D-Wahlen. Hingegen führte *freie Kommunikation* zu einer wesentlich geringeren Neigung, D zu wählen (26%). In dieser Situation konnten die Teilnehmer über die D-Wahl diskutieren. In einer anderen Spielsituation, in der sowohl eine Diskussion als auch eine vorläufige Festlegung erfolgen sollte, fand sich ein vergleichbar niedriger Prozentwert für D-Wahlen (16%).

Eine Korrelationsanalyse zeigte, daß D-Wähler dazu tendierten anzunehmen, daß andere Personen D wählen würden, während C-Wähler dazu tendierten anzunehmen, daß die Mitspieler C wählen würden. D-Wähler erwarteten im Durchschnitt wesentlich häufiger D-Wahlen als C-Wähler. Je mehr Kooperation erwartet wurde, desto eher wurde kooperiert. Diese Ergebnisse wurden in einem zweiten Experiment bestätigt.

Die in Box U23 dargestellten Ergebnisse verweisen auf die Bedeutung der direkten Kommunikation für die Reduktion von Wettbewerbswahlen in sozialen Dilemmata. Diese Schlußfolgerung wird auch durch die Ergebnisse von Liebrand (1984) unterstützt, der bei niederländischen Bürgern feststellte, daß die egoistische Tendenz durch Kommunikation verringert wurde.

Was die *Gruppengröße* angeht, so fanden sich keine einheitlichen Beziehungen mit der Kooperationsbereitschaft. Liebrand (1984) fand keine Unterschiede zwischen 7-Personen-Gruppen und 20-Personen-Gruppen im Ausmaß egoistischen Verhaltens der Mitglieder.

Was kann getan werden, um die Neigung zu kooperativem Verhalten, das für die Gesamtentwicklung in vielen Bereichen auf dem »Raumschiff Erde« mit seinen begrenzten Ressourcen essentiell ist, zu fördern? Dawes (1980) setzt auf drei Möglichkeiten:

- Durch *Wissensvermittlung* kann versucht werden, die Einsicht in die Struktur der Abhängigkeit zu verbessern (Kelley & Grzelak, 1972).
- Eine zweite Chance liegt in *moralischen Appellen*, die die soziale Verantwortung hervorheben (Dorris, 1972).
- Schließlich kann *Vertrauen*, das auf der Erwartung der kooperativen Einstellung des Partners beruht, zu kooperativem Verhalten beitragen (Yamagishi, 1986).

336

Ob diese Möglichkeiten ausreichen, um bei einem sozialen Dilemma Kooperation zu erreichen, ist fraglich. Eine Umstellung von egoistischen auf kooperative Handlungsmuster ist nur zu erwarten, wenn sie durch entsprechende Normen, die durch Sanktionen bestärkt werden, unterstützt wird (s. unten).

Das Phänomen der mangelnden Kooperationsbereitschaft in einem sozialen Dilemma, das sich als Trittbrettfahren bezeichnen läßt, kann aus einer *austauschtheoretischen Perspektive* erklärt werden (Stroebe & Frey, 1982). Das läßt sich gut anhand der Abhängigkeit des Trittbrettfahrens von der Gruppengröße aufzeigen. In größeren Gruppen nimmt der Vorteil des unkooperativen Verhaltens zu, weil der individuelle Beitrag in größeren Gruppen an Bedeutung verliert und weil gleichzeitig die Identifizierbarkeit des unkooperativen Verhaltens sinkt. Während eine unkooperative Wahl in einem Zwei-Personen-Gefangenendilemma unmittelbar der Person zugeordnet werden kann, sinkt die Bemerkbarkeit unkooperativen Verhaltens in größeren Gruppen. In großen Gruppen sinkt der erwartete Vorteil eines kooperativen Verhaltens, während gleichzeitig die subjektiven Kosten des Trittbrettfahrens abnehmen.

Andererseits sollten die Schuldgefühle, die mit einem unkooperativen Verhalten verbunden sind, von der Gruppengröße unbeeinflußt bleiben. Hier setzen die moralisch-normativen Appelle an, die von Dawes (1980) als ein Gegenmittel gegen unkooperatives Trittbrettfahren genannt wurden.

Manchmal sind Leistungsverluste in Gruppen auch nur scheinbar durch Trittbrettfahren verursacht. Das gilt für *Brainstorming*, das in Gruppen zu weniger (guten) Ideen führt als individuell. Ursache ist aber nicht die verringerte Anstrengung in Gruppen, sondern die Tatsache, daß sich Gruppenmitglieder gegenseitig in der Äußerung von Ideen blockieren, weil einer nach dem anderen spricht (Diehl & Stroebe, 1987).

4.6. Framing-Effekte: Die sprachliche »Verpackung« als Entscheidungsfaktor

Bei einer austauschtheoretischen Betrachtung unterscheidet man zwischen den positiven und negativen Konsequenzen einer Handlung (Abschnitt V.3.1.). Die Einschätzung des subjektiven Nutzens und Schadens folgt nicht unbedingt denselben Gesetzen. Kahneman & Tversky (1984) stellten die Hypothese auf, daß sich die *Risikoneigung* bei Gewinnen und Verlusten systematisch voneinander unterscheidet.

Als erste Annäherung an diese Hypothese kann man sich vorstellen, wie man auf die Gefahr reagiert, Verluste zu machen. Eine weit verbreitete Reaktion besteht darin, Verluste möglichst vermeiden zu wollen. Besonders unangenehm erscheint eine Lage, in der Verluste unausweichlich sind. Man sucht nach einer Chance, das Eintreten der Verluste zu verhindern.

Bei Gewinnen tritt vielfach eine Tendenz auf, sich einen bestimmten Betrag zu sichern. Es ist vielen Menschen wichtig, daß ihnen ein Betrag, den sie gewonnen haben, nicht mehr genommen werden kann.

In ihrer Analyse der Psychologie der Wahl (Tversky & Kahneman, 1981) werden Gewinne und Verluste als psychologisch sinnvolle Größen aufgefaßt. Eine zentrale Annahme besteht nun darin, daß der subjektive Wert eine konkave Funktion von Gewinnen darstellt, während der subjektive Wert bei Verlusten eine konvexe Funktion darstellt (Abb. 45).

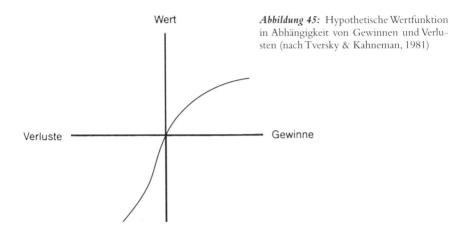

Abbildung 45: Hypothetische Wertfunktion in Abhängigkeit von Gewinnen und Verlusten (nach Tversky & Kahneman, 1981)

Aus dieser Hypothese folgt, daß eine *Verlust-Abneigung* besteht, da der Verlust eines Geldbetrages von 100 DM als besonders aversiv erlebt werden sollte, während der Gewinn von 100 DM weniger Emotionen in positive Richtung auslösen sollte. Ein einfaches Beispiel für diesen Sachverhalt ist die Abneigung, eine Münzwurfwette anzunehmen, wenn eine Seite der Münze 10 DM Gewinn erbringt, während die andere Seite der Münze 10 DM Verlust bedeutet. Eine entsprechende Wette scheint erst dann attraktiv zu werden, wenn 30 DM Gewinn gegen 10 DM Verlust stehen.

Wenn Gewinne und Verluste in ihrem psychologischen Wert unterschiedlich eingeschätzt werden, dann sollte eine Entscheidung davon beeinflußt werden, ob sie in Termini von Gewinnen oder Verlusten formuliert ist. Betrachten wir ein Beispiel:

- *Gewinnvariante*: Ein Medikament ist in der Lage, von 600 erkrankten Menschen 200 Personen zu retten.
- *Verlustvariante*: Von 600 erkrankten Menschen sterben 400 nach Anwendung eines Medikaments.

Kahneman & Tversky (1984) bzw. Tversky & Kahneman (1981) gaben ihren Beurteilern Entscheidungsprobleme vor, die auf die Unterschiede des *Framing* abzielen. Die Beurteiler konnten zwischen zwei Alternativen wählen, die in ihrem Effekt äquivalent waren und die sich nur dadurch unterschieden, daß das Ergebnis mit Sicherheit oder mit Wahrscheinlichkeit erwartet wurde. Das folgende Beispiel ist geeignet, die Risikoabneigung bei Gewinnen zu erfassen:

- *Strategie A* führt dazu, daß mit Sicherheit 200 von 600 Personen gerettet werden,
- *Strategie B* hat eine .33 Wahrscheinlichkeit, daß alle 600 Menschen gerettet werden, und eine .67 Wahrscheinlichkeit, daß niemand gerettet wird.

Der Erwartungswert ist in beiden Varianten gleich. Die überwiegende Mehrzahl der Beurteiler bevorzugte Strategie A gegenüber der Strategie B. Das zeigt eine Abneigung gegenüber riskanten Alternativen bei positiven Konsequenzen.

In Termini von Verlusten sieht die Gegenüberstellung der Alternativen wie folgt aus:

- *Strategie C* führt dazu, daß mit Sicherheit 400 von 600 Menschen sterben werden.
- *Strategie D* hat eine .33 Wahrscheinlichkeit, daß niemand sterben wird, und eine .67 Wahrscheinlichkeit, daß alle 600 Menschen sterben werden.

Bei dieser Formulierung bevorzugten die Beurteiler im allgemeinen die Alternative D. Sie wählten also die risikoreichere Alternative, was typisch ist für die Neigung zu Risikosuche bei Verlusten.

Eine Formulierung wie »Wenn Du es tust, nutzt Du eine Chance« scheint also eine Risiko-Abneigung hervorzurufen, während eine Formulierung wie »Wenn Du es nicht tust, verpaßt Du eine Chance« eine Risikoneigung auslöst. Die Anwendbarkeit dieser Erkenntnisse auf Gesundheitsprogramme ist naheliegend. Ein Appell an die Gesundheit stellt ein Frame für Gewinn dar, während ein Appell an Krankheitsvermeidung ein Frame für Verlust darstellt und dementsprechend eine größere Risikoneigung auslösen sollte (Rothman & Salovey, 1997).

Dieses Prinzip kann sich auch bei der Neigung zu kooperativen Handlungen niederschlagen. Brewer & Kramer (1986) verwandten ein experimentelles Spiel für mehrere Personen. Die Versuchsteilnehmer hatten z.B. die Aufgabe, aus einem Vorrat bestimmte Anteile zu entnehmen, die dann in Geld umgerechnet wurden. In einer Version mit 8 Spielern konnte jeder Spieler je Durchgang zwischen 0 und 25 Punkte entnehmen, so daß maximal 200 Punkte entnommen werden konnten. Nach jedem Durchgang wurde der Vorrat, dessen genaue Höhe nicht bekannt war, um einen bestimmten prozentualen Betrag erhöht. Dieses Verfahren stellte einen Anreiz dar, je Durchgang weniger aus dem Vorrat zu entnehmen, um möglichst lange von der Auffüllung des Vorrats profitieren zu können. Die kooperative Entscheidung besteht also darin, nicht die volle Punktzahl während eines Durchgangs zu entnehmen. Die unkooperative Wahl besteht in der Entnahme des maximalen Anteils.

In einer zweiten Variante dieses experimentellen Spiels wurden jedem Spieler je Durchgang 25 Punkte überwiesen. Die Spieler konnten dann entscheiden, ob sie den vollen Betrag behalten wollten oder einen Punktbetrag zurückgeben wollten. Diese Entscheidung war also in Termini von Verlusten gefaßt, während die Entscheidung in der ersten Version des experimentellen Spiels in Termini von Gewinnen formuliert war.

Die Entscheidung über Punktentnahmen rief generell ein höheres Ausmaß an Kooperationsbereitschaft hervor als die Entscheidung über die Rückgabe von Punkten. Diese Ergebnisse lassen sich auf dem Hintergrund der Framing-Effekte von Tversky & Kahneman (1981) erklären. Durch die hohe Punktentnahme bei Formulierung des Problems in Termini von Verlusten nahmen die Spieler eher das Risiko in Kauf, daß der Vorrat frühzeitig geleert wurde. Hingegen rief die Formulierung des Problems in Termini von Gewinnen eine vorsichtigere Strategie der Punktentnahme hervor, wodurch das Risiko einer vorzeitigen Leerung des Vorrats vermieden oder gemildert wurde.

Einige Ergebnisse deuten darauf hin, daß Framing-Effekte nicht immer robust sind (Rothman & Salovey, 1997). Sie finden sich z.B. eher, wenn hypothetische Situationen vorgegeben werden anstelle von konkreten Themen (wie Gesundheitsvorsorge), bei denen die Versuchspersonen ein Vorwissen haben. Nur wenn die Zielperson den Appell in dem Frame kognitiv repräsentiert, in dem er dargeboten wird, und wenn sie die Risikoeinschätzung des Kommunikators teilt, treten die Vorhersagen ein.

4.7. Normen und Kooperation

Die Ergebnisse zu sozialen Fallen stimmen nicht allzu optimistisch, was die Chancen der Entwicklung stabiler Kooperation betrifft. Auch die Alltagserfahrung – Bedrohung der Ozonschicht und des Lebens in der Nordsee sind nur zwei Beispiele – läßt wenig hoffen. Ein möglicher Ausweg könnte in der Etablierung kooperativer Normen liegen, die durch Sanktionen gegen unkooperatives Verhalten verstärkt werden (Axelrod, 1986; Yamagishi, 1986). In Computersimulationen sozialer Dilemmata sind solche Normen aber nur dann »evolutionsstabil«, wenn die Abweichung von der kooperativen Norm bestraft wird und wenn Beobachter einer Normverletzung, die diese geschehen lassen, ohne einzugreifen, Nachteile hinnehmen müssen. Axelrod (1986) spricht von der Etablierung einer *Metanorm*, die besagt, daß die Personen von negativen Sanktionen betroffen sind, die Normverletzungen als Beobachter ignorieren. Empirische Ergebnisse in einer Situation eines sozialen Dilemmas zeigen, daß durch Sanktionen für Normabweichungen das Ausmaß der Kooperation in 4-Personen-Gruppen wesentlich gesteigert werden kann (Yamagishi, 1986).

Soziale Normen rufen Konformität hervor und bei Abweichungen von der Norm negative Sanktionen. Sie können auch durch Gesetze in ihrem Stellenwert hervorgehoben werden. *Vorbildwirkung*, *Internalisierung* (z.B. moralische Appelle, vgl. Dawes, 1980) und *soziale Erwünschtheit* des normgemäßen Verhaltens tragen wesentlich zu der Befolgung von Normen bei (Axelrod, 1986). Kooperative Normen sind vor allem auch deshalb von großer Bedeutung, weil sie gerade die Personen in ihren kooperativen Neigungen unterstützen, die nicht kooperieren, weil sie Kooperation aus Furcht vor der unkooperativen Einstellung der Mehrheit für zwecklos halten (Yamagishi & Sato, 1986). Diese Personen werden durch kooperative Normen in ihrer Neigung unterstützt, kooperativ zu handeln, weil ihr Vertrauen in die Kooperationsbereitschaft der anderen größer wird (vgl. Pruitt & Kimmel, 1977).

Aber auch die Personen, die um ihres persönlichen Vorteils willen (aus »Gier« in der Terminologie von Yamagishi & Sato, 1986) unkooperativ handeln, werden durch kooperative Normen, die mit einem wirksamen Sanktionssystem gekoppelt sind, beeinflußt, da ihre Chancen deutlich abnehmen, mit unkooperativen Wahlen erfolgreich zu sein (insbesondere wenn zusätzliche Metanormen bestehen). Soziale Normen, die Kooperation in bestimmten Bereichen vorschreiben, erweisen sich als erfolgversprechend im Hinblick auf die Förderung kooperativen Verhaltens in überlebenswichtigen Fragen unserer Gesellschaft.

5. Prinzipien der Führung in Gruppen und Organisationen

Führung ist eine zentrale Einflußgröße auf den Gruppenerfolg. Die Intelligenz und die Motivation der einzelnen Gruppenmitglieder können noch so hoch ausgeprägt sein, ohne eine günstige Führungsstrategie ist die Gruppenleistung gefährdet (Janis, 1982).

Die Psychologie der Führung unterscheidet zwischen der Perspektive der Mitarbeiter und der der Vorgesetzten (Hofstätter, 1966). Während die meisten Führungstheorien die zuletzt genannte Perspektive betonen, wird in der Theorie der Führung von unten die Perspektive der Mitarbeiter deutlich. Schließlich versuchen auch einige Theorien, beide Perspektiven unter Einbeziehung der Aufgabenstellung miteinander zu verbinden (Kontingenztheorie der Führung; Normative Theorie der Führung).

Im folgenden werden zunächst Führungstheorien dargestellt, die den Vorgesetzten in den Mittelpunkt rücken. In diesem Zusammenhang wird auch der Eigenschaftsansatz aufgegriffen, der nach Eigenschaften fragt, die mit einem erfolgreichen Vorgesetztenverhalten verbunden sind, um dann der Frage der Dimensionen des Führungsstils und der Kontingenz zwischen Führungsstil und Aufgabenstruktur nachzugehen.

Neue Technologien und die Einführung von schlanken Organisationen mit wenigen Hierarchieebenen verweisen auf die Notwendigkeit, das Potential der Selbststeuerung von Mitarbeitern zu fördern (Müller, 1995). Die Perspektive der Mitarbeiter kommt in zwei Ansätzen zum Ausdruck, die sich mit Führung von unten und mit Substituten der Führung befassen. Abschließend werden übergreifende Aspekte behandelt, einmal im Sinne einer Darstellung von Führungsprinzipien, die sich aus unterschiedlichen Führungstheorien ableiten lassen, und einmal im Sinne von Vergleichen in Abhängigkeit von Geschlecht und Kultur.

5.1. Handlungsmuster des Vorgesetzten und ihre Wirkung auf die Mitarbeiter

5.1.1. Transaktionale Führung

Der Begriff der transaktionalen Führung geht, genauso wie der Begriff der transformationalen Führung, auf Burns (1978) zurück, der die Bedeutung dieser beiden Führungsansätze im politischen Bereich analysierte. In der Organisationspsychologie wurden diese beiden Ansätze von Bass (1985) aufgegriffen, der auch einen Fragebogen vorstellte, der Merkmale beinhaltet, die für die beiden Führungsstile typisch sind (der Multifactor-Leadership-Questionnaire).

Der Ansatz der Transaktionalen Führung betont, daß zwischen Führung und Mitarbeitern ein Austausch von Belohnungen stattfindet, der für beide Seiten positiv ist. Das bedeutet, daß die führende Person versucht, durch Bereitstellung von Vorteilen, Vergünstigungen und Anerkennung bei den Mitarbeitern das gewünschte Verhalten zu fördern. Ein Beispiel, das sich unter diesen theoretischen Ansatz einordnen läßt, ist die Vorgesetzten-Mitarbeiter-Partnerschafts-Hypothese, die in Box A37 dargestellt ist.

Box A37: Vertikale Rollenbeziehung zwischen Vorgesetzten und Mitarbeitern

Der Begriff der Partnerschaft zwischen Vorgesetztem und Mitarbeiter (Graen & Uhl-Bien, 1995) bezieht sich darauf, daß Chef und Mitarbeiter in einer vertikalen Rollenbeziehung zueinander stehen, deren Qualität von hoch positiv bis gering variieren kann. Die Theorie geht davon aus, daß ein Chef zu bestimmten Mitarbeitern ein engeres Verhältnis entwickelt als zu anderen. Das kann z.B. auf der Übereinstimmung von Interessen und Vorlieben, auf Sympathie, aber auch auf den Fähigkeiten des Mitarbeiters beruhen, die der Chef besonders hoch einschätzt. Wie die Mitarbeiter auf besondere Herausforderungen (wie Überstunden für ein dringendes Projekt) reagieren, hängt von der dyadischen Beziehung zu ihrem Vorgesetzten ab.

Eine hoch qualitative Partnerschaft zwischen Vorgesetztem und Mitarbeiter ist durch *wechselseitigen Einfluß, gegenseitige Unterstützung, Vertrauen*, Sympathie und Verfolgung gemeinsamer Ziele einschließlich *Arbeitsengagement aus freien Stücken* gekennzeichnet. Diese Bedingungen ermöglichen einen effektiven Führungsprozeß. Gegenüber Mitgliedern des Teams, mit denen eine geringe Qualität der Partnerschaft besteht, findet sich im Gegensatz dazu ein einseitiger Einfluß vom Chef auf die Mitarbeiter, ein Pochen auf die Vorgaben des Arbeitsvertrages, *formale Rollenbeziehungen* und lose verbundene Ziele. Diese Mitarbeiter sind nur bereit, Basisbeiträge zu leisten, während sie Arbeitsengagement aus freien Stücken ablehnen.

Ein typisches Beispiel für eine vertikale Dyade findet sich etwa bei Radrennen, in denen bestimmte Mannschaften einen Chef und eine Reihe von Mannschaftsmitgliedern haben, von denen einer als »Leutnant« fungiert, der am engsten mit dem Teamchef zusammenarbeitet und seine Wünsche weitergibt. Die Vorteile des Mitarbeiters, der einer solchen vertikalen Dyade angehört, liegen auf der Hand: Mehr Insiderinformationen, interessantere Aufgaben und mehr Verantwortung. Außerdem besteht die Möglichkeit, daß seine Karriere eher gefördert wird.

Umgekehrt erhält der Vorgesetzte in einer solchen dyadischen Beziehung ein erhöhtes Ausmaß an *Loyalität* des Mitarbeiters, mehr Engagement für die Organisationsziele und eine größere Bereitschaft, Pflichten und unangenehme Aufgaben zu übernehmen.

Das Team-Führungs-Modell geht davon aus, daß spezielle dyadische Mitarbeiter-Vorgesetzten-Beziehungen einen Prozeß gegenseitiger Investitionen in die berufliche Tätigkeit in Gang setzen, bei dem das Entwicklungspotential der interpersonellen Beziehung ausgeschöpft wird. Dadurch entstehen Beiträge zur Teamleistung, die über die Basisbeiträge hinausgehen und entscheidend zum Teamerfolg beitragen. Führung von oben und Führung von unten greifen ineinander, und zwar auf der Grundlage der Qualität der sozial-emotionalen Beziehung zwischen Vorgesetzten und Mitarbeitern. Empirische Ergebnisse zeigen, daß dieser Prozeß besonders für Teams förderlich ist, die an außergewöhnlichen Leistungen arbeiten (*Hochleistungsteams*).

Kritisch läßt sich anmerken, daß die Bildung positiver dyadischer Beziehungen mit einigen Mitarbeitern mit einem Ausschluß anderer Mitarbeiter aus der Kommunikation einhergeht, die weniger positive Partnerschaften mit dem Vorgesetzten aufgebaut haben. Dadurch können bei diesen Mitarbeitern *Frustrationen* und *Enttäuschungen* entstehen, die ihre Bereitschaft, sich einzusetzen, beeinträchtigen können.

5.1.2. Transformationale, charismatische und symbolische Führung

Der Ansatz der transformationalen Führung wurde vor allem von Bass (1985) propagiert, der zu den Gruppenforschern der ersten Stunde zu zählen ist. Sie kommt darin zum Ausdruck, daß die Ebene der Bereitstellung von Belohnungen überschritten wird und statt dessen eine *Identifikation mit übergeordneten Zielen* zustande kommt. Die Grundlage dafür ist ein Führungsverhalten, das es den Mitarbeitern ermöglicht, die Ziele der Organisation zu übernehmen und stolz darauf zu sein, einer bestimmten Organisation bzw. einer bestimmten Abteilung in dieser Organisation anzugehören.

Ein bekanntes Beispiel für transformationale Führung ist das Wirken von Lee Iacocca bei Chrysler (Tichy & Devanna, 1986). Als Iacocca die Leitung der Autofirma übernahm, war sie nahezu bankrott. Durch ein erfolgreiches Veränderungsmanagement, durch die Entwicklung neuer Ziele des Unternehmens und die Weckung der Motivation der Mitarbeiter durch inspirierende Appelle gelang es, das Unternehmen zu sanieren.

Wichtig ist, daß die Notwendigkeit der Veränderung erkannt wird, Widerstände dagegen überwunden werden, eine neue Vision der Zukunft des Unternehmens geschaffen und in konkrete Pläne umgesetzt wird und daß die Bindung der Mitarbeiter an diese Vision ermutigt wird, um ihre Motivierung sicherzustellen. Dazu dient eine emotionale in die Zukunft gerichtete *Rhetorik*, Appelle an die *Loyalität* und den Wettbewerbsgeist der Mitarbeiter und ihre Bereitschaft, andere zu übertreffen.

Bass und Steyrer (1995) nennen vier Führungsmuster, die für transformationale Führung typisch sind:

● das Charisma der Führungsperson, das zu Respekt, Vertrauen und Enthusiasmus der Mitarbeiter führt,
● inspirierendes Verhalten des Chefs, das darin zum Ausdruck kommt, daß den Mitarbeitern Visionen über zukünftige Möglichkeiten vermittelt werden, daß hohe Erwartungen kommuniziert werden und daß eine emotionale Beteiligung der Mitarbeiter hervorgerufen wird,
● geistige Anregung durch den Chef, die besagt, daß anstelle von Routinehaltungen die Einsicht betont wird, aus der heraus neue Wege gesucht werden, sowie die Sorgfalt bei der Problembewältigung gefördert wird, die zu besseren Leistungen führt,
● individuelle Bedachtnahme, was bedeutet, daß der Chef die Bedürfnisse der Mitarbeiter berücksichtigt, auf sie eingeht und mit Rat und Hilfe zur Verfügung steht.

Der Erfolg dieser Führungsstrategie läßt sich z.B. im Zusammenhang mit dem Auftreten des *Burnout-Syndroms* unter den Mitarbeitern prüfen. In Übereinstimmung mit den Hypothesen wurde gezeigt, daß Charisma, geistige Stimulation und individuelle Bedachtnahme im Führungsverhalten dazu beitragen, daß weniger Burnout auftritt. Weitere Studien zeigen, daß transformationale Führung von der oberen Führungsebene auf die untere Führungsebene weitergegeben werden kann. In diesem Zusammenhang wird von einem Domino-Effekt gesprochen.

Schließlich ist auf eine Studie in Österreich zu verweisen (Geyer & Steyrer, 1994), in der verschiedene Sparkassengeschäftsstellen untersucht wurden. Es zeigte sich, daß die Sparkassengeschäftsstellen, die einen Leiter hatten, der Charisma, geistige Inspiration und individuelle Bedachtnahme realisierte, am Markt besonders erfolgreich waren.

Das Thema der *charismatischen Führung* (Box A38) wird seit Mitte der siebziger Jahre diskutiert. Ursprünglich wurde der Begriff von Max Weber geprägt. Es ist klar, daß der Ansatz der charismatischen Führung sich mit dem Ansatz der transformationalen Führung überschneidet. Deshalb schlagen House & Shamir (1995) vor, beide Theorien unter dem Begriff der *neo-charismatischen Führungstheorien* zusammenzufassen.

Box A38: Charismatische Führung

Was zeichnet eine charismatische Führung aus? House & Shamir (1995) betonen, daß eine charismatische Führung auf die Internalisierung von gemeinsamen Werten und die Vermittlung gemeinsamer Visionen hinausläuft, die es den Mitarbeitern ermöglicht, sich mit der Organisation zu identifizieren, und die ihre Bereitschaft erhöht, sich für die Ziele der Organisation zu engagieren. Ein besonderes Schwergewicht liegt bei der charismatischen Führung auf der Darstellung von *Zukunftsvisionen*.

House & Shamir (1995) nennen Merkmale, die zusammengenommen charismatische Führung ausmachen:

• Zukunftsvisionen verdeutlichen und sich mit ihnen identifizieren,

• Selbstvertrauen, Entschlossenheit und Ausdauer,
• Bereitschaft, Risiko zu übernehmen,
• hohe Erwartungen an die Mitarbeiter,
• Betonung des Interesses an der Entwicklung der Mitarbeiter, ihrer Fähigkeiten und ihrer Fertigkeiten (im Sinne von Coaching),
• symbolisches Verhalten im Sinne der Bereitstellung von Werten.

Charismatische Führung kann dazu beitragen, daß das interpersonelle Vertrauen der Mitarbeiter verstärkt wird (Schweer, 1996). Einige Überlegungen gehen dahin, daß in *Krisensituationen* oder unter Streß das Aufkommen charismatischer Führung begünstigt wird. In Zeiten der Unsicherheit ist die Entwicklung von Vertrauen und Zukunftsoptimismus besonders wichtig.

Kritisch ist zur Theorie der charismatischen Führung anzumerken, daß die Bereitstellung von Zukunftsvisionen insofern problematisch sein kann, als die Visionen irreführend und fehlerhaft sein können. Wenn z.B. die Vision einer umfassenden Synergie zugrunde gelegt wird, um verschiedene Unternehmen zusammenzufassen, aber nicht die Möglichkeit besteht, zwischen den verschiedenen Teilbereichen des neuen Großunternehmens einen Austausch von Technologien zu bewerkstelligen, bleibt die Vision vage und unrealistisch. Solche Visionen können Unternehmen in eine Krise führen, insbesondere dann, wenn sie an die Stelle realistischer Zielsetzungen treten.

Eine Variante der charismatischen Führung ist die symbolische Führung, unter der der Versuch verstanden wird, Führung durch Verwendung von Symbolen zu erleichtern (Neuberger, 1990). Solche Symbole repräsentieren Werte, Normen, Überzeugungen und Legitimationsmerkmale, die eingesetzt werden, um Loyalität, Engagement und Vertrauen der Mitarbeiter zu erhöhen. Symbolische

Führung konkretisiert sich in Sprachregelungen und Ritualen und ist Teil der Unternehmenskultur. Sie kann sich dynamisch entwickeln, indem neue Ziele und Deutungen auf dem Hintergrund bestehender Tatsachen entwickelt werden.

5.1.3. Führungseigenschaften

Lange Zeit wurde über die Frage diskutiert, ob erfolgreiche Führungspersonen bestimmte Eigenschaften und Fähigkeiten besitzen, die zu ihrem Erfolg beitragen. Die Alternative besteht darin, daß in spezifischen Situationen Personen mit unterschiedlichen Eigenschaften zur Führung ausgewählt werden (Situationsabhängigkeit der Führung). Ein erster Überblick über die relevante Forschung im Jahre 1948 führte Stogdill zu der Schlußfolgerung, daß nur geringe Eigenschaftsunterschiede zwischen Führungspersonen und Geführten zu finden sind.

Eine spätere Übersicht aus dem Jahre 1974 durch Stogdill ergab allerdings eine Revision der ursprünglichen Einschätzung der Zusammenhänge. Nunmehr stellte Stogdill auf der Grundlage von Studien, die zwischen 1948 und 1974 durchgeführt worden waren, fest, daß Führungspersönlichkeiten durch eine Reihe von Persönlichkeitseigenschaften und Fähigkeiten gekennzeichnet sind. Dazu zählen:

- Ehrgeiz und Leistungsorientierung,
- Durchsetzungsfähigkeit,
- Verläßlichkeit und Kooperationsbereitschaft,
- Kreativität und Intelligenz,
- flüssige Redeweise,
- gut organisierte, administrative Arbeitsweise.

Zaccaro, Foti & Kenny (1991) stellten fest, daß Führungsverhalten zu einem erheblichen Anteil auf Eigenschaften zurückzuführen ist, wenn über vier verschiedene Situationen der Führung Vergleiche angestellt wurden. Diese Ergebnisse zeigen, daß der Schluß, daß Führungserfolg nur aus der Situation heraus entsteht, nicht gerechtfertigt ist. Er entsteht aber auch nicht nur aus der Persönlichkeit. Das Kontingenzmodell der Führung und die Normative Theorie der Führung verdeutlichen, daß es auf die Passung zwischen Führungsstil und Aufgabenstruktur ankommt.

5.1.4. Kompetenz, Konformität und Innovation

Hollander (1960, 1995) geht in seiner *Theorie des zwischenmenschlichen Kredits* davon aus, daß die führende Person einen zwischenmenschlichen Kredit aufbauen muß, damit sie zu einem späteren Zeitpunkt auch unpopuläre Maßnahmen vertreten kann, die von den Mitarbeitern akzeptiert werden. Der Ausgangspunkt dieser Theorie ist die Überlegung, daß Führungspersonen einerseits dann von der Gruppe gewählt werden, wenn sie sich konform verhalten, während andererseits von ihnen erwartet wird, daß sie Veränderungen und Innovationen durchsetzen. Hollander nimmt an, daß die führende Person durch ihre Kompetenz und ihre Konformität mit den Gruppennormen einen Kredit erwirbt, der zum Ausdruck bringt, daß ihre Führung durch die Gruppenmitglieder anerkannt wird.

Kompetenz und Konformität, die in der frühen Phase der Gruppenbildung gezeigt worden sind, bilden die Basis, auf der zu einem späteren Zeitpunkt Neuerungen durchgeführt werden können. Der Ausdruck ›Kredit‹ steht in diesem Zusammenhang für die Anerkennung, die die Führungsperson von den Gruppenmitgliedern erhält. Auf der Basis dieser Anerkennung hat sie die Möglichkeit, von konformen Verhaltensweisen abzuweichen und eine produktive Nonkonformität zu zeigen, die dazu beiträgt, daß die Gruppenleistung verbessert wird. Voraussetzung dafür ist aber, daß in der ersten Phase hinreichend Anerkennung aufgebaut worden ist. Damit ist die Theorie nicht auf kurzfristige Zeiträume, sondern auf eine längere Perspektive bezogen, da frühe Konformität die Toleranz für spätere Nonkonformität erhöht.

Empirische Untersuchungen, über die von Hollander (1995) berichtet wird, zeigen, daß Personen, die sich z.B. aufgrund ihrer Kompetenz einen höheren Status erworben haben, daraufhin einen größeren Handlungsspielraum im Bereich von *Innovationen* besitzen. Es scheint so zu sein, daß bei Personen, die einen hohen Status innehaben, durch nonkonforme Handlungen der Status weniger untergraben wird, als es bei Personen der Fall ist, die von vornherein einen niedrigeren Status besitzen.

Weitere Fragestellungen befassen sich damit, wie es sich auswirkt, ob eine Führungsperson gewählt oder ernannt wird. Eine gewählte Person sollte eine größere Verantwortung tragen und höhere Erwartungen der Gruppenmitglieder hervorrufen als eine ernannte Person. Die Wahl stellt gewissermaßen eine Vorleistung der Gruppe dar, die mit hohen Erwartungen verbunden ist. Die Untersuchung von Firestone, Lichtman & Colamosca (1975) zeigt, daß Personen, die gewählt werden und sich in Gruppendiskussionen bewährt haben, in akuten Notsituationen erfolgreichere Führungspersonen sind als Personen, die sich nicht bewährt haben oder die ernannt worden sind.

5.2. Dimensionen des Vorgesetztenverhaltens und situative Führungstheorien

5.2.1. Verhaltensdimensionen des Führungsverhaltens

Das Führungsverhalten variiert auf mehreren Dimensionen. Ein Vorgesetzter kann z.B. die Leistung betonen oder das Zusammengehörigkeitsgefühl der Teammitglieder fördern. Auf der Grundlage von Beschreibungen des Führungsverhaltens lassen sich zwei Verhaltensdimensionen der Führung identifizieren (Fleishman, 1973), die ursprünglich in den USA gefunden wurden, dann aber auch in anderen Ländern repliziert wurden: die Bestimmung der Aufgabenrichtung (initiating structure) und die psychologische Unterstützung der Mitarbeiter (consideration; Nachreiner & Müller, 1995). Aufgabenorientierung (Vorschläge machen, Arbeitsfortschritt bewerten, Konzentration steigern) und Mitarbeiterorientierung (Ermutigungen aussprechen, Spannung in der Gruppe abbauen, Gefühle ausdrücken) sind relativ unabhängige Beschreibungsdimensionen, die eine Funktion für die Zielerreichung und die Aufrechterhaltung der Gruppe haben. Während der mitarbeiterorientierte Führungsstil dazu beiträgt, daß die Gruppenatmosphäre und die Moral verbessert werden, gilt der aufgabenorientierte

Führungsstil als besonders erfolgreich im Hinblick auf die Steigerung der Leistung und Effizienz. Besonders effektiv ist die Erfüllung beider Funktionen, die man dann als *Teammanagement* bezeichnen kann.

Untersuchungsergebnisse zeigen, daß Aufgabenorientierung des Vorgesetzten dann besonders erfolgreich ist, wenn sie mit einem warmen und freundlichen Führungsstil kombiniert ist. Umgekehrt gilt bei Führungspersonen, die wenig Aufgabenorientierung zeigen, daß sie wenig effektiv sind, wenn sie einen warmen und freundlichen Führungsstil verwenden. Generell gilt, daß hohe Leistungsorientierung und hohe Mitarbeiterorientierung nicht inkompatibel sind. Vielmehr lassen sich beide Führungsdimensionen erfolgreich kombinieren (s. Verhaltensgitter der Führung).

Mitarbeiterorientierung verweist auf die Beliebtheit des Vorgesetzten und Aufgabenorientierung auf seine Tüchtigkeit. Bales & Slater (1955) berichten von Gruppen, in denen gleichberechtigte Personen über ein Problem diskutierten, daß sich eine duale Führung ergab, da eine Person die Rolle der Anleitung bei der Lösung der Aufgabe übernahm (z.B. Vorschläge machen), während die andere Person die sozial-emotionale Unterstützung (Solidarität zeigen) betonte. Bales (1950) entwickelte das Beobachtungsverfahren der Interaktionsprozeßanalyse, dessen Anwendung in kleinen Gruppen Hinweise auf die *Divergenz von Beliebtheit und Tüchtigkeit* erbrachte. Die Rolle von Mutter und Vater in der traditionellen Familie kann als Analogie dienen. Ein anderes Beispiel ist die Rollenaufteilung zwischen Präsident und Kanzler (Hofstätter, 1966).

Duale Führung dient der Zielerreichung und dem Zusammenhalt der Gruppe (Paschen, 1995). Die Aufteilung der Führung auf zwei Führungsspezialisten, die sich gegenseitig ergänzen, setzt voraus, daß die Tätigkeit beider Vorgesetzten sinnvoll integriert wird. Eine andere Möglichkeit besteht darin, daß Vorgesetzte durch Führungstraining in die Lage versetzt werden, beide Führungsaufgaben nebeneinander in einer Person zu erfüllen.

Eine Möglichkeit der theoretischen Interpretation liegt darin, den Vorgesetzten als Ziel der Projektion und Identifikation der Mitarbeiter anzusehen (Hofstätter, 1966). *Projektion* bedeutet, daß dem Vorgesetzten Eigenschaften und Fähigkeiten zugeschrieben werden, die die Mitarbeiter bei sich vermissen (z.B. Weisheit). Sie setzt also das Stereotyp der Tüchtigkeit voraus. *Identifikation* bedeutet, daß eine Gleichsetzung zwischen Vorgesetzten und Mitarbeitern erfolgt. Diese wird durch Ähnlichkeit gefördert, die sich in Sympathie niederschlägt (Byrne, 1971).

5.2.2. Verhaltensgitter der Führung

Das Verfahren des Verhaltensgitters wurde von Blake & Mouton (1964) eingeführt. Diese Autoren gehen von dem Ergebnis der Gruppenforschung aus, daß die Gruppenführung einerseits über Kompetenz und Sachkenntnis und andererseits über emotionale und soziale Unterstützung erfolgt. Dementsprechend postulieren sie zwei Dimensionen der Führung, die mit Betonung der Leistung und Betonung der menschlichen Seite benannt werden können. Blake & Mouton (1964) schlagen nun vor, daß jede dieser beiden Dimensionen durch eine 9-Punkte-Skala repräsentiert wird. Außerdem nehmen sie an, daß die beiden Skalen voneinander unabhängig sind, so daß sich ein 9 x 9-Schema bilden läßt, in das sich verschiedene Führungsstile einordnen lassen:

- Einer dieser Führungsstile ist durch die starke Betonung der Autorität ge-kennzeichnet. Dieser Führungsstil läßt sich als hoch auf der Leistungsdimensi-on und niedrig auf der Dimension menschlicher Rücksichtnahme einordnen (9,1).
- Umgekehrt läßt sich ein Führungsstil, der wenig leistungsorientiert ist und statt dessen eine sorgfältige Beachtung der Bedürfnisse der Mitarbeiter in den Vordergrund rückt, dadurch kennzeichnen, daß bei einem freundlichen Or-ganisationsklima eine geringe Effektivität der Arbeit auftritt (1,9).
- Nach Blake & Mouton (1964) ist das optimale Führungsverhalten (9,9) da-durch gekennzeichnet, daß beide Dimensionen gleichermaßen stark betont werden. Durch ein solches Führungsverhalten wird ein hohes Engagement der Mitarbeiter hervorgerufen, das auf gemeinsamen Organisationszielen, Ver-trauen und Respekt beruht.

Das durch die Skalenwerte (9,9) gekennzeichnete Führungsverhalten beruht auf der Einhaltung verschiedener Regeln (Lux, 1995):

- Orientierung an übergeordneten Interessen,
- offene Kommunikation,
- gegenseitiges Einverständnis und Kooperation,
- Konfliktlösung durch direkte Gegenüberstellung,
- Betonung der Verantwortung des einzelnen,
- kollektive Entscheidungsfindung,
- Betonung des Lernens aus der Praxis.

Blake & Mouton (1964) gehen davon aus, daß die Prinzipien der (9,9)-Orien-tierung durch Training gelernt werden können. Der Ansatz des Verhaltensgitters läßt sich als angewandte Managementwissenschaft charakterisieren, die auf ver-haltenswissenschaftlichen Grundlagen basiert (Lux, 1995).

5.2.3. Kontingenzmodell der Führung

Das Kontingenzmodell der Führung (Fiedler, 1964) befaßt sich mit der Frage, wann bestimmte Führungseigenschaften effektiv sind und wann sie ungeeignet sind. Dazu wird die Frage beantwortet, in welchen Situationen welcher Führungsstil erfolgreich ist.
Eine typische Gruppe, auf die Fiedler seine Kontingenztheorie anwendet, ist ei-ne Basketballmannschaft. Die Führungsperson leitet und lenkt die aufgabenbe-zogenen Gruppenaktivitäten. Sie wird entweder gewählt, eingesetzt oder auf-grund soziometrischer Verfahren für Untersuchungszwecke empirisch festge-stellt. Die Effektivität der Führung schließlich ist an der Gruppenleistung abzu-lesen.
Zur Messung des Führungsstils wurden mehrere Indikatoren entwickelt, die auf Einschätzungen des Vorgesetzten in bezug auf die Mitarbeiter beruhen. In der Regel wird aber nur das LPC (least preferred coworker) verwendet. Die Führungsperson schätzt den am wenigsten bevorzugten Mitarbeiter der Gruppe auf bipolaren Adjektivskalen ein (z.B. effektiv – ineffektiv, gut – schlecht, kom-petent – inkompetent). Je günstiger der schwächste Mitarbeiter eingeschätzt wird, desto permissiver ist der Führungsstil (freundlich, entspannt, Angst reduzie-

rend). Je ungünstiger hingegen der schwächste Mitarbeiter eingeschätzt wird, desto direktiver ist der Führungsstil (unfreundlich bei Mißerfolg, distanziert, kontrollierend).

Erste Untersuchungsergebnisse, z.B. bei Basketballmannschaften, zeigen, daß in Gruppen, in denen der Leiter ein geringes LPC aufweist, effektivere Ergebnisse erzielt werden. Weitere Studien an Bomber- und Panzermannschaften ergaben gemischte Ergebnisse, da hohe LPC-Werte einmal mit geringer und einmal mit hoher Effektivität zusammenhingen.

Aus diesen Ergebnissen ziehen Fiedler & Mai-Dalton (1995) den Schluß, daß das LPC sowohl positiv als auch negativ mit der Gruppeneffektivität korrelieren kann, und zwar in Abhängigkeit von der Art der Aufgabenstellung:

- Bei kreativen Aufgaben, die relativ unstrukturiert sind, bewährt sich eine permissive Einstellung der Führungsperson, die in einem hohen LPC-Wert zum Ausdruck kommt.
- Bei relativ strukturierten Aufgaben bewährt sich hingegen eine kontrollieren- de Einstellung der Führungsperson, die in einem niedrigen LPC-Wert enthalten ist.

Auf der Basis dieser Überlegungen entwickeln Fiedler & Mai-Dalton (1995) eine integrative Theorie, die sie als Kontingenzmodell der Führung bezeichnen (s. Box T24).

Box T24: Persönliche Beziehung, Struktur der Aufgabe und Positionsmacht in Wechselwirkung

Das Kontingenzmodell der Führung von Fiedler & Mai-Dalton (1995) berücksichtigt folgende Merkmale:

- Die persönliche Beziehung zwischen der Führungsperson und Gruppen- mitgliedern, die als *Gruppenatmosphä- re* erfaßt wurde (z.B. durch soziometri- sche Wahlen).
- *Struktur der Aufgabe*, die durch Beurtei- ler nach vier Kriterien eingeschätzt wur- de (Verifizierbarkeit der Entscheidung auf Richtigkeit, Klarheit der Zielsetzung, Vielzahl der Wege, die zum Ziel führen könnten, Erfordernisse einer besonde- ren Lösung).
- Das *Ausmaß der legitimen Positions- macht*, die auf einer Checkliste erfaßt wurde, auf der u.a. folgende Punkte be- urteilt wurden: Die Führungsperson hat Einfluß auf Beförderung, gibt Anwei- sungen an Mitglieder der Gruppe, hat überlegene Kenntnisse über den Ar- beitsablauf und hat in der Außenwelt ei- nen höheren Status.

Untersuchungsergebnisse zeigen, daß die Gruppenatmosphäre weitgehend unab- hängig von der Struktur der Aufgabe und der Positionsmacht ist. Hingegen ergab sich anhand von 35 Aufgabenstellungen eine hohe Korrelation zwischen Struktur der Aufgabe und Positionsmacht: Je struk- turierter die Aufgabe, desto höher liegt die Positionsmacht.

Diese Ergebnisse wurden in einem 3-di- mensionalen Modell der Günstigkeit der Führung zusammengefaßt, das Gruppenat- mosphäre, Struktur der Aufgabe und Positi- onsmacht einbezieht. Außerdem wird an- genommen, daß Gruppenatmosphäre wich- tiger ist als die Struktur der Aufgabe, die wiederum bedeutsamer ist als die Positi- onsmacht. Insgesamt werden 8 Oktanten unterschieden. Dazu werden die Merkmale Gruppenatmosphäre, Aufgabenstruktur und Positionsmacht jeweils in zwei Ausprä- gungen (gut – schlecht, strukturiert – un- strukturiert und stark – schwach) unterteilt. Aufgrund dessen ergeben sich 8 Kom- binationen der drei Merkmale (Tab. 26.).

Tabelle 26: Günstige und ungünstige Bedingungen der Führung

	Gruppen-atmosphäre	Struktur	Positionsmacht	Führungs-situation
1.	gut	strukturiert	stark	günstig
2.	gut	strukturiert	schwach	
3.	gut	unstrukturiert	stark	
4.	gut	unstrukturiert	schwach	
5.	schlecht	strukturiert	stark	
6.	schlecht	strukturiert	schwach	
7.	schlecht	unstrukturiert	stark	
8.	schlecht	unstrukturiert	schwach	ungünstig

Es zeigte sich, daß Aufgaben, die in die Oktanten 4, 5 und 6 fallen, einen positiven Zusammenhang zwischen LPC-Werten und Gruppeneffektivität aufweisen. Hingegen zeigte sich für die Oktanten 1, 2, 3 und den Oktanten 8, daß ein niedriger LPC-Wert mit hoher Gruppeneffektivität zusammenhängt (negative Korrelation). Je nach Oktant sind unterschiedliche Führungsmuster erfolgreich.

Nun kann festgestellt werden, daß über die Oktanten von 1 nach 8 die Führungsaufgabe zunehmend schwierig wird:

● Die Oktanten 1 bis 3 enthalten eine günstige Situation,

● die Oktanten 4, 5, und 6 eine mittlere Günstigkeit und

● die Oktanten 7 und 8 eine ungünstige Führungssituation.

Die Ergebnisse lassen sich dahingehend zusammenfassen, daß bei mittlerer Günstigkeit für das Führungsverhalten eine permissive Führung hohe Gruppeneffektivität zur Folge hat. Hingegen hat eine kontrollierende Führung bei günstigen Führungsbedingungen und bei ungünstigen Führungsbedingungen die effektivsten Ergebnisse.

Fiedler & Mai-Dalton (1995) weisen darauf hin, daß das Kontingenzmodell in der Zeit von 1967 bis 1980/85 das am meisten zitierte Modell in der empirischen Führungsliteratur war und daß über 400 Veröffentlichungen zu dem Modell vorliegen. Metaanalysen der empirischen Ergebnisse bestätigen die Validität des Kontingenzmodells der Führung (Peters, Hartke & Pohlmann, 1985), allerdings besonders in Laborexperimenten und weniger in Feldstudien. Außerdem treten auch abweichende Ergebnisse auf, insbesondere in Oktant 2. Die kontrollierende Führungsperson läßt sich mit der aufgabenorientierten Dimension und die permissive Führungsperson mit der beziehungsorientierten Dimension (vgl. Verhaltensgitter der Führung) in Beziehung setzen (s. Box A39).

Box A39: Passung zwischen Führungsstil und Aufgabenstellung

Eine wichtige Folgerung aus dem Kontingenzmodell besteht darin, daß eine Führungsperson in solchen Situationen am erfolgreichsten auftritt, in denen eine *Passung* zwischen ihrer dominanten Motivation (aufgabenorientiert oder beziehungsorientiert) und der Situation gegeben ist. Gute Führung hängt von den situativen Erfordernissen ab.

In diesem Zusammenhang wird auch die situative Kontrolle bzw. Günstigkeit neu definiert, da sie als wahrgenommene Sicherheit, daß die gestellte Aufgabe bewältigt werden kann, aufgefaßt wird.

Wie lassen sich nun Situationen charakterisieren, in denen die wahrgenommen Sicherheit hoch, mittel oder niedrig ist?

- Eine hohe situative Kontrolle ist z.B. gegeben, wenn eine Gruppe von Bauarbeitern unter Leitung des Poliers nach einem festgelegten Bauplan ein bestimmtes Einfamilienhaus errichten soll, wobei angenommen wird, daß die Beziehung zwischen Polier und seinen Mitarbeitern sehr gut ist.
- Eine mittlere situative Kontrolle ist z.B. dann gegeben, wenn der Vorsitzende einer Projektgruppe, der von allen respektiert wird und sehr populär ist, vor der Aufgabe steht, Führungsgrundsätze seines Unternehmens zu erarbeiten. Ähnlich läßt sich eine Situation, in der die obige Baumaßnahme durchgeführt werden soll und eine negative Arbeitsatmosphäre gegeben ist, der mittleren Kategorie zuordnen.

- Niedrige situative Kontrolle ist dann gegeben, wenn z.B. ein unbeliebter Vorsitzender einer Kommission zur Abschätzung der wirtschaftlichen Entwicklung ermitteln soll, wie die Zukunftschancen der Bundesrepublik im Jahre 2010 verbessert werden können.

Abschließend ist anzumerken, daß das Kontingenzmodell auch als Grundlage für *Führungstrainings* verwendet werden kann. Die Grundannahme besteht darin, daß es leichter ist, die Führungssituation zu verändern als die Führungsperson. In diesen Trainings wird nicht gelehrt, wie die Führungsperson ihre Persönlichkeit und ihr Verhalten verändern sollte, sondern die Instruktionen sind darauf gerichtet, wie eine Führungssituation diagnostiziert werden kann und wie sie auf die Persönlichkeit hin verändert werden kann.

5.2.4. Normative Theorie der Führung

Die normative Theorie der Führung geht davon aus, daß die Entscheidungsbildung der entscheidende Faktor für die Effektivität der Führung ist. In Übereinstimmung mit dem Kontingenzmodell von Fiedler wird die weitere Annahme gemacht, daß der Erfolg bestimmter Entscheidungsverfahren von situativen Gegebenheiten abhängig ist, so daß kein generell überlegener Entscheidungsweg zu finden ist. Vroom & Yetton (1973) unterscheiden zwei autokratische und zwei konsultative Entscheidungsstrategien sowie eine Strategie der Gruppenentscheidung.

Die erste autokratische Entscheidungsstrategie besteht darin, daß die Führungsperson das Problem individuell löst, ohne ihre Mitarbeiter zu konsultieren. Der zweite autokratische Entscheidungsstil besteht darin, daß die Führungsperson zunächst einmal notwendige Informationen von den Mitarbeitern einholt, bevor sie eine Entscheidung trifft. Der erste konsultative Entscheidungsstil besteht darin, daß die Führungsperson das Problem mit ihren Mitarbeitern im Einzelgespräch diskutiert, um dann einseitig eine Entscheidung zu treffen. Der zweite konsultative Führungsstil besteht darin, daß die Führungsperson das Problem mit ihren Mitarbeitern in einer Gruppensitzung bespricht, um dann einseitig eine Entscheidung zu treffen. Gruppenentscheidung schließlich bedeutet, daß das Problem in der Gruppe so lange besprochen wird, bis eine einmütige Entscheidung gefunden worden ist.

Nach Vroom & Yetton (1973) ist der Erfolg dieser Entscheidungsstrategien insbesondere von zwei Faktoren abhängig: der Entscheidungsqualität und der Bereitschaft der Mitarbeiter, Entscheidungen zu akzeptieren. Unter die Entscheidungsqualität fallen folgende Regeln:

- Wenn die Führungsperson nicht genug Informationen hat, um eine wichtige Entscheidung zu treffen, sollte der autokratische Stil nicht verwendet werden.
- Wenn die Entscheidung davon abhängig ist, daß eine hohe Qualität der Entscheidungsfindung erzielt wird, und wenn es unwahrscheinlich ist, daß die Mitarbeiter die Kenntnisse für eine angemessene Entscheidung besitzen, sollte der konsultative Führungsstil nicht verwendet werden.
- Wenn bei einem bedeutsamen Problem notwendige Informationen fehlen und das Problem unstrukturiert ist, sollte der autokratische Führungsstil nicht verwendet werden.

Zu den Entscheidungsregeln, die unter die Akzeptanz durch die Mitarbeiter fallen, zählen die folgenden:

- Wenn die Akzeptanz durch die Mitarbeiter für die Implementierung der Entscheidung entscheidend ist, sollte der autokratische Führungsstil nicht verwendet werden.
- Wenn die Akzeptanz durch die Mitarbeiter für die Implementierung der Entscheidung entscheidend ist und wenn die Mitarbeiter widersprüchliche Meinungen über den Weg hegen, wie das Ziel erreicht werden kann, sollte der autokratische Führungsstil nicht verwendet werden.
- Wenn die Qualität der Entscheidung von geringer Bedeutung ist, aber die Frage der Akzeptanz von großer Bedeutung ist, sollte der am stärksten partizipative Führungsstil eingesetzt werden.
- Wenn die Akzeptanz der Entscheidung von zentraler Bedeutung ist und durch autokratische Entscheidung nicht gewährleistet werden kann und wenn die Mitarbeiter nicht motiviert sind, an den Zielen der Organisation mitzuarbeiten, sollte ein hochgradig partizipativer Führungsstil verwendet werden.

Unter Verwendung dieser Regeln läßt sich für unterschiedliche Situationen ermitteln, welche Entscheidungsstrategie am günstigsten ist. Weitere Ergebnisse zeigen, daß bei den Mitarbeitern eine generelle Präferenz für partizipative (konsultative oder Gruppenentscheidung) Führungsstile vorzufinden ist. Außerdem wurde festgestellt, daß die Verwendung von Diskussionsmethoden davon abhing, ob die Führungsperson über entsprechende Fähigkeiten verfügte, um interpersonelle Konflikte zu behandeln (Crouch & Yetton, 1987). Für Führungspersonen, denen solche Fähigkeiten fehlten, war es besser, einen autokratischen Ansatz zu verwenden, weil auf diese Weise fruchtlose Konflikte und Debatten vermieden wurden.

Dazu wurden 89 australische Manager und 358 ihrer Mitarbeiter befragt. Die Manager wurden von den Mitarbeitern danach beurteilt, wie gut sie in der Lage waren, Konflikte zu regeln. Dazu schätzten sie ein, ob der Manager anderen zuhörte, Vorschläge ermutigte oder entmutigte, auf Kritik empfindlich reagierte und nach allen Seiten offen war. Die Manager beurteilten ihre Mitarbeiter nach ihrer Leistung, und zwar ob sie dauernd angetrieben werden mußten, viele Fehler machten, ausgezeichnete Arbeit leisteten, sich auf neue Situationen schnell einstellten und die Aufgaben sofort erledigten. Diese Angaben wurden über Gruppenmitglieder gemittelt. Die Analyse auf Gruppenebene ergab, daß Manager mit hoher Fähigkeit im Konfliktmanagement erfolgreichere Mitarbeiter hatten, wenn sie möglichst häufig die Methode der Gruppendiskussion einsetzten. Hingegen ergab sich bei Managern, denen es an der Fähigkeit, Konflikte zu regeln, mangelte, daß die Mitarbeiter schlechter abschnitten, wenn sie häufiger Gruppendiskussionen durchführten.

Bemerkenswert ist, daß die Manager ohne gute Fähigkeiten zur Handhabung von Konflikten zwar die negativen Auswirkungen von Gruppendiskussionen durch deren Vermeidung verringern können, aber niemals das Niveau der Mitarbeiterleistung erreichen, das Manager aufweisen, die Konflikte managen können und Gruppendiskussionen einsetzen. Generell gilt, daß bei Befolgung des normativen Modells von Vroom & Yetton (1973) eine höhere Erfolgswahrscheinlichkeit der Führung beobachtet wird, als wenn die Entscheidungsstrategie von dem Modell abweicht (Jago, 1995).

5.3. Führung von unten

Im allgemeinen geht man bei dem Thema der Führung davon aus, daß der Einfluß von oben nach unten erfolgt. Neben dieser »Führung von oben« ist aber auch eine »Führung von unten« zu beachten, wenn Mitarbeiter ihre Vorgesetzten beeinflussen und zu bestimmten Entscheidungen bringen. Das Thema der Führung von unten ist z.B. für Unternehmen im Bereich von High-Tech und Computertechnik relevant, in denen vielfach Führung von unten eingeplant wird. Generell steht es mit der Entwicklung schlanker Organisationen im Zusammenhang, da Schlankheit weniger Hierarchie und mehr Selbststeuerung der Mitarbeiter impliziert (Müller, 1995).

Das Konzept der Führung von unten geht auf den Sozialpsychologen David Kipnis zurück, der zusammen mit Schmidt und Wilkinson im Jahre 1980 eine empirische Untersuchung vorlegte, in der sieben Einflußdimensionen der Führung von unten unterschieden wurden:

- Rationale und sachliche Argumentation,
- Freundlichkeit und Hilfsbereitschaft,
- Assertivität und Durchsetzungsvermögen,
- Verhandeln und Wechselseitigkeit,
- Koalitionen mit anderen Mitarbeitern bilden,
- das höhere Management einschalten,
- Sanktionen verwenden.

Untersuchungsergebnisse zeigen, daß Mitarbeiter meist über die beiden an erster Stelle genannten Einflußtechniken versuchen, ihre Chefs zu führen. Das wird auch durch Untersuchungen bestätigt, die in der Schweiz durchgeführt wurden. Wunderer (1995) unterscheidet zwischen direktiven Einflußstrategien (z.B. Sanktionen und Assertivität) und nicht-direktiven bzw. diskursiven Einflußstrategien (rationale Argumentation und Verhandeln). Die Strategie der Koalitionsbildung nimmt eine Sonderstellung ein. Weitere Untersuchungen zeigen, daß die Führung von unten mit ähnlichen Strategien durchgeführt wird wie die Führung von oben und die auf gleicher Ebene (*laterale Kooperation*).

Yukl & Falbe (1990) berichten über zwei Untersuchungen, in denen die Verwendung von Einflußtechniken in der Kommunikation nach oben, nach unten und lateral auf gleicher Ebene untersucht wurde. Sie stellten fest, daß die von ihnen erfaßten Einflußtechniken (Drucktaktiken, Verweis auf das höhere Management, Austausch von Belohnungen und Vorteilen, Koalitionsbildung, sich beliebt machen, rationale Überzeugungen, emotionale Appelle und Inspiration, um Konsultation bitten) in allen drei Bereichen mit ähnlicher Häufigkeit eingesetzt wurden. Es fanden sich nur wenige Unterschiede zwischen den drei Kommunikationsrichtungen. Allerdings ergab sich (wie erwartet), daß Drucktaktiken mehr im Sinne der Führung von oben als im Sinne der Führung von unten eingesetzt wurden.

Da die Bedeutung der Führung von unten mit der Dezentralisierung der Unternehmensorganisation und der Reduzierung der Führungsebenen zunimmt, ist anzunehmen, daß in der Zukunft zunehmend bei der Auswahl von Mitarbeitern darauf geachtet wird, inwieweit sie die Fähigkeit mit sich bringen, Führung von unten auszuüben. Durch Anreizsysteme und die Einführung eines Vorschlagswesens kann zusätzlich dazu beigetragen werden, die Führung von unten zu ermutigen. Schließlich ist auch daran zu denken, Vorgesetztenbeurteilungen einzuführen.

Eine interessante Frage, die mit der Führung von unten zusammenhängt, bezieht sich darauf, wie Mitarbeiter die Führungsmuster der Vorgesetzten einschätzen. Dieser Frage gingen Kenney, Blascovich und Shaver (1994) nach, die implizite Führungstheorien untersuchten (s. Box U24).

Box U24: Implizite Führungstheorien der Mitarbeiter

Die Führungsvorstellungen der Mitarbeiter lassen sich im Sinne von Prototypen erfassen (vgl. Box T6). Die Auswertung der Beschreibungen ergeben auf dem Basisniveau der Kategorisierung 16 Führungsmuster, die sich in vier Gruppen zusammenfassen lassen.

- Die erste Gruppe wurde mit ›Berücksichtigung und Lernen der Ziele der Gruppe‹ benannt. Diese Kategorie umfaßt: *die Gruppenmitglieder kennenlernen, der Gruppe Ideen vermitteln, nach Feedback durch die Gruppe fragen, Informationen über die frühere Gruppenführung einholen, Freundschaften mit Gruppenmitgliedern bilden, die Gruppe zufriedenstellen.*
- Die zweite Merkmalsgruppe wurde mit ›Verantwortung übernehmen‹ bezeichnet. Sie umfaßt vier Verhaltensmuster:

sich durchsetzen, Verantwortung zeigen, gute Kommunikationsfähigkeiten besitzen, Pläne machen.
- Die dritte Kategorie wurde als ›sich als freundliche Person darstellen‹ benannt. Sie umfaßt die folgenden Verhaltensmuster: *die anderen akzeptieren, nett sein, sich attraktiv geben, gesprächig sein.*
- Die vierte und letzte Kategorie wurde mit ›nervös sein‹ gekennzeichnet. Sie umfaßt nur zwei Verhaltensmuster, nämlich: *in Konflikte hineingeraten und anstreben, akzeptiert zu werden.*

Diese Liste von Verhaltensmustern kennzeichnet die Erwartungen der Mitglieder einer Gruppe an eine neue Führungsperson, die auf längere Sicht anstrebt, durch die Gruppe akzeptiert zu werden.

Obwohl Führung für den Gruppenerfolg wichtig ist, wird ihr Einfluß häufig überschätzt. Es ist möglich, daß andere Faktoren wie die hohe Qualifikation und Berufserfahrung der Mitarbeiter, das Interesse an der Aufgabe bzw. abwechslungsreiche Aufgaben und der Zusammenhalt der Gruppe die Führung zumindest teilweise überflüssig machen. In diesem Zusammenhang sprechen Kerr & Jermier (1978) von *Substituten der Führung*.

Unter den Faktoren, die Führung ersetzen können, sind die folgenden zu nennen:
- hohe Qualifikation, gute Ausbildung und langjährige Berufserfahrung,
- hohe Bereitschaft zur Weiterbildung und generell eine professionelle Einstellung,
- geringes Interesse an Belohnungssystemen der Organisation,
- Feedback über erfolgreiche Tätigkeit, das sich aus der Tätigkeit selbst ergibt,
- interessante Aufgabenstellung,
- hoher Zusammenhalt der Arbeitsgruppe,
- räumliche Abwesenheit des Vorgesetzten während der Ausführung der Arbeit.

Eine empirische Studie, in der Skalen für diese Faktoren entwickelt wurden, ergab, daß Substitute der Führung sowohl für Zufriedenheit und Bindung an die Organisation als auch für Leistung und Arbeitsengagement aus freien Stücken, wie es durch Vorgesetzte eingeschätzt wird, bedeutsam sind (Box U25).

Box U25: Zufriedenheit, Bindung und Arbeitsengagement aus freien Stücken

Podsakoff, Niehoff, MacKenzie & Williams (1993) erfaßten im Versicherungsbereich sowohl Einschätzungen des Führungsverhaltens der Vorgesetzten durch die Mitarbeiter als auch Einschätzungen der Mitarbeiter durch die Vorgesetzten. Sie berücksichtigten neben dem Leistungsniveau drei weitere Merkmale:
- Bindung an die Organisation (s. Moser, 1996),
- Zufriedenheit (s. Argyle, 1989, Kap. 9),
- Arbeitsengagement aus freien Stücken (Müller & Bierhoff, 1994).

Während der Einfluß der Substitute der Führung auf Zufriedenheit und Bindung deutlich den der Führungsmerkmale übertraf, fiel er für das Arbeitsengagement aus freien Stücken etwa gleich groß aus, während die Leistungsbeurteilung stärker von den Merkmalen der Führung beeinflußt wurde (aber darüber hinaus und davon unabhängig auch durch die Substitute der Führung).

Das *Arbeitsengagement* aus freien Stücken war hauptsächlich von der Quali-

fikation und der Berufserfahrung beeinflußt. Hingegen war die Leistung höher, wenn der Vorgesetzte kontingente Belohnungen einsetzte, die auf den Erfolg der Arbeit abgestimmt waren. Außerdem fand sich, daß Vorgesetzte, die weniger häufig die Vorgehensweisen klärten, und Organisationen, die weniger Verhaltensregeln und Anweisungen in schriftlicher Form vorgaben, günstigere Leistungsresultate erzeugten.

Diese Untersuchungsergebnisse zeigen, daß die Substitute der Führung eher als Ergänzung denn als Ersatz von Führungsmerkmalen wirken (Podsakoff et al., 1993). Sie erklären zusätzliche Varianzanteile der Kriterien der Selbsteinschätzung und der Einschätzungen durch Vorgesetzte auf. Die Kombination von Führungsmerkmalen und Substituten der Führung ergibt eine überraschend hohe Aufklärung von Merkmalen wie Zufriedenheit (77%), Bindung (75%), Leistung (32%) und Arbeitsengagement aus freien Stücken (25%).

5.4. Übergreifende Themen der Führung

In Zeiten wirtschaftlicher Krisen stellt sich noch stärker als in Zeiten der Konjunktur die Frage, ob es möglich ist, bestimmte »Faustregeln« der Führung zu benennen, deren Befolgung bei Konflikten im allgemeinen günstig ist. Ein solcher Ansatz wird von Grunwald (1993) und Frey, Schulz-Hardt, Lüthgens und Schmook (1995) verfolgt. Diese Vorgaben verbinden Ethik mit Praxisnähe. Außerdem geht es darum, Handlungsmuster der Führung zu beschreiben, die sich günstig auf Einstellungs- und Verhaltensvariablen auswirken. Beispiele für solche Prinzipien sind:

- Kategorischer Imperativ: Handle so, daß die Maxime Deines Denkens jederzeit Wille einer allgemeinen Gesetzgebung sein kann.
- Sinn- und Visionsvermittlung (vgl. charismatische Führung).
- Herstellung von *Transparenz der Kommunikation.*
- Partizipation der Mitarbeiter durch Dezentralisierung von *Verantwortung.*
- Prinzip der Fairneß in der Gewinnverteilung.

Der Erfolg der Anwendung solcher Bündel von Prinzipien muß noch weiter erforscht werden. Sie beschreiben aus pragmatischer Sicht ein Vorgehen, daß in vielen Organisationen anwendbar ist.

Im folgenden befassen wir uns mit zwei übergreifenden Themenstellungen der Führungsforschung: Kulturvergleich (am Beispiel des Vergleichs zwischen Ost- und Westdeutschland) und Geschlechtsunterschiede.

5.4.1. Führung im Kulturvergleich: Ost und West nach der Wiedervereinigung

Die großen Unterschiede zwischen der wirtschaftlichen Ordnung in Ost- und Westdeutschland, die durch die Schlagworte von der Zentralverwaltungswirtschaft und der Marktwirtschaft gekennzeichnet sind, legen die Vermutung nahe, daß Führungspersonal in Ostdeutschland im Hinblick auf Unterordnung unter Weisungen von oben andere Einstellungen und Werthaltungen erworben hat als Führungspersonal in Westdeutschland.

Um zu prüfen, ob sich Führungskräfte aus Ost und West entsprechend unterscheiden, legten Schulz-Gambard und Altschuh (1993) einen Fragebogen zur Erfassung von Denk- und Führungsstilen bei Managern in den neuen Bundesländern zwischen November 1990 und April 1991 vor. Für die 179 Befragten wurde aus einer größeren Stichprobe aus den alten Bundesländern eine Vergleichsstichprobe von Managern gebildet, die nach Alter, Geschlecht, Ausbildung und Führungsfunktion parallelisiert wurde und die ebenfalls 179 Personen umfaßte.

Die Ergebnisse sind aufschlußreich und stimmen im wesentlichen mit den Annahmen überein: In den alten Bundesländern beschreiben sich die Manager als eigenständiger und wettbewerbsorientierter, leistungsorientierter und aufgeschlossener für soziale Beziehungen als die Befragten in den neuen Bundesländern. Diese beschreiben sich wiederum als konformer, stärker an Autoritäten orientiert und weniger entscheidungsfreudig.

Diese Resultate passen zu Ergebnissen der Attributionsforschung im beruflichen Bereich (Neubauer, 1981). Führungskräfte, die im Beruf im Umfeld einer starken Bürokratisierung tätig sind, erklären Mißerfolge weniger mit internalen Faktoren (wie eigenen Fehlern) als solche mit niedriger Befolgung bürokratischer Normen. Diese Ergebnisse deuten darauf hin, daß sich die Unterschiede, die sich im Ost-West-Vergleich finden, auch innerhalb der alten Bundesländer beim Vergleich von Organisationen mit starken bürokratischen Normen und solchen, die stärker die Eigenverantwortung von Projektgruppen betonen, finden lassen.

5.4.2. Geschlecht, Führungsstil und Effektivität

Die Unterscheidung zwischen autokratischem und demokratischem Führungsstil wirft die Frage auf, ob es Geschlechtsunterschiede in Führungsstil und Effektivität der Führung gibt. Sind Frauen besser in Führungsrollen als Männer? Gibt es bereichsspezifische Unterschiede, so daß Frauen eher in femininen Führungsrollen erfolgreich sind und Männer eher in maskulinen? Wie wirkt sich das Geschlecht auf den Führungsstil aus? Sind Frauen in Führungsrollen eher mitarbeiterorientiert und Männer eher aufgabenorientiert im Sinne der zwei grundlegenden Dimensionen des Führungsverhaltens?

Was die zuletzt genannte Frage angeht, stellten Eagly & Johnson (1990) in ihrer Metaanalyse fest, daß Frauen eher mitarbeiterorientiert führten als Männer. Die Unterschiede waren aber relativ gering. Sie verschwanden weitgehend, wenn nur Führungsrollen in Organisationen (und nicht in Laborexperimenten oder in der Beurteilung in diagnostischen Studien) berücksichtigt wurden. Das deutet darauf hin, daß die Auswahl des Führungspersonals und die *Sozialisation* in den Organisationen Geschlechtsunterschiede im Führungsstil verringert oder ganz eliminiert.

In einer späteren Metaanalyse (Eagly, Makhijani & Klonsky, 1992) wurde getestet, ob Männer und Frauen in Führungsrollen bei gleicher Leistung nur aufgrund ihres Geschlechts unterschiedlich bewertet werden. Diese Fragestellung zielt auf die mögliche *Diskriminierung* von Frauen in Führungsrollen ab. Insgesamt fand sich ein negatives Vorurteil gegenüber Frauen, das aber nur schwach ausgeprägt war. In 56% der Studien wurden Männer bevorzugt, in 44% Frauen. Das Vorurteil war größer, wenn Frauen einen aufgabenbezogenen Führungsstil zeigten bzw. wenn sie ihre Führung in Bereichen ausübten, in denen im allgemeinen Männer führen. Dieses Ergebnis wird als *Geschlechtsrollen-Kongruenz-Effekt* bezeichnet. Die Vorurteile wurden auch deutlicher, wenn die Kompetenz der Führungsperson eingeschätzt wurde.

Eine Metaanalyse der *Effektivität der Führung* (Eagly, Karau & Makhijani, 1995) ergab insgesamt keine signifikanten Unterschiede zwischen Männern und Frauen. Die Leistung wurde z.B. durch Einschätzungen als schlechte oder hervorragende Führung erfaßt. Auffällig war, daß Frauen, die im militärischen Bereich Führungsaufgaben hatten, ungünstiger als Männer abschnitten. Frauen schnitten hingegen in den Bereichen ›business, education, and government or social service‹ (S. 138) besser ab. Männer wurden günstiger eingeschätzt, wenn die Führungsrolle überwiegend von Männern ausgeübt wurde und wenn die Untergebenen überwiegend männlich waren.

Männer waren dann erfolgreicher als Frauen, wenn die Aufgabenorientierung im Vordergrund stand (im Sinne von leiten und kontrollieren). Frauen schnitten besser ab, wenn die Führungsaufgabe interpersonelle Fähigkeiten (im Sinne von Kooperation und miteinander auskommen) beinhaltete. Dazu paßt es, daß Männer spontan eher eine Führungsrolle einnehmen, wenn die Aufgabenorientierung im Vordergrund steht, während Frauen spontan eher in eine Führungsrolle hineinwachsen, wenn soziale Fertigkeiten gefragt sind (Eagly & Karau, 1991). Schließlich wurde festgestellt, daß Männer in Top-Positionen effektiver waren und Frauen besser im Mittel-Management, möglicherweise wegen der größeren Anforderungen an interpersonelle Kompetenz in diesem Bereich (Eagly et al., 1995).

Zusammenfassend kann festgestellt werden, daß Geschlechtsunterschiede im Führungsbereich eher gering ausfallen. Einige Hinweise deuten auf die Wirkung von Vorurteilen hin, einige Hinweise zeigen auch, daß der Erfolg von Männern und Frauen bereichsspezifisch zu bewerten ist, was in Übereinstimmung mit den Geschlechtsrollen-Stereotypen steht.

Möglicherweise stellt es einen Nachteil dar, wenn z.B. eine Frau in einer Position Führung ausübt, in der ihre Tätigkeit das Stereotyp in Frage stellt, so daß in der Anfangsphase eher Widerstände ausgelöst werden, die damit zu tun haben, daß Erwartungen der Mitarbeiter verletzt werden. Prozesse der Sich-selbst-erfüllenden-Prophezeiung auf der Basis von Geschlechtsstereotypen können dann bewirken, daß Frauen auf Probleme stoßen.

Literatur

Abelson, R.P. (1976). Script processing in attitude formation and decision making. In J.S. Carroll & J.W. Payne (Eds.), Cognition and social behavior (pp. 33-45). Hillsdale, NJ: Lawrence Erlbaum.

Abelson, R.P. (1982). Three modes of attitude-behavior consistency. In M.P. Zanna, E.T. Higgins & C.P. Herman (Eds.), Consistency in social behavior. The Ontario Symposium (Vol. 2., pp. 131-146). Hillsdale, NJ: Lawrence Erlbaum.

Abramson, L.Y., Metalsky, G.I. & Alloy, L.B. (1989). Hopelessness depression: A theory-based subtype of depression. Psychological Review, 96, 358-372.

Abramson, L.Y., Seligman, M.E.P. & Teasdale, J.D. (1978). Learned helplessness in humans: Critique and reformulation. Journal of Abnormal Psychology, 87, 49-74.

Adams, J.S. (1965). Inequity in social exchange. In L. Berkowitz (Ed.), Advances in experimental social psychology (Vol. 2, pp. 267-299). New York: Academic Press.

Adorno, T.W., Frenkel-Brunswik, E., Levinson, D.J. & Sanford, R.N. (1950). The authoritarian personality. New York: Harper & Row.

Aiello, J.R. (1993). Computer-based work monitoring: Electronic surveillance and its effects. Journal of Applied Social Psychology, 23, 499-507.

Aiello, J.R. & Svec, C.M. (1993). Computer monitoring of work performance: extending the social facilitation framework to electronic presence. Journal of Applied Social Psychology, 23, 537-548.

Ainsworth, M.D.S., Blehar, M.C., Waters, S. & Wall, S. (1978). Patterns of attachment: A psychological study of the strange situation. Hillsdale, NJ: Lawrence Erlbaum.

Ajzen, I. (1977). Information processing approaches to interpersonal attraction. In S. Duck (Ed.), Theory and prediction in interpersonal attraction (pp. 51-77). London: Academic Press.

Ajzen, I. (1982). On behaving in accordance with one's attitudes. In M.P. Zanna, E.T. Higgins & C.P. Herman (Eds.), Consistency in social behavior. The Ontario Symposium (Vol. 2, pp. 3-15). Hillsdale, NJ: Lawrence Erlbaum.

Ajzen, I., (1988). Attitudes, personality, and behavior. Milton Keynes: Open University Press.

Ajzen, I. (1991). The theory of planned behavior. Organizational Behavior and Human Decision Processes, 50, 179-211.

Ajzen, I., Timko, C. & White, J.B. (1982). Self-monitoring and the attitude-behavior relation. Journal of Personality and Social Psychology, 42, 426-435.

Aldag, R.J. & Fuller, S.R. (1993). Beyond fiasco: A reappraisal of the groupthink phenomenon and a new model of group decision processes. Psychological Bulletin, 113, 533-552.

Alfermann, D. (1996). Geschlechterrollen und geschlechtstypisches Verhalten. Stuttgart: Kohlhammer.

Allen, H. (1972). Bystander intervention and helping in a subway. In L. Bickman & T. Henchy (Eds.), Beyond the laboratory: Field research in social psychology (pp. 22-33). New York: McGraw-Hill.

Alloy, L.B. & Ahrens, A.H. (1987). Depression and pessimism for the future: Biased use of statistically relevant information in predictions for self versus others. Journal of Personality and Social Psychology, 52, 366-378.

Allport, G.W. (1968). The historical background of modern social psychology. In G. Lindzey & E. Aronson (Eds.), Handbook of social psychology (Vol. 1, pp. 1-80). Reading, MA: Addison-Wesley.

Amato, P.R. (1983). Helping behavior in urban and rural environments: Field studies based on a taxonomic organization of helping episodes. Journal of Personality and Social Psychology, 45, 571-586.

Amelang, M. (1991). Einstellungen zu Liebe und Partnerschaft: Konzepte, Skalen und Korrelate. In M. Amelang, H.J. Ahrens & H.W. Bierhoff (Eds.), Attraktion und Liebe (pp. 153-196). Göttingen: Hogrefe.

Amoroso, D.M. & Walters, R.H. (1969). Effects of anxiety and socially mediated anxiety reduction on paired-associate learning. Journal of Personality and Social Psychology, 11, 388-396.

Anderson, C.A. (1983). Abstract and concrete data in the perseverance of social theories: When weak data lead to unshakeable beliefs. Journal of Experimental Social Psychology, 19, 93-108.

Anderson, C.A. (1987). Temperature and aggression: Effects on quarterly, yearly and city rates of violent and nonviolent crime. Journal of Personality and Social Psychology, 52, 1161-1173.

Anderson, C.A. (1989). Temperature and aggression: Ubiquitous effects of heat on occurrence of human violence. Psychological Bulletin, 106, 74-96.

Anderson, C.A. & Anderson, D.C. (1984). Ambient temperature and violent crime: Tests of the linear and curvilinear hypotheses. Journal of Personality and Social Psychology, 46, 91-97.

Anderson, C.A. & DeNeve, K.M. (1992). Temperature, aggression and the negative affect escape model. Psychological Bulletin, 111, 347-351.

Anderson, C.A., Lepper, M.R. & Ross, L. (1980). Perseverance of social theories: The role of explanation in the persistence of discredited information. Journal of Personality and Social Psychology, 39, 1037-1049.

Anderson, C.A. & Sechler, E.S. (1986). Effects of explanation and counterexplanation on the development and use of social theories. Journal of Personality and Social Psychology, 50, 24-34.

Anderson, N.H. (1965a). Averaging versus adding as a stimulus-combination rule in impression formation. Journal of Experimental Psychology, 70, 394-400.

Anderson, N.H. (1965b). Primacy effects in personality impression formation using a generalized order effect paradigm. Journal of Personality and Social Psychology, 2, 1-9.

Anderson, N.H. (1966). Component ratings in impression formation. Psychonomic Science, 6, 279-280.

Anderson, N.H. (1967). Averaging model analysis of set-size effect in impression formation. Journal of Experimental Psychology, 75, 158-165.

Anderson, N.H. (1968). Application of a linear-serial model to a personality-impression task using serial presentation. Journal of Personality and Social Psychology, 10, 354-362.

Anderson, N.H. (1971). Two more tests against change of meaning in adjective combinations. Journal of Verbal Learning and Verbal Behavior, 10, 75-85.

Anderson, N.H. (1973a). Serial position curves in impression formation. Journal of Experimental Psychology, 97, 8-12.

Anderson, N.H. (1973b). Functional measurement of social desirability. Sociometry, 36, 89-98.

Anderson, N.H. (1974). Cognitive algebra. In L. Berkowitz (Ed.), Advances in experimental social psychology (Vol. 7, pp. 1-101). New York: Academic Press.

Anderson, N.H. (1977). Note on functional measurement and data analysis. Perception and Psychophysics, 21, 201-215.

Anderson, N.H. & Butzin, C.A. (1974). Performance = Motivation x Ability: An integration-theoretical analysis. Journal of Personality and Social Psychology, 28, 88-93.

Anderson, N.H. & Farkas, A.J. (1973). New light on order effects in attitude change. Journal of Personality and Social Psychology, 28, 88-93.

Anderson, N.H. & Jacobson, A. (1965). Effect of stimulus inconsistency and discounting instructions in personality impression formation. Journal of Personality and Social Psychology, 2, 531-539.

Anderson, S.M. & Bem, S.L. (1981). Sex typing and androgyny in dyadic interaction: Individual differences in responsiveness to physical attractiveness. Journal of Personality and Social Psychology, 41, 74-86.

Anderson, T. & Birnbaum, N.H. (1976). Test of an additive model of social inference. Journal of Personality and Social Psychology, 33, 655-662.

Argyle, M. (1989). The social psychology of work. London: Penguin.

Arkes, H.R. (1991). Costs and benefits of judgment errors: Implications for debiasing. Psychological Bulletin, 110, 486-498.

Arkin, R.M. & Baumgardner, A.H. (1985). Self-handicapping. In J.H. Harvey & G. Weary (Eds.), Attribution: Basic issues and applications (pp. 169-202). Orlando. FL: Academic Press.

Arkin, R.M. & Duval, S. (1975). Focus of attention and causal attributions of actors and observers. Journal of Experimental Social Psychology, 11, 427-438.

Arnscheid, R. & Schomers, P. (1996). Einstellung und Leistung in Gruppen: Eine Überprüfung der Theorie des geplanten Verhaltens bei Spielern der Basketball-Bundesliga. Zeitschrift für Sozialpsychologie, 27, 61-69.

Aronson, E. & Mills, J. (1959). The effect of severity of initiation on liking for a group. Journal of Abnormal and Social Psychology, 59, 177-181.

Asch, S.E. (1946). Forming impressions of personality. Journal of Abnormal and Social Psychology, 41, 258-290.

Asch, S. (1956). Studies of independence and conformity: a minority of one against a unanimous majority. Psychological Monographs, 70 (whole No. 416).

Ashmore, R.D. & DelBoca, F.K. (1981). Conceptual approaches to stereotypes and stereotyping. In D.L. Hamilton (Ed.), Cognitive processes in stereotyping and intergroup behavior (pp. 1-35). Hillsdale, NJ: Lawrence Erlbaum.

Ashton, N.L. & Severy, L.J. (1976). Arousal and costs in bystander intervention. Personality and Social Psychology Bulletin, 2, 268-272.

Attridge, M. & Berscheid, E. (1994). Entitlement in romantic relationships in the United States. In M.J. Lerner & G. Mikula (Eds.), Entitlement and the affectional bond (pp. 117-147). New York: Plenum.

Austin, W. & McGinn, N.C. (1977). Sex differences in choice of distribution roles. Journal of Personality, 45, 379-394.

Avermaet, E.v., McClintock, C.G. & Moskowitz, J. (1978). Alternative approaches to equity: Dissonance reduction, prosocial motivation and strategic accomodation. European Journal of Social Psychology, 8, 419-437.

Axelrod, R. (1984). The evolution of cooperation. New York: Basic Books.

Axelrod, R. (1986). An evolutionary approach to norms. American Political Science Review, 80, 1095-1111.

Axsom, D. & Cooper, J. (1985). Cognitive dissonance and psychotherapy: the role of effort justification in inducing weight loss. Journal of Experimental Social Psychology, 21, 149-160.

Bagozzi, R.P & Burnkrant, R.E. (1979). Attitude organization and the attitude-behavior relationship. Journal of Personality and Social Psychology, 37, 913-929.

Bales, R.F. (1950). A set of categories for the analysis of small group interaction. American Sociological Review, 15, 146-159.

Bales, R.F. & Slater, P.E. (1955). Role differentiation in small decision-making groups. In T. Parsons & R.F. Bales. (Eds.), Family, socialization, and interaction process (pp. 259-306). Glencoe, IL: Free Press.

Balke, S. & Stiensmeier-Pelster, J. (1995). Die Erfassung der motivationalen Orientierung – eine deutsche Form der Motivational Orientation Scales (MOS-D). Diagnostica, 41, 80-94.

Baltes, M.M., Neumann, E.M. & Zank, S. (1994). Maintenance and rehabilitation of independence in old age: An intervention program with staff. Psychology and Aging, 9, 179-188.

Bamberg, S. (1996). Allgemeine und spezifische Einstellungen bei der Erklärung umweltschonenden Verhaltens. Zeitschrift für Sozialpsychologie, 27, 47-60.

Bamberg, S. & Lüdemann, C. (1996). Eine Überprüfung der Theorie des geplanten Verhaltens in zwei Wahlsituationen mit dichotomen Handlungsalternativen: Rad vs. PKW und Container vs. Hausmüll. Zeitschrift für Sozialpsychologie, 27, 32-46.

Bamberg, S. & Schmidt, P. (1993). Verkehrsmittelwahl – eine Anwendung der Theorie des geplanten Verhaltens. Zeitschrift für Sozialpsychologie, 24, 25-37.

Bandura, A. (1965). Influence of models' reinforcement contingencies on the acquisition of imitative responses. Journal of Personality and Social Psychology, 1, 589-595.

Bandura, A. (1976). Lernen am Modell – Ansätze zu einer sozial-kognitiven Lerntheorie. Stuttgart: Klett.

Bandura, A. (1979). Aggression – Eine sozial-lerntheoretische Analyse. Stuttgart: Klett-Cotta.

Bandura, A. (1986). Social foundations of thought and action. Englewood Cliffs, NJ: Prentice Hall.

Bandura, A., Blanchard, E.B. & Ritter, B. (1969). Relative efficacy of desensitization and modeling approaches for inducing behavior, affective and attitudinal changes. Journal of Personality and Social Psychology, 13, 173-199.

Bandura, A., Grusec, J.E. & Menlove, F.L. (1967). Vicarious extinction of avoidance behavior. Journal of Personality and Social Psychology, 5, 16-23.

Bandura, A., Ross, D. & Ross, S.A. (1963). Imitation of film-mediated aggressive models. Journal of Abnormal and Social Psychology, 66, 3-11.

Bar-Tal, D. & Saxe, L. (1976). Perceptions of similarly and dissimilarly attractive couples and individuals. Journal of Personality and Social Psychology, 33, 772-781.

Bargh, J.A. (1989). Conditional automaticity: Varieties of automatic influence in social perception and cognition. In J.S. Uleman & J.A. Bargh (Eds.), Unintended thought (pp. 3-51). New York: Guilford Press.

Baron, R.A. (1976). The reduction of human aggression: A field study of the influence of incompatible reactions. Journal of Applied Social Psychology, 6, 260-274.

Baron, R.A. (1977). Human aggression. New York: Plenum.

Baron, R.A. (1983). The control of human aggression: A strategy based on incompatible responses. In R.G. Geen & E.I. Donnerstein (Eds.), Aggression (Vol. 2, pp. 173-190). New York: Academic Press.

Baron, R.A. & Bell, P.A. (1977). Sexual arousal and aggression by males: Effects of type of erotic stimuli and prior provocation. Journal of Personality and Social Psychology, 35, 79-87.

Baron, R.A. & Greenberg, J. (1989). Behavior in organizations. Boston: Allyn & Bacon.

Baron, R.A. & Ransberger, V.M. (1978). Ambient temperature and the occurrence of collective violence: The »long, hot summer« revisited. Journal of Personality and Social Psychology, 36, 351-360.

Baron, R.A. & Richardson, D.R. (1994). Human Aggression. New York: Plenum Press.

Baron, R.S. (1986). Distraction-conflict theory: progress and problems. In L. Berkowitz (Ed.), Advances in experimental social psychology (Vol. 19, pp. 1-40). New York: Academic Press.

Bartholomew, K. (1990). Avoidance of intimacy: An attachment perspective. Journal of Social and Personal Relationships, 7, 147-178.

Bartholomew, K. & Horowitz, L.M. (1991). Attachment styles in young adults: A test of a four-category model. Journal of Personality and Social Psychology, 61, 226-244.

Bass, B.M. & Steyrer, J. (1995). Transaktionale und transformationale Führung. In A. Kieser, G. Reber & R. Wunderer (Eds.), Handwörterbuch der Führung (2. Aufl., Spalten 2054-2062). Stuttgart: Schäffer-Poeschel.

Bass, B.U. (1985). Leadership and performance beyond expectations. New York: Wiley.

Batson, C.D. (1983). Sociobiology and the role of religion in promoting prosocial behavior: An alternative view. Journal of Personality and Social Psychology, 45, 1380-1385.

Batson, C.D. (1987). Prosocial motivation: Is it ever truly altruistic? In L. Berkowitz (Ed.), Advances in experimental social psychology (Bd. 20, pp. 65-122). San Diego, CA: Academic Press.

Batson, C.D. (1991). The altruism question: Toward a social-psychological answer. Hillsdale, NY: Erlbaum.

Batson, C.D., Batson, J.G., Griffitt, C.A., Barrientos, S., Brandt, J.R., Sprengelmeyer, P. & Bayly, M.J. (1989). Negative state relief and the empathy-altruism hypothesis. Journal of Personality and Social Psychology, 56, 922-933.

Batson, C.D., Darley, J.M. & Coke, J.S. (1978). Altruism and human kindness: Internal and external determinants of helping behavior. In L.A. Pervin & M. Lewis (Eds.), Perspectives in interactional psychology (pp. 111-140). New York: Plenum.

Batson, C.D., Duncan, B.D., Ackerman, P., Buckley, T. & Birch, K. (1981). Is empathic emotion a source of altruistic motivation? Journal of Personality and Social Psychology, 40, 290-302.

Batson, C.D., Harris, A.C., McGaul, K.D., Davis, M. & Schmidt, T. (1979). Compassion or compliance: Alternative dispositional attributions for one's helping behavior. Social Psychology, 42, 405-409.

Baumeister, R.F. & Jones, E.E. (1978). When self-presentation is constrained by the target's knowledge: Consistency and compensation. Journal of Personality and Social Psychology, 36, 608-618.

Beaman, A.L., Klentz, B., Diener, E. & Svanum, S. (1979). Self-awareness and transgression in children: Two field studies. Journal of Personality and Social Psychology, 37, 1835-1846.

Beck, A.T., Rush, A.J., Shaw, B.F. & Emery, G. (1986). Kognitive Therapie der Depression (2. Aufl.). München: Psychologie Verlags Union.

Beck, A.T., Weissman, A., Lester, D. & Trexler, L. (1974). The measurement of pessimism: The Hopelessness-Scale. Journal of Consulting and Clinical Psychology, 42, 861-865.

Bell, P.A. (1992). In defense of the native affect escape model of heat and aggression. Psychological Bulletin, 111, 342-346.

Bem, D. (1967). Self-perception: An alternative interpretation of cognitive dissonance phenomena. Psychological Review, 74, 183-200.

Bem, D.J. (1972).: Self-perception theory. In L. Berkowitz (Ed.), Advances in experimental social psychology (Vol. 6, pp. 1-62). New York: Academic Press.

Bem, D.J. & Allen, A. (1974). On predicting some of the people some of the time: The search for cross-situational consistencies in behavior. Psychological Review, 81, 506-520.

Berglas, S. & Jones, E.E. (1978). Drug choice as a self-handicapping strategy in response to noncontingent success. Journal of Personality and Social Psychology, 36, 405-417.

Bergler, R. (Ed., 1975). Das Eindrucksdifferential. Bern: Huber.

Berkowitz, L. (1965). The concept of aggressive drive: Some additional considerations. In L. Berkowitz (Ed.), Advances in experimental social psychology (Vol. 2, pp. 301-329). New York: Academic Press.

Berkowitz, L. (1969). Social motivation. In G. Lindzey & E. Aronson (Eds.), Handbook of social psychology (Vol. 3, pp. 50-135). Reading, MA: Addison-Wesley.

Berkowitz, L. (1978). Decreased helpfulness with increased group size through lessening the effects of the needy individual's dependency. Journal of Personality, 46, 299-310.

Berkowitz, L. (1984). Some effects of thoughts on anti- and prosocial influences of media events: A cognitive-neoassociation analysis. Psychological Bulletin, 95, 410-427.

Berkowitz, L. (1989). Frustration-aggression hypothesis: Examination and reformulation. Psychological Bulletin, 106, 59-73.

Berkowitz, L. (1993). Aggression: Its causes, consequences, and control. New York: McGraw-Hill.

Berkowitz, L. & Daniels, L.R. (1963). Responsibility and dependency. Journal of Abnormal and Social Psychology, 66, 429-436.

Berkowitz, L. & Geen, R.G. (1966). Film violence and the cue properties of available targets. Journal of Personality and Social Psychology, 3, 525-530.

Berkowitz, L. & Geen, R.G. (1967). Stimulus qualities of the target of aggression: A further study. Journal of Personality and Social Psychology, 5, 364-368.

Berkowitz, L. & Heimer, K. (1989). On the construction of the anger experience: Aversive events and negative priming in the formation of feelings. In L. Berkowitz (Ed.), Advances in experimental social psychology (Vol. 22, pp. 1-37). San Diego: Academic Press.

Berkowitz, L. & Howard, R.C. (1959). Reactions to opinion deviates as affected by affiliation need (n aff) and group member interdependence. Sociometry, 22, 81-91.

Berkowitz, L. & LePage, A. (1967). Weapons as aggression-eliciting stimuli. Journal of Personality and Social Psychology, 7, 202-207.

Berkowitz, L. & Lutterman, K.G. (1968). The traditional socially responsible personality. Public Opinion Quarterly, 32, 169-187.

Berscheid, E. (1966). Opinion change and communicator-communicatee similarity and dissimilarity. Journal of Personality and Social Psychology, 4, 670-680.

Berscheid, E., Boye, D. & Darley, J.M. (1968). Effect of forced association upon voluntary choice to associate. Journal of Personality and Social Psychology, 8, 13-19.

Berscheid, E., Dion, K.K., Walster, E. & Walster, G.W. (1971). Physical attractiveness and dating choice: A test of the matching hypothesis. Journal of Experimental Social Psychology, 7, 173-189.

Berscheid, E., Graziano, W., Monson, T. & Dermer, M. (1976). Outcome dependency: Attention, attribution and attraction. Journal of Personality and Social Psychology, 34, 978-989.

Berscheid, E. & Graziano, W. (1979). The initiation of social relationships and interpersonal attraction. In R.L. Burgess & T.L. Huston (Eds.), Social exchange in developing relationships (pp. 31-60). New York: Academic Press.

Berscheid, E. & Walster, E. (1967). When does a harm-doer compensate a victim? Journal of Personality and Social Psychology, 6, 435-441.

Berscheid, E. & Walster, E. (1974a). Physical attractiveness. In L. Berkowitz (Ed.), Advances in experimental social psychology (Vol. 7, pp. 157-215). New York: Academic Press.

Berscheid, E. & Walster, E. (1974b). A little bit about love. In T. Huston (Ed.), Foundations of interpersonal attraction (pp. 355-381). New York: Academic Press.

Bettencourt, B.A., Brewer, M.B., Rogers-Croak, M. & Miller, N. (1992). Cooperation and the reduction of intergroup bias: The role of reward structures and social orientation. Journal of Experimental Social Psychology, 28, 301-319.

Bickman, L. & Kamzan, M. (1973). The effect of race and need on helping behavior. Journal of Social Psychology, 89, 73-77.

Bickman, L., Zarantonello, M. (1978). The effects of deception and level of obedience on subject's ratings of the Milgram study. Personality and Social Psychology Bulletin, 4, 81-85.

Bierhoff-Alfermann, D. (1989). Androgynie. Opladen: Westdeutscher Verlag.

Bierhoff, H.W. (1980a). Hilfreiches Verhalten. Darmstadt: UTB.

Bierhoff, H.W. (1980b). Naive psychologische Theorien und Eigenschaften als Funktion des Interaktionsmusters der Stimulusperson. Zeitschrift für Sozialpsychologie, 11, 181-188.

Bierhoff, H.W. (1982). Sozialer Kontext als Determinante der wahrgenommenen Gerechtigkeit: Absolute und relative Gleichheit der Gewinnaufteilung. Zeitschrift für Sozialpsychologie, 13, 66-78.

Bierhoff, H.W. (1988). Affect, cognition and prosocial behavior. In K. Fiedler & J. Forgas (Eds.), Affect, cognition and social behavior (pp. 167-182). Toronto: Hogrefe.

Bierhoff, H.W. (1989). Person perception and attribution. Berlin: Springer.

Bierhoff, H.W. (1990a). Psychologie hilfreichen Verhaltens. Stuttgart: Kohlhammer.

Bierhoff, H.W. (1990b). Lehrer-Erwartungseffekte aus sozialpsychologischer Sicht: Ein Kommentar zu dem Beitrag von Siu L. Chow. Zeitschrift für Pädagogische Psychologie, 4, 167-171.

Bierhoff, H.W. (1991a). Attribution of responsibility and helpfulness. In L. Montada & H.W. Bierhoff (Eds.), Altruism in social systems (pp. 105-129). Lewiston, NY: Hogrefe.

Bierhoff, H.W. (1991b). Schema der hinreichenden Ursache als Maxime der Kausalerklärung: Was sind informative und ausreichende Erklärungen? Zeitschrift für Sozialpsychologie, 22, 112-122.

Bierhoff, H.W. (1994). Verantwortung und altruistische Persönlichkeit. Zeitschrift für Sozialpsychologie, 25, 217-226.

Bierhoff, H.W. (1996). Heterosexual partnerships: Initiation, maintenance, and disengagement. In A.E. Auhagen & M. v. Salisch (Eds.), The diversity of human relationships (pp. 173-196). Cambridge: Cambridge University Press.

Bierhoff, H.W. (1997). Ärger, Aggression und Gerechtigkeit: Moralische Empörung und antisoziales Verhalten. In H.W. Bierhoff & U. Wagner (Eds.) Aggression und Gewalt (pp. 26-47). Stuttgart: Kohlhammer.

Bierhoff, H.W. & Bierhoff-Alfermann, D. (1977). Attribution impliziter Persönlichkeitstheorien in einer Interaktionssituation durch Beurteiler. Zeitschrift für Sozialpsychologie, 8, 50-66.

Bierhoff, H.W. & Bierhoff-Alfermann, D. (1983). Kognitive Prozesse im Motivationsgeschehen: Attributionen als Ursachenerklärungen von Handlungen. In H. Thomae (Ed.), Theorien und Formen der Motivation (pp. 93-226). Göttingen: Hogrefe.

Bierhoff, H.W., Buck, E. & Klein, R. (1986). Social context and perceived justice. In H.W. Bierhoff, R.L. Cohen & J. Greenberg (Eds.), Justice in social relations (pp. 165-185). New York: Plenum.

Bierhoff, H.W., Burkart, T. & Wörsdörfer, C. (1995). Einstellungen und Motive ehrenamtlicher Helfer. Gruppendynamik, 26, 373-386.

Bierhoff, H.W. & Grau, I. (1997). Dimensionen enger Beziehungen: Entwicklung von globalen Skalen zur Einschätzung von Beziehungseinstellungen. Diagnostica, 43, 210-229.

Bierhoff, H.W., Grau, I. & Ludwig, A. (1993). Marburger Einstellungs-Inventar für Liebesstile (MEIL). Göttingen: Hogrefe.

Bierhoff, H.W., Klein, R. & Kramp, P. (1990). Hemmschwellen zur Hilfeleistung. Aachen: Mainz.

Bierhoff, H.W., Klein, R. & Kramp, P. (1991). Evidence for the altruistic personality from data on accident research. Journal of Personality, 59, 263-280.

Bierhoff, H.W., Pietsch, G.K. & Schwennen, C. (1997). Liebe und Partnerschaft in Ost- und Westdeutschland. Vortrag 6. Tagung der Fachgruppe Sozialpsychologie, Konstanz.

Bierhoff, H.W. & Schreiber, C. (1988). Erwartungsbestätigung durch verfälschte Eindrucksbildung in der sozialen Interaktion. In B. Schäfer & F. Petermann (Eds.), Vorurteile und Einstellungen (pp. 251-280). Köln: Deutscher Instituts-Verlag.

Bies, R.J. (1987). The predicament of injustice. Research in Organizational Behavior (Vol. 9, pp. 289-319). Greenwich, CT: JAI Press.

Bies, R.J. & Moag, J.S. (1986). Interactional justice: Communication criteria of fairness. Research on Negotiation in Organizations (Vol. 1, pp. 43-55). Greenwich, CT: JAI Press.

Bies, R.J. & Shapiro, D.L. (1988). Voice and justification: Their influence on procedural fairness judgments. Academy of Management Journal, 31, 676-685.

Birnbaum, M.H. (1974). The nonadditivity of personality impressions. Journal of Experimental Psychology, 102, 543-561.

Blake, R.R. & Mouton, J.S. (1964). The managerial grid. Houston, TX: Gulf.

Blaney, P.H. (1986). Affect and memory: A review. Psychological Bulletin, 99, 229-246.

Blascovich, J, Major, B. & Katkin, E.S. (1981). Sex-role orientation and type A behavior. Personality and Social Psychology Bulletin, 7, 600-604.

Bless, H., Bohner, G., Chassein, B., Kittel, C., Kohlhoff, A., Nathusius, K., Schüssler, G. & Schwarz, N. (1992). Hausmann und Abteilungsleiterin: Die Auswirkungen von Geschlechtsrollenerwartungen und rollendiskrepantem Verhalten auf die Zuschreibung von Persönlichkeitseigenschaften. Zeitschrift für Sozialpsychologie, 23, 16-24.

Bless, H., Wänke, M., Bohner, G., Fellhauer, R.F. & Schwarz, N. (1994). Need for Cognition: Eine Skala zur Erfassung von Engagement und Freude bei Denkaufgaben. Zeitschrift für Sozialpsychologie, 25, 147-154.

Boggiano, A.K. & Ruble, D.N. (1979). Competence and the overjustification effect: A developmental study. Journal of Personality and Social Psychology, 37, 1462-1468.

Bohner, G., Moskowitz, G.B. & Chaiken, S. (1995). The interplay of heuristic and systematic processing of social information. In W. Stroebe & M. Hewstone (Eds.), European Review of Social Psychology (Vol. 6, pp. 33-68). Chichester, England: Wiley.

Bond, R. & P.B. Smith (1996). Culture and conformity: A meta-analysis of studies using Asch's (1952b, 1956) line judgment task. Psychological Bulletin, 119, 111-137.

Borgida, E. & Nisbett, R.E. (1977). The differential impact of abstract vs. concrete information on decisions. Journal of Applied Social Psychology, 7, 258-271.

Bornewasser, M. (1982). Das Aggressionsurteil in Abhängigkeit von der Schadenshöhe und Entschuldigungsgründen. Bielefelder Arbeiten zur Sozialpsychologie, Nr. 82. Bielefeld.

Bornewasser, M. (1993). Geschlecht, soziale Rolle und aggressives Handeln: Sind Männer aufgrund ihrer physischen Ausstattung aggressiver als Frauen? Zeitschrift für Sozialpsychologie, 24, 51-65.

Bowlby, J. (1969/1984). Bindung. Frankfurt: Fischer.

Bowlby, J. (1973/1986). Trennung. Frankfurt: Fischer.

Bowlby, J. (1980/1983). Verlust, Trauer und Depression. Frankfurt: Fischer.

Bradley, G.W. (1978). Self-serving biases in the attribution process: A reexamination of the fact or fiction question. Journal of Personality and Social Psychology, 36, 56-71.

Braiker, H.B. & Kelley, H.H. (1979). Conflict in the development of close relationships. In R.L. Burgess & T.L. Huston (Eds.), Social exchange in developing relationships (pp. 135-168). New York: Academic Press.

Brandstätter, H. (1983). Sozialpsychologie. Stuttgart: Kohlhammer.

Brehm, J.W. (1966). A theory of psychological reactance. New York: Academic Press.

Brehm, J.W. (1976). Responses to loss of freedom: A theory of psychological reactance. In J.W. Thibaut, J.T. Spence & R.C. Carson (Eds.), Contemporary topics in social psychology (pp. 53-78). Morristown, NJ: General Learning Press.

Brehm, J.W. & Cole, A.H. (1966). Effect of a favor which reduces freedom. Journal of Personality and Social Psychology, 3, 420-426.

Brehm, J.W., Stires, L.K., Sensenig, J. & Shaban, J. (1966). The attractiveness of an eliminated choice alternative. Journal of Experimental Social Psychology, 2, 301-313.

Brehm, S.S. & Brehm, J.W. (1981). Psychological reactance: A theory of freedom and control. New York: Academic Press.

Brehm, S.S. & Weinraub, M. (1977). Physical barriers and psychological reactance: Two-year-olds' responses to threats to freedom. Journal of Personality and Social Psychology, 35, 830-836.

Brewer, M.B. (1979). In-group bias in the minimal intergroup situation: A cognitive-motivational analysis. Psychological Bulletin, 86, 307-324.

Brewer, M.B. (1996). When stereotypes lead to stereotyping: The use of stereotypes in person perception. In C.N. Macrae, C. Stangor & M. Hewstone (Eds.), Stereotypes and stereotyping (pp. 254-275). New York: Guilford Press.

Brewer, M.B. & Kramer, R.M. (1986). Choice behavior in social dilemmas: Effects of social identity, group size and decision framing. Journal of Personality and Social Psychology, 50, 543-549.

Brewer, M.B. & Miller, N. (1988). Contact and cooperation: When do they work? In P. Katz & D. Taylor (Eds.), Eliminating racism: Means and controversies (pp. 315-326). New York: Plenum.

Brewer, M.B. & Weber, J.G. (1994). Self-evaluation effects of interpersonal versus intergroup social comparison. Journal of Personality and Social Psychology, 66, 268-275.

Brewin, C.R., Dalgleish, T. & Joseph, S. (1996). A dual representation theory of posttraumatic stress disorder. Psychological Review, 103, 670-686.

Brickman, P. (1975). Adaption level determinants of satisfaction with equal and unequal outcome distributions in skill and chance situations. Journal of Personality and Social Psychology, 32, 191-198.

Brickman, P. (1987). Commitment, conflict, and caring. Englewood Cliffs, NJ: Prentice Hall.

Brickman, P. & Bryan, J.H. (1976). Equity versus equality as factors in children's moral judgments of thefts, charity and third-party transfers. Journal of Personality and Social Psychology, 34, 757-761.

Brickman, P., Coates, D. & Janoff-Bulman, R. (1978). Lottery winners and accident victims: Is happiness relative? Journal of Personality and Social Psychology, 36, 917-927.

Brickman, P., Folger, R., Goode, E. & Schul, Y. (1981). Microjustice and macrojustice. In M.J. Lerner & S.C. Lerner (Eds.), The justice motive in social behavior (pp. 173-202). New York: Plenum.

Brickman, P., Rabinowitz, V.C., Karuza, J., Coates, D., Cohn, E. & Kidder, L. (1982). Models of helping and coping. American Psychologist, 37, 368-384.

Brown, R. (1988). Group processes. Oxford: Blackwell.

Brown, R. (1995). Prejudice. Oxford: Blackwell.

Brown, R.J., Condor, S., Mathews, A., Wade, G. & Williams, J.A. (1986). Explaining intergroup differentiation in an industrial organisation. Journal of Occupational Psychology, 59, 273-286.

Brown, R. & Wade, G. (1987). Superordinate goals and intergroup behaviour: The effect of role ambiguity and status on intergroup attitudes and task performance. European Journal of Social Psychology, 17, 131-142.

Bryant, J. & Zillmann, D. (1979). Effect of intensification of annoyance through unrelated residual excitation on substantially delayed hostile behavior. Journal of Experimental Social Psychology, 15, 1979, 470-480.

Buck, E. & Bierhoff, H.W. (1986). Verläßlichkeit und Vertrauenswürdigkeit: Skalen zur Erfassung des Vertrauens in eine konkrete Person. Zeitschrift für Differentielle und Diagnostische Psychologie, 7, 205-223.

Bulman, R.J. & Wortman, C.B. (1977). Attributions of blame and coping in the »real world«: Severe accident victims react to their lot. Journal of Personality and Social Psychology, 35, 351-363.

Burleson, B.R. & Denton, W.H. (1992). A new look at similarity and attraction in marriage: Similarities in social-cognitive and communication skills as predictors of attraction and satisfaction. Communication Monographs, 59, 268-287.

Burnam, M.A., Pennebaker, J.W. & Glass, D.C. (1973). Time consciousness, achievement striving and the Type A coronary-prone behavior pattern. Journal of Abnormal Psychology, 84, 76-79.

Burns, J.M. (1978). Leadership. New York: Harper.

Bushman, B.J. (1995). Moderating role of trait aggressiveness in the effects of violent media on aggression. Journal of Personality and Social Psychology, 69, 950-960.

Bushman, B.J. & Stack, A.D. (1996). Forbidden fruit versus tainted fruit: Effects of warning labels on attraction to television violence. Journal of Experimental Psychology: Applied, 2, 207-226.

Busz, M., Cohen, R., Poser, U., Schümer, A., Schümer, R. & Sonnenfeld, C. (1972). Die soziale Bewertung von 880 Eigenschaftsbegriffen sowie die Analyse der Ähnlichkeitsbeziehungen zwischen einigen dieser Begriffe. Zeitschrift für experimentelle und angewandte Psychologie, 19,
282-308.

Buunk, B.P., Collins, R.L., Taylor, S.E., VanYperen, N.W. & Dakof, G.A. (1990). The affective consequences of social comparison: Either direction has its ups and downs. Journal of Personality and
Social Psychology, 59, 1238-1249.

Buunk, B.P., VanYperen, N.W., Taylor, S.E. & Collins, R.L. (1991). Social comparison and the drive
upward revisited: Affiliation as a response to marital stress. European Journal of Social Psychology,
21, 529-546.

Byrne, D. (1969). Attitudes and attraction. In L. Berkowitz (Ed.), Advances in experimental social
psychology (Vol. 4, pp. 35-89). New York: Academic Press.

Byrne, D. (1971). The attraction paradigm. New York: Academic Press.

Byrne, D., Clore, G.L. & Smeaton, G. (1986). The attraction hypothesis: Do similar attitudes affect
anything? Journal of Personality and Social Psychology, 51, 1167-1170.

Byrne, D., Ervin, C.R. & Lamberth, J. (1970). Continuity between the experimental study of attraction and real-life computer dating. Journal of Personality and Social Psychology, 16, 157-165.

Byrne, D. & Nelson, D. (1965). Attraction as a linear function of proportion of positive reinforce-
ments. Journal of Personality and Social Psychology, 1, 659-663.

Byrne, D., Rasche, L. & Kelley, K. (1974). When »I like you« indicates disagreement. An experimental differentiation of information and affect. Journal of Research in Personality, 8, 207-217.

Cacioppo, J.T., Petty, R.E., Feinstein, J.A. & Jarvis, W.B.G. (1996). Dispositional differences in cognitive motivation: The life and times of individuals varying in need for cognition. Psychological
Bulletin, 119, 197-253.

Callahan-Levy, C.M. & Messé, L.A. (1979). Sex differences in the allocation of pay. Journal of
Personality and Social Psychology, 37, 433-446.

Campbell, D.T. (1961). Conformity in psychology's theories of acquired behavioral dispositions. In
I.A. Berg & B.M. Bass (Eds.), Conformity and deviation (pp. 101-142). New York: Harper.

Campbell, D.T. (1963). Social attitudes and other acquired behavioral dispositions. In S. Koch (Ed.),
Psychology: A study of a science (Vol. 3, pp. 94-172). New York: McGraw-Hill.

Campbell, D.T. (1967). Stereotypes and the perception of group differences. American Psychologist,
22, 817-829.

Cantor, J.R., Zillman, D. & Bryant, J. (1975). Enhancement of experienced sexual arousal in
response to erotic stimuli through misattribution of unrelated residual excitation. Journal of
Personality and Social Psychology, 32, 69-75.

Carlsmith, J.M. & Anderson, C.A. (1979). Ambient temperature and the occurrence of collective
violence: A new analysis. Journal of Personality and Social Psychology, 37, 337-344.

Carnevale, P.J. & Pruitt, D.G. (1992). Negotiation and mediation. Annual Review of Psychology, 43,
531-582.

Carver, C.S. (1975). Physical aggression as a function of objective self-awareness and attitudes toward punishment. Journal of Experimental Social Psychology, 11, 510-519.

Carver, C.S. (1979). A cybernetic model of self-attention processes. Journal of Personality and Social
Psychology, 37, 1251-1281.

Carver, C.S. (1980). Perceived coercion, resistance to persuasion and the Type A behavior pattern.
Journal of Research in Personality, 19, 467-481.

Carver, C.S., Coleman, A.E. & Glass, D.C. (1976). The coronary-prone behavior pattern and the suppression of fatigue on a treadmill test. Journal of Personality and Social Psychology, 33, 460-466.

Carver, C.S. & Glass, D.C. (1978). Coronary-prone behavior pattern and interpersonal aggression.
Journal of Personality and Social Psychology, 36, 361-366.

Carver, C.S. & Scheier, M.F. (1982). Attention and self-regulation: A control-theory approach to
human behavior. New York: Springer.

Caspi, A., Bem, D.J. & Elder, G.H. (1989). Continuities and consequences of interactional styles
across the life course. Journal of Personality, 57, 375-406.

Castro, M.A.C. (1974). Reactions to receiving aid as a function of cost to donor and opportunity to
aid. Journal of Applied Social Psychology, 4, 194-209.

Chaiken, S. & Baldwin, M.W. (1981). Affective-cognitive consistency and the effect of salient behavioral information on the self-perception of attitudes. Journal of Personality and Social Psychology, 41, 1-12.

Chaikin, A.L. & Darley, J.M. (1973). Victim or perpetrator? Defensive attribution of responsibility
and the need for order and justice. Journal of Personality and Social Psychology, 25, 268-275.

Chow, S.L. (1990). Teacher's expectancy and its effects: A tutorial review. Zeitschrift für Pädagogische Psychologie, 4, 147-159.

Cialdini, R.B. (1980). Full-cycle social psychology. In L. Bickman (Ed.), Applied social psychology annual (Vol. 1, pp. 21-47). Beverly Hills, CA: Sage.

Cialdini, R.B., Borden, R.J., Thorne, A., Walker, M.R., Freeman, S. & Sloan, L.R. (1976). Basking in reflected glory: Three (football) field studies. Journal of Personality and Social Psychology, 34, 366-375.

Cialdini, R.B. & Richardson, K.D. (1980). Two indirect tactics of image management: Basking and blasting. Journal of Personality and Social Psychology, 39, 406-415.

Cialdini, R.B., Schaller, M., Houlihan, D., Arps, K., Fultz, J. & Beaman, A.L. (1987). Empathy-based helping: Is it selflessly or selfishly motivated. Journal of Personality and Social Psychology, 52, 749-758.

Clark, R.D. (1976). On the Piliavin & Piliavin model of helping behavior: Costs are in the eye of the beholder. Journal of Applied Social Psychology, 6, 322-328.

Clark, R.D. & Word, L.E. (1972). Why don't bystanders help? Because of ambiguity? Journal of Personality and Social Psychology, 24, 392-400.

Clore, G.L. (1975). Interpersonal attraction: An overview. Morristown, NJ: General Learning Press.

Clore, G.L. & Gormly, J.B. (1974). Knowing, feeling and liking. A psychophysiological study of attraction. Journal of Research in Personality, 8, 218-230.

Coates, D. & Wortman, C.B. (1980). Depression maintenance and interpersonal control. In A. Baum & J.E. Singer (Eds.), Advances in environmental psychology (Vol. 2, pp. 149-182). Hillsdale, NJ: Lawrence Erlbaum.

Coke, J.S., Batson, C.D. & McDavis, K. (1978). Empathic mediation of helping: A two-stage model. Journal of Personality and Social Psychology, 36, 752-766.

Collins, B.E. & Raven (1969). Group structure: Attraction, coalitions, communication and power. In Lindzey & Aronson, The handbook of social psychology (Vol. 4, pp. 102-204). Reading, MA: Addison-Wesley.

Collins, R.L. (1996). For better or worse: The impact of upward social comparison on self-evaluations. Psychological Bulletin, 119, 70-94.

Condon, J.W. & Crano, W.D. (1988). Inferred evaluation and the relation between attitude similarity and interpersonal attraction. Journal of Personality and Social Psychology, 54, 789-797.

Cooper, J. (1971). Personal responsibility and dissonance: The role of foreseen consequences. Journal of Personality and Social Psychology, 18, 354-363.

Cooper, J. (1980). Reducing fears and increasing assertiveness: The role of dissonance reduction. Journal of Experimental Social Psychology, 16, 199-213.

Cooper, J. & Axsom, D. (1982). Cognitive dissonance and psychotherapy. In G. Weary & H. Mirels (Eds.), Emerging integrations of clinical and social psychology . New York: Univ. Press.

Cooper, J. & Jones, E.E. (1969). Opinion divergence as a strategy to avoid being miscast. Journal of Personality and Social Psychology, 13, 23-30.

Cooper, J. & Fazio, R.H. (1986). The formation and persistence of attitudes that support intergroup conflict. In S. Worchel & W.G. Austin (Eds.), Psychology of intergroup relations (pp. 183-195). Chicago, IL: Nelson-Hall.

Cropranzano, R. & Folger, R. (1989). Referent cognitions and task decision autonomy: Beyond equity theory. Journal of Applied Psychology, 74, 293-299.

Crouch, A. & Yetton, P. (1987). Manager behavior, leadership style, and subordinate performance: An empirical extension of the Vroom-Yetton conflict rule. Organizational Behavior and Human Decision Processes, 39, 384-396.

Cunningham, M.R. (1986). Measuring the physical in physical attractiveness: Quasi-experiments on the sociobiology of female facial beauty. Journal of Personality and Social Psychology, 50, 925-935.

Cunningham, M.R., Barbee, A.P. & Pike, C.L. (1990). What do women want? Facialmetric assessment of multiple motives in the perception of male facial physical attractiveness. Journal of Personality and Social Psychology, 59, 61-72.

Dalbert, C. (1993). Psychisches Wohlbefinden und Persönlichkeit in Ost und West. Zeitschrift für Sozialisationsforschung und Erziehungssoziologie, 13, 82-94.

Dalbert, C. (1996). Über den Umgang mit Ungerechtigkeit. Bern: Huber.

Dalbert, C., Montada, L. & Schmitt, M. (1987). Glaube an eine gerechte Welt als Motiv: Validierungskorrelate zweier Skalen. Psychologische Beiträge, 29, 596-615.

Dann, H.D. & Doise, W. (1974). Ein neuer methodologischer Ansatz zur experimentellen Erforschung von Intergruppen-Beziehungen. Zeitschrift für Sozialpsychologie, 5, 2-15.

Darley, J.M. (1995). Constructive and destructive obedience: A taxonomy of principal-agent relationships. Journal of Social Issues, 51(3), 125-154.

Darley, J.M. & Berscheid, E. (1967). Increased liking as a result of the anticipation of personal contact. Human Relations, 20, 29-40.

367

Darley, J.M. & Fazio, R.H. (1980). Expectancy confirmation processes arising in the social interaction sequence. American Psychologist, 35, 867-881.

Davis, C.G., Lehman, D.R., Wortman, C.B., Silver, R.C. & Thompson, S.C. (1995). The undoing of traumatic life events. Personality and Social Psychology Bulletin, 21, 109-124.

Davis, K.E. & Roberts, M.K. (1985). Relationships in the real world: The Descriptive Psychology approach to personal relationships. In K.J. Gergen & K.E. Davis (Eds.). The social construction of the person (pp. 145-163). New York: Springer.

Dawes, R.M. (1980). Social dilemmas. Annual Review of Psychology, 31, 169-193.

Dawes, R.M., McTavish, J. & Shaklee, H. (1977). Behavior, communication and assumptions about other people's behavior in a commons dilemma situation. Journal of Personality and Social Psychology, 35, 1-11.

DeAngelis, T. (1992). Senate seeks answers to rising tide of violence. APA Monitor, 23(5), p.11.

Deaux, K. (1985). Sex and gender. Annual Review of Psychology, 36, 49-81.

Deaux, K. & Major, B. (1987). Putting gender into context: An interactive model of gender-related behavior. Psychological Review, 94, 369-389.

DeCharms, R. (1968). Personal causation. New York: Academic Press.

Deci, E.L., Nezlek, J. & Sheinman, L. (1981). Characteristics of the rewarder and intrinsic motivation of the rewardee. Journal of Personality and Social Psychology, 40, 1-10.

DeGregorio, E. & Carver, C.S. (1980). Type A behavior pattern, sex role orientation and psychological adjustment. Journal of Personality and Social Psychology, 39, 286-293.

DePaulo, B.M., Brown, P.L., Ishii, S. & Fisher, J.D. (1981). Help that works: The effects of aid on subsequent task performance. Journal of Personality and Social Psychology, 41, 478-487.

DePaulo, B.M. & Fisher, J.D. (1980). The costs of asking for help. Basic and Applied Social Psychology, 1, 23-35.

Dermer, M. & Thiel, D.L. (1975). When beauty may fail. Journal of Personality and Social Psychology, 31, 1168-1176.

Deutsch, M. (1958). Trust and suspicion. Journal of Conflict Resolution, 2, 265-279.

Dickenberger, D. (1983). Reaktanztheorie – Widerstand bei der Kindererziehung. In J. Haisch (Ed.), Angewandte Sozialpsychologie (pp.57-74). Bern: Huber.

Diehl, M. & Stroebe, W. (1987). Productivity loss in brainstorming groups: Toward the solution of a riddle. Journal of Personality and Social Psychology, 53, 497-509.

Diener, E. (1980). Deindividuation: The absence of self-awareness and self-regulation in group members. In P. Paulus (Ed.), The psychology of group influence (pp. 209-242). Hillsdale, NJ.: Lawrence Erlbaum Associates.

Diener, E., Frazer, S.C., Beaman, A.L. & Kelem, R.T. (1976). Effects of deindividuation variables on stealing among Halloween trick-or-treaters. Journal of Personality and Social Psychology, 33, 178-183.

Diener, E. & Iran-Nejad, A. (1986). The relationship between various types of affect. Journal of Personality and Social Psychology, 50, 1031-1038.

Dinner, S.H., Lewkowicz, B.E. & Cooper, J. (1972). Anticipatory attitude change as a function of self-esteem and issue familiarity. Journal of Personality and Social Psychology, 24, 407-412.

Dion, K. (1972). Physical attractiveness and evaluation of children's transgressions. Journal of Personality and Social Psychology, 24, 207-213.

Dion, K., Berscheid, E. & Walster, E. (1972). What is beautiful is good. Journal of Personality and Social Psychology, 24, 285-290.

Dion, K.K. & Berscheid, E. (1974). Physical attractiveness and peer perception among children. Sociometry, 37, 1-12.

Dion, K.L. & Dion, K.K. (1987). Belief in a just world and physical attractiveness stereotyping. Journal of Personality and Social Psychology, 52, 775-780

Doermer-Tramitz, C. (1990). ... auf den ersten Blick. Opladen: Westdeutscher Verlag.

Doise, W. (1986). Levels of explanation in social psychology. Cambridge: Cambridge University Press.

Doise, W., Mackie, D. & Vaughan, G.M. (1979). Social construction of the intellect. New Zealand Psychologist, 8, 53-59.

Doll, J., Ajzen, I. & Madden, T.J. (1991). Optimale Skalierung und Urteilsbildung in unterschiedlichen Einstellungsbereichen: Eine Reanalyse. Zeitschrift für Sozialpsychologie, 22, 102-111.

Doll, J. & Mallü, R. (1990). Individuierte Einstellungsformation, Einstellungsstruktur und Einstellungs-Verhaltens-Konsistenz. Zeitschrift für Sozialpsychologie, 21, 2-14.

Doll, J., Mentz, M. & Witte, E.H. (1995). Zur Theorie der vier Bindungsstile: Meßprobleme und Korrelate dreier integrierter Verhaltenssysteme. Zeitschrift für Sozialpsychologie, 26, 148-159.

Dollard, J., Doob, L.W., Miller, N.E., Mowrer, O.H. & Sears, R.R. (1939). Frustration and aggression. New Haven, CT: Yale University Press.

Doms, M. & van Avermaet, E. (1985). Social support and minority influence: The innovation effect reconsidered. In S. Moscovici, G. Mugny & E. van Avermaet (Eds.), Perspectives on minority influence (pp. 53-74). Cambridge: Cambridge University Press.

Donnerstein, E. (1983). Erotica and human aggression. In R.G. Geen & E.I. Donnerstein (Eds.), Aggression (Vol. 2, pp. 127-154). New York: Academic Press.

Donnerstein, E. & Berkowitz, L. (1981). Victim reactions to aggressive erotic films as a factor in violence against women. Journal of Personality and Social Psychology, 41, 710-724.

Donnerstein, E., Donnerstein, M. & Evans, R. (1975). Erotic stimuli and aggression: Facilitation or inhibition. Journal of Personality and Social Psychology, 32, 237-244.

Donnerstein, E., Linz, D. & Penrod, S. (1987). The question of pornography. New York: Free Press.

Doob, A.N. (1970). Catharsis and aggression: The effect of hurting one's enemy. Journal of Experimental Research in Personality, 4, 291-296.

Doob, A.N. & Wood, L.E. (1972). Catharsis and aggression: Effects of annoyance and retaliation on aggressive behavior. Journal of Personality and Social Psychology, 22, 156-162.

Dorris, J.W. (1972). Reactions to unconditional cooperation: A field study emphasizing variables neglected in laboratory research. Journal of Personality and Social Psychology, 22, 387-397.

Driscoll, R., Davis, K.E. & Lipetz, M.E. (1972). Parental interference and romantic love: The Romeo and Juliet effect. Journal of Personality and Social Psychology, 24, 1-10.

Durkin, K. (1995). Developmental social psychology. Oxford: Blackwell.

Dutton, D.G. & Aron, A.P. (1974). Some evidence for heightened sexual attraction under conditions of high anxiety. Journal of Personality and Social Psychology, 30, 510-517.

Dutton, D.G. & Aron, A.P. (1989). Romantic attraction and generalized liking for others who are sources of conflict-based arousal. Canadian Journal of Behavioural Science, 21, 246-257.

Dutton, D.G. & Golant, S.K. (1995). The batterer. A psychological perspective. New York: Basic Books.

Duval, S. & Wicklund, R.A. (1972). A theory of objective self awareness. New York: Academic Press.

Eagly, A.H. (1987). Sex differences in social behavior: A social-role interpretation. Hillsdale, NJ: Lawrence Erlbaum.

Eagly, A.H., Ashmore, R.D., Makhijani, M.G. & Longo, L.C. (1991). What is beautiful is good, but...: A meta-analytic review of research on the physical attractiveness stereotype. Psychological Bulletin, 110, 109-128.

Eagly, A.H. & Chaiken, S. (1993) The psychology of attitudes. Fort Worth, TX: Harcourt Brace.

Eagly, A.H. & Johnson, B.T. (1990). Gender and leadership style: A meta-analysis. Psychological Bulletin, 108, 233-256.

Eagly, A.H. & Karau, S.J. (1991). Gender and the emergence of leaders: A Meta-analysis. Journal of Personality and Social Psychology, 60, 685-710.

Eagly, A.H., Karau, S.J. & Makhijani, M.G. (1995). Gender and the effectiveness of leaders: A meta-analysis. Psychological Bulletin, 117, 125-145.

Eagly, A.H., Makhijani, M.G. & Klonsky, B.G. (1992). Gender and the evaluation of leaders: A meta-analysis. Psychological Bulletin, 111, 3-22.

Eagly, A.H. & Steffen, V.J. (1984). Gender stereotypes stem from the distribution of women and men into social roles. Journal of Personality and Social Psychology, 46, 735-754.

Eckes, T. & Rossbach, H. (1980). Clusteranalysen. Stuttgart: Kohlhammer.

Eckes, T. & Six, B. (1984). Prototypenforschung: Ein integrativer Ansatz zur Analyse der alltagssprachlichen Kategorisierung von Objekten, Personen und Situationen. Zeitschrift für Sozialpsychologie, 15, 2-17.

Eckes, T. & Six, B. (1994). Fakten und Fiktionen in der Einstellungs-Verhaltens-Forschung: Eine Meta-Analyse. Zeitschrift für Sozialpsychologie, 25, 253-271.

Eiser, J.R. & Stroebe, W. (1972). Categorization and social judgement. London: Academic Press.

Ekman, P. (1984). Expression and the nature of emotion. In K.R. Scherer & P. Ekman (Eds.), Approaches to emotion (pp. 319-343). Hillsdale, NJ: Erlbaum.

Elbing, E. (1991). Einsamkeit. Göttingen: Hogrefe.

Ellemers, N., van Knippenberg, A. & Wilke, H. (1990). The influence of permeability of group boundaries and stability of group status on strategies of individual mobility and social change. British Journal of Social Psychology, 29, 233-246.

Elms, A.C. (1995). Obedience in retrospect. Journal of Social Issues, 51(3), 21-31.

Engelkamp, J., Mohr, G. & Mohr, M. (1985). Zur Rezeption von Aufforderungen. Sprache & Kognition, 2, 65-75.

Engler, U. (1988). Hilfesuchendes Verhalten in Leistungssituationen: Der Einfluß von Personen- und Situationsvariablen. Bielefeld: Unveröffentlichte Dissertation.

Enzle, M.E. & Lowe, C.A. (1976). Helping behavior and social exchange. Social Behavior and Personality, 4, 261-266.

Erdfelder, E., Mausfeld, R., Meiser, T. & Rudinger, G. (Eds., 1996). Handbuch Quantitative Methoden. Weinheim: Psychologie Verlags Union.

Erlanger, H.S., Chambliss, E. & Melli, M.S. (1987). Participation and flexibility in informal process: Cautions from the divorce context. Law and Society Review, 21, 585-604

Ernst, G. Kleinbeck, U. & Schneidt, L. (1976). Die Integration beruflicher Information. Zeitschrift für experimentelle und angewandte Psychologie, 23, 383-395.

Esser, J.K. & Lindoerfer, J.S. (1989). Groupthink and the space-shuttle Challenger disaster: Toward a quantitative case analysis. Journal of Behavioral Decision Making, 2, 167-177.

Fazio, R.H. (1986). How do attitudes guide behavior? In R.M. Sorrentino & E.T. Higgins (Eds.), Handbook of motivation and cognition (pp. 204-243). New York: Guilford Press.

Fazio, R.H. (1989). On the power and functionality of attitudes: The role of attitude accessibility. In A.R. Pratkanis, S.J. Breckler & A.G. Greenwald (Eds.), Attitude structure and function (pp. 153-179). Hillsdale, NJ: Lawrence Erlbaum.

Fazio, R.H. (1990). Multiple processes by which attitudes guide behavior: The mode model as an integrative framework. In M.P. Zanna (Ed.), Advances in experimental social psychology (Vol. 23, pp. 75-109). San Diego, CA: Academic Press.

Fazio, R.H., Cooper, M., Dayson, K. & Johnson, M. (1981). Control and the coronary-prone behavior pattern: Responses to multiple situational demands. Personality and Social Psychology Bulletin, 7, 97-102.

Fazio, R.H., Effrein, E.H. & Falender, V.J. (1981). Self-perceptions following social interaction. Journal of Personality and Social Psychology, 41, 232-242.

Fazio, R.H., Sanbonmatsu, D.M., Powell, M.C. & Kardes, F.R. (1986). On the automatic activation of attitudes. Journal of Personality and Social Psychology, 50, 227-238.

Fazio, R.H. & Williams, C.J. (1986). Attitude accessibility as a moderator of the attitude-perception and attitude-behavior relations: An investigation of the 1984 president elections. Journal of Personality and Social Psychology, 51, 505-514.

Fazio, R.H. & Zanna, M.P. (1978). On the predictive validity of attitudes: The roles of direct experience and confidence. Journal of Personality, 46, 228-243.

Fazio, R.H. & Zanna, M.P. (1981). Direct experience and attitude-behavior consistency. In L. Berkowitz (Ed.), Advances in experimental social psychology (Vol. 14, pp. 161-202). New York: Academic Press.

Fazio, R.H., Zanna, M.P. & Cooper, J. (1978). Direct experience and attitude-behavior consistency: An information processing analysis. Personality and Social Psychology Bulletin, 4, 48-51.

Feeney, J.A. & Noller, P. (1990). Attachment style as a predictor of adult romantic relationship. Journal of Personality and Social Psychology, 58, 281-291.

Feeney, J.A. & Noller, P. (1996). Adult attachment. Thousand Oaks, CA: Sage.

Fehr, B. (1988). Prototype analysis of the concepts of love and commitment. Journal of Personality and Social Psychology, 55, 557-579.

Feingold, A. (1988). Matching for attractiveness in romantic partners and same-sex friends: A meta-analysis and theoretical critique. Psychological Bulletin, 104, 226-235.

Feingold, A. (1990). Gender differences in effects of physical attractiveness on romantic attraction: A comparison across five research paradigms. Journal of Personality and Social Psychology, 59, 981-993.

Feingold, A. (1992). Good-looking people are not what we think. Psychological Bulletin, 111, 304-341.

Felson, R.B. (1993). Motives for sexual coercion. In R.B. Felson & J.T. Tedeschi (Eds.), Aggression and violence (pp. 233-253). Washington: American Psychological Association.

Festinger, L. (1950). Informal social communication. Psychological Review, 57, 271-282.

Festinger, L. (1954). A theory of social comparison processes. Human Relations, 7, 117-140.

Festinger, L. (1957). A theory of cognitive dissonance. Stanford, CA: Stanford University Press. (dt.: Theorie der kognitiven Dissonanz. Bern: Huber, 1978).

Festinger, L. (1964). Conflict, decision and dissonance. Stanford, CA: Stanford University Press.

Festinger, L. & Carlsmith, J.M. (1959). Cognitive consequences of forced compliance. Journal of Abnormal and Social Psychology, 58, 203-210.

Festinger, L. & Freedman, J.L. (1964). Dissonance reduction and moral values. In P. Worchel & D. Byrne (Eds.), Personality change (pp. 220-243). New York: Wiley.

Festinger, L., Pepitone, A. & Newcomb, T. (1952). Some consequences of de-individuation in group. Journal of Abnormal and Social Psychology, 47, 382-389.

Festinger, L. & Thibaut, J. (1951). Interpersonal communication in small groups. Journal of Abnormal and Social Psychology, 46, 92-99.

Fiedler, F.E. (1964). A contingency model of leadership effectiveness. In L. Berkowitz (Ed.), Advances in experimental social psychology (Vol. 1, pp. 149-190). New York: Academic Press.

Fiedler, F.E. & Mai Dalton, R. (1995). Führungstheorien-Kontingenztheorie. In A. Kieser, G. Reber & R. Wunderer (Eds.), Handwörterbuch der Führung (2. Aufl., Spalten 940-953). Stuttgart: Schäffer-Poeschel.

Fiedler, K. (1988) Emotional mood, cognitive style, and behavior regulation. In K. Fiedler & J. Forgas (Eds.), Affect, cognition and social behavior (pp. 100-119). Lewiston: Hogrefe.

Fiedler, K. (1989). Lügendetektion aus alltagspsychologischer Sicht. Psychologische Rundschau, 40, 127-140.

Fine, M. (1985). The social construction of »what's fair« at work. Journal of Applied Social Psychology, 15, 166-177.

Finney, P., Merrifield, C. & Helm, B. (1976). The actors behavioral history, his current role and the divergence between actor and observer responsibility attributions. Journal of Research in Personality, 10, 358-368.

Firestone, I.J., Kaplan, K.J. & Russel, J.C. (1973). Anxiety, fear and affiliation with similar-state versus dissimilar-state others: Misery sometimes loves nonmiserable company. Journal of Personality and Social Psychology, 26, 409-414.

Firestone, I.J., Lichtman, C.M. & Colamosca, J.V. (1975). Leader effectiveness and leadership conferral as determinants of helping in a medical emergency. Journal of Personality and Social Psychology, 31, 343-348.

Fishbein, M. (1996). Information and behavior change: Theory based intervention to reduce AIDS related risk behaviors. Vortrag 40. Kongreß der Deutschen Gesellschaft für Psychologie, München.

Fishbein, M. & Ajzen, I. (1974). Attitudes towards objects as predictors of single and multiple behavioral criteria. Psychological Review, 81, 59-74.

Fishbein, M. & Ajzen, I. (1975). Belief, attitude, intention and behavior: An introduction to theory and research. Reading, MA: Addison-Wesley.

Fisher, J.D. & Farina, A. (1979). Consequences of beliefs about the nature of mental disorders. Journal of Abnormal Psychology, 88, 320-327.

Fisher, J.D., Harrison, C.L. & Nadler, A. (1978). Exploring the generalizability of donor-recipient similarity effects. Personality and Social Psychology Bulletin, 4, 627-630.

Fisher, J.D. & Nadler, A. (1974). The effect of similarity between donor and recipient on recipient's reaction to help. Journal of Applied Social Psychology, 4, 230-243.

Fisher, J.D. & Nadler, A. (1976). Effect of donor resources on recipient self-esteem and self-help. Journal of Experimental Social Psychology, 12, 139-150.

Fisher, J.D., Nadler, A. & Whitcher-Alagna, S. (1982). Recipient reactions to aid. Psychological Bulletin, 91, 27-54.

Fiske, S.T. (1980). Attention and weight in person perception: The impact of negative and extreme behavior. Journal of Personality and Social Psychology, 38, 889-906.

Fiske, S.T., Kenny, D.A. & Taylor, S.E. (1982). Structural models for the mediation of salience effects in attribution. Journal of Experimental Social Psychology, 18, 105-127.

Fiske, S.T. & Taylor, S.E. (1991). Social cognition (2. Auflage). New York: McGraw-Hill.

Fleishman, E.A. (1973). Twenty years of consideration and structure. In E.A. Fleishman & J.G. Hunt (Eds.), Current developments in the study of leadership (pp. 1-37). Carbondale, IL: Southern Illinois Univ. Press.

Flowers, M.L. (1977). A laboratory test of some implications of Janis's groupthink hypothesis. Journal of Personality and Social Psychology, 33, 888-895.

Foa, E.B. & Foa, U.G. (1980). Resource theory: Interpersonal behavior as exchange. In K.J. Gergen, M.S. Greenberg & R.H. Willis (Eds.), Social exchange (pp. 70-94). New York: Plenum.

Folger, R. (1986). Rethinking equity theory: A referent cognitions model. In H.W. Bierhoff, R.L. Cohen & J. Greenberg (Eds.), Justice in social relations (pp. 145-162). New York: Plenum.

Folger, R. & Konovsky, M.A. (1989). Effects of procedural and distributive justice on reactions to pay raise decisions. Academy of Management Journal, 32, 115-130.

Försterling, F. (1986). Attributionstheorie in der Klinischen Psychologie. München: U&S.

Försterling, F. (1989). Models of covariation and causal attribution: How do they relate to the analysis of variance? Journal of Personality and Social Psychology, 57, 615-625.

Försterling, F. (1992). Attributionsverzerrungen vor dem Hintergrund alter und neuer Kovariationsmodelle. Zeitschrift für Sozialpsychologie, 23, 179-193.

Frankel, A. & Snyder, M.L. (1978). Poor performance following unsolvable problems: Learned helplessness or egotism. Journal of Personality and Social Psychology, 36, 1415-1423.

Freud, S. (1953, orig. 1940). Abriß der Psychoanalyse. Frankfurt: Fischer.

Freud, S. (1977, orig. 1917). Vorlesungen zur Einführung in die Psychoanalyse. Frankfurt: Fischer.

Freud, S. (1978, orig. 1933). Neue Folge der Vorlesungen zur Einführung in die Psychoanalyse. Frankfurt: Fischer.

Frey, D. (1981). Informationssuche und Informationsbewertung bei Entscheidungen. Bern: Huber.

Frey, D. (1992). Psychological factors related to the recuperation of accident victims. In L. Montada, S.H. Filipp & M.J. Lerner (Eds.), Life crises and experiences of loss in adulthood (pp. 57-63). Hillsdale, NJ: Lawrence Erlbaum.

Frey, D. & Benning, E. (1983). Das Selbstwertgefühl. In H. Mandl & G.L. Huber (Eds.), Emotion und Kognition (pp. 148-182). München: U & S.

Frey, D., Schulz-Hardt, S., Lüthgens, C. & Schmook, R. (1995). Psychologische Aspekte der Strukturkrise der deutschen Wirtschaft. In K. Pawlik (Ed.), Bericht über den 39. Kongreß der Deutschen Gesellschaft für Psychologie in Hamburg 1994 (pp. 557-562). Göttingen: Hogrefe.

Friedman, L. (1981) How affiliation affects stress in fear and anxiety situations. Journal of Personality and Social Psychology, 40, 1102-1117.

Friedman, M. & Rosenman, R.H. (1985, orig. 1974). Rette Dein Herz. Hamburg: Rowohlt.

Friedman, M. et al. (1986). Alterations of Type A behavior and its effects on cardiac recurrences in post myocardial infarction patients: Summary results of the recurrent coronary prevention project. American Heart Journal, 112, 653-665.

Furby, L., Fishhoff, B. Morgan, M. (1990). Preventing rape: How people perceive the options for assault prevention. In E. Viano (Ed.), The victimology handbook. (pp. 227-259). New York: Garland.

Furnham, A. (1990). The protestant work ethic. London: Routledge.

Furnham, A. (1993). Just world beliefs in twelve societies. Journal of Social Psychology, 133, 317-329.

Furnham, A. & Procter, E. (1989). Belief in a just world: Review and critique of the individual difference literature. British Journal of Social Psychology, 28, 365-384.

Gaertner, S.L. (1973). Helping behavior and racial discrimination among liberals and conservatives. Journal of Personality and Social Psychology, 25, 335-341.

Gaertner, S.L. & Dovidio, J.F. (1977). The subtlety of white racism, arousal, and helping behavior. Journal of Personality and Social Psychology, 35, 691-707.

Gaertner, S.L., Dovidio, J.F., Anastasio, P.A., Bachman, B.A. & Rust, M.C. (1993). The common ingroup model: Recategorization and the reduction of intergroup bias. In W. Stroebe & M. Hewstone (Eds.), European Review of Social Psychology (Vol. 4, pp. 1-26). Chichester: Wiley.

Gaertner, S.L., Mann, J.A., Murrell, A.J. & Dovidio, J.F. (1989). Reducing intergroup bias: the benefits of recategorization. Journal of Personality and Social Psychology, 57, 239-249.

Galper, R.E. (1976). Turning observers into actors: Differential causal attributions as a function of »empathy«. Journal of Research in Personality, 10, 328-335.

Garcia, S., Stinson, L., Ickes, W., Bisonette, V. & Briggs, S.R. (1991). Shyness and physical attractiveness in mixed-sex dyads. Journal of Personality and Social Psychology, 61, 35-49.

Gatchel, R.J. (1980). Perceived control: A review and evaluation of therapeutic implications. In A. Baum & J.E. Singer (Eds.), Advances in environmental psychology (Vol. 2, pp. 1-22). Hillsdale, NJ: Lawrence Erlbaum.

Gatchel, R.J., Baum, A. & Krantz, D.S. (1989). An introduction to health psychology (2nd edition). New York: Random House.

Gatchel, R.J. & Proctor, J.D. (1976). Physiological correlates of learned helplessness in man. Journal of Abnormal Psychology, 85, 27-34.

Geen, R.G. (1983). Aggression and television violence. In R.G. Geen & E.I. Donnerstein (Eds.), Aggression (Vol. 2, pp. 103-125). New York: Academic Press.

Geen, R.G. (1990). Human aggression. Milton Keynes, England: Open University Press.

Geen, R.G. & Quanty, M.B. (1977). The catharsis of aggression: An evaluation of a hypothesis. In L. Berkowitz (Ed.), Advances in experimental social psychology (Vol. 10, pp. 1-37). New York: Academic Press.

Geen, R.G., Stonner, D. & Shope, G.L. (1975). The facilitation of aggression by aggression: Evidence against the catharsis hypothesis. Journal of Personality and Social Psychology, 31, 721-726.

Gerard, H.B. (1963). Emotional uncertainty and social comparison. Journal of Abnormal and Social Psychology, 66, 568-573.

Gerard, H.B. & Mathewson, C. (1966). The effects of severity of initiation on liking for a group: a replication. Journal of Experimental Social Psychology, 2, 278-287.

Gerard, H.B., Wilhelmy, R.A. & Conolley, E.S. (1968). Conformity and group size. Journal of Personality and Social Psychology, 8, 79-82.

Gergen, K.G. (1990). Die Konstruktion des Selbst im Zeitalter der Postmoderne. Psychologische Rundschau, 41, 191-199.

Gergen, K.J. (1974). Toward a psychology of receiving help. Journal of Applied Social Psychology, 4, 187-194.

Gergen, K.J. (1982). Toward transformation in social knowledge. New York: Springer.

Gergen, K.J., Morse, S.J. & Bode, K.A. (1974). Overpaid or overworked? Cognitive and behavioral reactions to inequitable rewards. Journal of Abnormal and Social Psychology, 4, 259-274.

Gerhards, F. (1992). Ärgerausdrucks-Hemmung bei Migränekranken. Zeitschrift für Klinische Psychologie, 21, 262-271.

Gerling, M. & Wender, I. (1981). Gerechtigkeitskonzepte und Aufteilungsverhalten von Vorschulkindern. Zeitschrift für Entwicklungspsychologie und Pädagogische Psychologie, 12, 236-250.

Geyer, A. & Steyrer, J. (1994). Transformationale Führung, klassische Führungstheorien und objektive Erfolgsindikatoren von Bankbetrieben. Zeitschrift für Betriebswirtschaft, 64, 961-979.

Gibbons, F.X., Carver, C.S., Scheier, M.F. & Hormuth S.E. (1979). Self-focused attention and the placebo effect: Fooling some of the people some of the time. Journal of Experimental Social Psychology, 15, 263-274.

Gibson, B. (1997). The controversy over tobacco: Social science perspectives on tobacco policy. Journal of Social Issues, 53(1), 3-11.

Giddens, A. (1992). The transformation of intimacy. Cambridge: Polity Press.

Gigerenzer, G. & Goldstein, D.G. (1996). Reasoning the fast and frugal way: Models of bounded rationality. Psychological Review, 103, 650-669.

Gigone, D. & Hastie, R. (1997). Proper analysis of the accuracy of group judgments. Psychological Bulletin, 121, 145-167.

Gilbert, D.T. (1991). How mental systems believe. American Psychologist, 46, 107-119.

Gilbert, D.T. & Malone, P.S. (1995). The correspondence bias. Psychological Bulletin, 117, 21-38.

Gilbert, G.M. (1951). Stereotype persistence and change among college students. Journal of Abnormal and Social Psychology, 46, 24-254.

Glass, D.C. (1977). Behavior patterns, stress and coronary disease. Hillsdale, NJ: Lawrence Erlbaum.

Glass, D.C., Snyder, M.L. & Hollis, J.F. (1974). Tine urgency and the Type A behavior pattern. Journal of Applied Social Psychology, 4, 125-140.

Glatz, W., Wagner, W. & Brandstätter, H. (1983). Reduziert Unfreundlichkeit die Überzeugungskraft eines Sprechers? In G. Lüer (Ed.), Bericht über den 33. Kongreß der Deutschen Gesellschaft für Psychologie in Mainz 1982 (Vol. 2, pp. 607-611). Göttingen: Hogrefe.

Goethals, G.R., Cooper, J. (1972). Role of intention and postbehavioral consequence in the arousal of cognitive dissonance. Journal of Personality and Social Psychology, 23, 293-301.

Goethals, G.R., Cooper, J. & Naficy, A. (1979). Role of foreseen, foreseeable and unforeseeable behavioral consequences in the arousal of cognitive dissonance. Journal of Personality and Social Psychology, 37, 1179-1185.

Goethals, G.R. & Darley, J.M. (1977). Social comparison theory: An attributional approach. In J.M. Suls & R.L. Miller (Eds.), Social comparison processes (pp. 259-278). Washington, DC: Hemisphere.

Gotay, C.C. (1981). Cooperation and competition as a function of Type A behavior. Personality and Social Psychology Bulletin, 7, 386-392.

Götz-Marchand, B. (1980). Ergebnisse der empirischen Kleingruppenforschung. In B. Schäfers (Ed.), Einführung in die Gruppensoziologie (pp. 145-171). Heidelberg: UTB.

Grabitz-Gniech, G. & Grabitz, H.J. (1973a). Psychologische Reaktanz: Theoretisches Konzept und experimentelle Untersuchungen. Zeitschrift für Sozialpsychologie, 4, 19-35.

Graen, G.B. & Uhl-Bien, M. (1995). Führungstheorien, von Dyaden zu Teams. In A. Kieser, G. Reber & R. Wunderer (Eds.), Handwörterbuch der Führung (2. Aufl., Spalten 1045-1058). Stuttgart: Schäffer-Poeschel.

Grammer, K. (1995). Signale der Liebe (2. Auflage). München: dtv.

Grau, I. (1994). Entwicklung und Validierung eines Inventars zur Erfassung von Bindungsstilen in Paarbeziehungen. Fachbereich Psychologie der Universität Marburg: Unveröffentlichte Dissertation.

Grau, I. (1997). Equity in der Partnerschaft. Meßprobleme und Ursachen für Ungerechtigkeit. In E.H. Witte (Ed.), Sozialpsychologie der Paarbeziehungen (pp. 92-113). Lengerich: Pabst.

Grau, I. & Bierhoff, H.W. (1996). Erinnerungsverzerrung durch implizite Theorien. Der Zusammenhang zwischen aktuellen Urteilen und Erinnerungen an frühere Urteile über sich selbst und den Lebenspartner. Zeitschrift für Psychologie, 204, 167-185.

Graumann, C.F. (1981). Interpersonale Kommunikation. In H. Werbik & H.J. Kaiser (Eds.), Kritische Stichwörter zur Sozialpsychologie (pp. 174-191). München: Fink.

Greenberg, J. (1985). Unattainable goal choice as a self-handicapping strategy. Journal of Applied Social Psychology, 15, 140-152.

Greenberg, J. (1986). Determinants of perceived fairness of performance evaluation. Journal of Applied Psychology, 71, 340-342.

Greenberg, J. (1987). Reactions to procedural injustice in payment distributions: Do the means justify the ends? Journal of Applied Psychology, 72, 55-61.

Greenberg, J. (1990a). Looking fair vs. being fair: Managing impressions of organizational justice. Research in Organizational Behavior (Vol. 12, pp. 111-157). Greenwich, CT: JAI Press.

Greenberg, J. (1990b). Employee theft as a reaction to underpayment inequity: The hidden costs of pay cuts. Journal of Applied Psychology, 75, 561-568.

Greenberg, J. & Folger, R. (1988). Controversial issues in social research methods. New York: Springer.

Greenberg, M.S. (1980). A theory of indebtedness. In K.J. Gergen, M.S. Greenberg & R.H. Willis (Eds.), Social exchange (pp. 3-26). New York: Plenum.

Greene, R.L. (1986). Sources of recency effects in free recall. Psychological Bulletin, 99, 221-228.

Grice, H.P. (1975). Logic and conversation. In P. Cole & J.L. Morgan (Eds.), Syntax and semantics 3: Speech acts (pp. 41-58). New York: Academic Press.

Griffith, T.L. (1993). Monitoring and performance: A comparison of computer and supervisor monitoring. Journal of Applied Social Psychology, 23, 549-572

Gross, A.E. & Latane', J.G. (1974). Receiving help, reciprocation and interpersonal attraction. Journal of Applied Social Psychology, 4, 210-223.

Grossmann, K.E. et al. (1989). Die Bindungstheorie: Modell und entwicklungspsychologische Forschung. In H. Keller (1989). Handbuch der Kleinkindforschung (pp. 31-55). Berlin: Springer.

Grossmann, K.E. & Grossmann, K. (1991). Attachment quality as an organizer of emotional and behavioral responses in a longitudinal perspective. In C.M. Parkes, J. Stevenson-Hinde & P. Marris (Eds.), Attachment across the life cycle (pp. 93-114). London: Tavistock.

Grossmann, K., Grossmann, K.E., Spangler, G., Suess, G. & Unzner, L. (1985). Maternal sensitivity and newborns' orientation responses as related to quality of attachment in northern Germany. Monographs of the Society for Research in Child Development, 50, Serial No. 209, No. 2, 233-256.

Gruder, C.L. (1977). Choice of comparison persons in evaluating oneself. In J.M. Suls & R.L. Miller (Eds.), Social comparison processes (pp. 21-41). Washington, DC: Hemisphere.

Grunwald, W. (1993). Führung in der Krise: Rückbesinnung auf die Tugend-Ethik! Io Management Zeitschrift, 62, 34-39.

Grusec, J.E. (1991). Socializing concern for others in the home. Developmental Psychology, 27, 338-342.

Grusec, J.E., Kuczynski, L., Rushton, J.P. & Simutis, Z.M. (1978). Modeling, direct instruction and attributions: effects on altruism. Developmental Psychology, 14, 51-57.

Grusec, J.E. & Redler, E. (1980). Attribution, reinforcement and altruism: A developmental analysis. Developmental Psychology, 16, 525-534.

Grush, J.E. & Yehl, J.G. (1979). Marital roles, sex differences and interpersonal attraction. Journal of Personality and Social Psychology, 37, 116-123.

Guttman, A. (1983). Roman sports violence. In J.H. Goldstein (Ed.), Sports violence (pp. 7-19). New York: Springer.

Haisch, J. (1980). Anwendung von Attributionstheorie als normatives Modell für eine rationale Strafzumessung: Experimentelle Überprüfung eines Trainingsprogrammes. Zeitschrift für experimentelle und angewandte Psychologie, 27, 415-427.

Haisch, J. (1995). Attributionsverändernde Maßnahmen in Psychotherapie und Medizin: Theoretische Begründung, Ansatzpunkte und Erfolg. Zeitschrift für Klinische Psychologie, Psychopathologie und Psychotherapie, 43, 234-248.

Haisch, J. & Haisch, I. (1991). Behandlung und Therapie von Eßstörungen – Eine Attributionsanalyse. In J. Haisch & H.P. Zeitler (Eds.), Gesundheitspsychologie (pp. 243-259). Heidelberg: Asanger.

Halisch, F. (1988). Empathie, Attribution und die Entwicklung des Hilfehandelns. In H.W. Bierhoff & L. Montada (Eds.), Altruismus. Bedingungen der Hilfsbereitschaft (pp. 79-103). Göttingen: Hogrefe.

Haller, V., Machura, S. & Bierhoff, H.W. (1996). Urteil und Verfahrensgerechtigkeit aus der Perspektive jugendlicher Strafgefangener. G. Bierbrauer, W. Gottwald & B. Birnbreier-Stahlberger (Eds.), Verfahrensgerechtigkeit (pp. 111-137). Köln: Schmidt.

Hamill, R., Wilson, T.D. & Nisbett, R.E. (1980). Insensitivity to sample bias: Generalizing from atypical cases. Journal of Personality and Social Psychology, 39, 578-587.

Hamilton, D.L. & Zanna, M.P. (1974). Context effects in impression formation: Changes in connotative meaning. Journal of Personality and Social Psychology, 29, 649-654.

Hamilton, V.L. & Sanders, J. (1995). Crimes of obedience and conformity in the workplace: Surveys of Americans, Russians, and Japanese. Journal of Social Issues, 51(3), 67-88.

Hamilton, W.D. (1964). The genetical evolution of social behavior. Part I and II. Journal of Theoretical Biology, 7, 1-52.

Hammerstein, P. & Bierhoff, H.W. (1988). Kooperation und Konflikt. In K. Immelmann, K.R. Scherer, C. Vogel & P. Schmoock (Eds.), Psychobiologie (pp. 525-560). Stuttgart: Fischer.

Hansen, R.D. (1980). Commonsense attribution. Journal of Personality and Social Psychology, 39, 996-1009.

Hardin, G. (1968). The tragedy of the commons. Science, 162, 1243-1248.

Harkness, A.R., DeBono, K.G. & Borgida, E. (1985). Personal involvement and strategies for making contingency judgments: A stake in the dating game makes a difference. Journal of Personality and Social Psychology, 49, 22-32.

Harris, M.B. & Huang, L.C. (1973). Helping and the attribution process. Journal of Social Psychology, 90, 291-297.

Harris, M.J., Milich, R., Corbitt, E.M. Hoover, D.W. & Brady, M. (1992). Self-fulfilling effects of stigmatizing information on children's social interactions. Journal of Personality and Social Psychology, 63, 41-50.

Harris, P.R. (1985). Asch's data and the »Asch effect«: a critical note. British Journal of Social Psychology, 24, 229-230.

Harvey, J.H., Harris, B. & Barnes, R.D. (1975). Actor-observer differences in the perceptions of responsibility and freedom. Journal of Personality and Social Psychology, 32, 22-28.

Hassebrauck, M. (1986). Der Einfluß von Attitüdenähnlichkeit auf die Beurteilung physischer Attraktivität. Zeitschrift für Differentielle und Diagnostische Psychologie, 7, 89-98.

Hassebrauck, M. (1995a). Kognitionen von Beziehungsqualität: Eine Prototypenanalyse. Zeitschrift für Sozialpsychologie, 26, 160-172.

Hassebrauck, M. (1995b). Die Bedeutung zentraler und peripherer Konzeptmerkmale für die Beurteilung von Paarbeziehungen. Zeitschrift für Sozialpsychologie, 26, 285-293.

Hatfield, E., Utne, M.K. & Traupmann, J. (1979). Equity theory and intimate relationships. In R.L. Burgess & T.L. Huston (Eds.), Social exchange in developing relationships (pp. 99-133). New York: Academic Press.

Hawkins, R.K. (1988). Verkehrsverhalten auf Autobahnen unter Bedingungen eingeschränkter Sicht. Zeitschrift für Verkehrssicherheit, 34, 74-79.

Hawkins, S.A. & Hastie, R. (1990). Hindsight: Biased judgments of past events after the outcomes are known. Psychological Bulletin, 107, 311-327

Hays, W.L. (1958). An approach to the study of trait implication and trait similarity. In R. Tagiuri & L. Petrullo (Eds.), Person perception and interpersonal behavior (pp. 289-299). Stanford, CA: Stanford University Press.

Hazan, C. & Shaver, P. (1987). Romantic love conceptualized as an attachment process. Journal of Personality and Social Psychology, 52, 511-524.

Hazan, C. & Shaver, P. (1990). Love and work: An attachment-theoretical perspective. Journal of Personality and Social Psychology, 59, 270-280.

Hazan, C. & Shaver, P.R. (1994). Attachment as an organizational framework for research on close relationships. Psychological Inquiry, 5, 1-22.

Heckhausen, H. (1977). Motivation: Kognitionspsychologische Aufspaltung eines summarischen Konstrukts. Psychologische Rundschau, 23, 175-189.

Heckhausen, H. (1981). Chancengleichheit. In H. Schiefele & A. Krapp (Eds.), Handlexikon zur Pädagogischen Psychologie (pp. 54-61). München: Ehrenwirth.

Heckhausen, J. & Schultz, R. (1995). A life-span theory of control. Psychological Review, 102, 284-304.

Heider, F. (1958). The psychology of interpersonal relations. New York: Wiley. (dt.: Psychologie der interpersonellen Beziehungen. Stuttgart: Klett, 1977).

Heilman, M.E. & Toffler, B.L. (1976). Reacting to reactance:
An interpersonal interpretation of the need for freedom. Journal of Experimental Social Psychology, 12, 519-529.

Heinemann, W., Pellander, F., Vogelbusch, A. & Wojtek, B. (1981). Meeting a deviant person: Subjective norms and affective reactions. European Journal of Social Psychology, 11, 1-25.

Hendrick, C. & Costantini, A.F. (1970). Effects of varying trait inconsistency and response requirements on the primacy effect in impression formation. Journal of Personality and Social Psychology, 15, 158-164.

Hendrick, C. & Hendrick, S. (1986). A theory and method of love. Journal of Personality and Social Psychology, 50, 392-402.

Hendrick, S.S. (1981). Self-disclosure and marital satisfaction. Journal of Personality and Social Psychology, 40, 1150-1159.

Henss, R. (1987). Zur Beurteilerübereinstimmung bei der Einschätzung der physischen Attraktivität junger und alter Menschen. Zeitschrift für Sozialpsychologie,
18, 118-130.

Henss, R. (1992). »Spieglein, Spieglein an der Wand«. Geschlecht, Alter und physische Attraktivität. Weinheim: PVU.

Hewstone, M. (1988). Attributional bases of intergroup conflict. In W. Stroebe, A.W. Kruglanski, D. Bar-Tal & M. Hewstone (Eds.), The social psychology of intergroup conflict (pp. 47-71). Berlin: Springer.

Hewstone, M. (1990). The »ultimate attribution error«? A review of the literature on intergroup causal attribution. European Journal of Social Psychology, 20, 311-335.

Hewstone, M. (1996). Contact and categorization: Social psychological interventions to change intergroup relations. In C.N. Macrae, C. Stangor & M. Hewstone (Eds.), Stereotypes and stereotyping (pp. 323-368). New York: Guilford Press.

Hewstone, M. & Brown, R. (1986). Contact is not enough: An intergroup perspective on the »contact hypothesis«. In M. Hewstone & R. Brown (Eds.), Contact and conflict in intergroup encounters (pp. 1-44). Oxford: Blackwell.

Hewstone, M. & Jaspars, J. (1987). Covariation and causal attribution: A logical model of the intuitive analysis of variance. Journal of Personality and Social Psychology, 53, 663-672.

Hewstone, M. & Ward, C. (1985). Ethnocentrism and causal attribution in Southeast Asia. Journal of Personality and Social Psychology, 48, 614-623.

Hilton, D.J. (1990). Conversational processes and causal explanation. Psychological Bulletin, 107, 65-81.

Himmelfarb, S. (1973). General test of a differential weighted averaging model of impression formation. Journal of Experimental Social Psychology, 9, 379-390.

Hiroto, D.S. & Seligman, M.E.P. (1975). Generality of learned helplessness in man. Journal of Personality and Social Psychology, 31, 311-327.

Hirschman, A.O. (1970). Exit, voice, and loyalty. Cambridge, MA: Harvard University Press.

Hoffman, M.L. (1976). Empathy, role taking, guilt and development of altruistic motives. In T. Lickona (Ed.), Moral development and behavior (pp. 124-143). New York: Holt.

Hoffman, M.L. (1978). Empathy, its development and prosocial implications. In C.B. Keasy (Ed.), Nebraska Symposium on Motivation, 1977 (Vol. 25, pp. 169-217). Lincoln, NE: University of Nebraska Press.

Hoffman, M.L. (1979). Development of moral thought, feeling and behavior. American Psychologist, 34, 958-966.

Hoffman, M.L. (1989). Empathy and prosocial activism. In N. Eisenberg, J. Reykowski & E. Staub (Eds.), Social and moral values (pp. 65-85). Hillsdale, NJ: Lawrence Erlbaum.

Hofman, J.E. (1988). Social identity and intergroup conflict: An Israeli view. In W. Stroebe, A.W. Kruglanski, D. Bar-Tal & M. Hewstone (Eds.), The social psychology of intergroup conflict (pp. 89-102). Berlin: Springer.

Hofstadter, D.R. (1988, orig. 1985). Metamagicum. Fragen nach der Essenz von Geist und Struktur. Stuttgart: Klett-Cotta.

Hofstätter, P.R. (1966). Einführung in die Sozialpsychologie. Stuttgart: Kröner.

Hofstede, G. (1994). Cultures and organizations. London: Harper Collins.

Hollander, E.P. (1960). Competence and conformity in the acceptance of influence. Journal of Abnormal and Social Psychology, 61, 361-365.

Hollander, E.P. (1995). Führungstheorien-Idiosynkrasiekreditmodell. In A. Kieser, G. Reber & R. Wunderer (Eds.), Handwörterbuch der Führung (2. Aufl., Spalten 926-940). Stuttgart: Schäffer-Poeschel.

Homans, G.C. (1961). Social behavior: Its elementary forms. New York: Harcourt.

Hormuth, S.E. (1982). Self-awareness and drive theory: Comparing internal standards and dominant responses. European Journal of Social Psychology, 12, 31-45.

House, R. & Shamir, B. (1995). Führungstheorien – Charismatische Führung. In A. Kieser, G. Reber & R. Wunderer (Eds.), Handwörterbuch der Führung (2. Aufl., Spalten 878-897). Stuttgart: Schäffer-Poeschel.

Huber, H.P., Hauke, D. & Gramer, M. (1988). Frustrationsbedingter Blutdruckanstieg und dessen Abbau durch aggressive Reaktionen. Zeitschrift für experimentelle und angewandte Psychologie, 35, 427-440.

Huesmann, L.R. (1986). Psychological processes promoting the relation between exposure to media violence and aggressive behavior by the viewer. Journal of Social Issues, 42(3), 125-139.

Huesmann, L.R. & Eron, D.L. (1986). The development of aggression in American children as a consequence of television violence viewing. In L.R. Huesmann & L.D. Eron (Eds.), Television and the aggressive child: A cross-national comparison (pp. 45-80). Hillsdale, NJ: Lawrence Erlbaum.

Huesmann, L.R., Eron, L.D., Lefkowitz, M.M. & Walder, L.O. (1984). Stability of aggression over time and generations. Developmental Psychology, 20, 1120-1134.

Hull, J.G. & Mendolia, M. (1991). Modeling the relations of attributional style, expectancies, and depression. Journal of Personality and Social Psychology, 61, 85-97.

Hunt, M. (1992). Das Rätsel der Nächstenliebe. Frankfurt: Campus.

Huston, T.L. & Levinger, G. (1978). Interpersonal attraction and relationships. Annual Review of Psychology, 29, 115-156.

Ijzendoorn, M.H. v. (1995). Adult attachment representations, parental responsiveness, and infant attachment. Psychological Bulletin, 117, 387–403.

Ijzendoorn, M.H. v. & Kroonenberg, P.M. (1988). Cross-cultural patterns of attachment: A meta-analysis of the strange situation. Child Development, 59, 147-156.

Insko, C. (1964). Primacy versus recency in persuasion as a function of the timing of arguments and measures. Journal of Abnormal and Social Psychology, 69, 381-391.

Irle, M. & Möntmann, V. (1978). Die Theorie der kognitiven Dissonanz. In L. Festinger, Theorie der kognitiven Dissonanz (pp. 274-365). Bern: Huber.

Irwin, M., Tripodi, T. & Bieri, J. (1967). Affective stimulus value and cognitive complexity. Journal of Personality and Social Psychology, 5, 444-448.

Isen, A.M., Clark, M. & Schwartz, M.F. (1976). Duration of the effect of good mood on helping: »Footprints on the sands of time«. Journal of Personality and Social Psychology, 34, 385-393.

Isen, A.M., Shalker, T.E., Clark, M. & Karp, L. (1978). Affect, accessibility of material in memory and behavior: A cognitive loop? Journal of Personality and Social Psychology, 36, 1-12.

Jago, A.G. (1995). Führungstheorien – Vroom/Yetton Modell. In A. Kieser, G. Reber & R. Wunderer (Eds.), Handwörterbuch der Führung (2. Aufl., Spalten 1058-1075). Stuttgart: Schäffer-Poeschel.

Janis, I.L. (1982). Groupthink. Psychological studies of policy decisions and fiascoes. Boston: Houghton Mifflin (2. Auflage).

Janis, I.L. (1989). Crucial Decisions. New York: Free Press.

Janis, I.L. & Mann, L. (1977). Decision making. New York. Free Press.

Janoff-Bulman, R. & Brickman, P. (1982). Expectations and what people learn from failure. In N.T. Feather (Ed.), Expectations and actions (pp. 207-237). Hillsdale, NJ: Lawrence Erlbaum.

Jansen, D., Röhl, K.F. & Schwarz, G. (1987). Das Güteverfahren vor dem Schiedsmann – ein alternatives Vermittlungsverfahren in zivilrechtlichen Streitigkeiten. Köln: Heymanns.

Jasso, G. (1983). Fairness of individual rewards and fairness of the reward distribution: Specifying the inconsistency between the micro and macro principles of justice. Social Psychology Quarterly, 46, 185-199.

Jellison, J.M. & Green, J. (1981). A self-presentation approach to the fundamental attribution error: The norm of internality. Journal of Personality and Social Psychology, 40, 643-649.

Jenkins, C.D., Zyzanski, S.J. & Rosenman, R.H. (1971). Progress toward validation of a computer-scored test for the Type A coronary-prone behavior pattern. Psychosomatic Medicine, 33, 193-202.

Johnson, B.T. & Eagly, A.H. (1989). The effects of involvement on persuasion: A meta-analysis. Psychological Bulletin, 106, 290-314.

Johnson, B.T. & Eagly, A.H. (1990). Involvement and persuasion: Types, tradition and the evidence. Psychological Bulletin, 107, 375-384.

Johnson, D.J. & Rusbult, C.E. (1989). Resisting temptation: Devaluation of alternative partners as a means of maintaining commitment in close relationships. Journal of Personality and Social Psychology, 57, 967-980.

Johnson, R.C. et al. (1989). Cross-cultural assessment of altruism and its correlates. Personality and Individual Differences, 10, 855-868.

Jones, C. & Aronson, E. (1973). Attribution of fault to a rape victim as a function of respectability of the victim. Journal of Personality and Social Psychology, 26, 415-419.

Jones, E.E. (1976). How do people perceive the causes of behavior. American Scientist, 64, 300-305.

Jones, E.E. (1990). Interpersonal perception. New York: Freeman.

Jones, E.E. & Berglas, S. (1976). A recency effect in attitude attribution. Journal of Personality, 44, 433-448.

Jones, E.E. & Berglas, S. (1978). Control of attribution about the self through self-handicapping strategies: The appeal of alcohol and the role of underachievement. Personality and Social Psychology Bulletin, 4, 200-206.

Jones, E.E. & Davis, K.E. (1965). From acts to dispositions: The attribution process in person perception. In L. Berkowitz (Ed.), Advances in experimental social psychology (Vol. 2, pp. 219-266). New York: Academic Press.

Jones, E.E. & Gerard, H.B. (1967). Foundations of social psychology. New York: Wiley.

Jones, E.E. & Goethals, G.R. (1972). Order effects in impression formation: Attribution context and the nature of the entity. In E.E. Jones et al. (Eds.), Attribution: Perceiving the causes of behavior (pp. 27-46). Morristown, NJ: General Learning Press.

Jones, E.E., Goethals, G.R., Kennington, G.E. & Severance, L.J. (1972). Primacy and assimilation in the attribution process: The stable entity proposition. Journal of Personality, 40, 250-274.

Jones, E.E. & Harris, V.A. (1967). The attribution of attitudes. Journal of Experimental Social Psychology, 3, 1-24.

Jones, E.E. & Nisbett, R.E. (1972). The actor and the observer: Divergent perceptions of the causes of behavior. In E.E. Jones et al. (Eds.), Attribution: Perceiving the causes of behavior (pp. 79-94). Morristown, NJ: General Learning Press.

Jones, E.E. & Pittman, T.S. (1982). Toward a general theory of strategic self-presentation. In J. Suls (Ed.), Psychological perspectives on the self (Vol. 1, pp. 231-262). Hillsdale, NJ: Lawrence Erlbaum.

Jones, E.E., Rhodewalt, F., Berglas, S. & Skelton, J.A. (1981). Effects of strategic self-presentation on subsequent self-esteem. Journal of Personality and Social Psychology, 41, 407-421.

Jones, E.E., Riggs, J.M. & Quattrone, G. (1979). Observer bias in the attitude attribution paradigm: Effect of time and information order. Journal of Personality and Social Psychology, 37, 1230-1238.

Jones, E.E., Rock, L., Shaver, K.G., Goethals, G.R. & Ward, L.M. (1968). Pattern of performance and ability attribution: An unexpected primacy effect. Journal of Personality and Social Psychology, 10, 317-340.

Jones, E.E. & Wortman, C. (1973). Ingratiation: An attributional approach. Morristown, NJ: General Learning Press.

Jones, R.G. & Welsh, J.B. (1971). Ability attribution and impression formation in a strategic game: A limiting case of the primacy effect. Journal of Personality and Social Psychology, 20, 166-175.

Jones, W.H. (1982). Loneliness and social behavior. In L.A. Peplau & D. Perlman (Eds.), Loneliness (pp. 238-252). New York: Wiley.

Joseph, J.M., Kane, T.R., Nacci, P.L. & Tedeschi, J.T. (1977). Perceived aggression: A re-evaluation of the Bandura modeling paradigm. Journal of Social Psychology, 103, 277-289.

Josephson, W.L. (1987). Television violence and children's aggression: Testing the priming, social script, and disinhibition predictions. Journal of Personality and Social Psychology, 53, 882-890.

Jussim, L. (1990). Social reality and social problems: The role of expectancies. Journal of Social Issues, 46(2), 9-34.

Jussim, L. (1991). Social perception and social reality: A reflection-construction model. Psychological Review, 98, 54-73.

Kahn, A. (1972). Reactions to generosity or stinginess from an intelligent or stupid work partner: A test of equity theory in a direct exchange relationship. Journal of Personality and Social Psychology, 21, 116-123.

Kahn, A., Nelson, R.E. & Gaeddert, W.P. (1980). Sex of subject and sex composition of the group as determinants of reward allocations. Journal of Personality and Social Psychology, 38, 737-750.

Kahn, A., O'Leary, W.E., Krulewitz, J.E. & Lamm, H. (1980). Equity and equality: Male and female means to a just end. Basic and Applied Social Psychology, 1, 173-197.

Kahneman, D. (1997). The psychology of utility. Vortrag 6. Tagung der Fachgruppe Sozialpsychologie, Konstanz.

Kahneman, D. & Miller, D.T. (1986). Norm theory: comparing reality to its alternatives. Psychological Review, 93, 136-153.

Kahneman, D., Slovic, P. & Tversky, A., (Eds., 1982). Judgment under uncertainty: Heuristics and biases. Cambridge: Cambridge University Press.

Kahneman, D. & Tversky, A. (1982). The simulation heuristic. In D. Kahneman, P. Slovic & A. Tversky (Eds.), Judgment under uncertainty: Heuristics and biases (pp. 201-208). Cambridge: Cambridge University Press.

Kahneman, D. & Tversky, A. (1984). Choices, values and frames. American Psychologist, 39, 341-350.

Kammer, D. (1984). Die Kausaldimension Generalität: Vorauslaufende Bedingungen für das Zustandekommen globaler und spezifischer Attributionen. Zeitschrift für experimentelle und angewandte Psychologie, 31, 48-62.

Kane, T.R., Joseph, J.M. & Tedeschi, J.T. (1977). Perceived freedom, aggression and responsibility, and the assignment of punishment. Journal of Social Psychology, 103, 257-263.

Kaplan, M.F. & Anderson, N.H. (1973). Information integration theory and reinforcement theory as approaches to interpersonal attraction. Journal of Personality and Social Psychology, 28, 301-312.

Karau, S.J. & Williams, K.D. (1993). Social loafing: A meta-analytic review and theoretical integration. Journal of Personality and Social Psychology, 65, 681-706.

Karlins, M., Coffman, T.L. & Walters, G. (1969). On the fading of social stereotypes: Studies in three generations of college students. Journal of Personality and Social Psychology, 13, 1-16.

Katz, D. (1960). The functional approach to the study of attitude. Public Opinion Quarterly, 24, 163-204.

Katz, D. & Braly, K.W. (1933). Racial stereotypes of 100 college students. Journal of Abnormal and Social Psychology, 28, 280-290.

Katz, D. & Stotland, E. (1959). A preliminary statement to a theory of attitude structure and change. In S. Koch (Ed.), Psychology: A study of a science, (Vol. 3, pp. 433-475). New York: McGraw-Hill.

Kayser, E. & Schwinger, T. (1982). A theoretical analysis of the relationship among individual justice concept, layman's psychology and distribution decision. Journal for the Theory of Social Behaviour, 12, 47-51.

Kelley, H.H. (1950). The warm-cold variable in first impressions of persons. Journal of Personality, 18, 431-439.

Kelley, H.H. (1965, orig. 1952). Two functions of reference groups. In H. Proshansky & B. Seidenberg (Eds.), Basic studies in social psychology (pp. 210-214). New York: Holt.

Kelley, H.H. (1967). Attribution theory in social psychology. In D. Levine (Ed.), Nebraska symposium on motivation (Vol. 15, pp. 192-238) Lincoln, NE: University of Nebraska Press.

Kelley, H.H. (1972a). Attribution in social interaction. In E.E. Jones et al. (Eds.), Attribution: Perceiving the causes of behavior (pp. 1-26). Morristown, NJ: General Learning Press.

Kelley, H.H. (1972b). Causal schemata and the attribution process. In E.E. Jones et al. (Eds.), Attribution: Perceiving the causes of behavior (pp. 151-174). Morristown, NJ: General Learning Press.

Kelley, H.H. (1973). The processes of causal attribution. American Psychologist, 28, 107-128.

Kelley, H.H. (1979). Personal relationships: Their structures and processes. Hillsdale, NJ: Lawrence Erlbaum.

Kelley, H.H. (1982). The two major facets of attribution research: An overview of the field. In H. Hiebsch, H. Brandstätter & H.H. Kelley (Eds.), Social Psychology (pp. 11-14). Berlin: VEB Deutscher Verlag der Wissenschaften.

Kelley, H.H. (1983). Love and commitment. In H.H. Kelley, E. Berscheid, A. Christensen, J.H. Harvey, T.L. Huston, G. Levinger, E. McClintock, L.A. Peplau & D.R. Peterson (Eds.). Close relationships (pp. 265-314). New York: Freeman.

Kelley, H.H. & Grzelak, J. (1972). Conflict between individual and common interest in an N-person relationship. Journal of Personality and Social Psychology, 21, 190-197.

Kelley, H.H. & Stahelski, A.J. (1970). Social interaction basis of cooperators' and competitors' beliefs about others. Journal of Personality and Social Psychology, 16, 66-91.

Kelley, H.H. & Thibaut, J.W. (1978). Interpersonal relations: A theory of interdependence. New York: Wiley.

Kelman, H.C. (1958). Compliance, identification and internalization: Three processes of opinion change. Journal of Conflict Resolution, 2, 51-60.

Kelman, H.C. (1995). Violence without moral restraint: Reflections on the dehumanization of victims and victimizers. Journal of Social Issues, 29(4), 25-61.

Kenney, R.A., Blascovich, J. & Shaver, P.R. (1994). Implicit leadership theories: Prototypes for new leaders. Basic and Applied Social Psychology, 15, 409-437.

Kenrick, D.T. & Gutierres, S.E. (1980). Contrast effects and judgments of physical attractiveness: When beauty becomes a social problem. Journal of Personality and Social Psychology, 38, 131-140.

Kerckhoff, A.C. & Davis, K.E. (1962). Value consensus and need complementarity in mate selection. American Sociological Review, 27, 295-303.

Kerr, S. & Jermier, J.M. (1978). Substitutes for leadership: Their meaning and measurement. Organizational Behavior and Human Performance, 22, 375-403.

Kiecolt-Glaser, J.K. & Williams, D.A. (1987). Self-blame, compliance, and distress among burn patients. Journal of Personality and Social Psychology, 53, 187-193.

Kiesler, S.B. (1966). Stress, affiliation and performance. Journal of Experimental Research in Personality, 1, 227-235.

Kimmel, M.J., Pruitt, D.G., Magenau, J.M., Konar-Goldband, E. & Carnevale, P.J.D. (1980). Effects of trust, aspiration and gender on negotiation tactics. Journal of Personality and Social Psychology, 38, 9-22.

Kirkpatrick, L.A. & Davis, K.E. (1994). Attachment style, gender, and relationship stability: A longitudinal analysis. Journal of Personality and Social Psychology, 66, 502-512.

Klauer, K.C. & Migulla, G. (1995). Spontanes kontrafaktisches Denken. Zeitschrift für Sozialpsychologie, 26, 34-45.

Klein, R. (1991). Modelle der Partnerwahl. In A. Amelang, H.J. Ahrens & H.W. Bierhoff (Eds.), Partnerwahl und Partnerschaft (pp. 31-69). Göttingen: Hogrefe.

Klein, R. & Bierhoff, H.W. (1991). Responses to achievement situations: The mediating function of perceived fairness. Unveröff. Manuskript, Universität Marburg.

Klink, A., Hamberger, J., Hewstone, M. & Avci, M. (1997). Kontakte zwischen sozialen Gruppen als Mittel zur Reduktion von Aggression und Gewalt: Sozialpsychologische Theorien und ihre Anwendung in der Schule. In H.W. Bierhoff & U. Wagner (Eds.), Aggression und Gewalt (pp. 279-306). Stuttgart: Kohlhammer.

Knight, J.A. & Vallacher, R.R. (1981). Interpersonal engagement in social perception: The consequences of getting into the action. Journal of Personality and Social Psychology, 40, 990-999.

Kobak, R.R. & Sceery, A. (1988). Attachment in late adolescence: Working models, affect regulation, and representations of self and others. Child Development, 59, 135-146.

Koehler, D.J. (1991). Explanation, imagination, and confidence in judgment. Psychological Bulletin, 110, 499-519.

Kohlberg, L. (1969/1984). Stage and sequence: The cognitive-developmental approach to socialization. In L. Kohlberg, Essays on moral development (Vol. 2, pp. 7-169). San Francisco: Harper.

Konecni, V.J. & Doob, A.N. (1972). Catharsis through displacement of aggression. Journal of Personality and Social Psychology, 23, 379-387.

Konecni, V.J. (1975). Annoyance, type and duration of postannoyance activity and aggression: The »cathartic effect«. Journal of Experimental Psychology: General, 104, 76-102.

Korte, C. & Ayvalioglu, N. (1981). Helpfulness in Turkey: Cities, towns, and urban villagers. Journal of Cross-Cultural Psychology, 12, 123-131.

Kraft, C. & Witte, E. (1992). Vorstellungen von Liebe und Partnerschaft. Strukturmodell und ausgewählte empirische Ergebnisse. Zeitschrift für Sozialpsychologie, 23, 257-267.

Krahé, B. (1985). Die Zuschreibung von Verantwortlichkeit nach Vergewaltigungen: Opfer und Täter im Dickicht der attributionstheoretischen Forschung. Psychologische Rundschau, 36, 67-82.

Krahé, B., (1997). Sexuelle Gewalt. In H.W. Bierhoff & U. Wagner (Eds.), Aggression und Gewalt (pp. 108-127). Stuttgart: Kohlhammer.

Krampen, G. (1987). Entwicklung von Kontrollüberzeugungen. Thesen zu Forschungsstand und Perspektiven. Zeitschrift für Entwicklungspsychologie und Pädagogische Psychologie, 19, 175-227.

Krampen, G. (1989, Hrsg.). Diagnostik von Attributionen und Kontrollüberzeugungen. Göttingen: Hogrefe.

Krantz, D.S., Glass, D.C. & Snyder, M.L. (1974). Helplessness, stress level and the coronary-prone behavior pattern. Journal of Experimental Social Psychology, 10, 284-300.

Krantz, D.S., Lundberg, U. & Frankenhaeuser, M. (1987). Stress and Type A behavior: Interactions between environmental and biological factors. In A. Baum & J.E. Singer (Eds.), Handbook of psychology and health (Vol. 5, pp. 203-228). Hillsdale, NJ: Lawrence Erlbaum.

Krappmann, L. & Oswald, H. (1988). Probleme des Helfens unter Kindern. In H.W. Bierhoff & L. Montada (Eds.), Altruismus. Bedingungen der Hilfsbereitschaft (pp. 206-223). Göttingen: Hogrefe.

Krebs, D. (1975). Empathy and altruism. Journal of Personality and Social Psychology, 32, 1134-1146.

Kruglanski, A.W. & Mayseless, O. (1990). Classic and current social comparison research: Expanding the perspective. Psychological Bulletin, 108, 195-208

Kruse, L. (1972). Gruppen und Gruppenzugehörigkeit. In C.F. Graumann (Ed.), Handbuch der Psychologie, Sozialpsychologie (Vol. 7.2, pp. 1539-1593). Göttingen: Hogrefe.

Kumpf, M. (1983). Bezugsgruppen und Meinungsführer. In M. Irle (Ed.), Marktpsychologie als Sozialwissenschaft (pp. 282-343). Göttingen: Hogrefe.

Lalonde, R.N. (1992). The dynamics of group differentiation in the face of defeat. Personality and Social Psychology Bulletin, 18, 336-342.

Lamm, H., Kayser, E. & Schwinger, T. (1982). Justice norms and other determinants of allocation and negotiation behavior. In M. Irle (Ed.), Studies in decision making: Social-psychological and socio-economic analyses (pp. 359-410). Berlin: DeGruyter.

Lamm, H. & Schwinger, T. (1980). Norms concerning distributive justice: Are needs taken into consideration in allocation decisions? Social Psychology Quarterly, 43, 425-429.

Lamm, H. & Stephan, E. (1986). Zur Messung von Einsamkeit: Entwicklung einer deutschen Fassung des Fragebogens von Russell und Peplau. Zeitschrift für Arbeits- und Organisationspsychologie, 30, 132-134.

Lampel, A.K. & Anderson, N.H. (1968). Combining visual and verbal information in an impression-formation task. Journal of Personality and Social Psychology, 9, 1-6.

Landy, D. & Sigall, H. (1974). Beauty is talent: Task evaluation as a function of the performer's physical attractiveness. Journal of Personality and Social Psychology, 29, 299-304.

Langenmayr, A. (1997). Sprachpsychologie: Ein Lehrbuch. Göttingen: Hogrefe.

Langer, E.J. & Rodin, J. (1976). The effects of choice and enhanced personal responsibility for the aged: A field experiment in an institutional setting. Journal of Personality and Social Psychology, 34, 191-198.

Langlois, J.H. & Roggman, L.A. (1990). Attractive faces are only average. Psychological Science, 1, 115-121.

Langlois, J.H., Ritter, J.M., Roggman, L.A. & Vaughn, L.S. (1991). Facial diversity and infant preferences for attractive faces. Developmental Psychology, 27, 79-84.

Langlois, J.H., Roggman, L.A. & Rieser-Danner, L.A. (1990). Infants' differential social responses to attractive and unattractive faces. Developmental Psychology, 26, 153-159.

Latané, B. (1966). Studies in social comparison – Introduction and overview. Journal of Experimental Social Psychology, Supplement 1, 1-5.

Latané, B. (1981). The psychology of social impact. American Psychologist, 36, 343-356.

Latané, B. & Darley, J.M. (1970). The unresponsive bystander: Why doesn't he help? New York: Appleton.

Latané, B., Williams, K. & Harkins, S. (1979). Many hands make light the work: The causes and consequences of social loafing. Journal of Personality and Social Psychology, 37, 822-832.

Latané, B. & Nida, S. (1981). Ten years of research on group size and helping. Psychological Bulletin, 89, 308-324.

Latané, B. & Wolf, S. (1981). The social impact of majorities and minorities. Psychological Review, 88, 438-453.

LeBon, G. (1982). Psychologie der Massen. Stuttgart: Kröner.

Lee, J.A. (1973/1976). The colors of love. Englewood Cliffs, NJ: Prentice-Hall.

Lefkowitz, M.M., Eron, L.D., Walder, L.O. & Huesmann, L.R. (1977). Growing up to be violent. New York: Pergamon.

Lehr, U. (1980). Die Bedeutung der Lebenslaufpsychologie für die Gerontologie. aktuelle gerontologie, 10, 257-269.

Leippe, M.R. & Eisenstadt, D. (1994). Generalization of dissonance reduction: Decreasing prejudice through induced compliance. Journal of Personality and Social Psychology, 67, 395–413.

Lenk, H. (1992). Zwischen Wissenschaft und Ethik. Frankfurt: Suhrkamp.

Lepper, M.R. & Greene, D. (Eds., 1978). The hidden costs of reward: New perspectives on the psychology of human motivation. Hillsdale, NJ: Lawrence Erlbaum.

Lerner, M.J. (1965). Evaluation of performance as a function of performer's reward and attractiveness. Journal of Personality and Social Psychology, 1, 355-360.

Lerner, M.J. (1974). The justice motive: »Equity« and »parity« among children. Journal of Personality and Social Psychology, 29, 539-550.

Lerner, M.J. (1977). The justice motive: Some hypotheses as to its origins and forms. Journal of Personality, 45, 1-52.

Lerner, M.J. (1980). The belief in a just world: A fundamental delusion. New York: Plenum.

Lerner, M.J. (1981). The justice motive in human relations: Some thoughts on what we know and need to know about justice. In M.J. Lerner & S.C. Lerner (Eds.), The justice motive in social behavior (pp. 11-35). New York: Plenum.

Lerner, M.J. & Lichtman, R.R. (1968). Effects of perceived norms on attitudes and altruistic behavior toward a dependent other. Journal of Personality and Social Psychology, 9, 226-232.

Lerner, M.J. & Miller, D.T. (1978). Just world research and the attribution process: Looking back and ahead. Psychological Bulletin, 85, 1030-1051.

Lerner, M.J., Miller, D.T. & Holmes, J.G. (1976). Deserving and the emergence of forms of justice. In L. Berkowitz & E. Walster (Eds.), Advances in experimental social psychology (Vol. 9, pp. 133-162). New York: Academic Press.

Lerner, M.J. & Simmons, C.H. (1966). Observer's reaction to the »innocent victim«: Compassion or rejection? Journal of Personality and Social Psychology, 4, 203-210.

Lesak, G. (1994). Subjective assessment of relationships with parents by sexually aggressive and non-aggressive? Journal of Interpersonal Violence, 9, 399-411.

Leventhal, G.S. (1976). The distribution of rewards and resources in groups and organizations. In L. Berkowitz & E. Walster (Eds.), Advances in experimental social psychology (Vol. 9, pp. 91-131). New York: Academic Press.

Leventhal, H. (1974). Emotions: A basic problem for social psychology. In C. Nemeth (Ed.), Social psychology (pp. 1-51). Chicago, IL: Rand McNally.

Leventhal, H. (1980). Toward a comprehensive theory of emotion. In L. Berkowitz (Ed.), Advances in experimental social psychology (Vol. 13, pp. 139-207). New York: Academic Press.

Levine, J.M. (1989). Reaction to opinion deviates in small groups. In P.B. Paulus (Eds.), Psychology of group influence (2nd edition, pp. 187-231). Hillsdale, NJ: Lawrence Erlbaum.

Levine, J.M. & Moreland, R. (1994). Group socialization: Theory and research. In W. Stroebe & M. Hewstone (Eds.), European Review of Social Psychology (Vol. 5, pp. 305-336). Chichester: Wiley.

Levinger, G. (1980). Toward the analysis of close relationships. Journal of Experimental Social Psychology, 16, 510-544.

Levinger, G. (1994). Figure versus ground: Micro- and macroperspectives on the social psychology of personal relationships. In R. Erber & R. Gilmour (Eds.), Theoretical frameworks for personal relationships (pp. 1-28). Hillsdale, NJ: Lawrence Erlbaum.

Levinger, G., Senn, D.J. & Jorgensen, B.W. (1970). Progress toward permanence in courtship: A test of the Kerckhoff-Davis hypotheses. Sociometry, 33, 427-443.

Liebert, R.M. & Baron, R.A. (1972). Some immediate effects of televised violence on children's behavior. Developmental Psychology, 6, 469-475.

Liebrand, W.B.G. (1984). The effect of social motives, communication and group size on behavior in an N-person multistage mixed-motive game. European Journal of Social Psychology, 14, 239-264.

Liebrand, W.B.G., Wilke, H.A.M., Vogel, R. & Wolters, F.J.M. (1986). Value orientation and conformity. A study using three types of social dilemma games. Journal of Conflict Resolution, 30, 77-97.

Lilli (1982). Grundlagen der Stereotypisierung. Göttingen: Hogrefe.

Lind, E.A. (1996). Verfahrensgerechtigkeit und Akzeptanz rechtlicher Autorität. In: G. Bierbrauer, W. Gottwald & B. Birnbreier-Stahlberger (Eds.), Verfahrensgerechtigkeit (pp. 3-19). Köln: Schmidt.

Lind, E.A., MacCoun, R., Ebener, P.A., Felstiner, W.L.F., Hensler, D.R., Resnick, J. & Tyler, T.R. (1990). In the eye of the beholder: Tort litigants' evaluations of their experiences in the civil justice system. Law and Society Review, 24, 953-996.

Lind, E.A. & Tyler, T.R. (1988). The social psychology of procedural justice. New York: Plenum.

Linder, D.E. & Crane, K.A. (1970). Reactance theory analysis of predecisional cognitive processes. Journal of Personality and Social Psychology, 15, 258-264.

Lindskold, S. (1986). GRIT: Reducing distrust through carefully introduced conciliation. In S. Worchel & W.G. Austin (Eds.), Psychology of intergroup relations (pp. 305-322). Chicago: Nelson-Hall.

Linville, P.W. (1982). The complexity-extremity effect and age-based stereotyping. Journal of Personality and Social Psychology, 42, 193-211.

Linville, P.W. & Jones, E.E. (1980). Polarized appraisals of out-group members. Journal of Personality and Social Psychology, 38, 689-703.

Lipkus, I.M., Dalbert, C. & Siegler, I.C. (1996). The importance of distinguishing the belief in a just world for self versus for others: Implications for psychological well-being. Personality and Social Psychology Bulletin, 22, 666-677.

Lisak, D. & Roth, S. (1990). Motives and psychodynamics of self-reported, unincarcerated rapists. American Journal of Orthopsychiatry, 60, 268-280.

Little, T.D., Oettingen, G., Stetsenko, A. & Baltes, P.B. (1995). Children's action-control beliefs about school performance: How do American children compare with German and Russian children? Journal of Personality and Social Psychology, 69, 686-700.

Lobdell, J. & Perlman, D. (1986). The intergenerational transmission of loneliness: A study of college females and their parents. Journal of Marriage and the Family, 48, 589-595.

Lodewijkx, H.F.M. & Syroit, J.E.M.M. (1997). Severity of initiation revisited: Does severity of initiation increase attractiveness in real groups? European Journal of Social Psychology, 27, 275-300.

Long, G.T. & Lerner, M.J. (1974). Deserving, the »personal contract« and altruistic behavior by children. Journal of Personality and Social Psychology, 29, 551-556.

Longley, J. & Pruitt, D.G. (1980). Groupthink. A critique of Janis's theory. In L. Wheeler (Ed.), Review of Personality and Social Psychology (Vol. 1, pp. 74-93). Beverly Hills, CA: Sage.

Lorenz, K. (1963). Das sogenannte Böse. Wien: Borotha-Schoeler.

Löschper, G., Mummendey, A., Linneweber, V. & Bornewasser, M. (1984). The judgement of behaviour as aggressive and sanctionable. European Journal of Social Psychology, 14, 391-404.

Lott, A.J., Lott, B.E. & Walsh, M.L. (1970). Learning of paired associates relevant to differentially liked persons. Journal of Personality and Social Psychology, 16, 274-283.

Lott, B.E. & Lott, A.J. (1960). The formation of positive attitudes toward group members. Journal of Abnormal and Social Psychology, 61, 297-300.

Lück, H.E. (1975). Prosoziales Verhalten. Köln: Kiepenheuer & Witsch.

Lück, H.E. (1983). Hilfeverhalten. In D. Frey & S. Greif (Eds.), Sozialpsychologie (pp. 187-191). München: U & S.

Lück, H.E. (1996). Die Feldtheorie und Kurt Lewin. Weinheim: Beltz.

Ludwig, P.H. (1991). Sich selbst erfüllende Prophezeiungen im Alltagsleben. Stuttgart: Verlag für Angewandte Psychologie.

Luhmann, N. (1973). Vertrauen. Stuttgart: Enke.

Lux, E. (1995). Verhaltensgitter der Führung (Managerial Grid). In A. Kieser, G. Reber & R. Wunderer (Eds.), Handwörterbuch der Führung (2. Aufl., Spalten 2126-2139). Stuttgart: Schäffer-Poeschel.

Maass, A. & Clark, R.D. (1984). Hidden impact of minorities: Fifteen years of minority influence research. Psychological Bulletin, 95, 428-450.

Maass, A., West, S.G. & Clark, R.D. (1985). Soziale Einflüsse von Minoritäten in Gruppen. In D. Frey & M. Irle (Eds.), Theorien der Sozialpsychologie (Vol. 2, pp. 65-91). Bern: Huber.

Maccoby, E.E. (1980). Social development. New York: Harcourt Brace.

Maccoby, E.E:, & Masters, J.C. (1970). Attachment and dependency. In P.H. Mussen (Ed.), Carmichael's manual of child psychology, (Vol. 2, pp. 73-157). New York: Wiley.

Macrae, C.N., Stangor, C. & Hewstone, M. (Eds., 1996). Stereotypes and stereotyping. New York: Guilford Press.

Maio, G.R. & Olson, J.M. (1994). Value-attitude-behaviour relations: The moderating role of attitude functions. British Journal of Social Psychology, 33, 301-312.

Maio, G.R. & Olson, J.M. (1995). Relations between values, attitudes, and behavioral intentions: The moderating role of attitude function. Journal of Experimental Social Psychology, 31, 266-285.

Maki, J.E., Thorngate, W.B. & McClintock, C.G. (1979). Prediction and perception of social motives. Journal of Personality and Social Psychology, 37, 203-220.

Malamuth, N.M. & Check, J.V.P. (1983). Sexual arousal to rape depictions: Individual differences. Journal of Abnormal Psychology, 92, 55-67.

Malamuth, N.M., Check, J.V.P. & Briere, J. (1986). Sexual arousal in response to aggression: Ideological, aggressive, and sexual correlates. Journal of Personality and Social Psychology, 50, 330-340.

Manstead, A.S.R. & Parker, D. (1995). The interplay of heuristic and systematic processing of social information. In W. Stroebe & M. Hewstone (Eds.), European Review of Social Psychology (Vol. 6, pp. 69-95). Chichester, England: Wiley.

Mantell, D. (1971). Das Potential zur Gewalt in Deutschland. Der Nervenarzt, 42, 252-257.

Markman, K.D., Gavanski, I., Sherman, S.J. & McMullen, M.N. (1993). The mental simulation of better and worse possible worlds. Journal of Experimental Social Psychology, 29, 87-109.

Marks, G. & Miller, N. (1987). Ten years of research on the false-consensus effect: An empirical and theoretical review. Psychological Bulletin, 102, 72-90.

Matthews, K.A. (1982). Psychological perspectives on the Type A behavior pattern. Psychological Bulletin, 91, 293-323.

Matthews, K.A. & Carra, J. (1982). Suppression of menstrual distress symptoms: A study of Type A behavior. Personality and Social Psychology Bulletin, 8, 146-151.

Matthews, K.A., Glass, D.C., Rosenman, R.H. & Bortner, R.W. (1977). Competitive drive, pattern A and coronary heart disease: A further analysis of some data from the Western Collaborative Group Study. Journal of Chronic Diseases, 30, 489-498.

Matthews, K.A. & Volkin, J.I. (1981). Efforts to excel and the Type A behavior pattern in children. Child Development, 52, 1283-1289.

McArthur, L.A. (1972). The how and what of why: Some determinants and consequences of causal attribution. Journal of Personality and Social Psychology, 22, 171-193.

McArthur, L.A., Kiesler, C.A. & Cook, B.P. (1969). Acting on an attitude as a function of self-percept and inequity. Journal of Personality and Social Psychology, 12, 295-302.

McArthur, L.Z. (1981). What grabs you? The role of attention in impression formation and causal attribution. In E.T. Higgins, C.P. Herman & M.P. Zanna (Eds.), Social cognition (201-246). Hillsdale, NJ: Lawrence Erlbaum.

McGuire, W.J. (1985). Attitude and attitude changes. In G. Lindzey & E. Aronson (Eds.), The handbook of social psychology (3rd ed., Vol. 3, pp. 223-346). New York: Random House.

McKenzie-Mohr, D. & Zanna, M.P. (1990). Treating women as sexual objects: Look to the (gender schematic) male who has viewed pornography. Personality and Social Psychology Bulletin, 16, 296-308.

Medvec, V.H., Madey, S.F. & Gilovich, T. (1995). When less is more: Counterfactual thinking and satisfaction among Olympic athletes. Journal of Personality and Social Psychology, 69, 603-610.

Mees, U. (1992). Ärger, Vorwurf und verwandte Emotionen. In U. Mees (Ed.), Psychologie des Ärgers (pp. 30-87). Göttingen: Hogrefe.

Meeus, W. & Raaijmakers, Q. (1989). Autoritätsgehorsam in Experimenten des Milgram-Typs: Eine Forschungsübersicht. Zeitschrift für Sozialpsychologie, 20, 70-85.

Meeus, W. & Raaijmakers, Q. (1995). Obedience in modern society: The Utrecht studies. Journal of Social Issues, 51(3), 155-175..

Mendler, W., Doll, J. & Orth, B. (1990). Zur Konstruktvalidität in der Einstellungsmessung: Singuläre oder multiple Komponenten-Modelle. Zeitschrift für Sozialpsychologie, 21, 238-251.

Merton, R.K. (1957). Social theory and social structure. New York: Free Press.

Merz, F. (1965). Aggression und Aggressionstrieb. In H. Thomae (Ed.), Handbuch der Psychologie, Allgemeine Psychologie, II. Motivation (Vol. 2, pp. 569-601). Göttingen: Hogrefe.

Merz, J. (1983). Fragebogen zur Messung der psychologischen Reaktanz. Diagnostica, 29, 75-82.

Merz, J. (1986). Zum Abbau von psychologischer Reaktanz in praxis-relevanten Situationen. Psychologische Beiträge, 28, 560-568.

Messick, D.M. & McClintock, C.G. (1968). Motivational bases of choice in experimental games. Journal of Experimental Social Psychology, 4, 1-25.

Meyer, J.P. & Mulherin, A. (1980). From attribution to helping: An analysis of the mediating effects of affect and expectancy. Journal of Personality and Social Psychology, 39, 201-210.

Meyer, W.U. (1982). Indirect communications about perceived ability estimates. Journal of Educational Psychology, 74, 888-897.

Meyer, W.-U. (1984). Das Konzept von der eigenen Begabung. Bern: Huber.

Michael, R.P. & Zumpe, D. (1986). An annual rhythm in the battering of women. American Journal of Psychiatry, 143, 637-640.

Mikula, G. (1972). Gewinnaufteilungsverhalten in Dyaden bei variiertem Leistungsverhältnis. Zeitschrift für Sozialpsychologie, 3, 126-133.

Mikula, G. (1980). Zur Rolle der Gerechtigkeit in Aufteilungsentscheidungen. In G. Mikula (Ed.), Gerechtigkeit und soziale Interaktion (pp. 141-183). Bern: Huber.

Mikula, G. (1984). Justice and fairness in interpersonal relations: Thoughts and suggestions. In H. Tajfel (Ed.), The social dimension: European developments in social psychology (Vol. 1, pp. 204-227). Cambridge: Cambridge University Press.

Mikula, G., Athenstaedt, U., Heimgartner, A. & Heschgl, S. (1997). Perspektivendivergenzen bei der Beurteilung von Ungerechtigkeit in interpersonalen Beziehungen. In E.H. Witte (Hrsg.), Sozialpsychologie der Paarbeziehung (pp. 73-91). Lengerich: Pabst.

Mikula, G., Petri, B. & Tanzer, N. (1990). What people regard as unjust: Types and structures of everyday experiences of injustice. European Journal of Social Psychology, 20, 133-149.

Mikula, G. & Schwinger, T. (1978). Intermember relations and reward allocation: Theoretical considerations of affects. In H. Brandstätter, J.H. Davis & H. Schuler (Eds.). Dynamics of group decisions (pp. 229-250). Beverly Hills, CA: Sage.

Mikula, G. & Schwinger, T. (1981). Equity-Theorie. In H. Werbik & H.J. Kaiser (Eds.), Kritische Stichwörter zur Sozialpsychologie (pp. 104-122). München: Fink.

Mikula, G. & Stroebe, W. (1991). Theorien und Determinanten der zwischenmenschlichen Anziehung. In M. Amelang, H.J. Ahrens & H.W. Bierhoff (Eds.), Attraktion und Liebe (pp. 61-104). Göttingen: Hogrefe.

Milgram, S. (1970). Das Erleben der Großstadt – eine psychologische Analyse. Zeitschrift für Sozialpsychologie, 1, 142-152.

Milgram, S. (1974). Obedience to authority. London: Tavistock.

Miller, A.G. (1995). Constructions of the obedience experiments: A focus upon domains of relevance. Journal of Social Issues, 51(3), 33-53.

Miller, A.G., Collins, B.E. & Brief, D.E. (1995). Perspectives on obedience to authority: The legacy of the Milgram experiments. Journal of Social Issues, 51(3), 1-19.

Miller, D.T. (1976) Ego involvement and attributions for success and failure. Journal of Experimental Social Psychology, 34, 901-906.

Miller, D.T. (1977a). Personal deserving versus justice for others: An exploration of the justice motive. Journal of Experimental Social Psychology, 13, 1-13.

Miller, D.T. (1977b). Altruism and threat to a belief in a just world. Journal of Experimental Social Psychology, 13, 113-124.

Miller, D.T. & McFarland, C. (1986). Counterfactual thinking and victim compensation: A test of norm theory. Personality and Social Psychology Bulletin, 12, 513-519.

Miller, D.T. & Smith, J. (1977). The effect of own deservingness and deservingness of others on children's helping behavior. Child Development, 48, 617-620.

Miller, N. & Campbell, D. (1959). Recency and primacy in persuasion as a function of the timing of speeches and measurements. Journal of Abnormal and Social Psychology, 59, 1-9.

Miller, N. & Marks, G. (1982). Assumed similarity between self and other. Social Psychology Quarterly, 45, 100-105.

Miller, N.E. (1941). The frustration-aggression hypothesis. Psychological Review, 48, 337-342.

Miller, N.E. (1948). Theory and experiment relating psychoanalytic displacement to stimulus-response generalization. Journal of Abnormal and Social Psychology, 43, 155-178.

Miller, R.L., Brickman, P. & Bolen, D. (1975). Attribution versus persuasion as a means for modifying behavior. Journal of Personality and Social Psychology, 31, 430-441.

Miller, S.M. (1987). Monitoring and blunting: Validation of a questionnaire to assess styles of information seeking under threat. Journal of Personality and Social Psychology, 52, 345-353.

Miller, T.Q., Turner, C.W., Tindale, R.S., Posavac, E.J. & Dugoni, B.L. (1991). Reasons for the trend toward null findings in research on type A behavior. Psychological Bulletin, 110, 469-485.

Mohamed, A.A. & Wiebe, F.A. (1996). Toward a process theory of groupthink. Small Group Research, 27, 416-430.

Monroe, S.M. & Simons, A.D. (1991). Diathesis-stress theories in the context of life stress research: Implications for the depressive disorders. Psychological Bulletin, 110, 406-425.

Montada, L. (1992). Attribution of responsibility for losses and perceived injustice. In L. Montada, S.H. Fillip & M.J. Lerner (Eds.), Life crises and experiences of loss in adulthood (pp. 133-161). Hillsdale, NJ: Lawrence Erlbaum.

Montada, L. & Bierhoff, H.W. (1991). Studying prosocial behavior in social systems. In L. Montada & H.W. Bierhoff (Eds.), Altruism in social systems (pp. 1-26). Lewiston, NY: Hogrefe.

Moreland R.L. & Levine, J.M. (1982). Socialization in small groups: Temporal changes in individual-group relations. In L. Berkowitz (Ed.), Advances in experimental social psychology (Vol. 15, pp. 137-192). New York: Academic Press.

Morris, W.N. et al. (1976). Collective coping with stress: Group reactions to fear, anxiety and ambiguity. Journal of Personality and Social Psychology, 33, 674-679.

Morse, S. & Gergen, K.J. (1970). Social comparison, self-consistency and the concept of self. Journal of Personality and Social Psychology, 16, 148-156.

Moscovici, S. (1979). Sozialer Wandel durch Minoritäten. München: Urban & Schwarzenberg.

Moscovici, S. (1981). Bewußte und unbewußte Einflüsse in der Kommunikation. Zeitschrift für Sozialpsychologie, 12, 93-103.

Moscovici, S. (1985). Social influence and conformity. In G. Lindzey & E. Aronson (Eds.), Handbook of social psychology (3rd edition, pp. 347-412). New York: Random House.

Moser, K. (1996). Commitment in Organisationen. Göttingen: Huber.

Moss, M.K., Byrne, D., Baskett, G.D. & Sachs, D.H. (1975). Informational versus affective determinants of interpersonal attraction. Journal of Social Psychology, 95, 39-53.

Mullen, B. (1986). Atrocity as a function of lynch mob composition: A self-attention perspective. Personality and Social Psychology Bulletin, 12, 187-197.

Mullen, B. et al. (1985). The false consensus effect: A meta-analysis of 115 hypothesis tests. Journal of Experimental Social Psychology, 21, 262-283.

Müller, G.F. (1980). Interpersonales Konfliktverhalten: Vergleich und experimentelle Untersuchung zweier Erklärungsmodelle. Zeitschrift für Sozialpsychologie, 11, 168-180.

Müller, G.F. (1985). Prozesse sozialer Interaktion. Göttingen: Hogrefe.

Müller, G.F. (1995). Führung und Personalmanagement im Zeichen schlanker Organisationen. Gruppendynamik, 26, 319-329.

Müller, G.F. & Bierhoff, H.W. (1994). Arbeitsengagement aus freien Stücken – psychologische Aspekte eines sensiblen Phänomens. Zeitschrift für Personalforschung, 8, 367-379.

Müller, G.F. & Crott, H.W. (1978). Behavior orientation in bargaining: The dynamics in dyads. In H. Brandstätter, J.H. Davis & H. Schuler (Eds.), Dynamics of group decisions (pp. 251-262). Beverly Hills, CA: Sage.

Mummendey, A. (1979). Zum gegenwärtigen Stand der Erforschung der Einstellungs-Verhaltens-Konsistenz. In H.D. Mummendey (Ed.), Einstellung und Verhalten (pp. 13-30). Bern: Huber.

Mummendey, A. (1982). Zum Nutzen des Aggressionsbegriffes für die psychologische Aggressionsforschung. In R. Hilke & W. Kempf (Eds.), Aggression (pp. 317-333). Bern: Huber.

Mummendey, A., Bornewasser, M., Löschper, G. & Linneweber, V. (1982). Aggressiv sind immer die anderen. Plädoyer für eine sozialpsychologische Perspektive in der Aggressionsforschung. Zeitschrift für Sozialpsychologie, 13, 177-193.

Mummendey, A., Linneweber, V. & Löschper, G. (1984). Aggression: From act to interaction. In A. Mummendey (Ed.), Social psychology of aggression (pp. 69-106). Berlin: Springer.

Mummendey, A., Löschper, G., Linneweber, V. & Bornewasser, M. (1984). Social-consensual conceptions concerning the progress of aggressive interactions. European Journal of Social Psychology, 14, 379-389.

Mummendey, A. & Simon, B. (1989). Better or different? III. The impact of importance of comparison dimension and relative in-group size upon intergroup discrimination. British Journal of Social Psychology, 28, 1-16.

Mummendey, H.D. (1982). Einige Probleme der Erfassung aggressiven Verhaltens im psychologischen Labor. In R. Hilke & W. Kempf (Eds.), Aggression (pp. 361-377). Bern: Huber.

Mummendey, H.D. (1990). Psychologie der Selbstdarstellung. Göttingen: Hogrefe.

Mummendey, H.D., Schiebel, B., Troske, U. & Sturm, G. (1977). Untersuchung der Spezifität/Generalität instrumentell-aggressiven Verhaltens. Bielefelder Arbeiten zur Sozialpsychologie, Nr. 25. Bielefeld.

Murray, H.A. (1938). Explorations in personality. New York: Oxford University Press.

Murstein, B.I. (1986). Paths to marriage. Beverly Hills, CA: Sage.

Myers, D.G. (1994). Exploring social psychology. New York: McGraw-Hill.

Nachreiner, F. & Müller, G.F. (1995). Verhaltensdimensionen der Führung. In A. Kieser, G. Reber & R. Wunderer (Eds.), Handwörterbuch der Führung (2. Aufl., Spalten 2113-2126). Stuttgart: Schäffer-Poeschel.

Nadler, A. (1987). Determinants of help seeking behavior: The effects of helper's similarity, task centrality and recipient's self esteem. European Journal of Social Psychology, 17, 57-67.

Nadler, A., Altman, A. & Fisher, J.D. (1979). Helping is not enough: Recipient's reactions to aid as a function of positive and negative information about the self. Journal of Personality, 47, 615-628.

Nadler, A. & Fisher, J.D. (1986). The role of threat to self-esteem and perceived control in recipient reaction to help. Theory development and empirical validation. In L. Berkowitz (Ed.), Advances in experimental social psychology (Vol. 19, pp. 81-122). Orlando, FL: Academic Press.

Nadler, A., Fisher, J.D., Ben Itzhak, S. (1983). With a little help from my friends: Effect of single or multiple act aid as a function of donor and task characteristics. Journal of Personality and Social Psychology, 44, 310-321.

Nadler, A., Fisher, J.D. & Streufert, S. (1976). When helping hurts: Effects of donor-recipient similarity and recipient self-esteem on reactions to aid. Journal of Personality, 44, 392-409.

Nadler, A., Mayseless, O., Peri, N. & Chemerinski, A. (1985). Effects of opportunity to reciprocate and self-esteem on help-seeking behavior. Journal of Personality, 53, 23-35.

Nel, E., Helmreich, R. & Aronson, E. (1969). Opinion change in the advocate as a function of the persuability of his audience: A clarification of the meaning of dissonance. Journal of Personality and Social Psychology, 12, 117-124.

Neubauer, W. (1981). Ursachenerklärung eigener Erfolge und Mißerfolge bei Vorgesetzten in bürokratischen Organisationen. Psychologie und Praxis, 25, 122-129.

Neuberg, S.L. (1989). The goal of forming accurate impressions during social interactions: Attenuating the impact of negative expectations. Journal of Personality and Social Psychology, 56, 374-386.

Neuberger, O. (1990). Führen und geführt werden. Stuttgart: Enke.

Nisbett, R.E. (1993). Violence and U.S. regional culture. American Psychologist, 48, 441-449.

Nisbett, R.E. & Borgida, E. (1975). Attribution and the psychology of prediction. Journal of Personality and Social Psychology, 32, 932-943.

Nisbett, R.E., Caputo, C., Legant, P. & Marecek, J. (1973). Behavior as seen by the actor and as seen by the observer. Journal of Personality and Social Psychology, 27, 154-164.

Nisbett, R.E. & Cohen, D. (1996). Culture of honor. The psychology of violence in the south. Boulder, CO: Westview Press.

Nisbett, R.E., Krantz, D.H., Jepson, C. & Fong, G.T. (1982). Improving inductive inference. In D. Kahneman, P. Slovic & A. Tversky (Eds.), Judgment under uncertainty: Heuristics and biases (pp. 445-459). Cambridge: Cambridge University Press.

Nisbett, R.E. & Ross, L. (1980). Human inference: Strategies and shortcomings of social judgment. Englewood Cliffs, NJ: Prentice Hall.

Nolen-Hoeksema, S., Girgus, J.S. & Seligman, M.E.P. (1992). Predictors and consequences of childhood depressive symptoms: A 5-year longitudinal study. Journal of Abnormal Psychology, 101, 405-422.

Norman, R. (1975). Affective-cognitive consistency, attitudes, conformity and behavior. Journal of Personality and Social Psychology, 32, 83-91.

Oettingen, G.E. & Seligman, M.E.P. (1990). Pessimism and behavioural signs of depression in East versus West Berlin. European Journal of Social Psychology, 20, 207-220.

Oliner, S.P. & Oliner, P.M. (1988). The altruistic personality. Rescuers of Jews in Nazi Europe. New York: Free Press.

Omoto, A.M. & Snyder, M. (1995). Sustained helping without obligation: Motivation, longevity of service, and perceived attitude change among AIDS volunteers. Journal of Personality and Social Psychology, 68, 671-686.

Oswald, M. (1981). Konkurriert Schachters Emotionstheorie mit der Theorie James'? Zeitschrift für Sozialpsychologie, 12, 134-140.

Overmier, J.B. & Seligman, M.E.P. (1967). Effects of inescapable shock upon subsequent escape and avoidance learning. Journal of Comparative and Physiological Psychology, 63, 28-33.

Paschen, K. (1995). Duale Führung. In A. Kieser, G. Reber & R. Wunderer (Eds.), Handwörterbuch der Führung (2. Aufl., Spalten 250-256). Stuttgart: Schäffer-Poeschel.

Pastore, N. (1952). The role of arbitrariness in the frustration-aggression hypothesis. Journal of Abnormal and Social Psychology, 47, 728-731.

Patterson, G.R. (1979). A performance theory for coercive family interactions. In R. Cairns (Ed.), Social interaction: Methods, analysis, and illustration (pp. 119-162). Hillsdale, NJ: Lawrence Erlbaum.

Peabody, D. (1985). National characteristics. Cambridge: Cambridge University Press.

Peeters, G. & Czapinski, J. (1990). Positive-negative asymmetry in evaluations: The distinction between affective and informational negativity effects. W. Stroebe & M. Hewstone (Eds.), European review of social psychology (Vol 1, pp. 33-60). Chichester: Wiley.

386

Peters, L.H., Hartke, D.D. & Pohlmann, J.T. (1985). Fiedler's contingency theory of leadership: An application of the meta-analysis procedures of Schmidt and Hunter. Psychological Bulletin, 97, 274-285.

Peterson, C. et al. (1982). The Attributional Style Questionnaire. Cognitive Therapy and Research, 6, 287-299.

Peterson, C., Maier, S.F. & Seligman, M.E.P. (1993). Learned helplessness: a theory for the age of personal control. Oxford: Oxford University Press.

Peterson, C. & Seligman, M.E.P. (1984). Causal explanations as a risk factor for depression: Theory and evidence. Psychological Review, 91, 347-374.

Peterson, C. & Villanova, P. (1988). An expanded attributional style questionnaire. Journal of Abnormal Psychology, 97, 87-89.

Peterson, C., Villanova, P. & Raps, C.S. (1985). Depression and attributions: Factors responsible for inconsistent results in the published literature. Journal of Abnormal Psychology, 94, 165-168.

Petty, R.E. & Cacioppo, J.T. (1986). The elaboration likelihood model of persuasion. In L. Berkowitz (Ed.), Advances in experimental social psychology (Vol. 19, pp. 123-205). Orlando, FL: Academic Press.

Petty, R.E. & Cacioppo, J.T. (1990). Involvement and persuasion: Tradition versus integration. Psychological Bulletin, 107, 367-374.

Piaget, J. (1977, orig. 1932). The moral judgement of the child. Harmondsworth: Penguin.

Piliavin, I.M., Piliavin, J.A. & Rodin, J. (1975). Costs, diffusion and the stigmatized victim. Journal of Personality and Social Psychology, 32, 429-438.

Piliavin, I.M., Rodin, J. & Piliavin, J.A. (1969). Good samaritanism: An underground phenomenon? Journal of Personality and Social Psychology, 13, 289-299.

Piliavin, J.A.; Dovidio, J.F., Gaertner, S.L. & Clark, R.D. (1981). Emergency intervention. New York: Academic Press.

Piliavin, J.A. & Piliavin, I.M. (1972). The effect of blood on reactions to a victim. Journal of Personality and Social Psychology, 23, 253-261.

Piliavin, J.A. & Piliavin, I.M. (1975). The good samaritan: Why does he help? Unveröff. Manuskript.

Pilz, G.A. (1997). Gewalt im Umfeld von Fußballspielen – Ursachen und Möglichkeiten der Prävention. In H.W. Bierhoff & U. Wagner (Eds.), Gewalt und Aggression (pp. 128-144). Stuttgart: Kohlhammer.

Pittman, T.S. & Pittman, N.L. (1980). Deprivation of control and the attribution process. Journal of Personality and Social Psychology, 39, 377-389.

Platt, J. (1973). Social traps. American Psychologist, 28, 641-651.

Plies, K. & Schmidt, P. (1996). Intention = Verhalten? Eine repräsentative Längsschnittstudie zur Überprüfung der Theorie des geplanten Verhaltens im Kontext der AIDS-Prävention. Zeitschrift für Sozialpsychologie, 27, 70-80.

Podsakoff, P.M., Niehoff, B.P., MacKenzie, S.B. & Williams, M.L. (1993). Do substitutes for leadership really substitute for leadership? An empirical examination of Kerr and Jermier's situational leadership model. Organizational Behavior and Human Decision Processes, 54, 1-44.

Polivy J. & Herman, C.P. (1985). Dieting and bingeing: A causal analysis. American Psychologist, 40, 193-201.

Powell, M.C. & Fazio, R.H. (1984). Attitude accessibility as a function of repeated attitudinal expression. Personality and Social Psychology Bulletin, 10, 139-148.

Prentice-Dunn, W.S. & Rogers, R.W. (1982). Effects of public and private self-awareness on deindividuation and aggression. Journal of Personality and Social Psychology, 43, 503-513.

Prentice-Dunn, S. & Rogers, R.W. (1989). Deindividuation and the self-regulation of behavior. In P.B. Paulus (Hrsg.), Psychology of group influence (2.Aufl., pp. 87-109). Hillsdale, NJ: Lawrence Erlbaum.

Prentice-Dunn, S. & Spivey, C.B. (1986). Extreme deindividuation in the laboratory: It's magnitude and subjective components. Personality and Social Psychology Bulletin, 12, 206-215.

Pruitt, D.G. (1976). Power and bargaining. In B. Seidenberg & A. Snadowsky (Eds.), Social psychology (pp. 343-375). New York: Free Press.

Pruitt, D.G. & Kimmel, M.J. (1977). Twenty years of experimental gaming: Critique, synthesis and suggestions for the future. Annual Review of Psychology, 28, 363-392.

Pruitt, D.G. & Smith, D.L. (1981). Impression management in bargaining: Images for firmness and trustworthiness. In J.T. Tedeschi (Ed.). Impression management theory and social psychology research (pp. 247-267). New York: Academic Press.

Pryor, J.B., Gibbons, F.X., Wicklund, R.A., Fazio, R.H. & Hood, R. (1977). Self focused attention and sef-report validity: Journal of Personality, 45, 513-527.

Quattrone, G.A. (1982). Overattribution and unit formation: When behavior engulfs the person. Journal of Personality and Social Psychology, 42, 593-607.

Quattrone, G.A. & Jones, E.E. (1978). Selective self-disclosure with and without correspondent performance. Journal of Experimental Social Psychology, 14, 511-526.

Quattrone, G.A. & Jones, E.E. (1980). The perception of variability within in-groups and out-groups: Implications for the law of small numbers. Journal of Personality and Social Psychology, 38, 141-152.

Rabbie, J.M. (1963). Differential preference for companionship under threat. Journal of Abnormal and Social Psychology, 67, 643-648.

Rabbie, J.M., Benoist, F., Oosterbaan, H. & Visser, L. (1974). Differential power and effects of expected competitive and cooperative intergroup interaction on intragroup and outgroup attitudes. Journal of Personality and Social Psychology, 30, 46-56.

Ragland, D.R. & Brand, R.J. (1988). Type A behavior and mortality from coronary heart disease. New England Journal of Medicine, 318, 65-69.

Raudenbush, S.W. (1984). Magnitude of teacher expectancy effects on pupil IQ as a function of the credibility of expectancy induction: A synthesis of findings from 18 experiments. Journal of Educational Psychology, 76, 85-97.

Raven, B. & Rubin, J. (1976). Social Psychology. New York: Wiley.

Regan, D.T. & Fazio, R. (1977). On the consistency between attitudes and behavior: Look to the method of attitude formation. Journal of Experimental Social Psychology, 13, 28-45.

Regan, D.T., Straus, E. & Fazio, R. (1974). Liking and the attribution process. Journal of Experimental Social Psychology, 10, 385-397.

Regan, D.T. & Totten, J. (1975). Empathy and attribution: Turning observers into actors. Journal of Personality and Social Psychology, 32, 850-856.

Reicher, S. & Levine, M. (1994a). On the consequences of deindividuation manipulations for the strategic communication of self: Identifiability and the presentation of social identity. European Journal of Social Psychology, 24, 511-524.

Reicher, S. & Levine, M. (1994b). Deindividuation, power relations between groups and the expression of social identity: The effects of visibility to the out-group. British Journal of Social Psychology, 33, 145-167.

Reis, H.T. (1981). Self-presentation and distributive justice. In J.T. Tedeschi (Ed.). Impression management theory and social psychological research (pp. 269-291). New York: Academic Press.

Reis, H.T. (1986). Levels of interest in the study of interpersonal justice. In H.W. Bierhoff, R.L. Cohen & J. Greenberg (Eds.), Justice in social relations (pp. 187-209). New York: Plenum.

Reis, H.T. & Gruzen, J. (1976). On mediating equity, equality and self-interest: The role of self-presentation in social exchange. Journal of Experimental Social Psychology, 12, 487-503.

Reisenzein, R. (1983). The Schachter theory of emotion: Two decades later. Psychological Bulletin, 94, 239-264.

Reisenzein, R. & Hofmann, T. (1990). An investigation of dimensions of cognitive appraisal in emotion using the repertory grid technique. Motivation and Emotion, 14, 1-26.

Rheinberg, F. (1980). Leistungsbewertung und Lernmotivation. Göttingen: Hogrefe.

Rheinberg, R. (1982). Bezugsnorm-Orientierung angehender Lehrer im Verlauf ihrer praktischen Ausbildung. In F. Rheinberg (Ed.), Bezugsnormen zur Schulleistungsbewertung: Analyse und Intervention (pp. 235-248). Düsseldorf: Schwann.

Rodin, J. & Langer, E.J. (1977). Long-term effects of a control-relevant intervention with the institutionalized aged. Journal of Personality and Social Psychology, 35, 897-902.

Roese, N.J. (1997). Counterfactual thinking. Psychological Bulletin, 121, 133-148.

Roese, N.J. & Olson, J.M. (1996). Counterfactuals, causal attributions, and the hindsight bias: A conceptual integration. Journal of Experimental Social Psychology, 32, 197-227.

Rogers, R.W. & Prentice-Dunn, S. (1981). Deindividuation and anger-mediated interracial aggression: Unmasking regressive racism. Journal of Personality and Social Psychology, 41, 63-73.

Röhl, K.F. (1987). Rechtssoziologie. Köln: Heymanns.

Rosenbaum, M.E. (1986a). The repulsion hypothesis: On the nondevelopment of relationships. Journal of Personality and Social Psychology, 51, 1156-1166.

Rosenbaum, M.E. (1986b). Comment on a proposed two-stage theory of relationship formation: First, repulsion; then, attraction. Journal of Personality and Social Psychology, 51, 1171-1172.

Rosenberg, M.J. (1968). Hedonism, inauthenticity and other goals toward expansion of a consistency theory. In R.P. Abelson et al. (Eds.), Theories of cognitive consistency: A sourcebook (pp. 73-111). Chicago, IL: Rand McNally.

Rosenberg, M.J. & Hovland, C.I. (1960). Cognitive, affective, and behavioral components of attitude. In M.H. Rosenberg et al. (Eds.), Attitude organization and change: An analysis of consistency among attitude components (pp. 1-14). New Haven, CT: Yale University Press.

Rosenberg, S., Nelson, C. & Vivekananthan, P.S. (1968). A multidimensional approach to the structure of personality impression. Journal of Personality and Social Psychology, 9, 283-294.

Rosenblum, L.A. & Harlow, H.F. (1963). Approach-avoidance conflict in the mother surrogate situation. Psychological Reports, 12, 83-95.

Rosenhan, D.L., Underwood, B. & Moore, B. (1974). Affect moderates self-gratification and altruism. Journal of Personality and Social Psychology, 30, 546-552.

Rosenthal, R. (1990). Some differing viewpoints on doing psychological science. Zeitschrift für Pädagogische Psychologie, 4, 161-165.

Ross, L. (1977). The intuitive psychologist and his shortcomings: Distortions in the attribution process. Advances in Experimental Social Psychology, 10, 174-220.

Ross, L., Amabile, T.M. & Steinmetz, J.L. (1977). Social roles, social control and biases in social-perception processes. Journal of Personality and Social Psychology, 35, 485-494.

Ross, L. & Anderson, C.A. (1982). Shortcomings in the attribution process: On the origins and maintenance of erroneous social assessment. In D. Kahneman, P. Slovic & A. Tversky (Eds.), Judgment under uncertainty: Heuristics and biases (pp. 129-152). Cambridge: Cambridge University Press.

Ross, L., Greene, D. & House, P. (1977). The »false consensus effect«: An egocentric bias in social perception and attribution processes. Journal of Experimental Social Psychology, 13, 279-301.

Ross, L., Lepper, M.R., Strack, F. & Steinmetz, J. (1977). Social explanation and social expectation: Effects of real and hypothetical explanations on subjective likelihood. Journal of Personality and Social Psychology, 35, 817-829.

Ross, M. (1981). Self-centered biases in attributions of responsibility: Antecedents and consequences. In E.T. Higgins, C.P. Herman & M.P. Zanna (Eds.), Social cognition (pp. 305-321). Hillsdale, NJ: Lawrence Erlbaum.

Ross, M. & Nisbett, R.E. (1991). The person and the situation. New York: McGraw-Hill.

Ross, M. & Sicoly, F. (1979). Egocentric biases in availability and attribution. Journal of Personality and Social Psychology, 37, 322-336.

Rost, W., Neuhaus, M. & Florin, I. (1982). Bulimia nervosa: Sex role attitude, sex role behavior and sex role related locus of control in bulimarexic women. Journal of Psychosomatic Research, 26, 403-408.

Rotering-Steinberg, S. (1992). Selbstsicherheit – ein lebenslanges Lernprojekt. Gruppendynamik, 22, 43-57.

Roth, E. (Ed., 1993), Sozialwissenschaftliche Methoden (3. Auflage). München: Oldenbourg.

Roth, S. & Kubal, L. (1975). Effects of noncontingent reinforcement on tasks of differing importance: Facilitation and learned helplessness. Journal of Personality and Social Psychology, 32, 680-691.

Rotter, J.B. (1966). Generalized expectancies of internal versus external control of reinforcement. Psychological Monographs, 80, whole No. 609.

Rubin, Z. (1974). From liking to loving: Patterns of attraction in dating relationships. In T.L. Huston (Ed.), Foundations of interpersonal attraction (pp. 383-402). New York: Academic Press.

Rubin, Z. & Peplau, L.A. (1975). Who believes in a just world? Journal of Social Issues, 31(3), 65-89.

Ruble, D.N., Boggiano, A.K., Feldman, N.S. & Loebl, J.H. (1980). Developmental analysis of the role of social comparison in self evaluation. Developmental Psychology, 16, 105-115.

Rubovits, P.C. & Maehr, M.L. (1973). Pygmalion black and white. Journal of Personality and Social Psychology, 25, 210-218.

Rule, B.G., Dyck, R. & Nesdale, A.R. (1978). Arbitrariness of frustration: Inhibition or instigation effects on aggression. European Journal of Social Psychology, 8, 237-244.

Rule, B.G. & Nesdale, A.R. (1976). Emotional arousal and aggressive behavior. Psychological Bulletin, 83, 851-863.

Rusbult, C.E. (1983). A longitudinal test of the investment model: The development (and deterioration) of satisfaction and commitment in heterosexual involvements. Journal of Personality and Social Psychology, 45, 101-117.

Rusbult, C.E., Johnson, D.J. & Morrow, G.D. (1986). Impact of couple patterns of problem solving on distress and nondistress in dating relationships. Journal of Personality and Social Psychology, 50, 744-753.

Rusbult, C.E., Verette, J., Whitney, G.A., Slovik, L.F. & Lipkus, I. (1991). Accomodation processes in close relationships: Theory and preliminary empirical evidence. Journal of Personality and Social Psychology, 60, 53-78.

Rusbult, C.E. & Zembrodt, I.M. (1983). Responses to dissatisfaction in romantic involvements: A multidimensional scaling analysis. Journal of Experimental Social Psychology, 19, 274-293.

Russell, D. & McAuley, E. (1986). Causal attributions. Journal of Personality and Social Psychology, 50, 1174-1185.

Russell, D. Peplau, L.A. & Cutrona, C.E. (1980). The revised UCLA loneliness scale: Concurrent and discriminant validity evidence. Journal of Personality and Social Psychology, 39, 472-480.

Sagi, A. & Hoffman, M.L. (1976). Empathic distress in the newborn. Developmental Psychology, 12, 175-176.

Salancik, G.R. & Conway, M. (1975). Attitude inferences from salient and relevant cognitive content about behavior. Journal of Personality and Social Psychology, 32, 829-840.

Sampson, E.E. (1981). Social change and the contexts of justice motivation. In M.J. Lerner & S.C. Lerner (Eds)., The justice motive in social behavior (pp. 97-124). New York: Plenum.

Sanday, P.R. (1981). The social cultural context of rape. Journal of Social Issues, 37(4), 5-27.

Sanders, G.L. & Baron, R.S. (1975). The motivating effects of distraction on task performance. Journal of Personality and Social Psychology, 32, 956-963.

Sarnoff, I. & Zimbardo, P.G. (1961). Anxiety, fear and social affiliation. Journal of Abnormal and Social Psychology, 62, 356-363.

Schachter, S. (1951). Deviation, rejection and communication. Journal of Abnormal and Social Psychology, 46, 190-207.

Schachter, S. (1959). The psychology of affiliation. Stanford, CA: Stanford University Press.

Schachter, S. (1964). The interaction of cognitive and physiological determinants of emotional state. In L. Berkowitz (Ed.) Advances in experimental social psychology (Vol. 1, pp. 49-80). New York: Academic Press.

Schachter, S. & Singer, J.E. (1962). Cognitive, social and physiological determinants of emotional state. Psychological Review, 69, 379-399.

Schäfer, B. (1983). Semantische Differential Technik. In H. Feger & J. Bredenkamp (Eds.), Datenerhebung (pp. 154-221). Göttingen: Hogrefe.

Schafer, M. & Crichlow, S. (1996). Antecedents of groupthink: A quantitative study. Journal of Conflict Resolution, 40, 415-435.

Schäfers, B. (1990). Gesellschaftlicher Wandel in Deutschland. Stuttgart: Enke.

Scheier, M.F. & Carver, C.S. (1988). A model of behavioral self-regulation: Translating intention into action. In L. Berkowitz (Ed.), Advances in experimental social psychology (Vol. 21, pp. 303-346). San Diego, CA: Academic Press.

Scheier, M.F. Carver, C.S. & Gibbons, F.X. (1979). Self-directed attention, awareness of bodily states and suggestibility. Journal of Personality and Social Psychology, 37, 1576-1588.

Scherer, K.R. (1978). Personality inference from voice quality: The loud voice of extraversion. European Journal of Social Psychology, 8, 467-487.

Scherer, K.R. (1979). Nonverbale Kommunikation. In A. Heigl-Evers (Ed.), Lewin und die Folgen (pp. 358-366). Zürich: Kindler.

Scherer, K.R. (1984). On the nature and function of emotion: A component process approach. In K.R. Scherer & P. Ekman (Eds.), Approaches to emotion (pp. 293-317). Hillsdale, NJ: Lawrence Erlbaum.

Scherer, K.R. (1991). Die emotionalen Grundlagen des Gerechtigkeitsgefühls. In D. Frey (Ed.), Bericht über den 37. Kongreß der Deutschen Gesellschaft für Psychologie in Kiel 1990 (Bd. 2, pp. 411-421). Göttingen: Hogrefe.

Scherer, K.R. & Giles, H. (Eds., 1979). Social markers in speech. Cambridge: Cambridge University Press.

Scherer, K.R. & Scherer, U. (1982). Nonverbal behavior and impression formation in naturalistic situations. In H. Hiebsch, H. Brandstätter & H.H. Kelley (Eds.), Social psychology (pp. 144-150). Berlin: VEB Deutscher Verlag der Wissenschaften.

Scherer, K.R. & Wallbott, (1979). Nonverbale Kommunikation: Forschungsberichte zum Interaktionsverhalten. Weinheim: Beltz.

Schlenker, B.R. & Leary, M.R. (1982). Social anxiety and self-presentation: A conceptualization and model. Psychological Bulletin, 92, 641-669.

Schmidt, N. & Sermat, V. (1983). Measuring loneliness in different relationships. Journal of Personality and Social Psychology, 44, 1038-1047.

Schmidt, V.H. (1992). Procedural Aspects of distributive justice. Onati Workshop on Procedural Justice, Onati, Spanien.

Schmidt-Atzert, L. (1988). Affect and cognition: On the chronological order of stimulus evaluation and emotion. In K. Fiedler & J. Forgas (Eds.), Affect, cognition and social behavior (pp. 153-164). Toronto: Hogrefe.

Schmidt-Rathjens, C., Amelang, M. & Czemmel, J. (1997). Persönlichkeit, Krebs und koronare Herzerkrankungen: Weitere empirische Evidenzen aus dem Heidelberg-Projekt. Zeitschrift für Gesundheitspsychologie, 5, 1-16.

Schmitt, M. & Montada, L. (1982). Determinanten erlebter Gerechtigkeit. Zeitschrift für Sozialpsychologie, 13, 32-44.

Schneider, H.D. (1978). Sozialpsychologie der Machtbeziehungen. Stuttgart: Enke.

Schneider, K. & Schmalt, H.D. (1994). Motivation (2. Auflage). Stuttgart: Kohlhammer.

Schönbach, P. (1990). Account episodes. The management or escalation of conflict. Cambridge: Cambridge University Press.

Schönbach, P. (1996). Massenunfälle im Nebel. Zeitschrift für Sozialpsychologie, 27, 109-125.

Schönbach, P., Gollwitzer, P., Stiepel, G. & Wagner, U. (1981). Education and intergroup attitudes. London: Academic Press.

Schorr, D. & Rodin, J. (1982). The role of perceived control in practitioner-patient relationships. In T.A. Wills (Ed.), Basic processes in helping relationships (pp. 155-186). New York: Academic Press.

Schulz, R. (1976). Effects of control and predictability on the physical and psychological well-being of the institutionalized aged. Journal of Personality and Social Psychology, 33, 563-573.

Schulz, R. (1978). The psychology of death, dying, and bereavement. Reading, MA: Addison-Wesley.

Schulz-Gambard, J. & Altschuh, E. (1993). Unterschiedliche Führungsstile im geeinten Deutschland. Zeitschrift für Sozialpsychologie, 24, 167-175.

Schümer, R., Cohen, R. & Schwoon, D.R. (1968). Einige Bemerkungen zur Problematik linearer Modelle der diagnostischen Urteilsbildung. Zeitschrift für experimentelle und angewandte Psychologie, 15, 336-353.

Schütz, A. (1994). Spitzenkandidaten im Fernsehwahlkampf: Techniken der Selbstdarstellung und Antwortmuster. Zeitschrift für Parlamentsfragen, 39, 366-384.

Schutz, W.C. (1958). A three dimensional theory of interpersonal behavior. New York: Holt.

Schwartz, G. & Weinberger, D. (1980). Patterns of emotional responses to affective situations: Relations among happiness, sadness, anger, fear, depression, and anxiety. Motivation and Emotion, 4, 175-191.

Schwartz, S.H. (1973). Normative explanations of helping behavior: A critique, proposal and empirical test. Journal of Experimental Social Psychology, 9, 349-364.

Schwartz, S.H. (1977). Normative influences on altruism. In L. Berkowitz (Ed.), Advances in experimental social psychology (Vol. 10, pp. 221-279). New York: Academic Press.

Schwartz, S.H. (1978). Temporal instability as a moderator of the attitude-behavior relationship. Journal of Personality and Social Psychology, 36, 715-724.

Schwartz, S.H. & Gottlieb, A. (1981). Participants' postexperimental reactions and the ethics of bystander research. Journal of Experimental Social Psychology, 17, 396-407.

Schwartz, S.H. & Howard, J.A. (1981). A normative decision-making model of altruism. In J.P. Rushton & R.M. Sorrentino (Eds.), Altruism and helping behavior (pp. 189-211). Hillsdale, NJ: Lawrence Erlbaum.

Schwartz, S.H. & Tessler, R.C. (1972). A test of a model for reducing measured attitude-behavior discrepancies. Journal of Personality and Social Psychology, 24, 225-236.

Schwarz, N. & Scheuring, B. (1991). Die Erfassung gesundheitsrelevanten Verhaltens: Kognitionspsychologische Aspekte und methodologische Implikationen. In. J. Haisch & H.P. Zeitler (Eds.), Gesundheitspsychologie (pp. 35-63). Heidelberg: Asanger.

Schwarzer, R. & Jerusalem, M. (1982). Soziale Vergleichsprozesse im Bildungswesen. In F. Rheinberg (Ed.), Bezugsnormen zur Schulleistungsbewertung: Analyse und Intervention (pp. 39-63). Düsseldorf: Schwann.

Schwarzer, R. (1979). Bezugsgruppeneffekte in schulischen Umwelten. Zeitschrift für empirische Pädagogik, 3, 153-166.

Schwarzer, R. (1981). Streß, Angst und Hilflosigkeit. Stuttgart: Kohlhammer.

Schweer, M. (1996). Vertrauen in der pädagogischen Beziehung. Bern: Huber.

Schwinger, T. (1980). Gerechte Güter-Verteilungen: Entscheidungen zwischen zwei Prinzipien. In G. Mikula (Ed.), Gerechtigkeit und soziale Interaktion (pp. 107-140). Bern: Huber.

Schwinger, T. (1986). The need principle of distributive justice. In H.W. Bierhoff, R.L. Cohen & J. Greenberg (Eds.), Justice in social relations (pp. 211-225). New York: Plenum.

Schwinger, T. & Lamm, H. (1981). Justice norms in allocation decisions: Need consideration as a function of resource adequacy for complete need satisfaction, recipients' contributions, and recipients' interpersonal attraction. Social Behavior and Personality, 9, 235-241.

Selg, H. (1982). Aggressionsdefinitionen – und kein Ende? In R. Hilke & W. Kempf (Eds.), Aggression (pp. 351-360). Bern: Huber.

Selg, H., Mees, U. & Berg, D. (1997). Psychologie der Aggressivität (2. Aufl.). Göttingen: Hogrefe.

Seligman, M.E.P. (1975). Helplessness. San Francisco: Freeman. (dt. Erlernte Hilflosigkeit. München: Urban & Schwarzenberg, 1979; Weinheim: Psychologie Verlags Union, 1986).

Seligman, M.E.P. & Maier, S.F. (1967). Failure to escape traumatic shock. Journal of Experimental Psychology, 74, 1-9.

Seligman, M.E.P. & Schulman, P. (1986). Explanatory style as a predictor of productivity and quitting among life insurance sales agents. Journal of Personality and Social Psychology, 50, 832-838.

Seyfried, B.A. (1977). Complementarity in interpersonal attraction. In S. Duck (Ed.), Theory and practice in interpersonal attraction (pp. 165-184). London: Academic Press.

Seyfried, B.A. & Hendrick, C. (1973). When do opposites attract? When they are opposites in sex and sex-role attitudes? Journal of Personality and Social Psychology, 25, 15-20.

Shapiro, E.G. (1975). Effect of expectations of future interaction on reward allocations in dyads: Equity or equality. Journal of Personality and Social Psychology, 31, 873-880.

Shaver, K.G. (1975). An introduction to attribution processes. Cambridge, MA: Winthrop.

Shaver, P. & Liebling, B.A. (1976). Explorations in the drive theory of social facilitation. Journal of Social Psychology, 99, 259-271.

Shaver, P., Schwartz, J., Kirson, D. & O'Connor, C. (1987). Emotion knowledge: Further exploration of a prototype approach. Journal of Personality and Social Psychology, 52, 1061-1086.

Shaver, P.R. & Clark, C.L. (1996). Forms of adult romantic attachment and their cognitive and emotional underpinnings. In G.G. Noam & K.W. Fischer (Eds.), Development and vulnerability in close relationships (pp. 29-58). Mahwah, NJ: Lawrence Erlbaum.

Shaver, P.R., Wu, S. & Schwartz, J.C. (1992). Cross-cultural similarities and differences in emotion and its representation. In M.S. Clark (Ed.), Emotion (pp. 175-212). Newbury Park, CA: Sage.

Sheppard, B.H. (1984). Third Party conflict intervention: A procedural framework. Research in Organizational Behavior (Vol. 6, pp. 141-190). Greenwich, CT: JAI Press.

Sheppard, B.H. (1985). Justice is no simple matter: Case for elaborating our model of procedural fairness. Journal of Personality and Social Psychology, 49, 953-962.

Sheppard, B.H. & Lewicki, R.J. (1987). Toward general principles of managerial fairness. Social Justice Research, 1, 161-176.

Sherif, M. (1935). A study of some social factors in perception. Archives of Psychology, 27, No. 187.

Sherif, M. (1966). In common predicament. Boston, MA: Houghton Miffin.

Sherif, M. & Sherif, C.W. (1969). Social psychology. New York: Harper & Row.

Siegmund, U. & Fisch, R. (1983). Ein interpersonaler Ansatz zur Ermittlung der Einstellungs-Verhaltens-Konsistenz. In G. Lüer (Ed.), Bericht über den 33. Kongreß der Deutschen Gesellschaft für Psychologie in Mainz 1982 (pp. 623-627). Göttingen: Hogrefe.

Siegrist, J. (1985). Koronargefährdendes Verhalten. In H.D. Basler & I. Florin (Eds.), Klinische Psychologie und körperliche Krankheit (pp. 79-90). Stuttgart: Kohlhammer.

Sigall, H. & Aronson, E. (1969). Liking for an evaluator as a function of her physical attractiveness and nature of the evaluations. Journal of Experimental Social Psychology, 5, 93-100.

Sigall, H. & Landy, D. (1973). Radiating beauty: Effects of having a physically attractive partner on person perception. Journal of Personality and Social Psychology, 28, 218-224.

Sigall, H. & Michela, J. (1976). I'll bet you say that to all the girls: Physical attractiveness and reactions to praise. Journal of Personality, 44, 611-626.

Sigall, H. & Ostrove, N. (1975). Beautiful but dangerous: Effects of offender attractiveness and nature of the crime on juridic judgment. Journal of Personality and Social Psychology, 31, 410-414.

Simon, B. (1990). Soziale Kategorisierung und differentielle Wahrnehmung von Ingroup- und Outgroup-Homogenität. Zeitschrift für Sozialpsychologie, 21, 298-313.

Simon, B. & Massau, C. (1991). Soziale Identifikation, Eigengruppen-Favorisierung und Selbst-Stereotypisierung: Der Fall Oskar Lafontaine und die Saarländer. Zeitschrift für Sozialpsychologie, 193-207.

Simpson, J.A. (1990). Influence of attachment style on romantic relationships. Journal of Personality and Social Psychology, 59, 971-980.

Simpson, J.A. & Rholes, W.S. (1994). Stress and secure base relationships in adulthood. In K. Bartholomew & D. Perlman (Eds.), Advances in Personal Relationships (Vol. 5, pp. 181-204). London: Jessica Kingsley.

Simpson, R.L. (1976). Theories of social exchange. In J.W. Thibaut, J.T. Spence & R.C. Carson (Eds.), Contemporary topics in social psychology (pp. 79-97). Morristown, NJ: General Learning Press.

Singh, D. (1993). Adaptive significance of female physical attractiveness: Role of waist-to-hip ratio. Journal of Personality and Social Psychology, 65, 293-307.

Singh, D. (1995). Female judgment of male attractiveness and desirability for relationships: Role of waist-to-hip ratio and financial status. Journal of Personality and Social Psychology, 69, 1089-1101.

Six, B. (1975). Die Relation von Einstellung und Verhalten. Zeitschrift für Sozialpsychologie, 6, 270-296.

Six, B. & Eckes, T. (1996). Metaanalysen in der Einstellungs-Verhaltens-Forschung. Zeitschrift für Sozialpsychologie, 27, 7-17.

Skinner, E.A. (1996). A guide to constructs of control. Journal of Personality and Social Psychology, 71, 549-570.

Smeaton, G., Byrne, D. & Murnen, S.K. (1989). The repulsion hypothesis revisited: Similarity irrelevance or dissimilarity bias? Journal of Personality and Social Psychology, 56, 54–59.

Smith, C.A. & Ellsworth, P.C. (1985). Patterns of cognitive appraisal in emotion. Journal of Personality and Social Psychology, 48, 813-838.

Smith, J.F. & Kida, T. (1991). Heuristics and biases: Expertise and task realism in auditing. Psychological Bulletin, 109, 472-489.

Smith, M.B., Bruner, J.S. & White, R.W. (1956). Opinions and personality. New York: Wiley.

Snyder, M. (1979). Self-monitoring processes. In L. Berkowitz (Ed.) Advances in experimental social psychology (Vol. 12, pp. 85-128). New York: Academic Press.

Snyder, M. (1981). On the self-perpetuating nature of social stereotypes. In D.L. Hamilton (Ed.), Cognitive processes in stereotyping and intergroup behavior (pp. 183-212). Hillsdale, NJ: Lawrence Erlbaum.

Snyder, M. (1982). When believing means doing: Creating links between attitudes and behavior. In M.P. Zanna, E.T. Higgins & C.P. Herman (Eds.), Consistency in social behavior (pp. 105-130). Hillsdale, NJ: Lawrence Erlbaum.

Snyder, M., & DeBono, K.G. (1985). Appeals to images and claims about quality: Understanding the psychology of advertising. Journal of Personality and Social Psychology, 49, 586-597

Snyder, M. & DeBono, K.G. (1989). Understanding the functions of attitudes: lessons from personality and social behavior. In A.R. Pratkanis, S.J. Breckler & A.G. Greenwald (Eds.), Attitude structure and function (pp. 339-359). Hillsdale, NJ: Lawrence Erlbaum.

Snyder, M. & Kendzierski, D. (1982). Acting on one's attitudes: Procedures for linking attitude and behavior. Journal of Experimental Social Psychology, 18, 165-183.

Snyder, M.L., Stephan, W.G. & Rosenfield, D. (1976). Egotism and attribution. Journal of Personality and Social Psychology, 33, 435-441.

Snyder, M.L., Stephan, W.G. & Rosenfield, D. (1978). Attributional egotism. In J.H. Harvey, W. Ickes & R.F. Kidd (Eds.), New directions in attribution research (Vol. 2, 91-117). Hillsdale, NJ: Lawrence Erlbaum.

Snyder, M. & Swann, W.B. (1976). When actions reflect attitudes: The politics of impression management. Journal of Personality and Social Psychology, 34, 1034-1042.

Snyder, M., Tanke, E.D. & Berscheid, E. (1977). Social perception and interpersonal behavior: On the self-fulfilling nature of social stereotypes. Journal of Personality and Social Psychology, 35, 656-666.

Snyder, M.L. & Wicklund, R.A. (1981). Attribute ambiguity. In J.H. Harvey, W. Ickes & R.E. Kidd (Eds.), New directions in attribution research (Vol. 3, pp. 197-221). Hillsdale, NJ: Lawrence Erlbaum.

Solomon, L.Z., Solomon, H. & Stone, R. (1978). Helping as a function of number of bystanders and ambiguity of emergency. Personality and Social Psychology Bulletin, 4, 318-321.

Solomon, R.L. (1980). The opponent-process theory of acquired motivation. The costs of pleasure and the benefits of pain. American Psychologist, 35, 691-712.

Spence, K.W., Taylor, J. & Ketchel, R. (1956). Anxiety (drive) level and degree of competition in paired associates learning. Journal of Experimental Psychology, 52, 306-310.

Sperber, B.M., Fishbein, M. & Ajzen, I. (1980). Predicting and understanding women's occupational orientations: Factors underlying choice intentions. In I. Ajzen & M. Fishbein (Eds.), Understanding attitudes and predicting social behavior (pp. 113-129). Englewood Cliffs, NJ: Prentice-Hall.

Spitznagel, A. (1986). Selbstenthüllung: Formen, Bedingungen und Konsequenzen. In A. Spitznagel & L. Schmitt-Atzert (Eds.), Sprechen und Schweigen (pp. 17-46). Bern: Huber.

Sprecher, S. (1992). How men und women expect to feel and behave in response to inequity in close relationships. Social Psychology Quarterly, 55, 57-69.

Stahlberg, D., Eller, F., Romahn, A. & Frey, D. (1993). Der Knew-it-all-along-Effekt in Urteilssituationen von hoher und geringer Selbstwertrelevanz. Zeitschrift für Sozialpsychologie, 24, 94-102.

Statistisches Jahrbuch 1996 für das Ausland (Statistisches Bundesamt, Ed.). Wiesbaden: Statistisches Bundesamt.

Statistisches Jahrbuch 1996 für die Bundesrepublik Deutschland (Statistisches Bundesamt, Ed.). Wiesbaden: Statistisches Bundesamt.

Staub, E. (1974). Helping a distressed person: Social, personality, and stimulus determinants. In L. Berkowitz (Ed.), Advances in experimental social psychology (Vol. 7, pp. 293-341). New York: Academic Press.

Steblay, N.M. (1987). Helping behavior in rural and urban environments: A meta-analysis. Psychological Bulletin, 102, 346-356.

Steiner, I.D. (1972). Group processes and productivity. New York: Academic Press.

Steiner, I.D. (1979). Social psychology. In E. Hearst (Ed.), The first century of experimental psychology (pp. 513-558). Hillsdale, NJ: Lawrence Erlbaum.

Stern, G.S., McCants, T.R. & Pettine, P.W. (1982). Stress and illness: Controllable and uncontrollable life events' relative contributions. Personality and Social Psychology Bulletin, 8, 140-145.

Sternberg, R.J. (1986). A triangular theory of love. Psychological Review, 93, 119-135.

Sternberg, R.J. (1987). Liking versus loving: A comparative evaluation of theories. Psychological Bulletin, 102, 331-345.

Sternberg, R.J. (1988). The triangle of love. Intimacy, passion, commitment. New York: Basic Books.

Sternberg, R.J. (1997). Construct validation of a triangular love scale. European Journal of Social Psychology, 27, 313-335.

Stevens, L. & Jones, E.E. (1976). Defensive attribution and the Kelley cube. Journal of Personality and Social Psychology, 34, 809-820.

Stevens, S.S. (1972). Psychophysics and social scaling. Morristown, NJ: General Learning Press.

Stiensmeyer, J., Kammer, D., Pelster, A. & Niketta, R. (1985). Attributionsstil und Bewertung als Risikofaktoren der depressiven Reaktion. Diagnostica, 31, 300-311.

Stogdill, R. (1974). Handbook of leadership. New York: Free Press.

Stogdill, R.M. (1948). Personal factors associated with leadership: A survey of the literature. Journal of Psychology, 25, 35-71.

Stokols, D. & Schopler, J. (1973). Reactions to victims under conditions of situational detachment: The effects of responsibility, severity and expected future interaction. Journal of Personality and Social Psychology, 25, 199-209.

Storms, M.D. (1973). Videotape and the attribution process: Reversing actors' and observers' points of view. Journal of Personality and Social Psychology, 27, 165-175.

Stouffer, S.A., Suchman, E.A., DeVinney, L.C., Star, S.A. & Williams, R.M. (1949). The American Soldier (Vol. 1). Princeton, NJ: Princeton University Press.

Stroebe, W. (1977). Ähnlichkeit und Komplementarität der Bedürfnisse als Kriterien der Partnerwahl: Zwei spezielle Hypothesen. In G. Mikula & W. Stroebe (Eds.), Sympathie, Freundschaft und Ehe (pp. 77-107). Bern: Huber.

Stroebe, W. (1980). Grundlagen der Sozialpsychologie. Stuttgart: Klett.

Stroebe, W. & Frey, B.S. (1982). Self-interest and collective action: The economics and psychology of public goods. British Journal of Social Psychology, 21, 121-137.

Stroebe, W., Insko, C.A., Thompson, V.D. & Layton, B.D. (1971). Effect of physical attractiveness, attitude similarity and sex on various aspects of interpersonal attraction. Journal of Personality and Social Psychology, 18, 79-91.

Suls, J., Gastorf, J. & Lawhon, J. (1978). Social comparison choices for evaluating a sex- and age-related ability. Personality and Social Psychology Bulletin, 4, 102-105.

Suls, J. & Tesch, F. (1978). Students' preferences for information about their test performance: A social comparison study. Journal of Applied Social Psychology, 8, 189-197.

Suls, J., Witenberg, S. & Gutkin, D. (1981). Evaluating reciprocal and nonreciprocal prosocial behavior: Developmental changes. Personality and Social Psychology Bulletin, 7, 25-31.

Sumner, W.G. (1906). Folkways. New York: Ginn.

Surber, C.F. (1981). Effects of information reliability in predicting task performance using ability and effort. Journal of Personality and Social Psychology, 40, 977-989.

Swann, W.B. (1987). Identity negotiation. Where two roads meet. Journal of Personality and Social Psychology, 53, 1038-1051.

Swann, W.B., Stephenson, B. & Pittman, T.S. (1981). Curiosity and control: On the determinants of the search for social knowledge. Journal of Personality and Social Psychology, 40, 635-642.

Sweeney, P.D., Anderson, K. & Bailey, S. (1986). Attributional style in depression: A meta-analytic review. Journal of Personality and Social Psychology, 50, 974-991.

Tajfel, H. (1975, orig. 1973). Soziales Kategorisieren. In S. Moscovici (Ed.), Forschungsgebiete der Sozialpsychologie, (Vol. 1, pp. 345-380). Frankfurt: Athenäum Fischer.

Tajfel, H. (1982). Gruppenkonflikt und Vorurteil. Bern: Huber.

Tajfel, H., Billig, M.G., Bundy, R.P. & Flament, C. (1971). Social categorization and intergroup behaviour. European Journal of Social Psychology, 1, 149-178.

Tajfel, H. & Turner, J. (1986). An integrative theory of interpersonal conflict. In S. Worchel & W.G. Austin (Eds.), Psychology of intergroup relations (pp. 7-24). Chicago, IL: Nelson-Hall.

Tajfel, H. & Wilkes, A.L. (1963). Classification and quantitative judgement. British Journal of Psychology, 54, 101-114.

Tanford, S. & Penrod, S. (1984). Social influence model: A formal integration of research on majority and minority influence processes. Psychological Bulletin, 95, 189-225.

Taylor, S.E. (1979). Hospital patient behavior: Reactance, helplessness, or control. Journal of Social Issues, 35(1), 156-184.

Taylor, S.E. (1983). Adjustment to threatening events. A theory of cognitive adaptation. American Psychologist, 38, 1161-1173.

Taylor, S.E. (1989). Positive illusions. New York: Basic Books.

Taylor, S.E. (1991). Asymmetrical effects of positive and negative events: The mobilization-minimization hypothesis. Psychological Review, 110, 67-85.

Taylor, S.E. & Brown, J. (1988). Illusion and well-being: A social psychological perspective on mental health. Psychological Bulletin, 103, 193-210

Taylor, S.E. & Fiske, S.T. (1975). Point of view and perceptions of causality. Journal of Personality and Social Psychology, 32, 439-445.

Taylor, S.E. & Fiske, S.T. (1978). Salience, attention and attribution: Top of the head phenomena. In L. Berkowitz (Ed.) Advances in experimental social psychology (Vol. 11, pp. 249-288). New York: Academic Press.

Taylor, S.E., Lichtman, R.R. & Wood, J.V. (1984). Attributions, beliefs about control and adjustment to breast cancer. Journal of Personality and Social Psychology, 46, 489-502.

Taylor, S.E. & Lobel, M. (1989). Social comparison activity under threat: Downward evaluation and upward contacts. Psychological Review, 96, 569-575.

Tedeschi, J.T. (Ed., 1981). Impression management theory and social psychological research. New York: Academic Press.

Tedeschi, J.T. & Felson, R.B. (1994). Violence aggression, and coercive actions. Washington, DC: American Psychological Association.

Tedeschi, J.T. & Quigley, B.M. (1997). Frühere und zukünftige Methoden der Aggressionsforschung. In H.W. Bierhoff & U. Wagner (Eds.), Aggression und Gewalt (pp. 88-106). Stuttgart: Kohlhammer.

Tesser, A. (1988). Toward a self-evaluation maintenance model of social behavior. In L. Berkowitz (Ed.), Advances in experimental social psychology (Vol. 21, pp. 181-227). San Diego, CA: Academic Press.

Tesser, A. & Campbell, J. (1982). Self-evaluation maintenance and the perception of friends and strangers. Journal of Personality, 50, 261-279.

Tesser, A., Millar, M. & Moore, J. (1988). Some affective consequences of social comparison and reflection processes: The pain and pleasure of being close. Journal of Personality and Social Psychology, 54, 49-61.

Tesser, A. & Smith, J. (1980). Some effects of friendship and task relevance on helping: You don't always help the one you like. Journal of Experimental Social Psychology, 16, 582-590.

Tessler, R.C. & Schwartz, S.H. (1972). Help seeking, self-esteem and achievement motivation: An attributional analysis. Journal of Personality and Social Psychology, 21, 318-326.

Tetlock, P.E. (1983). Accountability and the perseverance of first impressions. Social Psychology Quarterly, 46, 285-292.

Tetlock, P.E. & Manstead, A.S.R. (1985). Impression management versus intrapsychic explanations in social psychology: A useful dichotomy? Psychological Review, 92, 59-77.

Tetlock, P.E., Peterson, R.S., McGuire, C., Chang, S.J. & Feld, P. (1992). Assessing political group dynamics: A test of the groupthink model. Journal of Personality and Social Psychology, 63, 403-425.

Thibaut, J. & Walker, L. (1975). Procedural justice. Hillsdale, NJ: Lawrence Erlbaum.

Thibaut, J.W. & Kelley, H.H. (1959). The social psychology of groups. New York: Wiley.

Thomas, A. (1985). Sozialpsychologisch-kognitionspsychologische Ansätze der Erforschung von Einsamkeit. In D. Albert (Ed.), Bericht über den 34. Kongreß der Deutschen Gesellschaft für Psychologie in Wien 1984 (Vol. 1, pp. 482-485). Göttingen: Hogrefe.

Thomas, A. (1993). Psychologie interkulturellen Lernens und Handelns. In A. Thomas (Ed.), Kulturvergleichende Psychologie (pp. 377-424). Göttingen: Hogrefe.

Thomas, A. (Hrsg., 1996). Psychologie der multikulturellen Gesellschaft (2. Auflage). Göttingen: Hogrefe.

Thompson, S.C. & Kelley, H.H. (1981). Judgments of responsibility for activities in close relationships. Journal of Personality and Social Psychology, 41, 469-477.

Thurstone, L.L. (1931). The measurement of social attitudes. Journal of Abnormal and Social Psychology, 26, 249-269.

Tichy, N.M. & Devanna, M.A. (1986/1995). The transformational leader. New York: Wiley/Stuttgart: Klett

Tietz, W. & Bierhoff, H.W. (1997). Motive ehrenamtlicher Helfer: Wie entsteht soziales Engagement und wie wird es aufrechterhalten? In H. Mandl, (Ed.), Bericht über den 40. Kongreß der Deutschen Gesellschaft für Psychologie in München 1996 (pp. 470–476). Göttingen: Hogrefe.

Törnblom, K.Y. & Foa, U.G. (1983). Choice of a distribution principle: Crosscultural evidence on the effects of resources. Acta Sociologica, 26, 161-173.

Triandis, H.C. (1978). Some universals of social behavior. Personality and Social Bulletin, 4, 1-16.

Triandis, H.C. (1994). Culture and social behavior. New York: McGraw-Hill.

Trivers, R.L. (1971). The evolution of reciprocal altruism. Quarterly Review of Biology, 46, 35-57.

Trope, Y. & Bassok, M. (1983). Information-gathering strategies in hypothesis-testing. Journal of Experimental Social Psychology, 19, 560-576.

Tröster, H. (1988). Interaktionsspannungen zwischen Körperbehinderten und Nichtbehinderten. Göttingen: Hogrefe.

Tröster, H. (1989). Einstellungen und Verhalten gegenüber Behinderten. Bern: Huber.

Tröster, H. Hecker, W. & Schulte, R. (1991). Impression Management im Verhalten gegenüber Körperbehinderten. Zeitschrift für experimentelle und angewandte Psychologie, 38, 480-498.

Tröster, H., Lischka, I. & Schipp, B. (1990). Wird ein körperbehinderter Gesprächspartner gemieden? Eine experimentelle Untersuchung zum Einfluß der Körperbehinderung eines potentiellen Gesprächspartners. Zeitschrift für Sozialpsychologie, 21, 40-52.

Turner, J.C. & Oakes, P.J. (1986). The significance of the social identity concept for social psychology with reference to individualism and social influence. British Journal of Social Psychology, 25, 237-252.

Turner, J.C. & Oakes, P.J. (1989). Self-categorization theory and social influence. In P.B. Paulus (Ed.), The psychology of group influence (2. Aufl., pp. 233-275). Hillsdale, NJ: Lawrence Erlbaum.

Tversky, A. & Kahneman, D. (1974). Judgment under uncertainty: Heuristics and biases. Science, 185, 1124-1131.

Tversky, A. & Kahneman, D. (1981). The framing of decisions and the psychology of choice. Science, 211, 453-458.

Tyler, T.R. (1988). What is procedural justice? Criteria used by citizens to assess the fairness of legal procedures. Law and Society Review, 22, 103-134.

Tyler, T.R. (1990). Why people obey the law. New Haven, CT: Yale University Press.

Tyler, T.R. & Lind, E.A. (1990). Intrinsic versus community-based justice models: When does group membership matter? Journal of Social Issues, 46(1), 83-94.

Tyszaka, T. & Grzelak, J.L. (1976). Criteria of choice in non-constant-sum games. Journal of Conflict Resolution, 20, 357-376.

Underwood, B. & Moore, B. (1982). Perspective-taking and altruism. Psychological Bulletin, 91, 143-173.

Utne, M.K. & Kidd, R.F. (1980). Equity und Attribution. In G. Mikula (Ed.), Gerechtigkeit und soziale Interaktion (pp. 69-106). Bern: Huber.

van der Pligt, J. & Eiser, J.R. (1980). Negativity and descriptive extremity in impression formation. European Journal of Social Psychology, 10, 415-419.

Van Yperen, N.W. & Buunk, B.P. (1994). Social comparison and social exchange in marital relationships. In M.J. Lerner & G. Mikula (Eds.), Entitlement and the affectional bond (pp. 89-115). New York: Plenum.

Vaughan, D. (1986). Uncoupling. Oxford, England: Oxford University Press.

Vidmar, N. (1992). Procedural justice and alternative dispute resolution. Onati Workshop on Procedural Justice, Onati, Spanien.

Vroom, V.H. & Yetton, P.W. (1973). Leadership and decision-making. Pittsburgh: University of Pittsburgh Press.

Wagner, U. & Zick, A. (1990). Psychologie der Intergruppenbeziehungen: Der »Social Identity Approach«. Gruppendynamik, 21, 319-330.

Waldert-Lauth, M & Scherer, K.R. (1983). Interpersonale Kommunikation von Machiavellismus: Zur Bedeutung von Kommunikationskanälen und Situationsfaktoren. Zeitschrift für experimentelle und angewandte Psychologie, 30, 311-345.

Waller, N.G. & Shaver, P.R. (1994). The importance of nongenetic influences on romantic love styles: A twin-family study. Psychological Science, 5, 268-274.

Walster, E. (1964). The temporal sequence of post-decision processes. In L. Festinger (Ed.), Conflict, decision, and dissonance (pp. 112-127). Stanford: Stanford University Press.

Walster, E. (1966). Assignment of responsibility for an accident. Journal of Personality and Social Psychology, 3, 73-79).

Walster, E. & Walster, G.W. (1975). Equity and social justice. Journal of Social Issues, 31(3), 21-43.

Walster, E., Aronson, V., Abrahams, D. & Rottman, L. (1966). Importance of physical attractiveness in dating behavior. Journal of Personality and Social Psychology, 4, 508-516.

Walster, E., Berscheid, E., Abrahams, D. & Aronson, V. (1967). Effectiveness of debriefing following deception experiments. Journal of Personality and Social Psychology, 6, 371-380.

Walster, E., Berscheid, E. & Walster, G.W. (1973). New directions in equity research. Journal of Personality and Social Psychology, 25, 151-176.

Walster, E., Walster, G.W. & Berscheid, E. (1978). Equity: Theory and research. Boston: Allyn and Bacon.

Walster, E., Walster, G.W. & Traupmann, J. (1978). Equity and premarital sex. Journal of Personality and Social Psychology, 36, 82-92.

Weber, M. (1969 und 1972). Die protestantische Ethik, Bd. 1 und 2 (Ed. J. Winckelmann). München: Siebenstern.

Weeks, D.G., Michela, J.L., Peplau, L.A. & Bragg, M.E. (1980). Relation between loneliness and depression: A structural equation analysis. Journal of Personality and Social Psychology, 39, 1238-1244.

Weiner, B. (1986). An attributional theory of motivation and emotion. New York: Springer.

Wendt, D. (1993). Kein Hindsight Bias (»Knew-it-all-along-Effekt«) bei den Landtagswahlen in Schleswig-Holstein 1988 und 1992. Zeitschrift für Sozialpsychologie, 24, 273-279.

Werbik, H. & Munzert, R. (1978). Kann Aggression handlungstheoretisch erklärt werden? Psychologische Rundschau, 29, 105-208.

West, S.G. & Brown, T.J. (1975). Physical attractiveness, the severity of the emergency and helping: A field experiment and interpersonal simulation. Journal of Experimental Social Psychology, 11, 531-538.

West, S.G., Gunn, S.P. & Chernitzky, P. (1975). Ubiquitous Watergate: An attributional analysis. Journal of Personality and Social Psychology, 32, 55-65.

Wheeler, L., Koestner, R. & Driver, R.E. (1982). Related attributes in the choice of comparison with others: It's there, but it isn't all there is. Journal of Experimental Social Psychology, 18, 489-500.

Wheeler, L. & Zuckerman, M. (1977). Commentary. In J.M. Suls & R.L. Miller (Eds.), Social comparison processes (pp. 335-357). Washington: Hemisphere.

White, G.L., Fishbein, S. & Rutstein, J. (1981). Passionate love and the misattribution of arousal. Journal of Personality and Social Psychology, 41, 56-62.

White, G.L. & Kight, T.D. (1984). Misattribution of arousal and attraction: Effects of salience of explanations for arousal. Journal of Experimental Social Psychology, 20, 55-64.

White, R.W. (1959). Motivation reconsidered: The concept of competence. Psychological Review, 66, 297-333.

Wicklund, R.A. (1974). Freedom and reactance. Potomac, MD: Lawrence Erlbaum.

Wicklund, R.A. (1975). Objective self-awareness. Advances in Experimental Social Psychology, 8, 233-275.

Wicklund, R.A. (1982). Self-focused attention and the validity of self-reports. In M.P. Zanna, E.T. Higgins & C.P. Herman (Eds.), Consistency in social behavior (pp. 149-172). Hillsdale, NJ: Lawrence Erlbaum.

Wicklund, R.A. & Brehm, J.W. (1976). Perspectives on cognitive dissonance. Hillsdale, NJ: Lawrence Erlbaum.

Wicklund, R.A. & Eckert, M. (1992). The self-knower: A hero under control. New York: Plenum.

Widmeyer, W.N. & Loy, J.W. (1988). When you're hot, you're hot! Warm-cold effects in first impressions of persons and teaching effectiveness. Journal of Educational Psychology, 80, 118-121.

Wilder, D.A. (1981). Perceiving persons as a group: Categorization and intergroup relations. In D.L. Hamilton (Ed.), Cognitive processes in stereotyping and intergroup behavior (pp. 213-257). Hillsdale, NJ: Lawrence Erlbaum.

Williams, K., Harkins, S. & Latané, B. (1981). Identifiability as a deterrent to social loafing: Two cheering experiments. Journal of Personality and Social Psychology, 40, 303-311.

Williams, T.M., Zabrack, M.L. & Joy, L.A. (1982). The portrayal of aggression on North American television. Journal of Applied Social Psychology, 12, 360-380.

Willis, R.H. & Levine, J.M. (1976). Interpersonal influence and conformity. In B. Seidenberg & A. Snadowsky, Social psychology (pp. 309-342). New York: The Free Press.

Wills, T.A. (1981). Downward comparison principles in social psychology. Psychological Bulletin, 90, 245-271.

Wills, T.A. (1982). Nonspecific factors in helping relationships. In T.A. Wills (Ed.), Basic processes in helping relationships (pp. 381-404). New York: Academic Press.

Wills, T.A. (1991). Similarity and self-esteem in downward comparison. In J. Suls & T.A. Wills (Eds.), Social comparison (pp. 51-78). Hillsdale, NJ: Lawrence Erlbaum.

Wilson, E.O. (1975). Sociobiology. Cambridge, MA: Harvard University Press.

Wilson, L. & Rogers, R.W. (1975). The fire this time: Effects of race of target, insult and potential retaliation on black aggression. Journal of Personality and Social Psychology, 32, 857-864.

Wilson, W. & Miller, H. (1968). Repetition, order of presentation and timing of arguments and measures as determinants of opinion change. Journal of Personality and Social Psychology, 9, 184-188.

Winch, R.F. (1958). Mate-selection: A study of complementary needs. New York: Harper.

Wishner, J. (1960). Reanalysis of »impressions of personality«. Psychological Review, 67, 96-112.

Witte, E.H. (1979). Das Verhalten in Gruppensituationen. Göttingen: Hogrefe.

Witte, E.H. (1987). Behavior in group situations: An integrative model. European Journal of Social Psychology, 17, 403-429.

Wood, J.V., Taylor, S.E. & Lichtman, R.R. (1985). Social comparison in adjustment to breast cancer. Journal of Personality and Social Psychology, 49, 1169-1183.

Wortman, C.B. & Brehm, J.W. (1975). Responses to uncontrollable outcomes: An integration of reactance theory and the learned helplessness model. In L. Berkowitz (Ed.), Advances in experimental social psychology (Vol. 8, pp. 277-336). New York: Academic Press.

Wrightsman, L.S. (1960). Effects of waiting with others on changes of felt anxiety. Journal of Abnormal and Social Psychology, 61, 216-222.

Wunderer, R. (1995). Führung von unten. In A. Kieser, G. Reber & R. Wunderer (Eds.), Handwörterbuch der Führung (2. Aufl., Spalten 501-512). Stuttgart: Schäffer-Poeschel.

Wyer, R.S. (1973). Effects of information inconsistency and grammatical context on evaluation of persons. Journal of Personality and Social Psychology, 25, 45-49.

Wyer, R.S. (1974a). Changes in meaning and halo effects in personality impression formation. Journal of Personality and Social Psychology, 29, 829-835.

Wyer, R.S. (1974b). Cognitive organization and change: An information processing approach. Potomac, MD: Lawrence Erlbaum.

Wyer, R.S. & Carlston, D.E. (1979). Social cognition, inference and attribution. Hillsdale, NJ: Lawrence Erlbaum.

Yakimovich, D. & Saltz, E. (1971). Helping behavior: The cry for help. Psychonomic Science, 23, 427-428.

Yamagishi, T. (1986). The provision of a sanctioning system as a public good. Journal of Personality and Social Psychology, 51, 110-116.

Yamagishi, T. & Hill, C.T. (1983). Initial impression versus missing information as explanations of the set-size effect. Journal of Personality and Social Psychology, 44, 942-951.

Yamagishi, T. & Sato, K. (1986). Motivational bases of the public goods problem. Journal of Personality and Social Psychology, 50, 67-73.

Yukl, G.A. & Falbe, C.M. (1990). Influence tactics and objectives in upward, downward, and lateral influence attempts. Journal of Applied Psychology, 75, 132-140.

Zaccaro, S.J., Foti, R.J. & Kenny, D.A. (1991). Self-monitoring and trait-based variance in leadership: An investigation of leader flexibility across multiple group situations. Journal of Applied Social Psychology, 76, 308-315.

Zadney, J. & Gerard, H.B. (1974). Attributed intentions and informational selectivity. Journal of Experimental Social Psychology, 10, 34-52.

Zanna, M.P. & Cooper, J. (1974). Dissonance and the pill: An attribution approach to studying the arousal properties of dissonance. Journal of Personality and Social Psychology, 29, 703-709.

Zanna, M.P., Goethals, G.R. & Hill, J.F. (1975). Evaluating a sex-related ability: Social comparison with similar others and standard setters. Journal of Experimental Social Psychology, 11, 86-93.

Zanna, M.P. & Hamilton, D.L. (1977). Further evidence for meaning change in impression formation. Journal of Experimental Social Psychology, 13, 224-238.

Zanna, M.P. & Olson, J.M. (1982). Individual differences in attitudinal relations. In M.P. Zanna, E.T. Higgins & C.P. Herman (Eds.), Consistency in social behavior (pp. 75-103). Hillsdale, NJ: Lawrence Erlbaum.

Zanna, M.P., Olson, J.M. & Fazio, R.H. (1980). Attitude-behavior consistency: An individual difference perspective. Journal of Personality and Social Psychology, 38, 432-440.

Zillmann, D. (1978). Attribution and misattribution of excitatory reactions. In J.H. Harvey, W. Ickes & R.F. Kidd (Eds.), New directions in attribution research (Vol. 2, pp. 335-368). Hillsdale, NJ: Lawrence Erlbaum.

Zillmann, D. (1979). Hostility and aggression. Hillsdale, NJ: Lawrence Erlbaum.

Zillmann, D. & Bryant, J. (1974). Effects of residual excitation on the emotional response to provocation and delayed aggressive behavior. Journal of Personality and Social Psychology, 30, 782-791.

Zillmann, D., Bryant, J., Cantor, J.R. & Day, K.D. (1975). Irrelevance of mitigating circumstances in retaliatory behavior at high levels of excitation. Journal of Research in Personality, 9, 282-293.

Zillmann, D. & Cantor, J.R. (1976). Effects of timing of information about mitigating circumstances on emotional responses to provocation and retaliatory behavior. Journal of Experimental Social Psychology, 12, 38-55.

Zillmann, D., Johnson, R.C. & Day, K.D. (1974a). Attribution of apparent arousal and proficiency of recovery from sympathetic activation affecting excitation transfer to aggressive behavior. Journal of Experimental Social Psychology, 10, 503-515.

Zillmann, D., Johnson, R.C. & Day, K.D. (1974b). Provoked and unprovoked aggressiveness in athletes. Journal of Research in Personality, 8, 139-152.

Zillmann, D. & Weaver, J.B. (1989). Pornography and men's sexual callousness toward women. In D. Zillmann & J. Bryant (Eds.), Pornography (pp. 95-125). Hillsdale, NJ: Lawrence Erlbaum.

Zimbardo, P. (1973). On the ethics of intervention in human psychological research: with reference to the Stanford prison experiment. Cognition, 2, 243-256.

Zimbardo, P. & Formica, R. (1963). Emotional comparison and self-esteem as determinants of affiliation. Journal of Personality, 31, 141-162.

Zimbardo, P.G. (1970). The human choice: Individuation, reason, and order versus deindividuation, impulse, and chaos. In W.J. Arnold & D. Levine (Eds.), Nebraska Symposium on Motivation (Vol. 17, 237-307). Lincoln, NE: University of Nebraska Press.

Zimbardo, P.G. (1994). The psychology of evil: A situationist perspective of recruiting good people to engage in anti-social acts. In K. Pawlik (Ed.), Bericht über den 39. Kongreß der Deutschen Gesellschaft für Psychologie in Hamburg 1994 (pp. 186-204). Göttingen: Hogrefe.

Zuckerman, M. (1975). Belief in a just world and altruistic behavior. Journal of Personality and Social Psychology, 31, 972-976.

Zullow, H.M., Oettingen, G., Peterson, C. & Seligman, M.E.P. (1988). Pessimistic explanatory style in the historical record. American Psychologist, 43, 673-682.

Zumkley, H. (1981). Der Einfluß unterschiedlicher Absichtsattributionen auf das Aggressionsverhalten und die Aktivierung. Psychologische Beiträge, 23, 115-128.

Zumkley, H. (1984). Individual differences and aggressive interactions. In A. Mummendey (Ed.), Social psychology of aggression: From individual behavior towards social interaction (pp. 33-49). New York: Springer.

Sachregister